U0031613

福爾摩沙大百科

TAIWAN Discovery

野人文化編輯部◎編著

社長的話——

A Book Made for Taiwan

編一本本土自製、台灣專屬（Made in Taiwan, made for Taiwan）的大百科，是我們數十年來的夢想。這本書，要能看得見我們的土地，聽得到台灣的故事，說得出台灣的觀點。

這個夢想的初發，已有35年了。那年我大三，暑假。頂著大熱天，騎著剛從艋舺賊仔市買來的舊腳踏車，地圖也沒帶，就從當時一個個鐵籠狀的台北橋橫過淡水河，順著舊台一線，日行夜宿，到嘉義眷村找高中死黨。死黨帶我一起逛夜市吃炒鱔魚麵，四處漫晃，印象最深的是蘭潭，萬頃碧波，綠草如茵，我們只穿了條內褲，就跳到潭裡比膽量。這在處處立牌、法網無邊的今天是不可能的了。

半年後的冬天，我們又重來一遍，這次的路線更「瘋」了。第一晚只騎到新竹，再沒力氣翻過山頭趕到頭份。第二天經過沙鹿時，忽然心血來潮，拐了個左彎，向清泉崗那個陡坡攻堅，直上到台中，最後甚至殺到一、兩百里外的東港大鵬灣。那晚我們坐在日式眷舍的榻榻米上，聆賞著真空管音響放出Simon & Garfunkel的歌聲，不遠處還有南台灣的海潮聲，陪伴著二十郎當的我們。

日後我踏入出版界，因為業界對翻譯書的依賴，我不時往來法蘭克福、波隆那、倫敦、紐約、東京……等國際級出版重鎮，也是台灣出版業者不時絡繹往返的地方，當然也旅行過世界各地，但是當年的夢想一直在我心底，不曾或忘。

夢想會傳染。數十年來，我與愈來愈多有志之士相繼匯聚，交流激盪。每每，翻閱著國外編排精美、字句鏗鏘的出版品時，總惦記著，我們該擁有怎樣的台灣之書？

於是，「共和國」創立之初，便有了「遠足」浩繁詳盡的《台灣地理百科》系列，如今，「野人」更憑著大膽的創意、各界人士的鼎力相助、對電腦科技的善用，以及無可理喻的熱情，精煉出《Taiwan Discovery福爾摩沙大百科》！

這部鉅著不是別人的觀點，更不再亦步亦趨跟隨他人的腳步，而是為了斯土、斯民而寫的「開荒」之作，不僅具有國際視野，又能見到台灣每個角落的點點滴滴，徹底給了「台灣百科」一個新定義、新視野，相信也是台灣出版史上的新里程碑。

書中的台灣，當然還是台灣，但卻是從古至今，世界網絡中一顆耀眼的明珠。你信不信，有書為憑。

共和國出版集團社長 郭重興

編輯顧問 <<

方力行
(正修科技大學講座教授)

許木柱
(慈濟大學人類所所長)

王 鑫
(台大地理環境資源所教授)

陳文山
(台大地質所教授)

金恆鑣
(生態學者)

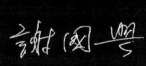

謝國興
(中研院近代史所副所長)

徐明福
(成大規劃設計學院院長)

戴昌鳳
(台大海洋研究所教授)

涂建翊
(中研院環境變遷中心
博士後研究員)

【地圖指導】
張春蘭
(台大地理系博士、
高師大地理系助理教授)

推薦序——

眾名家齊推薦

小野・（名作家）

要建立自己的文化身分認同，一定得先認同自己的家園。我們教育最大的欠缺，便是讓我們對自己家園感到陌生和自卑，而所謂的本土意識，又被政治人物操作成了空洞的圖騰和口號，成為撕裂族群的工具。所以，就從閱讀這一本百科全書重新開始我們的探索之旅吧！看看你對自己的家園知道多少，如果你對自己的家園如此陌生而自卑，又要如何說你愛她呢？

王鑫・（台大地理環境資源學系教授）

認識台灣、認同台灣，是居住在台灣的每一個人應當堅定的志向。站在這個基礎上，我們才能心懷世界，也才不至於被全球化的浪潮淹沒。圖文並茂，兩者搭配，既富內涵，又能提高閱讀的喜悅，這是本書的特色。台灣是快速發展的，新的面貌不斷重新展現在這片土地上，我們有責任讓每個人見到，也盼望每個人能為她付出關愛。知識和技術的進步也展現在本書的製作上，精美的圖像忠實地展現了邁入21世紀的新台灣。

這塊土地是我們美好生活的寄託，祝福她美麗永存！

方力行・（正修科技大學講座教授、海生館前館長）

看《Taiwan Discovery 福爾摩沙大百科》就像看自己的人生。世界篇好比乘著飛行傘在高空中綜覽天地，自然篇恍若穿著潛水裝備在江海中尋幽探勝，鄉鎮的個論則像在實驗室透過顯微鏡頭，窮究事理；因此在閱讀時，除了享受文庫豐美的知識外，更多了一份生活中的熟悉與貼切。一部書如此的寬廣，卻又親切得如巷口滿腹典故的阿公（嬤），難怪教人在耳目一新之際，會想讓它長伴身旁了。

李家同・（名作家、暨南大學教授）

難得有一本書，能將台灣放在世界的地圖上解讀。這本書以國際觀點探討台灣的各個面向，又能貼近各個縣市鄉鎮，細讀各地的特色，讀者不僅得以了解台灣全貌，更進一步找到台灣和世界對話的方式。

李偉文・（荒野保護協會理事長）

編辭典或百科全書，是一件非常不容易又非常重要的浩大工程，因此要編一本創新、生動又好看的工具書就更是難上加難了。現代人常期許要「全球視野，在地行動」，但我們每天身處台灣，卻常常反而看不見台灣；身處世界，卻往往不了解自己所扮演的角色。「野人」出版的這本工具書不僅生動好看，更是從台灣出發認識世界最好的起點。

吳念真・（知名導演）

洪蘭 ・（陽明大學教授、親子教養作家）

南方朔 ・（文化評論家）

所有的「百科」、「年鑑」、「指南」，都是「情報書」。但「情報書」不只是資訊的彙整，反而是最困難的「意義再現」。在傑出的「情報書」裡，我們更能清楚的看到過去、現在和未來。這部《Taiwan Discovery福爾摩沙大百科》以「願景」作為主軸，把台灣呈現在世界這個平台上，視野開闊，既在地，又全球，讓我們看到了既熟悉、但卻不一樣的台灣，是「情報書」裡的經典！

黃永松 ・（漢聲雜誌創辦人）

在物質掛帥、一切短線操作的社會，這本書令我怦然心動！他們竟然反向操作，從身邊做起，以「大」、以「百」、以「科」來編寫，反而是有創意的。希望一切努力能為台灣圖書文化開新風氣為盼。

陳藹玲 ・（富邦文教基金會執行長）

這幾年因為強調「國際觀」的關係，加上網際網絡的發達，我們很輕易的可以獲得各種國際訊息，遠在千里外的國度宛如近在咫尺；相對的，我們似乎「近廟欺神」，反倒忽略了我們生長的地方。《Taiwan Discovery福爾摩沙大百科》帶我們以放大鏡般地觀察台灣的一草一木，深度探討人文史地，讓人有一種重新發現的喜悅！

詹怡宜 ・（TVBS新聞部副總編輯）

這本書本身就是令人感動的企劃。雖然住在這裡，也持續從媒體中獲得資訊，卻不常用全面性宏觀的角度認識這塊土地。難得本書展現雄心勃勃的企圖，除了分類清楚、寫實呈現外，更特別加入了歷史沿革的深度和對比國外的廣度。看慣了零碎片段的媒體報導，猛然從這樣的角度看台灣，突然覺得既新鮮又熟悉，親切中還加上一股難以形容的驕傲感。

漢寶德 ・（世界宗教博物館館長）

文建會前主委陳其南在其任內曾倡議編寫台灣百科全書。那是幫助台灣人深度認識台灣的大計畫，何時會看到它完成，令人期待。「野人」出版社的《Taiwan Discovery福爾摩沙大百科》，是以地圖與照片等視覺媒介加上文字說明編輯而成的大部頭書籍，編輯的方式生動活潑，讀來令人興奮。因為這樣的書籍也許不能提供深奧的知識，卻足以引起廣大民眾的興趣。在常識的層面使我們認識自己的家鄉，也許比起為少數學者所寫的百科全書，更有意義些。它可以擴大台灣民眾的視野，幫助大家做新時代的公民，是一本闔家閱讀的大書。

呂明哲/攝

黃丁盛 ・（資深攝影家）

為了拍攝「福爾摩沙大百科」的圖片，再度背著相機台灣走透透；兩年來，一步步艱辛的履痕，累積成一幅幅精美的圖片，見證福爾摩沙之美。

鄭弘儀 ・（媒體人）

編者序──

在世界地圖上，找到自己的位置

「台灣，是個什麼樣的地方？」

「這個號稱福爾摩沙（Formosa）美麗之島的地方，美在哪裡？又有什麼特別的？」

這應該是面對外國友人時，最常遇到的問句，也可能，正是許多台灣人心中不敢言的疑惑。

現代的台灣人，有許多曾經遠渡重洋朝聖過羅浮宮，或觀看過在紐西蘭取景的電影＜魔戒＞，或從電視頻道欣賞過非洲獅，或曾購買日本Hello Kitty限量商品，或用網路票選美國NBA明星球員，無論是親身體驗或是透過虛擬網絡，只要有機會，我們無不積極參與這個世界。

的確，台灣正處於前所未有的向外探索熱潮中，不斷自我要求，實施全民英檢、強化國際觀、提升競爭力，以免在全球化的洪流中，淹沒了台灣的名字。

然而，當我們看過世界之大，對國際油價和華爾街股市瞭若指掌之後，回過頭來，看著台灣，這個地圖上的彈丸之地、蕞爾小島，卻往往陌生得面貌模糊了起來。

這本《Taiwan Discovery福爾摩沙大百科》由數十位專家學者、在地人士與專業編輯，以「博物學」的精神，跨領域合作編寫而成，是一本總攬台灣人文萬象、自然知識和縣市鄉鎮的百科全書，除了作為多元化、視覺化的知識寶庫外，還特別放寬眼界，將台灣放在世界的平台上串聯、比對，以便讓我們在世界地圖上，找到自己的位置。

不可諱言的是，在編纂這本書的過程中，編撰團隊不斷面臨艱難的考驗、難以取捨的抉擇，以及憂喜參半的複雜心境。

由於近年來本土意識抬頭，以台灣為主體的相關著作如雨後春筍般湧現，各項資訊看似汗牛充棟，卻常陷入龐雜而無系統的困境中。其中，學術性作品雖然具備嚴謹的專業素養，但往往失於見樹不見林的深度鑽研，或是窒礙難懂的名詞泥沼中；相對地，普及性作品則常流於人云亦云的泛泛之論，甚至落入以訛傳訛的陷阱中。因此，如何提綱挈領、去蕪存菁，深入淺出又能綜觀全局，並進一步配合精湛巧妙的編輯手法，清晰具體地呈現出來，成為讓普羅大衆一目能了然、細看有收穫，並值得一讀再讀的視覺百科，在在考驗著整個團隊（包括各專業領域的顧問群與編輯小組）溝通、取捨、整合和創新的能力。

地圖是關鍵所在！我們發現，地圖是除了微笑之外，最好的國際語言，也是各領域專家跨越溝通障礙的重要工具。

因此，《Taiwan Discovery福爾摩沙大百科》無論在主題式的「總論」，或空間性的「個論」中，均大量運用了各式各樣的地圖，使我們既可以綜覽全貌，又不致忽略關鍵細節，同時還能看見「關係」——包括時間和空間的關係，例如甲和乙的相對位置，或A對B的發展影響。

這本書因為地圖的無所不包，開創了豐盛新穎的視野，也為我們帶來始料未及的震撼。

「這真的是台灣嗎？」

「原來，台灣還有這樣的面貌？（自以為深刻了解台灣的）我們竟然從不知道……」

「真沒想到，台灣曾有如此珍貴的事物；更沒想到，就在多數人不知不覺之中，已近消失……」

一路走來，經由跨領域的交流整合，以及穿越時空的探索，這樣的驚歎、讚歎、慨歎之聲，不時在團隊中響起，我們的心情也在時而驚奇雀躍、時而慚愧惋惜之中，起落浮沉。

經歷過這趟非比尋常的探索之旅後，與其說我們在地圖上找到自己的位置，不如說是在心中重新勾勒出一張新的「認知」地圖——世界的，台灣的，以及世界與台灣的關係地圖。

數十年前，台灣人普遍「沒吃過豬肉，也看過豬走路」，現在則演變成許多人「吃過豬肉，但沒看過豬走路」。即使讀過萬卷書，行過萬里路，在這個資訊爆炸的年代裡，想要在看見世界的同時，也看見台灣，反而變得備加困難，而這正是本書企圖突破的困境。

當我們在傳統與創新、整合與分科、本土化與國際化、圖像與文字之間，舉棋不定時，唯有建立在見樹亦見林的認知基礎下，才不致陷入夜郎自大的無知，或外國月亮比較圓的極端思維中，對任何事物的臧否、存廢或變革，也將有所定見。

謹以此書獻給21世紀的台灣，和所有想要認識這塊土地的人。

【放眼世界看台灣：世界版】

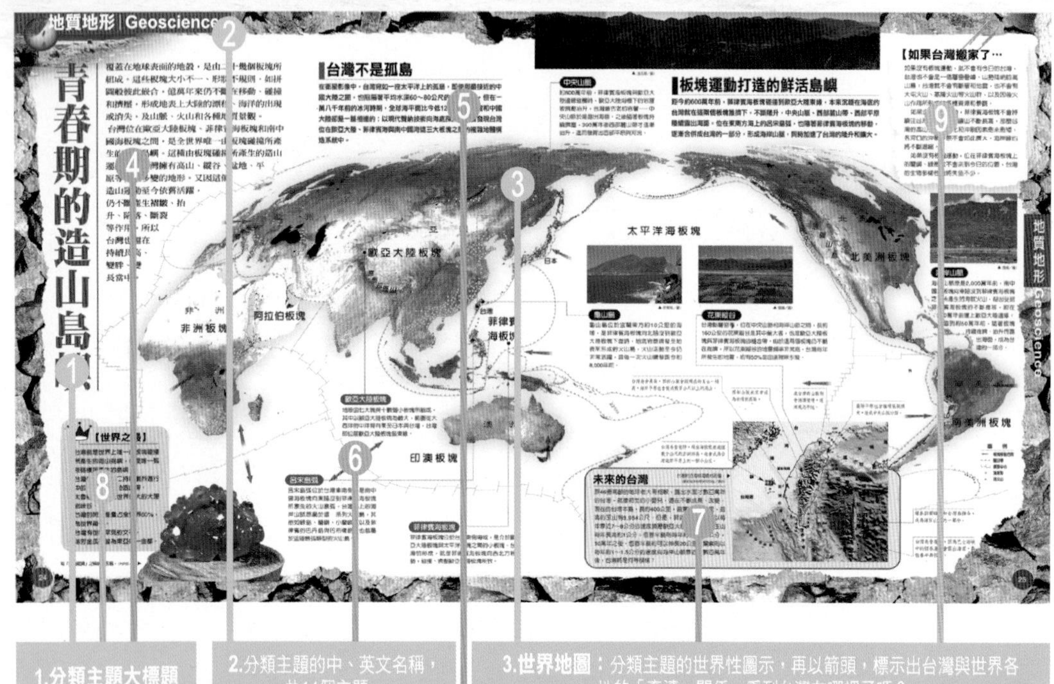

1.分類主題大標題

2.分類主題的中、英文名稱，共14個主題。

3.世界地圖：分類主題的世界性圖示，再以箭頭，標示出台灣與世界各地的「牽連」關係。看到台灣在哪裡了嗎？

4.主文：每個主題的主旨概述。

5.主題段落：在這個分類主題中，台灣與全世界的交互影響及相對關係，可能是過去式，也可能是現在進行式。在這個放眼世界看台灣的「世界版」中，通常會有2~3個主題段落，請注意段落標題前的小色塊，它可以幫你循「色」找到相關的拉線圖說。

6.拉線圖說：文圖並茂，說明主題段落具體例證，每個主題段落都有2~3個拉線圖說。別忘了同一主題段落，就有同樣顏色的色塊線索。

7.BOX：延伸觀點，提供另一種探討或觀看的角度、線索或方式，看見台灣。

8.BOX：「世界之最」，在此主題中，台灣榮登世界舞台的傲人紀錄。

9.BOX：「如果台灣……」這是一個假設性的問題，卻提供你一個反向思考的可能，讓你更深刻瞭解台灣的獨特與可貴，以及14個主題間的相互影響。

【原來台灣這麼豐富：概念版】

1.大標題

2.主文：以台灣為中心的主題論述。

3.分類主題的中英文名稱

4.主題段落：以台灣為中心的這個主題中，你不可不知道的基礎概念。在這個「概念」版中，通常會有5~8個主題段落。同樣的，每個主題段落標題前的小色塊，是幫你循「色」找到相關拉線圖說的最佳線索！

5.台灣地圖：根據此主題內容，精心繪製的台灣地圖，例如：「森林」，即以地形高度立體圖為底再畫出台灣森林生態系分布，或以各地文化藝術圖像拼貼出的文化台灣……，再拉線或標示最具代表性的景或物。

6.拉線圖說：文圖並茂，深入說明主題段落的具體例證，每個主題段落都有1~3個圖說。再次提醒，同一主題段落的拉線圖說，就會有同樣顏色的色塊線索。

7.BOX：延伸觀點，提供另一種探討或觀看的角度、線索或方式，看見台灣。

如何DISCOVER TAIWAN ──本書使用說明

《Taiwan Discovery 福爾摩沙大百科》

以圖為證，讓數字說話──總論篇

〈總論篇〉的每個主題都有四個跨頁篇幅─第一個跨頁先將台灣放在世界的平台上，以宏觀的視角，看見台灣和世界互動關係的「世界版」；第二跨開始將眼光拉回台灣本身，不但穿越時空，也上天下地，看見台灣的獨特與豐富，也就是關於台灣，你不可不知的「概念版」；第三跨用最精采的圖片告

「版」塊分「列」─編輯體例說明

【放眼世界看台灣：世界版】

地球上任何一事一物，都不是，也不可能獨立存在。即使位在太平洋上的蕞爾小島台灣，不論在自然生態或歷史人文發展上，都與整個世界息息相關。所以，每個主題的第一個跨頁，將小小的台灣放在大大的世界平台上，以精美的主題地圖、明確的圖示，讓你清楚看到台灣在世界上的位置，一目了然台灣與整個世界的「牽連」，以及彼此間的交互影響。

【原來台灣這麼豐富：概念版】

站在世界的舞台上，看見台灣與世界的互動後，再將注目焦點拉回這座綠色小島，14個主題，14幅主題地圖，配合文字說明，讓你上高山下海洋，穿越時空，全面且有系統地深入探索這個島嶼。

是第一本將台灣放在世界的平台上，從世界的宏觀角度看台灣；第一本國人精心自製，總攬台灣人文萬象、自然知識、縣市鄉鎮的大寶庫；第一本耗資數百萬，用最精美的地圖，圖解台灣地理環境、人文藝術的視覺百科大全。

訴你，原來台灣這麼美的「驚豔版」！「台灣的驕傲」絕不只是口號；第四跨，也就是最後一個跨頁，以圖片、以數據，和相關主題的世界最頂級相互「對照版」，讓你親眼目睹這個小而美、小而豐富的美麗之島的世界級驕傲！

【原來台灣這麼美：驚豔版】

圖片會說話，況且，台灣的美一言難盡，於是，「驚豔版」精選分類主題中，不但具代表性，也讓人眼睛為之一亮的圖像，「眼見為憑」告訴你，不論遠觀或近看，台灣就是這麼美！

【台灣不思議：對照版】

台灣很小，但在自然或生態意義或人文發展上，卻佔有世界一席之地！當然，自吹自擂，口說無憑，拿出具體例證，相互對照便知高下！「對照版」即是以分類主題中的佼佼者，與世界其他國家（1~3個）同主題的翹楚，圖文並茂，也對照出之間的異同，也讓你明白，台灣原來這麼值得驕傲！

【原來台灣這麼美：驚豔版】

1.驚豔首選1：說明主文，告訴你因為除了圖像的「外在美」之外，更有珍貴且獨特的意義。

2.驚豔首選2：說明主文，告訴你因為除了圖像的「外在美」之外，更有珍貴且獨特的意義。

3.驚豔注目：別懷疑！就是這麼美！台灣的美，可能在山巔，可能在海崖，也可能就在你週遭，只是你從來不曾注意過。「驚豔注目」呈現不同的視野角度，豐富你的視覺宴饗，也為你的「台灣意識」加分！

4.分類主題的中英文名稱

5.說英語嘛也通：中英對照，驕傲說出台灣之美。

6.微觀之美：你可以再靠近一點！就在「驚豔注目」的角落裡，以小窺大、以多展現豐富面貌，呈現另一番美麗光景。

7.題名達播：具體說明「驚豔注目」的所在、名稱與相關資料等。

【台灣不思議：對照版】

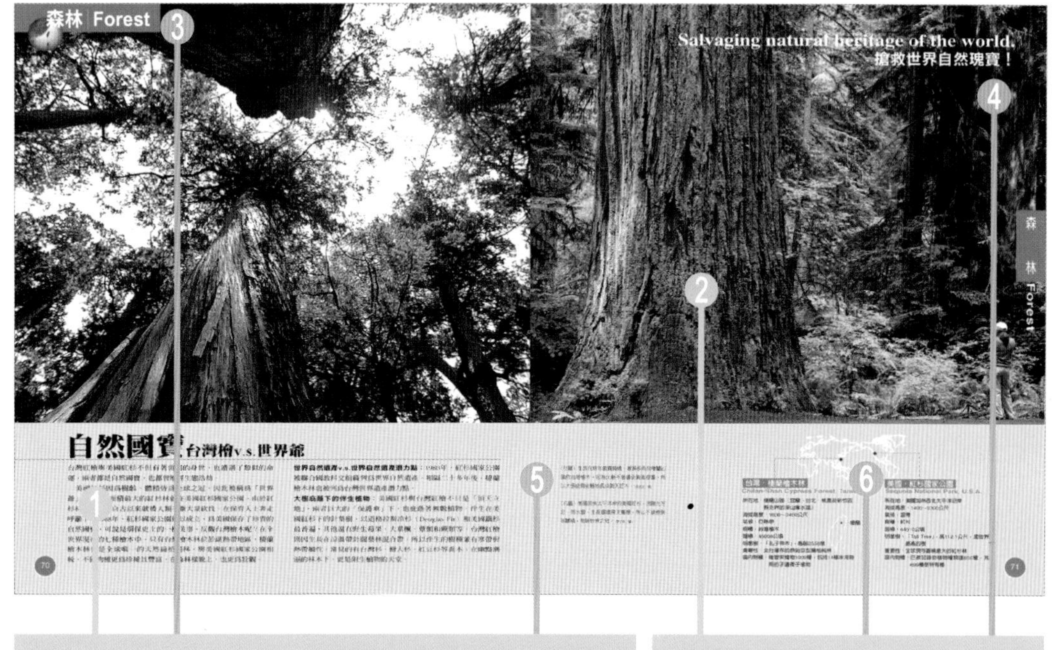

1.對照主文：說明對照者各自的特點，以及並列對照的條件與意義，並分析、歸納彼此間相同或相異處。

2.對照圖：選擇對照主題明確的大景和相關圖片搭配。

3.分類主題的中英文名稱

4.說英語嘛也通：中英對照，驕傲說出台灣之美。

5.圖說：輔助主文，交待圖片地點、名稱或相關資料等。

6.小檔案：對照主題的基本資料，並分別標出在地圖上的位置。

如何DISCOVER TAIWAN
——本書使用說明

《Taiwan Discovery 福爾摩沙大百科》

「解讀」福爾摩沙密碼——**個論篇**

〈個論篇〉帶你台灣走透透，先從北、中、南、東四大區的「分區篇名頁」進入，看見各區耀眼的特色，再讓「世界級台灣」告訴你，台灣原來這麼讚！看見分區共同的特色，腳步再更深入，走進匯整各縣市自然地理、人文景象主題特色的「海報地

「版」塊分「列」—編輯體例說明

【人親不如土親：分區篇名頁】

鄰近的縣市常因相緣的地理環境或歷史因素，而產生共通的區域特色，例如：北台灣是台灣政治、經濟及高科技產業中樞；中台灣和南台灣是農業、養殖、加工業群聚的大本營；東台灣則是山林、生態旅遊的觀光勝地。〈分區篇名頁〉展現北台灣、中台灣、南台灣及東台灣四大分區的最大特色，用最值得驕傲的魅力景象，歡迎你的光臨！

【原來台灣這麼讚：世界級台灣】

台灣北、中、南、東四大區內，各縣市在自然生態、人文、農林養殖、科技產業等各方面的世界級卓越成就。「Made in Taiwan」不再是仿冒污名的代稱，而是立足台灣，放眼世界的驕傲！

【分區篇名頁】

1.分區主圖：最足以代表本區特色或意象的精采圖像。

2.中英對照的分區大標題

3.分區副標題：用最精簡、準確的文字說明本區最大特色。

4.說明主文：從地理、自然、人文等多元面向切入，說明本區內各縣市鄉鎮共通的「命運共同體」關係，以及各自深耕的未來展望。

5.精采選圖：分區內各縣市鄉鎮具代表性的人、事、物，與分區主圖相輔證，具體展現本區的精采特色與活力。

【世界級台灣】

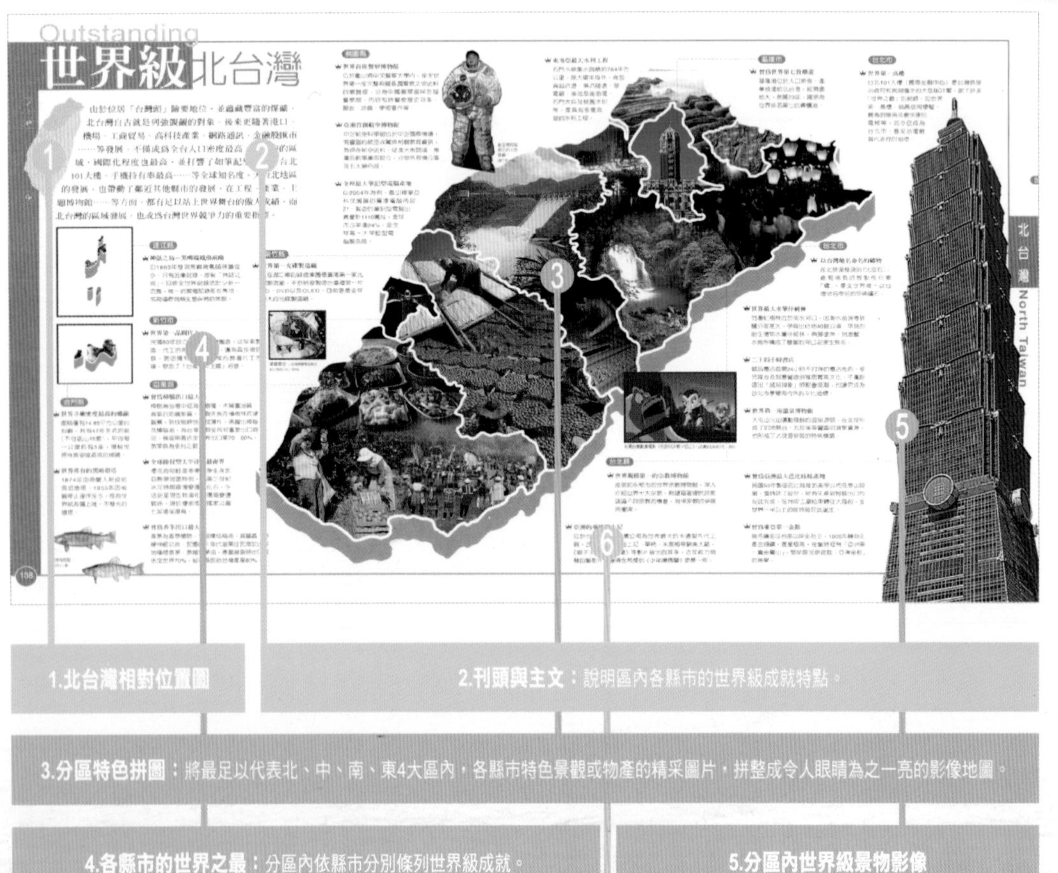

1.北台灣相對位置圖

2.刊頭與主文：說明區內各縣市的世界級成就特點。

3.分區特色拼圖：將最足以代表北、中、南、東4大區內，各縣市特色景觀或物產的精采圖片，拼整成令人眼睛為之一亮的影像地圖。

4.各縣市的世界之最：分區內依縣市分別條列世界級成就。

5.分區內世界級景物影像

6.世界級例證：條列說明每個世界級成就的具體數據或獨特性。

是第一本將台灣放在世界的平台上，從世界的宏觀角度看台灣；第一本國人精心自製，總攬台灣人文萬象、自然知識、縣市鄉鎮的大寶庫；第一本耗資數百萬，用最精美的地圖，圖解台灣地理環境、人文藝術的視覺百科大全。

圖」，一目了然你所知道與不知道的縣市之美；腳步再向前，25縣市319鄉的特色及故事，全都詳實羅列在賞心悅目的篇幅裡！

【原來台灣這麼有看頭：海報地圖】

將每個縣市的主要特點，以「海報地圖」方式，將準確的地圖、精采的影像，以及歸納整理後的特色主題，濃縮呈現在一個跨頁中，打開這一頁，立即掌握各縣市魅力與生命力。

【319鄉鎮看這裡：縣市鄉鎮圖鑑】

認識全台25縣市319鄉，從這裡開始；從最基本的面積、人口、交通、縣花、產業特色，深入各鄉鎮的自然環境、產經發展與人文特色。圖鑑般賞心悅目的縣市鄉鎮圖鑑，讓你的眼光與視野「全省看透透」！

【海報地圖】

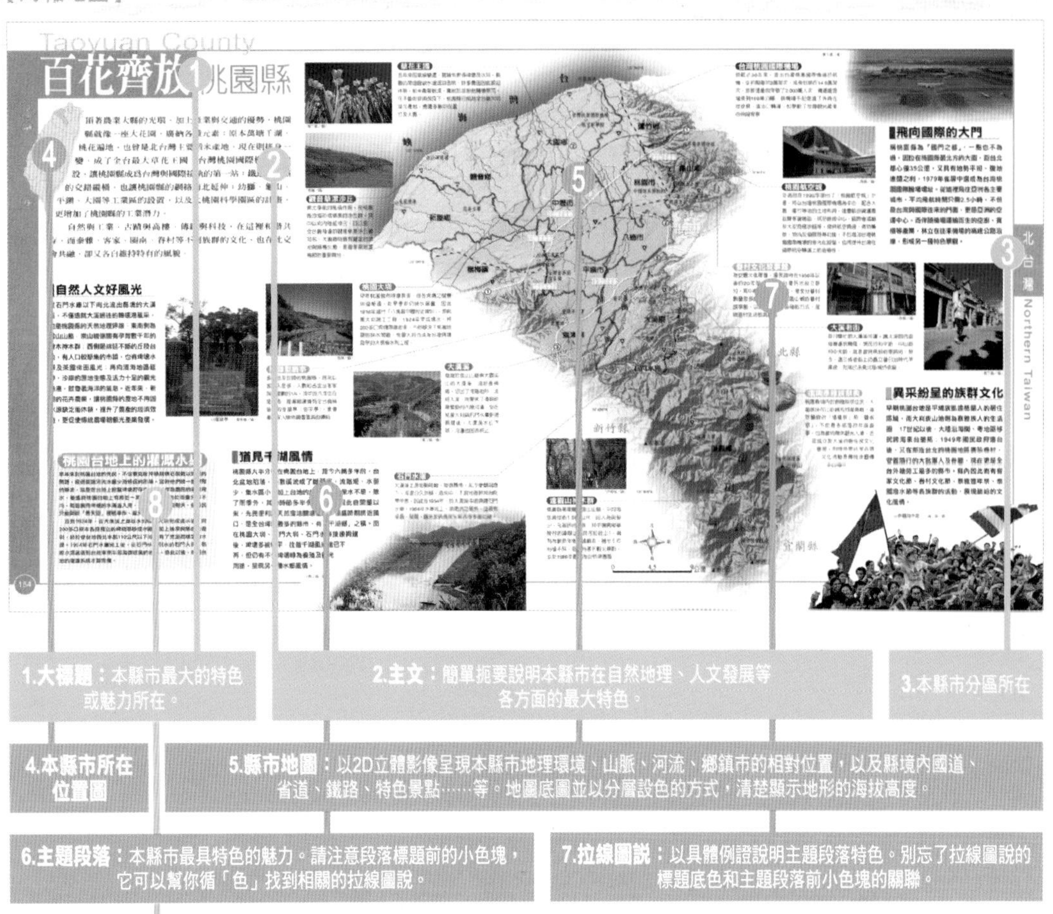

Taoyuan County
百花齊放桃園縣
自然人文好風光
飛向國際的大門
異采紛呈的族群文化
北台灣
Northern Taiwan
1.大標題：本縣市最大的特色或魅力所在。
2.主文：簡單扼要說明本縣市在自然地理、人文發展等各方面的最大特色。
3.本縣市分區所在
4.本縣市所在位置圖
5.縣市地圖：以2D立體影像呈現本縣市地理環境、山脈、河流、鄉鎮市的相對位置，以及縣境內國道、省道、鐵路、特色景點……等。地圖底圖並以分層設色的方式，清楚顯示地形的海拔高度。
6.主題段落：本縣市最具特色的魅力。請注意段落標題前的小色塊，它可以幫你循「色」找到相關的拉線圖說。
7.拉線圖說：以具體例證說明主題段落特色。別忘了拉線圖說的標題底色和主題段落前小色塊的關聯。
8.BOX：延伸探討本縣市最具潛力或爆發力的特點，如台北縣368萬人口（外來人口居多）、桃園縣國際航空城、高雄縣特殊地形月世界、泥火山……等。

【縣市鄉鎮圖鑑】

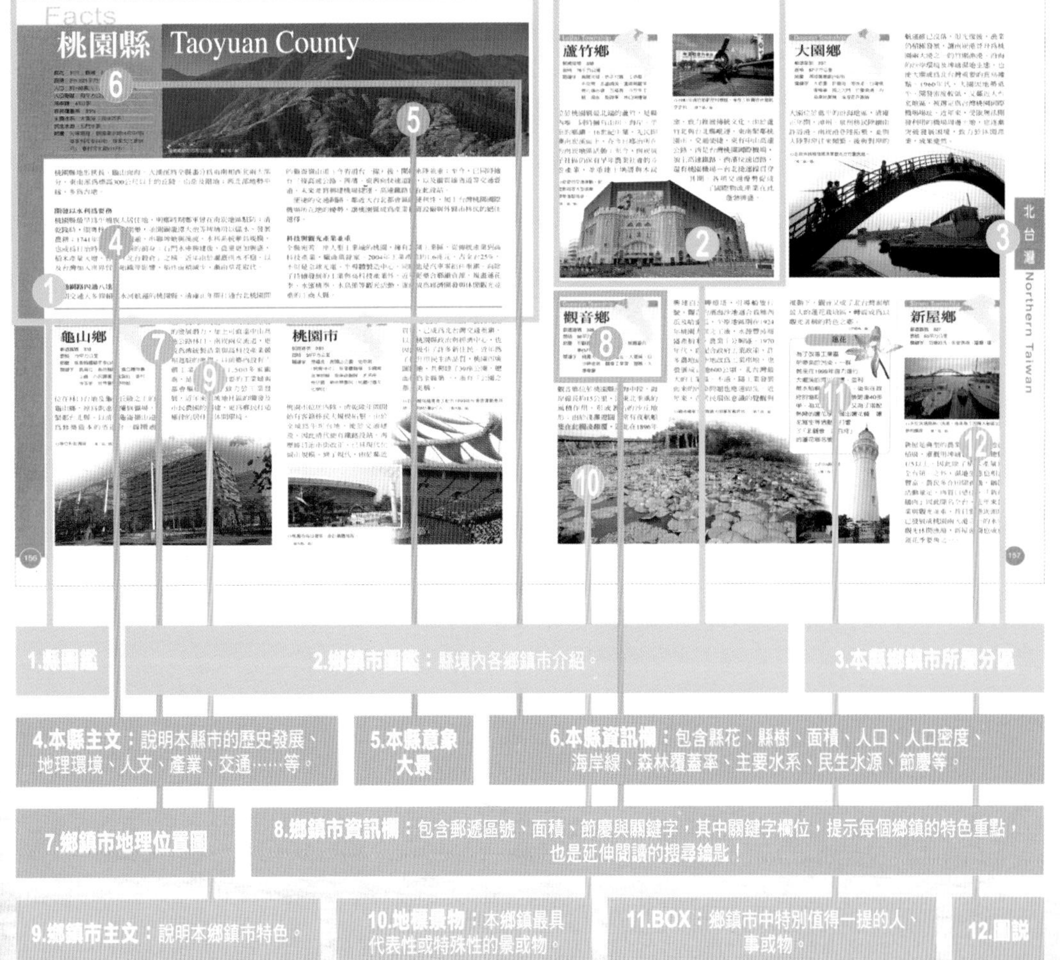

Facts
桃園縣 Taoyuan County
蘆竹鄉
大園鄉
龜山鄉
桃園市
觀音鄉
新屋鄉
北台灣
Northern Taiwan
1.縣圖鑑
2.鄉鎮市圖鑑：縣境內各鄉鎮市介紹。
3.本縣鄉鎮市所屬分區
4.本縣主文：說明本縣市的歷史發展、地理環境、人文、產業、交通……等。
5.本縣意象大景
6.本縣資訊欄：包含縣花、縣樹、面積、人口、人口密度、海岸線、森林覆蓋率、主要水系、民生水源、節慶等。
7.鄉鎮市地理位置圖
8.鄉鎮市資訊欄：包含郵遞區號、面積、節慶與關鍵字，其中關鍵字欄位，提示每個鄉鎮的特色重點，也是延伸閱讀的搜尋鑰匙！
9.鄉鎮市主文：說明本鄉鎮市特色。
10.地標景物：本鄉鎮最具代表性或特殊性的景或物。
11.BOX：鄉鎮市中特別值得一提的人、事或物。
12.圖說

福爾摩沙大百科 TAIWAN Discovery

CONTENTS 目錄

INTRODUCTION 導論

OVERVIEW 總論

24 地質地形 Geosciences

32 氣候 Climates

40 海洋 Ocean

48 山脈 Mountains

56 河流 Rivers

64 森林 Forests

地球觀 2

編輯顧問 王　鑫（台大地理環境資源所教授）・金恒鑣（生態學者）
徐明福（成大規劃設計學院院長）・陳文山（台大地質所教授）
涂建翊（中研院環境變遷中心博士後研究員）
許木柱（慈濟大學人類所所長）・謝國興（中研院近代史副所長）
戴昌鳳（台大海洋研究所教授）

地圖指導 張春蘭（高師大地理系助理教授）
GIS地圖小組 莊昀・蔡威伶
撰　文 ・王健全・田麗卿・江明珊・江詩菁・吳立萍・吳采璋・李彥志・梅菲比・林長興・林崑成・邱光月・徐惟菱・翁純敏・涂建翊・區宗明・康　原・張君豪・許木柱・許可欣・許麗苓・郭美芳・陳文山・游登良・黃小萍・黃品瑗・黃振裕・葉益青・葛聿銘・楊建夫・楊慧梅・葉志杰・潘祈賢・蔡承豪・薛淑麗・謝淑芬・鍾佩娥・簡如邠・藍培菁・魏攸芳・羅凡怡・蘇晨瑜
特約攝影 ・黃丁盛・許育愷・鄭信藏・魯　獅・游登良・金成財・李兩傳
（其餘圖片提供者隨圖註記）

總編輯 張瑩瑩
主　編 蔡麗真・田麗卿
責任編輯 蔡麗真
協力編輯 丁玉其・吳立萍・許麗苓・翁淑靜
英文翻譯 吳光亞
封面設計 吉松薛爾　封面地圖 林心雅&李文堯
美術設計 nana・陳淑敏・洪素貞・張家寧・李東記・吉松薛爾
地圖繪製 nana・陳淑敏・張家寧

社　長 郭重興
發行人兼出版總監 曾大福
出　版 野人文化股份有限公司
地址：231台北縣新店市中正路506號2樓
電子信箱：yeren@sinobooks.com.tw
發　行 遠足文化事業股份有限公司
地址：231台北縣新店市中正路506號4樓
電話：（02）2218-1417　傳真：（02）2218-1142
電子信箱：service@sinobooks.com.tw
網址：www.sinobooks.com.tw
郵撥帳號：19504465遠足文化事業股份有限公司
客服專線：0800-221-029
法律顧問 華洋國際專利商標事務所 蘇文生律師
印　製 成陽印刷股份有限公司
初　版 2006年11月　初版二刷 2006年12月　初版三刷 2007年4月
歡迎團體訂購，另有優惠，
請洽業務部（02）22181417*120、122、123

定價 新臺幣2,000元
ISBN 978-986-82059-8-7

CIP預行編目

Taiwan Discovery福爾摩沙大百科 / 王健全等
撰文：張瑩瑩總編輯, -- 初版. -- 臺北縣
新店市 : 野人文化出版 : 遠足文化發行,
2006 [民95]
面 ; 公分. --（地球觀 : 2）
含索引
ISBN-13：978-986-82059-8-7（精裝）
ISBN-10：986-82059-8-0（精裝）

1.臺灣 - 概況

673.2　　95018625

DISTRICTS 個論

活力·追夢·台灣頭 Northern 北台灣 Taiwan

魄力·陽光·新天地 Central 中台灣 Taiwan

熱力・閃亮・新勢力 南台灣 Southern Taiwan

魅力・山海・桃花源 東台灣

附錄

The Vigorous Taiwan

生猛台灣

導論

16世紀大航海時代，當葡萄牙水手航行到亞洲太平洋邊緣，從海上遠遠看見一座滿是崇山峻嶺、林木蒼翠的美麗小島，不禁脫口高呼：「Ilha Formosa！」這也就是台灣最初現身在世界版圖上的名字。

「Formosa」（福爾摩沙）美麗之島台灣，是一座生氣蓬勃的年輕島嶼；距今大約600萬年前，地球最大的歐亞大陸板塊和菲律賓海板塊相互碰撞，位在歐亞板塊最東緣的台灣，就這樣被這兩大板塊從太平洋海底擠壓、隆起，成爲全世界唯一因板塊碰撞而產生的島嶼。

在46億年地球生命史中，只出現600萬年的台灣島，宛如是個初生小犢，生命力旺盛。至今，造山運動仍在持續進行，所以台灣島還不斷在成長當中；板塊擠壓所形成的密集活動斷層，也讓台灣成爲地球上地震最頻繁的地區之一；嶙峋的高山、頻繁的地震、洶湧的地熱、溫泉、泥火山，就是台灣島的活力寫眞！

台灣蓄勢待發的旺盛生機不只來自地表下的板塊運動。得天獨厚的地理位置，讓位在北回歸線副熱帶氣候帶上的台灣，終年陽光充足、氣候溫和，加上雨水豐沛，不但免於淪爲沙漠的厄運，更成爲地球沙漠帶上，少數林木蒼鬱的耀眼綠寶石。

綠意盎然的台灣，是孕育物種的生命搖籃，面積雖然只有36,000平方公里，卻擁有熱帶闊葉林、副熱帶闊葉林、溫帶針葉林、寒帶針葉林，甚至和極地凍原十分類似的高山寒原，是整個北半球生態的完整縮影；將近4,000種的維管束植物，平均每平方公里就有0.11種，是全世界單位密度平均值的60倍；而島上近700種蕨類物種，是全球蕨類「種密度」最高的地區；同時也是北半球冷杉、檜木分布最南界，是全球唯一擁有檜木生長的副熱帶國家。

完整且多樣繽紛的生態環境，自然成爲各種動物滋生繁衍的天堂樂園；小小島上，擁有大約70種陸生哺乳類，種類密度之高，居世界之冠；而30多種兩棲類動物的單位面積種數，也居世界前茅。甚至，原本生長在歐洲、俄羅斯、喜馬拉雅山、中國北方、韓國、日本、南洋的印度、菲律賓、馬來群島等地的動植物，數十萬年來，也藉由地球數次冰河時期南下北上，來到這裡，不但適應了這裡的自然環境，即使冰河退去，也不再隨之離去，從此落腳台灣，成爲冰河孑遺物種，或就地演化成台灣特有種。 ▶▶

（左）有如海底花園般的墾丁珊瑚礁。（戴昌鳳／攝）
（右上）從空中俯瞰嘉義朴子溪。（嘉義縣政府／提供）
（右中）冬日的雪山山頂，形成台灣難得一見的雪景。（俞錚皞／攝）
（右下）左為大紅紋鳳蝶，右為台灣特有種曙鳳蝶。（游登良／攝）

Taking Root in New Land
落地生根

導論

台灣的生命舞台，愈來愈熱鬧喧嘩，人類的足跡當然也不落後。距今約一萬多年前，最早一批先民也循著賴以維生的獵物的南遷腳步，一路從中國大陸追逐走過台灣海峽，來到台灣。

數千年期間，人類和所有動植物群在這座小島上繁衍生息，和諧共生。當16、17世紀，地球另一端風起雲湧，在已知和未知的世界版圖上探索新航線、新疆界的同時，台灣西岸也開始出現了一波接一波的騷動。

最早引發騷動的，是生活在台灣海峽對面的中國大陸沿海居民，因為天災人禍，無以維生；就在對岸，距離不算太遠，又是傳說中「蓬萊仙島」的那座小島，或許是開拓新生活的契機。於是，便冒險橫渡那據說「落水無回」的黑水溝，抵達這座林木蓊鬱的小島。這座富庶的小島，果然沒讓人失望。

漢人來了，葡萄牙人、荷蘭人、西班牙人、英國人也來了；錯綜複雜的台灣歷史從此開始，多元而繽紛燦豔的台灣文化也因此而誕生。

就在葡萄牙水手的驚鴻一瞥之後，偏居東亞一隅這個蕞爾小島北控東北亞、西進大中國的優越地理位置和豐富物產也被發現了；滿載茶葉、樟腦、蔗糖、鹿皮的船隻，一艘又一艘從基隆、鹿港、台南、高雄航向世界各大港口，而大船同時也載來了商人、傳教士、探險家；傳入了不同文化、不同宗教信仰，以及不同飲食，打開了台灣人的世界之窗。最後，日本人也登陸了，50年間，更有計畫地企圖改變島上居民的語言、生活習慣、文化風俗和城市樣貌。

不同的民族一個一個來，又陸陸續續地離開，卻在台灣的歷史，寫下了或長或短的篇章；在台灣土地上，留下至今依然可見的地名、砲台或城池，或者深刻內化成為生活文化的一部分；日常呼喊的地名、吃進嘴裡的食物、吟唱的曲調、欣賞的書畫藝術、出入的居所建築，可能就含藏或訴說著台灣歷史流轉的儀軌。

然而，無論誰來了，誰走了，也不管是南島語族或漢族，是閩南人或客家人、本省人或外省人，只要在這片土地上揮汗耕耘，就是這座島嶼的子民，就是台灣人。形狀有如蕃薯般的台灣島，餵養出來的台灣子民的強韌生命力，也正如蕃薯一般，落地就能生根；不論先來或後到，從河口登岸的那一刻開始，拓墾的腳步一步步走向內地，走向平原、丘陵和高山；有水、有地，就有勤奮台灣人胼手胝足的身影。 ▶▶

（上）國慶日在總統府前的耍大旗表演。（黃丁盛／攝）
（下左）苗栗國際假面藝術節。（黃丁盛／攝）
（下中）家長帶小孩去廟裡收驚。（黃丁盛／攝）
（下右）台中市豐樂雕塑公園一景。（黃丁盛／攝）

彈丸之島台灣，在世界地圖上所占的比例很小很小，卻創造了許多讓國際爲之側目的「世界第一」奇蹟，在全世界的工商版圖上，舉足輕重。1999年，921世紀大地震重創全台灣，遠在地球另一端的紐約華爾街股市也爲之震盪暴跌。壓不扁的玫瑰般，在舉世看慘的哀憐眼光中，台灣股市一星期內恢復交易，工商巨輪、產業命脈重新啓動向前行；山林雖然崩毀、家園慘遭埋沒，但堅毅的台灣人卻不曾倒下。

富庶的寶島台灣，是台灣人立足、重生的厚實根基；而從一萬多年前追逐獵物、從勇渡黑水溝的先祖基因中，一脈相傳，不畏險阻的堅毅性格與活力，讓台灣人打造了擁有各自鮮明面貌的25縣市和319個鄉鎮，不論是工商掛帥、農業重鎮，或者觀光打先鋒，都試圖用最在地的資源與特色，在全球化風潮下，爭取在世界舞台上風光現身的新契機。

事實上，打從數百萬年前自太平洋海底隆生而起，從400多年前出現在葡萄牙人所繪製的世界地圖上開始，台灣就不曾置身於世界的潮流之外；從台灣啓航的飛機與貨輪，暢行全球五大洲、三大洋；打破時空藩籬的網際網路、電子通訊，更讓科技小巨人台灣與全世界的溝通往來零距離、零時差，也讓台灣的商人，一只公事包、一台筆記型電腦，就可以行遍全世界，拓展新商機。

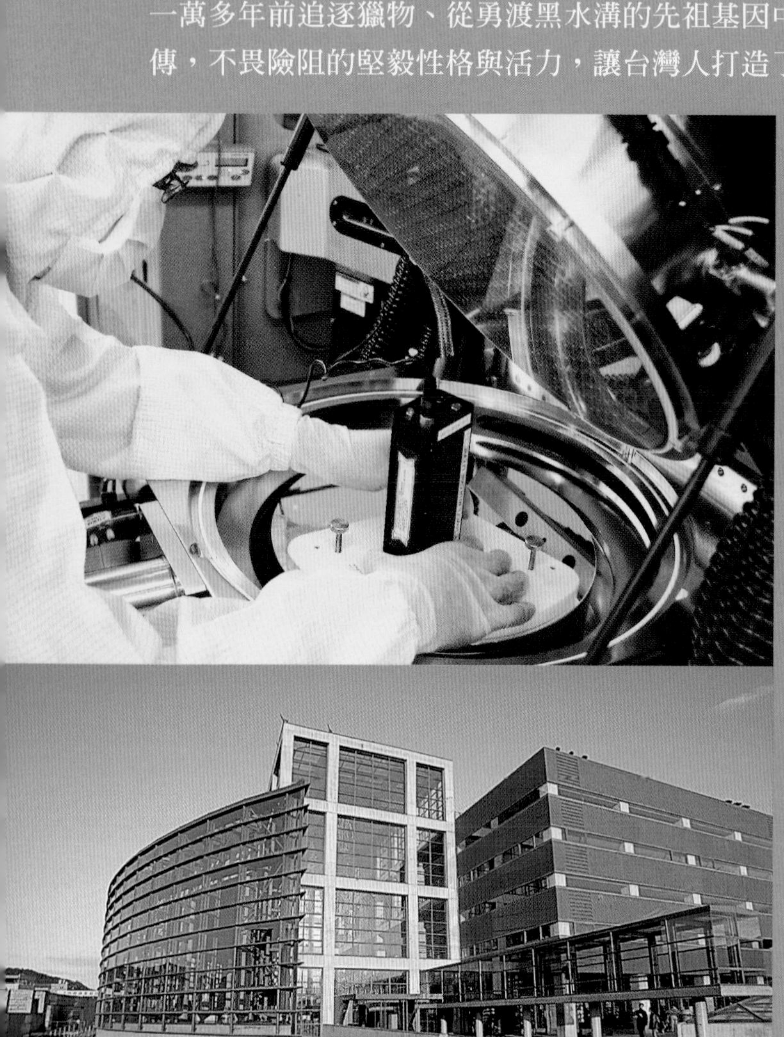

台灣的經貿實力，足以撼動華爾街股市；堅韌的意志力，使台灣人可以在二次世界大戰後，從亟待美援資助的殘弱小島，蛻變成為全球頂尖的高科技綠色矽島；從天搖地動的慘烈災變中，咬牙站起；台灣人靈活的創造力，也使台灣從OEM代工王國，變身轉型爲ODM研發大國，將「Made in Taiwan」的仿冒污名，成功扭轉成爲品牌的驕傲。

台灣島的誕生，也許只是600萬年前的一場偶然碰撞，但在島上生息數千年的台灣子民，卻創造了許許多多的傳奇。這絕不是偶然，而是一代傳一代，血汗交織的豐碩成果。

攤開大航海時代的世界大地圖，名字叫做「Formosa」的島嶼不只有一座，只要航行過美麗而不知名的島嶼，葡萄牙水手都會慷慨熱情地命名爲「Formosa」。但屬於台灣人的福爾摩沙，卻僅此一個。珍惜大自然所賜予的山川水流、飛禽鳥獸、花草樹木；珍惜千百年來無數先人戮力耕耘的點滴成果，這座美麗之島才能繼續屹立在婆娑之洋上。■

（左上）晶元製造過程。（台灣積體電路製造股份有限公司／提供）
（左中）鶯歌陶瓷博物館。（黃丁盛／攝）
（左下）彰雲平原上採收高麗菜的情景。（黃丁盛／攝）
（右）位於屏東車城的國立海洋生物博物館。（黃丁盛／攝）

A Little Giant in the Global Village
地球村小巨人

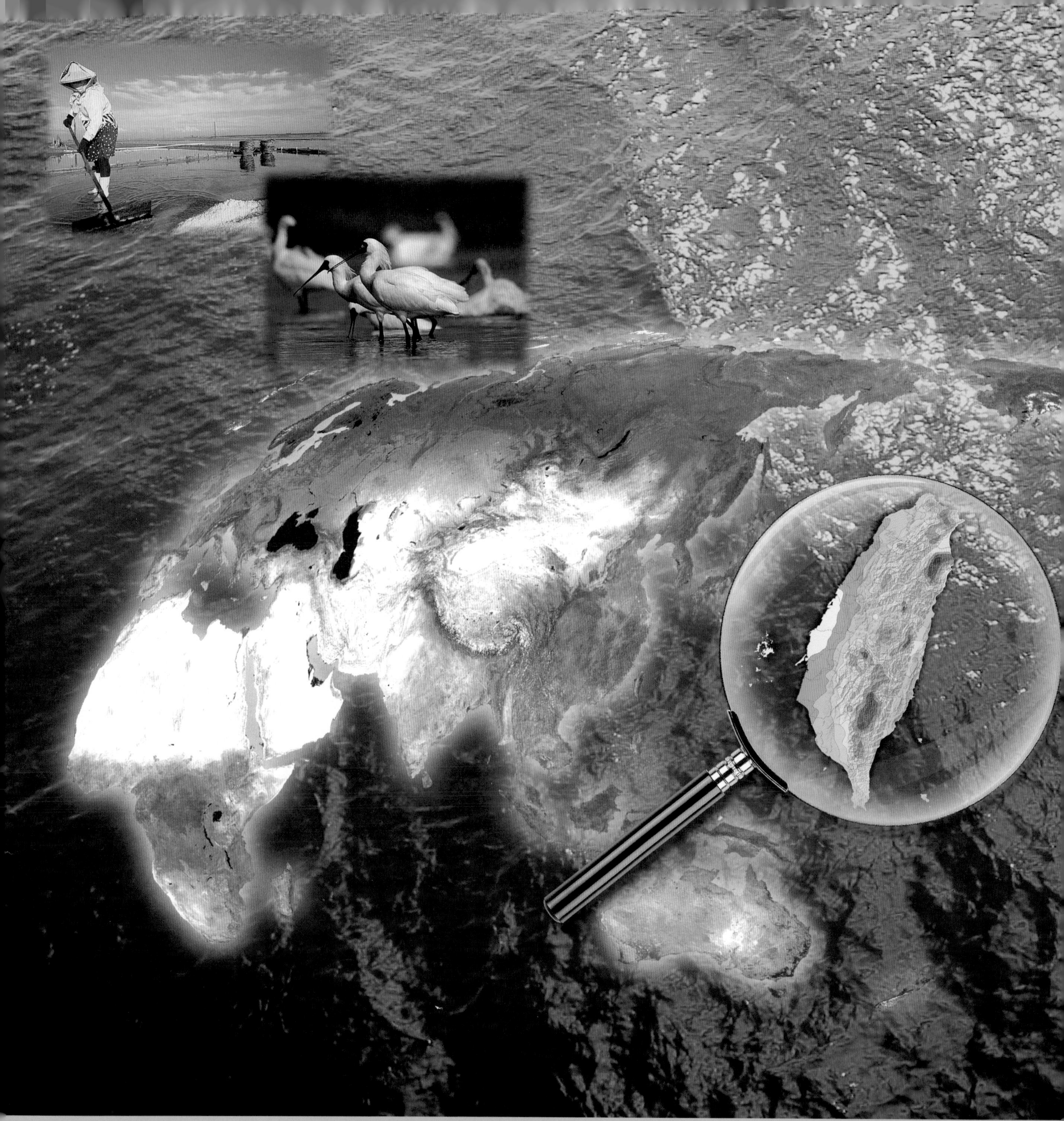

魅力・無限・生命力

Taiwan打開台灣新視界

台灣，是婆娑之洋中的一座小島，但並非沒沒無名的孤島，也不是一座無史之島。

因為地殼擠壓、碰撞，600萬年前從海底浮現，面積不到四萬平方公里的台灣，卻擁有250多座海拔超過3,000公尺的高山、70多種陸生哺乳動物、34種兩棲類動物、98種爬蟲類動物，已定名的昆蟲18,000多種，鳥類460多種，其中，都有極高比例的特有種；維管束植物更將近4,000種，並有多種冰河時期的孑遺物種。「FORMOSA」，葡萄牙水手眼中這座美麗的蓊鬱之島，絕非虛名！

6,000年前就在台灣島上生息的居民，從「篳路藍縷，以啓山林」到不斷創造經濟奇蹟，「Made in Taiwan」不再是仿冒污名的代稱，而是立足台灣、放眼世界的產業驕傲。攜手走過921重創的困境，更讓全世界看見2,300萬台灣之子堅韌的毅力與活力！

青春期的造山島嶼

覆蓋在地球表面的地殼，是由二十幾個板塊所組成。這些板塊大小不一、形狀不規則，如拼圖般彼此嵌合，億萬年來仍不斷在移動、碰撞和擠壓，形成地表上大陸的漂移、海洋的出現或消失，及山脈、火山和各種地質景觀。

台灣位在歐亞大陸板塊、菲律賓海板塊和南中國海板塊之間，是全世界唯一由板塊碰撞所產生的造山島嶼。這種由板塊碰撞所產生的造山運動，使台灣擁有高山、縱谷、盆地、平原等複雜多變的地形。又因這個造山運動至今依舊活躍，仍不斷產生褶皺、抬升、陷落、斷裂等作用，所以台灣也還在持續長高、變胖、變長當中。

台灣不是孤島

在衛星影像中，台灣宛如一座太平洋上的孤島，即使與最接近的中國大陸之間，也阻隔著平均水深60～80公尺的台灣海峽。但在一萬八千年前的冰河時期，全球海平面比今低120公尺，台灣和中國大陸卻是一脈相連的；以現代聲納技術向海底探測，也會發現台灣位在歐亞大陸、菲律賓海與南中國海這三大板塊之間的複雜地體構造系統中。

歐亞大陸板塊

地殼由七大塊與十數個小板塊所組成，其中以歐亞大陸板塊為最大，範圍從大西洋的中洋脊向東至日本與台灣，台灣即位居歐亞大陸板塊最東緣。

呂宋島弧

呂宋島弧位於台灣東南側，是南中國海板塊向東隱沒到菲律賓海板塊所產生的火山島弧。台灣島上的海岸山脈原屬於這一系列火山島，其他如綠島、蘭嶼、小蘭嶼，以及菲律賓的巴丹島與巴布槎島，也都屬於這種島弧類型的火山島。

菲律賓海板塊

菲律賓海板塊位於台灣東側海域，是介於歐亞大陸板塊與太平洋板塊之間的小板塊。台灣的形成，就是菲律賓海板塊向西北方移動，碰撞、擠壓歐亞大陸板塊所致。

【世界之最】

1. 台灣島是世界上唯一由板塊碰撞所產生的造山島嶼，也是唯一弧陸碰撞所產生的島嶼。
2. 台灣島是世界唯二持續劇烈進行中的板塊碰撞運動造山帶。
3. 太魯閣峽谷是全世界最大的大理岩峽谷。
4. 台灣的閃玉產量占全世界60%，為世界第一。
5. 台灣有世界罕見的文石。
6. 瑞芳金瓜石曾為東亞第一金都。

有「台灣藍寶」之稱的藍玉髓。（余炳盛／攝）▶

▲(連志展／攝)

中央山脈

約600萬年前，菲律賓海板塊與歐亞大陸邊緣碰觸時，歐亞大陸海棚下的岩層被擠壓抬升，台灣最古老的岩層——中央山脈於是露出海面。之後隨著板塊持續擠壓，300萬年後西部麓山帶才逐漸抬升，進而發育出西部平原與河流。

板塊運動打造的鮮活島嶼

距今約600萬年前，菲律賓海板塊碰撞到歐亞大陸東緣，本來沉睡在海底的台灣就在這兩個板塊推擠下，不斷隆升，中央山脈、西部麓山帶、西部平原陸續露出海面。位在東南方海上的呂宋島弧，也隨著菲律賓海板塊的移動，逐漸合併成台灣的一部分，形成海岸山脈，同時加速了台灣的隆升和擴大。

【如果台灣搬家了…

如果沒有板塊運動，就不會有今日的台灣，台灣也不會是一個層巒疊嶂、山勢陡峭的高山島；台灣就不會有斷層和地震，也不會有大屯火山、基隆火山等火山群，以及因後火山作用所形成的各種資源和景觀。

如果沒有板塊運動，菲律賓海板塊不會持續往台灣方向推擠，讓山不斷長高，那麼台灣的高山會因為風化和沖刷因素愈來愈矮，各河口的沖積平原不會如此廣大，海岸線也將不斷退縮。

如果沒有板塊運動，位在菲律賓海板塊上的蘭嶼、綠島就不會來到今日的位置，台灣的生物多樣性也將失色不少。

太平洋海板塊

北美洲

洛磯山脈

北美洲板塊

南美洲

安地斯山脈

南美洲板塊

▲(魯獅／攝)

海岸山脈

海岸山脈原是2,000萬年前，南中國海板塊向東隱沒到菲律賓海板塊之下所產生的海底火山，但因受到菲律賓海板塊的不斷推移，約在300萬年前撞上歐亞大陸邊緣；直到約50萬年前，隨著板塊持續推擠、抬升而露出海面，成為台灣的一部分。

▲(許育愷／攝)

龜山島

龜山島位於宜蘭東方約10公里的海域，是菲律賓海板塊向北隱沒到歐亞大陸板塊下面時，地底岩漿噴發至地表所形成的火山島，火山活動至今仍非常活躍，最後一次火山噴發距今約8,000年前。

▲(魯獅／攝)

花東縱谷

台灣斷層密布，位在中央山脈和海岸山脈之間，長約160公里的花東縱谷是其中最大者，也是歐亞大陸板塊與菲律賓海板塊的縫合帶。由於這兩個板塊仍不斷在推擠，所以花東縱谷的地震頻率非常高，台灣每年所發生的地震，約有50%是由這裡所引發。

台灣島會長高，西部山脈會跟現在的玉山一樣高，海岸平原也會變成數百公尺以上的高山。

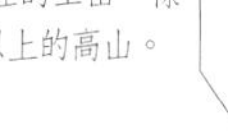

西部山脈未來會成為台灣新高點。

北台灣的山脈則會持續變矮，逐漸夷為平地。

蘭陽平原也會繼續張裂擴大，造成中央山脈分裂。

台灣島會變胖，現在海拔最高處僅數十公尺的澎湖群島，也會成為台灣海岸平原上的一個小山丘。

綠島與蘭嶼會和台灣島拼合，成為海岸山脈的一部分。

台灣島會變長，因為巴士海峽中的恆春海脊會露出海面，與恆春半島相連。

圖例

板塊移動方向

隱沒帶

擴張中心

溫泉點

活火山

未來的台灣

台灣附近海域海底地形圖。▶

(國家海洋科學研究中心／提供)

跟46億高齡的地球老大哥相較，露出水面才數百萬年的台灣，就像初生的小嬰兒，還在不斷成長、改變。現在的台灣本島，長約400公里，最寬約150公里，最高的玉山有3,954公尺。但是，菲律賓海板塊仍以每年靠近7～8公分的速度擠壓歐亞大陸板塊，導致玉山每年長高約1公分；恆春半島則每年約長高0.4公分，10萬年之後，恆春半島約可以伸長20公里；蘭嶼則以每年約1～1.5公分的速度向海岸山脈靠近。數百萬年後，台灣將是何等模樣？

袖珍版地球奇觀

台灣位在現今地球板塊活動最劇烈、碰撞最頻繁的造山帶上，600萬年來，一直蠢蠢欲動，持續抬升並擴大。全島不到四萬平方公里的範圍內，卻得天獨厚擁有河流、山谷、盆地、平原、台地、湖泊、火山，以及山脈等豐富地形。尤其從西部海岸平原向東短短數十公里內，就驟然突起4,000公尺高峰，可說是地球上最獨特的地質地形奇觀之一。即使是同樣地形，在台灣也會產生複雜多樣的變化，例如河谷地形，發源於中央山脈兩側處的河流，會形成陡峭狹窄的V形河谷，流至平原區時，卻呈現出寬廣平緩的辮狀河或蜿蜒曲流。在1999年921大地震之後，台灣更因斷層活動引發地形變化、地質裸露，吸引了世界許多頂尖地質學家前來，一探地質地形的奧秘。

火山

台灣島上的火山可分為兩種，一是錐狀型火山，大多是板塊隱沒作用所形成，會產生猛烈的爆發，以海岸山脈、綠島與蘭嶼的火山為代表；另一種是平台狀（盾狀）火山，主要是因為板塊張裂，造成地下深處岩漿湧出地表，火山活動較為和緩，以澎湖群島的火山為代表。火山地區會產生各種礦物，例如金瓜石的金銅礦、陽明山的硫磺礦，以及北投的地熱溫泉等，全都是火山作用下的產物。

▲從陽明山上俯瞰台北盆地，隱約可見蜿蜒其中的淡水河與基隆河。（黃丁盛／攝）

▼隆起於彰雲平原的八卦台地，邊坡有明顯的侵蝕地形。（吳志學／攝）

盆地

盆地是四面環山的凹地，通常是因為地殼產生張裂作用，造成局部山地沉陷因而形成，通常散布在山地、丘流或台地之間。台灣幾個最主要的盆地，如台北盆地、台中盆地、埔里盆地等，都是典型的盆地地形。

台地

台灣西部的台地都是十幾萬年來，斷層活動所形成的傾斜台地，有的較為平坦，例如林口台地、桃園台地；有些則呈現大傾斜面，例如三義台地、大肚台地、八卦台地與西恆春台地。

台北盆地

至今仍不斷在沉陷的台北盆地，約在100～60萬年前形成，新店溪、大漢溪與基隆河搬運下來的沉積物，大量堆積在台北盆地中，最厚的沙泥層至少已堆累了600多公尺。

大屯火山群

大屯火山群是台灣火山分布最密集、火山活動最活躍的地區。據最新研究顯示，大屯火山群的生成是受到地殼「拉張崩解（extension-al collapse）」作用所造成；也就是說，原本相擠壓的菲律賓海板塊和歐亞大陸板塊，在距今60～40萬年前，開始產生地殼張裂、崩陷現象，因而引起北台灣（包括大屯火山群、基隆火山群與鄰近火山島）一連串大規模的火山噴發。

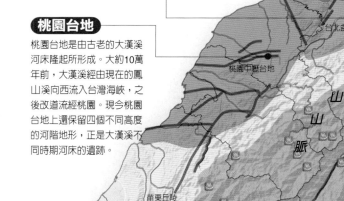

桃園台地

桃園台地是由古老的大漢溪河床隆起所形成。大約10萬年前，大漢溪經由現在的鳳山溪向西流入台灣海峽，之後改道流經桃園。現今桃園台地上還保留四個不同高度的河階地形，正是大漢溪不同時期河床的遺跡。

▲七星山小油坑有噴氣孔、硫氣孔與溫泉等火山地形景觀。（許育惱／攝）

蘭陽平原

蘭陽平原的成因與西部的嘉南平原不同。從大區域的地質環境來看，蘭陽平原位在沖繩海槽最西側，數百萬年來沖繩海槽持續張裂擴大，100多萬年前終於擴張到台灣島上，分裂中央山脈，也形成了位在中央山脈之中的蘭陽平原。

太魯閣峽谷

位在中央山脈東側最古老脊樑山脈的太魯閣峽谷，因為在九曲洞出露堅硬的大理岩，所以河流下切後，河谷兩側岩壁依然屹立不搖，造成近乎垂直的陡壁，也比一般V形谷更為狹窄，因此被譽為「一線天」。

濁水溪

全長186.6公里的濁水溪，是台灣最長的河川，也是唯一橫貫中央山脈、雪山山脈、西部麓山帶與海岸平原的河流。由於上游流經中央山脈板岩出露帶，河水含帶大量板岩泥沙，長年呈混濁狀態，也因此得名。

嘉南平原

嘉南平原是台灣西部面積最大的沖積平原。台灣的西部海岸平原都是造山運動時，地殼受到擠壓或張裂所產生的沉陷區域，至今仍在陷落中。嘉南平原每年正以0.5～1公分的速度持續下陷。

高山湖泊

台灣的高山地區存在許多小型湖泊，形成原因大多是軟弱的岩層區域受到侵蝕作用，產生凹陷所致，例如中央山脈南二段上的嘉明湖、高雄茂林與屏東霧台的大小鬼湖、宜蘭的雙連埤等。

中央山脈

中央山脈是台灣形成島嶼時，最早露出海面的地區，所以台灣最古老的岩石就出現在此，而台灣第一高峰、東亞最高峰的玉山（3,954公尺）也坐落在此。

河流

因為中央山脈呈南北走向，所以沿著山脈兩側坡面發育的河流，大多呈東西向，只有少部分河流是順著斷層作用下的陷落低地流淌，流向才會與山脈平行，例如楠梓仙溪與荖濃溪，以及花東縱谷中的花蓮溪、秀姑巒溪與卑南大溪。由於地形特性，流經山脈地區的河流型態會呈樹枝狀河系，甚至產生下切曲流，但到了平原區，就呈現直線形的辮狀河，或彎曲的曲流。

平原

平原是指河流沖積形成的廣大平坦地形。台灣的平原區分布在西部海岸平原（彰雲－嘉南－高屏平原）和北部蘭陽平原。西部海岸平原位在山脈與台地西側，由西部各主要河流沖積形成，包括大肚溪與濁水溪的彰雲平原、八掌溪與曾文溪的嘉南平原，以及楠梓仙溪與荖濃溪的高屏平原；北部的蘭陽平原則由蘭陽溪沖積形成。

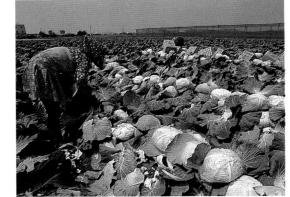

▲肥沃的嘉南平原是台灣稻米、果菜的重要產地。（黃丁盛／攝）

河谷

地殼或山脈隆起時，河流會產生侵蝕作用，形成河谷地形。河谷地形會隨著地形、氣候、地質條件等，發育成不同類型。中央山脈之所以全為V形峽谷，正因地殼受板塊擠壓時，同時也快速隆起增高，造成河流急遽下切侵蝕，而呈現峽谷地形。通常愈西部、愈低矮的山脈，河谷地形會逐漸轉變成較寬闊的V形谷，河床坡度也較平緩。

▲從角板山公園可清楚看到大漢溪沖積出的河階地形。（黃丁盛／攝）

湖泊

湖泊與板塊的變動息息相關，當板塊張裂時，地表下陷，就可能形成湖泊，但若沉積物堆積得太多，則無法形成。全台灣有多處地殼沉陷區域，但因河流從中央山脈搬來太多沉積物，所以大多無法形成湖泊，如台北盆地、蘭陽平原、台中盆地、埔里盆地等。但在某些時期，因為氣候變化，這些盆地也一度成為湖泊，數千年前的台北盆地便曾是汪洋大澤。

山脈

因板塊碰撞、擠壓，產生一連串呈現帶狀的山，稱之為山脈，例如台灣的中央山脈、亞洲的喜馬拉雅山、歐洲的阿爾卑斯山，以及北美的洛磯山脈等。月球、土星與火星上沒有山脈，就是因為這些星球上沒有板塊運動。

◀中央尖山的南壁為草坡，西陵則有如尖刃一般，高度為「三尖」之首。（連志展／攝）

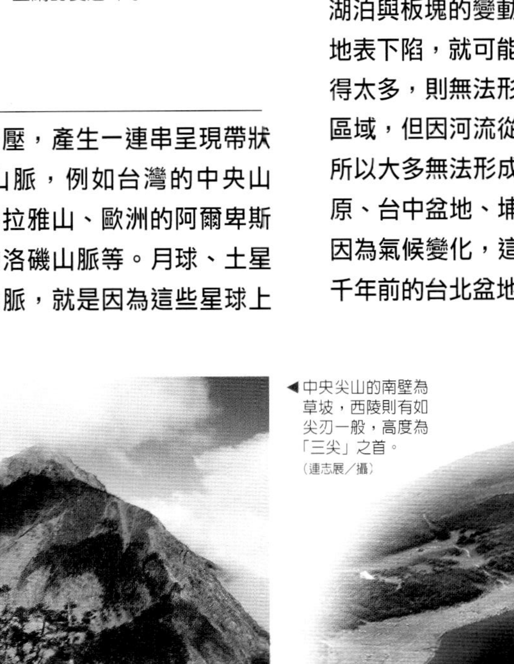

▼海拔3,310公尺高的嘉明湖，因長橢圓的外型，又稱蛋池。（連志展／攝）

為什麼台灣會地震頻傳

1999年9月21日凌晨1時47分，全台灣天搖地動，百年來最強烈地震搖撼著全島。這個死傷逾萬人的世紀大地震，至今仍是一場難以忘懷的夢魘。地震其實就是斷層活動現象。當板塊相互作用時，能量會集中在地殼較脆弱的地方——岩層斷裂處，也就是斷層。一旦地殼無法承受所累積的能量，就會沿著斷層產生移動，將之前所累積的能量釋放出來，形成震波。

台灣本來就位在地震最頻繁的環太平洋地震帶上，而台灣的誕生正是兩個板塊碰撞、擠壓的結果，所以島上活動斷層特別密集；加上人口密度又高居世界第二位（每平方公里645人），因此，一旦發生大地震，就容易造成慘重災情。雖然現代科技發達，台灣更是全世界地震觀測儀器分布最密集的地方，但因科學家尚未完全掌握地震的成因，未來50年內可能還是無法準確預測地震。所以目前仍只能藉由加強建築物的抗震強度，以及正確的防災與救災概念，來減低地震所帶來的災害。

寶島溫泉，絕世好「湯」

台灣位處地質活動活躍的火山帶與造山帶，地熱現象豐富，所以擁有百餘處的自湧溫泉露點。其中因岩漿及火山活動造成地殼裂隙而湧出的火山帶溫泉，包括了陽明山的硫磺溫泉、綠島及龜山島的海底火山溫泉；而花蓮瑞穗、台東知本、台北烏來及台南關仔嶺等，都屬於造山運動導致地層斷裂而湧出的溫泉。自週休二日制施行以來，本土觀光產業便開始運用各種自然資源。由於台灣具有多樣的溫泉地質，且溫泉所富含的礦物質，如有「美人湯」之稱的碳酸氫鈉泉，以及北投地熱谷的青磺泉、台南關仔嶺的泥泉、蘇澳冷泉等，都對人體具有保健作用，使溫泉觀光得以在近年的休閒養生風潮中營造出一股泡湯熱潮。

▲綠島是因南中國海板塊沒入菲律賓海板塊而形成的火山島，著名的朝日溫泉即是沿海底火山島裂隙自然湧出的海底溫泉。（黃丁盛／攝）

◀蘇澳冷泉是在地殼張裂環境下所生成，水溫終年維持22°C左右。因含有大量二氧化碳，過去曾是製造彈珠汽水的水源。（黃丁盛／攝）

▲1910年代即已開發的瑞穗溫泉為氯化物碳酸鹽泉。由於水質富含鐵質，經空氣氧化即呈微黃色。（林茂耀／攝）

▼位於宜蘭大同梵梵溪畔的梵梵野溪溫泉，為中溫的碳酸氫鈣鈉泉。因位於溪畔，遊人常在溫泉與清溪之間洗起「三溫暖」。（魯獅／攝）

▼關仔嶺的水火同源景觀，是因為岩壁有天然氣冒出，使火永不熄滅，又恰有泉水自壁縫滲出，才形成如此的罕見景觀。（黃丁盛／攝）

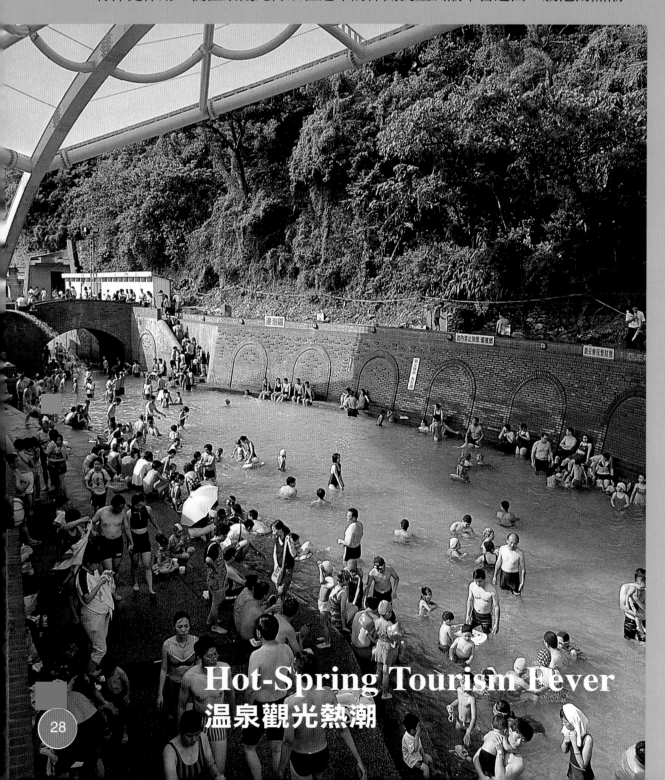

Hot-Spring Tourism Fever
溫泉觀光熱潮

Nature's Labortories for Mountain Creation
天然造山實驗室

▲澎湖群島是地殼張裂沉陷時，地底岩漿沿地殼裂隙竄出固化而成的火山平台。冷凝過程所產生的柱狀節理經海水侵蝕後，露出壯觀的柱狀玄武岩結構。(黃丁盛／攝)

◀野柳海岬堅硬的砂岩層中有堅硬的「結核」及海膽化石層。經海水沖蝕，各種外型的結核突出於砂岩表面，產生了女王頭、燭台石等奇特景觀。(吳立萍／攝)

◀台灣西南部遍布著面積廣闊的惡地地形，又稱為「月世界」。惡地地形是在膠結不良的泥岩區形成的特殊景觀；因為泥岩極易被雨水侵蝕，地表不易形成土壤而無法耕作，所以稱為惡地。約300萬年至50萬年前，這片泥岩在海底沉積，但不久即因造山運動而被推擠、隆起成為陸地後，遭侵蝕而形成惡地地形。(鄭信藏／攝)

特殊地形教室

台灣位於世界島弧系統與大陸板塊碰撞處，在板塊擠壓劇烈作用下產生的造山運動中，成爲世界最大洋太平洋與最大陸地歐亞大陸之間的高山島嶼。如此獨特的地理位置，又經高溫、多雨、颱風、季風、河流與海水等氣候及水文因子的刻畫下，使台灣發育出許多特殊的地質地形景觀。其中最具代表性的有：受火山作用主導的大屯火山區及龜山島活火山；因板塊擠壓而在造山運動中隆起的中央山脈，以及經河流急速下切而成的太魯閣峽谷；經風蝕及海蝕作用而產生的海岸侵蝕地形，如野柳海岬及基隆地質公園的海蝕平台；西南部地區因特殊地質及風化作用而生成的惡地地形；以及因地殼張裂、熔岩流出而成的澎湖玄武岩熔岩平台等。在台灣如此小的範圍內，能看到如此多樣的特殊地景，猶如一個地質地形的天然教室。

大地雕刻傑作 太魯閣峽谷v.s.美國大峽谷

美國大峽谷和台灣太魯閣峽谷都是世界罕見的峽谷奇觀。大峽谷位於廣大平坦的科羅拉多高原，經科羅拉多河下切沖蝕而成，長達446公里，比台灣本島南北距離更長；深度達1,600公尺，峽谷岩壁更展露出達20億年的沉積岩層紀錄。如此懾人的氣勢及無價的地質資料，使它獲選為世界遺產。

太魯閣峽谷則是經造山運動及立霧溪的劇烈沖蝕，下切成近乎垂直的雄偉斷崖絕壁，深度達1,000公尺。岩壁上裸露出2,500萬年前的古老大理岩層，並在造山與變質運動的作用下，產生奇特的岩層褶皺現象。造山運動持續在此發生，成為太魯閣欲躋身世界遺產之列的最大潛力所在。

高原鴻溝v.s.一線天：美國大峽谷所處的科羅拉多高原，冰河期曾遭數千公尺厚的冰河覆蓋，冰層隨氣候暖化逐漸消失後，地殼因而快速隆起，再經科羅拉多河沖蝕成峽谷。太魯閣峽谷則是在造山運動中，岩層變質為堅硬的大理岩，經立霧溪下切侵蝕，河流的下蝕率遠大於峽谷兩側的侵蝕率，形成罕見的一線天峽谷。

廣闊的峽谷網絡v.s.鬼斧神工的劈力：科羅拉多河長2,330公里，源尾落差達2,750公尺，上游和中游各支流在科羅拉多高原上沖蝕出滿布孤山尖峰的峽谷網絡。而穿鑿太魯閣峽谷的立霧溪，雖僅數十公里長，源尾落差卻幾近3,500公尺，強勁的下切侵蝕力彷彿鬼斧神工，在年輕的台灣山脈中劈出險峻的U形峽谷。

(左圖) 太魯閣峽谷是世界上最具代表性的造山帶河谷地形，也是快速隆起的山脈中，典型的峽谷地形。(鄭信藏／攝)

(右圖) 美國大峽谷因位處高原上，地表沒有突出的山脈，因此峽谷頂面呈現出類似台地的平緩地形。(許育愷／攝)

台灣．太魯閣峽谷
Taroko Gorge,Taiwan

位置：台灣，花蓮縣立霧溪流域
長度：長約20公里
深度：約1,000公尺
地質年齡：200萬年
特色：大理岩層、造山運動下的典型U形峽谷
族群：太魯閣族
評價：文建會列入世界遺產潛力點

美國．大峽谷
The Grand Canyon, U.S.A.

位置：美國，亞利桑納州科羅拉多河流域
長度：長446公里
深度：最深達1,600公尺
地質年齡：約600萬年
特色：出露岩層橫跨20億年，記錄了地球從前寒武紀至更新世的地質變化
族群：普韋布洛族、霍拉族、哈瓦蘇族
評價：1979年列入世界遺產

沙漠帶上的綠寶石

位在南北緯15～35度間的副熱帶地區，大多是乾燥的高原與沙漠，包括全球最大的撒哈拉沙漠、阿拉伯半島及澳洲西部等沙漠，全都分布在此。台灣也位在這個沙漠帶上，卻因地處太平洋邊緣，且有全球最大暖流「黑潮」流經，帶來了充沛的水氣；又因位在亞洲季風系統之中，夏季有暖濕的西南風，春夏交替之際，則有梅雨鋒面帶來綿綿細雨。此外，台灣也在西北太平洋颱風移動路徑上，颱風所帶來的豐沛雨量，是台灣最重要的水源。

特殊的地理條件，不但讓台灣免於沙漠化的厄運，更成爲北回歸線上唯一每年會下雪的地方。此外，這個綠意盎然的蓊鬱之島，一年四季還可見到各式各樣的天氣現象，可說是氣象研究者的天堂，也是絕佳的氣象實驗場。

高壓帶沙漠化現象

沙漠的形成與大氣環流息息相關。受地球表面接收太陽輻射量不均的影響，熱帶地區的溫度高於兩極，且易產生氣流的垂直上升運動。當空氣上升到對流層頂端時，會往兩極移動，然後在南北緯30度附近的副熱帶區下沉，將比較乾燥的空氣從高空帶往地表，讓該地區變得乾燥，降雨機率也變小。長年乾旱的結果，就容易出現沙漠化現象，內陸地區尤其明顯。

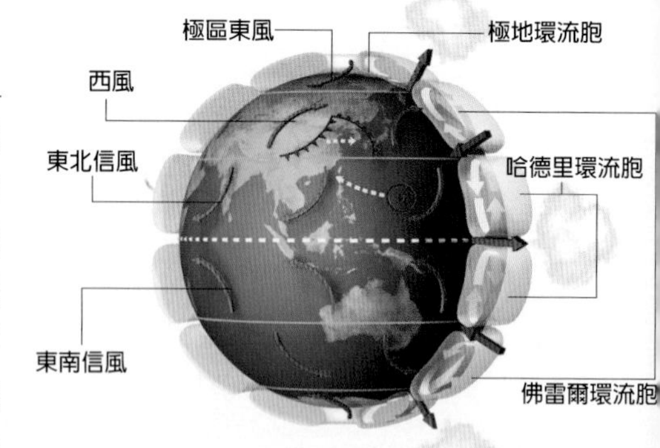

▲全球垂直環流分布圖。(張良銘／繪圖)

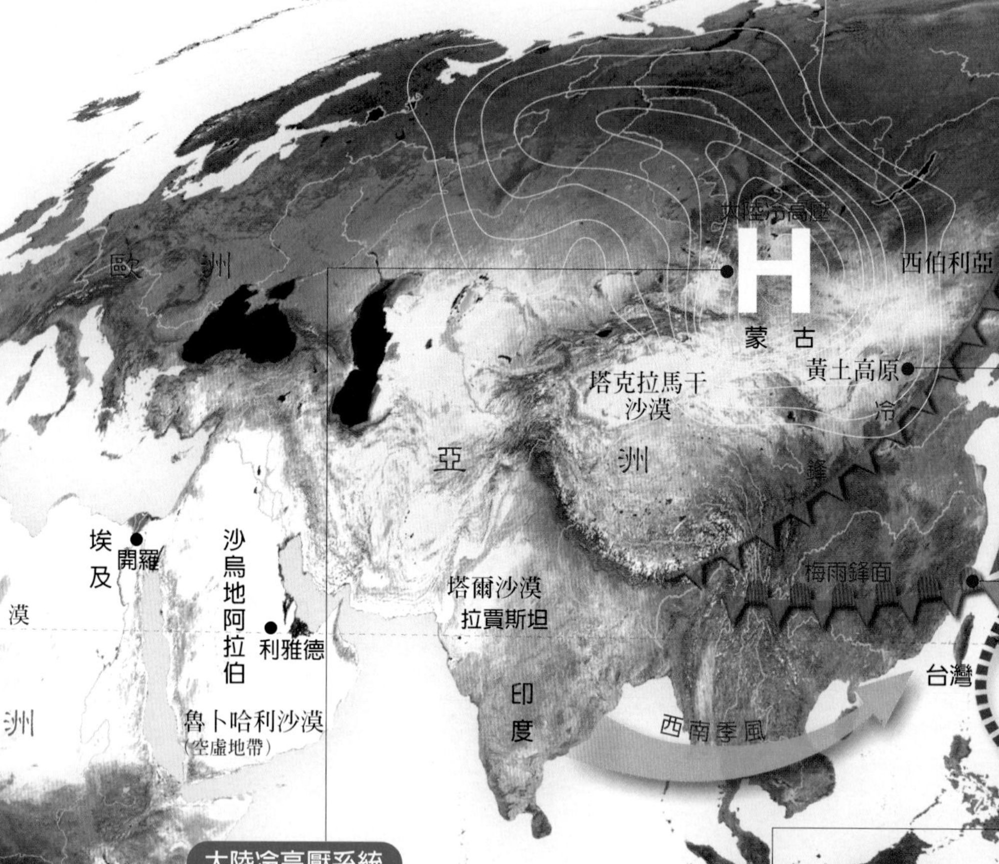

大陸冷高壓系統

每到冬季，緯度較高、地勢平坦的蒙古、西伯利亞等地，因無法有效接收太陽輻射，且因地表多被冰雪覆蓋，溫度驟降。由於冷空氣密度較高，不斷累積後，壓力便愈來愈大，進而形成大陸冷高壓，並往南移動，此即為「寒潮」（俗稱「寒流」）。寒潮常伴隨強風與低溫，使農作物和養殖魚類蒙受巨大損失。

▲冷鋒過境，若水氣足夠，就會下雪。(游登良／攝)

熱帶低壓系統

產生於熱帶地區的低壓，稱為「熱帶氣旋」或「熱帶低壓」，常常伴隨著空氣向內聚集與強烈的上升運動，並藉由上升冷卻，將水氣凝結，所以容易下大雨、颳大風，一旦風速超過每秒17.2公尺，就是颱風。

圖例

- 大陸冷高壓
- 太平洋副熱帶高壓
- 冷鋒
- 梅雨鋒面
- 東北季風
- 西南季風
- 颱風行徑方向
- 黑潮

2100年，全球暖化下的台灣

全球暖化議題的研究權威──政府間氣候變遷專家小組（IPCC）推測，2100年時，全球溫度將上升攝氏1～3.5度，極區冰河會因此逐漸融化，全球海平面將上升15～95公分，有些海島會消失，住在離海岸50公里內的人，也將面臨家園被海水淹沒、遷居等問題。

台灣主要城市多位於沿海，必將受到極大影響，預計將減少近三成的濕地、14%的地下水，黑面琵鷺現有棲地超過1/3被海水淹沒。以嘉南平原為例，海平面將上升1公尺，台南沿海會有119平方公里土地被淹沒，台南市安平區更有50%的土地將就此消失。

紅色區域為海平面上升▶1公尺後的淹沒範圍。

海洋島嶼季風氣候

台灣因位在亞洲季風區內，具有明顯的海島型氣候特徵：陽光充足、氣候溫和、雨量充沛，且降雨型態多變，加上中央山脈縱貫全島，雨區分布複雜，各地氣候差異也相當顯著。5、6月的梅雨季和7～10月的颱風季，是台灣最主要的降雨期，占全年總降雨量67%；冬季與春季降雨量則相對少許多（東北部除外），可說是台灣的乾季。降雨型態則是夏季多急雨，時間短促；冬季多綿綿細雨，下雨時間較長。

▲風向風速儀。（李宗傳／攝）

沙塵暴

亞洲地區75%的沙塵暴發生在春季（3～5月），這與鋒面系統特別活躍、易形成強風有密切關係。中國每年平均有15次強度不等的沙塵暴，其中約有3、4次會隨著高壓系統南移到達台灣。1995年3月10日，中國黃土高原大量的沙塵就隨著高壓系統南移，藉東北季風吹送到台灣，台灣西半部因而在12日下午，下了一場罕見的「黃泥雨」。

▲大陸發生的沙塵暴也會影響台灣。（黃丁盛／攝）

【如果台灣搬家了…

特殊的地理位置與地形特性，讓台灣具有得天獨厚的氣候條件。

如果台灣搬家了，一切可能就會大不同！以和台灣經度相近，但緯度較低的菲律賓為例，同樣是冬季少雨、夏季多雨的降雨型態，但雨量卻比台灣少了將近1,000毫米，差別在於菲律賓缺乏梅雨鋒面，以及東北季風所帶來的雨水，四季溫度變化較小，終年高溫炎熱，平均溫度約比台灣高出5度左右。

和緯度相當，位居中太平洋上的夏威夷檀香山相較，夏威夷溫度雖略高於台灣，但因為缺少夏季季風與颱風，所以年雨量只有562毫米，僅台灣的20%左右。

太平洋

北美洲

黑

太平洋副熱帶高壓

墨西哥高原

北回歸線

颱風進行路線

熱帶低氣壓

赤道

南美洲

南回歸線

全球最顯著的季風系統

台灣氣候主要受到東亞與西北太平洋季風區雙重影響。夏季時西南季風帶來的暖濕空氣，被中央山脈攔截，使得降雨集中在西半部。冬季受東北季風影響，降雨明顯減少，因北方的空氣比較乾燥，只有當氣流行經海上時，才能吸收部分水氣，產生少量雨水，但僅集中在東北部迎風面。

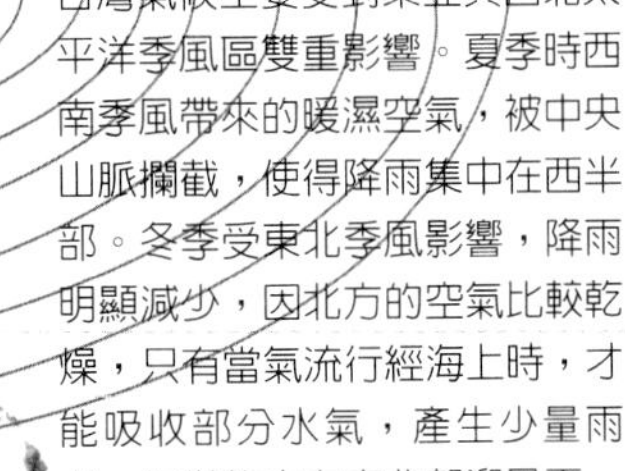

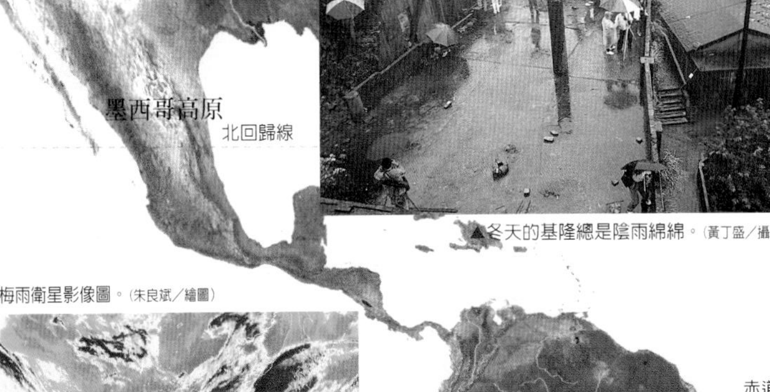

▲冬天的基隆總是陰雨綿綿。（黃丁盛／攝）

梅雨鋒面

春夏交替之際，海洋與陸地兩股天氣系統常呈拉鋸狀態。這兩種氣團帶來的冷、暖氣流會合後，就會形成滯留不動的梅雨鋒面。此鋒面系統可從日、韓延伸到華南，甚至中南半島，狹長的雲帶超過2,000公里，較短時則僅幾百公里。到了7月下旬至8月初，鋒面雲帶會北移到韓國及大陸東北地區。

▼梅雨衛星影像圖。（朱良琪／繪圖）

颱風的毀壞與新生

台灣周遭每年有將近26個颱風形成，占全球颱風總次數的30%，也是大西洋的2～3倍。颱風常挾其強大的風力和降雨，造成極大的災害，但也為台灣帶來大量「水源」，約占全年總降雨量的40%，是影響台灣最主要的天氣系統。

▲颱風雷達回波圖。（張良銘／繪圖）

擦身而過的黑色暖流

黑潮因水色深藍近黑色而得名，發源於北赤道流，從菲律賓東南方沿著北太平洋西部邊緣向北流，是全球最大、最強勁的暖流。黑潮流經的海域具高溫、高鹽度的特性，既可經由蒸發，提供大氣充足的水氣，還能將低緯度地區的溫度與水氣往北輸送，影響高緯度地區的氣候。台灣正好位在「黑潮」路徑邊緣，得以接收它所帶來的暖濕空氣。

▼隨著黑潮而來的飛魚。（中研院生物多樣性中心／提供）

▶氣象局雷達站。（魯鋼／攝）

一年五季多變化

全世界各地區的季節變化，都是隨地球與太陽相對位置的改變而來。位在北半球的台灣，夏季時，太陽光直射北半球，所以北半球溫度較高，冬季則相反。「春暖、夏熱、秋涼、冬冷」是台灣主要的溫度特性。又因位在北迴歸線附近，夏季受太平洋副熱帶高壓環流控制，全島都籠罩在高溫狀態，南北溫差小；冬季則受北方大陸冷氣團影響，溫度南高北低。降雨方面，「夏季多雨、冬季乾旱」是主要特徵，降雨型態則是「夏季多急雨、冬季多細雨」，冬季降雨僅集中在北部及東北部山區。

此外，台灣因處在季風系統過渡帶上，春夏交替之際，會有另一個鋒面系統主宰台灣的天氣變化，即為期將近兩個月之久的梅雨。所以嚴格來說，台灣的季節應該畫分成五季。此外，地形對台灣的氣候也造成區域性影響，例如「竹風蘭雨」、「恆春落山風」等地方性氣候特徵，就是地形變化的傑作。

秋高氣爽怕老虎（9月中～11月底）

秋天一到，北方冷空氣開始進入台灣，天氣特別涼爽，溫度從9月均溫27℃一路降到11月均溫21.8℃，可說是四季中最舒適的季節。但是當太平洋高壓增強並籠罩台灣時，就會像夏天般高溫而炎熱，這就是人們常說的「秋老虎」。秋天的降雨仍以颱風帶來的雨水為主，但也開始受到東北季風影響，呈現東部多雨、西部少雨的降雨現象。

▲風大雨少，造就了新竹地區的風乾食品特產，如新埔柿餅、南勢里米粉等。（黃丁盛／攝）

冬季北濕冷南乾暖（12月初～2月底）

南暖北冷、南乾北濕可說是台灣冬季最佳的寫照。冬季平均溫度為17.9℃，與夏季均溫28.1℃相差了10度之多；冬季均溫具明顯的南北差異，以恆春的21.1℃最高，淡水的15.8℃最低。冬季降雨量僅占全年15%，是一年中最乾燥的季節。

▲近4,000公尺的玉山，冬天平均溫度只有零下0.6℃，經常下雪。（黃源明／攝）

山形地勢好幫手

海拔近4,000公尺的中央山脈縱貫台灣全島，雖造成空間上的阻隔，卻是成雲降雨的重要關鍵。當空氣從低層往高空爬升，達到冷卻效果後，水氣會凝結出小水滴，形成降雨，因此山區降雨總是比平地多。地形也可以改變氣流流動方向，讓某些地方風速增加，新竹、澎湖就是典型例子。

▲澎湖強勁的風力也成為重要的新能源，每年靠風力發電所生產的電量占了總發電量的5.7%，算得上是「因禍得福」。（黃丁盛／攝）

淡水低溫

台灣冬季受大陸冷高壓影響，吹東北季風，位在淡水河出海口的淡水地區因地勢平坦空曠，冷空氣可長驅直入，加上風勢較大，容易造成風冷效應。所以每回低溫特報，淡水總是不缺席。

新竹九降風

台灣海峽最窄處，就位在新竹與中國泉州之間，相距僅170公里。當氣流進入台灣海峽時，因寬度縮減，流速變急變快，並沿著地勢平坦的新竹海岸河谷吹向市區，使新竹的風比其他縣市來得大。每年9～12月吹起的「九降風」，更是將豐收的柿子曝曬乾燥成柿餅的好幫手。

三義霧

三義有「霧鄉」之稱。由於位居南北氣候分界，冷、暖空氣常在此交會。溫度與濕度不同的空氣匯集、混合後，受輻射冷卻而形成霧，持續時

基隆雨

基隆有「雨都」之稱。冬季時，因來自北方的氣流受地形舉升作用，降雨不停，年降雨量高達3,755毫米，降雨天數甚至超過200天。

花東焚風

梅雨季和颱風季期間最容易出現焚風現象，又以夏季的花東地區最常發生。因為當颱風通過台灣東北部及北部近海時，逆時鐘方向旋轉的氣流會由西往東流動；迎風面受地形舉升作用產生降雨的現象，強大的氣流便越過中央山脈，再俯衝而下；受到下沉壓縮作用影響，產生異常增溫，進而形成乾熱的風，稱為「焚風」或

年雨量分布圖圖例：1200 1400 1600 2000 2400 2800 3200 4000

澎湖二怪

「風大、雨少」堪稱「澎湖二怪」，也是澎湖的氣候特徵。由於海拔不到30公尺，缺乏高山攔阻水氣，難以出現地形雨，是台灣最乾燥、水資源最缺乏的地方。沒有高山屏障，也使澎湖成了著名的「風島」。

彰嘉低溫

彰化、嘉南平原位在東北季風背風面，日天晴朗無雲，使得夜間地表輻射冷卻效應明顯，熱量流失速度比其他地區快，加上北方乾冷氣流的影響，冬季清晨容易出現低溫。

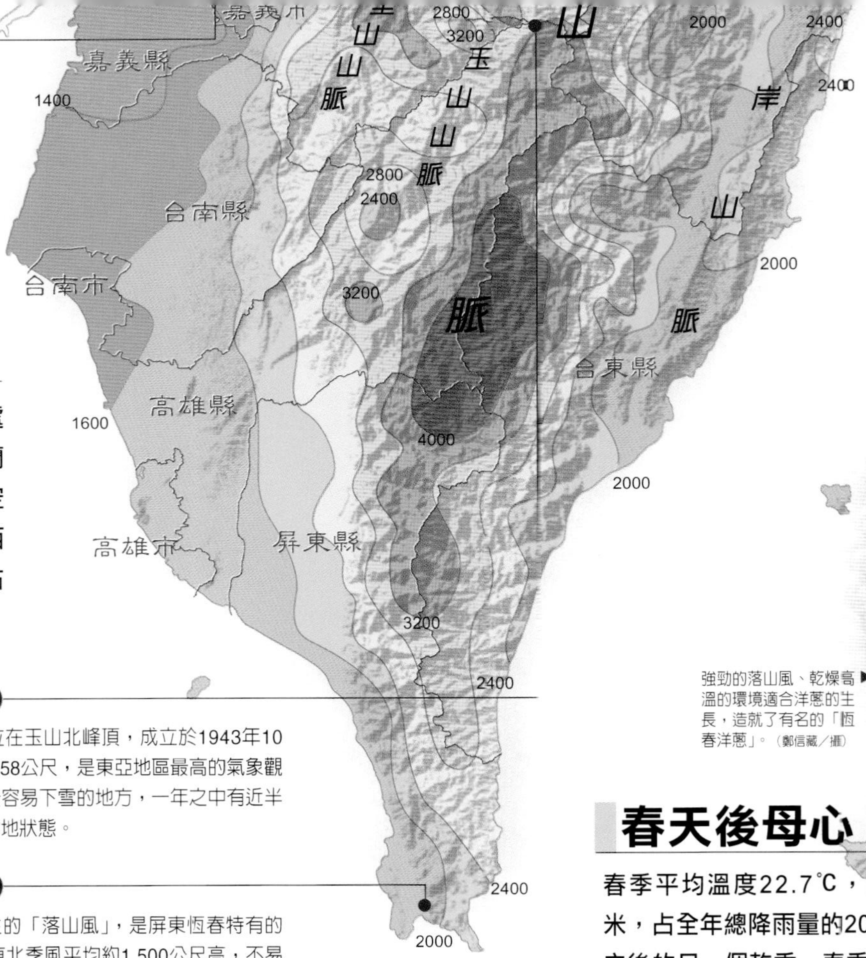

夏陽高高照（6月底～9月中）

夏天主要受太平洋副熱帶高壓環流影響，全台各地幾乎都處在高溫狀態，平均溫度約28.1℃，南北沒有明顯差距，只有蘭嶼因受到海洋調節，均溫僅26℃。高溫加上南邊來的暖濕空氣，午後發生雷陣雨的機率也很高。夏季氣候同時也受到西北太平洋夏季季風及颱風的雙重影響，雨量高達944毫米，占全年總降雨量的37%，是台灣最主要的雨季。

▲西北颱的移動路徑與逆時鐘方向旋轉的氣流，正好與淡水河口河水流向度相反，因此不容易讓水排出大海，而造成大台北地區出現淹水現象。（黃丁盛／攝）

玉山測候站

玉山氣象觀測站位在玉山北峰頂，成立於1943年10月1日，海拔達3,858公尺，是東亞地區最高的氣象觀測站，也是台灣最容易下雪的地方，一年之中有近半年的時間是冰天雪地狀態。

恆春落山風

10月到4月常發生的「落山風」，是屏東恆春特有的天氣現象。由於東北季風平均約1,500公尺高，不易越過中央山脈，但在海拔400～1,000公尺的恆春半島枋山、楓港附近，便可越過山脈，形成強勁的下坡風，直撲恆春半島西岸，形成所謂的「落山風」。

綿綿梅雨無絕期？（5月初～6月底）

5月初到6月底的梅雨季，平均降雨量約581毫米，占全年22%，是台灣僅次於颱風的重要降雨期。當梅雨鋒面滯留在台灣附近，就會出現連續降雨，有時還會挾帶豪大雨或雷雨，造成水災。若梅雨季降雨量短少，原是枯水期的春季就有乾旱的危機，南部地區尤其明顯。

強勁的落山風、乾燥高溫的環境適合洋蔥的生長，造就了有名的「恆春洋蔥」。（鄭信藏／攝）▶

春天後母心？（2月底～5月初）

春季平均溫度22.7℃，雨量約544毫米，占全年總降雨量的20%，是繼冬季之後的另一個乾季。春季也是冬、夏兩季的過渡期，除了受大陸冷高壓南移所伴隨的鋒面系統影響外，南方的熱帶暖濕系統也會逐漸增強北移。兩系統交互影響，天氣像後母的心情一樣，陰晴不定，常讓氣象預報人員頭痛不已。

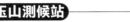

▲3月中旬開始的花季，南有阿里山櫻花，北有陽明山杜鵑花，是春天最醒目的招呼。（黃源明／攝）

老祖宗的行事曆

月份	3月	4月	5月	6月	7月	8月	9月	10月	11月	12月	1月	2月
24節氣	驚蟄3/5或3/6 春分3/20或3/21	清明4/4或4/5 穀雨4/20或4/21	立夏5/5或5/6 小滿5/21或5/22	芒種6/5或6/6 夏至6/21或6/22	小暑7/7或7/8 大暑7/22或7/23	立秋8/7或8/8 處暑8/23或8/24	白露9/7或9/8 秋分9/23或9/24	寒露10/8或10/9 霜降10/23或10/24	立冬11/7或11/8 小雪11/22或11/23	大雪12/7或12/8 冬至12/21或12/22	小寒1/7或1/8 大寒1/20或1/21	立春2/4或2/5 雨水2/18或2/19
季節	【春季】2月底～5月初		【梅雨季】5月初～6月底		【夏季】6月底～9月中			【秋季】9月中～12月初		【冬季】12月初～2月底		
季節氣候現象	乾旱期，有冰雹、濃霧、沙塵暴（至五月）等氣候現象。		台灣第一個雨季，有龍捲風、冰雹、豪大雨等氣候現象。		台灣第二個雨季──颱風季開始，有午後雷陣雨（西北雨）、伴隨颱風而來的花東焚風等氣候現象。			有秋老虎、露水等氣候現象。		有恆春落山風、寒潮、寒害、霜、高山下雪、低溫等氣候現象。		
節氣 v.s. 台灣氣候	「清明」在春季中期，常下著綿綿細雨，但正因為雨量不大，所以春季仍屬乾季。		「立夏」出現在五月初，表示夏天即將開始，溫度也應該要逐步上升，然而卻受到梅雨鋒面帶來降雨的影響，有時仍稍俱寒意。		「夏至不過不熱」，夏至一過，也表示梅雨季已經結束，正式進入炎炎夏日。「大暑」與「處暑」則分別出現於7月下旬及8月下旬，可說是最熱的時候，此與台灣的天氣符合。			秋天溫度開始漸漸降低，夜晚或清晨常有露水出現，時間點接近「寒露」；發生「霜降」的機會則比較低。		台灣緯度較低，平地不易發生「小雪」及「大雪」，但「冬至不過不寒」仍有其道理，因冬至時北方的大陸冷高壓會不斷靠近台灣，使溫度持續下降，到2月以後才會逐漸上升。 「雨水」出現在國曆二月中下旬，正好是冬季即將結束的時節。		

解讀颱風密碼

根據中央氣象局統計，每年至少會有3～4次颱風侵台，主要發生在夏季。颱風期間的狂風暴雨常帶來重大災害，威脅社會大眾的生命財產。不過，颱風並不只會帶來破壞。

就水資源的觀點來看，颱風其實是一個對台灣非常友好的天氣系統，它的光臨為台灣帶來大量雨水，台灣每年的降雨量，將近一半就是來自颱風的貢獻。

此外，颱風對海洋生態環境也有重要的影響，颱風帶來的強勁風速，會造成海洋強烈的湧升現象，使得儲存在海洋深處的有機營養鹽得以傳送至海洋表層，讓仰賴營養鹽維生的浮游植物數量遽增，並藉由行光合作用讓藻類大量繁殖，同時增加海洋吸收二氧化碳的能力，而藻類本身又是海洋生物的基礎食物，如此環環相扣，也豐富了海洋生態。

▲當兩個颱風相距不到1,200公里時，彼此會受導引氣流影響，繞著共同旋轉軸，以逆時鐘方向旋轉，直到其中之一削弱，但也可能合併，或者互繞後分離。（朱良斌／繪圖）

▼民國89年8月22日，強烈颱風碧利斯（Bilis）帶來的強風豪雨造成嚴重的水患和土石流，全台共計11人死亡、434間房屋全倒，農業損失近50億。圖為8月21日可見光衛星雲圖，颱風眼、雲牆與螺旋狀雲帶清晰可見。（張良銘／繪圖）

A Never-Ending Cycle
生生不息的循環

A Magnificent Happenstance Called Weather

風雲際會，氣象萬千

▲雲海為層狀雲的雲頂，通常以層積雲為主。當所處位置超過雲頂高度時，就可以看到雲海的美麗景致。冬天和夏天所看到的雲海並不一樣，冬天的雲海較為平坦，夏天因為較容易受熱對流的影響，呈現高低起伏的壯觀場面。本圖攝於秋冬時分的阿里山區。(黃源明／攝)

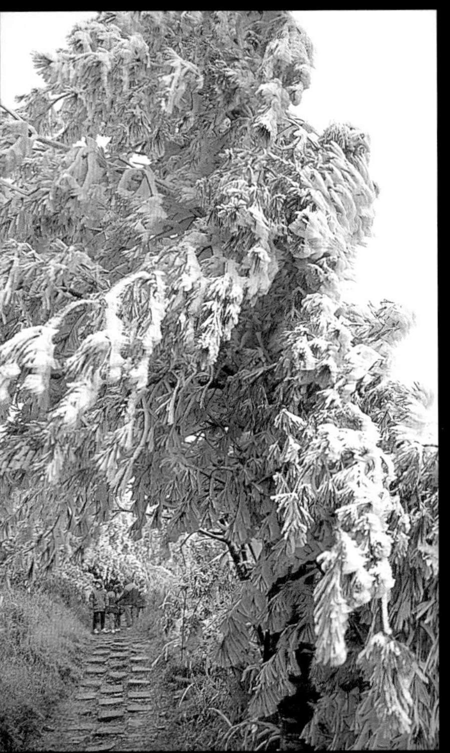

◀霧淞是過冷卻水滴（低於0℃但尚未凍結）不斷撞擊物體後迅速凍結的現象，常於迎風面出現，大部分為白色不透明的冰。此現象在台灣高山容易出現，平地較難發現它的蹤跡。(黃源明／攝)

氣象博物館

由於台灣位居全球最顯著的季風系統中，同時受到熱帶海洋與中緯度陸地天氣系統雙重影響，加上將近4,000公尺高的中央山脈橫跨南北，所衍生出的條件，讓台灣本島及其周邊海域，除了寒帶地區較常出現的凍雨和雨淞外，幾乎所有的天氣現象都可以在這裡見到。例如：春季有大陸與中亞地區常見的沙塵暴；春夏交替時有東亞的梅雨、美國中部平原的龍捲風；夏秋兩季有熱帶地區的颱風；冬季有鋒面；還有地形作用下的落山風與焚風、中小尺度的劇烈天氣——颮線、冰雹，以及露、霜、霰、霧淞、虹、霓、日暈、月華等，讓台灣成爲氣象研究人員重要的研究場所，也成爲名副其實的氣象博物館。

Monsoon Rainforest in a Desert Zone
沙漠帶中的季風雨林

一樣緯度兩樣世界 季風雨林v.s.沙漠

北緯20～30度之間，可說是地球最特別的緯度圈，有全球降雨最多的地方，如印度東北部的乞拉朋吉，年雨量高達11,420毫米；也有幾乎終年無雨的乾旱區，如埃及開羅。也就是說，從沙漠到雨林，都在同一緯度圈上，形成強烈對比。

季風和颱風就是造成這種對比的主要關鍵，一旦將這兩個因素移離這個緯度帶，雨量就會明顯減少，乾旱面積也會大大增加。

同樣也位在這個緯度帶上的台灣，四面環海，不但有海洋調節氣候，還有颱風與季風雙重影響，所以雨量豐沛，四季分明。而不受季風與颱風影響的埃及，將近95%的面積都被沙漠覆蓋，夏季炎熱，冬季溫和，日夜溫差大，雨量也稀少。

雨林v.s.沙漠風情：因爲地理位置得天獨厚，台灣在全球最大暖流、最顯著季風系統、東亞最高山脈的交互影響下，雖位處全球最大沙漠帶上，卻四季有雨。不但擁有豐富且多樣化的森林生態系，甚至出現雨量高達4,000毫米的熱帶雨林。反觀同緯度的沙烏地阿拉伯首都利雅德，全年累積降雨量只有118.6毫米；而埃及首都開羅，更只有24.3毫米，還不及台灣午後的一場雷陣雨！

台灣v.s.印度拉賈斯坦v.s.埃及開羅：氣候條件大大影響了作物的栽種與生長。在多雨的台灣，水稻是最主要的農作物；而乾燥少雨的埃及，則以耐旱的棉花爲大宗作物；年雨量較埃及高的印度拉賈斯坦，則能種植花生、大豆等油籽類作物與洋蔥。

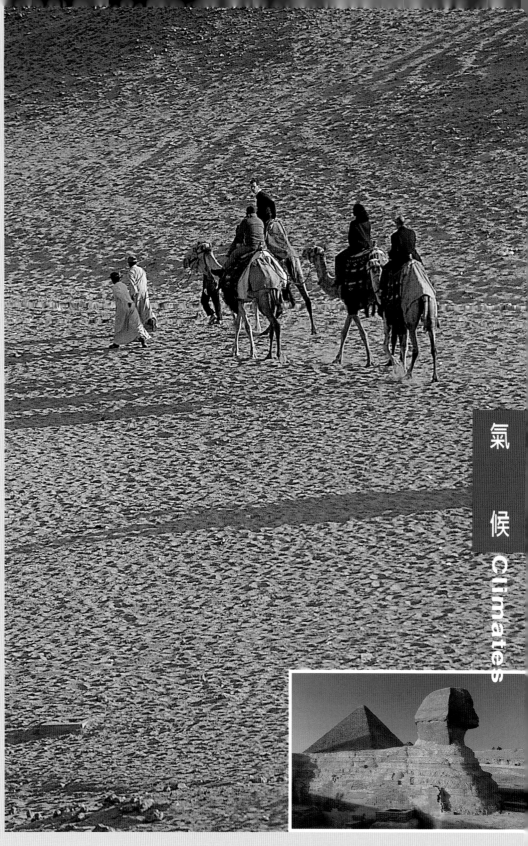

（左圖）台灣屬季風氣候，因中央山脈阻隔，北部及東部盛行東北季風，西部及南部受西南季風影響較為明顯，每每在迎風的山谷降下豐沛的雨量，如阿里山、宜蘭鴛鴦湖等；有的甚至形成季風雨林景觀，如蘭嶼天池、墾丁南仁湖等。（游登良／攝）

（中圖）位於印度西北部的拉賈斯坦，屬沙漠氣候，與巴基斯坦交界處更是一片沙漠，每年僅夏季7～9月來自印度洋的西南季風會帶來雨水，因此在水源不足的季節裡，當地的居民僅能在規定的時間一起到水井處提水。（黃丁盛／攝）

（右圖）埃及開羅的年雨量不到50毫米，是典型的沙漠氣候，夏季乾熱，冬季較為舒爽宜人，但早晚溫差大。除了尼羅河畔水源較為充足，幾乎全境為沙漠景觀。（黃丁盛／攝）

埃及．開羅
Cairo, Egypt

緯度：北緯30.1度
氣候：沙漠氣候
雨季：全年乾燥
年平均雨量：24.3毫米
年均溫：攝氏21.8度

印度．拉賈斯坦
Rajasthan, India

緯度：北緯26.9度
氣候：沙漠氣候
雨季：7～9月
年平均雨量：100～650毫米
年均溫：攝氏25.2度

台灣
Taiwan, R.O.C

緯度：北緯22～25度
氣候：季風氣候
雨季：5～10月
年平均雨量：2,500毫米以上
年均溫：攝氏22度

潮流匯聚大觀園

從地理位置來看，台灣位在全球最大的歐亞大陸板塊陸棚東緣、最大洋太平洋海盆西緣，並跨東海和南海交會處；西以台灣海峽和中國大陸相隔，南側的巴士海峽為南海與太平洋間的重要水道，是中國大陸面向大洋的前哨站。從氣候帶來看，台灣位居熱帶、副熱帶北緣及溫帶南緣，全世界最強大的洋流黑潮、中國沿岸流和南海水團三股海流也在此交會。從海底環境來看，台灣位在歐亞大陸板塊和菲律賓海板塊交界處，在板塊運動作用下，孕育出台灣複雜的海底地形。獨特的地理位置和優良的海域環境，讓台灣海域成為溫帶與熱帶海洋生物的交匯平台，創造出一個高度歧異的繽紛生命舞台。

西側平緩，東側陡深

台灣的海底環境大致分為西側台灣海峽和東部太平洋，東西對比明顯。台灣海峽是砂質底的大陸棚，南北分屬南海陸棚和東海陸棚，平均水深60公尺，最深不超過200公尺，地勢平坦，但在台灣西南側有澎湖水道和海底峽谷。東部外海離岸40公里即已降到4,000公尺，海底地形複雜，有凹陷的海溝、海槽、峽谷，也有高起的海底火山、海脊、島弧，如東北部有棉花峽谷、沖繩海槽、蘇澳海脊、琉球島弧，東南部有呂宋島弧、台東海槽，南部有恆春海脊等。

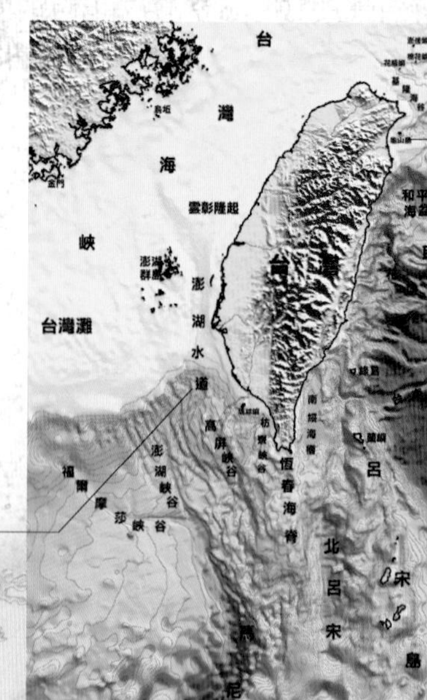

▲台灣附近海域海底地形圖。(國家海洋科學研究中心)

▲在澎湖水道沉船的將軍一號模型。(金成財／攝)

「黑水溝」澎湖水道

澎湖水道是一道北窄南寬的海溝，長150公里，寬約46公里，水深100～200公尺，溝窄水深，又多急流暗礁和漩渦，早期先民從大陸經澎湖到台灣，必經此處水域，但又頻遭不測，因而被視為凶險的「黑水溝」。

海涯遊子的漫漫歸鄉路

許多海洋生物為了覓食、繁殖、過冬等因素，會在大洋間做長距離洄游，有些也會像候鳥一樣，每年固定時間出現在固定海域。例如烏魚為了避冬產卵，每年會季節性洄游；五、六月到澎湖望安、蘭嶼海灘產卵的綠蠵龜，每隔三、四年就會回來交配產卵，其餘時間便生活在大洋之中；另外旗魚、鮪魚、鰹魚、飛魚、曼波魚，及鯨豚類等，則是跟隨黑潮而來的洄游生物。有的洄游生物是在區域間做洄游，有的洄游路線則可以從低緯度的熱帶海域一直到高緯度的極區海域，洄游時間從一年到數年不等。尤其有些生物的洄游路線長、洄游時間久，難以做精確追蹤，所以科學家目前對這方面的了解仍然有限。

◀綠蠵龜。(金成財／攝)

影響力最大的洋流

洋流不但能調節氣候，也是形成良好漁場的重要條件。台灣海域主要受黑潮、中國沿岸流和南海水團三股洋流影響，其中以全年流經台灣東部的黑潮影響最大，另二者受季風影響而有季節性變動。黑潮是由菲律賓北上的強大暖流，主流經過台灣東部沿海，北上東北角海域後轉往東北方，支流則在南部進入台灣海峽；冬季由中國北方南下的沿岸流，主要影響澎湖以北一帶海域；南海水團則跟著夏季盛行的西南季風，進入台灣海峽南部。

湧升流漁場

海流前進時，如遇地形阻擋，下層水便會爬升，形成湧升流，深海的養物質會被帶到表層，讓浮游生物量繁殖，並在食物鏈作用下，形成良漁場，如彭佳嶼、龜山島、台東域、澎湖海域及西南海域一帶。

石狗公是彭佳嶼海域常見漁獲。(中央研究院生物多樣性中心／提供)▶

龜山島的海底煙囪

龜山島是琉球島弧的火山島之一，在它東側還有無數海底火山，但由於高僅數百公尺，並未露出海面。科學家在龜山島附近海底發現許多「煙囪」，這些高度從數公尺到數十公尺不等的海底「煙囪」，是一種火山熱泉系統，會不斷湧出硫磺懸浮顆粒和氣泡，而在這個高酸性、低溶氧的環境中也仍有生命存在，自成一個獨特的生態系統。

▲龜山島。（許育愷／攝）

遠渡重洋捕魚去

台灣近海漁業由於長期過度捕撈，漁源枯竭，遠洋漁業於是逐漸成為漁業主力，也成為全世界六大遠洋漁業國家之一。作業範圍遍及三大洋，包括西南大西洋的阿根廷海域、福克蘭群島海域，北太平洋海域，以及東太平洋祕魯海域，以捕獲高經濟價值的鮪魚、魷魚、旗魚、秋刀魚為主，其中魷魚年產量居全球第三，鮪魚漁獲量也居世界前茅。

◀高雄前鎮港。（黃丁盛／攝）

【如果黑潮不流經台灣…

如果黑潮不流經台灣，台灣可能會成為沙漠，花東一帶的冬天氣溫會變得較乾冷；台灣四周海域不會處處有漁場，漁獲量也將大大減少；台灣的海洋生物多樣性將大為降低；蘭嶼的達悟族不會產生飛魚文化；台灣的鯨豚種類不會這麼多，更不會發展出賞鯨活動；台灣的河川生物多樣性也將大為降低。

▲蘭嶼曬飛魚乾。（中央研究院生物多樣性中心／提供）

沒落的近海漁業

近海漁業是指在200浬經濟海域內從事漁撈作業。台灣位在經濟魚類最豐富的大陸棚上，海洋資源豐厚，早年產量和產值也相當可觀，但由於長期過度捕撈、不當使用漁具和海洋污染等問題，已使漁獲量逐年下滑。

遠洋漁業重鎮

高雄、基隆和南方澳是台灣三大遠洋漁港，其中以高雄港規模最大，港區內闢有供沿岸作業漁船停泊的旗后漁港、供200噸以下近海作業漁船停泊的鼓山漁港，以及供5,000噸以下遠洋漁船停泊的前鎮漁港。

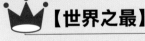

中國沿岸流帶來「烏金」

中國沿岸流是低溫、低鹽的海流，冬季在東北季風吹送下，沿著中國東南海岸南下進入台灣海峽，部分北方洄游魚類也隨之南下過冬，其中以漁民稱為「烏金」的烏魚最重要，是中國沿岸流送給漁民最大的禮物。

親潮

太平洋洋流

北美洲

圖例

大目鮪

長鰭鮪

黑鮪和南方黑鮪

綠蠵龜洄游路線

洋流

紅樹林分布

鰻魚洄游路線

珊瑚礁分布

北回歸線

北赤道洋流

赤道逆流

南赤道洋流

太平洋

赤道

南回歸線

洲

東澳暖流

▲高雄前鎮漁港。（黃丁盛／攝）

【世界之最】

1.台灣有石珊瑚約270種，占全球（約800種）1/3。
2.台灣有魚類約2,500種，占全球（約20,000種）1/10。
3.台灣有鯊魚約90種，占全球(約380種)近1/4。
4.台灣有鯨豚32種，占全球 (約80種) 1/3以上。
5.台灣有龍蝦14～16種，占全球(約150種)1/10，龍蝦種類居全球第一。
6.台灣有海蛇有14種，占全球 (約50種) 1/3以上。
7.台灣有海龜5種，全世界的種類都有。
8.台灣珊瑚種類超過300種，約世界珊瑚種類的30%。
9.台灣有海藻約600種，占全球(約12,000種)1/20。
10.台灣是全世界海洋生物多樣性熱點之一。
11.台灣是全世界唯二的櫻花蝦產地，另一處為日本。

▼花東沿海常可見隨黑潮而來的鯨豚。（李兩傳／攝）

黑潮三部曲

來自赤道的黑潮會帶來豐富的養分，滋養大量浮游生物，進而在台灣沿海形成良好漁場，並吸引許多大型海洋洄游魚類前來覓食，如4～6月的黑鮪魚、飛魚，10～12月的旗魚，以及追隨魚群而來的鯨豚和海鳥，相互形成一個完整的食物鏈，也為漁民創造大量財富。

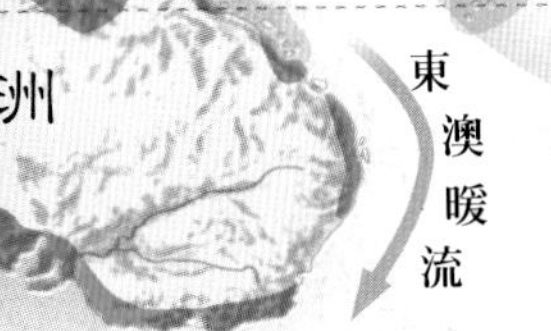

隨黑潮而來的東港黑鮪魚。（黃丁盛／攝）▶

各有所屬，在水一方

台灣面積占全世界陸地不到萬分之一，海岸線也僅約1,100公里，但由於地理位置優越，加上在地形、水溫、洋流和不同生態系的交互作用下，形成多種不同的棲地類型，使得台灣的海洋生態資源呈現出不可思議的多樣性和豐富度，不但擁有全世界十分之一的海洋物種種類，且擁有得天獨厚的優良漁場。台灣的海洋生態可分爲沿岸生態系和海洋生態系兩大類。沿岸是陸地和海洋的交會區，包括潮間帶和亞潮帶。台灣沿岸廣布沙洲、淺灘、瀉湖、河口、海蝕平台和珊瑚礁海岸等，棲地類型衆多，海岸生態豐富，大致可歸納爲沙岸生態系（包括紅樹林生態系）、礁岩海岸生態系，以及獨樹一格的珊瑚礁生態系。海洋生態系則依水深高度，分爲陸棚生態系及大洋生態系。

▲珊瑚礁生態系。（中央研究院生物多樣性中心／提供）

▲潮間帶常可撿拾許多貝類。（潘智明／攝）

高生產力的紅樹林生態系

紅樹林是以紅樹植物為主的潮間帶生態系，台灣現有四種紅樹植物：水筆仔、海茄苳、五梨跤和欖李，主要分布在西部沿海的河川下游兩岸及河口、潟湖一帶。為適應潮間帶惡劣的泥灘環境，紅樹植物發展出獨特的根系，不僅可攔截河川挾帶的泥沙和有機物，吸收營養物質，如小森林般的根柱更是各種蝦蟹和仔魚棲息及繁殖庇護所，退潮時的泥灘地則成為水鳥覓食天堂，是生產力最高的濕地生態系。

▲位在大甲溪口南側的高美濕地兼具泥質和沙質灘地，生態相當豐富，也是賞鳥勝地。（魯顥／攝）

▲水陸兩棲的彈塗魚擁有特化的胸鰭，讓牠可以在泥灘地上行走自如。（魯顥／攝）

以量取勝的沙岸生態系

台灣西部海岸北起淡水河口，南到屏東楓港為止，河口、潟湖、沙灘、泥灘、沙洲發達，形成獨特的沙岸生態系。由於位處潮間帶，底質缺氧，潮差和鹽度變化大，生存在這裡的物種都有耐鹽和耐旱機制，並各具獨特的生存本領。主要物種為蝦、蟹、彈塗魚、螺貝類、沙蠶等；且吸引各種雁鴨、鷸鴴科水鳥前來覓食，構成特殊的生命網絡。物種少、數量多是最大特色。

最具經濟價值的陸棚生態系

台灣的陸棚生態系主要分布在西岸的台灣海峽，東岸的陸棚範圍極狹窄。台灣海峽的沙質海底平坦廣闊，水深不到200公尺，又有黑潮、南海水團、中國沿岸流交會，以及中國大陸和台灣西部河川挾帶而來的有機物沉積在陸棚上，因而成為各種海洋生物繁殖棲息和覓食場所，包括數百種經濟魚種、30多種軟體動物、上千種甲殼類，以及多種貝介類、藻類，自古就是近海漁業的作業海域。豐富的陸棚食物網也使台灣成為重要的水鳥中途站。

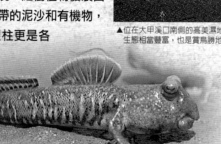

竹圍紅樹林

竹圍紅樹林位在淡水河出海口附近，是台灣最大面積的水筆仔純林；退潮時可看到和尚蟹如千軍萬馬般的覓食場面，還有招潮蟹忙著揮動大螯示威，一旁的水鳥則虎視眈眈，生機盎然。

高美濕地

高美濕地位在大甲溪口南側，兼具泥質和沙質灘地，擁有多種底棲生物和魚蝦貝類，同時也是賞鳥勝地，目前已有紀錄的冬候鳥超過百種。

野柳海蝕平台

野柳的海蝕平台遍布壺穴，退潮後的積水池可見紫菜、石花菜等，這些藻類也是藏身岩縫中的蟹類食物來源。

基隆碧砂漁港

從基隆到釣魚台一帶，均屬東海陸棚區，有湧升流形成的漁場，鄰近海域盛產上百種高經濟價值魚類，包括魚、蝦、海膽、烏賊等。

東北角珊瑚群聚

東北角海岸的海底雖然也有珊瑚生長，但這裡的水溫較南部海域低，所以幾乎不形成珊瑚礁，珊瑚和珊瑚礁魚類也都不及南部的珊瑚礁區豐富。

蘇澳鯨鯊

台灣東部海域可見全世界最大的魚類──鯨鯊，牠的主食是體型細小、分布在表層海水的浮游生物，所以在這個水層最容易看到牠們來回巡游。

三仙台珊瑚礁岩體

珊瑚礁海岸是死亡的造礁珊瑚和藻類、貝殼等膠結而成的岩體。礁岩上常可看到一些附著性的生物，如外形像小火山丘的藤壺會以附肢捕捉浮游生物。

▶藤壺是海邊礁岩上常見的附著性甲殼動物，常群聚生長，由於無法自

的。(中央研究院生物多樣性中心／提供)

上位在冷暖海流交會帶，讓澎湖擁有豐厚無比的海洋資源，島上半數以上居民都以捕魚為生。

嘉義縣 嘉義市 鰲鼓濕地 東石紅樹林 朴子溪口濕地 布袋紅樹林 好美寮濕地 八掌溪紅樹林 北門紅樹林 將軍溪紅樹林 七股紅樹林 七股濕地 曾文溪口紅樹林 四草濕地 安平港紅樹林 台南市 台南縣 四鯤鯓紅樹林 加定紅樹林 永安濕地 永安紅樹林 左營紅樹林 高雄市 高雄縣 旗津紅樹林 高屏溪口濕地 大鵬灣紅樹林 大鵬灣潟湖 屏東縣 台東縣 大坡池濕地

圖例
珊瑚礁的分布
濕地的分布
紅樹林的分布

七股紅樹林

七股紅樹林主要由海茄苳和欖李組成。海茄苳有突出地面的棒狀根系，欖李則有橫向生長的屈膝根，具有固定和呼吸作用，是適應缺氧和泥質環境所演化出來的生存機制。

礁岩海岸生態系

礁岩海岸包括岩石海岸和珊瑚礁海岸，台灣北部、東部、澎湖都擁有發達的礁岩海岸，南部和離島則多珊瑚礁海岸。由於礁岩粗糙的表面可供各種藻類和固著性生物附著，岩縫孔隙則可供小生物棲息和避敵，退潮後的潮池又自成小型生態系，因此棲地多樣性遠高於沙岸。不過，礁岩海岸和沙岸生物同樣都必須面臨潮汐和鹽度變化，所以都具有獨特的生存機制。

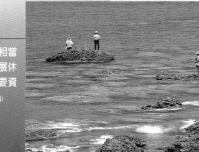

◀台灣許多離島是燕鷗類海鳥的重要棲息地。圖為紅燕鷗。(王徵吉／攝)

海底熱帶雨林──珊瑚礁生態系

珊瑚礁生態系是海洋生態系中最複雜者，所孕育的生物種類及數量居所有海洋生態系之冠。台灣的珊瑚礁主要分布在恆春半島、東北角、三仙台、澎湖、小琉球、綠島、蘭嶼、東沙群島等地，珊瑚種類超過300種，珊瑚礁魚類約1,500種，另有五花八門的海洋無脊椎動物。為了適應環境和生存競爭，這裡的生物色彩鮮豔，可說是最美麗的生態系，但由於全球暖化和海洋污染，正面臨重大威脅。

◀「魚醫生」藍帶裂唇鯛是珊瑚礁區最受歡迎的魚，牠們會幫忙清理其他魚類身上的寄生蟲，即使兇猛的大型魚類也得乖乖排隊等候牠的服務。(中央研究院生物多樣性中心／提供)

小琉球海底珊瑚礁

小琉球是由海底珊瑚礁陸升所形成，也是台灣沿海唯一的珊瑚礁島，海洋資源豐富，已知珊瑚約180種、魚類160種，棘皮動物5種。

綠島

綠島海域有兩百多種珊瑚，其中最珍貴的是一個直徑11公尺、高12公尺，外觀如大蘑菇的微孔珊瑚，估計已有1,200歲。

蘭嶼附近海域

蘭嶼位在黑潮流經的通道上，海洋資源極為豐富，是海釣與潛水的天堂。蘭嶼海域的鯨豚類動物也相當豐富。

深不可測的大洋生態系

台灣從東北角到東部海域，離岸不到40公里，水深便陡降4,000公尺，為典型大洋生態系。200公尺以內的表層海水陽光足、水溫高、食物充足，海洋生物多半聚集在此；水深200～2,000公尺的中層是微光或無光帶，生長著一些長相怪異、生存機制獨特的生物，如背鰭特化為發光器的深海鮟鱇魚、口大如盆並密布尖齒的巨口魚；2,000公尺以下則是永恆黑暗的世界，過去認為可能沒有生物，但科學家現已在此陸續發現許多生命。

靠海吃海

台灣四周臨海，依海為生的漁民自古就充分利用海洋資源，並隨著時空演進，更新捕魚技術，更因東西岸地質和海域環境迥異，而各有不同的應用技術，充分展現靠海吃海的生活智慧。例如西岸從早期的河口捕撈，利用潮間帶修築魚滬、闢鹽田、蚵田，到沿海魚塭養殖、海洋箱網養殖；東岸則從海釣、捕飛魚，到定置漁網、海洋牧場。除了經濟性捕撈外，近年來也發展出生態旅遊型態，如海岸濕地生態觀察、賞鯨活動等。

台灣海峽 西部海岸 東部海岸 太平洋

石滬是早期先民利用潮汐所發展出來的捕魚方法。(黃丁盛／攝)

箱網養殖是大規模的海上養殖作業，在澎湖、屏東及東部海域都相當盛行。(許育愷／攝)

架設蚵棚養殖牡蠣，在台灣西部沿岸已有多年歷史，一直是漁民重要的經濟來源。(嘉義縣觀光旅遊局／提供)

利用海水製鹽是過去台灣西南沿海村鎮重要的產業，如今隨時代變遷，鹽田風光轉變為休閒觀光資源。(吳立萍／攝)

台灣的岩岸相當發達，是發展休閒磯釣的重要資源。(黃丁盛／攝)

向海討生活

台灣四周環海，豐饒的海洋資源就像個藍色的聚寶盆，取之不竭。討海的男人出海捕魚，女人在家結網曬魚，或到海邊撿拾大海退潮後的蝦蟹貝類，餐桌上永遠有來自大海的禮物；討海人家的日常作息，隨時隨地可以看到大海的存在，也無時不刻可以感受到大海的氣息。

討海人感恩大海慷慨的賜予，也敬畏大海的喜怒無常，大海資源雖然豐足，卻也隱藏不可知的危險，討海人一旦進入波濤的國度，就有隨時交付性命的準備。面對無常的討海生活，討海人一直以最原始的力氣和血汗來和大海打交道，長時間的經驗累積，凝結出了屬於討海人的生活智慧，更磨練出討海人剛毅不拔的性格。對討海人而言，付出就是收穫。

上左／蘇澳港漁市每天都有豐收的漁獲，鬼頭刀是重要的漁獲之一。(黃丁盛／攝)
上右上／基隆魚市場的熱鬧景象。(林韋言／攝)
上右下／只要退潮期間，綠島海邊就可撿海菜，是島民的食物來源。(黃丁盛／攝)
下／澎湖是丁香魚的盛產地，婦女曬魚情形也成為澎湖的風景之一。(黃丁盛／攝)

Life is Everywhere
處處生機

▲由於雙腳踏立在土地上，讓人們習以陸地來思考海洋，換個方式，改由海洋觀照陸地，對海洋的思維也將有另一番不同面貌。(吳志學／攝)

▼鹽寮擁有綿延3公里的黃金海岸，適合發展多元化的海洋活動。(黃丁盛／攝)

重新擁抱海洋

島嶼的地位，讓台灣人註定成爲海洋的子民，台灣更是海洋的國度。台灣擁有多樣的海岸地形，以及多樣化的海域環境，海洋資源得天獨厚。但過去由於歷史、政治因素，台灣人和海洋的關係只建立在向海討生活的基礎上。如今隨著時代變遷、生活富裕和視野開拓，海洋的內在價值和多樣化面貌重新被發掘和看見，許多與海洋有關的活動如火如荼開展：潛水、賞鯨、風帆、衝浪、海灘沙雕、沙灘排球、海灘音樂會、漁村生活體驗、漁村文化巡禮，都是重新認識我們周遭這片藍色水域的方法。身爲海洋的子民，台灣人不只要有討海人的毅力，更要建立新的海洋視野，以及可以和國際接軌的海洋文化。

Colorful Castles under the Sea
海底的彩虹生物城堡

（黃丁盛／攝）

海中堡壘 墾丁珊瑚礁v.s.澳洲大堡礁

墾丁珊瑚礁是台灣最具代表性的珊瑚礁生態系，也是台灣海洋生物多樣性最高的區域，爲許多海洋生物提供棲息地和庇護所。

而面積幾乎十倍於台灣的澳洲大堡礁，自北而南迤邐2,000公里，長約50～260公里，是全世界最大的珊瑚礁群，有30多種海洋哺乳動物以這裡爲棲息地，也是全世界最重要的儒艮（以植物爲食的海洋哺乳動物）庇護所。

相較於數大爲美的大堡礁，墾丁珊瑚礁擁有全球約三分之一的珊瑚礁物種，以單位面積而論，生物多樣性遠勝於大堡礁，展現出具體而微的豐富度和歧異度。不過這兩個分居南北半球的珊瑚礁生態系，都正面臨人類活動影響和全球暖化的威脅。

隆起裙礁v.s.離岸堡礁：大堡礁爲離岸的堡礁型態，以壯觀碩大取勝。墾丁珊瑚礁爲緊鄰海岸的裙礁，規模雖遠不及大堡礁，但因受菲律賓海板塊擠壓影響，以每年2.5公分的速度不斷隆起，形成獨特的高位珊瑚礁，更孕育了綺麗的鐘乳石洞景觀。

馬糞海膽v.s.大法螺：珊瑚礁生態系相當複雜，也相當脆弱，具有指標性意義，任何環節的失衡都會對生態系造成影響。墾丁珊瑚礁曾因藻食性的馬糞海膽遭大量捕食，使海藻生長過度茂密，覆蓋珊瑚礁而造成珊瑚礁白化。大堡礁也曾因漁民大量捕撈以棘冠海星爲食的大法螺，致使嗜食珊瑚的棘冠海星繁殖過量，造成珊瑚礁大規模死亡。

(左圖) 墾丁珊瑚礁位處全世界海洋生物最具多樣性的菲律賓海，因此面積雖然不大，但物種相當多。近年科學家發現珊瑚集體產卵的現象，不僅成為大眾注目焦點，也喚起大家關心珊瑚礁生態系及其所面臨的危機。 (戴昌鳳／攝)

(右圖) 大堡礁是名副其實的藍色珊瑚礁海，海面下數百種的珊瑚礁和棲息其間的生物，則以繽紛奪目的五顏六色展現生命力，形成一座海底花園，美不勝收。 (澳大利亞昆士蘭州觀光旅遊局／提供)

台灣・墾丁珊瑚礁

Kenting Coral Reef, Taiwan

位置：北半球，台灣南部恆春半島
面積：149平方公里
特色：現生珊瑚礁不斷隆起成為高位珊瑚礁
珊瑚礁型態：裙礁
珊瑚礁種類：約300種
珊瑚礁魚類：約1,200種
地位：1983年劃入墾丁國家公園

澳洲・大堡礁

Great Barrier Reef, Australia

位置：南半球，澳洲東北部昆士蘭外海
面積：35萬平方公里
特色：全世界最大珊瑚礁群體，也是最大海洋公園
珊瑚礁型態：堡礁
珊瑚礁種類：約400種
珊瑚礁魚類：約2,000種
地位：1981年列入世界自然遺產

見證造山運動與冰期

台灣是600萬年前由板塊碰撞所形成的高山島，就地質年代而言，猶如新生兒，也是全世界最年輕的造山帶之一，只有喜馬拉雅山、紐西蘭的南阿爾卑斯山等少數山脈的「年齡」與之相仿。台灣也是世界少有的熱帶島嶼中，森林線可以一直分布到3,500公尺的高山，因此得以擁有熱帶、暖溫帶、冷溫帶和寒帶等豐富完整的生態系統。並在末次冰河期時扮演了生物庇護所的角色，也曾經有過冰河發育形成，高山上至今仍有留存的冰河地形。台灣的高山除了孕育多樣性的生態系之外，分布其中的原住民與山林之間，長期共存所發展出來的生活文化，更成為台灣山林珍貴的人文內涵。複雜崎嶇的高山深谷、豐富生態和山林原住民文化，讓台灣一直是世界各國探險家、登山客博物學者探索的天堂樂園。

▼阿爾卑斯山現代冰河。（楊建夫／攝）

冰河在台灣

台灣地處熱帶，只有部分高山區冬季偶有積雪，沒有形成冰河的條件，但在海拔3,000公尺以上高山區都發現了末次冰期冰河遺跡。學者認為，當時全球海平面比現今約低了120公尺，台灣海峽因此成為連結台灣和大陸的陸橋，許多原產於大陸東南沿海的生物就藉由這座陸橋來到台灣。冰河退卻，不但許多物種在此落地生根，也留下了見證全球氣候與環境變遷的冰河遺跡。

阿爾卑斯山

位居高緯度的歐洲，由於受到多次冰河覆蓋，所以第四紀冰河遺跡廣布在阿爾卑斯山以北地區；現代冰河則分布在阿爾卑斯山、庇里牛斯山和基阿連山等較高大山區。

英國　歐洲　阿爾卑斯山　亞洲　喜馬拉雅山　台灣　非洲　婆羅洲

英國斯文豪氏

英國外交官斯文豪氏1860年代來台任領事期間，對台灣的動植物進行有系統的調查、記錄和採集，台灣有相當多的生物都以其命名，如斯文豪氏天牛、斯文豪氏攀蜥、斯文豪氏赤蛙。

冰河來過台灣

就理論而言，台灣的山脈高度無法產生冰河。因此，半個世紀以來，台灣是否存在過冰河一直是爭論不休的議題。近年學者在雪山、南湖大山、合歡山、玉山、三叉山，相繼找到冰蝕擦痕、冰斗和冰坎等冰河發育的直接證據，終於解開冰河之謎。

▲全台海拔最高的雪山二號冰斗。（俞錚皞／攝）

末次冰河時期的冰原世界

據專家研究，地球最近的一次冰期為距今7～1萬年前，更新世晚期的末次冰期。當時北半球被冰河覆蓋的陸地面積達4,500萬平方公里，占全球陸地面積約29%。除亞洲外，北緯40度以北的區域都是大冰蓋的範圍，所以中高緯度的歐美地區遍地都是末次冰期的冰河遺跡。亞洲因陸地面積大，又較乾燥，科學家至今還未在蒙古以北的西伯利亞地區找到末次冰期大冰蓋的證據。而在水氣豐富的熱帶地區，冰河主要分布於喜馬拉雅山、帕米爾高原、中美地峽、南美安地斯山和非洲西北的亞特拉斯山等山地，其餘零星散布在太平洋的少數島嶼，如夏威夷、婆羅洲、台灣和新幾內亞島。理論上，台灣若有現代冰河，雪線高度約在海拔4,300公尺，從在雪山等3,000公尺以上山區發現的冰河遺跡來看，台灣在末次冰期時的雪線至少比今日下降1,300公尺。

▲神山上的冰坎遺跡。（楊建夫／攝）

神山

婆羅洲和夏威夷雖然有高山，但都只是單一座超過4,000公尺的巨大火山體，所以末次冰期的冰河遺跡，只在局部區域發生，例如婆羅洲僅在東南亞第一高峰神山（Mt. Kinabalu，4,095公尺）發現許多末次冰河遺跡。

▲喜馬拉雅山五號冰斗湖。（iStockphoto／提供）

喜馬拉雅山

喜馬拉雅山是全世界最高的山，整座山脈有許多超過8,000公尺的高峰；也是地球上最年輕的山脈之一，至今每年仍隆起約0.4公分，在8,000公尺以上的山區可發現海底沉積物。

新生代三兄弟

從地質年代來看，台灣的中央山脈、喜馬拉雅山和紐西蘭的南阿爾卑斯山脈都是形成於新生代時期的年輕山脈，也都因板塊碰撞而隆起，且都在持續長高中。以體型而論，中央山脈受限於台灣面積，只能排名老么，魁梧的喜馬拉雅山則穩坐老大地位。老二南阿爾卑斯山脈因位處溫帶，山頂終年白雪覆蓋，並有現代冰河發育，但森林線遠比中央山脈來得低，植物生態帶也較少。老么中央山脈得天獨厚，擁有熱帶到高山寒原等豐富且多樣的生態帶。老大喜馬雅山脈山高體長，但因位處大陸內部，水氣不易抵達，西部山地十分乾旱，現代冰河發育的雪線達6,200公尺，東部山區則因可接收印度洋的水氣而有茂密的森林，林相組成和中央山脈近似。

【如果台灣山脈…

台灣的山脈如果沒有那麼高，台灣就少了一道阻擋颱風的天然屏障，就不會攔截水氣形成充沛的降水量，那麼台灣的水系將不會這麼發達。

台灣的山脈如果沒有那麼高，冰河期間來到台灣避難的寒溫帶生物就不可能繼續存活下來，就不會有尼泊爾籟簫、玉山圓柏等喜馬拉雅山同源的高山植物，也就不會成為北半球森林生態系的縮影，那麼台灣的生物多樣性將大為降低。

台灣的山脈如果沒有那麼高，台灣的高山在末次冰期時就不可能有冰河發育，也不會有冰河遺跡；而現代位處熱帶的台灣就享受不到冬天飄雪和積雪的景觀。

日本森丑之助

有「台灣蕃社總頭目」之稱的日本探險家森丑之助，投入台灣山林達30年的時間，完成許多珍貴的原住民生活記錄和自然採集，有不少高山植物都以其命名，如森氏杜鵑、森氏櫟。

▲以發現者森丑之助命名的森氏杜鵑。（黃源明／攝）

洛磯山脈　北美洲

美國史第瑞

美國博物學家史第瑞於1873年10月～1874年3月在台灣進行原住民調查，並曾前往大武山進行採集鳥類和植物。特有種藪鳥和廣葉星蕨都是他所發現，也都以他的名字命名。

▲藪鳥。（蔡銘源／攝）

台灣山林踏查的先行者

台灣最早可考的登山記載，是1349年元代汪大淵的《島夷誌略》。據推測，他攀登的應該是大屯山。19～20世紀初期，日本與西方學者被台灣獨特的地形和美麗的山林吸引，紛紛深入山區進行踏查，其中歐美博物學家多注重自然觀察和採集，如美國的史第瑞（J.B. Steere）、英國的拉都希（La Touche）、斯文豪氏（R. Swinhoe）、柯靈烏（C. Collingwood）；日本學者如伊能嘉矩、森丑之助、鳥居龍藏、鹿野忠雄等人，除了自然採集外，對於散居山區的原住民更是情有獨鍾，也完成許多珍貴的田野調查資料。如今許多以採集者或發現者命名的動植物名字，都是這些山林先驅踏查步伐的最佳見證。

日本鹿野忠雄

博物學家鹿野忠雄長年在台灣高山進行地形、地質與人類學的調查，他於1934年在雪山發現圈谷，成為首位發表台灣有冰河遺跡的學者。

北回歸線　赤道　南美洲　安地斯山脈　南回歸線

▲斯文豪氏攀木蜥蜴。（游登良／攝）

紐西蘭

南阿爾卑斯山

位在紐西蘭南島的南阿爾卑斯山為海洋板塊和大陸板塊碰撞而隆起的山脈，呈南北縱走，長約500公里，全區遍布許多由冰河深鑿出來的湖泊、峽灣。

▲南阿爾卑斯山的科克峰。（iStockphoto／提供）

中央山脈

地跨熱帶及副熱帶的中央山脈，在3,000公尺以上的山區可以看到許多屬於緯度60度才有的寒帶動植物。

▲南湖大山上的冰斗。（連志展／攝）

【世界之最】

1. 世界高山密度最高的島嶼，每100平方公里約有0.72座。
2. 台灣是北回歸線經過亞洲陸域的高山高原區中，最東側且最濕潤的高山區。
3. 全世界唯一由沉積岩組成的熱帶高山島。

奇險峻秀，登峰造極

台灣有三分之二的面積爲山地，3,000公尺以上的高山超過250座，爲全世界高山密度最高的島嶼，也是名副其實的高山島。台灣的山脈由許多大斷層錯開而明顯成五大山脈：包括最長的中央山脈、以冰河遺跡著稱的雪山山脈、有帝王之風的玉山山脈、短小秀麗的阿里山山脈，以及地形地質獨特的海岸山脈，各山脈大致呈北北東－南南西走向，再加上晚近噴發的大屯火山群，構成台灣獨一無二的壯麗山容。岳界根據山體的奇險峻秀及獨特性挑選出「五岳三尖一奇」，做爲台灣的代表性高峰，另有以高度排名的百岳榜；這些雄偉的山巔不僅代表了台灣山岳的特色，更成爲山友的挑戰目標。

▲遠望雪山南壁，積雪太多而不斷崩塌的溝壑相當明顯。（連志展／攝）

台灣的火山

- 形成年代：約3,000萬年前開始噴發，最近一次噴發為20萬年前
- 岩石成分：安山岩、玄武岩 ●最高的火山：七星山（1,120公尺）
- 分布：北部火山區（大屯火山群、基隆火山群、觀音山及龜山島等離島）、東部火山區（海岸山脈、綠島、蘭嶼、小蘭嶼）、西部火山區（澎湖群島、西部山麓帶）
- 特殊地形：火山錐、硫氣孔、火口湖、溫泉

台灣正好位在環太平洋的火山帶上，是地震與火山活動最活躍的地帶，也因此造就了岩漿噴發所形成的火山地形。台灣本島的火山分成北部、西部、東部三大火山區，以北部火山區最為年輕。至於分布四周的近百座離島，則全為火山島，其中澎湖由玄武岩所構成，其他絕大部分是安山岩構成的火山島。

▼澎湖桶盤嶼的玄武岩方山的柱狀節理十分明顯。（黃丁盛／攝）

雪山山脈

- 最高峰：雪山（3,886公尺）
- 起迄點：從鼻頭角到台中后里台地的七塊山，長長約230公里
- 特殊地形：冰河遺跡、世紀奇峰（大霸尖山）、河流搶水
- 河流分水嶺：淡水河、大安溪、大甲溪與蘭陽溪的分水嶺

雪山山脈是台灣唯一東北－西南走向的山脈，海拔高、氣溫低，且首當東北季風要衝，雨量雪量都極為充沛，積雪期最長，而眾多的冰河遺跡印證台灣曾有冰河發生。此外，雪山山脈還是台灣重要地理界線：冬季時，以北多雲雨綿綿，以南則多晴少雨；地質上，隔著梨山斷層，與東側中央山脈分占東西兩大地質單元。

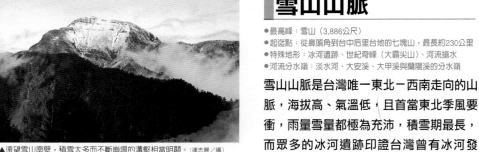

雪山

雪山為雪山山脈的最高峰，也是台灣第二高峰，是台灣少數冬季山頭會積雪的山峰之一，區內有許多冰河遺跡。峰頂附近谷地到處是碎石和山溝，泰雅族稱為「雪姑翁」山，意即岩石的裂穴。

澎湖群島

澎湖群島幾乎都是玄武岩構成的平緩台地或小島，這是因為當時噴發的岩漿黏稠度低、含氣體少、噴發緩和，因此岩漿湧出地表後是漫流開來，岩漿層層相疊，冷卻後形成平坦台地，海拔最高的大貓嶼也僅79公尺。

大塔山

大塔山是阿里山山脈最高峰，高度雖不足3,000公尺，但因岩層傾斜角度小，邊坡相當陡峭，就像一座直落千丈的巨大屏風，也因此鄒族人視之為聖山，是善良靈魂的安息之所，而大

聖稜線

聖稜線是指從雪山主峰到大霸尖山之間的山稜線，全長15公里，平均高度約3,400公尺，全線皆斷崖峭壁、陡峻山岩、碎石崩坡，遠眺山容崢嶸雄奇，懾人心魄，攀登者無不崇敬謹慎，也是登山界的朝聖路線。

中央山脈大縱走

中央山脈大縱走北起南湖大山，南至卑南主山，沿著海拔3,000公尺上下的中央山脈稜線，穿越箭竹草原、攀登懸崖峭壁、橫跨冰河遺跡、夜宿高山湖泊等，是岳界最大規模的登山活動。早期由於補給不易和資訊不發達，路線分割多段，全程需一個多月才能走完，如今約20多天就可不分段完成。

中央山脈

- 最高峰：秀姑巒山（3,860公尺） ●起迄點：蘇澳到鵝鑾鼻，長約500公里
- 特殊地形：峽谷、崩崖、冰河遺跡
- 河流分水嶺：太平洋與台灣海峽流域的分水嶺

中央山脈以北北東－南南西走向縱貫全島，故有「台灣屋脊」之稱，也是台灣東西兩岸河流最主要的分水嶺，更是影響台灣島主要走向的主因。這座巍峨高聳的山脈就像一道氣候長城，一方面攔截來自海洋的豐沛水氣，孕育出台灣最美麗的山林和生態資源，一方面阻擋來自海面的大小颱風，成為守護台灣的天然屏障。

海岸山脈

- 最高峰：新港山（1,682公尺）
- 起迄點：從花蓮溪口的花蓮山，到卑南大溪口石頭山，長約180公里
- 特殊地形：秀姑巒溪峽谷、泥火山、利吉層惡地地形
- 河流分水嶺：花蓮溪、秀姑巒溪、卑南大溪分水嶺

有別於其他四大山脈都位在歐亞大陸板塊上，只有海岸山脈坐落在菲律賓海板塊上。它原只是菲律賓火山島弧的一部分，因板塊運動推擠而逐漸向西北漂移，一連串的島弧陸續朝台灣靠攏並抬升，形成主稜與許多小稜脈，最後終於與中央山脈接連一起。海岸山脈目前仍以每年7公分的速度往西北方向推移。

花東縱谷

花東縱谷是海岸山脈與中央山脈的縫合之處，也是台灣最大的斷層帶。由於至今火山活動仍十分活

●起迄點：從濁水溪南岸東照山，到高雄燕巢雞冠山，長約170公里
●最高峰：大塔山（2,663公尺）
●特殊地形：崩崖、峽谷
●河流分水嶺：楠梓仙溪與曾文溪、八掌溪的分水嶺，也是高屏溪與濁水溪的分水嶺

阿里山山脈由大塔山、祝山等18座山峰組成，其形成由來仍無定論，一說是阿里山山脈原本位在玉山山脈之上，後因板塊碰撞引發斷層活動，造成玉山山脈上半段的山塊往西崩移，成為阿里山山脈。整座山脈走勢東陡西緩，平均高度雖僅約2,500公尺，但夏季面迎具有豐沛水氣的西南季風，是台灣降雨量最多的山脈。

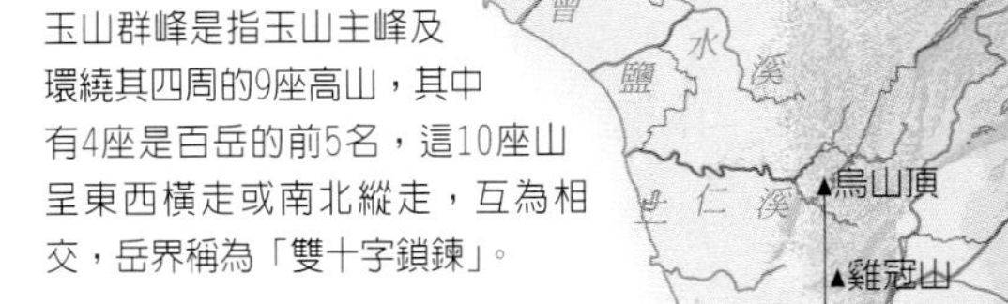

玉山群峰

玉山群峰是指玉山主峰及環繞其四周的9座高山，其中有4座是百岳的前5名，這10座山呈東西橫走或南北縱走，互為相交，岳界稱為「雙十字鎖鍊」。

泥火山

泥火山雖名為火山，但噴出的並非高溫岩漿，而是常溫泥漿，常伴隨天然氣，高度多在10公尺以下。台灣約有17個泥火山，多集中在西南部的惡地地形帶，以高雄田寮的烏山頂泥火山最具規模。

北大武山

北大武山即俗稱的大武山，是台灣南部唯一超過3,000公尺的大山。其東西側都是大斷層，看起來格外巍峨高聳。此外，大武山也是排灣和魯凱族祖先靈魂的居住地，一直被視為聖山，故至今仍保留許多珍貴的自然資源。

◀登上大塔山山頂觀景台，可俯瞰雲霧繚繞的阿里山山脈。（黃源明／攝）

新港大山

新港大山因為由堅硬的火山角礫岩組成，而成為海岸山脈的第一高峰。南側的泰源盆地有壯麗的峽谷景觀，海岸山脈落差最大的彩虹瀑布即發源於此。

玉山主峰

玉山為台灣第一高峰、五岳之首，也是東亞第一高峰。因為冬季積雪深厚，整個山區瑩白如玉，而得名「玉」山；世代居住其西側山區的鄒族則稱之為「Pattonkan」，意即「發亮的山」或「石英之山」。

（黃源明／攝）

玉山山脈

●最高峰：玉山（3,952公尺）
●起迄點：從丹大林道到十八羅漢山（旗山奇美高中），長約150公里
●特殊地形：冰河遺跡、河流襲奪、礫石層惡地（十八羅漢山）
●河流分水嶺：荖濃溪與楠梓仙溪，濁水溪與高屏溪分水嶺

玉山山脈是五大山脈當中長度最短、面積最小，高度卻最高的一座，台灣百岳前5名中即占了4名，包括東亞第一高峰玉山。整座山脈北高南低，以玉山主峰為首的3,000公尺以上峰嶺幾乎都匯集在北段，南段山峰僅高1,000～2,000公尺，最後向西南緩降至屏東平原。在高海拔險峻密林的守護下，成為自然資源最豐富的地方，不僅孕育許多台灣特有種，更是野生動植物的最佳庇護所。

從等高線看山脈地形

等高線地形圖是用來顯示地貌的地圖，也是攀登高山的重要導引。所謂等高線，是將地圖上高度相同的各點連成封閉曲線，從這些曲線距離的密集程度和相對位置，可以判讀該區域內各種不同的地形地貌，如平原、台地、高山、溪谷、陡坡、緩坡、稜線、河流方向等，例如等高線圖上密集出現許多圈圈，代表山勢高聳，等高線重疊一起表示峭壁，甚至可以進一步分析推測山林的樣貌、地形構造和岩層性質。有了等高線圖再配合指北針，就可清楚辨識目標、掌握方向。

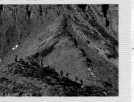

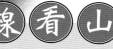

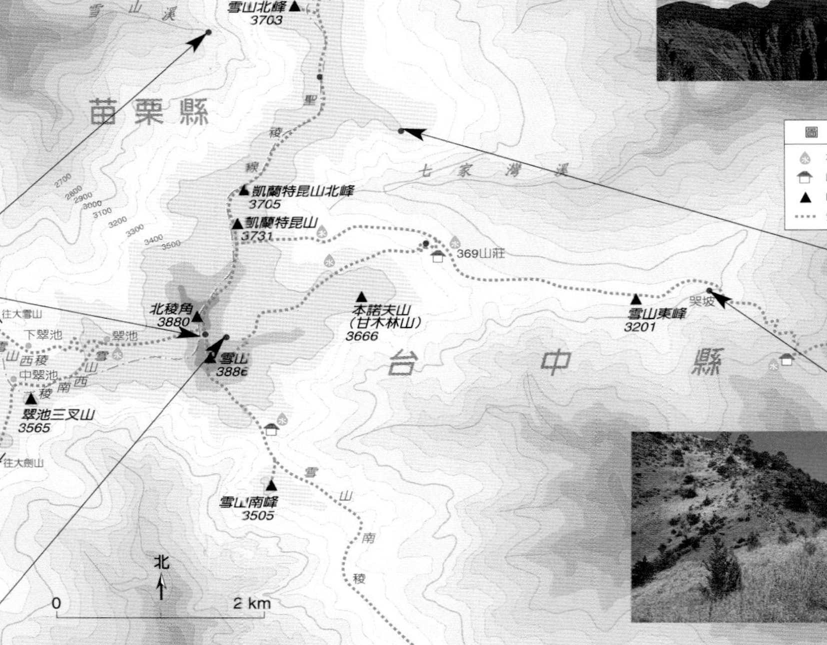

V字形尖端指向高處即表示溪谷，在溪流的源頭處常有向源侵蝕發生。（連志展／攝）

等高線出現相對的雙U字形，即為鞍部，俗稱埡口，常是山脈的主要通道。（俞錚偉／攝）

冰斗是冰河侵蝕的窪地，在等高線圖中呈囊底狀，開口小，間隔緊密。（連志展／攝）

由等高線V字形的尖端處一層層往上延伸連接，就是稜線。稜線是山脈脊線所在，也是相鄰水系的分水嶺。（張燕伶／攝）

等高線圖的間距很遠，表示這裡為緩坡。

等高線圖的間距很密，顯示這裡為陡坡。（連志展／攝）

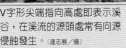

台灣山岳奇景

台灣因面積小、山脈高，山勢顯得格外聳峭，加上山峰大多由岩性脆弱的板岩和多裂隙的石英砂岩構成，易受風化，更因此造就奇險峻秀的高山面貌，其中以「五岳三尖一奇」最具代表性。分據各方的玉山、雪山、南湖大山、秀姑巒山和北大武山因雄偉壯麗脫穎成爲「五岳」；中央尖山、大霸尖山和達芬尖山則以突兀不群的尖狀體並稱「三尖」；奇萊山區因奇萊山北峰和奇萊主山兩座百岳的奇險難登，而獲「一奇」封號。這九大高山和數以百計的群峰，層層疊疊，交織成一幅絕美的綠色奇觀，不僅帶動大衆登山熱潮，攀登百岳、挑戰五岳三尖一奇更成爲山友的神聖目標。

▲中央尖山位於中央山脈北段，鄰近稜線因地形破碎陡峭，而有「死亡稜線」之稱。（游登良／攝）

▶大霸尖山有「世紀奇峰」之稱。由於岩層呈水平排列，再加上岩層屬於非常堅硬的石英砂岩和石英礫岩，不易被大自然侵蝕、風化，所以形成指天拔地的城堡狀山形。（連志展／攝）

▼雪山2號冰斗位於北稜角西北面，是台灣最高的冰斗，形狀非常完整，斗底布滿了碎石堆。（俞錚皞／攝）

Traveling as a Pilgrimage
朝聖行旅

Arias of Mountains
高山詠歎調

▲雪山1號冰斗位於雪山主峰東北面，是台灣冰斗地形中型態最完整，而且規模最大者，形狀像極了去掉胚芽的米粒，開口朝向東北，長約1,200公尺，最寬處約有600公尺。（俞錚皞／攝）

◀翠池屬於雪山7號冰斗，是台灣唯一的冰斗湖，標高3,530公尺，也是台灣海拔最高的高山湖泊，周圍有台灣面積最大且珍貴的玉山圓柏純林。（黃一偉／攝）

◀角峰與冰斗峰指的是被冰河削蝕成牛角狀的山峰，目前在台灣只發現3處角峰，分別是合歡尖山、雪山的北稜角（如圖）和玉山圓峰。北稜角與玉山圓峰都是由至少兩個冰斗削蝕後壁而成，所以特稱冰斗峰。至於合歡尖山，是呈現完美四面體的金字塔狀山峰。（俞錚皞／攝）

冰河遺跡

台灣地處熱帶及副熱帶，境內沒有超越4,000公尺的高山，而這樣的地理位置和條件，很難和冰河產生聯想。然而台灣卻已經證實有過冰河發育，在許多3,000公尺以上高山都發現冰河遺跡，這無疑是大自然送給台灣的神奇禮物。

目前在台灣高山上所發現的冰河遺跡，大多集中在北部的雪山與南湖大山山區，包括冰斗（又稱圈谷）、冰斗湖、U形谷、角峰與冰斗峰、冰蝕三角面、冰蝕埡口、冰帽、冰川分流等大型冰蝕地形，以及冰坎、擦痕、磨光面、羊背石、冰盆等規模較小的冰蝕地貌。這些獨特的冰川地貌，不僅是台灣地質研究的重要線索，也是令人詠歎的大地壯闊詩篇。

誰與爭鋒玉山v.s.喜馬拉雅山

玉山山脈是台灣長度最短，高度卻最高的一座山脈，擁有12座3,000公尺以上高峰，主峰玉山更是台灣精神的代表和象徵。一直以來，玉山主峰不僅是攀登者的最高挑戰，難以穿越的崇山峻嶺和濃密層疊的山林，更成爲台灣高山動植物最重要的庇護所。而在地質史上與玉山幾乎在同一時期誕生的喜馬拉雅山脈，其最高峰高度是玉山的兩倍多，整座山脈的長度則爲玉山山脈的25倍；與這座龐然的世界屋脊相較，玉山山脈就像個小山丘。但令人驚奇的是，兩者雖然差異如此之大，又隔海相距千里之遙，但學者卻發現，玉山山脈的垂直林相組合，竟和濕潤的喜馬拉雅山東部山地幾乎一致，堪稱是東喜馬拉雅山林具體而微的縮影。

咫尺天涯共芬芳：你能想像得到嗎？當在玉山山頂俯身親吻尼泊爾籟簫的同時，也嗅到了盛開在遙遠喜馬拉雅山中的野花氣息。由於末次冰期的因緣際會，許多喜馬拉雅山脈的動植物藉著全球海平面下降而播遷台灣。而隨著冰期遠離，這些訪客便往上遷移到高山定居，並持續演化，從此和遠方的親屬各據一方。

布農族v.s.雪巴人：世居玉山的布農族，自日治時代起便協助學者從事山林調查。1950年代之後，隨著登山活動的興起，更成爲高山嚮導的不二人選。和布農族同屬高山子民的雪巴人，原是藏人的一支，400年前移居喜馬拉雅山麓的尼泊爾、不丹，由於天生適應高原環境，百年來一直是攀登喜馬拉雅山隊的最佳嚮導。

山脈
Mountains
A Fantasy on Top of the World
屋脊上的異想世界

(左圖)玉山山脈地質以堅硬的石英砂岩為主，不容易崩塌滑落，也因此成為台灣最高山。(莊正原/攝)

(右圖)喜馬拉雅山是地球上規模最大的冰河集中處，為恆河、印度河、湄公河、雅魯藏布江、黃河、長江等各大河流提供了充足的水源，影響範圍非常大。(達志影像公司/提供)

亞洲・喜馬拉雅山山脈
The Himalayas, Asia

形成年代：約2,000萬年前
形成原因：印度板塊與歐亞大陸板塊碰撞，每年約隆起0.4公分
山脈走向：西北—東南
長度：3,800公里
稱號：世界屋脊
跨越國家：8個國家(巴基斯坦、印度、中國、尼泊爾、孟加拉、不丹、孟加拉、緬甸)
最高峰：聖母峰(8,848公尺，又名珠穆朗瑪峰、埃佛勒斯峰)
首次成功登頂：紐西蘭探險家希拉瑞(E. P. Hillary)和尼泊爾嚮導諾格(T. Norgay)，1953年5月29日
傳說：雪人的存在

台灣・玉山山脈
The Jade Mountains, Taiwan

形成年代：600萬年前
形成原因：歐亞大陸板塊與菲律賓海板塊碰撞，每年隆起1公分
山脈走向：南北向
長度：150公里
稱號：東亞屋脊
跨越縣市：3個縣(南投、嘉義、高雄)
最高峰：玉山(3,952公尺；意為發亮的山、石英之山)
首次成功登頂：日本植物學家川上瀧彌和森丑之助，1906年10月
傳說：台灣雲豹最後庇護所

山高水急，自成一系

台灣的河川雖然多半又短又急，但大小溪流總數卻多達400多條，總長約42,000公里，平均每平方公里就有1.17公里長的河流。如此高密度的水系，主要是拜高山衆多、降水豐沛之賜。也因爲水系發達，所以讓台灣擁有豐富多樣的溪流生態。由於溪流生物受到海洋的隔絕，遷移能力遠不如鳥類和植物種子，而台灣又是一座孤立的海島，因此，原本源自於歐亞大陸的台灣溪流生態系物種，因爲長久的地理隔絕，不少物種已獨自演化成台灣特有的河川生物。

純淡水魚哪裡來？

無法在鹹水生活的純淡水魚如何來到台灣？牠們和其他物種一樣，也是在最近一次冰河期移民而來的。因為冰河期間，台灣海峽露出水面，大陸東南地區的河流得以直接流抵台灣，所以，一些純淡水魚就藉這次機會，來到台灣西部流域；而其他與溪流相關的生物，如蝦蟹和兩棲類，也是經由這個方式遷移來台。不過，由於台灣的山脈大多呈南北走向，成為東西兩側地理、人文上難以跨越的分野，也因此，西部的溪流生物難以擴散到東部，不但讓西部的純淡水溪流生物多於東部，東西兩岸的溪流物種也截然不同。

粗糙沼蝦

繁殖力強的粗糙沼蝦是台灣西部河川分布最廣的溪蝦，也廣泛分布在中國南部各省和西伯利亞東南部，喜歡棲息在清澈而略微湍急的水底石縫或洞穴中。

▲（張東君／攝）

梭德氏赤蛙

梭德氏赤蛙是溪流型蛙類，從海拔200公尺到3,000公尺都可以發現牠們的蹤跡；大陸華南地區也普遍可見。

吳郭魚

吳郭魚是在1946年從非洲引進台灣，作為養殖食用魚。因耐污染、適應力強，又有護卵習性，台灣中下游河川幾乎都是牠的天下。但因性情凶猛，會攻擊其他魚類，對原有生態系造成嚴重破壞。

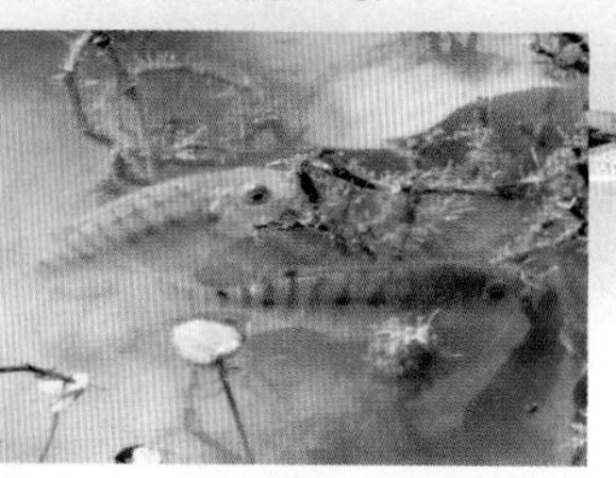

▲（李雨傳／攝）

高身鯝魚

源自大陸華南地區的高身鯝魚，為了適應台灣河川湍急、水量不穩定的溪流環境特性，歷經長期演化，已成為台灣特有種。

▲台灣鮭魚幼鮭。（張燕伶／攝）

台灣鮭魚（櫻花鉤吻鮭）的身世之謎

台灣最特殊的溪流生物，非台灣鮭魚（櫻花鉤吻鮭）莫屬了。這種屬於溫帶地區的魚種，最早被認為是冰河期溯大甲溪而上，後因板塊運動造成台灣島抬升，讓牠無法回到大海，而逐漸演化為陸封型魚種。但近年又有學者提出不同看法，認為牠最早應是溯蘭陽溪而來，因河川襲奪才進入大甲溪流域。來源說法雖不同，卻一致認為牠屬河海洄游性鮭魚。但也另有學者指出這種魚應是只在河川洄游的淡水性鱒魚，至今尚無定論。但無論如何，牠的存在牽動了生物地理學、板塊運動、鮭鱒生態、全球氣候的探討，也讓我們可以更宏觀的視野來看待台灣島上的物種。

▲台灣鮭魚仔鮭。（張燕伶／攝）

▲(游登良／攝)

山椒魚

山椒魚是青蛙的近親，兩者同為兩棲類。台灣目前已知的3種山椒魚都棲息在中高海拔的溪流附近。山椒魚主要分布在溫帶地區的大陸東北、西伯利亞、韓國及日本，台灣是其分布的南限。

日本絨螯蟹

▲(李榮祥／攝)

日本絨螯蟹廣泛分布在中國大陸、韓國和日本，在台灣則主要分布在西部河川，是台灣兩種俗稱毛蟹中的一種。每年9月到隔年1月會降海洄游。

白鰻

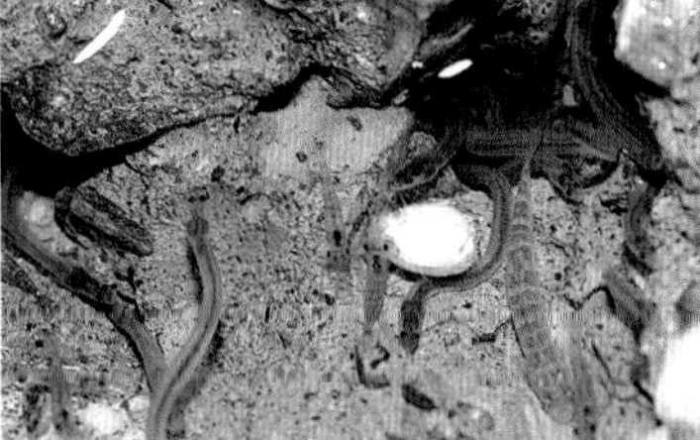

▲(李榮祥／攝)

棲息在秀姑巒溪中上游的白鰻（俗稱日本鰻），成鰻會在秋冬時降海到菲律賓附近的馬里亞納群島產卵。初夏時小鰻苗經過半年的漂流變態後，已長成幼魚，群聚在河口集體溯河。

鰕虎

鰕虎科是熱帶和副熱帶地區最具代表性的河海洄游型魚類。秀姑巒溪河口每年農曆三到六月，都會有數十萬計的大吻鰕虎小魚苗聚集溯河。

▲即使遇到急流瀑布，鰕虎等洄游生物依然努力向上攀爬，以爭取更寬廣的棲息空間。(游登良／攝)

馬里亞納群島

潮

北美洲

南美洲

【如果台灣沒有河流…

如果台灣的山只有百來公尺，就無法攔截豐沛的水氣，台灣就可能不會有河流，即使有，也不會有如此高密度的水系。

如果沒有河流，台灣就不會有高生產力的河口濕地，遷徙性的候鳥就不會把台灣當做重要補給站，也就不會有黑面琵鷺來度冬。

如果沒有河流，台灣就不會擁有世界級的太魯閣峽谷。

如果沒有河流，台灣的生態系將缺少溪流生態系，不會有特有種淡水魚、溪蝦和溪蟹，也不會有冰河孑遺下來的台灣鮭魚（櫻花鉤吻鮭）和山椒魚。

如果沒有河流，台灣就不可能有土壤肥沃的嘉南平原、彰化平原、蘭陽平原、太麻里三角洲，也不可能發展出農業，更不會出現各種與河流有關的產業與文化。

▲(游登良／攝)

黑潮帶來的洄游生物

台灣的溪流生物可分為三大類：終其一生只能生活在河川的純淡水生物、生活在半鹹水域的河口生物，以及河海洄游生物。洄游生物之中，有些屬於「降海性」，也就是成熟期要回到大海產卵，如白鰻、字紋弓蟹；有些則屬「溯河性」，也就是在海中成長，繁殖期再回到河流上游產卵，如日本禿頭鯊、大吻鰕虎。這類海源性物種的祖先，經由三條路線進入台灣——來自菲律賓一帶的熱帶魚種，順著黑潮進入東部和墾丁一帶；來自大陸東緣的魚種，則是被東海南下的沿岸流帶進西北部流域；南中國海北部的魚類，則藉由西南季風的風送流，進入南部溪流。

外來生態怪客

台灣的河川中下游，幾乎都可以發現外來物種，如原產於南美洲的琵琶鼠魚、原產於非洲的吳郭魚、原分布於北美的巴西龜、美國螯蝦等。耐汙染、繁殖力強，甚至具攻擊性，是這些被視為溪流惡客的共同特徵。這些因觀賞或食用等不同因素被引進的外來客，一旦適應環境，且開始繁殖後，就會以無敵姿態和原生種競爭食物和棲地，對原生種造成排擠，甚至加以掠食，造成原生種的滅絕，也會帶來防治上的巨額損失。

▲(魯顯／攝)

琵琶鼠魚

原產於南美洲琵琶鼠魚原被引進做為水族箱的清道夫，性情凶猛，適應性超強，其血紅素更具有高攜氧率，可適應污染嚴重的水域，且會攻擊其他魚類、掠食魚卵，是中下游河川的大惡客。

世界之最

1. 台灣鮭魚分布是世界上陸封型太平洋鮭的最南界。
2. 台灣是山椒魚分布最南界。

鬼斧神工藏生機

台灣的河流主要源自縱貫南北的中央山脈，故多呈東西流向，分別注入台灣海峽和太平洋，但長度逾百公里者僅六條，而台灣因年降雨量豐沛卻分布不均，使得河川流量呈明顯豐枯期，南部河流尤其顯著。河身短、坡度大、水流急，是台灣河流的特色，並因此造就出豐富的河川地貌，更孕育多樣性的溪流生態。台灣雖爲海島，但因擁有充足的河川資源，從先民墾拓期起即大興水利，充分運用河運功能及溪流的特性，發展農業和相關產業，許多河畔城鎮也因此繁榮興盛。時至今日，河流更扮演生態和休閒的重要角色，再一次展現台灣河川躍動的生命力。

台灣的河川生態系

台灣的水系因受高山阻隔，使得各條溪流之間有如生態島嶼般，加上從高山到出海口之間的海拔變化大，且地形複雜，物種為適應這些多樣化的棲息環境，各自演化出獨特的生理結構和生存機制，因此特有種比例相當高，尤其是河川最重要的居民──魚類。除了多樣性的魚之外，還有蝦蟹貝類、兩棲類、水生昆蟲和水生植物，以及部分依附在溪流生態系的鳥類、哺乳類，共同建構出完整的溪流生態系。

▲親水性的溪流鳥類在河川生態系中扮演高級消費者的角色。圖為夜鷺。（李兩傳／攝）

台灣「大河文明」

人類的文明都是從河流開始的，台灣也不例外。早在漢人來到這塊土地之前，史前人類和原住民祖先也都依水而居，如淡水河流域即是凱達格蘭族居住與活動範圍，後來的漢人更充分利用河流的運輸功能，發展出「三市街」的黃金歲月。台灣的「大河文明」即在漢人努力發展水利建設下一一展開，從清朝的八堡圳、日治時期的嘉南大圳，乃至現在大大小小的水庫，而便利的水資源也讓沿岸村鎮發展出各具特色的產業和不同的風情民俗，真可謂一條河百樣調。

◀淡水魚是河川生態系中最重要的成員，從上游到下游，依不同地理和水質環境，各有不同的種類分布。（許育愷／攝）

淡水河流域

- 發源地：台北縣品田山（海拔3,529公尺）
- 主要支流：大漢溪、新店溪、基隆河、北勢溪、景美溪、三峽河、疏洪道
- 流域面積：約2,726平方公里　● 長度：約159公里
- 河流地形特色：紅樹林河口濕地、河階、曲流

淡水河流域是全台唯一真正具有航運功能的河道，流域沿線的城鎮如淡水、艋舺、大稻埕、三峽都曾因河港地位而興盛繁榮。清代盛極一時的艋舺、大稻埕，並與台北城合稱三市街。

大甲溪

- 發源地：中央山脈之雪山（海拔3,884公尺）與南湖大山（海拔3,740公尺）
- 主要支流：南湖溪、合歡溪、志樂溪、中莉溪、耳無溪、七家灣溪
- 流域面積：約1,236平方公里　● 長度：約124公里
- 河流地形特色：峽谷、河階、水庫

大甲溪是台灣水力資源最豐沛的一條溪流，流域沿線建有6座水力發電廠。居住在上游七家灣溪的稀客台灣鮭魚（櫻花鉤吻鮭），有「國寶魚」之稱。

▲發源自雪山的七家灣溪不僅水質清澈，且上游溪谷多深潭，水溫不容易升高，因此能孕育對水溫和水質都很挑

▲原本平靜緩流的溪水，往往上游的一場暴雨就可能形成時雨瀑或大洪水。（游登良／攝）

短急猛暴

台灣眾多的崇山峻嶺造就了無數溪流，但也因山勢陡峭，距出海口又近，使得河川多半短小急促，但也正因這股猛暴的力量，才能雕琢出一個個鬼斧神工般的地理景觀。而豐沛的降水量雖然滋養了青山綠水，但雨量過度集中，夏季的一場雷雨即可能造成洪水，甚至帶來土石流等嚴重災情。如此難以捉摸的個性，對夏日戲水的遊客猶如隱形殺手，往往上游的暴雨已悄悄醞釀一場足以致命的洪水，下游水域卻仍碧綠平靜，致使意外事件頻傳。

▲位於三峽的大漢溪上游大豹溪，因溪水水溫差異大、漩渦暗流多而意外頻傳。（李兩傳／攝）

- 發 源 地：左久間鞍部（合歡山主峰與東峰之間，海拔3,220公尺）
- 主要支流：霧社溪、塔羅灣溪、萬大溪、卡社溪、丹大溪、陳有蘭溪、水里溪、清水溪、郡大溪、巒大溪、東埔蚋溪、清水溝溪、郡坑溪
- 流域面積：約3,157平方公里　● 長度：約187公里
- 河流地形特色：沖積扇、水庫、河口濕地

有「台灣穀倉」之稱的彰雲平原即由濁水溪沖積而成，為了灌溉廣大的農田，早自清朝就興建大規模水利工程，如建於康熙年間的八堡圳便是引濁水溪作灌溉之用，更因此哺育出著名的濁水米、西螺醬油。

曾文溪

- 發 源 地：嘉義縣東水山（阿里山山脈西南，海拔2,609公尺）
- 主要支流：後堀溪、菜寮溪、官田溪
- 流域面積：約1,177平方公里　● 長度：約138公里
- 河流地形特色：河口濕地、沖積平原、沙洲、潟湖

曾文溪口濕地由於位居候鳥遷移的中繼站，又有七股潟湖和豐富的魚蝦貝類，因而成為過境水鳥的補給天堂，其中最有名的就是黑面琵鷺，每年都有四、五百隻聚集此地，是全世界出現最多的地方。

◀曾文溪上游的達娜伊谷中，鄒族原住民復育苦花魚（鯝魚）的情形。（許育愷／攝）

高屏溪

- 發 源 地：玉山（海拔3,997公尺），別名下淡水溪
- 主要支流：隘寮溪、濁口溪、美濃溪、荖濃溪、楠梓仙溪
- 流域面積：約3,275平方公里　● 長度：約171公里
- 河流地形特色：火炎山、環流丘、河階

高屏溪是台灣流域面積最大的一條溪，流域沿線聚集有閩南、客家、原住民、新住民等聚落，人文色彩既多元又豐美，也創造出極具地方特色的產業，如美濃菸葉、旗山香蕉等。

立霧溪

- 發 源 地：奇萊山與合歡山主峰間（約海拔3,340公尺）
- 主要支流：塔次基里溪、托博闊溪、慈恩溪、瓦黑爾溪、三棧溪、大沙溪、老西溪、科蘭溪、砂卡礑溪
- 流域面積：約616平方公里　● 長度：約55公里
- 河流地形特色：峽谷、河階、谷中谷、曲流、環流丘、瀑布、壺穴

立霧溪像一把利刃，以千百萬年的時間在花蓮太魯閣山谷雕琢出各種地形，如V形的外太魯閣峽谷、陡直的一線天，以及因回春作用而產生的谷中谷，鬼斧神工、氣勢磅礡，被列為國際級地景。

▶台灣溪流中的無脊椎動物種類相當豐富，僅淡水蟹就有30種，且都是特有種。圖為拉氏清溪蟹，是台灣體型最大的淡水蟹，新生的稚蟹會待在媽媽的腹部達兩星期才獨立。（潘致良／攝）

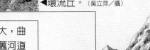

秀姑巒溪

- 發 源 地：花蓮縣崙天山南麓（屬中央山脈，海拔2 360公尺）
- 主要支流：富源溪、紅葉溪、豐坪溪、卓溪、拉庫拉庫溪（樂樂溪）
- 流域面積：約1,791平方公里　● 長度：約82公里
- 河流地形特色：曲流、環流丘、峽谷、河階

源自中央山脈的秀姑巒溪是東部唯一切穿海岸山脈的河流，由於坡度陡，向下切割及向源侵蝕劇烈，湍急的溪水在縱谷中曲折蜿蜒，形成曲流、急灘、峽谷和河階等地形，因此成為最佳泛舟地點。

大地的整型師

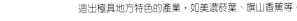

河流透過侵蝕、搬運和堆積三大作用力，為地表形成各種獨特的河川地形。台灣的溪流明顯可以分成上、中、下游來看，上游和中游由於多位於地勢高聳險峻的中高海拔，河流侵蝕和搬運作用強烈，容易形成峽谷、曲流、河階、環流丘、牛軛湖、瀑布、深潭、壺穴等地形。下游和出海口部分，地勢已漸趨平緩，堆積作用強盛，以沖積平原、辮狀河和沙洲為主要的地形。

▲地力肥沃的平原。（魯獅／攝）

▲沙洲。（金成財／攝）

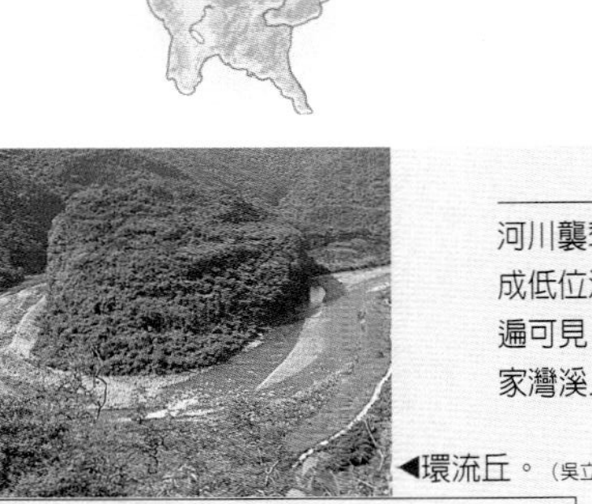
◀環流丘。（吳立萍／攝）

河流由山區來到廣闊的平地，由於流速變慢，攜帶的泥沙會在河床堆積下來，逐漸形成沖積平原。台灣許多農業發達的豐腴之地，如彰化平原、嘉南平原，都是拜河沙長久堆積之賜。

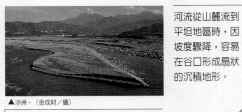

濁水溪由於含沙量大，中下游形成許多沙洲地形，是台灣河流中沙洲最發達的一條溪流。

河流從山麓流到平坦地區時，因坡度驟降，容易在谷口形成扇狀的沉積地形。

牛軛湖是曲流的彎曲度過大，曲流頸被河水切穿，彎曲的舊河道因河水改道而被遺棄，成為孤立的牛軛狀湖泊。如高雄的二仁溪，即可見牛軛湖景觀。

河川襲奪是源頭相近的兩條河因向源侵蝕作用，造成低位河搶奪高位河的水，這種搶水現象在台灣普遍可見，如因台灣鮭魚（櫻花鉤吻鮭）而聞名的七家灣溪上游源頭，即被蘭陽溪搶奪而成了斷頭河。

峽谷是最令人讚歎的河流侵蝕地形。

瀑布是由河水對河道的差異侵蝕所造成。位在南投信義的木瓜坑大瀑布，瀑長約200公尺，是台灣最長瀑布。

河階是河流急速向下侵蝕切割而成的階狀平地。台灣因地殼活動劇烈，河階地發達，許多河流兩岸都形成河階地，位在大甲溪的新社即有3個河階組成的河階群景觀。

▲（許朝欽／繪）

夏季夜晚的秀姑巒溪口，僅米粒大小的字紋弓蟹百萬大軍，正準備展開生命歷程中最具挑戰性的成年禮；潺潺的北勢溪澗，藍寶石般的翠鳥瞬間完成優雅高超的獵食行動；入夜的虎山溪畔，求偶的黃緣螢飛舞成一張閃耀動人的地上星圖；平緩的東港溪上游，凶猛好鬥的拉氏清溪蟹媽媽細心呵護著剛孵化的稚蟹；大甲溪一處清澈的水域，蓋斑鬥魚爸爸像天使般守護著小寶貝。台灣的溪流雖然短促，但在每一條河口、每一處灣潭、每一方水域，都可見到一幕幕精采上演的溪流生態。這些生動的畫面，不僅展現了不同個體獨一無二的生命奇蹟外，更豐富了台灣溪流的生態內涵。

▲翠鳥又名魚狗，為台灣低海拔常見溪鳥，以亮麗的羽翼和敏捷的捕魚技巧著稱。（陳西川／攝）

◀字紋弓蟹會降海產卵，孵化出來的幼蟹再集體溯河到上游適合的水域成長。（游登良／攝）

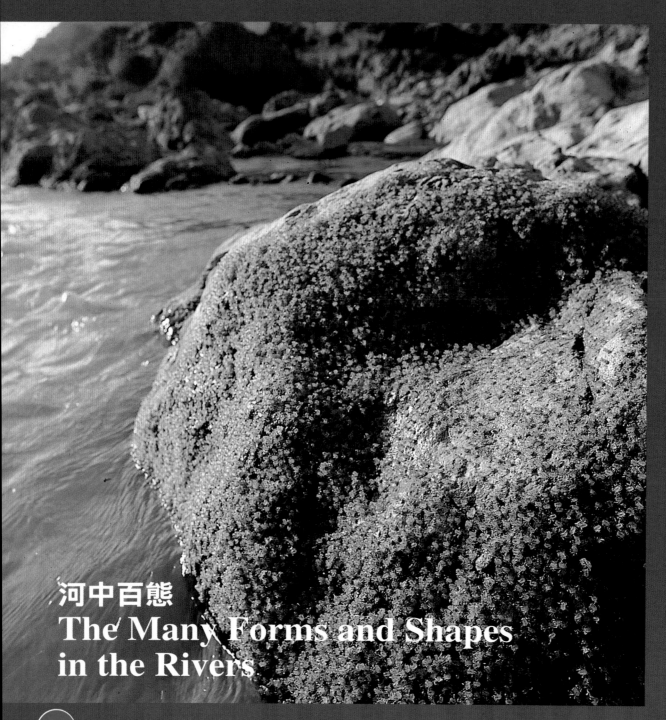

河中百態
The Many Forms and Shapes in the Rivers

▲黃緣螢為台灣特有的水生螢火蟲，幼蟲在水中生長，是溪流環境是否清澈的重要指標。（李兩傳／攝）

▼台灣絨螯蟹分布於台灣東部和東北部，每年3～7月到河口產卵，孵化後幼蟹再沿河上溯。（游登良／攝）

▼蓋斑鬥魚為台灣原生種的淡水魚。雄魚在求偶前會先利用空氣在水面築泡巢，待雌魚產卵後，雄魚再將卵逐一帶到泡巢內，並日夜嚴密守護，直到小魚孵化並能自行活動為止。圖為兩隻雄蓋斑鬥魚在打架。（莊鈴川／攝）

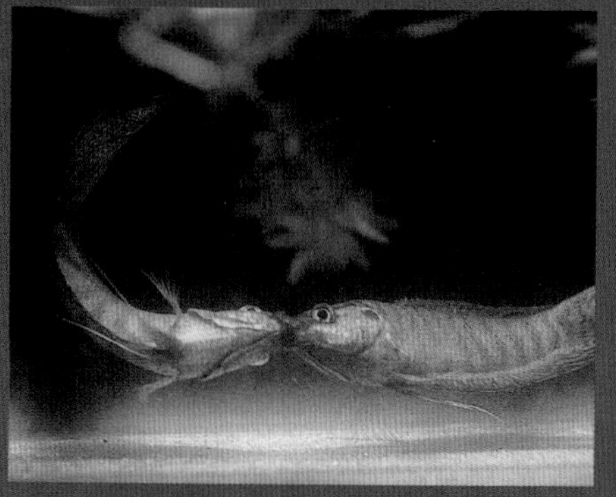

Streaming Feasts
川流不息的盛宴

▲位於基隆河上游的十分瀑布，落差達20公尺，寬約40公尺，雨季時形成壯觀簾幕，有「台灣的尼加拉瓜瀑布」之稱。（黃丁盛／攝）

▼達娜伊谷溪是曾文溪的上游，10多年前嘉義山美村的鄒族人發起護溪運動，如今已重現高山青澗水藍的清澈溪谷。（許育愷／攝）

剛柔並濟力與美

美國大峽谷的巧奪天工令人讚歎，尼加拉瓜瀑布的澎湃磅礴讓人稱奇，藍色多瑙河的如茵水色也使人嚮往。這些舉世聞名的河流景觀固然珍貴，不過台灣溪流所展現的力與美，也不遑多讓。因為台灣高聳的山勢在板塊運動的激烈作用下，依然不斷長高中，再加上豐沛的雨量不斷為溪水注入力量，使其充分發揮侵蝕、搬運與堆積作用，雕琢出無數瑰麗的河川地景，例如基隆河壯觀的壺穴群、基隆河上游如簾幕般的十分瀑水、立霧溪上游砂卡礑溪水的神秘幽藍、加走寮溪深邃壯麗的峽谷、濁口溪如行雲流水般的曲流地形，在在展現台灣溪流的力與美。

母親之河 濁水溪v.s.尼羅河

濁水溪是台灣最長的溪流，由於上游沿岸爲易崩塌的黏板岩，導致含沙量高居全台第一。300多年來，濁水溪幾度氾濫、改道，讓依水而居的子民飽受顛沛流離之苦，但洪氾帶來的泥沙也哺養了豐饒的彰雲平原，成爲台灣重要的穀倉，濁水米更因它而得名。

尼羅河的長度是濁水溪的36倍，不僅是埃及的第一長河，更是全世界最長河流。尼羅河定期氾濫，帶來肥沃的黑土，沖積出埃及最富饒的三角洲平原，6,000年來，穀物、棉花、葡萄豐收盛產，滋養了埃及90%的人口，創造傲人的農業文明。

現在這兩條母親之河上，都矗立著數座水壩，截斷了砂源，也阻撓了水流，不僅影響生態，也使得出海口的海岸線不斷倒退。

鹿港v.s.開羅：百多年前，濁水溪畔的鹿港是和大陸泉州港對口的重要口岸，創造出「一府二鹿三艋舺」的歷史地位，後來卻因港口淤積而不得不退出歷史舞台。不同於鹿港的曇花一現，位在尼羅河三角洲頂點的開羅，幾千年來一直扮演重要的河港角色，不僅是埃及的首都，更集政治、經濟、文化中心於一身。

兩地陶一樣情：尼羅河和濁水溪帶來的沉積黏土質地絕佳，早被先民加以利用。根據濁水溪流域出土遺址發現的罐甕碎片，證明早在2,000多年前先民就已利用當地黏土製作陶罐，支流上的水里更是台灣早期的陶器重鎮。而尼羅河的沉積土也早在數千年前被古埃及人拿來做成生活用陶，甚至直接曬成磚塊蓋房子。

Two Mother Rivers that Gave Life to Civilizations and Cultures

創造文明與文化的母親河

（左圖）濁水溪內陸河運曾暢旺通達，造就下游沿岸鹿港的繁華。但因泥沙淤積，昔日的河港鹿港，如今已成為內陸小鎮，只能藉眾多古蹟訴說歷史的興衰。（黃丁盛／攝）

（右圖）尼羅河氾濫所帶來的苦難，以及苦難過後所造就的豐收，幾千年來不斷上演，位在尼羅河三角洲頂端的開羅受影響最深。開羅早在西元前3,000年的古埃及王國時期便是首都和政治、經濟、文化中心，如今更發展成一座擁有1,600萬以上人口的現代化都市，也是北非第一大城。（黃丁盛／攝）

埃及・尼羅河
The Nile River, Egypt

名稱由來：原是希臘語「河谷」之意
全　　長：6,671公里
發 源 地：非洲中部衣索匹亞高原，海拔約3,000公尺
流　　向：自南向北流，注入地中海（全世界少數南北流向的大河）
流域面積：約287萬平方公里
流經區域：9個國家（坦尚尼亞、肯亞、薩伊、浦隆地、盧安達、衣索匹亞、烏干達、蘇丹、埃及）
開發歷史：約6,000年
重要農產：大麥、小麥、椰棗、無花果、葡萄、棉花
主要的水力建設：亞斯文水壩
特　　色：創造埃及農業文明

台灣・濁水溪
Choshui River, Taiwan

名稱由來：因含沙量大，溪水混濁而得名
全　　長：186.6公里
發 源 地：合歡山佐久間鞍部，海拔約3,200公尺
流　　向：自東向西流，注入台灣海峽
流域面積：約3,157平方公里
流經區域：4縣（南投縣、彰化縣、雲林縣、嘉義縣）21鄉
開發歷史：約350年
重要農產：水稻、甘蔗、水果、蔬菜
主要的水力建設：日月潭水庫
特　　色：劃分台灣地理和人文的天然界線

北半球綠巨人

台灣雖小，卻是名副其實的綠巨人，孕育約4,000種維管束植物，「物種密度」不僅爲全世界平均值的60倍，更遠超過美國、加拿大等幅員廣闊的國家百倍；而和同爲島嶼的牙買加和波多黎各相比，台灣則是物種密度較低，但種數量較高。

由於台灣恰好位於熱帶與溫帶植物的過渡帶，又居亞洲大陸島弧中心點，既張手廣納來自中國大陸、日本、菲律賓、印尼等四面八方的物種，冰河期間又成爲寒溫帶植物的庇護所，以致從熱帶到寒帶的植物，都有機會在台灣現身，並選擇適合的環境落腳，進而建構出北半球森林生態系的縮影。

冷杉生長最南界

全世界共有40多種冷杉，主要分布在北極圈與溫帶地區，如歐洲冷杉、富士山冷杉、朝鮮冷杉等。台灣雖然位在副熱帶，但在中、高海拔山區，也有寒、溫帶物種生長，其中，台灣冷杉的分布範圍，更是世界冷杉生長的最南界線。

▲冷杉毬果。（黃源明／攝）

北極圈寒原遠親

生長在台灣海拔3,500公尺以上的許多高山寒原植物，和北極圈地區的凍原物種都是同一「屬」，甚至是同「種」，如玉山金梅、曲芒髮草、高山梯牧草等。2005年，日本學者樋口正信又在玉山發現僅生長在阿拉斯加、日本高山的冰河孑遺植物「高木苔」。

▲玉山金梅。（游登良／攝）

來自歐洲的玉山薄雪草

玉山薄雪草和電影〈真善美〉中傳唱的阿爾卑斯山小白花「薄雪草」為同屬植物，藉由4次冰河期來到台灣。

▲玉山薄雪草。（黃源明／攝）

檜木的副熱帶家園

扁柏與紅檜合稱「檜木」，喜歡涼爽、潮濕的環境，全世界僅分布在北美東、西岸、日本及台灣。台灣因有峰峰相連的高山，可攔截季風帶來的豐沛水氣，而成為檜木生長的最南界，也是唯一擁有檜木生長的副熱帶國家。

▲鹿林神木樹齡超過2,700年，是台灣第二大神木。（黃源明／攝）

冰河時期來的寒帶移民

從第四紀開始（約240萬年前）以來，至少發生過4次以上的冰河期，使得海平面忽降忽升，台灣也與歐亞大陸分分合合，許多原本分布在歐亞大陸的動植物，趁著海水退卻時來到台灣，因此台灣的土地上便出現了紅檜、台灣杉、台灣櫟樹等寒帶「移民」。

距今約1萬年前，最後一次冰河期結束，全球氣候愈來愈溫暖，台灣與歐亞大陸再度分離，但因台灣有250多座超過3,000公尺的高山，溫度比平地低了攝氏20度左右，冰河時期造訪的寒帶物種便紛紛移居高山避暑。在海洋與高山的長期隔離下，這些寒帶移民已演化成適應新環境的新物種，並因身為冰河造訪台灣的「證物」，而被稱為「孑遺物種」。

◀棲蘭檜木林。（游登良／攝）

台灣二葉松。（黃源明／攝）▶

海峽兩岸物種大三通

台灣位在北方溫帶與南方熱帶氣候交界處，與中國大陸之間隔著一道海峽，但藉由海流交會，溫帶、大陸與南洋等地區的物種也都來到台灣，包括從華北、西伯利亞南下的台灣冷杉、雲杉、鐵杉；由華東、華南東移而來的紅楠、杜鵑、龍膽等；還有從南洋菲律賓、中南半島北上的棋盤腳、銀葉樹等，都在這裡落地且生根了。

和大陸物種相似度88.7%

冰河時期，台灣和歐亞大陸相連，也因此，台灣的物種和大陸熱帶雨林、副熱帶闊葉林，及喜馬拉雅山上的物種十分類似。台灣1,123屬植物中，有996屬與大陸相同，相似度高達88.7%，如印度栲、紅楠、杜鵑、龍膽等，其中玉山圓柏的祖先來自喜馬拉雅山，而玉山薔薇則是青藏高原絹毛薔的變種。

▲森氏杜鵑。（游登良／攝）

【如果台灣搬家了…

如果台灣的位置距離歐亞大陸再遠一點，那麼，在冰河時期就無法和大陸相連，也就不會出現北方的寒帶物種了。

如果台灣的高山不夠高，或緯度再低一點，喜歡寒冷環境的寒帶物種就會因為氣溫過高而無法存活，台灣也就不會留下這麼多的冰河孑遺物種了。

如果台灣不在洋流流經處或東亞候鳥航線上，日本、菲律賓等地植物的種子便無法透過海漂、季風或鳥類排遺來到台灣了。

從北美流浪到台灣

2004年，特有生物中心與台灣、日本學者研究證實，八角金盤屬植物是由北美遷徙到日本，並在日本演化成新「屬」之後，繼續向南遷徙到台灣，最後演化成為台灣特有種。

▲八角金盤。（游登良／攝）

日本山毛櫸落葉林的第二故鄉

冬季時，台灣東北部因為受到東北季風影響，與日本西南部氣候極為相似，因此，日本山區的主要物種——山毛櫸落葉林，也生長在台灣東北部山區，並以純林演化為特有亞種樣貌。此外，台灣扁柏與日本扁柏也十分相似，曾被認為是日本扁柏的變種。

▲台灣扁柏。（黃源明／攝）

乘黑潮北上的菲律賓物種

生長在台灣南端墾丁香蕉灣的海岸植物，如棋盤腳、蓮葉桐等，與菲律賓的種類相似度達57%。據推測，因這些植物的種子或果實具有漂流水上的軟木質構造，能藉由黑潮從菲律賓順流而上，最後落腳台灣。

▲棋盤腳果實。（黃丁盛／攝）

本

北美洲

南美洲

洲

北回歸線

赤道

南回歸線

圖例

- 苔原
- 針葉林
- 溫帶針葉林
- 溫帶闊葉及混合林
- 溫帶草原及灌木
- 山區草原及灌木區
- 地中海森林、林地
- 沙漠和乾燥灌木
- 熱帶和副熱帶闊葉林
- 熱帶和副熱帶草原莽原灌木
- 熱帶和副熱帶雨林
- 熱帶和副熱帶針葉林
- 沖積草原和莽原區
- 紅樹林
- 集水區
- 冰雪和冰河

擬似森林界線

森林界線是指因氣候影響而無法形成森林的界線，一般而言，緯度愈高，森林界線的海拔高度愈低。例如：位在北緯50度的瑞士阿爾卑斯山，森林界線位於2,000公尺上下；北美洲北部山地則在1,400公尺左右。位在北緯23度的台灣，則在約3,500公尺處，由青綠色的玉山箭竹林和深綠色的冷杉林之間，形成「擬似」森林界線的景象，往上則有類似北極圈凍原的高山寒原，以及類似歐亞北方的寒帶針葉林。

高山寒原
3500M
寒帶針葉林
3000M
冷溫帶針葉林
2500M
涼溫帶針闊混合林
1800M
暖溫帶闊葉林
700M
副熱帶闊葉林
500M
200M
熱帶闊葉林

▲台灣的森林界線是由冷杉和玉山箭竹搶地盤過程中的動態平衡。（俞錚皞／攝）

【世界之最】

1. 台灣是冷杉分布的最南界。
2. 棲蘭山扁柏純林是全世界面積最大的天然扁柏純林。
3. 台灣是檜木林分布的最南界。
4. 暖溫帶闊葉林僅分布於台灣、東南亞地區及婆羅洲高地。
5. 台灣每平方公里約有0.11種維管束植物，是世界平均值的60倍！
6. 恆春是熱帶物種「棋盤腳」分布的最北界。

隨地形起舞的森林

台灣的森林覆蓋率達58%，不僅是蓊鬱的森林王國，更是美麗的高山森林國度。高山使林相得以用高度換取緯度，隨著海拔高度增加、氣溫下降，出現有如移動緯度般的變化。500公尺以下的平地和丘陵，主要是熱帶和副熱帶闊葉林，由紅樹林和榕楠科植物當家；500～1,800公尺的低、中海拔轉為暖溫帶闊葉林，以樟科和殼斗科植物為主；1,800～2,500公尺的中、高海拔則是涼溫帶針闊葉混合林，珍貴的檜木成為主角；在2,500～3,500公尺的高海拔，換上以冷杉、鐵杉為主的針葉林登場；而超過3,500公尺後，更是全然不同的寒原世界了。從平地到山巔，台灣的森林隨地形起舞，共同譜出風情萬種的變奏曲。

高山寒原

海拔3,500公尺以上地區，由於低溫、強風、乾燥、長達4個月的雪封期，以及土壤淺薄貧瘠、岩石風化作用劇烈等因素，高大林木無法生長，只有玉山圓柏、玉山杜鵑等低矮灌叢，以及南湖柳葉菜、玉山金絲桃、苔蘚等生命力強韌的草本植物頑守家園。這種植物相、環境地貌，以及地質條件，和極地十分類似，因此森林學家稱為「高山寒原」。

▲迎風坡上的玉山圓柏因受到強風和積雪重壓而匍匐生長。（俞錚皞／攝）

▶雪山草蜥是台灣最大型的特有種蜥蜴，僅分布在中、北部海拔1,800～3,500公尺的高山箭竹草原和碎石坡。（游登良／攝）

寒帶針葉林

海拔3,000～3,500公尺的高山地區，冬季寒冷乾燥，常形成台灣冷杉純林，林下則是成片的玉山箭竹林，又稱「冷杉林帶」。由於林相單純，所以食源較少，動物種類比低海拔地區少。也因為物種少，競爭較小，所以雜食性鼠類得以順利繁衍，高山白腹鼠、台灣森鼠等，都是高海拔針葉林裡常見的小型哺乳動物。

涼溫帶針闊葉混合林

此林帶終年雲霧繚繞，陰涼潮濕，是台灣降雨量最豐沛，也是檜木的主要生長區，因此又稱「霧林帶」或「檜木林帶」。此林帶是針葉林與闊葉林的過渡區域，所以樹種多、食源充足，原本應是物種十分豐富多樣的區域，但因天然林被砍伐殆盡，動物種類變得貧瘠，只有高山白腹鼠、火冠戴菊鳥和冠羽畫眉等鳥類較為常見。

▲針闊葉混合林帶受颱風影響較小，因此全台灣最高的樹種幾乎都集中在此，如紅檜、扁柏、台灣杉等。圖為棲蘭檜木林。（游登良／攝）

雪山冰斗寒原

雪山冰斗下緣全被玉山圓柏、玉山杜鵑所占領；往上則為碎石坡，只生長著根系或莖部可深埋地底的草本植物。

棲蘭山扁柏純林

棲蘭山雖僅1,500～1,800公尺高，但因位在東北季風迎風面，潮濕低溫的環境，與涼溫帶氣候相似，因而形成目前全世界僅存最大面積的天然扁柏純林。

合歡山台灣冷杉純林

合歡山區約3,000～3,422公尺高，正是適合冷杉生長的高度，山坡上常見冷杉林和玉山箭竹互爭地盤的生態景觀。

▲飽含樹脂的冷杉落葉會分泌一種酸性物質，抑制林下草本植物的生長。（連志展／攝）

▲闊葉林是扁鍬形蟲的主要棲地。（林怡君／攝）

鴛鴦湖苔林

海拔僅1,600多公尺的鴛鴦湖，年雨量超過3,000公釐，且常年雲霧繚繞，湖邊針闊葉混

冷溫帶針葉林

冷溫帶與寒帶林相相似，但上層喬木由鐵杉與雲杉取代寒帶的冷杉，因此也稱為「鐵杉林帶」。鐵杉生長能力很強，常可在向陽、乾燥的崩塌山坡地形成大片純林；相較之下，雲杉則偏好濕冷環境，只在較陰濕的谷地生長。

▲栗背林鴝雄鳥。（蔡紹源／攝）

玉山鐵杉純林

玉山國家公園塔塔加遊客中心門口正前方的向陽山坡上，擁有一片鐵杉純林。

阿里山檜木林

阿里山約2,000公尺高，蘊藏豐富的檜木林，在日治時期和大雪山、太平山並稱台灣三大林場。

四草濕地紅樹林

四草濕地是台灣紅樹林種類最多的地點，有五梨跤、欖李以及土沉香等伴生植物。

◀鐵杉因受冰雪影響較小，樹形比冷杉小，樹枝分叉多且向外側開展。（游登良／攝）

墾丁海岸林

恆春半島的墾丁地區有較大規模的海岸林，這也是台灣僅存少數保存較為完整的海岸林，以棋盤腳、蓮葉桐、瓊崖海棠、欖仁樹、黃槿等為主要樹種。

瓦拉米步道原始闊葉林

花蓮「瓦拉米步道」沿線仍存在由樟樹、香楠、稜果榕、小葉桑、茄苳等樹種組成的原始闊葉林。

蘭嶼過渡帶

蘭嶼位在台灣與菲律賓之間，恰好處於熱帶與副熱帶氣候交界處，因此島上的植物相也呈現出台灣南部和東南亞地區過渡帶的特色。

暖溫帶闊葉林

此林帶氣候溫暖濕潤，土壤富含腐植質，除了喬木、灌木及草本層外，還有各種着生植物與木質藤本植物生長，形成結構完整的森林層次，提供了豐富多樣的棲息環境，因此動物種類繁多。但因過度開墾，樟科、殼斗科及山茶科等闊葉原生林消失殆盡，已被山黃麻、楓香、台灣櫸等次生林，或柳杉、桂竹、孟宗竹等人造林取代。

▲低海拔丘陵大都已經大幅度開墾，現在所見林相，幾乎都是次生林或人造林。（游登良／攝）

副熱帶闊葉林

500公尺以下的低海拔山區，因氣候溫暖、雨量充足，有利於樟樹、香楠、稜果榕、茄苳等副熱帶闊葉林大量生長。但由於都市擴張，此林帶現已幾乎全被開發成城鎮。雖然市郊仍可看到少數密林，但都是山黃麻、野桐、白匏子、五節芒、筆筒樹等次生樹種，以及油桐、相思樹、竹林等人造林樹種。

台灣森林垂直分帶

高山寒原
海拔：3,500M以上
年雨量：2,800mm 年均溫5℃

寒帶針葉林（冷杉林帶）
海拔：3,000～3,500M
年雨量：2,800mm 年均溫8～11℃

冷溫帶針葉林（鐵杉林帶）
海拔：2,500～3,000M
年雨量：3,500mm 年均溫15～18℃

涼溫帶針闊葉混合帶（霧林帶、檜木林帶）
海拔：1,800～2,500M
年雨量：3,000～4,200mm
年均溫：18～20℃

暖溫帶闊葉林
海拔：500～1,800M
（南部海拔700～1,800M）
年均溫：17～23℃

副熱帶闊葉林
海拔：500M以下
（南部海拔200～700M）
年雨量：1,000～4,000mm
年均溫：23℃以上

熱帶闊葉林
南部海拔：200M以下
四季變化不明顯、冬季乾熱

海平面

熱帶闊葉林

台灣的熱帶闊葉林包含熱帶季風林、海岸林及紅樹林。熱帶季風林僅分布在恆春半島及蘭嶼，處於熱帶與副熱帶交會區，加上夏天颱風與冬天東北季風的影響，形成物種繁多、層次複雜的熱帶森林。海岸林與紅樹林則分布在海陸交界處，由於海邊風勢強，土壤與水中含鹽分高，因此植物紛紛演化出適應特殊環境的生存本領。

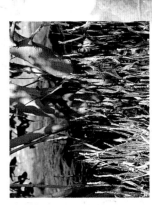

▲紅樹林植物海茄苳擁有可伸出鹽沼灘地呼吸的呼吸根，以及可防止潮水衝擊的支持根。（鄭信藏／攝）

郊區山林裡，偶爾可見台灣獼猴成群出沒。▶（游登良／攝）

蕨類王國

蕨類是地球上最原始的維管束植物，已有近4億年歷史，是比恐龍更古老的生物。台灣擁有非常多樣化的棲地，爲各種蕨類提供了生長環境，從住家牆角的鳳尾蕨到平地郊山的筆筒樹和桫欏、從花蓮泥火山區的鹵蕨到墾丁珊瑚礁岩上的海岸擬茀蕨、從台北芝山岩大樟樹上的槲蕨到合歡山頂的高山珠蕨；從海邊到高山、從城市到森林、從濕熱的低海拔到嚴寒的高海拔，蕨類幾乎無所不在。據調查，台灣的蕨類超過600種，占全世界12,000種蕨類的5%，不僅是全世界蕨類「種密度」最高的地區之一，也是重要的蕨類種源庫，「蕨類王國」稱號當之無愧。

▲鹵蕨為沼澤濕地的蕨類，在東南亞地區常見於紅樹林，1858年英國植物學家曾在淡水河口採集過，目前僅分布花蓮羅山等少數泥火山區。(李兩傳／攝)

▼在低海拔潮濕的林間或步道旁，常可見到台灣桫欏。在傘一般的樹冠下，有著老化葉片下垂所圍成的樹裙，是它與筆筒樹最大的區隔。(游登良／攝)

The Comeback of a Vanished Era
山林蕨響，憶起侏羅紀時代

Thriving against All Odds
逆境下綻放的生命力

▲6、7000萬年前，歷經陸沉海消、冰河來去，玉山圓柏由喜馬拉雅山來到台灣高山定居。在脆弱、乾旱的裸岩上，玉山圓柏紮穩根基，為順應強風，更匍匐貼地、延長根部、扭曲身軀……，展現最強韌的生命力。(林茂耀／攝)

▼豔紫色的高山沙參，經過冬日冰封蟄伏、春日融雪滋潤，到了夏天，在充分的日照下重生並綻放出高山最鮮豔的色彩。(邱奕鑫／攝)

高山傳奇

位在台灣3,500公尺以上的山區，可說是一個特異世界：空氣稀薄、土壤貧瘠與水分不足、氣溫嚴寒、風勢勁、輻射強，生存條件極端惡劣。然而有一群高山植物卻能逆境求生，以獨特的生存機制在此展現生命風華。玉山圓柏以能屈能伸的姿勢面對強風，玉山箭竹以頑強的地下莖系形成高山草原，森氏杜鵑則以葉片上的絨毛來達到保濕效果；高山沙參、阿里山龍膽等高山野花，也把握短暫的溫暖盛夏，極力爭妍鬥豔，上演一齣深刻動人的高山傳奇。

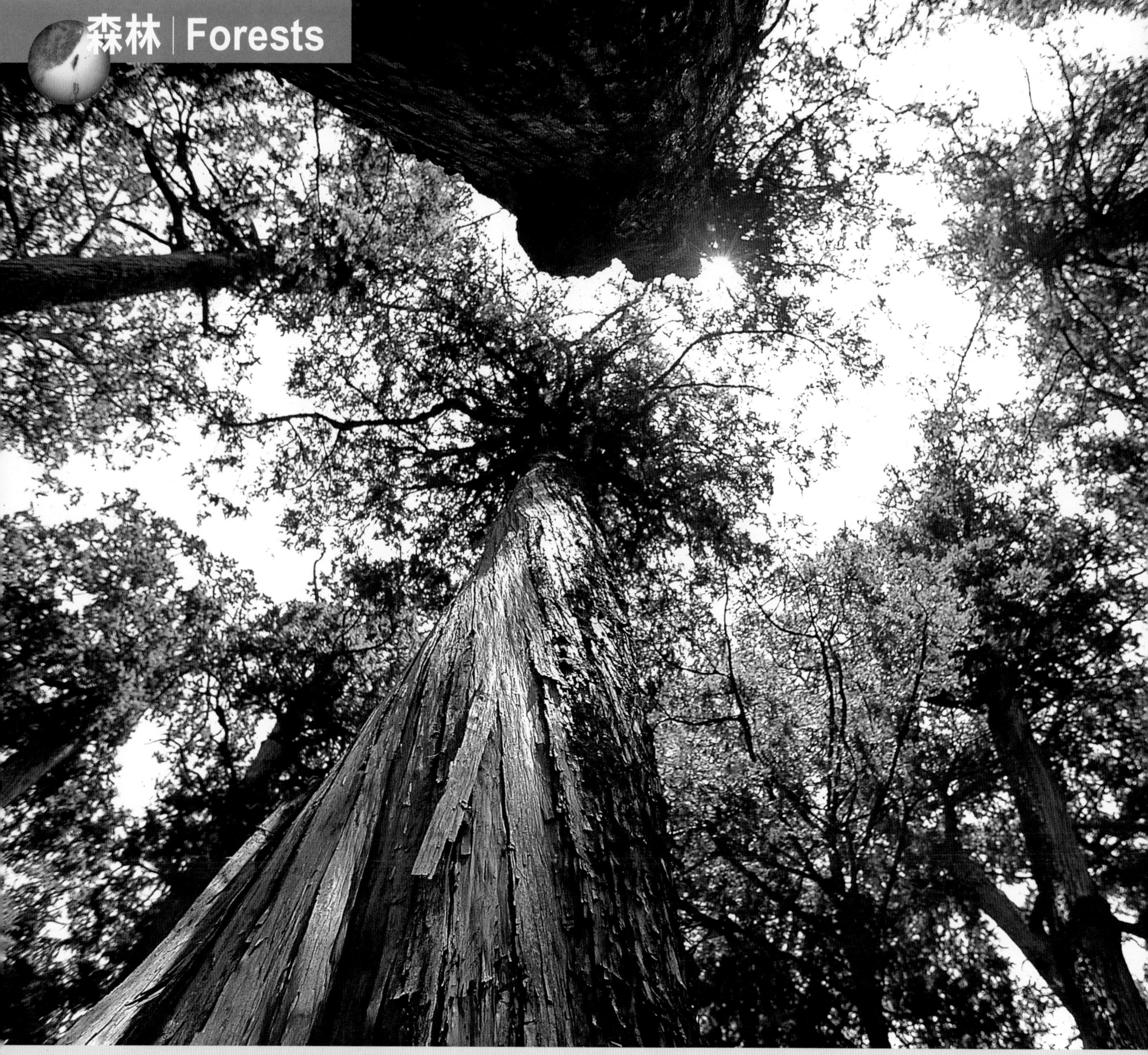

自然國寶台灣檜v.s.世界爺

台灣檜木與美國紅杉有著類似的身世與遭遇，兩者都是自然國寶，也都曾歷經生態浩劫。

美國紅杉的樹齡、體積皆爲全球之冠，又稱爲「世界爺」。它與檜木因材質優異而受到人類覬覦而遭到大量砍伐，所幸在保育人士的奔走呼籲下，美國於1968年將現存最大紅杉林劃爲紅杉國家公園，以保存這片珍貴的自然國寶。台灣檜木則是全球現存七種檜木中，唯一生長在副熱帶地區的族群，棲蘭檜木林更是全球唯一的天然扁柏純林（台灣扁柏和紅檜合稱檜木）。但台灣檜木自日治時代即遭大量砍伐，直到1991年政府全面禁伐後，這片位於宜蘭、新竹交界處的最後千年原始檜木林，才總算獲得保存。

世界自然遺產v.s.世界自然遺產潛力點：1980年，紅杉國家公園被聯合國教科文組織列爲世界自然遺產。相隔20多年後，棲蘭檜木林也被列爲台灣世界遺產潛力點。

大樹庇蔭下的伴生植物：美國紅杉與台灣檜木不只是「頂天立地」，兩者巨大的「保護傘」下，也庇蔭著無數植物。伴生在美國紅杉下的針葉樹，以美國鐵杉最普遍，其他還有野生莓果、大葉楓、蕈類和蕨類等。台灣檜木則因生長在涼溫帶針闊葉林混合帶，所以伴生的樹種兼有溫帶屬性，常見的有台灣扁柏、台灣杉、巒大杉、狹葉櫟等喬木；在幽黯潮濕的林木下，更是著生植物的天堂。

Salvaging Natural Heritage of the World
搶救世界自然瑰寶！
森林 Forests

棲蘭山區

（左圖）生長在終年雲霧裊繞、潮濕多雨的棲蘭山區的台灣檜木，因為比較不會遭受颱風侵襲，所以大多能夠安穩地長成朝天巨木。（游登良／攝）

（右圖）美國加州太平洋岸的美國紅杉，因生長環境得天獨厚，不但陽光充足，且雨水豐沛，所以不論樹齡或體積，都居世界之冠。（李文堯＆林心雅／攝）

台灣．棲蘭檜木林
Chilan-Shan Cypress Forest, Taiwan

所在地：棲蘭山區（宜蘭、台北、桃園及新竹四縣交界的深山集水區）
海拔高度：1,600～2,400公尺
氣候：暖溫帶
樹種：台灣檜木
面積：45,000公頃
明星樹：「孔子神木」，高齡2,556歲
重要性：全台罕見的原始巨型扁柏純林
區內物種：維管束植物1,009種，包括14種冰河時期的孑遺裸子植物

美國．紅杉國家公園
Sequoia National Park, U.S.A.

所在地：美國加州西北太平洋沿岸
海拔高度：1,400～2,300公尺
氣候：溫帶
樹種：紅杉
面積：44,610公頃
明星樹：「Tall Tree」，高115.5公尺，是世界上最高的樹
重要性：全球現存面積最大的紅杉林
區內物種：已有紀錄的植物種類達856種，其中699種是特有種

動物地球村

台灣位在歐亞大陸東緣，又因位居琉球和菲律賓群島之間，自古就是動物南來北往的必經橋樑；冰河時期，中國、喜馬拉雅山、韓國、日本、印度、菲律賓、馬來群島等地物種來到這裡；冰河退卻，台灣與大陸分隔，這些隨冰河南遷或北移而來的物種，不僅已駐足生根，更因長期的隔離演化，衍生成只在台灣出現的特有種或特有亞種。赤道洋流和東南氣流也從南洋，爲台灣送來一批批的南洋遠親。台灣終年高溫又多雨的熱帶與副熱帶氣候型態，原本就是適合物種繁衍的溫床，而複雜多變化的地形，更爲這些動物的「台灣之子」提供了絕佳的棲息空間。

▲(蔡銘源／攝)

◀(李兩傳／攝)

動物新移民的在地化

距今約200萬年前，因板塊擠壓隆升而與歐亞大陸分離的台灣島，因冰河來襲，又與大陸重新連結，許多動物便透過台灣海峽這座由冰河所形成的「陸橋」，陸續遷移到台灣。冰河來來去去，台灣島也與歐亞大陸分分合合，直到距今1萬～6千年前最後一次與大陸分離，期間隨冰河南遷或從南洋北移而來的動物移民們，為了適應環境而逐漸「在地化」，演化成台灣的特有種，台灣長鬃山羊、台灣獼猴、台灣野豬是其中代表。

▲白頷樹蛙。(游登良

兩棲類

冰河時期，台灣島與大陸相連，本生活在大陸的兩棲類也藉機遷至台灣，例如出現在台灣中低海的樹蛙、高山地區的山椒魚。

昆蟲

台灣的昆蟲以海拔2,000公尺為分野，約略可分為平地昆蟲與高山昆蟲；平地昆蟲主要來自中國大陸與菲律賓、馬來西亞；高山昆蟲則大多來自喜馬拉雅山系，是冰河孑遺物種，特有種比例高。

▲大紅紋鳳蝶與曙鳳蝶。(游登良／攝)

台灣野豬

台灣野豬的祖先來自西伯利亞，冰河時期被迫南遷至印度，再分別向東西拓展，而形成現今廣布歐亞非三大洲的野豬生態區。台灣野豬與中國大陸野豬屬同種，冰河結束後台灣成為孤島，因而獨立適應形成台灣野豬亞種。

魚類

台灣的淡水魚有兩個源頭：純淡水魚大多與福東南沿海水系的魚類屬種相似，另一部分則與喜馬拉雅區系魚類相似。學者推測，應是冰河期，台灣島與大陸相連，河流也匯流在一起，陸的淡水魚於是進入台灣，包括台灣細鯿、高鯝魚、中間鰍鮀等。至於鰻魚、鰕虎、台灣鮭等海源性淡水魚類，則大多憑藉大陸沿岸流、南季風的風送流、黑潮及太平洋洋流抵達台灣

▲鯝魚。(嘉義縣觀光旅遊局／提供)

鳥類

台灣的留鳥祖先大多來自喜馬拉雅山區、大陸南方與中南半島，包括高海拔山區的岩鷚與朱雀、中海拔山區的白耳畫眉、冠羽畫眉、金翼白眉；以及平地丘陵或低海拔山區的熱帶鳥種，如台灣藍鵲、黃腹琉璃等。候鳥則大多來自西伯利亞、大陸北方、韓國、日本、菲律賓、印尼、新幾內亞、澳洲等地。

▶黃腹琉璃。(蔡銘源／攝)

青斑蝶渡海之謎

2000年7月2日，一隻編號「NTU,1032C」，翅膀上有著淡青色斑紋的青斑蝶，翩翩飛舞在日本鹿兒島海邊的澤蘭花叢中。經查證，這是台大研究生於2000年6月19日，在陽明山所標放的1千多隻青斑蝶中的第1,032隻。

2001年11月25、27日，兩隻由日本奈良縣生駒山、長崎縣外海町標放的青斑蝶，也先後抵達台東縣達仁鄉的壽峠與台北陽明山區，飛行超過2,000公里。

以大屯山系為棲息大本營的青斑蝶，在分類上，與日本的青斑蝶屬同一亞種。2000年與2001年這兩起以「標識再捕法」所發現的紀錄，並非偶然事件，而是青斑蝶在台灣、日本之間遷移的重要證據。但這是否意味著青斑蝶也如候鳥般，存在著規律性的常態遷徙行為，卻依然是個有待科學家破解的謎題。

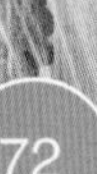

東亞候鳥遷徙的必經之站

台灣位處大陸邊緣，加上地形多樣、食源充足，不只是島上各種物種的繁衍天堂，同時也是「過客」──東亞候鳥重要的中繼補給站。東亞地區有三條候鳥主要遷移路線，一是從千島群島、日本，經太平洋、琉球至台灣或再往南，以大型候鳥如鷹鷲科、鷺鷥科為主；二是由西伯利亞經中國東北、日本、韓國，再經中國東部沿岸抵達台灣或再往南，以小型候鳥，如伯勞、鶺鴒、燕雀、雁鴨和鷸鴴等為主；三是每年春天以後，由中南半島經中國東南沿海，飛抵台灣或再往北的夏候鳥遷移路線，如杜鵑、燕鷗、八色鳥等。

冬候鳥

冬天由北方來到台灣渡冬的候鳥，稱為「冬候鳥」。來自遼寧、韓國外海島嶼的黑面琵鷺，及小水鴨、花嘴鴨及虎鶇等，是台灣冬候鳥的主要代表。

【如果台灣……

台灣島如果只是一座遠離大陸的火山島，而不是因為板塊碰撞而隆起的大陸島，就會像另一座孤懸在太平洋中的夏威夷島一樣，只擁有極少動物種類，也不可能擁有既不會飛也不會游泳的大型哺乳動物了。

如果台灣現在仍與大陸相連，就不可能出現密度如此高的特有種動物。但是，卻可能出現大象與老虎，高山上箭竹林裡，也可能會出現貓熊！

如果台灣沒有高山與颱風，台灣島可能就和澎湖群島一樣，乾旱缺水，也就不可能孕育繁複多樣的動物物種。

▲天社蛾幼蟲。（李兩傳／攝）

▲黑尾鷗。（楊東峰／攝）

過境鳥

遷移過程中，只在台灣短暫休息，體力恢復或天氣轉晴後，便繼續往南或往北飛的鳥類，稱「過境鳥」，如紅領瓣足鷸、紅尾伯勞、鷹類等，其中最負盛名者，大概就是雙十國慶前後過境的「灰面鵟鷹」，因而有「國慶鳥」雅稱。

▲灰面鵟鷹。（鄭信藏／攝）

日本

北美洲

台灣獼猴

台灣獼猴與現今分布於雲貴、四川一帶的恆河猴基因極為近似，推測恆河猴可能為其原始種，在冰河時期來到台灣，後因台灣海峽的隔離，演化而成特有種。

長鬃山羊

台灣長鬃山羊與日本長鬃山羊的親緣關係相近似，研究發現，可能早在180萬年前開始分離演化，後因冰河期，再從亞洲大陸經由陸橋遷徙至台灣。

墨西哥帝王谷

太平洋

◀台灣獼猴。（許育愷／攝）

圖例

過境鳥　大樺斑蝶遷徙路線

冬候鳥　青斑蝶遷徙路線

過渡帶

世界動物地理分區

衣索比亞區　古北區

東洋區　澳大利西亞區

新北區　新熱帶區

過渡區

新幾內亞

南美洲

洲

蘭嶼過渡帶

位在台灣與菲律賓間過渡地帶的蘭嶼，是許多南洋生物登陸台灣及亞洲大陸之前，率先登陸之處，因此，島上的菲律賓物種比例高達70%左右，如蘭嶼角鴞、珠光黃裳鳳蝶等，都與菲律賓物種有密切關係。

▲蘭嶼角鴞。（李兩傳／攝）

【世界之最】

1. 台灣約有70種陸生哺乳類動物，若以單位面積來看，種類豐富度可說是世界之冠。
2. 台灣島孕育了34種兩棲類，單位面積種數密度居世界前茅。
3. 台灣曾文溪口是瀕臨絕種鳥類黑面琵鷺的最大棲息地。
4. 台灣已命名的昆蟲近1萬7,600種，單位面積種類密度堪稱東亞第一名。
5. 台灣特有種單位面積種類密度，名列世界第7名。

▼冬候鳥黑面琵鷺。（鄭信藏／攝）

夏候鳥

春夏之際，由南方熱帶地區到台灣來避暑、繁殖的鳥類，稱「夏候鳥」，等到秋、冬，天氣回冷時又飛回南方，鷺鷥、鳳頭燕鷗是主要代表。鳳頭燕鷗是台灣罕見的大型燕鷗，每年3月來到馬祖及澎湖的無人島覓食，10月則南遷至澳洲避寒。

鷺鷥是台灣最常見的夏候鳥之一。（游登良／攝）

▲穿山甲。（李雨傳／攝）

動物齊觀

台灣因位在熱帶與副熱帶交界處，以及東北季風與西南季風必經途徑上，加上短距離內，海拔高度就從海岸升高到近4,000公尺，落差極大，因此，在地形、溫度、濕度、雨量等因素交互作用下，擁有豐富的棲地環境，因而孕育了各式各樣的動物。而隨著海拔變化，種類和數量也會有所不同，如兩棲類及爬蟲類，因喜歡較溫暖、潮濕的環境，隨著海拔漸增，溫濕度漸降，種類、數目逐漸減少；鳥類因具有飛翔能力，海拔分布較廣，尤其是高山森林鳥類，會隨著季節垂直遷降，即冬季寒冷時，高海拔鳥類會到中低海拔地區覓食；哺乳類動物則大多分布在低海拔地區；種類和數量都最多的昆蟲類，則幾乎隨時隨地可以發現牠們的蹤影。

▲中國樹蟾。（游登良／攝）

哺乳綱

21目，145科，4,738種

9目，27科，約100種，特有種16種，特有亞種30種

台灣目前約有70種陸生哺乳類，因開發而逐漸滅絕，少數適應力較強的動物則逐漸退向較高海拔。其中台灣黑熊及華南鼬鼠棲息在中高海拔，山羌、山羊、野豬則分布在低海拔到3,000公尺的高山。台灣的翼手目（蝙蝠）共有18種，是真正能飛翔的哺乳動物。囓齒類大部分分布於中海拔，以高山田鼠分布最高，約在海拔3,140～3,180公尺。

食肉目

除了台灣黑熊及華南鼬鼠分布在中高海拔外，台灣的食肉目動物中，包括貂科的水獺、黃喉貂、鼬獾，靈貓科的麝香貓、白鼻心、食蟹獴及貓科的石虎及台灣雲豹等均以低海拔的闊葉林為主要棲息地。

鳥綱

29目，約184科，約有9,000多種

18目，68科，約460多種，特有種14種，特有亞種69種

台灣鳥類有2/3屬於中低海拔的森林鳥類。白頭翁、五色鳥是低海拔地區常見的種類；中海拔以畫眉鳥科為代表；高海拔常見的有金翼白眉、岩鷚及朱雀。春、秋季是台灣鳥類移棲的高峰期，包括夏候鳥的鷺鷥及冬候鳥的鷸鴴科鳥類等，會在沿海濕地及河口大量群聚。

▼五色鳥是台灣常見的留鳥，因羽色多彩，叫聲如敲木魚的聲音，而有「花和尚」的暱稱。（游登良／攝）

兔形目台灣野兔

兔形目僅台灣野兔一種，是台灣特有亞種，常躲藏在草叢、岩石或樹下，有時也會挖地洞。分布於全島各地海拔500公尺以下草生地，以禾草、嫩葉或竹筍為食；大多於夜間單獨活動，清晨或傍晚為覓食高峰，尤其在月光明亮的夜晚活動力最強。

灰面鵟鷹

每年9～10月由東北亞南下東南亞度冬，4、5月再北返的灰面鵟鷹，是台灣人最熟悉的過境猛禽，尤其在10月10日左右，會聚集在墾丁國家公園滿洲，數目高達萬餘隻，因而別名「國慶鳥」；彰化縣八卦山是牠們春季北返的補給站，當地人則稱「南路鷹」、或「清明鳥」。

兩生綱

3目，44科，約5,000種

2目，6科36種，特有種18種

台灣終年潮濕多雨，且棲地繁複多樣，是兩棲類動物的繁衍天堂，台灣擁有34種兩棲類，單位面積種數名列世界前茅，其中包含冰河孑遺物種山椒魚，及8種特有種蛙類。台灣蛙類大多分布在低海拔山區的溪流、池塘和森林，但有些蛙類僅出現在特定區域。

翡翠樹蛙

樹蛙科為台灣僅次於赤蛙科的蛙類家族，共10種，都具有膨大的趾端吸盤，體色可隨環境變深或變淺，其中有7種是特有種，例如：僅分布於北部低海拔山區森林的翡翠樹蛙、僅在烏來哈盆原始林中發現的橙腹樹蛙，和僅分布在雲嘉南地區的諸羅樹蛙，都是近年來新發現種或新分出來的種，數量稀少。

昆蟲：東北地區

基隆宜蘭一帶東北部山區，冬季因受東北季風影響，寒冷多雨，幾乎無乾旱季節，故水生昆蟲繁盛。此外，由於百萬年前曾與琉球列島連接，此區域的臨海地帶發現和琉球相同的昆蟲種類。

大冠鷲

大冠鷲多半棲息在中低海拔密林中，因喜食蛇類而俗稱「蛇鷹」，喜歡在溫暖有微風的天氣時，配合氣流盤旋，有時會有數隻同時出現。

混種雜頭翁

烏頭翁和白頭翁是台灣常見鳥類：白頭翁普遍分布在亞洲東部，烏頭翁是僅出現在台灣的特有種，兩者在台灣以花蓮到東港一線為分界，天祥以南、花蓮以北一帶，以及楓港以北、枋山以南，則是混合的重疊區，有雜交繁殖情形，因而也出現兼具兩者特色的「雜頭翁」。

北海岸沿海保護區
挖仔尾紅樹林
陽明山國家公園
關渡濕地
基隆市
台北市
華江橋濕地
大平頂、許厝港
東北角沿海保護區
桃園縣
台北縣
台灣油杉自然保留區
竹安濕地
香山濕地
新竹市
蘭陽溪口
插天山自然保留區
福山森林試驗區
哈盆自然保留區
無尾港濕地
新竹縣
利澤簡
後龍溪河濱自然公園
宜蘭縣
雪霸自然保留區
烏石鼻海岸自然保留區
苗栗縣
雪霸國家公園
火炎山自然保留區
南澳闊葉林自然保留區
高美濕地
大肚溪口濕地
台中縣
太魯閣國家公園
台中市
天祥
漢寶濕地
八卦山北段
九九峰自然保留區
關刀溪森林試驗區
彰化縣
南投縣
花蓮縣
二水獼猴保護區
水璉

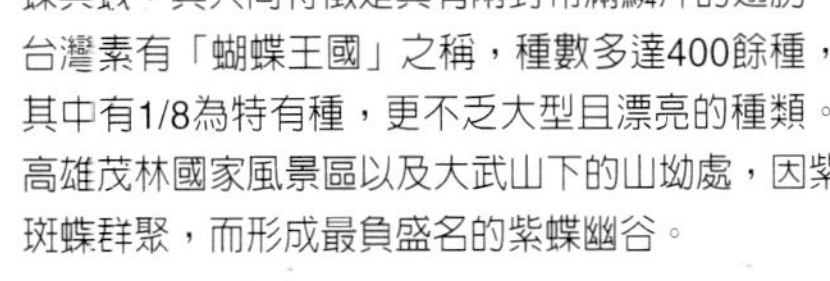

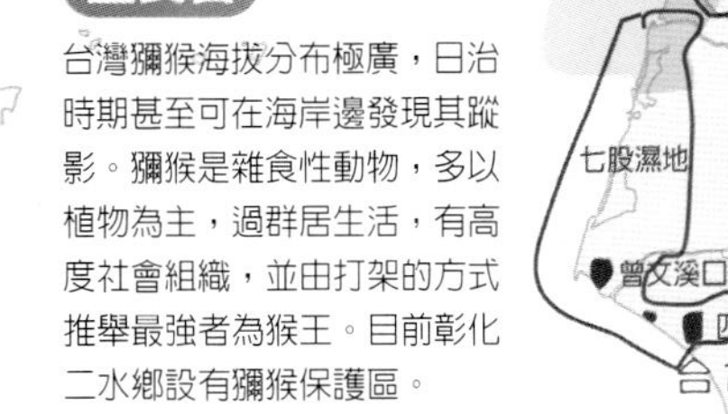

龜鱉目

龜鱉目包括陸龜、淡水的鱉及海龜，因棲息環境多元，所以演化出不同的身體構造：如陸龜高聳的背甲裡儲存大量脂肪，除可預防曝曬高溫，又可在缺乏食物時提供熱量；海龜擁有流線型的身體、槳般的前肢、像舵掌握方向的後肢，還有會分泌多餘鹽分的淚腺。目前澎湖望安鄉設有綠蠵龜保護區。

靈長目

台灣獼猴海拔分布極廣，日治時期甚至可在海岸邊發現其蹤影。獼猴是雜食性動物，多以植物為主，過群居生活，有高度社會組織，並由打架的方式推舉最強者為猴王。目前彰化二水鄉設有獼猴保護區。

囓齒目

囓齒目是台灣哺乳動物中種類和數量最多的一目。松鼠屬日行性動物，以原始闊葉林為主要棲地，常在步道附近的樹枝間活動或覓食。白面鼯鼠為高山飛鼠，多出沒於2,000～3,500公尺的原始針葉林，主要以植物嫩葉、樹皮、果實、核果、昆蟲及其幼蟲等為食。

翼手目

蝙蝠除了狐蝠為食果性外，其餘均以昆蟲為食。其中台灣狐蝠是台灣特有種，主要分布在綠島，且被認為是唯一的永久性棲地，高雄、花蓮、蘭嶼等地也都有零星發現紀錄。

鱗翅目

全世界約有12萬種，台灣則有4,000餘種，包括蝴蝶與蛾，其共同特徵是具有兩對布滿鱗片的翅膀。台灣素有「蝴蝶王國」之稱，種數多達400餘種，其中有1/8為特有種，更不乏大型且漂亮的種類。高雄茂林國家風景區以及大武山下的山坳處，因紫斑蝶群聚，而形成最負盛名的紫蝶幽谷。

▲台灣曾是蛇類王國，但因人類的開發與捕捉，野外族群已大不如前，尤其是有毒蛇類更為稀有。圖為青蛇。（李俐傳／攝）

爬蟲綱

4目，55科，約7,877種

2目，15科98種，20種為特有種

爬蟲類就是一般所稱的龜鱉類、蛇類與蜥蜴類。最早的爬蟲類出現在古生代的石炭紀，現今僅存四目：龜鱉目、有鱗目、鱷目及喙頭目，但因為台灣是新生海島，僅有演化年代較後期的龜鱉目及有鱗目。爬蟲類廣泛分布在全島各地，而且在生態系中扮演著極其重要角色，少了牠們，鼠類等對人類有害的生物數量就會大幅增加。

蜥蜴

台灣已知蜥蜴有30種，分布廣泛：如棲息於沿岸岩礁地區的岩岸島蜥；海拔3,000公尺高山的雪山草蜥；生活於樹林中的攀木蜥蜴；在草原田野活動的草蜥及石龍子，及生活在城市中的壁虎等。

▲蜥蜴覓食可分為兩種：一是坐等型，如攀木蜥蜴（左圖）和壁虎；另一是走動型，如石龍子。（游登良／攝）

偶蹄目

偶蹄目動物包括鹿科的梅花鹿、山羌、水鹿，牛科的長鬃山羊及豬科的台灣野豬。台灣野豬分布範圍廣泛，從平地至3,000公尺的各種森林均可發現行蹤。山羌及山羊為獨行性，偶爾才有母羊帶小羊出現覓食；水鹿則是群棲性，有類似草原結隊活動的情形。至於曾經在台灣廣泛分布，如今卻面臨絕種危機的梅花鹿，則在墾丁社頂設有復育區。

昆蟲：東南部地區

北回歸線通過台灣中南部，使得此區氣候普遍炎熱，冬季平均最低溫度超過15℃，物種呈現強烈的熱帶色彩。尤其恆春半島地區，冬季也受到東北季風影響，氣候上有落山風時期，導致昆蟲的發生期有明顯的季節變化，部分種類甚至因同受東北季風影響，而呈現南北分布狀況不同的現象。

昆蟲綱

29目949科，250萬至3,000萬種

29目，538科，19,537種

昆蟲是地球上種類和數量最多的生物。台灣已知昆蟲有18,000多種，數量總計約有20萬種以上，不論是平地、山區、森林、草原、河谷、海邊都可發現牠們的蹤影；尤其中海拔針闊葉混合林由於棲地多樣，因此昆蟲種類最多，即使同一棵樹上，也可以在不同部位找到不同種類的昆蟲。而隨著海拔升高，特有種比例乜愈高，高海拔地區甚至可高達95%。

大陸島與火山島生態

依據形成原因，島嶼可分成大陸島與火山島；因板塊擠壓而隆升的大陸島，本來就是陸塊的一部分，火山島則多是火山作用而從海底噴發形成。台灣本島雖然和歐亞大陸隔著台灣海峽，但仍屬於大陸棚的一部分，而蘭嶼及美國夏威夷則屬火山島。大陸島與火山島的不同形成原因，也是影響島上動物分布與演化的決定性因素。位在歐亞大陸最東緣的台灣，因地理位置關係，自古就是動物南來北往的必經橋樑，至今也仍然是東亞候鳥必經的中繼站；面積雖不大，但因地形複雜，棲息繁複多樣，加上與大陸距離近，島上的動物有來自北方西伯利亞、西邊的喜馬拉雅山、中國大陸，也有來自南邊的菲律賓、馬來西亞、澳洲等地，種類豐富而多樣。岩漿自海底噴出後冷卻形成，孤懸在太平洋中的夏威夷島，靠雙腳移動的哺乳動物無法到達，島上只有兩種會飛的哺乳類——蝙蝠，也沒有真正的淡水魚與兩棲類，昆蟲種類也少，甚至連螞蟻都沒有。

◀分布於台灣的鴛鴦是稀有的留鳥或冬候鳥。（游登良／攝）

▶水鹿是台灣最大型的草食性動物。（游登良／攝）

（游登良／攝）

我們的名字叫台灣

台灣藍鵲、台灣鳳蝶、台灣獼猴、台灣黑熊、台灣馬口魚、台灣山椒魚……有沒有發現，不管是天上飛的、地上走的，或悠游在水中的動物們，都有個共同的名字「台灣」？！因爲，牠們都生長在台灣，全世界也只有台灣可見牠們的蹤影，牠們是台灣特有種。

歷經板塊擠壓隆升、冰河來去，台灣成爲現今孤懸海中的島嶼。地理上的隔離，讓原來藉冰河南遷或北移到台灣的各種動物，無法再與大陸或南洋親族交流。但就如電影〈侏儸紀公園〉中所說，「生物會自己找到出路」，例如爲了適應高海拔低溫的曙鳳蝶，卵和幼蟲演化出抗寒機制；而生活在樹上的樹蟾，爲了適應樹棲生活演化成指（趾）端膨大成吸盤。

◀台灣黑熊是台灣特有亞種，胸部的V字形白毛是與其他黑熊最明顯的區隔。（俞錚皞／攝）

▼台灣藍鵲的祖先來自喜馬拉雅山系，先擴散至中南半島、海南島或菲律賓，再向北移棲至台灣島，屬熱帶種源動物，體型大而鮮豔，分布於300～1,200公尺的低海拔森林，俗名「長尾陣仔」。（游登良／攝）

Going to All Lengths for Survival
為求生存，別無選擇

▲台灣獼猴是除了人類以外，台灣唯一的靈長類動物。（游登良／攝）

▲曙鳳蝶近緣種都分布在熱帶地區，為了適應攝氏零度以下的環境，卵和幼蟲演化出抗寒機制，迥異於一般鳳蝶類以蛹態休眠越冬的特性。圖為曙鳳蝶交尾情形。（李兩傳／攝）

▲骨骼結構和蟾蜍相似的樹蟾，成蛙生活在樹上，其指（趾）端不但膨大成吸盤，且具有間介軟骨（半蹼），即為適應樹棲生活的演化結果。（游登良／攝）

Look! Our Migratory Feathered Friends
看！我們的飛羽朋友

▲水雉主要分布在菱角田、荷花池等湖泊埤塘的濕地，因棲地減少而數量稀少，目前在台南官田葫蘆埤設有台灣第一個水雉復育區。（鄭信藏／攝）

▲蒼燕鷗是盛夏馬祖燕鷗保護區的常客。（王徵吉／攝）

▼大冠鷲是台灣中低海拔常見的猛禽。（李兩傳／攝）

台灣鳥天堂

台灣面積雖小，卻擁有綿長的海岸線、寬廣的平原、茂密的山林……等多樣地形，提供各種物種繁衍的生存空間與機會，生態資源細緻而繁複，不論山邊或水畔，都有鳥類蹤跡；加上台灣位在東亞候鳥航道中途，食源又充足，自然成為候鳥的重要中繼站。目前全世界已知9,000多種鳥類當中，台灣就擁有近500多種，留鳥就占了160種，其中原生種保育鳥類有37種，更有15種是全球僅存於台灣的特有種！其他還有冬候鳥、夏候鳥，以及迷鳥、過境鳥等。

一年四季，無論春夏或秋冬，台灣全島許多海口、濕地、平原、丘陵，或低、中、高海拔的森林，幾乎隨時都可以享受賞鳥樂趣，甚至也讓歐美愛鳥人士趨之若鶩，成為他們新興的賞鳥勝地。

In Quest of the Migration Mystery of Butterflies
探尋蝴蝶遷徙的謎團

越冬遷徙紫斑蝶v.s.帝王斑蝶

動物的季節性遷徙，以候鳥最爲人所知。事實上，昆蟲也有遷徙行爲，其中最著名的，就是北美洲帝王斑蝶和台灣的紫斑蝶，並在墨西哥與台灣分別形成目前世界上已知最大的兩處越冬蝶谷。

又稱「帝王斑蝶」的北美洲大樺斑蝶，每年秋天8月中到11月初，從加拿大及美國飛抵墨西哥中部山區谷地，第二年春天，再往北飛，並在沿途產卵繁殖，以一代接一代的方式，飛回北方。

台灣的紫斑蝶則在每年入冬之前，會在南台灣特定的避風谷地裡，集結形成上百萬隻停掛樹枝的奇景，來年春天再飛回北部。目前紫斑蝶北返的遷徙路徑已大致調查出來，但南遷的路徑及速度，至今仍有待確認。

海路遷徙v.s.陸間遷徙：帝王斑蝶飛行時速約20公里，每天移動100～150公里，最遠從加拿大五大湖區往南飛行超過4,000公里。紫斑蝶遷移距離，最遠可從台東大武越冬地飛至300公里外的台北木柵山區，也曾被發現在日本與台灣之間作海洋路徑遷移。相較於帝王斑蝶的陸路遷移，紫斑蝶路程雖較短，但困難度卻較高。

紫蝶幽谷v.s.帝王谷：台灣的紫蝶幽谷曾有超過百萬隻群聚單一山谷越冬的紀錄，棲居族群已記錄到12種斑蝶，以4種紫斑蝶屬（*Euploea*）及2種青斑蝶屬（*Tirumala*）的種類爲主，數量在40～60萬隻間。而位在墨西哥市郊及加州中部海岸林帶的帝王谷，每年約5億隻帝王斑蝶進行越冬，棲居族群爲帝王斑蝶單一蝶種。

(左圖）高雄縣茂林山區因受人為破壞的程度較低，因而保存了多處紫蝶聚集於幽谷的壯觀景象。(游登良／攝)

(右圖）墨西哥帝王蝶谷的越冬群聚規模在單一谷地可達千萬隻以上，導致被停棲的歐亞梅爾杉枝條被折彎，甚至斷裂。(詹家龍／攝)

紫蝶幽谷．台灣

Purple Butterfly Valley, Taiwan

位置：高雄縣茂林鄉、屏東縣三地門鄉、來義鄉，及台東縣大武鄉等北回歸線以南的低海拔山區。
規模：以往有超過百萬隻群聚單一山谷越冬的紀錄，目前有紀錄的數量在40～60萬隻間。
族群：已記錄到12種斑蝶、但以4種紫斑蝶屬(*Euploea*)及2種青斑蝶屬(*Tirumala*)種類為主。
評價：世上兩個大規模的「越冬型蝴蝶谷」之一。

帝王谷．墨西哥

Monarch Butterfly Valley, Mexico

位置：墨西哥市郊海拔近3,000公尺的高海拔山區。
規模：每年約有5億隻帝王斑蝶進行越冬。
族群：單一蝶種帝王斑蝶。
評價：世人最為熟悉的蝴蝶圖騰之一。

殊途同歸台灣籍

台灣雖然只是個小海島，居民卻來自世界各地。距今約12,000年前，第一批住民從大陸經由台灣海峽進入台灣；第二批住民則從印尼經菲律賓跨海而來；到了17世紀，中國大陸沿海居民為尋找新天地，一批批渡海來台，且由於清廷禁止攜眷出海，來台的漢族男性紛紛與在地的平埔族通婚、混居。1949年前後，人數超過百萬的中國各省人士又隨國民政府播遷來台，雖曾引發敏感的省籍情結，但經過半世紀的交流與融合，卻也為台灣創造了更多元而豐富的族群文化。近年來，來自東南亞各國、中國大陸，以及少數歐美國家的外籍配偶人數大增，又為台灣的族群再添新元素。外籍配偶所生育的下一代，更成為族群融合後的「新台灣之子」。全球化風潮下，國際往來頻繁且密切，尤其台灣人不畏艱難向外拓展的海洋性格，也不斷為台灣的族群文化注入新活力。

漢人大家族

17世紀末開始，漢人開始大量移民台灣，18世紀達到最高峰，其中絕大多數來自福建和廣東兩省，包括閩南（福佬）、客家等早住民；第二波漢族移民高潮則集中在1949年前後，跟著國民政府從中國南北各省來到台灣的「新住民」。這兩波漢移民熱潮是台灣開發史上，人口暴增的兩個最高點，也使漢人取代南島語族先住民，成為台灣最大族群。台灣目前2,300萬人口中，閩南人約占70%，客家人約占15%，其他省分約13%，原住民占2%。

跨海求生早住民

17世紀末，中國東南沿海省分因乾旱、海盜猖獗等因素，人民生活艱困，於是冒險橫渡黑水溝（台灣海峽），來台開拓新天地。然而這些從福建、廣東等地來到台灣的閩南、客家早住民，卻因語言、習慣差異，加上爭奪土地、水源，一再爆發械鬥事件。

歐洲　亞洲　非洲　中國　中南半島　泰國　越南　馬來西亞　印尼　婆羅洲　馬達加斯加

▲金門斗門的外省老兵。（黃丁盛／攝）

新住民海島新故鄉

1949年前後，約150萬名中國各省人民跟隨國民政府遷移台灣，雖同樣來自大陸原鄉，但這些因戰亂來台的人士，卻被早期來台的「本省人」稱作「外省人」。隨著歷史推移、族群融合與土地認同，「外省人」一詞現已被「新住民」概念所取代。

圖例
漢人遷徙路線
婚姻移民
南島語族遷徙路線

閩南	74%
客家	14%
新住民	9%
原住民	2%
婚姻移民	0⁺%

▲台灣人口族群比例圖

228歷史傷痕

1947年2月27日，緝私人員在台北查緝私煙時，因處理失當而引起民怨。第二天，群眾群集示威抗議，然而事態卻從官民對立衍生為對外省族群的報復，積怨已深的台灣內部省籍矛盾爆發，亂事隨即蔓延全台灣。

當時最高行政首長──台灣行政長官公署長官陳儀，為解決亂事，同意成立「228事件處理委員會」，作為台灣本土菁英與官方溝通協調的主要機制；台灣各界菁英藉此要求改革，事件也升高為政治抗爭運動。陳儀不安之餘，一面談判，一面派電報給總統蔣中正，請求從大陸派兵鎮壓。

鎮壓後，委員會成員與台籍菁英陸續被清算，造成更多無辜者受難，也使台灣群眾對政治冷漠與不信任。加上中央政府撤退來台後採行高壓統治，台籍菁英與台灣文化受到壓抑，更使得衝突與矛盾無法得到化解。

1987年解嚴後，民間「228和平運動」開始正視這道歷史傷痕，行政院也在1991年成立「研究228事件小組」，並在1992年公布《228事件研究報告》。1995年台北公園228紀念碑落成，由總統李登輝代表政府向受難家屬公開道歉，象徵了對族群衝突對立歷史的紀念與化解。

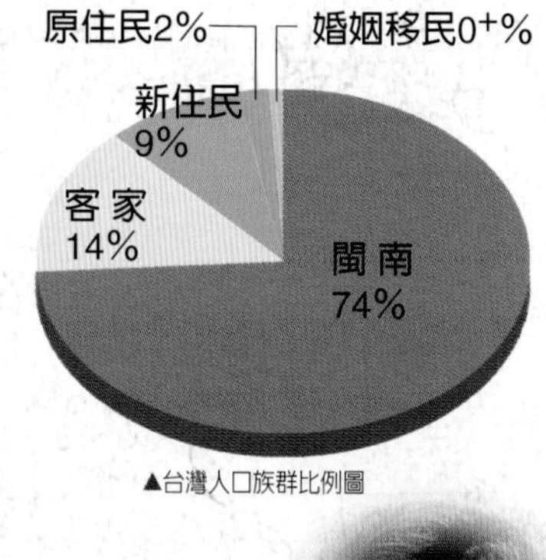

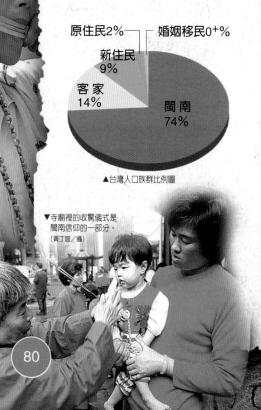

▼寺廟裡的收驚儀式是閩南信仰的一部分。（黃丁盛／攝）

婚姻新移民

近年來，由於台灣女性的經濟能力和獨立性日益提升，加上產業外移，大量青壯人口駐外營生，因此男性向外婚配的比率愈來愈高，至2004年已達當年婚配數的23.8%，因而產生了數十萬「婚姻移民」，其中大陸配偶占35%，其他大多來自東南亞，尤以越南籍新娘人數最多，約占七成。外籍配偶雖非台灣特有現象，但跨國婚姻所產生的生活、文化適應，乃至下一代的教育等問題，已成為現今台灣社會不得不關心的議題。

▲在浙江舉辦的台商中秋節晚會。(陳瑞分／提供)

台商在他鄉

由於勞力成本、經濟活動力等因素考量，東南亞、中國大陸成為台灣企業海外拓展的首選之地，也因而產生了許多因工作而必須離鄉背井的台商族群。人數不斷攀升的台商，在工作地所必須面對的生活適應、分隔兩地的婚姻或家庭問題等，也逐漸成為新興的社會議題。

地球村公民

全球化趨勢下，愈來愈多台灣人成為經常搭機往來國際的「空中飛人」，其中尤以華僑與台商為數最多。據統計，目前海外各地約有3,700多萬華僑，原鄉台灣的母文化與僑居地的生活文化，就在華僑來去之間，相互交流。台商則大多肇因於產業外移，為尋求更有效率的生產方式與更廣大市場而產生的經營或管理人才。目前，因工作而客居海外的台商人口，粗估至少有75萬人，已漸漸形成一股海外新勢力。

【如果台灣……

如果台灣距離亞洲大陸很遠，如果在冰河時期沒有和大陸相連，台灣可能就會像美拉尼西亞許多島嶼一樣，原住民族現在就是島上的主人。

如果台灣和東南亞島嶼沒有黑潮及風向連結，台灣和菲律賓等地的族群就不會有任何關聯。

如果台灣像南美洲的復活節島一樣，沒有高山和平原之分，島上的族群就不可能保持孤立狀態，交融、混血的結果，所有族群可能融合為一，也不會有現今複雜而多元的族群文化了。

▲屏東來義鄉古樓村的排灣族女孩頭飾。(黃丁盛／攝)

【世界之最】

1. 台灣是南島語族分布的北界。
2. 台灣的南島語保有最多古南島語語音。
3. 台灣是南島語種類最複雜的地區之一。
4. 傳統阿美族具有相當典型的母系社會特徵。

居民 People

捷足先登台灣先住民

從考古資料研判，台灣原住民的祖先最晚在6,000年前就已經移居台灣。當時人口稀少，最早的居住區域應該是在中部大甲溪流域，以泰雅族或布農族為主。考古學家稱此時期為「大坌坑文化」，出現年代可能早於6,000年前，在台灣出土的此時期石器類型，和福建的河姆渡及浙江的良渚文化相當類似，但年代稍晚。

▼南投霧社泰雅族文化祭。(黃丁盛／攝)

日本　北美洲　夏威夷群島　新幾內亞　洲　紐西蘭　南美洲

南島語族一家親

台灣究竟是南島語族起源地？還是南島語族外移分布最北界？至今眾說紛紜。從比較語言學角度，台灣南島語族的語言最歧異，也保存許多古代南島語言特徵，所以有學者認為，台灣應是南島語族的原鄉；但從DNA、Y染色體分析，族群遺傳學家則推論，印尼巽他群島或婆羅洲才是南島語族的故鄉，台灣則是南島語族外移最北界。無論哪種說法才是最終定論，可以肯定的是，台灣島上所有原住民族群都是南島語族之一。

▲高雄桃源鄉布農族打耳祭。(黃丁盛／攝)

最資深的台灣人

在12,000年前，第四紀冰河期尚未結束，海平面高度也比現在低約120公尺左右，所以平均深度只有60公尺的台灣海峽，大部分成為陸塹，也成為歐亞大陸動植物搶灘登「台」的通道。當時從北方南下避寒來台的，不只是動物和植物，以狩獵動物、採集植物維生的人類，也追隨動植物南遷的腳步，通過當時露出海面的台灣海峽，並在台灣落腳、擴張，成為最早在台灣定居的族群，也就是現在考古學者所稱舊石器時代晚期長濱文化、網形文化和左鎮人等，他們是最早的台灣人。

華僑異鄉人

華僑不但人數眾多，且散佈在世界各國。語言、生活習慣、文化認同等因素，讓移居海外的華人們經常聚居同一區域，形成所謂的「中國城」；每遇華人傳統節慶，也都會有慶祝活動。許多國家更設有華人學校，供華僑第二代就讀，加強中文與中華文化的學習。台灣也設有華僑學校，供僑生回國後延續學業。

▲倫敦中國城。(黃丁盛／攝)

◀ 外籍女性配偶（不含大陸配偶）人數比例

越南	70.2%
印尼	11.4%
泰國	6.9%
菲律賓	3.9%
其他	7.6%

▶手臂有中文刺青的外國人在台北大龍峒的保安宮膜拜。(黃丁盛／攝)

大陸新娘來台關卡多

除了婚姻仲介外，愈來愈多赴大陸發展的台商，在當地覓得美嬌娘。大陸新娘由於語言相通、文化相似，來台人數在外籍新娘中居冠。但由於兩岸政治情勢緊張，大陸新娘來台有層層關卡限制。

東南亞新娘子女教育問題多

印尼境內華僑人數眾多，印尼語之外，也通用客家話，因此，印尼新娘是許多客家人選擇的對象。但在文字書寫上，仍與其他外籍新娘遭遇相同問題，使得新台灣之子的教育問題成為社會關注的焦點。

▼越南新娘婚宴。(詹丁全／提供)

落地生根，開枝散葉

在台灣生息已超過數千年的原住民族，是最早來到島上的住民，各族的社會組織、語言、文化、習俗、服飾……等，雖然不盡相同，但全屬於世界分布最廣的南島語族。明末以後，中國東南沿海福建、廣東等地漢人，漸漸移民到台灣，也讓台灣原住民的生存空間開始受到嚴重擠壓與衝擊。包含閩、客族群在內的漢移民雖因資源爭奪，內部械鬥不斷，但因人數眾多，所以後來居上，成為島上的主要住民。1949年前後，又有總數超過百萬的大陸各省人士追隨國民政府遷移來台，雖然同是漢族，但與早期來台的漢移民之間，卻因語言、生活背景、政策因素，產生嚴重衝突，也產生所謂的省籍情結。但隨著時空推移、通婚、年輕世代的交融，省籍差異已逐漸被地域認同取代了。

◀盛裝打扮的鄒族勇士。（黃丁盛／攝）

▼魯凱族人共飲小米酒。（黃丁盛／攝）

漢族

17世紀末，鄭成功率領大批官兵與眷屬來台拓墾；生活困頓的大陸沿海居民也紛紛跨海而來，形成第一波漢移民潮。18世紀初，清廷禁止攜眷赴台，來台的單身漢族男性，也就是俗稱的「羅漢腳仔」，開始與平埔族女子通婚，可說是最早的族群融合。1875年清廷接受台灣巡撫沈葆禎建議，分北中南三路大規模拓墾台灣東部，也進一步解除渡台禁令，於是又一波漢人大量湧入台灣。1945年以後，上百萬大陸各省人士追隨國民政府來台，是最後一波漢人大移民。

▲閩南人的宗教信仰在台灣流傳鼎盛。（黃丁盛／攝）

客家人

台灣的客家人主要來自廣東潮州與梅縣，大多分布在桃園、新竹、苗栗，及高雄、屏東等地。客家人習慣聚族而居，勤修族譜、蓋宗祠，具強烈的宗族觀念，而且在代代相傳「晴耕雨讀」的傳統祖訓規範下，相當重視子孫教育。

閩南人

閩南人又稱福佬人或河洛人，分布全台，占人口總數70%以上，是台灣最大族群。閩南祖先大多來自福建，其中尤以福建南部靠海維生的漳州、泉州占多數，因此具有濃厚的海洋性格：勇於冒險、開疆闢土、外出經商，適應力與活動力強。

原住民12族

台灣目前官方認定的12族原住民族，雖然都屬南島語系，但因各族長久以來散居在台灣各地的高山谷地裡，地理環境阻隔，加上各自傳承演化時間已長達千百年，因此不但各族語言互不相通，部落組織、繼嗣規則、祭典儀式、文化特質、工藝創作、信仰傳說，也都各不相同。

凱達格蘭族

凱達格蘭族分布範圍以台北盆地為主，以及基隆、桃園、宜蘭等地。和所有平埔族一樣，凱達格蘭族也是母系社會，但由於漢化極深，原本的文化特色已消失難辨。至今仍有不少凱達格蘭語音譯的地名，如大龍峒、艋舺、唭哩岸、北投、八里、秀朗。

噶瑪蘭族

噶瑪蘭族原本世居蘭陽平原，18世紀末漢人吳沙率眾入墾後，被迫南遷，在阿美族人聚居的花蓮平原北部建立了新故鄉。因長期與阿美族混居，逐漸阿美化，且被歸屬於阿美族。2002年正名成功，成為台灣第11個原住民族。花蓮豐濱鄉新社村是目前唯一較具規模的噶瑪蘭部落。

賽夏族

賽夏族分布範圍小，主要在新竹五峰及苗栗南庄。因夾雜在泰雅族與客家人之間而深受影響，有泰雅化及客家化趨勢。每兩年農作收成後月圓之夜，舉行為期六天五夜的矮靈祭，祈求矮靈庇佑。也因為這個古老的神祕祭典，賽夏族的傳說、信仰、音樂、舞蹈才得以保存。

邵族

聚居在南投日月潭一帶的邵族，因1999年921地震死傷慘重，人數由原來數千人銳減到約300人，是台灣人口最少的原住民族。祖靈信仰與公媽藍崇祀是邵族的文化核心，而「先生媽」，也就是服侍祖靈、為族人除穢、解厄的女祭司，則是傳統文化的傳承者，也是邵族人日常生活的精神支柱。

泰雅族、太魯閣族

泰雅族是分布最廣的原住民族，從南投仁愛鄉往北到台北烏來、東從花蓮跨越中央山脈到台中東勢。祖靈信仰是泰雅族人日常生活、行為道德的最重要規範；特有的文面習俗是成年表徵，代表男性勇武善獵，女性善織，更是死後認祖歸宗的標誌。居住在花蓮北部的太魯閣族，日治時期被歸為泰雅族，2004年正名為太魯閣族，成為台灣第12個原住民族。

平埔族

「平埔」是「平地」之意，平埔族就是指居住在平地的原住民，從南到北，包含好幾個族群，也都屬於南島語系。平埔族群有許多獨特的習俗與文化，但因長期和漢人接觸、通婚，幾乎已完全融入漢人社會，部分族群的語言和文化甚至已消失殆盡。目前還具有群體活動力的平埔族群，包括道卡斯、巴宰海、西拉雅、馬卡道等，各族的社會組織、語言、習俗文化也都不同。

鄒族主要分布在嘉義阿里山鄉海拔1,000公尺以上的山區，目前有8個村落，分屬於特富野和達邦兩大社，也有少數居住在高雄那瑪夏鄉、桃源鄉與南投信義鄉。「庫巴」是鄒族人最重要的精神地標，不但是男子集會所，也是文化傳述、軍事狩獵訓練，更是傳統祭典「戰祭」瑪雅斯比（Mayasvi）舉辦的場地。

排灣族

以貴族制度和巫術聞名的排灣族，分布北起大武山，南達屏東恆春；西自高雄隘寮，東到台東太麻里，是台灣第三大原住民族。被視為長老與貴族化身的百步蛇，是主要圖騰；精美的木雕和華麗服飾則是最大工藝成就和特色。而祈求五穀豐收，為期15天以上的五年祭（Maleveq）是最重要且盛大的祭典。

西拉雅族

西拉雅族分布在台灣南部，因接近台灣早期的政經中心台南，所以受外來文化影響很早，甚至向荷蘭人學會了羅馬拼音。祀壺是西拉雅族的信仰中心，不僅在供奉祖靈阿立祖的公廨中祭拜祀壺，家中牆角也放有祀壺。雖然是漢化最深的原住民族，但西拉雅人的阿立祖祭祀至今流傳不墜。

魯凱族

主要分布在高雄茂林、霧台兩鄉及台東卑南鄉的魯凱族，自古以來和排灣族比鄰而居，互動密切，所以語言和文化特質極為相似，都有貴族制度，也都採長嗣繼承制。百合花和雲豹是其文化圖騰，分別象徵女性的純潔和男性的勇猛。

牛稠子
左鎮
大湖
族
麒麟
富山
卑南
龜山
恆春
靜埔
長濱
奇萊山

圖例

史前遺址：舊石器時代　新石器時代　鐵器時代

原住民：賽夏族　魯凱族　排灣族　布農族　達悟族　卑南族　邵族　鄒族　阿美族　噶瑪蘭族　泰雅族、太魯閣族

平埔族：凱達格蘭族　巴布薩族　拍瀑拉族　道卡斯族　洪雅族　巴宰海族　西拉雅族

漢族：漳州人　泉州人　客家人

阿美族

分布在花蓮、台東和屏東縣的阿美族，是台灣原住民人口最多的族群。母系社會和依年紀分工的男子年齡階級制度，是維繫阿美族長幼有序、男女均衡分工的基礎。一年一度的「ilisin」豐年祭，是阿美族最具代表性的傳統祭典。近年來，眾多移居都市謀生的阿美族人，也在台北、高雄、台中等大都會建立阿美族新社群。

卑南族

居住在台東市、卑南一帶的卑南族，清朝時，因幫助平定朱一貴之亂有功，賜封為「卑南大王」，是卑南族全盛時期。卑南族屬母系社會，男女分工清楚，男狩獵打仗，女耕種織布；每年秋收後舉行的猴祭，是卑南少年在「少年會所」接受戰鬥、打獵技巧訓練的驗收。

布農族主要分布在南投信義鄉與仁愛鄉、高雄三民與桃源鄉，以及花蓮卓溪、萬榮鄉。布農族不但善於狩獵，也擅長種小米，因而發展出與狩獵和農事相關的繁複祭儀，及配合祭典進行的音樂，如「祈禱小米豐收歌」。此外，以象形符號記載歲時祭儀的木刻畫曆也是布農族獨一無二的文化瑰寶。

▼達悟族新船下水的儀式。（黃丁盛／攝）

達悟族

住在台東蘭嶼島上的達悟族，擅長航海、捕魚，船是不可或缺的生活工具，所以取材自許多樹木，拼裝製成的拼板船是達悟男人最重要的工作，而女人則以種植芋頭作為新造大船的禮物。每年3～6月飛魚季，則是最重要的捕魚季節，飛魚也成為生活中最神聖的魚，有關飛魚的祭儀也是最重要的年度盛事。

正港台灣原始人

台灣的史前文化可追溯到舊石器時代、新石器時代與鐵器時代。舊石器時代以左鎮人的長濱文化為代表，當時人過著漁撈、狩獵、採集的生活。因冰河消退，台灣海峽形成，台灣與大陸交通斷絕，所以有很長一段時間，台灣都沒有新的文化型態出現。直到4,000多年前，第二批移民自大陸遷移來台，才將大陸新石器時代的農耕技術帶入，在使用器物上，也才開始出現兼具美感的陶器。

但屬於新石器時代初期的大坌坑文化，農耕方式卻處於初期發展階段，只發現種植根莖類作物的遺跡，直到新石器時代中期，農業技術才發展得更完整。

距今約2,000年前，台灣終於進入鐵器時代，鐵器逐漸取代石器，也出現了必須藉由海外貿易才能取得的物品。台灣的鐵器時代包含了許多地域性的文化型態，而這些地域性文化可能就是原住民或平埔族祖先所發展而成。

距今年代（30000　10000　9500　9000　8500　8000　7500　7000　6500　6000　5500　5000　4500　4000　3500　3000　2500　2000　1500　1000　500）	約30000–6500	約6500–2000	約2000–500	約500以後
時代	舊石器時代	新石器時代	鐵器時代	歷史時代
北部	長濱文化（？）	大坌坑文化、芝山岩文化、圓山文化、植物園文化	十三行文化	
中部	長濱文化（？）	大坌坑文化、牛罵頭文化、營埔文化	番仔園文化、大邱園文化	
南部	左鎮人、長濱文化（？）	大坌坑文化、牛稠子文化、大湖文化	蔦松文化、龜山文化	
東部	長濱文化	長濱文化、大坌坑文化、富山文化、卑南文化、麒麟文化	靜埔文化	
澎湖		粗繩紋陶文化期、細繩紋陶文化期、素面陶文化期		漢文化期
和世界文化的關聯	與中國華南地區某些舊石器時代文化有緊密關係。	與中國東南沿海及東南亞的新石器文化相關連。		
生活方式	住洞穴，行採集、狩獵、漁撈生活。已知用火，並會打製石器、骨角器等工具使用。	小型聚落，游耕、狩獵、漁撈是主要生產方式，開始根莖作物的初級農耕。／聚落較大，已有宗教信仰、開始長期定居的農耕生活：種稻米等穀類、飼養家畜。此時社會地位分化，工藝技術進步。	信仰多樣化，大部份過著以稻米為主、根莖作物為輔的農耕生活，並開始與漢人交易。已知使用銅器、鐵器等金屬器。	
自然環境：氣溫	較今略低	較今高約2.5度／較今略高／與今相似		
自然環境：海水面	低於今日海面約15公尺／低於今日海面約15公尺／低於今日海面約5公尺	高於今日海面約4公尺／高於今日海面約2公尺／高於今日海面約2至3公尺	高於今日海面約1公尺	

▲參考資料：臺灣考古文化年表（臧振華，1999）

族群新解

檢視台灣的歷史發展，會發現一個有趣的現象——台灣的人口結構大多是由「移民」所組成，因此形成分複雜的族群樣貌，也產生了一些問題，如省籍情結、原住民漢化、閩客差異、婚姻移民的適應、新台灣之子的教養問題等。然而隨著時間推移、在地化、新時代社會型態的生成與演變等因素，「世代」觀念已逐漸取代「族群」界線，產生了頂客族、×年級、×年×班、草莓族、網路族、吞世代……等，以出生年代、政經條件、社會身分、謀生或使用工具為定義的「世代」新族群；不同世代之間，因成長背景不同，彼此溝通的語言辭彙、價值認同也迥異。雖然以「世代」為區分的族群，會隨著個人年齡增長而時時變動，卻也充分反映出台灣社會在各個不同時代的價值觀與趨勢演變。

▶新世代布袋戲迷的角色扮演活動。（黃丁盛／攝）

山海精靈的盛宴

多元的族群樣貌是台灣最珍貴的文化資產之一，尤其僅占台灣人口總數2%的原住民族，雖然同屬於南島語族，但因地域分布歧異，各自發展出獨具特色的神話、信仰、圖騰、祭典、音樂、舞蹈、服飾，以及兼具實用與藝術價值的精湛工藝。大多聚居在山林海濱的台灣原住民族，彷彿山海精靈的化身，敬天畏神，與自然和諧共處，也將揉合傳說的紋飾、象徵成年的文面、傳達部落精神的天籟和音、載滿神話的獨木舟……等傳統文化，以最絢麗的方式，融入樸實的生活之中。

▲相傳，邵族祖先是從阿里山追逐一隻白鹿，直到現今的日月潭光華島。邵族傳統的公媽籃（祖靈）信仰、先生媽（女祭師），以及杵音傳唱都極具特色。（黃丁盛／攝）

Man in One with Nature

天人合一

▲盪鞦韆比賽是魯凱族豐年祭中的傳統民俗遊戲，必須男女合作參與，所以也成為青年男女互傳情意的重要活動。（黃丁盛／攝）

▼小米是排灣族的主食，每年7、8月小米收成後舉行的豐年祭，是年度大事。圖為部落長老點燃聖火的情景。（黃丁盛／攝）

▼達悟人在飛魚季結束時，會舉行盛大的收穫季。祭典上，各村落的婦女會聚集在一起跳長髮舞，慶祝豐收。（黃丁盛／攝）

The Endearing People and Land
人親土親

▲瘟神信仰由大陸東南沿海一帶傳入台灣，在屏東東港、台南西港形成王船祭傳統。圖為東港王船祭中，最後的壓軸儀式「燒王船」，象徵瘟王爺返回天庭，並帶走地方上的瘟瘴邪煞。（黃丁盛／攝）

▼每年農曆7月20日為客家義民節，以紀念清末因保家衛國而死難的客家先民。（黃丁盛／攝）

守護新家園

300多年前，當閩客先民們鼓起勇氣，橫跨黑水溝，來到台灣追尋生活新天地時，也將原鄉的身心靈依靠一併帶到台灣新故鄉。

靠海的福建沿海居民，將海上守護神媽祖帶在身邊，庇佑眾人平安飄洋過海到台灣。有閩南移民落腳之處，就有祭祀媽祖的廟宇；每年農曆三月，十萬信眾追隨媽祖繞境的進香活動，已成爲世界三大宗教活動之一。而最初在沿海或河口拓墾的先民，爲了驅瘟解災，不但將瘴癘瘟疫轉化爲安魂止厄的瘟神，更奉祀爲「王爺」或「千歲」，在盛大的建醮祭祀後，焚燒王船，象徵送走一切災厄鬼癘。虔誠熱烈的媽祖繞境、神秘熱鬧的燒王船，都成爲台灣海洋文化不可或缺的一環。

另外，原本多居住在粵閩贛山區的客家先民，也將廣東潮州三座山的鎮山之神，作爲追念原鄉故土的寄託。三山國王之外，對以山爲依靠的土地民族客家人來說，以「祖父的兄長」爲暱稱的福德正神「伯公」、庇佑五穀豐收的神農（又稱五穀先帝），則是最親切又務實的家園守護者，也是心靈的慰藉與後盾。

與自然共舞 達悟族v.s.因紐特人

世居蘭嶼島上的達悟人，和加拿大的因紐特人有許多相似的特點：他們的族群名稱「Tao」和「Inuit」，都是「人」的意思；他們的族群人數極少，且都分布在國境邊緣；自然條件惡劣，但各自有適應環境的獨特生存方式及文化傳統。

因紐特人生活在冰天雪地的極區，以狩獵和捕魚維生，能將獵取到的海豹或鯨魚身上所有部位都製成可用物品。他們對冰雪有極豐富的知識，甚至可分辨出7、8種不同形狀的雪。

對於海洋及海中生物有極豐富知識的達悟族人，則擅長航海和捕魚，可辨識數百種魚類，也有極其精緻的食魚文化，其中飛魚是最重要的食物與文化象徵。

與自然永續共存：達悟人在每年3～6月飛魚季期間，只捕捉同年10月15日「飛魚終食祭」之前足夠食用的數量，對於其他魚類的捕撈，無論是大小或季節，也都有嚴格規定，以期待年年豐收。因紐特人獵得海豹或鯨魚後，也充分利用獵物身上所有部位，作爲食物、衣飾、燃料、工具等，物盡其用。

因地制宜的居所：達悟人配合蘭嶼天氣型態，以石塊、木頭、茅草爲建材蓋成的半穴居，不但冬暖夏涼，更可有效避免颱風或東北季風侵襲。生活在極地的因紐特人則以寒風吹積而成的雪塊，運用精湛的建築技術，在零下數十度的極區，堆砌成堅固、溫暖舒適的圓頂雪屋。

The Last Eden
環保與和平的國度

（左圖）大船下水祭是達悟族人最重要的祭典之一，船主與村中青年們會穿著傳統丁字褲，先在大船四周舉行驅逐惡靈的儀式，再合力將大船抬起，拋向空中數次。（黃丁盛／攝）

（右圖）寒風吹積而成的雪塊具有極大強度，而且能夠緊密堆砌，並藉由冰晶互相黏接，所以是因紐特人建築冰屋的最佳建材。雪也是絕佳的絕緣和隔熱材料，居住在冰屋中，舒適又保暖。（達志影像公司／提供）

達悟族小檔案
Tao, Taiwan

分布地點：台東縣蘭嶼鄉
人口總數：3,300人
主要食源：飛魚、芋頭
文化特色：鬥歌、髮舞、半穴居
族群象徵：飛魚、丁字褲、獨木舟

因紐特人小檔案
Inuit, Canada

分布地點：加拿大拉布拉多半島
人口總數：41,000人
主要食源：海豹、鯨魚
文化特色：鬥歌、海豹祭、雪屋
族群象徵：鯨魚、北極熊

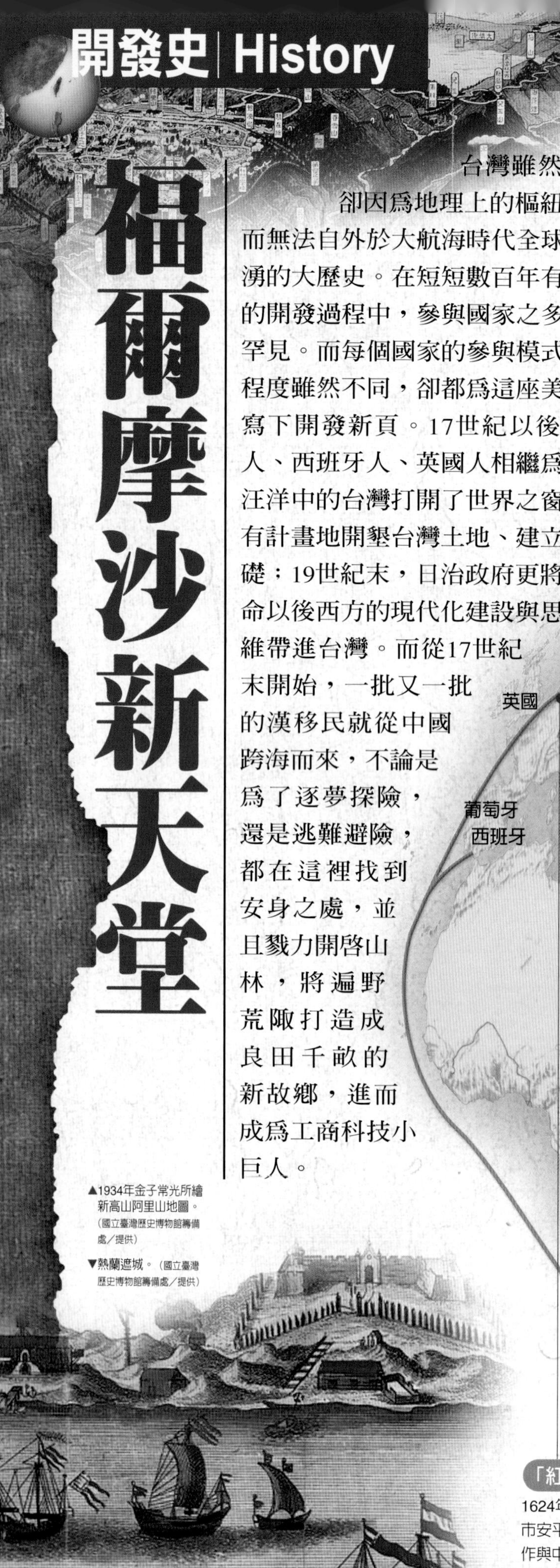

福爾摩沙新天堂

台灣雖然不大，卻因爲地理上的樞紐地位，而無法自外於大航海時代全球風起雲湧的大歷史。在短短數百年有史可考的開發過程中，參與國家之多，世界罕見。而每個國家的參與模式、影響程度雖然不同，卻都爲這座美麗之島寫下開發新頁。17世紀以後，荷蘭人、西班牙人、英國人相繼爲孤懸在汪洋中的台灣打開了世界之窗，並且有計畫地開墾台灣土地、建立商貿基礎；19世紀末，日治政府更將工業革命以後西方的現代化建設與思維帶進台灣。而從17世紀末開始，一批又一批的漢移民就從中國跨海而來，不論是爲了逐夢探險，還是逃難避險，都在這裡找到安身之處，並且戮力開啓山林，將遍野荒陬打造成良田千畝的新故鄉，進而成爲工商科技小巨人。

▲1934年金子常光所繪新高山阿里山地圖。(國立臺灣歷史博物館籌備處／提供)

▼熱蘭遮城。(國立臺灣歷史博物館籌備處／提供)

17世紀亞太營運中心

台灣位在東亞十字路口，又有豐沛的自然資源，因此，17世紀當西方霸權蔓延至東亞時，台灣很快就成為列強競逐的焦點。不論是從地球另一端長征而來的荷蘭、西班牙、英國，還是不遠處虎視眈眈的日本，對這個北控東北亞、前進大中國的小島，全都勢在必得，台灣也因此登上世界舞台，儼然是當時的亞太營運中心。

開港通商後的歐美窺視

1860年清廷簽定北京條約，被迫開放基隆、淡水、台南、打狗（今高雄）四個港口，大開通商之門。台灣豐富的物產資源，開始吸引許多歐美商人前來。他們將資金投注在茶葉、糖、樟腦等經濟作物，不但開始改變台灣部分地區的土地經營型態，也開始讓部分歐美官員和探險家產生覬覦之心，甚至提出占領計畫，顯現對台灣的強烈野心。

▶台南運河。(國立臺灣歷史博物館籌備處／提供)

西班牙人的北台灣經營

17世紀時，菲律賓的馬尼拉是西班牙位在亞洲的據點，距離台灣並不遠，所以西班牙人早有前進台灣的計畫，只是被荷蘭人捷足先登。1626年，西班牙人派遣艦隊抵達基隆的社寮島（今和平島），宣告占領。西班牙對台灣的經營，以貿易為主，範圍也僅止於北台灣，而且在1642年就被荷蘭人逐出台灣。

「紅毛番」定居大員

1624年，荷蘭東印度公司正式在大員（今台南市安平）建立商館。荷蘭人最初只是將台灣當作與中國進行貿易的跳板，但從1630年代中期之後，荷蘭人開始正視台灣土地的開發潛力，甚至大規模投資糖業，希望將台灣作為糖業生產基地，因此荷蘭人一方面從原住民手中取得土地，另一方面則透過中國籍「頭人」，從中國招募人力到台灣開墾。

中國移民的台灣拓荒夢

台灣這座資源豐富的美麗小島，與中國只有一海之隔，但中國人大規模移民到台灣，卻是近400年前的事，但這裡很快就成為尋求新天地的中國移民拓墾或逃難的新天堂。不論是明清時代的閩粵移民，或是二次大戰後隨國民政府播遷來台的新移民，台灣提供了他們追求夢想或安身立命的棲所，而台灣也因為渡海而來的充沛人力，在開發上得以進一步發展。

國民政府播遷來台

二次大戰後，一批又一批來自大陸各省的中國人隨國民政府播遷來台，導致台灣的人口結構、政治、社會、經濟等產生了巨大變動。1949年開始，國民政府陸續實施三七五減租、耕者有其田等政策，進行土地改革，改變了台灣土地所有權的型態。之後又在美援的幫助下，全面推動農業機械化，一路發展成亞洲四小龍之一。

日本殖民下的現代基礎

1895年簽訂馬關條約後，日本占領台灣。為了充分利用台灣的土地資源，日本殖民政府開始引進近代化農業改良和開墾技術，如實驗稻米、蕃薯等新品種，以及機械化耕作工具、儲藏設備，興建灌溉設施等。另一方面，野心勃勃的日本企圖以台灣為南進根據地，於是又致力於全島的鐵路、公路、電力、水利等基本建設，也因此奠定了台灣現代化基礎。

▲日治時期的基隆港，當時為台灣八景之一。（國立臺灣歷史博物館籌備處／提供）

如果沒有發生……

如果台灣距離中國再遠一點，當年想和中國做生意的荷蘭人、西班牙人大概就會選擇澎湖做為跳板，而不是台灣本島了。果真如此的話，說不定現在台灣也和東加王國、斐濟等一樣，仍是原住民的天堂。

如果鄭成功沒有來台灣，那麼，台灣現在可能仍在荷蘭的統治下，甚至成為歐盟的一分子！也可能為了脫離殖民統治，早就想方設法尋求獨立了。

▲鄭成功銅像。（黃丁盛／攝供）

北美洲

美國

與世界接軌的現代化歷程

清末，劉銘傳在台灣從事交通、電信、教育等建設與改革，也讓台灣成為當時中國現代化的範本。日治時期，更積極推動水利、醫療、電氣化、下水道系統、西式教育等基礎設施，尤其鋪設鐵、公路，以及整建基隆、高雄、花蓮與馬公等港口，不但讓台灣南北與城區往來更加暢通、改善東部與離島交通，也讓台灣擁有可供大船吞吐貨物的現代化港口。1945年後，國民政府進行土地改革、十大建設，讓台灣逐步從開發中國家邁向已開發國家之列。

▲日治時期的赤崁樓。（國立臺灣歷史博物館籌備處／提供）

漢人軍事移民

漢人第一次有計畫地大量移民，是跟隨鄭成功而來的開墾大軍。這批數萬人大軍，戰時是軍人，平時則為開墾土地的農夫。鄭成功擊退荷蘭人後，使得台灣成為中國人的領地，中國式的農墾經營從此取代了荷蘭東印度公司的熱帶農業經營模式。

明清時期的漢移民

明初中國人口約6,000萬，到了明末已增加到1億5千萬，清末更暴增到了4億5千萬。人口驟增的壓力，迫使土地資源有限的閩粵地區居民必須向外尋求新天地，而距離最近的台灣，就成了勇於渡海者的第一選擇。這些尋求海外新天堂的移民，就在最先上岸的河口，逐次向內陸拓墾、耕作。

台灣近代化之父劉銘傳

1885年中法戰爭後，清朝任命劉銘傳為首任巡撫，並常駐台灣。從1885～1891年任期間，劉銘傳陸續設立了煤油局、伐木局、蠶桑局、撫墾總局、樟腦總局等新式企業；並大力發展通信事業，在1886年設立了電報總局，同時鋪設了從滬尾到福州、從安平到澎湖兩條海底電報線路；也設立了台灣第一所新式學堂，從事教育改革和人才培養。他任內最後一年，更在台北、基隆間鋪設了當時全中國第一條官辦鐵道。劉銘傳在台灣的近代化建設與改革，大大開啟了台灣現代化的腳步。

唐山過台灣

1683年清軍擊敗鄭軍，將台灣納入大清版圖，發現台灣豐沛的地力後，更企圖將台灣作為中國的穀倉。剛開始時，清廷禁止移民攜家帶眷，也曾實施移民禁令，但仍有大批「羅漢腳」（單身漢）冒險偷渡黑水溝，來台墾荒闢地，並與平埔族女子通婚。台灣人口數於是從清初不到20萬，到100年後急速成長到200萬左右，為台灣的漢人社會奠下基礎。

◀收錄在《世界地理新誌》書中的〈福爾摩沙住民〉版畫。（國立臺灣歷史博物館籌備處／提供）

「混血文化」的遺痕

許多國家參與了台灣的開發，也在台灣的文化和記憶中留下痕跡。如陳達儒所寫的〈安平追想曲〉中，有一段：「身穿花紅長洋裝，風吹金髮思情郎，想郎船何往，音信全無通。」為什麼追憶安平（台南）的歌謠中，會出現金髮女郎？這恐怕和當初占有安平的荷蘭人脫不了關係。

荷蘭人當年也教導平埔族人書寫羅馬字，所以後來和漢人簽訂契約時，也出現了羅馬字與漢字並列的「新港文書」，這些都是「混血文化」的最佳見證。

地名更是歷史的活化石。如紅毛城、紅毛港、紅毛井等地名，都與荷蘭人或其他歐美國家有關。日治時期留下的地名也不少，如「打狗」變成了高雄，「葫蘆墩」變成了豐原。戰後，國民政府也將中國大陸的地名移植到台灣，使台灣地圖讀起來彷彿是一個小而具體的世界地圖。

圖例

17世紀貿易路線

清朝移民路線

近代開發路線

穿越時空看台灣

台灣的開發，主要是以具有高度農耕技術的漢人爲中心而開展的，無論是哪個階段的統治者，或者引進多麼先進的技術，都必須仰賴漢人的人力資源。而漢人的開墾歷程，大致是從沿海往內陸、由南而北，由西而東擴散，之後繞道東部的宜蘭、花東，拓墾的腳步遍及所有平原和淺山、近山地區，可說是一種「量的進展」。到了日治和國民政府時期，更引進現代化的新技術，開闢水庫等水利建設，爲台灣的開發帶來「質的提升」。

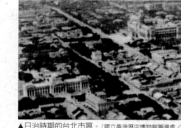

▲宜蘭綠色博覽會展示的《番社采風圖》局部。（黃丁盛／攝）

自給自足的燒耕生活

漢人未入墾前，台灣可說是原住民生活的天地。原住民族多以務農為生，再搭配採集、狩獵。原住民採行燒耕方式，即先燒掉森林雜草、清出空地，並以燃燒後的灰燼增加土壤肥沃度；經過數年收成、地力衰退後就放棄，讓土地自然恢復。而生產的小米、芋頭的數量僅供生活所需。漢移民入台後，以壓倒性的人數優勢及各種方式，讓原住民族逐漸被漢化，或被迫遷移到其他地區。

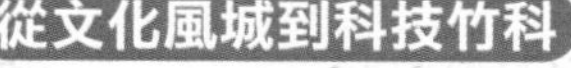

▲板橋新站。（黃丁盛／攝）

副都會的誕生——板橋

板橋早年因全台首富板橋林家而聞名，現則集合捷運藍線、地下鐵、中運量環狀線和高鐵的交通轉運點，成為兼具文教、商業、住商混合的多功能副都會中心。

從文化風城到科技竹科

1756年，清朝管理台灣北部的淡水廳廳治，正式遷到竹塹城中，往後100多年間，新竹就一直是北台灣的中心，現今仍聳立的竹塹城門即為見證。1980年，新竹科學園區成立，新竹又呈現另一種不同的嶄新科技風貌。

爭奪墾地資源

閩粵人士來台拓墾之初，漢移民和平埔族原住民、閩客之間，常為了爭奪土地、水源發生械鬥事件，其中尤以同為閩人的漳、泉兩地人，械鬥最為頻繁。至今仍存在許多客家聚落的門樓、土牛溝，都是當時的防禦設計。

▲新竹東門。（黃丁盛／攝）

半線風華——彰化

彰化舊稱「半線」，18世紀初修築八堡圳，得水利之便而成為台灣穀倉。加上閩南移民相繼聚集在當時米糧集散地的鹿港一帶，貿易又帶動文化發展及人口聚集，終於使半線於清雍正元年（1723年）設縣，並取「顯彰皇化」之意，而名之「彰化」。

從美援到綠色矽島

日治晚期，台灣工業的產值雖已逐步超越農業，但仍以食品加工業為主，如製糖、精米等。光復後，在美援的資助下逐漸繁榮，現代化的水泥、紡織、肥料、鋼鐵、煉鋁業開始穩定成長，到1971年代已名列新興工業化國家。1980年代後並轉型發展兩大（生產效率大、市場潛力大）、兩高（技術密集度高、附加價值高）及兩小（污染小、能源消費小）的精密工業。台灣往綠色矽島發展之路，正邁開大步前進中。

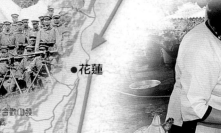

拓墾

最初來台拓墾的移民，通常是由中國大陸地方上「有力人士」號召而來。這些有力人士不僅與官方關係良好，也有資金可以買賣土地、投資水利建設，也能與原住民進行協調等，於是台灣逐漸出現許多大地主。到了1860年代以後，更有洋商來台投資。台灣拓墾的腳步愈來愈快，步伐也愈來愈大。

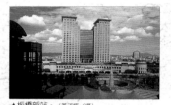

▲台北城北門。（黃丁盛／攝）

▲吳沙像。（黃丁盛／攝）

▲1914年日軍於合歡山發動太魯閣征伐戰。

▲日治時期的台北市區。（國立臺灣歷史博物館籌備處／提供）

高聳的中心——台北

台北原為平埔族凱達格蘭人的生息地，1709年，官方首次正式核准漢人在台北開墾，漢人於是逐漸取代凱達格蘭人，成為台北盆地的主人。日本治台後，也以台北作為殖民中心，至今已成為台灣政經文化的首要重地。

東海岸起點——宜蘭

當西部平原開墾殆盡後，漢人的拓墾腳步前往東部，首站便來到宜蘭。1796年，漳州人吳沙招募人手進入宜蘭地區開墾，被稱為「開蘭第一人」。以往，宜蘭是進入東海岸的起點，現在則是後山最美的城市。

組織貿易之源——郊行

「郊」或稱「行郊」、「郊行」，是清代台灣的一種商會組織，功能有如進出口貿易商會或同業商會。台灣早期最重要的郊行要屬台南三郊，即「北郊」、「南郊」及「糖郊」。三郊除貿易外，也熱心文風，修建寺廟、學堂，供人免費就學。鹿港隨貿易興盛，遂有以泉郊為首的八郊，而北台灣的艋舺也出現了台北三郊。

▼鄭成功紀念碑。（曾鏞／攝）

▼安平古堡的古砲。（黃丁盛／攝）

開發路線

台南　屏東　高雄　台東　恆春

台灣的起點——台南

1624年，荷蘭人落腳台南，台灣的歷史也從此打開新頁，成為台灣開發的起始點。1661年鄭成功帶領的大軍也在台南登陸，同時也帶來了農具、牛隻、種子等開墾工具。而在鄭、荷兩軍交戰，勝負未定之前，鄭成功就已將土地分配給士兵，以承天府（安平）為中心，積極開發南部一帶的土地資源。

南投竹山，古稱「林圯埔」，早期不僅是交通商旅的要衝，也是移民進入內山的門戶。1887年，清廷推動「開山撫番」政策，將雲林縣治設在竹山，名為前山第一城。這裡也是橫跨南投及後山花蓮的「八通關古道」起點，貫穿台灣中心，由此開始。

南北輕重輪流轉

台灣現代化開發的前300年，可說是「重南輕北」，南部地區一直是台灣的政治、軍事、經濟中心：荷鄭時期重心在台南，清代初期設置的三個縣分別在嘉義、台南和高雄地區，後來才逐漸往北增設彰化、新竹、淡水等行政中心。到了1860年代，台灣開港通商，由於茶葉、樟腦資源都在北部地區，加上台灣省城選定在台北，重心才逐漸北移。但這個轉移是在日本殖民統治時，以政治中心台北，搭配經濟港口基隆，才使得台灣重心北移。到了光復之後，隨著政府奠都台北，「重北輕南」的趨勢更加明顯。

港口

港口是移民最先登陸的地點，是將物產運送出去、載運回來的集散地，也是和世界連結的起點。台灣俗諺「一府二鹿三艋舺」，也反映出台灣由南向北的開發順序，也就是從台南安平府開始，漸次往中部的鹿港，最後到達北台灣的艋舺。

▼日治時期的淡水港。（國立臺灣歷史博物館籌備處／提供）

▲恆春古城。（黃丁盛／攝）

南方鎖鑰——恆春

1874年，日軍以琉球船隻漂流到恆春半島，日人被當地原住民殺害為藉口，出兵攻打台灣，這就是有名的「牡丹社事件」。清廷自此才警覺到日本對台灣的野心，於是開始建設恆春城，讓恆春城為台灣最南端的鎖鑰，也以恆春為中心，開發恆春半島和東海岸地區。

移動的南霸天

高雄地區的中心原本分別在左營和鳳山，但1860年代開港通商之後，打狗從沿海的小漁港，逐漸崛起。到了日治時期，打狗改名為高雄，也進行了大規模的築港建設，戰後又設立加工出口區，高雄確立了南霸天的地位，成為台灣南北雙核心都市的一環。

▶高雄港。（黃丁盛／攝）

開發大事記

史前時期

西元前50,000年左右：長濱文化出現，台灣出現人類蹤跡。
西元前18,000年：華北出現山頂洞人。
西元前5,000年：大坌坑文化出現，台灣新石器時代之始。

打地基的年代

國際競爭時期
15世紀後期：歐洲大航海時代開始。
1519：麥哲倫船隊出發，三年後完成人類全球首航。
1540年代：葡萄牙人航經台灣，高呼「Ilha Formosa！」
1602：荷蘭聯合東印度公司(Vereenigde Oostindische Compagnie，簡稱VOC)成立。
1621：顏思齊率眾在北港登岸。
1624：荷蘭東印度公司在大員登陸。
1626：西班牙艦隊抵達基隆社寮島（今和平島），宣布占領。

鄭氏治台時期
1661：鄭成功登陸安平。
1664：英國奪取荷蘭新尼德蘭殖民地，改名紐約。
1672：英國東印度公司抵安平，和鄭經締結通商條款。
1683：施琅於澎湖擊敗鄭軍。

躍升的年代

清領時期
1709：「陳賴章」墾號取得台北盆地地區開墾權。
1721：朱一貴率眾占台，台灣首次發生閩粵移民械鬥。
1740：瑠公圳前身「五庄圳」完工，大台北地區水利開發步入新階段。
1776：北美十三州發表獨立宣言，美國成立。
1784：清廷設鹿港為新港口，與福建蚶江對渡，為當時中部和北部的政治、文化、經濟重鎮。
1789：法國大革命，發表人權宣言。
1796：吳沙進入宜蘭開墾。
1860：英法聯軍陷北京，簽訂北京條約，台灣開放淡水及安平為通商口岸。
1868：日本明治維新。
1875：清取消渡台禁令，添設台北府及淡水、新竹、宜蘭等縣，台灣發展重心逐漸北移。
1885：台灣正式建省。
1886：自由女神像正式聳立在紐約曼哈頓。

日治時期
1895：日本殖民統治開始，並設立台灣總督府。
1898：土地調查局正式開始全台土地大調查。
1900：八國聯軍入侵北京，次年迫使清政府簽訂辛丑條約。
1926：總督伊澤多喜郎為改良成功的稻米命名為蓬萊米。
1930：八田與一所規畫全台最大水利設施嘉南大圳完工。

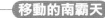

經濟起飛的年代

1939：第二次世界大戰爆發。
1941：推動皇民化運動。總督府改變「農業台灣、工業日本」政策，朝「農業南洋、工業台灣」邁進。

民國時期
1947：美國發表「馬歇爾計畫」，台灣獲近15億美元援助。
1953：耕者有其田條例開始施行，台灣土地制度大變革。
1973：政府宣布推動十大建設，以交通等基本建設為主。
1979：中美斷交，簽署《台灣關係法》。
1980：新竹科學工業園區揭幕。
1996：台灣第一次總統民選。
2004：世界最高樓——101大樓落成啓用。
2005：台灣名列BERI（瑞士商業環境風險評估中心）「投資環境風險評估報告」全球第五名。

■台灣史　■世界史

看地圖講古

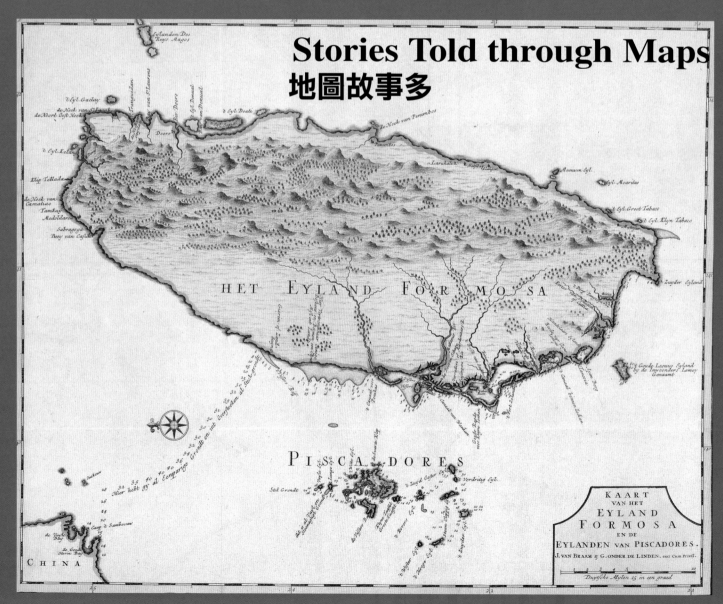

Stories Told through Maps
地圖故事多

我們常說，台灣南北長、東西窄，像是一個完整的蕃薯，這是因爲我們看到了現代地圖的情況。透過現代化精良的測繪技術和電腦科技，台灣的地形一覽無遺，便於我們對土地的了解。

但在早期的地圖中，台灣可不是只有一個樣子。一開始，由於幾條西部大河的出海口相當廣闊，那些航行路過台灣海峽的外國人以爲台灣其實是三個島嶼或是兩個島嶼，等到荷蘭人環島一圈後，才測繪出第一張比較接近實際形狀的台灣地圖。

到了清朝時，由於官府的統治能力及人民的開發多集中在西半部，描繪台灣的地圖也常是只有西半邊「半個島」的山水意象式地圖，至於山區和東半部，則幾乎空白。晚清時，這樣的地圖讓野心國家有了藉口，因爲對照他們所測繪的完整「全島」地圖，他們就可以宣稱台灣東半部並不屬於中國。

日本統治時期，爲了充分利用台灣的各項資源，而使用現代技術加以測繪，那時所畫出的台灣地圖，形貌即與現在相差無幾，雖然精確，卻也少了一點想像的樂趣。

▲1735年法國出版的《中國誌》中所描繪福建與台灣地圖。（國立臺灣歷史博物館籌備處／提供）

▼《新舊東印度公司誌》所刊載台灣島與澎湖群島地圖。（國立臺灣歷史博物館籌備處／提供，原為Paul J.J. Overmaat收藏）

HET EYLAND FORMOSA

PISCADORES

KAART VAN HET EYLAND FORMOSA EN DE EYLANDEN VAN PISCADORES.
J. VAN BRAAM & G. ONDER DE LINDEN. exc. Cum Privil.

CHINA

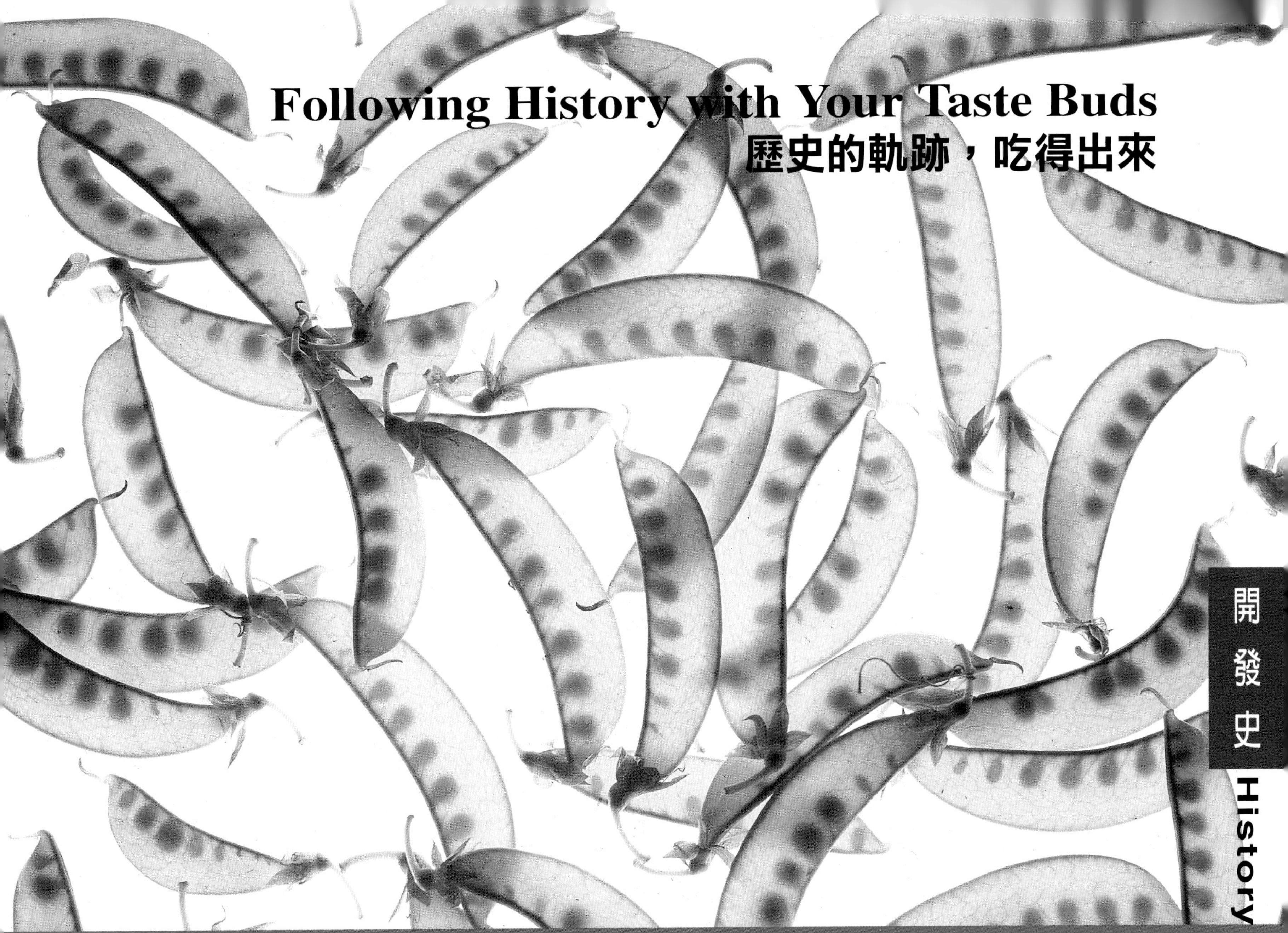

Following History with Your Taste Buds

歷史的軌跡，吃得出來

▲荷蘭人在台灣停留38年，留下了至今仍被台灣人普遍食用的「荷蘭豆」。（許育愷／攝）

◀1949年，大批外省人跟著國民政府來台，以麵食為主的北方人將燒餅、豆漿和油條帶進台灣，成為台灣人的早餐選擇之一。（許育愷／攝）

用食物寫歷史

各式各樣的人在台灣活動過，從日常飲食當中就可以發現端倪。原住民一般以小米、芋頭和山藥爲主食，搭配魚、肉等蛋白質食品，相當健康。休閒宴客時，另外會拿出檳榔來宴請對方，這點現在許多「紅唇族」仍然親身奉行。荷蘭人與西班牙人在台期間，也曾帶來歐式的飲食，但並沒有留存，倒是引進了一些作物，如荷蘭豆。

而漢人的飲食習慣，如吃米飯配蔬菜，以及煎、煮、炒、炸等烹飪手法，一直是台灣飲食的主流，即使歷經日本統治，也沒有改變。不過日本人也引進了很多食品，如牛奶糖、啤酒、餅乾，還有如今我們慣吃的便當、關東煮等，都是最佳見證。戰後，台灣更成爲中國各式美食的匯集地，甚至還發明了中國沒有的「四川牛肉麵」，並將中華美食在地化，開創出更多新穎的風貌。

◀明治維新後，深受西方文化洗禮的日本，也將西方部分飲食習慣與食品，包括咖啡、牛奶糖、乳製品等引進台灣。（許育愷／攝）

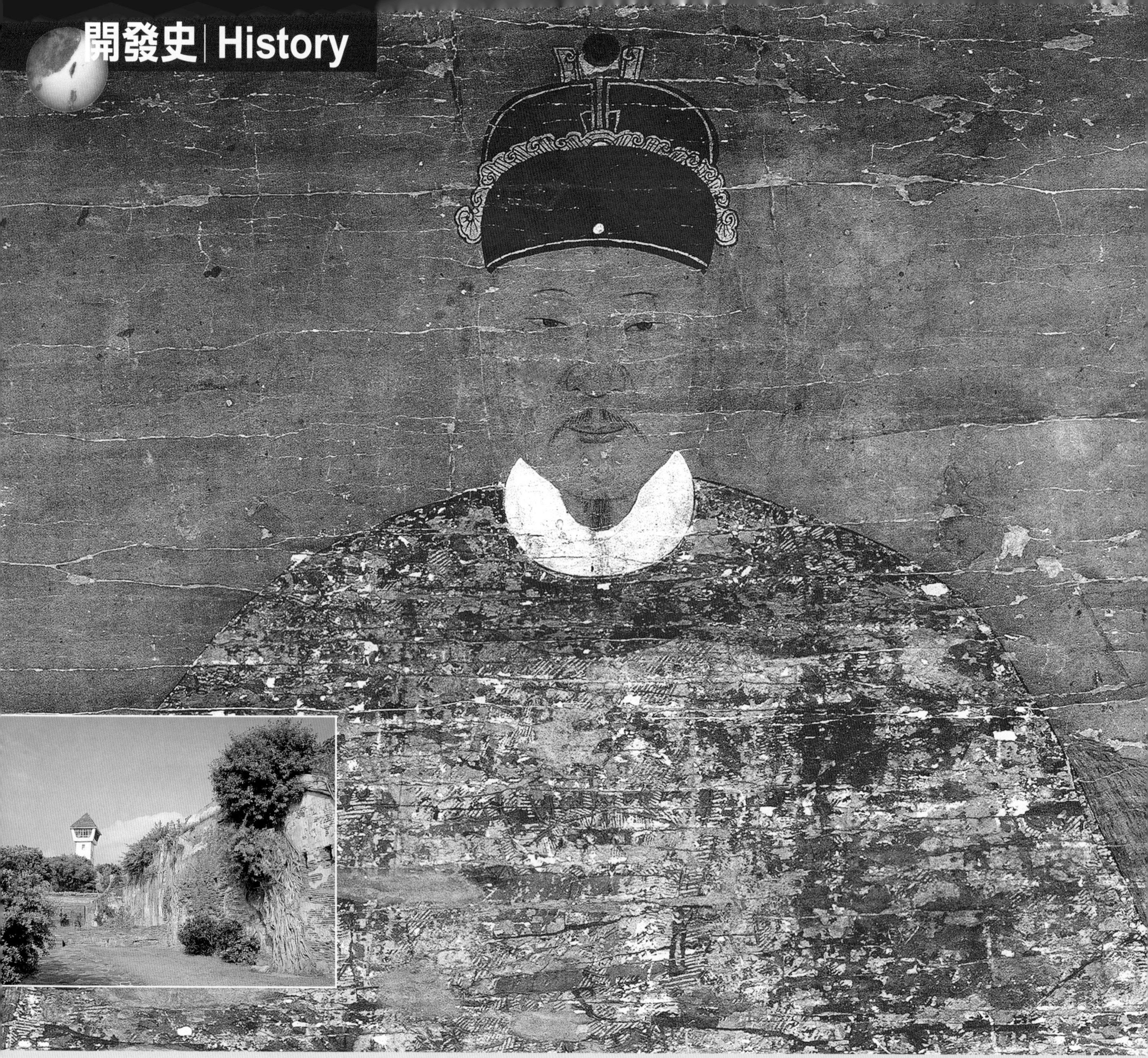

中美第一人鄭成功v.s.自由女神

台灣與美國分處太平洋的兩端，兩者面積雖如天壤之別，卻有類似的民族融合和400年拓墾史。更巧合的是，兩者被拉進世界舞台的契機點有極其微妙的相似處。回溯至17世紀，當時的海上霸權荷蘭爲了取得新大陸的皮毛，於1624年在今日的紐約建立第一個歐洲貿易站。就在同一年，荷蘭東印度公司在地球的另一端——台灣大員（今台南安平）設立商館，做爲拓展東亞大陸貿易的跳板。當時這兩個地區都還是有待開發的處女地，但此後美國由北而南、自東而西，台灣由南而北、自西而東，各自開展不同歷程的開發。19世紀期間，台灣的茶葉、樟腦銷往美國，美國的傳教士和生物學家來台，歷史幾度交會的光芒至今依然盪漾不止。

台南v.s.紐約：1624年，荷蘭人在大員建立熱蘭遮城，爲殖民政權進入台灣最早的地區。1662年爲鄭成功所敗後，退出大員。清廷統治期間，台南爲全台最繁華的城市，如今以古都聞名。也曾被荷蘭殖民的紐約，由於優良的港口位置，發展快速，短短數年便成爲全美第一大城，並一躍爲全球金融中心。同時崛起的兩地，如今一懷古一現代，不可同日而語。

鄭成功v.s.自由女神：打敗荷蘭人的鄭成功，雖然在台時間僅短短一年多，但在歷史地位上，一直被視爲收復台灣的民族英雄。聳立在紐約港口的自由女神像，雖然只是一尊雕像，卻是英國移民後代在新大陸追求民主自由的代表與精神象徵。

Stars on the Stage of History
歷史舞台上的主角

（左圖）鄭成功為明末遺臣，為了反清復明，一度以台灣為根據地，勵精圖治。由於他驅逐了荷蘭人，開啓台灣新史頁，故被尊為開台始祖。小圖為安平古堡。（大圖：國立臺灣博物館／提供；小圖：黃丁盛／攝）

（右圖）自由女神像是崇尚「不自由毋寧死」的法國，於1886年送給美國獨立建國100週年的賀禮。矗立在紐約港，女神右手高舉象徵自由的火炬，左手抱著代表民主的美國憲法，不僅代表美國的獨立精神，更成為全世界自由民主的象徵。小圖為紐約曼哈頓島。

(柯曉東／攝)

台灣小檔案
Taiwan

開發起點：台南安平古堡，當時名為熱蘭遮城
最早殖民者：荷蘭東印度公司
開發歷程：從南而北，由西向東
原住民：平埔族、高山原住民族
象徵人物：鄭成功

美國小檔案
U.S.A.

開發起點：曼哈頓島，當時名為新阿姆斯特丹
最早殖民者：荷蘭東印度公司
開發歷程：從北而南，由東向西
原住民：印第安人
象徵人物：自由女神

中西混血的建築

自古就是亞太交通樞紐的台灣，在各種文化匯聚下，孕育了複雜多變的台灣建築風貌；除了多樣的原住民建築，先後在台殖民的荷、西兩國，爲了鞏固貿易據點，也分別興建了防禦性西式城堡。明末以後不斷湧入的漢移民，則奠定了傳統閩南建築式樣爲台灣民間建築的主軸。而開放五口通商後，台灣幾個主要港口附近也開始出現洋行、教堂、學堂等西式建築。1895年以後，日本殖民政府則大力推動現代化城鄉規畫、仿西式官方建築、日式神社等，讓台灣建築風貌有了關鍵性轉變。20世紀中葉以後，現代建築風潮湧向台灣，都會地區競相追逐國際流行建築語彙，許多類似台北101的帷幕高樓，成爲改變都會景觀與天際線的擎天推手。

當西方來到東方

17世紀分據台灣南北的荷蘭、西班牙人，分別在大員（今安平）和淡水河口建造熱蘭遮城（安平古堡前身）與聖多明哥城（紅毛城前身），成為17世紀大航海時代的見證。1860年台灣開放五口通商後，各國洋行紛紛在台設立洋行或領事館，為了因應台灣的副熱帶潮濕氣候，這些建築都抬高地基以避開暑熱瘴氣，並將室內退縮到四周廊道內，以便遮陽避雨，稱為「涼台殖民地式樣」；有些台灣富商名流也在自家宅第中模仿這種形式興建洋樓。

居高臨下的淡水紅毛城

淡水紅毛城舊稱聖多明哥城，是1628年西班牙人所建方形城堡，居高臨下，箝制河口，極具攻守優勢。1642年荷蘭人趕走西班牙人後，加以重建。西、荷採用三合土與磚石拱造技術，四邊為厚重的承重牆體，疊砌成兩兩相接的半圓筒形拱頂，上下樓穹窿方向則互為垂直，撐出平頂，以利制高點上的攻守布局。1867年英人進駐後，又增修角堡、雉堞等處。

▲紅毛城。（黃丁盛／攝）

歐洲　亞洲　非洲　荷蘭　英國　西班牙　北京　中國　廈門　台灣

▲（金成財／攝）

打狗英國領事館

建於1865年的打狗英國領事館，是台灣第一座洋樓，由英人設計，聘請大陸工匠，並從廈門運來手工磚頭，可說是英式風格與中國工法的混合體。建物兩側的拱圈和迴廊既可配合台灣炎熱多雨的氣候，又展現文藝復興時期的平衡與對稱之美；而以精緻磚工砌出的空花洞欄杆，更顯現西式建築的和諧美感。

漢式建築的鄉愁

▲屏東縣河南堂忠實第細部雕飾。（黃丁盛／攝）

▼霧峰林家。（黃丁盛／攝）

明朝時，已有大陸東南沿海居民相繼抵台拓墾，加上荷蘭人引進大陸農工與明鄭屯兵，台灣西南平原逐漸出現漢人聚落，除了傳統漢式三合院民居外，廟宇的建制格局也和中國原鄉一脈相承。官式建築則有孔廟、書院和城池。而清末在西方船堅砲利威脅下，更積極在海岸險地興築西式砲台，澎湖西台古堡就是其中代表。

民居

從大陸渡海來台的漢移民，由南向北拓墾，也逐漸出現圍著竹籬、木柵或植莿竹的漢人房舍與聚落。而三開間建制的一條龍、合院、圍壠屋或夥房等漢式傳統格局，全都迥異於習慣在屋脊下設開口的平埔族房舍。

▲屏東縣佳冬鄉蕭家古厝是台灣少見的五堂大屋。（黃丁盛／攝）

城池

清嘉慶時的城池多以莿竹與三合土搭築而成，道光至光緒年間才陸續改建或新建彰化、鳳山、淡水、恆春、台北等13座磚石城池。1875年建造的恆春古城設有東西南北四座城門，並以灰泥版築夯土法構築城牆，是台灣尚存保留最完整的古城池。

▲恆春古城。（郭美芳／攝）

日本仿西式官方建築宣示威權

日本治台期間，為了展現殖民政府威權，大量興築具有台基、山牆、柱式、馬薩頂組合的磚石混凝土的仿西式官方建築，包括州廳、火車站、醫院、博物館、學校等。日式傳統建築則表現在日常生活空間，包括武德殿、神社與官舍、宅邸等。為了落實都市現代化，更施行市區改正計畫，規畫圓環、放射狀道路，及寬闊的棋盤式街道，並建設水道，既改變了傳統的街巷形貌，也奠定了台灣現代化都市的基礎。

【如果台灣從未被殖民……

如果鄭成功沒有率兵來台，如果漢人未移民，台灣現在所有盆地與平原上的城鎮、聚落與建築，可能仍然是平埔族土台式或高基樁建築。

如果荷蘭人未入台，承襲自閩南的建築山牆，或許只會出現粒狀鐵件壁鎖，而非鐵剪刀等多樣形式，更見不到早期歐式城堡。

如果日本未領台，將不會有阿里山小火車及沿線鐵道建築，也不會有日式宿舍、武德殿、料理亭，更不會有總統府、台大等混合著洋風與建築師個人風格的近代建築。

如果國民政府未入台，台灣不會出現北方宮殿式建築、大批眷村與宿舍，更不會有國父紀念館或中正紀念堂。

◀總統府。（黃丁盛／攝）

台北水道與台南水道

衛生、穩定的水源供應是都市化的重要指標。從1896年興建第一座淡水水道開始，日治政府陸續在台灣各地興建30座水道，供應民生用水，其中以1907年興建的台北水道規模最大（現址為自來水博物館）。至於擁有全台首座最新式快濾池設備的，則是1922年完工的台南水道。

▲日治時期的台北水源地。（國立臺灣歷史博物館籌備處／提供）

日本

北美洲

芝加哥

美國

和洋折衷首例──台北賓館

1901年完工的總督府官邸（今台北賓館）原是文藝復興式樣，1912年重修時改為巴洛克式樣，並擴大格局。約在1920年附建一座日式平房，作為總督平日居所；前院是對稱式西式花園，後院則設計為日式庭園，成為台灣「和洋折衷」建築首例，這種配置也成為當時高級官舍的典型。

▲（郭美芳／攝）

現代化建築改變城市天際線

1949年後國民政府入台，引起西式建築中國化的思潮，為台灣建築增添一種新風貌，如台大農推館。20世紀下半葉，受西方建築教育洗禮的台灣建築師引進了現代主義新風格，都市建築開始簡化柱樑結構、玻璃開窗面為水平與垂直形體。1980年代經濟起飛，集合住宅、商業大樓的高度向上飛竄，改變了城市天際線。1987年解嚴後，台灣藝文界興起的鄉土思潮，也讓建築師將中國傳統語彙運用在現代建築之中。此後，西式建材與技術、東方語彙與象徵不斷融合，出現在台灣各都會的天際線上。

【世界之最】

1. 全世界最高的建築：台北101。
2. 全世界建築混凝密度最高的地區。

北方宮殿式建築

包括陽明山中山樓、圓山大飯店、故宮、國立歷史博物館、科教館、中正紀念堂等一系列北方宮殿式建築，雖採用西方鋼筋混凝土與構築方式，但在布局、形式與裝飾上，卻充分運用中國傳統建築語彙，如綠琉璃瓦、重簷天壇祈年殿式圓形屋頂、中式斗拱、朱紅立柱與窗框等，傳達天人合一的傳統建築思維。

▲中正紀念堂。（黃丁盛／攝）

簡約的玻璃帷幕式建築

早在19世紀末期，西方各大城市就已突破結構技術的限制，相繼興建高樓。台灣遲至1980年代初期經濟起飛後，才接受到這股風起雲湧的摩天大樓浪潮衝擊。經過美援過渡期的洗練，擺脫了結構技術的局限，突破技術整合藝術理念而得以自由揮灑，表現出強大的經濟與技術實力，以及高遠的前瞻性。

▶1998年竣工、85層樓的高雄東帝士是當時台灣最高建築，以高雄的「高」及「凸」字為造型，頂端則象徵花開富貴的中國式語彙。（郭美芳／攝）

生活空間進行曲

▲東海大學路思義教堂。（王戴野／攝）

建築的理念與使用，不僅牽涉到建材與工法，更與土地、人口、生活型態、經濟條件息息相關。400多年前，台灣田野山林散布著原住民族的土石或木竹構屋舍。17世紀末，漢移民帶進了傳統漢式合院，將生活、家廟宗祠，以及工作禾埕空間融合為一。講究風水、尺度、形制的漢式建築也逐漸成為台灣主要的民居樣式。日治時期除了興建供日人居住的日式宿舍外，也開始興築衛生與生活所需的公共設施，奠定台灣現代城鄉樣貌的基礎。1960年代以後，在美援與經濟起飛的推波助瀾下，工商業逐步取代自給自足的農耕生活模式，土地被高度開發利用，原來水平延展、木石結構的合院、日式宿舍或眷村，也逐漸被向上垂直發展的鋼筋水泥屋取代；工商繁榮、人口集中的城市聚落更是寸土寸金，建築物與空間的利用，也愈來愈朝向工商貿住等機能畫分。

生活聚落

台灣山多平原少，且集中在西部，因此人口以聚居在西半部者為多。原住民因以游耕狩獵維生，安身的屋舍大多就地取材，工法也極簡單，易搭建也方便遷移。安土重遷的漢移民合院則多坐落在墾地中央或邊緣，建制和規模則隨人口增加有機成長。進入工商社會之後，生活型態巨幅改變，水泥鋼構建築取代磚石或木構屋，對於空間、環境的使用與要求，也與農業時代完全不同，公共空間、社區意識也逐漸覺醒。

傳統漢式合院

閩南移民在台灣大都以農耕維生，在大肚溪以北多為集體開墾，常形成集村形式；以南則多散村。源自閩南故鄉的傳統漢式三合院是家宅的基本格局，人口增加時，則往左右兩側或前後增建護龍或進深。

眷村

1949年後，為安置大量外省新移民，除沿用日人留下的宿舍與公共建築外，官方也以最簡單的磚造、水泥粉刷、木屋架、鋪瓦斜屋頂的形式，在全省興建了近800處眷村，成為語言、文化、生活習慣上，迥異於台灣社會的獨特社群，形成了所謂的眷村文化。

▼高雄岡山的空軍眷村。（金成財／攝）

▲台灣部分老宅院仍可見中國傳統洞月門和合院的建築形式。（金成財／攝）

集合住宅

集合住宅即俗稱的公寓，包括早期五層樓的無電梯公寓，以及現在的別墅社區、高層純住宅大廈和住商大樓。集合住宅通常出現在人口密集的都會區，多戶共用單一土地、共同空間和設備。現代化高層集合住宅通常都配備新式電梯、生活機能設施與統一門禁管理，住戶間並成立管理單位，共同維護居住品質與安全。

科學園區

1970年代台灣為轉型高科技創新工業，開始設立科學園區，提供整合專利、生產、運輸與金融的環境給相關企業。園區的規畫除了各廠商生產與商務空間外，還必須提供金融、商務、展示、研討、餐飲、娛樂、購物等複合式機能之公共空間，並落實與貫徹環境保護，形塑高科技的印象。從竹科、中科到南科，一棟棟猶如商業大樓般，外觀新潮亮麗、樓板高、跨距大的廠辦大樓，是科學園區高科

商用建築

在台灣內陸水運仍暢通的時代，包括打狗、府城五條港、鹿港、大溪、艋舺、淡水、三峽等口岸要道上的商行，逐漸匯聚形成街屋。五口通商後，受洋商洋樓建築的影響，街屋立面變成兩層樓，並形成騎樓與磚造拱廊的特色。為了爭取臨街面，並兼具住家與存貨功能，便往深長方向發展。1980年代末期以後，台灣工商飛躍成長，城市開始出現商業大樓，不僅是企業有力的宣傳媒介，也常成為城市地標。

牌樓老街與騎樓店鋪

傳統街屋通常僅寬一丈六到一丈八，縱身深長，並發展出夾層、閣樓和中央挑空的樓井，前店後住，住商工混合；有些店家甚至數間相通，稱三崁店。五口通商後，開始出現簷口往上延伸的牌樓，且裝飾著混合了巴洛克與洛可可式華麗浮雕與中國傳統吉祥鳥獸花卉的圖像，富麗堂皇之中，也顯出財富與文化的聚積。

摩天高樓

摩天高樓不只是建築科技的成果，也是城市發展與國家經濟實力的展現。1980年代末期以後，台灣經濟起飛，環亞百貨、漢來飯店、新光三越、東帝士大樓乃至台北101大樓，一次又一次突破城市天際線。然而在展現企業形象、彰顯現代建築美學之餘，也必須面對如何在有限空間創造最大利潤，以及節能與環保的挑戰。

▼台北信義計畫區早年是一片稻田，近年崛起為商業鬧區後，鄰近高樓便如雨後春筍般紛紛竄起。（黃丁盛／攝）

產業建築

腦寮、糖廍等產業建築，原本多是簡易的磚竹木造建築，日治時為了增加菸草、稻米、蔗糖、鹽、酒等產能，引進了西方機械設施，才開始以大跨距的西式屋架結構，興建規模與量體巨大的廠房。1970年代起步的石化、鋼鐵與造船等需要巨型機器設備的重工業，不但廠區遼闊，高聳密集的煙囪也成為代表性景觀。1980年新竹科學園區成立，外觀新穎現代的高科技廠房則改變了單調畫一的水泥廠房印象。

▲虎山糖廠的煙囪高聳，明顯可見。（郭美芳／攝）

工業村

日本於明治維新時引進歐美工業技術與都市計畫，治台時，也以這類型態為規範，促成台灣糖業和鹽業的工業村建置。新式廠房為了容納巨大鍋爐，需要高大建築，因此使用鋼屋架以加大跨距；屋脊處架高開設高窗，以利通風；而依賴火力發電為動力來源的高聳煙囪，則是當時工業建築的代表符號。

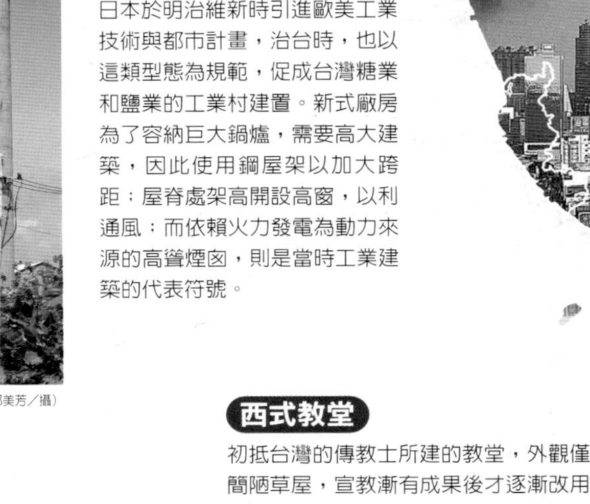

宗教建築

早年漢人移民忐忑橫渡黑水溝時，隨身攜帶了媽祖、王爺等原鄉神祇，因此大小廟宇便隨著拓墾足跡，遍布全台，有些廟宇的所在，就是地方開發的起點。西方宗教雖在荷西時期即已傳入台灣，但目前所見最早教堂是五口通商後所建。早期的廟宇和教堂規模都很小，建築裝飾也很簡潔，但隨著地方繁榮、信眾增加，不斷擴建。宏偉建築加上繁複裝飾，也成為信眾虔誠信仰與經濟實力的展現。

▲鹿港龍山寺是開台最早的佛寺，1983年列為一級古蹟。（黃丁盛／攝）

西式教堂

初抵台灣的傳教士所建的教堂，外觀僅是就地取材的簡陋草屋，宣教漸有成果後才逐漸改用土埆磚石，後因信眾漸多，才改建成西式教堂的樣貌。1960年代以後，因經濟力提升和現代建築思潮的影響，新教堂不斷運用新的結構法，興築大跨距的禮拜空間，外觀形式上也常突破傳統，各具巧思與新意。

廟宇

台灣廟宇是地方發展與地緣的中心，多坐落在丁字路口或市集廣場旁等樞紐位置，所以周邊常成為小吃、夜市等人潮匯聚地。廟宇內雕刻與剪黏裝飾述說著民間傳統忠孝節義的故事，廟前廣場更是迎神廟會時，藝閣陣頭等民俗文化的展演空間，也是過去野台戲的大舞台。

公共建築

公共建築是指公用或具公益性質的建築。鄭成功為台灣帶來了孔廟、書院、府衙等公共建築，但數量不多，也未成為公共空間。日治時期大量興建的火車站、州廳、法院、郵局、醫院、學校等，才成為眾人使用的公共建築；光復後仍以此為基礎陸續修建，有些甚至沿用至今。1970年代以後，開始出現以嶄新建材與工法興建的美術館、運動場等，而1990年代逐漸興起的公共藝術，也融入公共建築中，整合成不可或缺的一部分。

捷運站

捷運是都會國際化的最重要指標之一。捷運站通常位處複雜環境及交通節點，必須處理都市新舊因素交錯、內外動線空間流量的關係等，因此捷運站的設計與功能，不只在符合大眾運輸的基本功能，便利舒適的商店街、賞心悅目的公共藝術等，也成為捷運站的規畫重點。

▲捷運站是民眾使用頻繁的公共建築，站內的空間設計與裝置也至為重要。（金成財／攝）

學校

日治時設立的小學多為木造、雨淋板外牆、灰瓦的建築，中學則以紅磚建築為典型，高等以上學校多以工字型合院配置。1970年代以後，幾所新成立的大學在鄉土思潮反芻下，將中國傳統語彙運用在校舍建築中。2000年921大地震後，許多受創校園結合社區力量重建，使校園成為具有社區特色的公共活動空間。

環保綠建築

所謂綠建築，是指利用最少的資源建造、並產生最少廢棄物的環保建築，也就是省能源、省資源、低污染，建立舒適、健康、環保的居住環境。綠建築強調人與自然環境和諧共存，被視為地球資源得以永續發展的關鍵一環。

台灣是世界上使用鋼筋混凝土最多的地方，所需的砂石卻一半來自濫採或盜採，不但破壞自然環境，也造成近年來土石流災害頻傳。加上台灣都市人口過度集中、節能設計不當，而為了應付日益炎熱的高溫，家家戶戶加倍使用空調，導致炎熱加劇的惡性循環。

為解決日益惡化的都市建築環境問題，近年來政府陸續擬定相關政策，1999年實施綠建築標章認證評鑑，2006年依生態、節能、檢廢、健康等四大方向，及生物多樣性、綠化程度、基地保水、日常節能、二氧化碳減量、廢棄物減量、室內環境、水資源、垃圾污水改善等九大指標來評估綠建築。

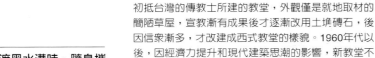

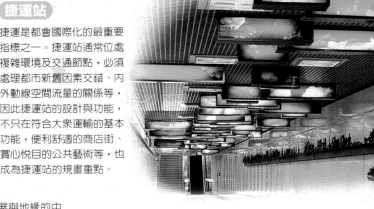

◀台北市立圖書館北投分館符合綠建築九大標章的要求。（九典聯合建築師事務所／提供）

與自然共存的民居之美

地質、氣候、地緣、產業等風土條件，是形塑民居特色的最大推手。過去不管是在地原住民族，或早期渡海來台的閩粵先民，財力物力維艱，無論靠山或面海，都能因地制宜、就地取材，以隨手可得的泥、石、木、竹，架構起四壁樑柱，再蓋上茅草、竹片或蔗葉等，搭建遮風擋雨避險難、甚至防範盜匪賊寇的安穩居所。尤其在離島，如馬祖、澎湖等地，天然條件更爲嚴苛，但先人們卻懂得與自然和諧共存的智慧，如位在臨海緩坡凹地上的馬祖北竿芹壁村，爲防禦冬天凜冽強大的東北季風，以當地所產花崗岩砌成的石屋，幾乎全部坐西向東，門窗窄小，屋頂也壓上石條或石塊。同樣是全年海風呼嘯的澎湖，利用硓砧石所建的民居大都低矮、緊湊。而全年降雨超過200天的宜蘭，爲因應潮濕多雨多颱風的氣候，宜蘭平原上的人家便發展出斜屋頂、自然通風、防颱窗等設計。事實上，現代環保綠建築所追求的精神與目標，早就存在傳統民居的建材與格局裡了。

▲因澎湖沿海珊瑚礁環布，先民便利用珊瑚死後所形成的珊瑚礁岩，即俗稱的硓砧石作為建材，冬暖夏涼，堪稱綠建築先驅。(黃丁盛／攝)

▶宜蘭厝是因應潮濕多雨、多颱風的氣候條件所產生的民居樣式。但是，宜蘭厝並沒有所謂的「標準圖」或典型格局，它其實更是一種精神，也就是充分反映自然與人文特質，與自然融合共處的建築理念。(黃丁盛／攝)

▼馬祖北竿芹壁村的建材整合了當地的花崗岩與進口木料。花崗岩外牆的砌法，包括人字砌、亂石砌、平砌或番仔砌收邊；牆體頂部通常是以最簡潔的山形為山牆，並以閩南的紅板瓦鋪屋頂，再壓石條以抗強風。(孔憲法／攝)

Dwellings with the Land in Mind
因地制宜的居所

Windows that Open New Horizon
文化視窗，大開眼界

▲國立台灣博物館入口中軸為典型希臘神廟式樣，一層層的階梯矗立著成列巨大的多利克柱式（doric order），金字塔型的構圖強化了權力象徵；入口大廳正上方的羅馬式圓頂、長方形直窗，有著文藝復興時代建築的身影。(魯獅／攝)

▲台北故宮是典型北方宮殿式樣與配置；以裝飾性層層出挑的斗拱撐出巨大的四坡水綠琉璃瓦頂；脊端由鴟吻含住，垂脊羅列仙人走獸，以拱形門及外露的巨柱支配視野，加上仿白玉欄杆，以現代工法詮釋傳統元素、現代語彙。(郭美芳／攝)

▼在全球熱帶雨林備受重視時，科博館決定興建一座結合生態、環境、建築與都市設計的植物公園。此溫室的鋼構為六支塔柱與環樑接合而成，圓曲結構以3D電腦模擬，絞接角度需控制在要求值內，才能鑲嵌玻璃。此構想恰與畢爾包古根漢美術館一樣，宣告了電腦數位建築夢想的實現。(郭美芳／攝)

打開世界之窗

博物館是一個國家現代化的指標，表徵了文化發展與生活樣貌。1915年，日本總督府融合希臘羅馬建築的紀念性與巴洛克的裝飾元素，興建了台灣首座博物館，即今國立台灣博物館；壯碩的希臘柱式、將近30公尺高的羅馬圓頂，氣勢磅礡，成功塑造了莊嚴神聖的紀念意象。1949年國民政府播遷來台後，爲表徵中央、延續中華文化道統，採中國北方宮殿式樣，興築故宮、歷史博物館、科教館等一系列官方博物館，將殿宇重重、樓閣層層且充滿中國傳統建築的象徵語彙，呈現在台北街頭。1981年開始籌備的台中自然科學博物館，以現代建築的幾何形體及創新的展示詮釋手法，結合科學精妙與藝術之美，爲台灣開創了現代博物館理念的先河。

2000年代興起全球化文化保存運動，以及聯合國教科文組織推動世界文化遺產的保存與維護，不僅帶動休閒文化產業的經濟效益，將古蹟與歷史建築，如鐵道倉庫、糖廠、酒廠、監獄等再利用爲展示空間，也蔚爲風潮。貝聿銘成功地爲羅浮宮創造玻璃金字塔，使老博物館登上全球藝術巔峰的魅力，也促使了大英博物館與故宮進行保存與增建的再造運動。

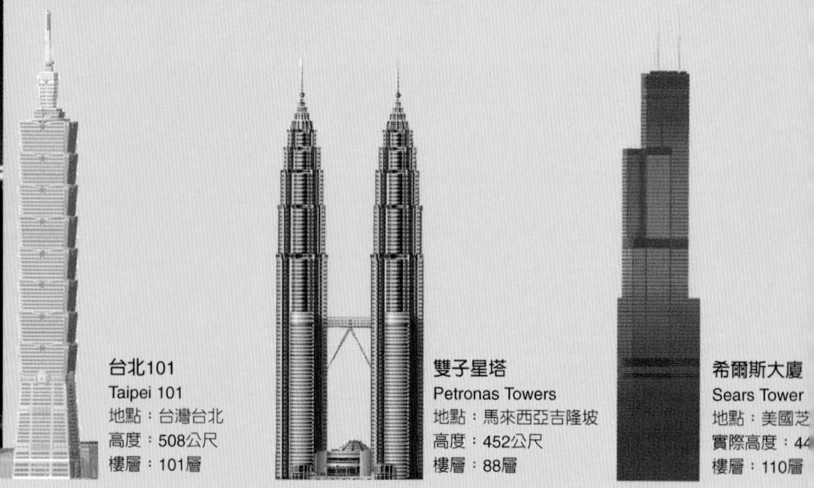

台北101
Taipei 101
地點：台灣台北
高度：508公尺
樓層：101層

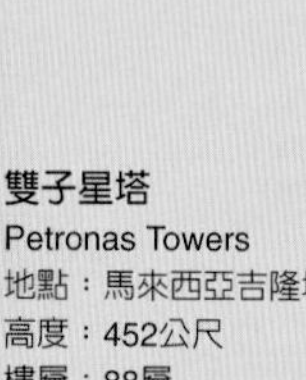

雙子星塔
Petronas Towers
地點：馬來西亞吉隆坡
高度：452公尺
樓層：88層

希爾斯大廈
Sears Tower
地點：美國芝
實際高度：44
樓層：110層

高樓競逐賽台北101v.s.雙子星塔v.s.帝國大廈

自1931年紐約帝國大廈聳立天際以後，全世界就掀起一場至今未歇的摩天大樓競高大賽。而在帝國大廈稱霸世界高樓43年後，陸續被芝加哥希爾斯大廈、吉隆坡雙子星塔、台北101大樓等超越，目前興建中的美國世貿大樓（自由大廈，Freedom Tower）、上海浦東環球金融中心，也都亟欲登上世界第一。各國除了競逐追高外，在工程結構、材料、設備、造型、文化意象和美學表現上，也積極建立標竿，例如吉隆坡雙子星塔以回教文化符號八角星來設計平面，台北101大樓則大量採用傳統東方意象的建築語彙。

造型景觀：台北101興建前，具有回教文化符號的馬來西亞吉隆坡雙子星塔，以西方摩天大樓傳統的一把劍式，登上世界第一高樓寶座。台北101大樓則採用中國傳統斗拱形式，每8層樓構成一個倒梯形平台，象徵「節節高升」，兼具結構、安全與景觀功能。外觀更採用「如意」、「龍頭」等傳統裝飾，加強東方意象。

特殊工法：為了載重、空間、風速、地震或氣候等考量，許多大樓會因地制宜，採取不同工法：吉隆坡因靠近赤道，雙子星塔立面納入不鏽鋼遮陽篷；芝加哥漢考克中心使用束筒狀結構系統；香港上海匯豐銀行總部大樓採用超大鋼管柱連結而成；台北101大樓則選擇井字形巨型架構系統，並以660噸大鋼球設計風阻尼器，平衡風速的影響，又因位在地震帶及台北盆地以黏土為主的軟弱地質上，因此將基樁深入岩盤20～30公尺，以避免沉陷。

A Glorious Shout-Out towards the Sky

向天空呼喊榮耀！

金茂大廈
Jin Mao Tower
地點：中國上海
高度：420.5公尺
樓層：88層

國際金融中心第二期
International Finance Centre
地點：中國香港
高度：415.8公尺
樓層：90層

中信廣場CITIC Plaza
地點：中國廣州
高度：391.1公尺
樓層：80層

地王大廈
Shun Hing Square
地點：中國深圳
總高度：384公尺
樓層：69層

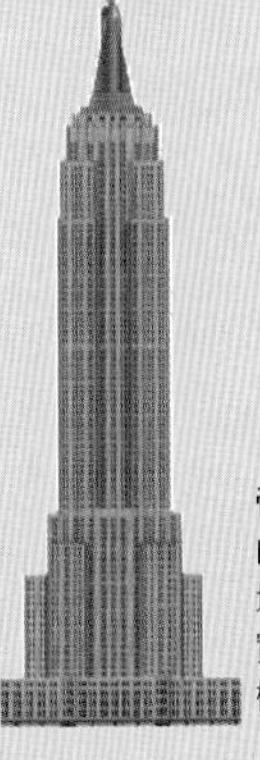

帝國大廈
Empire State Building
地點：美國紐約
實際高度：381公尺
樓層：102層

中環廣場
Central Plaza
地點：中國香港
總高度：374公尺
樓層：78層

中國銀行
Bank of China
地點：中國香港
總高度：367.4公尺
樓層：72層

▲世界高樓Top 10（摩天漢世界www.skyscrapers.cn／照片及資料提供）

左頁左圖）台北101大樓採用井字形巨型架構系統，8支內灌一萬磅以上強度混凝土的主要鋼柱，與每8層設置的一層樓高巨型樑及核心斜撐，連結成強固結構體。（林韋言／攝）

左頁右上）101塔樓下有六層樓高的裙樓。（黃丁盛／攝）

左頁右中）長跨桁架結構可兼具外型及採光。（曾逸仁／攝）

右頁左上）吉隆坡雙子星塔以回教文化符號為形式象徵，因比例得當，加上充分運用光影變化，讓這棟超高摩天大樓廣受喜愛，也成為世界建築地圖新地標。（郭美／攝）

右頁右上）帝國大廈建於1930年代經濟大蕭條後，物資極為短缺的時期，使用建材包括5,660立方公尺的印第安那州石灰岩和花崗岩、1,000萬塊磚、730噸鋁和不鏽鋼。（許育愷／攝）

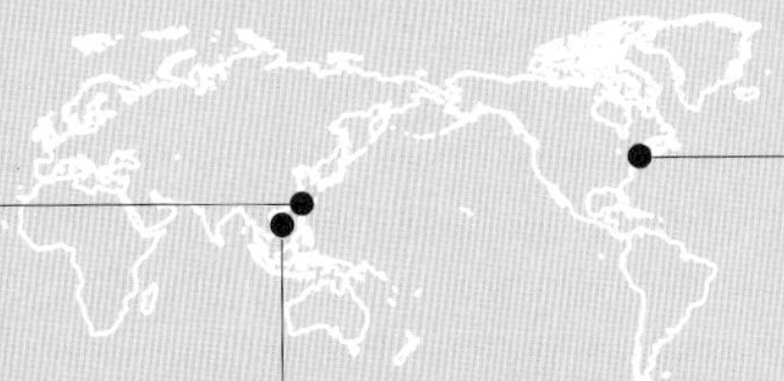

台北101大樓・台灣
Taipei 101, Taiwan

建造年代：2004年
高　　度：508公尺，現為世界第一
特殊工法：外伸桁架系統、風阻尼器、以巨型結構系統作為主體支柱
意　　義：全球最高建築物、全球最高使用樓層（438公尺）、最高屋頂（448公尺）、世界最快速電梯每分鐘達1,010公尺、世界最大被動式風阻尼器、竹節式造型景觀及東方意象建築語彙。

雙子星塔・馬來西亞
Petronas Towers, Malaysia

建造年代：1998年
高　　度：452公尺，現為世界第二
特殊工法：高強混凝土運用、減少支柱創造開闊空間感、連結雙塔的天橋設計
意　　義：結合創新科技與回教文化體系象徵。

帝國大廈・美國
Empire State Building, U.S.A.

建造年代：1931年
高　　度：448.7公尺，現為世界第八
特殊工法：鋼結構及帷幕牆（1930年代仍屬嘗試性質的前衛工法）
意　　義：從設計到完工只費時20個月，創下空前的興建速度，也建立了世界建築經典的象徵地位，並蟬聯43年世界第一高樓寶座。

東亞十字路口

坐落在東亞十字路口上的台灣，往北可到琉球、日本，往西到中國，往南則可到達東南亞各國。如此優越的地理位置，讓台灣早在17世紀就成爲名副其實的「亞太營運中心」，荷蘭、西班牙、中國商船忙碌穿梭在台灣東西兩側海面上，小小的台灣成爲各國競逐的舞台。20世紀中期後，因爲兩岸的政治問題，台灣對外的海空交通備受阻撓，但海島子民以堅韌性格和彈性，在政治夾縫中開創各種可能，從台灣啓航的飛機與船隊依然穿行全球。

進入21世紀，拜高科技電子通訊所賜，「交通」更打破了時空界線，讓全世界零距離。網路使用率、行動電話普及率全都名列世界前茅的台灣，更是網路虛擬交通上的閃耀巨星。

海洋無國界

台灣因位居交通樞紐，早在17世紀就成為列強競逐的焦點──荷蘭人將台灣當作經營遠東商務的基地，鄭成功把台灣視為他的海上帝國中心，清代的兩岸航線則將台灣物資不斷運往大陸內地。清末，歐洲列強在台灣西岸各地陸續開港，各國船隻得以直抵台灣。日治時期，台灣更成為日本南進野心的跳板。光復後，高雄港曾躋身世界前三大國際貨櫃港，但如今受到中國大陸港口開放與進步的影響，受到不小的衝擊。

中國帆船航線

台灣納入清朝版圖後，兩岸的戎克船（帆船）往取代了西洋船隻，路線也由歐洲，變成中國沿海港口。戎克船除了直通福建各港口外，北可達津、上海、寧波，南可到汕頭、香港等地，盛況前。繁忙的帆船往來，提供了台灣源源不絕的人與開發動力，而台灣也提供中國充足的農產資源

▲（王榕集／提供）

荷蘭東印度公司的全球航線

1624年，荷蘭東印度公司為了尋求和中國貿易的機會，在台灣設立商館。但季風的風向變化左右了商船的航期；夏季，從歐洲來的荷蘭商船從雅加達路過暹邏或東京灣，北上到台灣西海岸地區後，再轉航日本。冬季，則反向由北往南航經台灣，回到雅加達，再返航歐洲。

鄭成功的東亞航路

1661年，台灣正式成為鄭成功大軍的據點，安平港和廈門港也成為鄭家船隻的兩大起始點。鄭成功的東亞航路，包括日本、中國沿岸、菲律賓、越南、暹邏（今泰國）等地。

日治時期的輪船航路

日治之後，日本輪船取代歐洲船隻，增加了經由太平洋抵達美國西岸的航線，甚至可經過中美洲的巴拿馬運河，抵達美國東岸。

高雄港

高雄港西隔台灣海峽與中國相望，扼西太平洋航線的要道，也是亞洲各主要港口的中心點，曾經蟬聯多年世界第三的貨櫃港。高雄港與台灣其他幾個國際港口，都是台灣發展「亞太營運中心」的海運轉運中心不可或缺的主角。

▲台北捷運木柵線。（黃丁盛／攝）

▶（金成財／攝）

通「天」本領

除了海洋，無涯的天空更是海島與世界接軌的重要「通路」。1914年，台灣人首次見到在空中翱翔的飛機。1931年，台灣與日本間開始試航，1935年時正式開航，正式宣告了台灣航空時代的來臨。因位於東亞樞紐，台灣逐漸成為東亞客運重要的轉運站之一。1950年之後由於中國的領空限制，台灣航機如欲前往歐洲，必須繞經東南亞和中東，但民間的航空公司仍致力開拓新航線，讓台灣的天空更加遼闊。

無遠弗屆任你行

日治時期，從台北可直飛日本、廣州、曼谷等地；戰後初期，台北和台南兩機場仍維持和中國大陸間的直航。隨著復興航空、遠東航空、中華航空、長榮航空等空運團隊陸續成立，台灣與世界的接觸愈來愈頻繁，彼此的時空距離也愈來愈小了。

▼（黃丁盛／攝）

【如果沒有……

交通，是台灣在400年間，從一個蕞爾小島，成為高度經濟發展的綠色矽島最重要關鍵之一。

如果將台灣往外推到太平洋的中間，遠離中國、日本這兩個重要的東亞市場，400年前可能就不會有列強的覬覦，也沒有中國移民前來，台灣至今就可能仍是個充滿熱帶風情的原始島嶼，也許就是另一個夏威夷或帛琉。

▼台馬輪。（湯谷明／攝）

金門、馬祖「小三通」

由於政治對立，台灣與中國的交通中斷近50年。隨著台灣開放大陸政策，兩岸關係逐漸改變。而在1992年，中國也提出「兩門（廈門和金門）對開，兩馬（馬尾港和馬祖）先行」的「小三通」構想，台灣則在2001年正式開放小三通。雖然貿易量有限，但對於中斷已久的兩岸關係，具有指標意義。

日本
東京
加拿大
溫哥華
北美洲
紐約
舊金山
美國
洛杉磯
墨西哥
中南美洲
巴拿馬運河

圖例

- 17世紀
- 清朝時期
- 日治時期

開港後的輪船航路

1860年代開放四個通商港口後，台灣與世界航線再度連結，糖從南部運到日本，茶葉則從北部輸往廈門，然後往西航行，通過蘇伊士運河，抵達歐洲市場，或直接送到美國西岸。

西班牙人的太平洋「銀線」

17世紀西班牙人為了將白銀運送到位在馬尼拉的據點，以方便和中國商人貿易，於是船隻從墨西哥、祕魯等殖民地，橫越太平洋來到馬尼拉。當他們占領基隆後，隨即開闢馬尼拉到基隆間的航線，台灣從此也成為當時領地橫跨全球的西班牙帝國其中一處商務據點。

網路交通「國土無疆」

台灣是電腦硬體和手機的重要製造國，電話通訊也十分發達，早已奠立良好的「虛擬交通」條件，加上電腦、手機及周邊產品幾已成為大多數人工作、生活的必備用品，且隨著軟硬體功能日新月異，更不斷刺激消費者的購買率與使用率。網路即時、快速的查詢功能與溝通方式，讓台灣突破國界限制，與世界溝通零距離；例如運用視訊功能，讓住在地球兩端的人，透過螢幕就可即時交談、開會、遠距教學，甚至線上管理跨國企業。網路族更是透過手上的滑鼠，就可以行遍世界、結交全球網友、購買各式各樣商品……，網路世界不只打破有形的地理疆界，更大大解放了心靈的想像世界。

【世界之最】

1. 2003年，台灣手機普及率111%，手機門號密度1.14，皆為世界第一。
2. 台灣為世界上機車密度最高之處。
3. 2004年，台灣的數位環境成長速度名列世界第二。
4. 高屏溪斜張橋是世界第二長、東南亞最長的非對稱單塔斜張橋。
5. 高雄港曾躋身世界第三大貨櫃港。
6. 2004年台灣寬頻人口普及率和69%的網路滲透率已是全球第四。
7. 2005年，世界十大貨櫃船公司中，長榮海運位居第四。

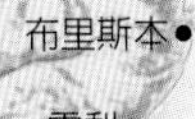

雪梨

▼（黃丁盛／攝）

世界的長榮

長榮海運創立於1968年，成立之初，僅以一艘20年船齡的雜貨船刻苦經營。至今，長榮已擁有大約120艘全貨櫃輪，不論船隊規模或貨櫃承載量皆位居全球領先地位，航線遍及全世界。

◀（黃丁盛／攝）

▶阿里山森林鐵道蒸汽火車。（黃源明／攝）

陸海空交通大進擊！

交通運輸是國家建設的先鋒，同時也是國家競爭力的基礎與延伸。南北長、東西窄的台灣島，河川呈東西流向，山脈則是南北走向，兩者穿插交會，不但切割出台灣名列世界前茅的複雜地形，也讓台灣各地的交通往來險阻重重。1893年通車的基隆至新竹段鐵路，是當時全中國最早修築的鐵路之一。日治時期，大力修築鐵路、公路、港口和機場，爲台灣的現代化交通設施奠定良好基礎。1945年台灣光復後，歷年來最重大的國家建設計畫，包括美援、十大建設、十二項建設、十四項建設、六年國建等，交通建設都居首要地位，而交通設施的完備，也是台灣經濟奇蹟最重要的後盾。如今，不僅島內鐵、公路網四通八達，通向世界各地的海運、空運也無遠弗屆。

縮地有術，代步有理

日治以前，台灣島內的陸路運輸，往往是先搭船，再換牛車、轎子、挑伕，曠日費時費人力。直到日治時期興建縱貫鐵路、輕便軌道和公路，才將台灣帶進陸路時代。但台灣的城市道路不但寬度有限，居住又密集，大眾運輸也只在幾座城市中較為完善，所以機動性高的摩托車便成為台灣最普遍的代步工具。

◀地狹人稠的台北市，停車空間不足，摩托車於是成為最經濟實惠的交通工具。上班日的交通尖峰時間，台北街頭即成為安全帽與機車之海。（黃丁盛／攝）

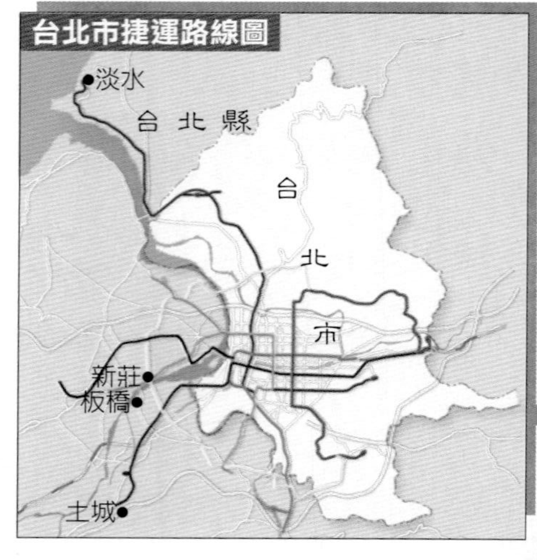

藍色公路

台灣沿海沙岸岩岸交錯分布，河川衆多，時而波瀾壯闊，時而波光瀲灩，也成為最佳觀光資源。但長期以來因軍事政策封鎖海岸線，壯闊的景觀資源未被充分運用。近年來因沿海漁源瀕臨枯竭，傳統漁業亟需轉型，加上解嚴後，人們對於海上休閒活動需求增加，而港口間的船舶往來，又可適度紓解陸上交通問題，使得「藍色公路」得以推動發展。目前較為人所熟知的，包括北海岸富基漁港、野柳漁港，以及大稻埕碼頭、淡水漁人碼頭、高雄愛河等，無論是觀光漁港或精心整治後的水上觀光旅遊，都在蓬勃發展當中。

▲藍色公路除了串連河、海與路上景點，還讓人得以享受悠閒的水上風景。（黃丁盛／攝）

日治時期的航站

始建於1932年，1938年擴充完工的台北航站（今松山機場），是日治時期在台灣興建的第一個機場，後來宜蘭、台中、台南等地也陸續闢建機場。此外，日治政府還在台灣設置了11座軍用機場，包括經拆除的鹿港與東港大鵬灣水上機場，並規畫「台北－宜蘭－花蓮」及「台北－台中－台南」兩條航線。

改變交通與生活習慣的捷運

1996年，台北捷運啓用，大大節省了台北人等公車、塞車、轉車的時間與辛苦；每天有上百萬人次搭乘捷運上班或上學，捷運不但改變了台北人的交通習慣，也改變了台北人的生活習慣。2001年，捷運系統因納莉颱風而淹水，整個台北市的交通幾近癱瘓，捷運的影響力可見一斑。

戰後南北兩大機場

二次大戰後，松山機場是國人出入境的主要出口。但位在台北市中心的松山機場，腹地狹小，發展受限，於是在1969年，高雄小港機場開放國際業務，兩年後又開辦客運業務。到了1973年，桃園空軍基地開始擴建為國際機場。1979年，中正國際機場（今台灣桃園國際機場）第一期工程完工啓用後，松山機場也改為僅供國內線航班使用。

◀台北捷運木柵線是台灣最早通車的捷運路段，為中運量捷運系統，由行車控制中心控制四節無人駕駛的電聯車系統。（黃丁盛／攝）

風馳電掣火車道

1891年，劉銘傳完成台灣第一條鐵道「台北－基隆」段。日本據台後，於13年間完成台北－打狗（今高雄）的縱貫線，又經18年完成東部幹線。光復後，鐵路建造工程斷斷續續進行。艱難的蘇澳－花蓮段於1980年完工，北迴鐵路正式通車。最後南迴鐵路枋寮－台東段於1992年完工。前後歷經100餘年，環島鐵道終於實現。

貫穿南北的高速公路

完成於1978年，北起基隆，南到高雄，全長373.3公里的中山高速公路，也就是國道一號，是台灣公路系統邁入現代化的開端；2004年國道3號，也就是第二高速公路（簡稱二高）全線通車，不但提供用路人更多的選擇，也紓解中山高每到假日的擁塞車潮。特別的是，二高沿線的收費站和服務區加入許多巧思，例如融合地方自然及人文風情的建築裝飾特色，以及別出心裁的公共藝術設置等，成為新興的遊憩場所。

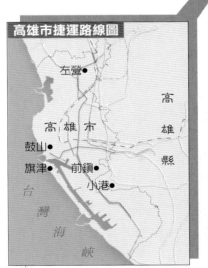

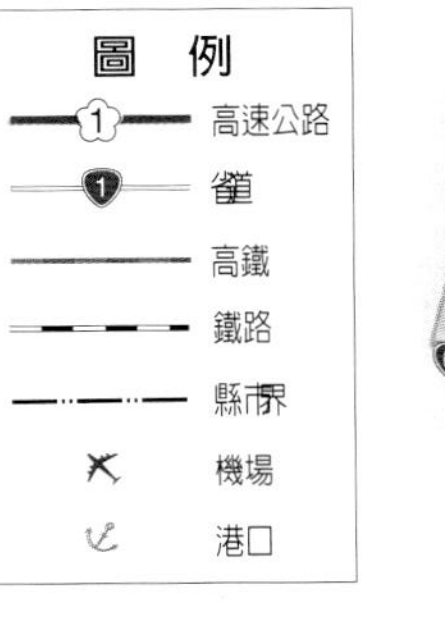

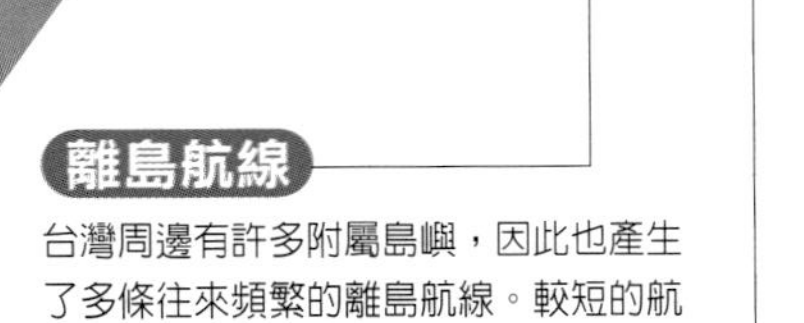

飛行的起點

機場，是飛往世界的起點，也是回鄉的大門。1930年代，台灣第一座機場開工，之後為了國防需要，東南西北陸續建造機場。至今，全台從南到北、由東到西，共有11座機場。以台灣的幅員來看，島內航線事實上並不符合經濟效益，因為最長航程也只有一小時。但也因為有這麼多機場，讓島上的居民無論是島內往來或出國，都更方便迅速。

高雄市捷運路線圖

離島航線

台灣周邊有許多附屬島嶼，因此也產生了多條往來頻繁的離島航線。較短的航線，例如澎湖馬公與離島航線、東港－小琉球、鼓山－旗津、台東－綠島、台東－蘭嶼；較遠的，則有本島與澎湖、金門、馬祖。這些航程不一的航線，除了單純的運輸功能外，有時更是離島的生命線與特殊印記。

萬水千山一日返

台灣面積不大，卻擁有11座機場，將台灣各地用密密麻麻的航線串連起來。無論是南北往返，或跨越東西，不到一個小時的航程，就能帶你去另一個地方探險放鬆。從幾個熱門航線載客率都達到七成以上來看，就知道台灣有多麼便利。

▲除了對號列車外，鐵道上的電車已成為通勤族必須的交通工具。（黃丁盛／攝）

打通東西的橫貫公路

由於山脈阻隔，過去，距離較長遠的南北通行，反而比直線距離較短的東西向更快速。中橫（1960年開通）、北橫（1965年）通、南橫（1972年開通）等東西向縱貫公路陸續開闢、通車之後，才提供來往山區和東部便捷的交通。

嫁妝一牛車

看過有著大大輪子的板輪牛車嗎？這可是台灣早期最方便的陸路交通工具。牛車可說是台灣的特產。牛隻可以耕作，又可當交通動力，運送農產品，是過去農家極其重要的幫手。台灣各地至今仍有許多和牛相關的地名，如基隆的牛稠港、關西的牛欄河、埔里的牛相觸等，可見牛與早期台灣人的親密關係。

南北兩大港：基隆與高雄

清朝時期，台南、鹿港、艋舺是台灣三大主要港口。到了日治時期，政府致力建設基隆與高雄兩港，推行築港計畫，台灣的港口結構逐漸集中成基隆、高雄南北兩大港口的態勢，大部分的貨物也轉由這兩個港口出發，航向全世界。

▲在交通工具發達的現代，牛車仍受老農鍾愛。除了人與動物間的情感外，牛車也代表了農耕世界裡的自然步調，載滿蕃薯的牛車，悠閒走在柏油路上，為「古往今來」下了新註解。（黃丁盛／攝）

遇「水」則發

台灣四面環海，平原上，大小河川縱橫，所以在過去，無論是從大陸原鄉渡海來台拓墾，或早期在海岸地區上溯內陸城鎮，甚至往來通商等，多半依賴水運。台灣的發展，其實也是從幾個主要港口開始的，「一府二鹿三艋舺」正象徵台灣由南到北的開發進程。而隨著基隆港、高雄港等國際海運的蓬勃發展，到開發「藍色公路」的觀光功能，更顯現出台灣在海運的多元潛力。

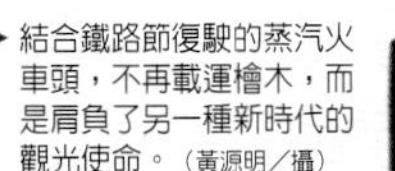

▶ 結合鐵路節慶駛的蒸汽火車頭，不再載運檜木，而是肩負了另一種新時代的觀光使命。（黃源明／攝）

讓「交通」更便利——GIS與GPS

我們常聽到的「衛星導航系統」，就是以GIS地理資訊系統，加上GPS衛星定位，讓駕駛可以辨別方向使用。此外，還可以計算最佳路徑、記錄行駛路線、指定範圍目標搜尋等。在汽車上裝設GPS電子導航系統，駕駛人就可以明確地知道目前的位置，不會有找不到路的困擾。由於GPS的定位追蹤功能十分適合與電子行動裝置做結合應用，所以現在已有不少產品積極規畫、整合GPS導航功能，如筆記型電腦、PDA、手機等，讓交通更便利，找路也更加容易了。

大地旅痕

Journeying through Works of Art
賞心悅目的旅程

以實用爲主的交通建設，常因天然地景、歷史因素、獨特造型，甚至綠色造景或燈光照明等「美感加持」，而增色不少。像是穿行在大地平野上的公路、鐵路、橋樑等，不僅經常呈現線條絕美的幾何圖案，更常扮演帶領人們穿越時間、空間、藝術與歷史文化的溝通角色。

台灣以景觀著稱的道路，包括了蜿蜒曲折的金九公路、蘇花公路；而險峻的中橫與北迴公路沿途景觀的壯闊，可說無出其右者；富含懷舊氛圍的阿里山鐵道、內灣線、平溪線火車，更勾起人們對城鎮鐵道歷史的懷念，也提供民眾重溫舊夢的機會。

縱若沒有得天獨厚的自然烘托，穿行在都會中的捷運系統與公共汽車，也以新穎的現代造型，結合車廂彩繪、時尚廣告，再加上候車站內外的公共藝術品等等，已使交通設施別具人文風貌。

▶穿梭於山林雲霧間的阿里山鐵道，是早期為運載台灣檜木等資源而設的高山鐵道。停止伐林後，成為運載民眾穿越時光、走入山野的森林鐵道。（黃源明／攝）

▲國道二號高速公路以繁雜的幾何圖，在平原上架起四通八達的路網。（魯獅／攝）

▼連接金瓜石到九份的金九公路，彷彿一條盤踞山頭的灰色巨蛇。（黃丁盛／攝）

Mission: Impossible
不可能的任務

▲中部橫貫公路穿越台灣最古老岩層所在的太魯閣峽谷。工程人員以驚人毅力在近乎垂直的堅硬大理岩上，雕鑿出令人嘆為觀止的九曲洞。（許育愷／攝）

▼連接台北、宜蘭的北宜高速公路中，穿越雪山山脈的雪山隧道，為目前亞洲最長的公路隧道，將台北和宜蘭之間2小時的車程縮減為30幾分鐘。（魯獅／攝）

築路者的挑戰

台灣交通工程史中，流傳著許多挑戰艱鉅任務的傳奇故事。尤其是1950～60年代，百廢待興的台灣仍缺少現代化開山闢路的機械器具，修築中橫公路的榮民工程人員，幾乎只憑著雙手，一支鋼釘、一個畚箕、一個扁擔地攀岩鑿壁，克服颱風、地震和豪雨，在「爆破山岩」中死裡逃生。蘇花公路則在懸崖峭壁和茫茫大海間蜿蜒穿行，尤以通過清水斷崖近20公里的路段最爲驚險。地質複雜的北宜高速公路上，約30.8公里的預計路線中，平面道路只占15%，高架橋樑路段占20%，隧道路段有65%，其中尤以長12.9公里、斷層密布的雪山隧道最爲艱鉅。而工程人員使用「全斷面隧道鑽掘機」（TBM）等高科技工法，也引發生態保育的爭議；加上施工多年意外頻傳，在謀求便利之餘，也付出了可觀的代價。

Rainbow across a River
架在河上的彩虹

新美學地標 高屏溪斜張橋v.s.日本多多羅大橋

與懸吊橋相似、外型很現代的斜張橋（cable-stayed bridge），其實最早的草圖出現於16世紀末，但要等到二次世界大戰後，因物資缺乏，斜張橋才開始廣為世人所採用。因為建造斜張橋所需的鋼索較少，又可分段施工，且建造時程短，非常適用於中跨距橋樑的設計上。

相對於其他形式的橋樑，斜張橋的造型十分優雅，橋體輕、具有彈性，雖然易受大風影響，卻適用於地震環境。連接日本廣島縣與愛媛縣的多多羅大橋（Tatara Bridge）即是目前世界上跨徑最長的斜張橋。台灣橫跨高屏溪的斜張橋，則是台灣第一座複合式斜張橋，也是目前東南亞跨徑最長的「非對稱單塔」斜張橋。

東方神秘之美v.s.不對稱美感：日本多多羅大橋為採雙塔雙索面扇形設計，主跨徑890公尺，工法精湛完美，有「20世紀最大跨度斜張橋，具有東方神秘的美感」稱譽。台灣高屏溪斜張橋採非對稱單塔造型，及單索面輻射狀設計，錨錠設於橋樑中間及橋塔上，主跨徑330公尺，因橋面傾斜而產生不對稱美感。

環保與美感效益兼具的新興地標：斜張橋除在用材與建造上經濟實惠之外，因不需如懸吊橋般大幅挖掘錨地，因此對周遭環境破壞較小。此外，其橋體的設計既美麗又多變，使得高屏溪斜張橋以及最初曾被設計為懸吊橋的日本多多羅大橋，如今都已成為所在地的新興地標。

（左圖）台灣的高屏溪斜張橋，全長2,617公尺，夜空下，橋面與橋塔在投射燈燦爛光影下，猶如橫跨高屏溪上的一道美麗人造彩虹。（金成財／攝）

（右圖）聯結日本廣島生口島和愛媛縣大三島的多多羅大橋，有如天鵝展翅般的優雅造型，是專業工程師必去的「朝聖」景點。（王瑤琴／攝）

台灣・高屏溪斜張橋

Kao-Ping Hsi Cable-Stayed Bridge, Taiwan

落　　成：1999年
總 長 度：2,617公尺
主 跨 徑：330公尺
塔　　高：183.5公尺
橫　　跨：高屏溪
連 結 點：高雄縣與屏東縣
紀　　錄：亞洲最長之非對稱型單橋塔斜張橋
特　　色：燈光投射下猶如美麗的人造彩虹

日本・多多羅大橋

Tatara Bridge, Japan

落　　成：1999年
總 長 度：1,480公尺
主 跨 徑：890公尺
塔　　高：226公尺
橫　　跨：瀨戶內海
連 結 點：廣島縣和愛媛縣
紀　　錄：世界第一長之斜張橋
特　　色：與海濱美景融為一體的優美弧線

從綠色寶島到綠色矽島

對外貿易是島嶼國家產業發展命脈。17世紀，台灣已是東亞重要轉口貿易與農業生產基地。到了19世紀，尤其是五口通商之後，台灣的茶葉、樟腦與蔗糖等農產品，行銷歐美、日本、中國等國。1895年以後，日本成爲台灣主要貿易對象，隨著日本帝國的擴張，台灣的物產輸出也延伸到華北、華中、蒙古等地。日治政府也積極想要讓以農業爲主的台灣產業結構朝工業化發展，但因缺乏豐富的礦產資源，加上二次大戰爆發，台灣工業化腳步受阻。直到1960年代，台灣才得以食品加工、紡織等輕工業產品爲出口大宗，1970年代以後，電子、塑膠等重化工業產品取而代之。1980年新竹科學園區成立，更奠定台灣高科技產業的深厚實力，台灣躍升爲綠色矽島，更以晶圓代工、半導體、筆記型電腦等高科技產品，占全球市場重要地位。

綠色寶島

因得天獨厚的自然環境與條件，而擁有豐富農、林、漁業資源的台灣，早在15世紀就以烏魚和梅花鹿皮，成為日本貿易夥伴。17～19世紀末，台灣西部平原所產質量俱佳的稻米、蔗糖、茶葉與樟腦等，更行銷中國、日本、歐美等國。米、糖、茶葉與樟腦產業的興盛，也帶動了水陸交通產業的蓬勃發展，絲綢、瓷器、鴉片、日用品等，則成為台灣進口大宗。

世界第一樟腦

樟腦用途很多，在塑膠未發明前，是民生製品與工業生產不可少的原料。台灣是世界少數的樟樹主要分布區域之一，因而成為列強覬覦的目標。日治時期，台灣的樟腦產量高居世界第一。直到二次大戰後，樟腦才被化學製品取代。

台灣大米倉

當台灣被納進大清版圖後，最重要的任務之一，就是成為福建缺糧區的大穀倉。到了日治時期，日本政府同樣致力發展台灣米業，並改良品種，「蓬萊米」便是此時期開發出來的新品種。

▲早期外銷國外的茶包裝（魯猶／攝）

▲（魯猶／攝）

機械業

從1960年代以來，中部地區逐漸形成工具機產業的集中地，以生產機械零組件為主，組裝成車床、沖床、數值控制加工機等工具機後，再外銷到歐美、中國等地，每年創造近30億美元的外匯，近年來產值持續成長，使台灣成為世界第四大工具機出口國。

家庭即工廠，財源滾滾來

1960年代，面對外匯短缺窘境，台灣開始以能賺取外匯的出口導向，取代進口替代；出口農產品由以往需要廣大耕地的糖和米，轉為土地占用較少的洋菇、蘆筍、鰻魚和食用蝸牛等。勞力密集、工資便宜的優勢條件，讓紡織品、衣物、鞋子、洋傘、玩具等輕工業產品，成為此時期出口大宗，台灣也從過去的蔗糖大國，搖身一變為鞋子、洋傘及成衣王國。

▲台積電的晶圓代工總產能占全球市場50%以上。（台灣積體電路製造工業股份有限公司／提供）

◀台灣曾是全世界最主要的紡織品出口國之一。（許育愷／攝）

紡織工業

1970～80年代，台灣紡織業以逆向整合方式，由中游的紡紗、織布與染整業開始，逐漸向上游的人造纖維製造與加工，以及下游的成衣服飾業與特種用途產品發展，整合成組織綿密、產銷高度依存的產業體系，成為世界紡織品主要出口國之一。如今雖面臨生產成本高漲、產業外移壓力，但紡織業在製造業的地位以及外匯上的貢獻，仍不遑多讓。

（魯猶／攝）

▲台南科技工業園區。（許育愷／攝）

工業技術轉移

隨著外匯逐漸累積、技術不斷精進，台灣的生產技術以及主力出口品，也由成衣、鞋子、玩具等勞動密集產品，開始轉移到塑膠、紡織、化工、機械，乃至電腦下游加工等技術密集產品。1970年代末期至1980年代初期，台灣也開始往石化、鋼鐵、汽車、造船等資本密集產業發展。

【如果沒有……

台灣如果沒有採取出口導向策略，將無法發展可以賺取大量外匯的出口密集產業，很可能會和中南美洲國家一樣，陷入財政收支短絀的困境。

1980年代，如果不是日本因自行制定和全球主流電腦廠商規格不相容的產品標準，因而喪失了日本本國以外的全球市場，意外造就台灣發展電腦工業的契機，台灣就不可能成為「意外的電腦王國」了。

如果沒有孫運璿、李國鼎等科技先進大力發展半導體工業，台灣將無法建立完整的電腦產業鏈，只能淪為電腦工業的組裝基地。

電動玩具

1960～70年代來台投資電腦組裝的外商，雖因土地、人力成本上揚而逐漸撤出，但已在台灣傳承跨國公司經驗，不少曾在外商企業工作的高階主管更自行創業，生產計算機、手錶、電動玩具IC板等。尤其電動玩具成為青少年的最愛，電動玩具店充斥大街小巷。

手機

1987年以前，台灣因實施戒嚴，無線通訊受嚴格管制，故相關技術與人才缺乏，加上無線通訊標準都掌控在國際大廠，如Nokia、Motorola手中，台灣廠商只能從手機代工模式切入，藉以轉型。但近年來，中國大陸廠商崛起，加上手機市場高度集中，國內廠商自創品牌的困難度也愈來愈高，可說面臨了嚴峻的考驗。

▶全球首款採主動式OLED螢幕，畫質清晰、顏色飽和。（BenQ／提供）

摩托車組裝

1962年，台灣三陽工業和日本本田技研株式會社技術合作，成立台灣第一家機車製造廠。1970～80年間台灣機車市場成長迅速，1990年內外銷數量突破100萬輛。在業者積極研發下，機車自製技術已臻成熟，讓台灣榮膺機車王國寶座；但在內需市場飽和、外銷競爭激烈的雙重壓力下，2002年已退居第六大機車生產國。

（黃丁盛／攝）

北　美　洲

綠色矽島，站上國際舞台

在1973、1981兩次石油危機衝擊下，台灣的勞力密集產業出口面臨萎縮。政府於是在1973年擴大工業技術研究院規模，1980年成立新竹科學園區，以便朝向科技工業發展；同年更禁止製造電動玩具，廠商於是轉向技術原理極為類似的微電腦產業，替國外大廠進行委託製造代工（OEM）。台灣廠商因具高度專業技術、整合能力，又能有效控制成本、即時因應市場變化，所以從電腦下游組裝開始，造就出完整的電腦產業鏈；也從電動玩具、仿冒電腦，到自主開發技術，成為現在的電腦王國。

【世界之最】

1. 筆記型電腦全球市場占有率56%。
2. LCD監視器（即液晶螢幕）全球市占率達59%。
3. 主機板全球市占率達81%。
4. 光碟機全球市占率達40%。
5. 可錄式光碟片全球市占率達83%。
6. 晶圓代工全球市占率達73%，產值居世界第一，產業已具備領先全球的九十奈米製程能力。
7. IC封裝全球市占率達32%。
8. 石斑魚全球市占率42%，產值及產量居世界第一。
9. 蝴蝶蘭——為台灣特有開發品種。
10. 精密微型筆記型電腦風扇全球市占率達35%，具有低噪音、耐高溫、壽命長的產品優勢。
11. 日治時期，台灣樟腦產量占世界第一，最高占世界產量的70%。

筆記型電腦

1990年，政府結合工業技術研究院及40多家廠商，在短短三個月內，完成電腦主機開發，將發展技術標準化及規格化，且掌握市場先機，向世界宣告台灣生產筆記型電腦的實力。隨著研發實力的提升，台灣更打入向來被日本廠商所壟斷的筆記型電腦市場，奠定了筆記型電腦生產王國的基礎。

▶筆記型電腦除了講究輕便與效能，質感也是設計重點。（華碩電腦／提供）

（魯蛸／攝）

▶石斑魚養殖。（黃丁盛／攝）

包山包海，永續經營

二次大戰結束之際，台灣滿目瘡痍，加上上百萬國軍及其眷屬從大陸撤退來台，糧食供應不足，因此恢復農業生產就成爲當時最重要的產業發展重心。爲了創造外匯、打開國際市場，1950～60年代也開始發展勞力密集、進口替代的輕工業；1970年代因應石油危機，則由勞力密集轉向技術密集；到了1980年代，爲促進產業升級，逐步調整產業結構，1990年代後便以高科技產業爲主軸，尤其電子工業的發展，在國際上占有舉足輕重的地位與影響力。然而隨著全球經濟自由化、國際化的趨勢，以及台灣社會型態不斷改變，不僅傳統農業面臨轉型的挑戰，工業和製造業的比重也逐年下降，以知識經濟爲取向的服務業比重逐年增加，顯示台灣的產業發展正逐漸朝向以服務業爲主的「後工業化時代」。

▼冬山河每年端午節的划龍舟比賽。（魯獅／攝）

傳統農漁業的新生

過去，農產和畜產占農林漁牧總產值70％以上，但近年來隨著全球經濟趨勢轉變、台灣人生活型態的改變、環保意識抬頭，以及加入世界貿易組織（WTO）、兩岸農業的競爭與衝擊等影響，農林漁牧業也開始改變經營型態，結合地方特色、人力與技術資源，轉向兼具休閒觀光、具有高經濟價值與競爭力的精緻產業，也從勞力密集逐漸轉變為資本與技術密集的專業化生產與經營模式。

王者之香全球飄香

台灣本來就是蝴蝶蘭王國，加上不斷研發新品種、改進栽培技術，以及完整的分工與行銷通路，讓擁有「王者之香」美譽的蝴蝶蘭產量高居世界第一，深受美、日、香港的喜愛。預計2008年完工的台灣蘭花生物科技園區更將整合產、官、學、研各項資源，為台灣花卉產業再創新榮景。

▲蝴蝶蘭。（魯獅／攝）

從吳郭魚晉升台灣鯛

在台灣原本只是平價魚種的吳郭魚，經過多年研發改良後，已變成肉質鮮美、魚刺少且可加工成生魚片和魚排的「台灣鯛」，並外銷美、日等國，不但賺取了大量外匯，也為養殖業者創造了豐厚的財富。

◀（黃丁盛／攝）

草編王國再出發

1950～60年代，名列台灣五大出口品之一的手編帽蓆工業興盛，全台有將近70萬從業人口，其中以台中大甲用藺草編成的草帽、草蓆最具代表。但隨著消費型態改變，藺草編織業盛況也逐漸消逝。台中縣政府為挽頹勢，不但推廣種植藺草，並開辦編織研習班，開發符合流行趨勢的新產品，如名片夾、手提袋、背包、手套、洋傘，甚至比基尼泳裝、高跟鞋，為傳統技藝再造新生命。

文化創意產業

在全球經濟不景氣中，文化創意產業卻是英、美、加等國近年來少數大幅成長的產業之一，甚至是英國產值第二大的產業。2002年，台灣開始大力推動包括視覺藝術、音樂與表演藝術、文化展演設施、工藝、電影、廣播電視、出版、廣告、設計、數位休閒娛樂、設計品牌時尚、建築設計、創意生活等十三項文化產業，期望藉由創意結合產業，並透過多元行銷方式，創造高附加價值，為台灣帶來新的發展潛能與商機。而從2002年以來，台灣文化創意產業無論在產值或就業人數上，都提高了一倍以上，在國際競賽方面，獲獎率也明顯增加許多。

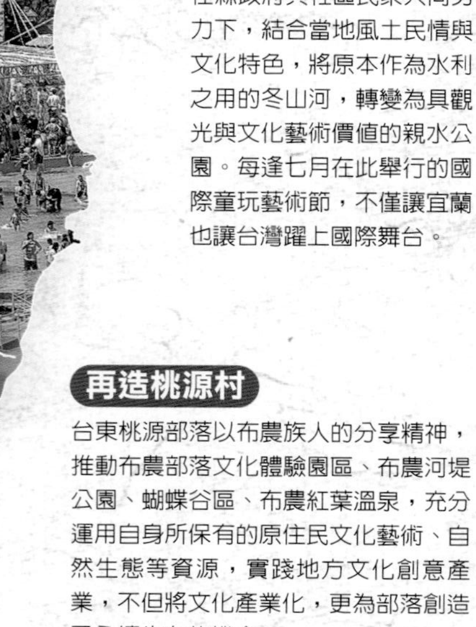

宜蘭冬山河

以農業為主要產業的宜蘭，在縣政府與社區民眾共同努力下，結合當地風土民情與文化特色，將原本作為水利之用的冬山河，轉變為具觀光與文化藝術價值的親水公園。每逢七月在此舉行的國際童玩藝術節，不僅讓宜蘭也讓台灣躍上國際舞台。

再造桃源村

台東桃源部落以布農族人的分享精神，推動布農部落文化體驗園區、布農河堤公園、蝴蝶谷區、布農紅葉溫泉，充分運用自身所保有的原住民文化藝術、自然生態等資源，實踐地方文化創意產業，不但將文化產業化，更為部落創造了永續生存的機會。

製造業

台灣早期製造業以民生、化學等勞力與資本密集的產品為主，不但引領台灣經濟向前邁進，也是創造台灣經濟奇蹟的最大功臣。1990年後轉向技術密集的通訊、資訊、消費性電子、半導體、精密機械與自動化、航太、高級材料、特用化學及製藥、醫療保健及污染防治等十大新興高科技產業。2000年以後，更朝向以創新為導向，加強發展知識型服務業、生物科技產業、微機電與奈米技術，期望能以台灣製造業向來所具有的彈性與韌性，再度在國際舞台亮麗登場。

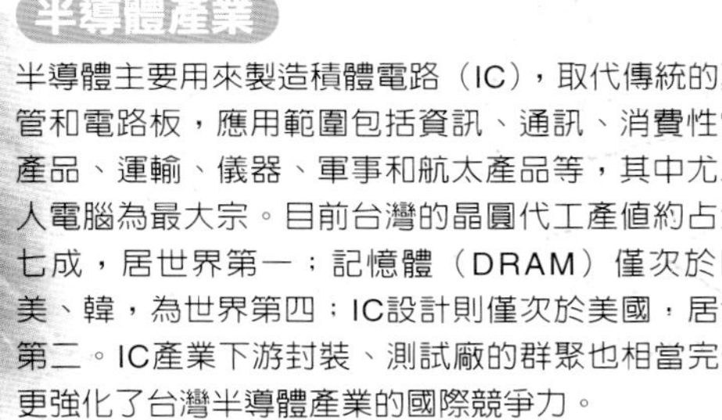

捷安特的「巨大」王國

創立於1972年巨大機械，最初是接單代工的自行車組裝廠，1981年自創品牌「捷安特」（Giant），1986年在荷蘭成立捷安特歐洲公司，開啟了捷安特行銷國際的品牌之路。至今，捷安特的自行車版圖橫跨七大洲50餘國，是全球最具品牌價值、企業組織網分布最廣也最密的自行車大廠。

半導體產業

半導體主要用來製造積體電路（IC），取代傳統的真空管和電路板，應用範圍包括資訊、通訊、消費性電子產品、運輸、儀器、軍事和航太產品等，其中尤以個人電腦為最大宗。目前台灣的晶圓代工產值約占全球七成，居世界第一；記憶體（DRAM）僅次於日、美、韓，為世界第四；IC設計則僅次於美國，居世界第二。IC產業下游封裝、測試廠的群聚也相當完備，更強化了台灣半導體產業的國際競爭力。

▲以雙輪騎遍全世界的捷安特腳踏車。（巨大機械／提供）

十大建設

1970年代，為了因應石油危機，當時的行政院長蔣經國推動十大建設，包括鐵路電氣化、中山高速公路、中正國際機場、蘇澳港、北迴鐵路、台中港等六項交通運輸建設；中國鋼鐵廠、中國造船廠、石油化學工業等三項重工業建設，以及一座核能發電廠。從1974年起，到1979年底逐步完工，共耗費新台幣3,000多億元。十大建設的興建，不但化危機為轉機，創造內需市場與就業機會，台灣也以中鋼、中船、中石化為基礎，提升工業技術水準，藉以推動產業轉型為重工業。而其中六大交通建設的完成，不僅便利了交通運輸，帶動了整體經濟發展，更是1980年代台灣經濟躍升最重要的基礎。

▲中鋼委託中船所造的貨輪。（魯顥／攝）

▲大眾傳播媒體也扮演了資訊流通的重大角色。（許育愷／攝）

服務業

服務業是先進國家的主流產業，1980年代以後，台灣產業重心也由製造業轉向服務業，近20來，各項服務業不斷成長，其中尤以金融保險業成長最快。2005年服務業產值已達國內生產毛額（GDP）的73.56%，就業人數則占整體就業人數58.27%。而隨著知識經濟、資訊通信科技的快速發展，充分整合製造業與服務業，也成為現今國際產業發展的主要趨勢之一。

觀光休閒業

觀光休閒產業可說是下一波全球經濟風潮。台灣因國民所得提升，加上2000年開始實施週休二日，觀光休閒產業因而蓬勃發展，不但國內旅遊頻次增加，觀光旅遊消費總值也以每年10%以上的成長率提高當中。此外，隨著開放兩岸觀光旅遊，大陸人士來台觀光，也將為台灣觀光休閒業帶來無限商機。

▲（魯顥／攝）

連鎖便利超商

連鎖超商密布在台灣大街小巷，平均每三千人就有一家，密度高居世界之冠。店內除了販售飲料、食品、菸酒、日用品、出版品等，也提供代收繳費、自動提款機、影印、傳真、宅便等服務性商品，有的更結合所在社區，從事公益活動。以「便利」為訴求的連鎖超商，商品與服務內容日益多元，已然成為台灣人生活的一部分。

生技產業

台灣的生技產業包含廣義的製藥、醫療器材產業，以及狹義的生物技術工業（生技醫藥產品、特用化學品、農業生技、環保生技、食品生技及其相關服務技術等）三大類。台灣製造業所具有的精密技術，是發展醫療儀器產業的最大優勢；且台灣是亞洲第一個全部藥廠皆符合GMP的國家，藥品製造的品質水準與歐美先進國家相當；而生物技術研發及生物工程技術也都在各大實驗室建構完成。尤其台灣在醫學、農藝、製藥、生化、園藝各領域的研發人才，專業素質高且英文能力佳，是亞洲國家最具競爭潛力的生技人才中心。

金融

金融服務業是國家經濟產業發展的命脈。台灣的金融產業過去由公營行庫所壟斷，現在則已全面開放，走向自由競爭，因此經營環境與生態也產生極大變化。而由於理財管道多元化、需求個別化及金融產品綜合化等因素，理財規畫與諮詢已成為金融服務的趨勢與主流。

品牌台灣，台灣品牌

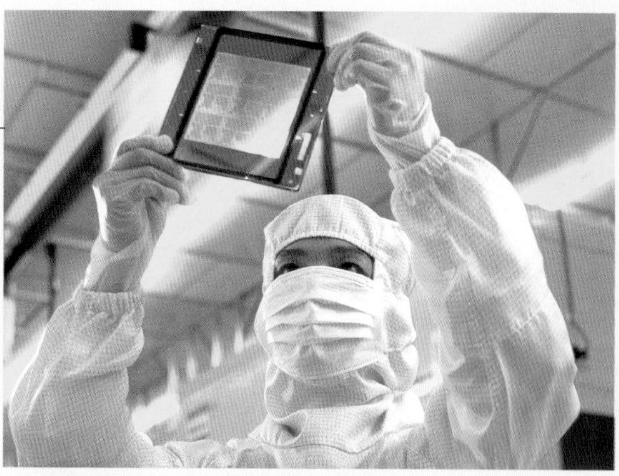

▲台灣的高科技產業已從過去的生產代工提升為設計代工。（台灣積體電路製造股份有限公司／提供）

長期以來，台灣藉著優秀的專業人才、卓越的生產技術，以及高效率的後勤能力，以生產代工（OEM）和設計代工（ODM）方式，與全世界各大品牌技術合作。但OEM、ODM模式缺乏自我品牌價值與定價主導權，加上大陸挾其龐大資源與人力優勢迅速崛起，對台灣代工產業造成極大威脅。因此，經濟部從2006年起擬定七年「品牌台灣發展計畫」，欲將代工模式轉型爲自創品牌，將「製造台灣」提升爲「品牌台灣」，爲台灣產業開拓更寬廣的前景。

事實上，近幾年來，國內已有不少自創品牌在國際市場占有一席之地，例如趨勢科技的軟體設計、宏碁電子的筆記型電腦、巨大機械（GIANT）的腳踏車、喬山科技的健身器材，以及法藍瓷的陶瓷藝品、琉璃工坊的琉璃藝品、康師傅的速食麵等，產業類型涵括了電子、生技、食品、運動器材，以及精緻藝術等，不但讓台灣在國際發光，也展現台灣源源不絕的經濟活力與競爭力。

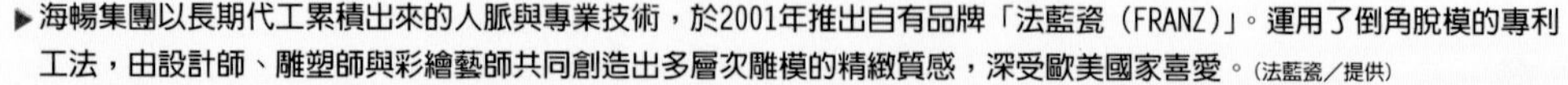

▶海暢集團以長期代工累積出來的人脈與專業技術，於2001年推出自有品牌「法藍瓷（FRANZ）」。運用了倒角脫模的專利工法，由設計師、雕塑師與彩繪藝師共同創造出多層次雕模的精緻質感，深受歐美國家喜愛。（法藍瓷／提供）

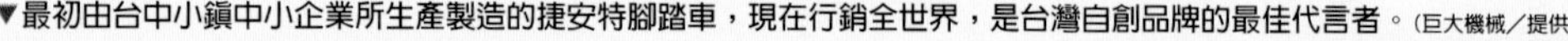

▼最初由台中小鎮中小企業所生產製造的捷安特腳踏車，現在行銷全世界，是台灣自創品牌的最佳代言者。（巨大機械／提供）

從製造晉升為創造

From Manufacture to Creation

Turning Crises into Oppertunities
化危機為轉機

▲南投縣名間鄉盛產松柏長青茶、金萱茶，透過經過茶改場、中興大學等產、官、學界的合作，又新開發佳葉龍茶，搶攻另類茶葉市場。(許育愷／攝)

▼綠色博覽會結合自然生物生態教育、綠色休閒產業，以及環境保護，每年在宜蘭縣武荖坑風景區盛大舉辦。(黃丁盛／攝)

▼所謂鴨間稻，是指稻鴨合作的一種古老耕種農法，這種鴨子，就叫「合鴨」。現代農夫利用科技，讓合鴨體型變小，更方便在稻子中間鑽來鑽去。(金成財／攝)

傳統產業再出發

農業是最貼近人民生活的產業，而「寶島台灣」的美譽，就是建立在品質優良、產量豐饒的農產品之上，「香蕉王國」、「鰻魚王國」、「蘭花王國」都曾經是台灣在國際社會的代名詞。1950年代，農業更締造了高達35%的國內生產總值(GDP)。

然而時代的演變，使傳統勞力密集的農業逐漸被高科技產業取代，GDP也降至2%。2002年加入WTO之後，台灣農業更面臨前所未有的衝擊與挑戰，但也成爲蛻變的新契機。在政府與民間的共同努力下，積極結合科技、創意、文化、休閒與生態，不但凸顯了台灣農產的魅力特色，更開創了精緻化、高附加價值的農業新價值。竹炭產品、黑珍珠蓮霧、蝴蝶蘭、凍頂烏龍茶等，就是結合科技與行銷的成功範例；而鹿谷的茶藝博覽會、宜蘭的綠色博覽會、鼓勵農家子弟返鄉的「漂鳥計畫」，以及鼓勵民眾參與市民農園等，更是農業結合文化、休閒與生態，也進而打開傳統農業的新天地，爲農民的生存與生活注入新動力！

科技新貴 新竹科學園區v.s.加州矽谷

美國加州矽谷與台灣新竹科學園區是全球科技產業最活躍的中心，而國家支援、頂尖學府、研究機構的人才與技術資源，則是這兩個科技重鎮得以蓬勃發展的主因。

1950年代，美國史丹佛大學為鼓勵學生創業投資，並建立結合學校資源的高科技園區，於是出租校地，邀集高科技公司進駐。由於多半是以矽為基礎的半導體公司，此地又位在聖塔克拉拉谷地，「矽谷」一名不脛而走。新竹科學園區雖以矽谷為藍圖，卻是由國家主導，邀請海外學人回國創業，並配合台灣理工人才，吸引企業群聚，形成完整的產業鏈，是全球半導體製造業最密集的地方之一，也讓台灣名列全球積體電路和資訊工業大國行列。

產官學通力合作：以學校最新科技為基礎的矽谷，除了史丹佛本身，附近的聖塔克拉拉、聖荷西州立大學，甚至矽谷外的加州柏克萊大學，都是人才的孕育搖籃，而美國國防部則為矽谷創造了龐大的市場需求。新竹科學園區則是以工研院電子工業研究所，以及鄰近的清華、交通兩所大學為後盾，在國家政策引導下，以優厚的獎勵措施與資源協助，積極合作的成果。

高度競爭力與學習能力：矽谷與新竹科學園區都是具高度專業技術、反應快速、競爭力十足的中小型企業聚集地。這些企業都勇於挑戰大企業，或與之合作，最後甚至取而代之，如矽谷的惠普（HP）、英特爾（Intel），及台灣的台積電、華碩等。

左頁）竹科以晶圓代工起家，如今涵蓋半導體、光電、電腦、通訊、精密機械和生技六大產業。至2005年止，新竹科學園區的晶圓代工和 IC封裝全球第一、IC設計第二、無線網路（Wireless LAN，簡稱WLAN）產業表現位居全球第一、大尺寸TFT-LCD（薄膜電晶體液晶顯示器）產值亦位居全球第二。（黃丁盛／攝）

右頁）舊金山灣南端沿著101公路，從帕拉托（Palo Alto）、經過山景市（Mountain View）、到桑尼維爾（Sunnyvale）、矽谷中心聖塔克拉拉（Santa Clara），再經坎培爾（Campbell）直達聖荷西（San Jose），這一狹長地帶就是矽谷所在。（達志影像公司／提供）

新竹科學園區・台灣
Hsinchu Science Park, Taiwan

成立時間：1980年
地　　點：新竹市東區與新竹縣寶山鄉
廠 商 數：約600多家（2005年為止）
營 業 額：約400億美元
特　　色：以晶圓代工起家，如今涵蓋半導體、光電、電腦、通訊、精密機械和生技六大產業。

矽谷・美國
Silicon Valley, U.S.A.

成立時間：1950年代
地　　點：美國北加州聖塔克拉拉郡
廠 商 數：7,000家以上
營 業 額：2,500億美元以上
特　　色：矽谷產業從早期的半導體生產中心開始，如今已邁向電腦、通訊、軟體，以及多媒體等最新科技的多樣性發展。

創意無國界

特殊的地理位置、盤根錯節的歷史背景，及多元族群的組合，不但成就了台灣複雜的身世，也交融出繽紛多樣的文化藝術風貌。以最早的原住民南島文化爲開端，17世紀開始，陸續由葡萄牙、西班牙、荷蘭人傳入歐洲文化；同一時期，漢人也藉由跨海移民，移入中原母文化，成爲孕育現今文化藝術的沃土；1895年後，經過日本殖民文化長達50年的深耕，在語言、繪畫和建築上，都留下深刻的東洋足跡；1949年國民政府遷台後，帶來了新住民文化；而在二次大戰前後，與美國文化接觸的結果，更撼動了台灣各層面的藝術文化。東、西方文化不斷在這彈丸之地交會、融合，燃放璀璨的藝術火花，近年來更因爲本土意識的抬頭、人民素養的提升，在這原已百花齊放的園地中，注入在地的元素和活力，成爲性格更加鮮明的創意樂土！

▲台北市立美術館一景。（黃丁盛／攝）

◀巴黎羅浮宮一景。（許育愷／攝）

中原漢文化的延伸

17世紀以後，漢族移民從中國大陸帶來了中原母文化。現今台灣社會所謂的「傳統」文化藝術，如文學、美術、工藝、戲曲、宗教等，原本多是中原文化一脈相承的精髓，但隨著時空推移，過去的傳統也有了屬於台灣的全新詮釋、演繹，以及嶄新的生命力。

京劇在台灣

京劇是形成於北京的中國傳統戲曲，清光緒17年（1891年）首次在台演出，1924～45年間成為台灣人民的重要娛樂，可謂京劇在台灣的黃金時期；1949年國民政府來台後，更設立了劇校和軍中京劇團。近年則有「雅音小集」等劇團以京劇為基礎，加入現代表演藝術元素，開拓出另一番景象。

▲朱陸豪京劇表演。（黃丁盛／攝）

傳統書畫新精神

早期漢移民帶來中原書畫傳統，創作題材也多沿襲原鄉景物，如梅蘭竹菊、山高水長等。1960年代以後，傳統書畫吸收西方現代繪畫的養分，與抽象、前衛藝術結合，如「五月」與「東方」畫會的李仲生、劉國松，及楚戈、趙占鰲等的抽象抒情水墨，都可見到新的書畫主張。

▲台灣各時期興起的畫會扮演著美術推廣的重要角色。（金成財／攝）

歐洲　亞洲　非洲　中國

南島文化的古老淵源

台灣12族原住民都屬於南島語族，不但語言保存了許多古代南島語系的特徵，傳統的生活習俗，如泛靈崇拜、精靈信仰、圖騰、口笛、鼻笛、弓琴、輪舞、貝飾、木架屋建築、火耕、吃檳榔、文面等，也都和傳統南島文化相類似，充分展現出兩者之間不可切割的親緣關係與文化淵源。

光榮印記文面

文面是泰雅族最重要且特殊的傳統文化之一，兼具成年與榮耀的象徵，男性必須驍勇善戰、擅長打獵，女性則須學會編織技巧，才能夠文面。擁有文面，才能得到族人的敬重，死後也才會為祖靈所接納。

▶泰雅族文面老人。（黃丁盛／攝）

「霹靂」藝術的台灣奇蹟

被票選為「2006年台灣意象」的霹靂布袋戲，可說是「草根＋國際」的代表，因為它所具有的濃厚草根性，正是走向國際的最大特色。布袋戲以往只是傳統戲曲的一環，如今何以能脫穎而出，甚至跨海登上美國卡通頻道，以英語向世界發聲？這是源自雲林虎尾五洲園布袋戲團的霹靂布袋戲，歷經三代傳承後，從早期沿襲自福建的戲曲音樂、表演技巧與口白演出，與時並進，不僅加進北管「亂彈」演出戲本，更搭配激昂的音樂與翻滾、對打、跳台等身段動作，並掌握流行語彙，運用科技媒材及多元表現手法，以有組織的行銷策略手段包裝，成功吸引新世代觀眾群，不但從野台登上電視螢光幕，更駕馭時代潮流，成為娛樂主流，創造出一個「霹靂王國」，再造布袋戲的台灣奇蹟。

▶霹靂布袋戲「一頁書」。（霹靂多媒體／提供）

日本文化遺痕

日本據台50年，對台灣人的生活和文化藝術，都有深遠影響，也讓台灣間接吸收西方文化。受法國印象畫派影響的日本西洋繪畫學校，培育出台灣最早的西洋畫家；而重視墨色、線描的日本傳統東洋畫風，也讓陳進、林玉山和郭雪湖成為台灣畫壇風雲人物。文學上，日治時期所引進的西方思潮與台灣人的反殖民思想相互衝擊，激發出「台灣新文學運動」，產生賴和、陳虛谷等通曉漢文、日文及台語創作的文學家，影響台灣文學至今。

東風西潮台灣電影

台灣電影在日治時期起步，直到1980年代才出現落實本土題材與創新手法的新浪潮。90年代以後，更多青年新銳進入電影圈，並深受西方蒙太奇學派、好萊塢、義大利新寫實主義影響，如侯孝賢的〈悲情城市〉、蔡明亮的〈青少年哪吒〉和〈天邊一朵雲〉，及林正盛的〈愛你愛我〉等片，都在國際影展中綻放異彩。而出身台灣的導演李安，更以〈斷背山〉成為第一位榮獲奧斯卡最佳導演的亞洲人。

【如果沒有……

如果當初漢人未移台拓墾，原住民可能至今仍是台灣的主要住民，台灣也可能像夏威夷、巴里島一樣，成為充滿原住民藝術文化的島嶼。

如果台灣沒有經過日本統治、沒受到西方現代思潮影響，那麼中國傳統的書法、京劇、水墨畫等，可能仍然是台灣現在藝術文化的主流，既不會出現在「帝展」或「台展」中嶄露頭角的台灣前輩畫家，可能連當代前衛藝術或國際化的腳步也可能暫緩出現了。

如果當年國民政府沒有將故宮文物帶來台灣，而讓這些珍貴文物留在北京故宮，那麼在大陸文化大革命期間，可能就全數毀於一旦，而台灣也沒有堪稱全世界質量最好、最多的中華藝術瑰寶了。

風起雲湧台灣新美術

1925年前後，受日本西洋繪畫滋養而生的「台灣新美術運動」，開啟了台灣的現代美術史。這時期的台灣畫家大多在日本接受過學院訓練，也深受日本西畫家梅原龍三郎、有島生馬、吉村芳松等人影響。而第一位以台灣鄉土風光為主題的日籍旅台畫家石川欽一郎，更啟發了當時的台灣畫家將創作題材回歸到台灣土地之美。

▲留學日本的李梅樹以印象派寫實畫法，畫出故鄉〈三峽春曉〉。（李梅樹紀念館／提供）

西方思潮的反芻

1960年代以後，台灣政治較為穩定、經濟起飛，傳播出版業也逐漸開放，西方重要思潮，如存在主義、超現實及後現代主義等，似浪潮般席捲而來，文壇出現打破傳統中文寫作的意識流小說、現代詩；電影作品則受法國新浪潮、德國新電影、美國好萊塢影響；美國現代舞大師瑪莎．葛蘭姆的肢體語言亦風靡全台。此外，本土文化也受到省視，近年來無論是文學、電影或表演藝術，都有借用西方形式來探討台灣本土面貌的作品，呈現出嶄新的格局。

▲（王小美／攝）

肢體的解放與力量

1950～60年代，許多台灣舞者赴美深造，回國後又相繼成立舞團，林懷民與「雲門舞集」是其中代表。該團許多舞作注重展現脊椎力量與肌肉原始力度；部分舞作甚至融入文學與佛洛伊德學說，以身體的擴張、收縮與延展來表現力量。

▼朱銘作品「太極拱門」（朱銘美術館／提供）

輪舞

一大群人圍成圓圈跳舞，稱為輪舞，是傳統南島文化的一大特色。台灣的原住民族無論是為了祭典或是娛樂所跳的舞，幾乎都是輪舞形式，例如阿美族人稱為「馬力固達」（malikuta）的豐年祭舞蹈，就是手拉手跳的輪舞；而賽夏族漩渦般的舞蹈隊形，則似一條游動的百步蛇，象徵生命的綿延不斷。

阿美族豐年祭。（黃丁盛／攝）

【世界之最】

1. 1973年「雲門舞集」首創華人世界的第一個現代舞團，有「亞洲第一當代舞團」之譽。
2. 李安是首位在法國坎城影展、德國柏林影展、義大利威尼斯影展，及美國奧斯卡金像獎等四大影展皆有獲獎紀錄的華人導演。
3. 2000年雕刻大師朱銘，以「朱銘美術館」榮獲「第十四屆東京創新大賞海外賞」。
4. 2006年霹靂布袋戲首創地方戲曲登上美國卡通頻道，以英語配音的紀錄。
5. 目前全球只有台灣的「琉璃工坊」與「琉園」及法國擁有獨步世界的脫臘鑄造技術。
6. 2006年幾米繪本改編的動畫短片〈微笑的魚〉獲德國柏林影展特別獎及其他國際大獎。

▼琉璃製作。（金成財／攝）

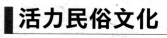

與時並進的資產

文化是時代的反映，在漢人還未來到台灣前，原住民文化是這座島嶼的主調。隨著荷西政權入駐、漢人移入、日本統治、國民政府遷台，及歐美西方思潮的交融匯聚，數百年來，孕育出台灣文化藝術的多元面貌：原住民質樸、充滿能量的部落文化；傳承自中原漢文化的傳統民俗、美術、文學、音樂、戲曲、工藝等；歐美現代思潮衝擊下，文學、美術、表演藝術、電影文化的陣痛與新生；以及本土意識覺醒後，福佬、客家、原住民等，各族群對於自身主體文化的積極展現，更讓島上蘊積千百年的藝文潛力，蓄勢爆發，魅力無限。

▲手拉坯陶瓷。（金成財／攝）

▲朱銘作品人間系列——彩繪木雕。（朱銘美術館／提供）

▼羅曼菲舞蹈。（黃丁盛／攝）

表演藝術樂舞台

表演藝術包括戲劇、舞蹈、電視、電影等。台灣表演藝術早期受政治影響，難以自由開展。如今隨著社會開放，各類型表演藝術終於掙脫枷鎖，從傳統到前衛、本土到國際、大眾到分眾，均蓬勃發展，催生出各領域的佼佼者，如雲門舞集、原舞者、蘭陵劇坊、表演工作坊、朱宗慶打擊樂團、漢唐樂府、優劇團等，使得台灣的表演藝術舞台顯得熱鬧繽紛。

▲高雄電影圖書館。（金成財／攝）

黃金八點檔

1962年台灣第一家電視台台視開播，陸續有中視、華視跟進，徹底改變台灣人看野台戲或上戲院的娛樂習慣。有線頻道開放後，更開啟電視戰國時代，取代傳統受歡迎的布袋戲、歌仔戲。其中八點檔連續劇，無論是早期的瓊瑤愛情文藝片、港劇，或後來的偶像劇、〈台灣霹靂火〉本土劇，不但屢創收視新高，也成為熱門話題。

劇場發言台

1980年代後，因政治解嚴、經濟繁榮，採用西方肢體語言和形式的現代劇場興起，以社會議題為取向，活潑大膽且充滿批判性：從最初的實驗劇團到「蘭陵劇坊」、「表演工作坊」，到追尋創新題材與表演形式的「雅音小集」、「當代傳奇劇場」、以兒童為對象的「紙風車劇團」，劇場宛如社會縮影，為不同對象或理念發聲。

網路文學新領域

1990年代以後網路普及，超越傳統文本寫作與傳播形式的網路文學開始盛行，並因迅捷流通的網路特性，跨越虛擬世界，成為實體書市新寵兒。

文學心糧食

政權更迭、語言政策等因素，讓台灣的文學發展長期處於邊緣地帶。從沒有文字的原住民口傳文學，到漢移民帶來的中原詩文，歷經日治時期的白話新文學、50年代反共文學、60年代現代主義文學、70年代鄉土文學，到解嚴後，政治、兩性、族群、同志、自然、旅行、科幻等各類型文學迅即蓬勃發展，加上網路文學興起，台灣文壇愈來愈熱鬧繽紛。

◀台中市豐樂雕塑公園。（黃丁盛／攝）

時尚流行文化

流行是社會富庶多元的象徵，也是商業機制運作的結果。台灣的流行文化主要受歐美、日本的影響。1950～70年美援時代，牛仔褲和熱門音樂是當時年輕人的流行標竿；如今美國好萊塢電影、歐美名牌服飾，更是台灣名流時尚圈注目的焦點；日本的影響則主要表現在青少年次文化上，台北西門町的青少年穿著打扮、消費商品，猶如東京、大阪翻版。

哈日正熱，韓流也來襲

隨著日本偶像劇及強勢的全球化商品行銷，追逐、模仿日本流行時尚、音樂、動漫畫的「哈日」風，幾乎已成台灣青少年的主流熱潮。近年來，韓國也藉著電視影業的風行，形成一波「韓流」襲來，瓜分流行文化市場。

悲憫眾生中元大普渡

中元普渡原是中原文化的傳統，祭拜通稱「好兄弟」的無主孤魂。移民來台之初，許多人客死異鄉，無人祀悼，先民便在俗稱「鬼月」的農曆七月，以豐盛祭品祭拜，並代代相傳，形成重要的民間祭儀，進而成為台灣獨特且珍貴的民間文化資產。

活力民俗文化

台灣有各種民間祭儀、迎神賽會的舞龍舞獅、宋江陣、八家將等藝陣，也有廟宇建築、廟門彩繪、交趾陶、木雕、石刻，或熱鬧登場的歌仔戲、布袋戲，甚至客家八音、南北管等民間藝術，不僅反映常民生活，也極具地方特色。

璀璨美術版圖

台灣的美術發展早期受中國、日本影響，到70年代鄉土意識覺醒，才找到踏實的根基；80年代中期以後，許多畫家、設計師、攝影者到歐美汲取最新美術思潮，台灣與國際藝術潮流全面接軌，創作主題和形式愈趨多元，從巨大美觀的公共藝術，到黑色幽默漫畫、成人繪本童話等，五花八門，使台灣的美術版圖愈來愈繽紛多彩。

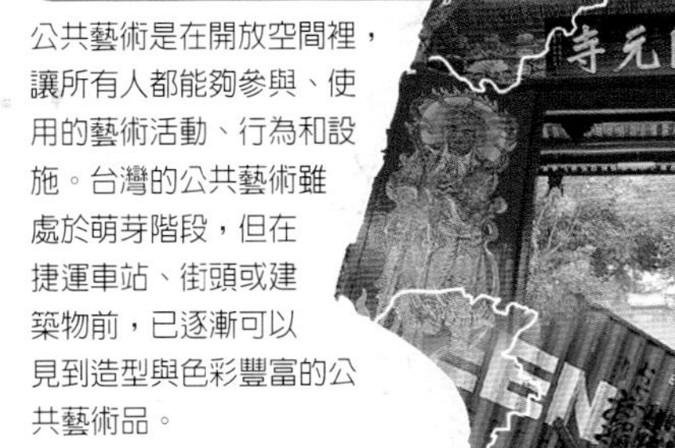

▶黃明鍾作品「猶豫」
樟木
82×53×20cm
2003年
（黃明鍾／提供）

公共藝術全民共欣賞

公共藝術是在開放空間裡，讓所有人都能夠參與、使用的藝術活動、行為和設施。台灣的公共藝術雖處於萌芽階段，但在捷運車站、街頭或建築物前，已逐漸可以見到造型與色彩豐富的公共藝術品。

▼愈來愈多歌手以母語創作流行歌，如台語搖滾、客家山歌、原住民音樂等。（交工樂隊林生祥／提供）

時代心聲台灣流行歌

流行歌曲最能反映時代的心聲，日治時期的＜望春風＞、＜雨夜花＞，是殖民統治下小老百姓的無奈心情；70年代的校園民歌，是對當時西洋熱門歌曲的反撲；80年代＜心事誰人知＞、＜愛拚才會贏＞唱出社會底層的苦悶，而羅大佑的＜亞細亞的孤兒＞、＜鹿港小鎮＞，則為90年代陳明章黑名單工作室與林強的＜向前走＞、＜春風少年兄＞等社會呼喊發先聲。本土意識的抬頭，更讓以伍佰為代表的「台語搖滾」在流行樂壇占有一席之地。

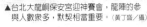

藝陣是民間迎神賽會中最受注目的重頭戲，舞龍、舞獅、宋江陣、跳鼓陣、高蹺陣、八家將、車鼓陣、十二婆姊陣、牛犁陣等，遶境踩街，娛神也娛人。這些結合雜技、民間詼諧說唱文化、武術、歌舞小戲等表演形式的藝陣，是庶民文化生機盎然的最佳展現。

▲台北大龍峒保安宮迎神賽會，龍陣的參與人數眾多，默契相當重要。（黃丁盛／攝）

山海交融原住民藝術

原住民是山海的子民，也是天生的藝術家，除了能歌善舞，泰雅族人的口簧琴、編織、文面藝術；排灣族的鼻笛、雕刻、陶壺、琉璃珠；布農族人的杵音與祈禱小米豐收歌、達悟族的長髮舞與獨木舟……每一族都有其獨特的傳統文化與藝術傳承。近年來，原已逐漸沒落的傳統祭典再度復甦、年輕一輩對母文化的覺醒與認同，讓原住民族的文化藝術在傳統與現代之間，重新找到源自山海的奔騰生命力。

神聖圖騰

圖騰不僅具有祭祀或宗教意義，也是一個民族重要且神聖的精神象徵，如魯凱族的百步蛇圖紋、達悟族的太陽紋、卑南族的人形舞蹈紋等，不但蘊含古老的神話與傳說，也透露出族群的宇宙觀與倫理觀等文化精髓。

▶達悟族太陽紋。（金成財／攝）

文化藝術大事記

南島文化深耕

距今6500年前：舊石器時代，如長濱文化。
距今6500-2000年前：新石器時代，如大坌坑、卑南文化。
距今2000年前-西元400年：鐵器時代，如十三行文化。

明鄭清漢民拓墾

1704：台南府城設置全台首座書院「崇文書院」。
1750年代：閩南移民帶來南管布袋戲。

日治文化遺痕

1919：東京的台灣留學生發行《台灣文藝》等刊物，開啓台灣白話文運動。
1920：連橫《台灣通史》出版。
黃土水以「山童吹笛」入選日本帝展。
1924-1932：旅台日籍水彩畫家石川欽一郎，是台灣現代繪畫的啓蒙者。
1927-1943：官辦台展、府展，提供台灣美術家發表舞台。
1930年代：台灣電影與廣播事業快速發展，帶動台灣流行歌曲及唱片業發展。
1936：楊逵創刊《台灣新文學》雜誌。

戰後及西方思想反芻

1945：推行國語政策，台語歌曲快速沒落。
1946：台灣現代舞先驅蔡瑞月創立全台首家舞蹈社。
1950年代：出現反共文學及懷鄉文學。
金光布袋戲風行中南部各地。
1954：廣播歌仔戲盛行，至1960年代達到鼎盛。
1955-1981：電影〈薛平貴與王寶釧〉大賣座，開啓台語電影時代。
1957：《文星》雜誌創刊。
1959：許常惠回台，致力現代音樂教育和民族音樂的保存。
1960年代：武俠、功夫、武打類型電影成為台灣電影主流。
1960年代：電視布袋戲風行。李天祿亦宛然掌中劇首度登上螢光幕。
1961：電視史上最轟動的歌仔戲〈雷峰塔〉開播。
1965：台北故宮博物院落成開館。
1970年代：台日斷交，愛國政宣電影片風行。
1960-1970年代：現代主義文學及鄉土寫實文學流行。
1970：雲洲大儒俠在電視台演出，締造全台97%超高收視率。
1970年代：報導文學盛行。
1971：《雄獅美術》創刊。
1973：林懷民首創華人第一個現代舞團「雲門舞集」。
1975：楊弦和胡德夫在台北中山堂演唱〈鄉愁四韻〉，被視為台灣現代民歌開端。
1980年代：政治文學與女性文學出現。
1980年代：電影圖書館（後改名為電影資料館）成立。
1983：台北市立美術館開幕。
1985：《人間》雜誌創刊。

多元藝術大放異彩

1985：眾多巨星合唱的「明天會更好」成為公益歌曲典範。
1987：紀錄片蓬勃發展。
1991：「原舞者」創立，致力於原住民歌舞的傳承與推廣。
1993：首家以布袋戲播放為主的霹靂電視台成立。
1995：第一個國家劇團——國光劇團成立。
1997：「國家文藝獎」創立，包含舞蹈、戲劇、文學、美術、音樂、電影及建築七類獎項。
1998：網路作家痞子蔡出版《第一次親密接觸》，網路文學開始風行。

神祕的街舞團體——八家將

在鑼鼓喧天、耍技逗趣的迎神廟會活動中，通常會有一群頭戴盔帽、身穿戲袍、腳著草鞋、手拿執扇或法器，搭配著神祕八卦陣、三進三退、一搖二擺的之字型步伐，怒目行進的陣頭；尤其在他們慘白的臉上，以紅、藍、黑、綠濃妝豔抹成凶惡形象，不但引人注目，也讓人心生畏懼。

這就是八家將。在台灣已有百年信仰歷史的八家將，是王爺神身邊大將，負責擒拿妖鬼罪犯、驅除邪神惡煞，並爲人申冤解厄；每當王爺出巡，他們就威風凜凜地走在王爺神轎前。出巡的八家將彷彿神祕的街頭舞者，不但重視腳步變化，花樣繁複的臉譜畫法和儀制，也都有極嚴格的規定，加上結合國術的矯健身段，是最具台灣草根特色的民俗藝術之一。而現在大多以年輕人爲主要成員的八家將團體，更將電子音樂注入傳統鑼鼓音樂之中，不但賦予森然肅穆的八家將嶄新創意，也讓民俗的八家將成爲現代流行音樂祭的重頭要角。

▲過去的八家將陣頭多由年紀大的長者扮演，現在的八家將團體，則大多由青少年組成。（哪吒劇坊／提供）

▼偶像劇〈紫禁之巔〉，以八家將「街頭舞團」為故事主軸，創下高收視率。（哪吒劇坊／提供）

▲哪吒劇坊以專業八家將陣頭的形象，與不同類型的活動結合，走出與傳統廟會陣頭不同的風格；也曾受文建會之邀出國表演，將台灣的民俗草根文化傳播到世界舞台。（哪吒劇坊／提供）

Art as Life
藝術生活化

◀依照傳統，扮演八家將的成員在跟隨王爺出巡前七天就必須開始吃素，且必須在神桌前連睡三夜；尤其臉部一上妝後，就不可說話，吃東西或喝水還必須由他人餵食。（黃丁盛／攝）

Old is New Again
傳統古早味，時尚新潮流

正紀念堂打上大紅花的裝飾燈光，讓原本平凡的老西在新思維下，顯現流行創意美感。
子(http://roamover.blogspot.com/)／攝)

花布應用於抱枕、背包、錢包、名片夾等產品，推生活美學。(黃丁盛／攝)

台灣阿嬤尼——台灣紅

台灣人心目中，紅色不但是吉利的象徵，也意味著對幸福、溫暖、喜氣、豐收、興旺……等的期待，所以逢年過節或婚宴喜慶中，盡是大紅衣裳、大紅燈籠、紅蠟燭、紅包、滿月紅蛋、紅麵龜、紅龜粿、紅湯圓，甚至阿嬤的眠床上，也堆放著豔麗的紅色或桃紅色牡丹花棉布被單。

脫胎自日本和服花卉圖案的阿嬤紅花被單，數十年來，默默躺在鄉下阿嬤房間裡。近年來，在復古風的推波助瀾，以及新生代設計師的創意下，大紅為底的牡丹花布，搖身一變，成為各種造型新穎、線條簡潔俐落的皮包、抱枕、背包、衣服……等精緻產品外包裝，躍升為時尚新寵兒。

紅豔豔的阿嬤大花布甚至也被藝術家帶進了台北市立美術館，更走進芬蘭赫爾辛基、土耳其伊斯坦堡、荷蘭海牙市政廳、巴黎東京宮、紐約PSI當代藝術中心。具濃濃台灣鄉土氣息的紅、充滿兒時記憶的親切大花布，不但成為最新時尚代名詞，也成為驚豔國際的藝術創作。

An Eternal Palace of Arts
永恆的藝術殿堂

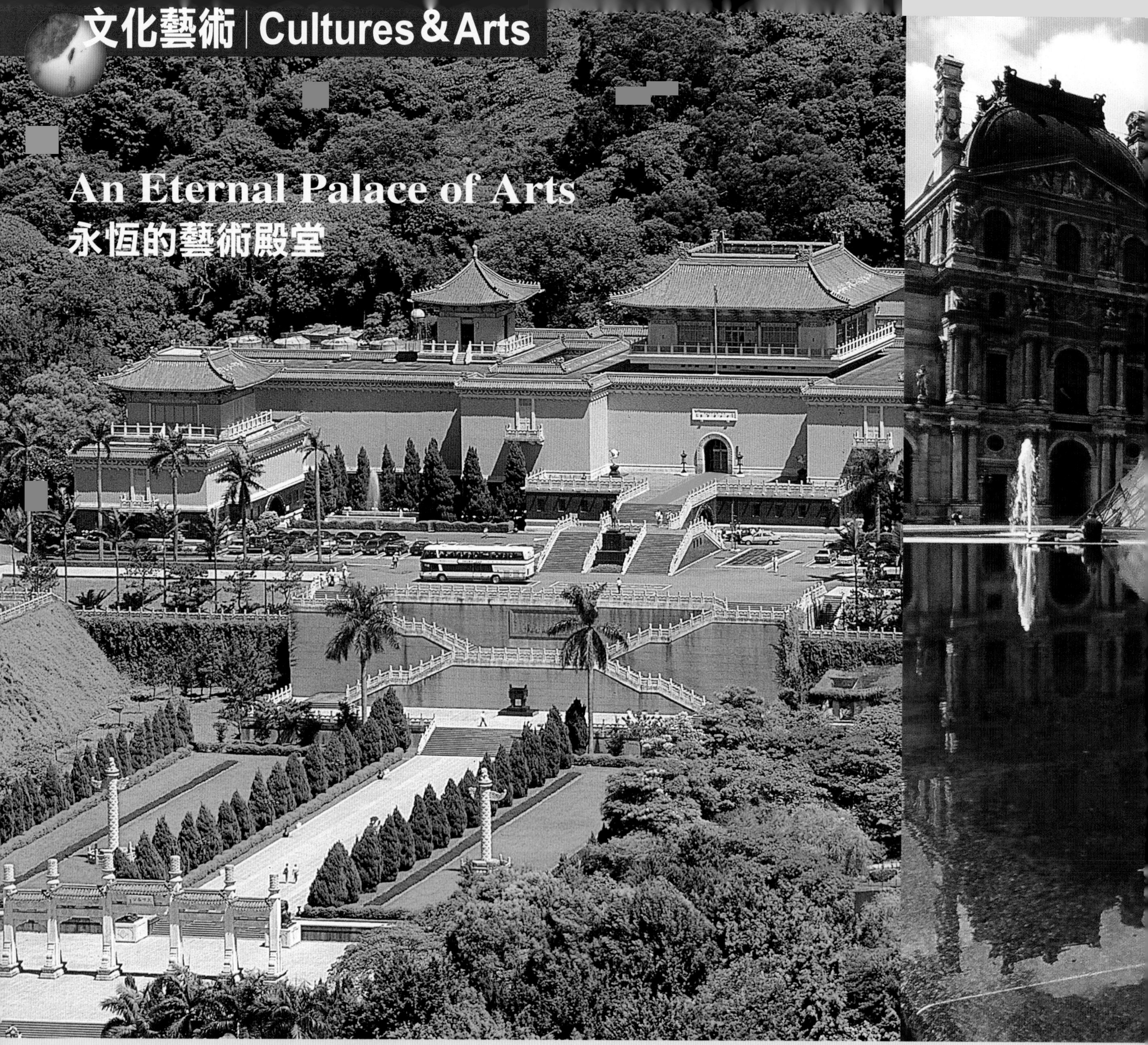

國之重寶台北故宮v.s.羅浮宮v.s.紫禁城

台北故宮和羅浮宮並列世界四大博物館，且與世界上多數博物館不同的是，兩者都和皇家宮殿有關。台北故宮與北京故宮系出同源，而「故宮」之名，肇因於北京故宮建築原是明清時代的皇家居所，又稱紫禁城，1925年改爲典藏歷代皇家寶物的博物館；1949年國民政府將部分文物遷移來台，於1965年入藏台北故宮。兩岸故宮在藏品質量、建築形制上相互輝映，都是中華文化藝術的寶庫。羅浮宮也是由皇宮變身博物館，收藏大量古文明文物及文藝復興時期繪畫。這三座世界級博物館不僅館藏種類、質量傲視全球，更經常成爲電影或電視拍攝場景。

鎮館之寶：羅浮宮藏品舉世聞名，其中〈蒙娜麗莎的微笑〉有「畫中之畫」稱譽。北京故宮的〈三彩騎駱駝俑〉，呈現大唐盛世的絲路風情。台北故宮的〈翠玉白菜〉，渾然天成的玉工雕刻，爲玉中極品。

電影場景：同名小說改編的電影〈達文西密碼〉，拍攝場景就是羅浮宮。台灣也出現以台北故宮爲場景的電影〈經過〉，兩者都以博物館爲故事背景，劇情也分別透過館中重寶〈蒙娜麗莎的微笑〉與〈寒食帖〉，將男女主角命運緊繫在一起。北京故宮則是許多中國宮廷劇的場景，其中最有名的，就是電影〈末代皇帝〉。

（左圖）仿古中國宮殿建築，依山而建的台北故宮，是世界四大博物館之一，有「最美麗的博物館」之稱。(黃丁盛／攝)

（中圖）由華裔美籍建築師貝聿銘設計建造的羅浮宮玻璃金字塔入口，已成為巴黎地標之一。(許育愷／攝)

（右圖）北京故宮擁有世上現存最大、最完整的中國古代宮殿建築群。1987年聯合國教科文組織列入世界文化遺產。(黃丁盛／攝)

羅浮宮小檔案
Louvre Museum, France

創建年代：建於1190年，1793年開放成為博物館
參觀人次：每年約750萬人
鎮館之寶：蒙娜麗莎的微笑、雙翼勝利女神雕像、米羅的維納斯雕像等。
典藏特色：藝術收藏達40萬件，包括繪畫、雕塑、美術工藝、古代東方、古埃及與古希臘羅馬藝術品。

台北故宮小檔案
National Palace Museum, Taiwan

創建年代：1965年建於台北外雙溪
參觀人次：每年約200萬人
鎮館之寶：翠玉白菜、毛公鼎、寒食帖、快雪時晴帖、東坡肉形石等。
典藏特色：典藏藝術品總計超過65萬件，包括中國歷代書畫、名窯陶瓷、青銅器、文獻古籍、珍玩玉器等。

北京故宮小檔案
The Palace Museum, China

創建年代：建於明永樂4年（1406年），永樂18年（1420年）建成，1925年改為典藏歷代皇家寶物的博物館
參觀人次：每年約1,000萬人
鎮館之寶：三彩騎駱駝俑、立鶴方壺、明萬曆孝端皇后鳳冠。
典藏特色：宮廷文物、青銅、陶瓷、法書、書畫、織繡、珠翠珍玩及古工藝等。

筷子與刀叉的協奏曲

飲食反映生活，也反映文化，更跨越時空，成為歷史發展的另類見證者。台灣錯綜複雜的歷史軌跡，就充分展現在飲食文化上：先後來自中國各地移民，不但在這裡駐足生根，也帶來原鄉飲食，並加以發揚光大；15世紀就來到這個汪洋小島的西班牙人、荷蘭人，將歐洲大航海時代追逐香料的歷史片段，留在台灣土地與人民的飲食生活中；日本在台灣50年的殖民統治，不只在政治、經濟、文化留下深刻影響，更在日常生活，尤其食材與料理方式上，完全融入台灣人的生活中。而在全球化風潮下，美式速食、義式披薩、法式料理……等，也藉著強勢的商業行銷，席捲台灣；牛排、咖啡與可樂，已成為米飯、麵點與茶之外的另一種選擇。而工商發展、白領階級誕生、經濟能力提升，也為現代生活加進下午茶、酒吧等新選擇，更為台灣人的飲食版圖不斷開拓出新疆界。

跨族群的飲食移民

飲食的交流或傳遞，也意味著族群的互動與融合。海島台灣正是個典型的移民社會，400多年來，葡萄牙人、西班牙人、荷蘭人、中國人、日本人，還有現代的婚姻與勞動移民，不斷在這裡生息來去，因此也塑造了台灣多元而豐富的飲食風貌。尤其先後來自中國各地的漢移民，不但已成為島上的主要居民，所帶來的米食文化、炒燴蒸炸等烹調方式，更已成為飲食主流。

日本飲食台灣生根

1895～1945年，日本人占領台灣期間，不但引進蓬萊米新品種，取代台灣原有的在來米，也將生魚片、壽司、味噌湯、烏龍麵、甜不辣、黑輪，以及燒烤、清蒸、白煮等日本傳統飲食與料理方式，帶入台灣人民的日常飲食生活中。

▶日本料理。（許育愷／攝）

荷蘭人進口台灣味

1624～1662年期間，荷蘭在台灣南部建立了殖民基地，也將羅勒、檸檬引進台灣栽植，從此，又名「九層塔」的羅勒成為許多台灣料理的必備佐料。此外，荷蘭人也從印尼爪哇帶來包心菜、豌豆（荷蘭豆）、蕃茄、芒果、青辣椒與甘蔗。

▲蕃茄。（許育愷／攝）

▲港式小點。（許育愷／攝）

中國菜色滿台灣

台灣先民大多來自福建、廣東沿海一帶，因此也將原鄉的海鮮烹調技術帶到台灣，成為現在台灣料理的主流。1949年，國民政府帶著大批大陸各省籍人士來到台灣，更將大江南北各方飲食菁華，如清淡軟嫩的北平菜、滑嫩爽脆的江浙菜、麻辣香燙的川菜、脥滑肥潤的湖南菜、精緻生脆的廣東菜……等，引進台灣大街小巷。

紅酒文化

當品嘗紅酒成為台灣的時尚流行後，紅酒的相關知識，包括葡萄品種、收成年分、命名方式、酒莊、標籤等，也成為流行時尚，甚至遠在歐洲的葡萄酒產地，都成為海外旅遊的熱門景點。

◀（許育愷／攝）

愈夜愈美麗的pub

1970年代以前的台灣，只有在美軍駐防處附近，才有少數夜間營業的pub（酒吧），消費者也大多是外國人。1980年代晚期，洋酒開放進口後，pub開始不斷開張，不但供應洋酒，也因為講求室內氣氛、音樂品味，成為上班族或年輕人夜晚休閒玩樂的另一時髦新選擇。

▲（林韋言／攝）

漢堡擊敗蓬萊米？

在1990年代引進台灣的美式速食，不但廣受年輕一輩歡迎，更在短短20年間，成為傳統米食最大挑戰者；強調規格化、標準化、迅速點餐供餐，講求潔淨、明亮用餐環境的速食店經營模式與策略，更為台灣傳統餐飲業帶來極大的衝擊與刺激。儘管如此，近年來台灣社會也開始興起另一股強調放慢飲食節奏、講求多元風味的「慢食運動」。

▲（魯獅／攝）

▲（魯獅／攝）

麥當勞叔叔魅力無法擋？

麥當勞可說是全球化飲食風潮最典型的代表。1984年，台灣第一家麥當勞在台北民生東路開幕，盛況空前。對當時的台灣人來說，麥當勞是都市化、美式生活的象徵。現在，黃色m標誌更不斷從市中心向社區與郊區邁進。

我在往咖啡館的路上

1930年代，台北城內與大稻埕開始出現「喫茶店」，也就是現在的咖啡館。日本人將喝咖啡的習慣傳進台灣，甚至將咖啡館的出現視為城市「現代化」指標之一。1998年，台灣業者從美國引進全球第一大咖啡品牌星巴克（STARBUCKS），隨後西雅圖、真鍋、怡客等連鎖咖啡廳也陸續出現，喝咖啡不再是文人雅士或有錢人的奢華享受，而是台灣人普遍的日常飲料了。

慢食運動新風潮

相對於速食提供全球統一、標準化的口味與食物，另一股強調當地人與當地食物、文化、傳統之間關係的「慢食運動」（Slow Food Movement），1986年起源於義大利，隨後迅速在德、瑞、法、英、美、日等國興起，台灣近年也吹起了這股飲食新風潮，愈來愈多人重視食材來源、烹調過程、享用態度，重新思考飲食與生活、生態之間的關係。

▲繼速食風之後，素食、生機和有機飲食等講究健康養生的飲食方式開始蔚為風潮。（許育愷／攝）

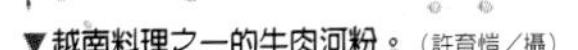

▼越南料理之一的牛肉河粉。（許育愷／攝）

南洋口味台灣情

由於近年來台灣產業界大量引進菲律賓、泰國、越南、印尼等國外籍勞工，加上外籍新娘人數日益增加，因此，東南亞國家的飲食風味，不管是辛酸辣的泰式口味、印度咖哩、大量使用椰漿的香甜印尼菜，或是清爽的越南料理，都紛紛在台灣街頭飄香。

咖啡美酒裡飄盪的文化風潮

在台灣，咖啡與紅酒不只是飲料，更是一種先進與時髦文化的表徵。日治時期，由日本人所引進的咖啡館，不但是當時文人雅士休閒玩樂、談論新文化思潮的摩登場所，更是台灣新文學、新美術崛起狂飆的前哨站。而在1980年代末，台灣經濟起飛後，開放洋菸洋酒進口，從歐洲來到台灣的紅酒，也開始成為一種時尚品味的代表。

▲咖啡廳也已成為台灣人品味生活的場所之一。（莊正原／攝）

▶高麗菜。（許育愷／攝）

【如果沒有……】

如果沒有這麼多國家來過台灣，那麼隨著殖民者帶來的外來食物就不會在台灣生根，例如：

豌豆，台灣俗稱「荷蘭豆」、「番仔豆」，據說就是荷蘭人佔領台灣時所引進，所以稱「荷蘭豆」。

高麗菜則是在日治時期，由日本人引進台灣。相傳引進之初，這種新蔬菜並不受歡迎，因此有人找了「高麗」壯丁來作「形象廣告」，訴求吃了高麗菜，就會像「高麗」壯丁一樣，又高又壯，高麗菜從此名聞天下。

閩南語中，「麵包」發音「pan」，這其實是日文發音。而日文的「pan」，卻是1500年左右，葡萄牙人傳入日本的發音，所以「pan」的語源來自葡萄牙語。台灣複雜的歷史更迭，讓「pan」從葡萄牙、日本，飄洋過海變成台語了。

北美洲

美國芝加哥

【世界之最】

1. 台灣鯛（吳郭魚）是全世界第一尾上太空的魚。
2. 全世界第一杯珍珠奶茶發源於台中。
3. 台灣發明了連四川都沒有的四川牛肉麵。

▶下午茶。（許育愷／攝）

美食共和國

▲宴席上的海鮮大餐。（鄭信嵐／攝）

山海交錯的台灣，雖然平原狹窄稀少，但土質沃腴、水源充足，不論是農產、海鮮或山林野味，應有盡有，且因為各地風土條件不一，所產生的食材種類可說是既豐富且多元。此外，由於島上居民的族群組合複雜，不論是原住民、先後來到的閩南、客家或外省人，都擁有各自獨特的飲食風味和料理方式，但因為共同生活在這裡，各族群的飲食觀念或內容也得以不斷交會融合，甚至激盪、創新出各式主食、點心、小吃和茶飲，建立了一個宛如美食共和國般的飲食王國。近年來，全球方興未艾、兼顧人體與土地環保的自然飲食風，也漸漸吹襲到台灣，對於不再只是要求滿足基本需求的許多台灣人來說，飲食的內涵與方式，又增添了一種新選擇。

大宴小酌

台灣人的日常飲食，主要是以閩南的米食為基礎，再不斷加入中國大陸各省菜色，包括福佬菜、客家菜、各具風味的外省菜，甚至還有原住民料理。不管是海味或山珍、珍饈或野味；甜鹹酸辣，或灼滷醉溜、燉炸煨煎、燜燴燻炙……各種口味及料理方式，琳瑯滿目，任君點選！

▲牛肉麵。（許育愷／攝）

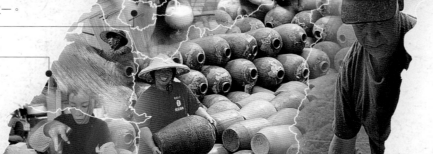

▲海陸拼盤。（黃丁盛／攝）

茶飲文化

18世紀末，台灣從福建一帶引進了種茶與製茶的技術，也開啟了台灣的飲茶文化。尤其是1980年代以後，以外銷為主的台灣茶農轉而致力內銷市場，藉由每年舉辦的茶比賽及茶食推廣活動，帶動全民飲茶風氣。喝茶不但是日常生活的一部分，也成為一種生活美感藝術。另一方面，有別於清飲的烏龍茶、綠茶，通常會加糖和牛奶調味的紅茶，則在青少年之間廣為流傳，是台灣最普遍的飲品之一。

▲茶與茶食。（許育愷／攝）

因地制宜外省菜

1949年前後，來自中國大江南北的外省籍人士，也將大陸各省菜色一併帶到台灣。但由於食材取得、口味偏好等因素，不論是以辣著稱的川、湘菜，或講究鮮鹹合一的寧波菜，都因地制宜而稍有調整；也有外省老兵因懷念家鄉味，於是自創菜色，如台灣到處可見的「四川牛肉麵」就是四川所沒有。

新竹柿餅

新竹縣北埔、新埔一帶，因為雨量少、風勢強勁，是曬柿餅的最佳環境，因此也成為台灣最重要的柿餅加工重鎮。半濕的柿餅除了可直接食用外，也可配合中藥材燉煮雞湯，而柿餅表面的白色粉末，更被視為具有強化肺部機能的珍貴藥材。每年10～12月，黃澄澄的柿餅曝曬在陽光下的景致，也成為竹塹地區最吸引人的觀光特色之一。

品茗喝茶

1970年代以後，台灣經濟起飛，人們對生活與飲食的要求也日益精緻化。在一群文人與飲茶愛好者的推動下，誕生了所謂的「茶藝」，即講究茶的香氣、味覺、喉韻，以及相關的茶具、禮儀……等，街頭也開始出現悠閒品茗的「茶藝館」，與咖啡館同時成為重要的休閒消費場所。

馬告辛香好入味

「馬告」（maqaw）是泰雅語，也就是山胡椒，是泰雅族人的傳統食材；黑豆般大小的綠色果實，具有強烈的辛香氣味，過去泰雅族人常用來作為煮湯或炒菜的調味品。據說還具有生津止渴、消暑解熱、促進食欲、解除宿醉的功能，現已成為生機飲食的熱門配料。

泡沫紅茶

1980年代左右，台中街頭出現了手搖泡沫紅茶，因價格低廉，且搭配多種小點心，立刻吸引了年輕人的眼光，從此泡沫紅茶風起雲湧，遍及全台灣，街頭林立的泡沫紅茶店則成為年輕人休閒交誼的主要場所。近年來，從紅茶衍生而來的珍珠奶茶，更席捲香港、中國、東南

彰化蚵仔煎

從彰化鹿港、王功到台南沿海地帶，俗稱「蚵仔」的牡蠣養殖盛行。新鮮牡蠣加進番薯粉、雞蛋、青菜等食材煎出的蚵仔煎，再淋上既甜又鹹的佐料，是台灣最普遍、也

地方特色飲食

台灣各地因地理環境差異大，因而產生許多特色物產。而以特色物產為食材或佐料，結合本地或大陸各省的料理手法，即產生了全省各地的風味吃食，如宜蘭鴨賞、基隆廟口天婦羅、彰化肉圓、嘉義雞肉飯、新竹貢丸、台南擔仔麵等，雖然大多只是小吃或點心，卻成為各地美食代表。

◀東港黑鮪魚上桌。（黃丁盛／攝）

台南紅蟳米糕

紅蟳米糕結合了米飯、螃蟹、瘦豬肉、蝦米等食材，可以說是融合台灣農漁特產的代表料理，配合火候蒸煮，讓豬肉、蟹黃與蟹肉的鮮美完全融入軟Q的糯米，色香味口感俱足，也是台灣傳統喜慶宴席中常見的主菜之一。

食療養身壯體魄

女性產後坐月子是民間古老的養身傳統之一，坐月子期間最普遍的食補是麻油雞、豬肝湯、腰子（豬腎）、烏豆酒等，目的是調養因懷孕、生產所造成的體質虛弱。對男性來說，養身最大的目的則大多在於強身壯陽，常見的食補有鮮蝦、淡菜、生蠔、羊腎、鶴鶉、蛇肉、韭菜、松子、枸杞等。

鹹香肥油客家菜

客家人過去大多生活在丘陵或山區，所以，客家菜大多是山珍，絕少出現海味。而傳統客家菜鹹、香、肥的口味特色，則反映了從事農耕，必須補充身體因勞動所流失的大量鹽分與熱量。此外，過去因經常遷徙，也發展出方便攜帶且久存不壞的食物儲藏方式，如蘿蔔乾、福菜、高麗菜乾等醃漬菜類。

▲梅乾扣肉是典型的客家菜。（許育愷／攝）

▲生蠔。（許育愷／攝）

生猛海鮮台灣菜

台灣四面環海，又有黑潮流經，一年四季都可捕獲各類魚蝦蟹貝，加上先民大多來自擅長海鮮烹調的福建、廣東沿海一帶，海鮮料理於是成為台灣菜的主要特色。長達50年的日本統治，也將日式料理中的生魚片、燒烤等手法融進台灣菜單，讓海鮮料理更多元美味。

節令養生

「春夏養陰，秋冬養陽」是最簡單的食補原則，如夏天炎熱，宜清補，以祛暑化濕、健脾為主，西瓜排骨湯就是常見的清肝退火、潤燥利尿良方；冬天則需要儲備較多能量來禦寒，尤其是虛寒體質的人需要十全大補湯、當歸鴨、羊肉爐等滋補食品。

▲泰雅族的小米粽。（金成財／攝）

小米豐碩原住民

原住民的飲食現在多已漢化，但在過去，小米才是大部分原住民的主食，也因此衍生出為祈求豐收，從播種到收成，每個階段都有相應的祭典和歌謠，如排灣族的小米神、魯凱族的小米收穫祭、布農族的撒種祭和〈祈禱小米豐收歌〉。而以小米為原料製成的小米酒、小米糕，也是節慶必備的傳統飲食。

食補文化

食物不僅用來果腹，台灣傳統飲食觀念之一的「藥食同源」，相信食物本身所具有的特性，就是保健強身的良方。尤其在中醫天人合一的觀念裡，認為體內氣血運作會隨著四季產生變化，因此可以運用食物的寒熱溫良、酸甘辛苦鹹，也就是所謂的「四氣五味」特性，藉以保持體內氣血平衡。以現代醫學觀點來看，無論是冬令進補或夏季清補，其實就是預防醫學的概念，藉食物來保健強身，既科學又可滿足口腹之欲。

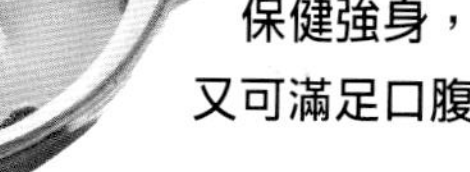

▲人參枸杞雞湯。（許育愷／攝）

飲食季節情報

源遠流長的中國智慧自古即強調，「民以食為天」，填飽肚子是天地間第一要務，而且，醫食同源，要活得健康，吃進肚裡的食物是最重要的決定性關鍵。

從中醫養生的角度來看，食用適合個人體質的食物，對身體健康最有補益作用。所以，中醫不僅配合季節變化，調配出各種養生膳食，更鼓勵「不食不時」，因為天地萬物各有其生長要件，只有在最適當的條件下，才能健康成長，吃進人體裡，也才能發揮最大能量。從現代觀點來看，不食不時，也是最具環保意義的飲食觀。因為當令食物總是品質最佳、價格最便宜，而且，在最適當的季節自然成長，不需要施用太多肥料，就能長得健康又壯碩。不施肥，不違反自然，既能友善對待土地，也確保人體健康。

台灣不但物產豐富，現代農業科技更是進步，溫室、水耕等栽種方式普遍，許多瓜果蔬菜，包括蘿蔔、胡瓜、香瓜、大白菜、小白菜、甘藍（高麗菜）等，一年四季都吃得到，其中的大白菜、高麗菜，原本生長在北方溫帶，到了副熱帶台灣的中高海拔地區，因生長期短，幾乎全年生長，但仍屬冬季當令蔬菜，尤其作為火鍋湯底，最為清甜。

四季	相關俗諺語	水果	蔬菜	海產
春	正月蔥、二月韭、三月莧 正蔥二韭較好食鴨母 三月三桃仔李仔沿路擔 四月四桃仔來李仔去 三月初，帶魚、巴浪滿海挨 小滿前後魚蝦肥	李子、桃子、枇杷、香蕉、蓮霧等	韭菜、薑、蔥、小胡瓜、苦瓜、越瓜、南瓜、射瓜、菜豆、敏豆、芋頭、茭白筍、花生、萵苣、大白菜、蕃茄、空心菜、油菜、莧菜、甘藍、青椒、黃麻、茄子等	目吼、魟鯰、花鰱、沙魚、加納魚、闊北、白帶魚、虱鯊、鰮魚、烏魚、石鯽苗；梳齒、飛烏、目吼、煙仔魚、鯢魚、棘鬣魚、烏吼、飛魚、白鰮、龍尖沙魚、虱目魚、烏鯸、龍蝦等
夏	四月蕹、五月匏、六月瓜 五月五西瓜排到滿街路 六月六荔枝仙草米篩目 七月七龍眼烏菝仔𪁎 七月曝，西瓜、仙草、米篩目 芒種夏至，檨仔（芒果）落蒂 小暑吃芒果，大暑吃鳳梨	西瓜、香瓜、芒果、鳳梨、葡萄、龍眼、荔枝、檸檬、火龍果、百香果等	越瓜、胡瓜、恭菜、芥蘭菜、莧菜、蔥、空心菜、芹菜、芥菜、玉蜀黍、韭菜、花椰菜、菜豆、黃秋葵、牛蒡、目豆、結頭菜、萵苣等	鰮魚、龍鬣、鯢魚、煙仔魚、飛焦魚、棘蝦魚、烏魚、龍蝦、沙魚；飛烏、青蝦、烏鯸、虱目魚苗；鯨魚、虱目魚、目吼、卓鯤、棘鬣魚等
秋	七八柚柑柿 七月筍、八月芋、九芥藍 八月八牽豆藤挽豆莢 入秋蘿蔔勝良藥，常吃健身把病療 七蟳、八市、九毛蟹	木瓜、柚子、柿子、水蜜桃、釋迦等	蘿蔔、南瓜、大白菜、萵苣、蕪菁、恭菜、花椰菜、芥菜、牛蒡、芹菜、四季豆、胡瓜、敏豆、菜豆、菠菜、甜椒、豌豆、茄子、大蒜、蕃茄、石勺柏、蕪菁、苦瓜、大蔥、玉蜀黍等	加納魚、卓鯤、赤鰮魚、梳齒、硼串：鰮魚、烏格魚、沙魚、目賊、鯨鯤、棘鬣魚、目吼、龍蝦、目羊魚、鯁魚、鯊魚、旗魚、白吼等
冬	十月豆仔魚，肥到不見頭 十芹菜、十一蒜、十二白 十一月冬節儂搜圓 十二月炊粿通過年	柳橙、橘子、葡萄柚、草莓、棗子、番石榴、蘋果等	南瓜、扁蒲、韭菜、菠菜、大白菜、甜菜、蘿椒、甘藍、芥菜、茼蒿、恭菜、冬瓜、茄子、牛蒡、馬鈴薯、石勺、絲瓜、匏瓜、胡瓜、芫荽、空心菜、莧菜、菜豆、敏豆、蕃茄等	旗魚、梳齒、棘鬣魚、硼串、過仔魚、沙魚、馬鮫、烏魚、魟鯰、龍蝦、狗母魚、鮹魚、青鮒、加納魚、花輝、烏鰮魚、烏鰍、石鰍、白帶魚等

作夥來去逛夜市！

對許多初次來到台灣的外國人來說，深夜12點以後依然燈火通明、人聲鼎沸的夜市，大概是最歎為觀止的初體驗了！

從北到南，台灣各地夜市大多位在地方上發展最早、人潮最多的地點，有在廟宇前後，也有在圓環，或者在大學附近。夜市裡，吃、喝、玩、樂、衣飾、CD……應有盡有，甚至有歌手會選擇在夜市舉辦現場簽唱會。

便宜多樣又好吃的小吃，是夜市的菁華與精采所在，各地夜市更各有其特色小吃，例如宜蘭羅東夜市的龍鳳腿、基隆廟口夜市的鼎邊銼、台北華西街的蛇湯、台中逢甲夜市的鴉片粉圓、台南小北街夜市的棺材板、高雄六合夜市的木瓜牛奶……這些風味獨具的小吃，不只滿足口腹，透過它們所隱涵的人文典故、自然風土條件，也是認識台灣文化的另一種有趣方式呢！

▲夜市的食物花樣多，機動性也高，除了口味選擇多之外，當場現做，還可以依照客人喜好調整配料。（黃丁盛／攝）

▼流動攤販可說是夜市最特殊的風景，其中的鹽酥雞、滷味、豬血糕等點心類食物，還可以帶了就走，邊走邊吃，繼續逛夜市。（許育愷／攝）

▲以蛇肉料理著稱的華西街夜市，幾乎是來台觀光客必定光臨的地點。（黃丁盛／攝）

◀無論是蚵仔麵線、臭豆腐、炒米粉、甜不辣、魚丸湯、魷魚羹、滷味、東山鴨頭、肉圓、豆花、燒仙草、大腸包小腸，還有沙威瑪、章魚燒、摩摩喳喳……等異國風味，想吃什麼，到夜市準沒錯。（達志影像公司／提供）

The Taste of Fun
熱鬧的滋味

The Lucky Feast-Goers
赴宴者有福了！

▲長長的料理台上，擺滿了2、30桌，甚至8、90桌到上百桌客人所要享用的美味佳餚。(黃丁盛／攝)

▼大飯店裡，廚師是廚房裡的神秘藏鏡人，但在辦桌現場，卻能直接看見總舖師的一舉一動。(黃丁盛／攝)

正港台灣味

過去，每當寬敞的廟埕、廣場前，或巷口、馬路邊，開始用竹竿搭棚，架起藍白紅相間的塑膠布，一旁還擺放著一落落可以收放的圓桌、塑膠椅，還有大大小的蒸籠、鍋碗瓢盆，就表示有人在「辦桌」請客了。

每逢婚喪喜慶，台灣人習慣請外燴師傅到家裡掌廚，準備酒菜宴客，往往小則席開10桌，大則上百桌，閩南話稱爲「辦桌」。

良辰未到，好料尚未上桌，但早已入座的客人們啃瓜子、喝芭樂汁，與左右鄰座聊天敘舊；雖然沒有冷氣，沒有服務生倒茶水、遞紙巾，但現場熱鬧歡樂的氣氛，教人心情愉悅，更何況，五福拼盤、香菇鮑魚、蹄肉筍乾、雙味活蟹……即將登場，說不定還有養眼的鋼管辣妹可以大飽眼福呢！辦桌其實不只讓人大快朵頤，也讓人跟人之間的情感，在觥籌交錯中熱絡交流。充分展現台灣飲食內涵、人情趣味，以及台灣人的豪邁、直爽與熱情的辦桌文化，就和桌上的美食一樣，值得大口品味！

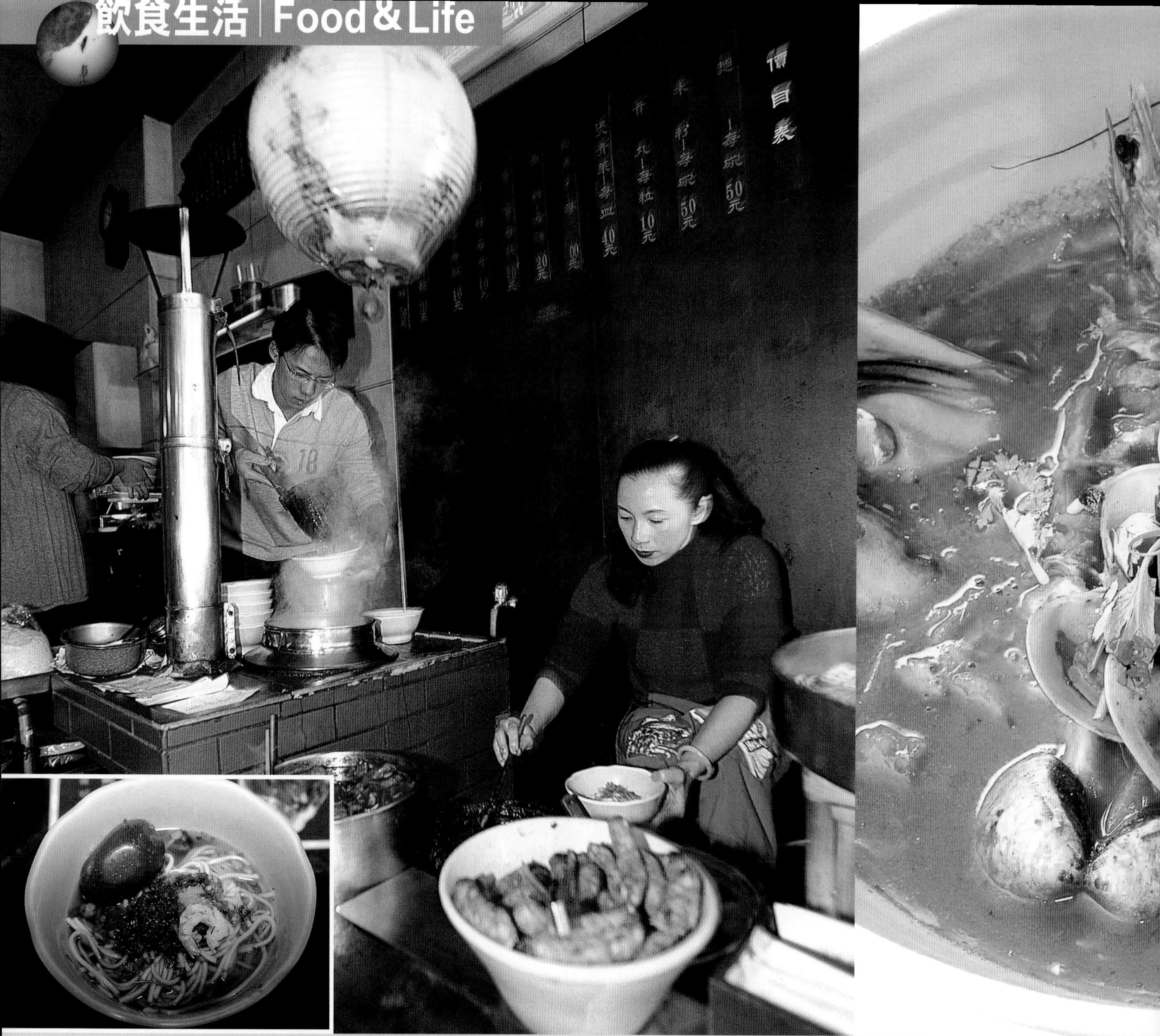

美食東西軍 台南擔仔麵v.s.日本拉麵v.s.義大利麵

台南擔仔麵和日本拉麵都是庶民美食的代表，義大利麵更是世界美食的共同語言。

清光緒年間，捕魚維生的台南人為度過7、8月颱風經常來襲的慘澹季節，賣麵貼補生計，稱「度小月」。由於味美價廉，遠近馳名，近年更成為國宴佳餚之一。源自中國的日本拉麵，昭和年間開始廣為流行，因經濟、實惠又省時，成為日本大眾美食的代表，日本各地更發展出各具地方風味的拉麵。義大利麵則相傳是由馬可波羅從中國帶回的麵條發展而成，至今，不僅義大利每人每年吃掉將近30公斤麵條，義大利麵更行銷全球，每年產量高達1,000萬噸，可謂世界麵食寵兒。

庶民美食：小碗精緻、肉燥香濃的擔仔麵，最初是有閒有錢仕紳的享受，現則是台南，甚至全台最普及的小吃之一。在日本，只要是好吃的拉麵，一定大排長龍，無論男女，總吃得唏哩呼嚕，麵、湯一點不剩。義大利人對義大利麵的熱愛，則表現在有人將作麵的獨門祕方寫進遺囑裡，也出現在許多小說、歌劇作品中。

麵好湯鮮配料讚：無論是擔仔麵、拉麵或義大利麵，都是以小麥為原料，講究口感嚼勁。擔仔麵湯頭是以新鮮蝦頭與蝦殼煮成，配上肉燥與蝦仁；日本拉麵湯頭通常以豬骨或雞骨熬煮，再配上叉燒、筍乾、青菜；義大利麵則有蕃茄、奶油與橄欖油為底的三種主要醬汁，搭配起司、海鮮、肉類和蔬菜，營養健康又美味。

Commoners' Food with Top-Notch Taste
平民飲食，頂級美味

（左圖）擔仔麵的湯頭是由蝦頭熬煮而成，肉燥則是選用肥瘦適中的豬後腿肉，和蔥一同爆炒後，慢燉而成。將麵條下鍋、撈起，淋上肉燥、加入湯汁，再灑上蒜末、香菜、豆芽菜、蝦仁，還有黑醋，就是讓人垂涎欲滴的擔仔麵了。（黃丁盛／攝）

（中圖）據統計，義大利麵種類有563種之多。而義大利麵經常搭配使用的橄欖油、蕃茄、胡蘿蔔、洋蔥、大蒜、肉桂葉、起司等，都是公認的健康食品。（許育愷／攝）

（右圖）北海道札幌拉麵、九州博多拉麵和福島喜多方拉麵，是日本三大拉麵。此外，東京拉麵、旭川拉麵、函館拉麵、長崎拉麵、和歌山拉麵等，也都各具特色。

（大圖李憲章、小圖王瑤琴／攝）

義大利麵小檔案
Spaghetti, Italy

主要材料：細長、扁平、螺旋或蝴蝶狀等各式麵條
配　　料：橄欖油、蕃茄、起司、洋蔥、大蒜、海鮮、培根、蔬菜、各種肉類
起 源 地：13、14世紀，義大利境內開始普遍流行
特　　色：製作簡單、用料豐富是義大利麵的最大特色。而以杜蘭小麥製作而成的優質義大利麵，不僅散發濃濃麥香、Q軟適中，且含豐富蛋白質。

台南擔仔麵小檔案
Tainan Tan-Tsu-Mien, Taiwan

主要材料：油麵
配　　料：肉燥、豆芽菜、香菜、蒜末、蝦仁、黑醋
起 源 地：清光緒年間，源於台灣台南
特　　色：不含肥肉、鹹香味濃的肉燥，是擔仔麵好吃的關鍵所在。此外，就著昏黃的燈光，蹲坐在小板凳上，也是品嘗擔仔麵的獨特風情。

日本拉麵小檔案
Ramen, Japan

主要材料：手工麵條
配　　料：叉燒、筍乾、青菜、蔥花、海苔
起 源 地：明治維新以後，橫濱中華街開始出現拉麵
特　　色：正統拉麵是以手工將麵粉揉成麵糰，壓成薄麵皮，再用刀切成細條，不但要寬厚一致，更講究口感嚼勁。湯頭更是日本拉麵的靈魂所在，許多有名的拉麵店，就是以口味獨到的湯頭聞名。

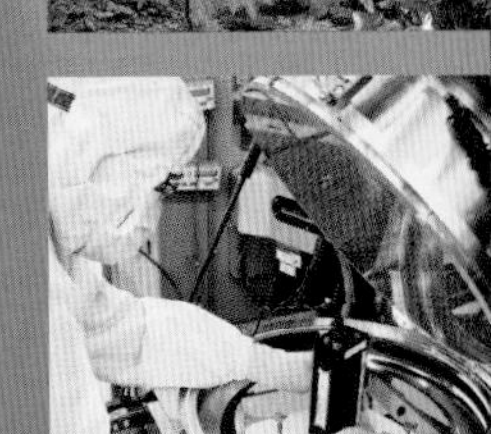

活力・追夢・台灣頭

Northern Taiwan 北台灣

（黃丁盛／攝）

北台灣，涵括台北縣市、桃園、新竹、苗栗，以及金門、馬祖（連江縣）等；山川河海在此交集，河谷、丘陵、盆地、台地等地形多樣，物產豐饒。如果台灣是一列火車，北台灣就是火車頭，引領全台灣政治、經濟、文化向前邁進。

不管是300年前從淡水河左岸上岸的海上移民，還是循著中山高或北二高而來的島內新移民，都在這裡安身立命，也讓北台灣的鄉鎮人口密度與都市化程度，居全台之冠；港口、機場、捷運、四通八達的交通網絡、金融股匯重鎮的龍頭地位，以及金光閃耀的高科技產業走廊，不但匯聚了最菁英的人才與物力資源，更打造北台灣成為台灣工商發展的大動脈。

現代化、都市化的深度與腳步，讓這裡迅速邁向國際，與全世界同步接軌。然而富庶、工商化的北台灣，卻不曾失去在地的原味：瓷都鶯歌、金都金瓜石、「東方拿坡里」淡水、木雕王國三義……，都是追逐夢想、深耕在地產業文化的表徵，充分展現出「台灣頭」的自信與活力。

Outstanding

世界級北台灣

由於居位「台灣頭」險要地位，並蘊藏豐富的煤礦，北台灣自古就是列強覬覦的對象。後來更隨著港口、機場、工商貿易、高科技產業、網路通訊、金融股匯市等發展，不僅成爲全台人口密度最高、最富裕的區域，國際化程度也最高，並打響了如筆記型電腦最大產地、世界最高樓台北101大樓、手機持有率最高等全球知名度。大台北地區的發展，也帶動了鄰近其他縣市的發展，在工程、產業、主題博物館等方面，都有足以站上世界舞台的傲人成績，而北台灣的區域發展，也成爲台灣世界競爭力的重要指標。

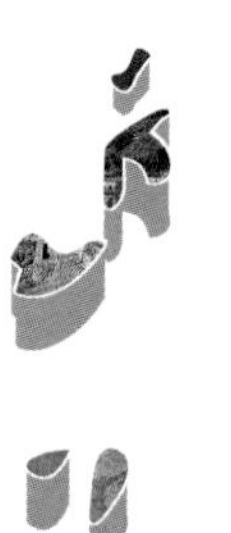

連江縣

神話之鳥——黑嘴端鳳頭燕鷗

黑嘴端鳳頭燕鷗是鷗科鳥類中最稀有的一種，從1863年發現迄今，只有五筆紀錄，故有「神話之鳥」稱譽。目前全世界紀錄估計少於100隻，唯一的繁殖紀錄即在馬祖，成為國際鳥類生態保育的焦點。

金門縣

世界寺廟密度最高的鄉鎮

面積僅有14.85平方公里的烈嶼，共有47座各式宮廟（不包括山神廟），平均每一公里約有三座，堪稱世界寺廟密度最高的鄉鎮。

世界僅有的黑暗燈塔

1874年由荷蘭人所設的烏坵燈塔，1953年因戒嚴停止運作至今，是世界航海圖上唯一不發光的燈塔。

↑台灣鮭魚。（莊鈴川／攝）

新竹市

世界第一晶圓代工

1980年設立的新竹科學園區，從早期製造、代工的角色逐漸轉型，邁向技術研發，更因擁有全球近八成的晶圓代工市場，塑造了台灣「ＩＣ王國」名號。

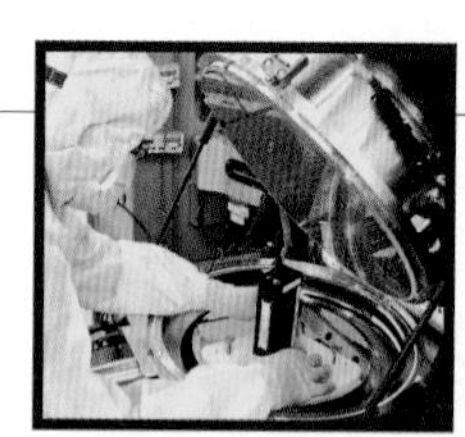

↑晶圓製造。（台灣積體電路製造股份有限公司／提供）

苗栗縣

曾爲樟腦出口最大量

樟樹為台灣中、低海拔樹種，木質富油質、香氣且防蟲耐腐。早期先民在樟樹林搭建腦寮，砍伐樹幹刨削成薄片，蒸餾出樟腦及樟腦油，為台灣清朝至民初重要出口商品，極盛期曾占全世界出口量70～80%，苗栗縣為全台之最。

全球陸封型太平洋鮭最南界

台灣鮭魚（櫻花鉤吻鮭）是寒帶鮭魚生存於副熱帶地區特例，為第三世紀冰河時期環境變遷活化石，生活史呈現生物演化與環境變遷關係，現於雪霸國家公園七家灣溪棲地復育。

曾爲香茅出口最大量

香茅為香草植物，可提煉成精油，具驅蟲、舒緩神經功效。1950年代苗栗住民常於山坡地種植香茅、蒸餾香茅油，產量最盛時出口曾占全世界70%，苗栗縣即占台灣產量80%。

桃園縣

↑航空博物館展示的太空人裝備。（黃丁盛／攝）

世界首座警察博物館

位於龜山鄉中央警察大學內，是全世界第一座完整典藏各國警察文物史料的展覽館，分為中國警察館與各國警察館，內容包括警察歷史沿革、服裝、裝備、學術著作等。

亞洲首創航空博物館

中正航空科學館位於台灣桃園國際機場，有豐富的航空收藏與相關教育資訊，為保存航空史料，促進大衆認識、推廣民航事業而設立；分室外飛機公園及五大展示區。

全球最大筆記型電腦產地

以2004年為例，龜山鄉華亞科技園區的廣達電腦所設計、製造的筆記型電腦出貨量計1,110萬台，全球市占率達24%，是世界第一大筆記型電腦製造商。

新竹縣

世界第一光碟製造廠

位在湖口鄉的錸德集團是台灣第一家光碟製造廠，不但研發製造出台灣第一片CD、DVD，以及OLED，目前更是全球最大的光碟製造廠。

東南亞最大水利工程

石門水庫集水面積約764平方公里，除大壩本身外，尚包含溢洪道、排洪隧道、發電廠、後池及後池堰、石門大圳及桃園大圳等，是具有多重效益的水利工程。

基隆市

曾爲世界第七貨櫃港

基隆港位於人口衆多、產業發達的北台灣，經濟腹地大，1984年躍居為世界排名第七的貨櫃港。

台北市

世界第一高樓

台北101大樓（國際金融中心）是台灣首度由政府和民間攜手的大型BOT案，創下許多「世界之最」的紀錄，如世界第一高樓、最高使用樓層、最高的屋頂及最快速的電梯等，如今已成為台北市，甚至台灣最具代表性的地標。

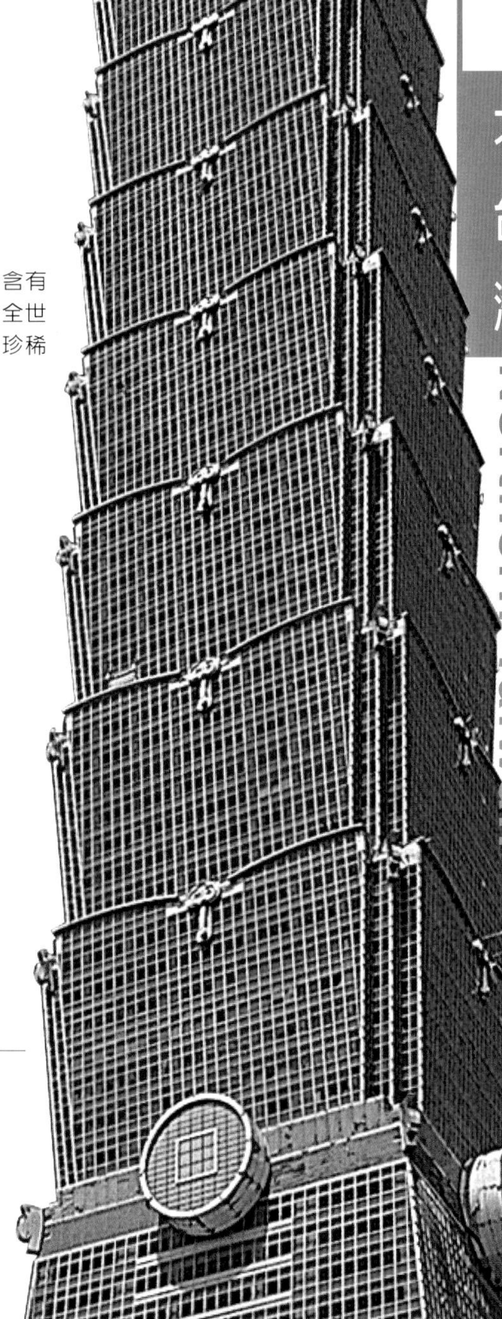

北台灣 Northern Taiwan

台北市

以台灣地名命名的礦物

在北投溪發現的北投石，含有稀有的放射性元素鐳，是全世界唯一以台灣地名命名的珍稀礦石。

世界最大水筆仔純林

竹圍紅樹林位於淡水河口，因潮水漲退導致鹽分落差大，孕育出占地40餘公頃、罕見的胎生植物水筆仔純林，與彈塗魚、招潮蟹、水鳥等構成了豐富的河口沼澤生態系。

24小時書店

誠品書店首開24小時不打烊的書店先例，多元媒合及刻意營造的雅痞菁英文化，不僅創造出「誠品現象」的都會風潮，也讓它成為台北市享譽海內外的文化地標。

世界第一座溫泉博物館

大屯山火山運動殘餘的溫泉源頭，在北投形成了地熱谷、北投溪等豐富的溫泉資源，也形成了北投溫泉區的特殊情調。

紅孩兒決戰火焰山。（宏廣股份有限公司／提供）

台北縣

世界規模第一的宗教博物館

坐落於永和市的世界宗教博物館，深入介紹世界十大宗教，希望藉著提供民衆認識不同宗教的機會，消弭宗教的爭端與衝突。

亞洲的華德迪士尼

位於台北新店的宏廣公司為世界最大的卡通製片代工廠，合作對象包括迪士尼、華納、米高梅等歐美大廠，〈獅子王〉、〈花木蘭〉等影片皆出自其手，近年致力開發自製影片，獲得金馬獎的〈少年噶瑪蘭〉便是一例。

曾爲亞洲最大芭比娃娃產地

1967年製造芭比娃娃的美寧公司在泰山設廠，當時除了設計，所有生產到包裝出口均在此完成，在1987年工廠結束轉往大陸前，全世界一半以上的娃娃皆在此誕生。

曾爲東亞第一金都

瑞芳鎮金瓜石原以採金為主，1905年轉為生產金銅礦，產量極高，在當時冠為「亞洲第一貴金屬山」，繁榮盛況更造就「亞洲金都」的美譽。

（黃丁盛／攝）

Taipei City

首善之都台北市

在台灣，在國際間，「台北市」不僅是地理名詞，更是政經權力的象徵，長期以來挹注在此的豐富資源，讓它成爲台灣政治、經濟、文化、交通的中樞；絡繹不絕的商展、林立的國際企業總部、交易熱絡的金融股匯市、邀約不斷的展演活動等，充分展現了作爲台灣接軌全世界前哨站的地位；「世界第一高樓」的台北101，不但是台灣新地標，更是台北市發展里程碑上耀眼的驚歎號！而多元交織的移民文化、美食饗宴、24小時不打烊的熱情與活力，更爲這首善之都增添無窮魅力。

(黃丁盛／攝)

(黃丁盛／攝)

迪化街

「年貨大街」迪化街，早期是大稻埕南北貨、茶葉、中藥、布匹的集散地，也是台灣許多企業家的發跡地。從現今仍維持舊貌的巴洛克式立面街屋，可感受昔日引領台灣貿易的風華。

西門町

西門町原是西門（寶成門）外的荒郊窪地，日治時代搭建全台第一座專營日貨的市場（今紅樓劇場，如左圖），後成為電影街。又因鐵路地下化、中華商場拆除、東區興起而沉寂。捷運板南線通車後再度帶來人潮，如今已是年輕族群追逐流行的新樂園。

台北車站

鐵路、捷運及高鐵「三鐵共構」的台北車站，是全台交通密度最高的中央車站。新興的捷運地下商店街，集寬敞、前衛、藝術、休閒、流行於一身，不但顚覆傳統地下商街雜亂無章的印象，也成為台北另一個購物天堂。

老西區與新東區

台北近代的發展，隱約可見「由西往東」的軌跡；「西區」泛指艋舺、大稻埕、西門町到台北車站一帶；「東區」則從SOGO百貨商圈，延伸到信義計畫區、南港工業園區，甚至到內湖科技園區。「老西區」、「新東區」，新舊意象鮮明。但自1996年捷運通車後，「板南線」不但串聯了東西兩端的新舊台北，捷運帶來的人潮，更讓原已沉寂的西區，逐漸恢復商機。東、西區台北，不再有新舊之別，而是以各自獨具特色的面貌，齊頭並進。

國家音樂廳及戲劇院

兩廳院設備精緻、專業，具世界一流水準，擁有「國家藝術殿堂」的光環，不但是世界級藝術團體來台表演的首選，更是民衆親近世界藝術表演的窗口。

(林桌營／攝)

擁山抱水綠生活

位居台北盆地盆底的台北市，大屯、七星、四獸、五指、二格山等山系三面環繞，淡水河、基隆河、景美溪等大小河流川流全市，生活在都會台北，也可擁山又抱水；綠色寶庫的陽明山國家公園、天然濕地教室的關渡自然公園、賞鳥天堂的華江雁鴨自然公園、北投地熱谷及溫泉資源、木柵動物園、植物園、「都市綠肺」大安森林公園……處處可見的都會桃花源，也在密布的玻璃帷幕、水泥叢林間，留下了水清木華的點點綠意。

關渡自然公園

關渡自然公園位於淡水河與基隆河交會處，曾經歷過汪洋湖泊、阡陌水田、荒原沼澤等演替歷程，孕育了水筆仔紅樹林、招潮蟹、彈塗魚等濕地生態，同時也是賞鳥天堂。

(黃丁盛／攝)

◎小油坑。（許育愷／攝）

陽明山國家公園

宛如台北市後花園的陽明山國家公園，不但是台灣最完整的火山地形區，還遍布著五節芒、台灣水韭、海芋、赤腹松鼠、蝴蝶等豐富動植物資源。3月滿山繁花盛開的陽明山花季，更是年度盛事，吸引著如織的賞花人潮。

北投溫泉

大屯山火山運動殘餘的溫泉源頭，在北投形成地熱谷、北投溪等溫泉資源，也從日治時代開始塑造出北投溫泉區的特殊情調。

◎北投溫泉博物館。（黃丁盛／攝）

台北故宮博物院

位在外雙溪的故宮博物院，是觀光客來台必訪景點。近70萬件的典藏品，以陶瓷、書畫、青銅器的質與量最為完整；玉器、漆器、文具、雕刻、織繡等文物的品類衆多且精緻，其中以「翠玉白菜」最受喜愛。

北縣

25°10'0"N

頂山

五指山

25°0'0"N

南港區

山豬窟山

北 西 東 南

0 1.5 3公里

（黃丁盛／攝）

文化藝術的國際櫥窗

繁榮、富庶、文教資源豐厚的台北，正是孕育文化藝術的溫床，大小博物館、美術館林立，傳統及另類表演團體蓬勃發展。近年來國際知名文化藝術團體更相繼來台展演，包括影展、美術、舞蹈、戲劇、音樂、書展、旅遊，甚至美食展……台北就像一處不熄燈的國際大櫥窗，生活在台北，就可同步參與全球文化藝術脈動。

（許育愷／攝）

水田變滑鼠

南港、內湖一帶，近年因交通便利，發展成軟體工業及科技園區，而被譽為「水田變滑鼠」傳奇的內湖科技園區。這裡原是枕木池、水田、磚窯、貨倉等集結地，如今已是國際廠商雲集、年營收破兆的黃金區。

（林韋言／攝）

台北曼哈頓

新興的信義計畫區，是台北唯一擁有超大完整街廓設計，及完善都市規畫的國際金融特區。隨著世貿中心、威秀影城、新光三越、101大樓……逐漸落成，信義計畫區的「台北曼哈頓」風情，也儼然成形。

（黃丁盛／攝）

啟動台灣政治權力的樞紐

1884年台北建城，隔年台灣奉命建省，政治中心北移，並全面興學、修建官署，從此奠定政經中心地位。日治時期又以三市街為基礎，大量興建官方建築，刻意將台北市塑造成全台權力樞紐。國民政府遷台後，又以原台北城內區域為政治、經濟、司法重鎮，日治時期留下的官方建築，也一一成為總統府與中央行政機構所在。至今，博愛特區仍是執掌台灣最高威權的核心區域。

博愛特區

博愛特區是日本政府為展現統治威權，刻意打造的官方建築群。國民政府接受並沿用，因而保留了罕見的高密度日式官方建築群空間。

（黃丁盛／攝）

台北大事記

市花	杜鵑花	市樹	榕樹
市鳥	台灣藍鵲	面積	272平方公里
人口	約261萬6千人	人口密度	每平方公里9,626人
海岸線	無	森林覆蓋率	約40%
主要水系	淡水河系	民生水源	翡翠水庫
節慶	霞海城隍祭典（農曆5/13）、松山慈佑宮「媽祖過爐」祭典（農曆4月）、台北燈會（農曆1月）、台北流行音樂節（1月）、台北國際書展（2月）、台北打牙祭（8月）、台北國際旅遊展（11月）		

台北盆地原是平埔族凱達格蘭人狩獵的天地；18世紀初時，來自閩粵的移民開始進墾，沿著淡水河流域，逐漸形成艋舺、大稻埕、城內（合稱為「三市街」）鼎足而立的台北市發展雛型。

三市街一開始並未接連，土地總面積也不到20平方公里，人口不到5萬。1900年因拆除城牆、市區擴展，三市街連成一氣。1920年，台北設市，人口已增加到16萬多人。不到百年發展，2005年時的台北總面積已達272平方公里，人口總數也超過260萬人，更已成為台灣政治、經濟、文化的首善之區。

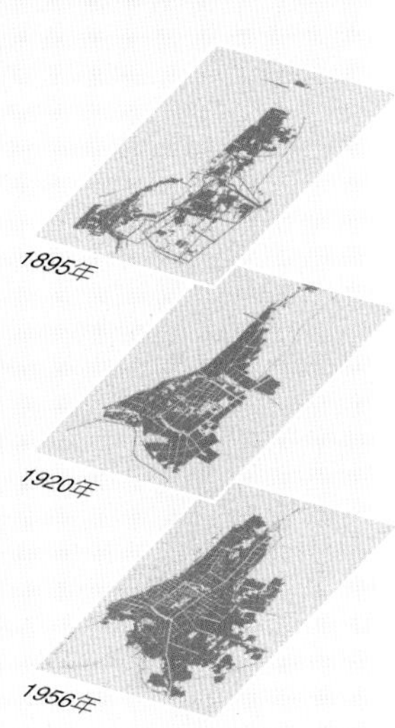

市街發展圖（nana工作室／繪）

1709年　「陳賴章」墾號獲准開墾台北盆地。
1738年　艋舺龍山寺建立。
1851年　林藍田於大稻埕建立商號。
1875年　沈葆楨奏請台北府獲准。
1884年　台北城牆興建完工。
1885年　台灣建省。
1887年　鐵路總局設於大稻埕，第一個火車站「大稻埕鐵路票房」落成。
1894年　台灣省會移至台北城，確立台北首府地位。
1895年　日本治台，設置台北州。
1899年　開始闢建新公園，為台灣第一個歐式近代都市公園。
1903年　城內點亮台灣第一盞公共電力燈。
1904年　開始拆除台北城牆，至1911年間，利用城垣遺址闢建為「三線道路」。
1905年　實施「台北市區改正計畫」，廢城外公園計畫，將「圓環」納入都市計畫一環。
1919年　總督府（今總統府）完竣。
1920年　改制「台北市」，艋舺改稱「萬華」。
1935年　台灣博覽會在台北舉行。
1936年　松山飛行場（松山機場）完工。
1946年　市區重新畫分，分成10區（松山、大安、古亭、雙園、龍山、城中、建成、延平、大同、中山）。
1950年　設總統府於原總督府。
1963年　人口超過100萬人。
1967年　升格直轄市。
1989年　台北車站新站落成啟用，台北至萬華間鐵路正式地下化。
1996年　捷運木柵線正式通車。
1997年　捷運淡水線通車。
　　　　全面施行垃圾不落地。
2005年　台北101大樓完工，世界第一高樓正式啟用。

Keelong City

港灣之城 基隆市

基隆原名「雞籠」，因位居「台灣頭」地理要衝，自古就是外力侵台時，必定搶攻的灘頭堡。終年多雨、三面環山、北面臨海、港灣深入市區的環境特性，造就了特殊港都情調。自1886年建港，尤其躍升爲國際港之後，有大半居民「靠碼頭吃飯」。2004年更進一步成爲台灣第一個自由貿易港區，獨特的碼頭文化更形顯著。近年積極推動的海洋科技博物館、海洋廣場、海洋教育休閒園區、國門山海關、陽光電城等興建計畫，更彰顯基隆成爲「海洋國際港都」的企圖與展望。

見證烽火歲月的砲台群

基隆因位在東亞島弧中點，又是北台灣咽喉要衝，自古就是兵家必爭之地，從17世紀西班牙人及荷蘭人相互爭奪開始，列強覬覦不斷，鴉片戰爭、中法戰爭、中日乙未戰爭……基隆無一倖免。佇立在基隆港灣兩側制高點上的二沙灣砲台（海門天險）、獅球嶺砲台、白米甕砲台、槓子寮砲台、大武崙砲台等，就是捍衛家園、烽火歲月的最有力見證者，也是現今鳥瞰基隆市區的最佳景點。

（黃丁盛／攝）

海門天險——二沙灣砲台

海門天險又稱二沙灣砲台，創建於清道光20年（1840），地勢居高臨下，正對基隆港口，可扼控港區的軍事安全，曾遭受鴉片戰爭、中法戰爭，及中日乙未戰爭的砲火摧殘。經維修之後，現已列入國家一級古蹟。

中外聞名的人神靈饗宴

中元祭和基隆廟口是基隆最知名的活動和景點；前者是人們的心靈寄託，後者則滿足口腹之欲。始於咸豐五年（1855）的基隆中元祭，已有150多年歷史，不但保留全台最完整的中元祭典，更兼具文化、藝術、宗教及觀光多重意義。而奠濟宮廟口一帶，是基隆最早開發的街市，群聚在廟口的小吃，包括著名的鼎邊銼、天婦羅、豆簽羹等，種類多達400種，中外聞名。

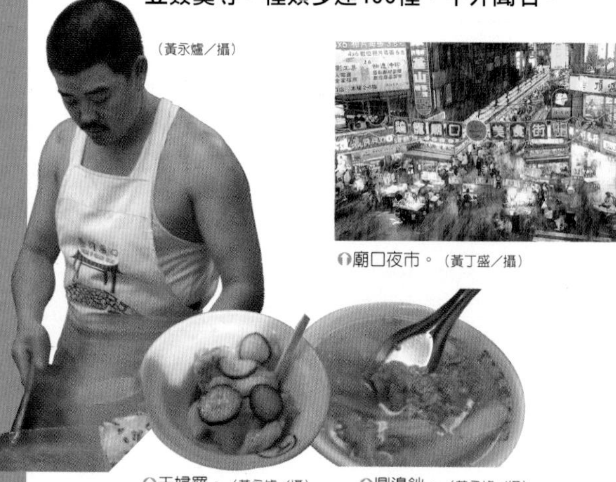

（黃永嬿／攝）

◐廟口夜市。（黃丁盛／攝）

◐天婦羅。（黃永嬿／攝）　◐鼎邊銼。（黃永嬿／攝）

（黃丁盛／攝）

中元祭藝文華會

為弭平漳泉族群械鬥對立，以「賽陣頭代替打破頭」的基隆中元祭，是唯一由字姓宗親會輪流主普的縣市，有「張頭許尾」俗稱。

基隆廟口小吃與奠濟宮

基隆廟口小吃最早可能源於奠濟宮廟會活動的臨時攤販集結，後來隨著基隆港務勃興，更是蓬勃發展，小吃種類之多，居全台之冠。

崁仔頂魚市

崁仔頂魚市早在清朝就已發跡，日治時期則引進新式漁具和漁船，並建立漁業管理制度，現今已是北台灣最大漁產集散地，新鮮魚貨也是鄰近的廟口小吃最便利的食材來源。

生猛有力海洋漁業

基隆不但擁有綿長曲折的海岸線，冷暖水流的交會更形成絕佳漁場，加上曲折的灣澳地形，也提供了設置漁港的優越條件。因此，海岸沿線漁村散布，大武崙、外木山、正濱、八斗子、碧砂、長潭里、望海巷等，都是著名漁港，其中建於日治時期的正濱漁港，曾是北台灣遠洋、近海拖網漁船的作業重鎮；而八斗子漁港是現今北台灣最大漁港；鄰近的碧砂漁港則已成為著名觀光休閒漁港。北台灣最大漁產集散地——崁仔頂魚市的鮮魚拍賣，更是魚市生猛活力的最佳寫照。

（林韋言／攝）

（魯獅／攝）

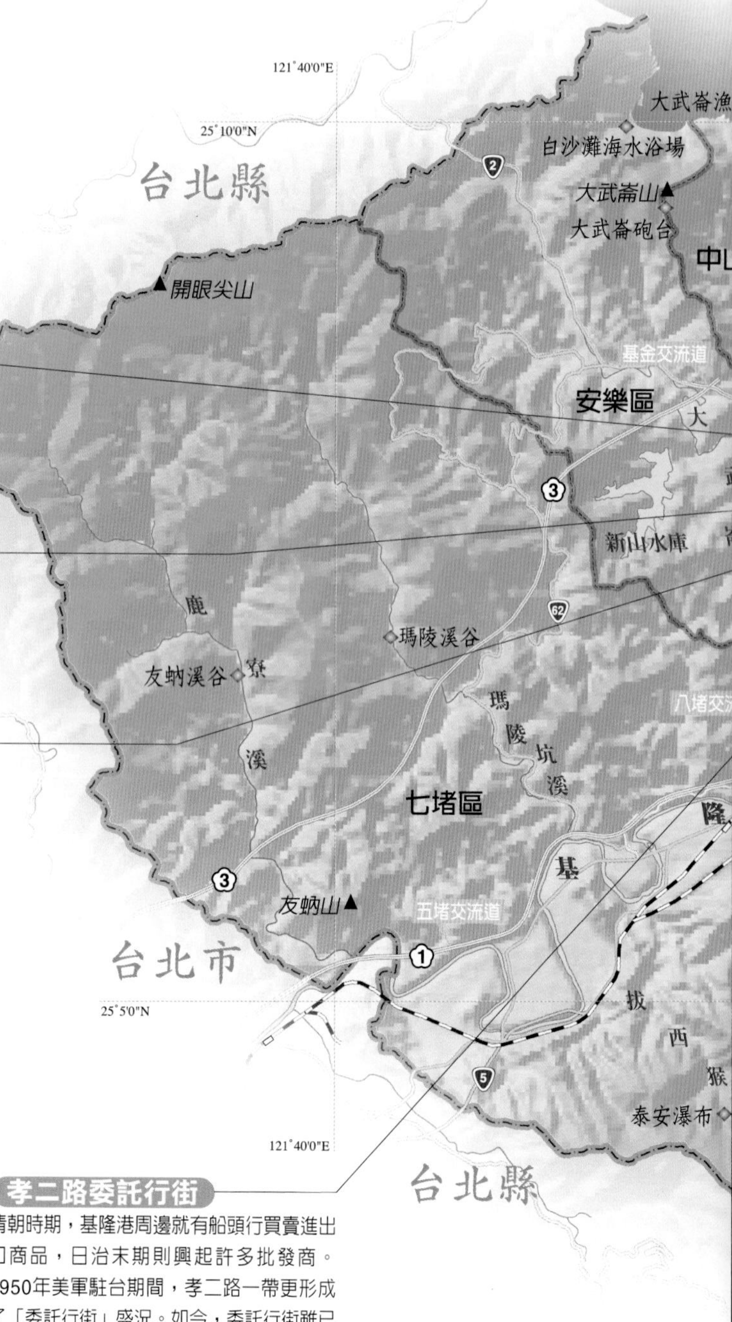

孝二路委託行街

清朝時期，基隆港周邊就有船頭行買賣進出口商品，日治末期則興起許多批發商。1950年美軍駐台期間，孝二路一帶更形成了「委託行街」盛況。如今，委託行街雖已混雜進駐南北貨、古董、日用品等商店，但走訪其中，仍可嗅出昔日繁盛況味。

拍「岸」叫絕的自然景觀

基隆面積雖小，但地形地貌卻相當獨特，除擁有基隆嶼、桶盤嶼、彭佳嶼等火山地質島嶼外，更有凹凸多變的岬角和灣澳地形、和平島與八斗子海岸地質奇觀、基隆河暖江橋壺穴地形等自然美景。由於雨水豐沛，利於植物生長，基隆也成為全台綠地覆蓋率最高的城市，鳥類齊聚棲息，基隆港口附近是全台知名的賞鷹勝地。

（黃丁盛／攝）

（黃丁盛／攝）

基隆嶼

位在基隆東北方外海的基隆嶼，是北台灣海域上鮮明的地標，也是各國船隻航行進出基隆港的指標。島上的火成岩地質景觀與原生植物等，都是珍貴的自然資源。2001年起開放觀光，已成為基隆藍色公路上重要的旅遊景點。

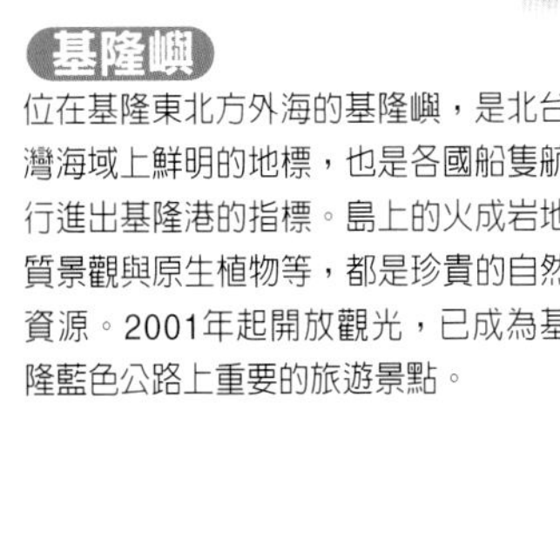

和平島濱海地質公園

位在基隆北岸的和平島濱海地質公園，擁有海蝕崖、蕈狀石、千疊敷、豆腐岩、海蝕平台等海蝕地形，曾被提名台灣世界自然遺產潛力點。

（黃丁盛／攝）

八斗子漁港

八斗子地區自古就是東北海岸絕佳的避風港，1975年築港後，集現代化的漁港、硓𥑮石厝、魚寮加工香味、純樸的人情味於一身，形成獨特的漁村風味。

（黃丁盛／攝）

基隆港

1899～1944年間，日本政府在基隆展開五階段築港計畫，基隆港從此由淺狹的內灣，蛻變成深水良港，並於1903年超越淡水，成為全台最大商港，1984年更躍升為全球第七大國際貨櫃港，也是全台第一個自由貿易港區，貨物可以在港區內自由流通、轉運、加值，且通關迅捷，免徵關稅、貨物稅及營業稅。

陽明海洋文化藝術館

陽明海洋文化藝術館是台灣第一座海洋文化藝術館，融合了與海洋相關的文化、科技、藝術、觀光、環境、生態等展示及活動，也是基隆展示海洋文化的新興景點。

（魯獅／攝）

暖江橋壺穴

基隆河從暖暖到瑞芳一帶，由於終年多雨、河川匯流，不但河水流量大，也形成特殊的壺穴地形，尤以暖江橋下的壺穴群發育最完整、排列最整齊，也最為聞名。

太平洋
和平島
八尺門港
碧砂港
八斗子漁港
中正區
槓子寮砲台
白米甕砲台
牛稠港
基隆港
海門天險
中正公園
廟口小吃
望海巷漁港
信義區
仁愛區
獅球嶺砲台
紅淡山
月眉山
台北縣
東勢坑溪
暖暖區
暖東峽谷
北 東 南 西
0 1 2公里
121°45'0"E
25°10'0"N
25°5'0"N

雞籠大事記

市花	紫薇	市樹	楓香
市鳥	老鷹	面積	133平方公里
人口	約39萬2千人	人口密度	每平方公里2,951人
海岸線	18公里	森林覆蓋率	68%
主要水系	基隆河（淡水河系）		
民生水源	新山水庫、暖暖水庫（西勢水庫）		
節慶	奠濟宮開漳聖王誕辰（農曆2/15）、和平島社靈廟王爺出巡（農曆6/14）、老大公廟開鬼門（農曆7/1）、基隆中元祭（農曆7月）、中日國際帆船賽（國曆4～5月）、雞籠國際美食嘉年華、和平島凱達格蘭族年俗「叫豬拜大年」		

17世紀之前的基隆，是個多深山大澤的荒野之地，凱達格蘭族聚落散布其間。但因位置險要，又蘊藏豐富煤礦，17世紀，西班牙人與荷蘭人為爭奪東方海上霸權，先後占領社寮島（今和平島），基隆也開始躍登世界舞台。雍正元年（1723）左右，漳州移民入墾牛稠港、虎仔山一帶，建立基隆第一市街──崁仔頂街；泉州人隨後也在暖暖、七堵等地落腳；清時，基隆的天然港灣受到台灣巡撫劉銘傳重視，開始籌畫興築鐵路和港口，並鑿穿獅球嶺隧道。日治時期更積極築港，1930年，基隆已從日治初期人口不及萬人的小鎮，發展成擁有輪船巨舶的港都。現今基隆港的貿易地位雖已被高雄港所取代，但進出口貨物的價值，仍穩居台灣第一位，可說是台灣最有身價的港口。

1626年	西班牙人占據社寮島，築聖薩爾瓦多城。
1642年	荷蘭人驅逐西班牙人。
1668年	鄭經驅逐荷蘭人。
1723年	漳州人建崁仔頂街，為基隆市街創建之始。
1863年	基隆正式開港。
1867年	基隆大海嘯，數百人死亡。
1870年	清朝開放基隆煤礦開採。
1875年	「雞籠」改稱「基隆」，取「基地昌隆」之意。
1884年	清法戰爭爆發，法國船艦入侵基隆，劉銘傳至基隆督防。
1889年	獅球嶺隧道完工。
1895年	中日乙未戰爭爆發。
1899年	基隆港築港工程動工。
1903年	基隆港躍居全台最大商港。
1924年	升格為「基隆市」。
1945年	國民政府接收台灣，基隆市政府成立。
1947年	228事件爆發，國軍從基隆登陸。
1984年	基隆港躍升全球排名第七的貨櫃港。
2004年	成為全台第一個自由貿易港區。

港都情調與碼頭文化

1980年代高雄港未崛起之前，基隆港是全台最大商港，大部分市民的生計，莫不與基隆港息息相關。至今，基隆港稅收仍占台灣關稅總收入近六成。而隨著觀光產業興起，基隆港區周邊更增加了水岸公園與海洋遊憩景觀，基隆嶼、光華塔、陽明海洋文化藝術館、港區夜景等新興港區景點，也為多元化的海港風情，添注新視界。

（黃丁盛／攝）

Taipei County

樂業安居台北縣

台北縣是台灣第一大縣，過去卻因緊鄰聚光燈焦點所在的台北市，常給人「衛星城市」的聯想。但親山近水、近首都，加上工商業發達、高科技產業雲集、交通網絡如織的優越條件，已讓這個擁有2,053平方公里的大縣，走出「中心的邊陲」地位。

全縣29個鄉鎮市，各具產業特色與風采，如坪林茶葉、鶯歌陶瓷、三峽藍染、烏來溫泉，以及金瓜石、九份礦業等；淡水、石門、金山、萬里等，也善用臨海美景，發展海岸風景區，開拓「藍色公路」海上旅遊……居住在台北縣，不但能充分享有都市生活的便利，更能同時兼顧家計並擁有自然家園，真正是「在地人的好所在，出外人的新故鄉」！

老鄉鎮新生命

淡水河是台北盆地的發展命脈。早期淡水河水量豐沛且穩定，船隻可以直達上游，開發深入內陸，也讓內陸物資得以輸出。河口及沿岸的淡水、新莊、三峽、瑞芳等鄉鎮，隨著河運繁忙而興盛，卻也隨著河運衰退而沒落一時。如今，原本沒落的老街結合現代觀光的規畫，以藝術節、博物館等方式重現昔日風華，不但成為新世代撫今追昔的歷史現場，也為地方找到新生的活力。

(黃丁盛／攝)

(黃丁盛／攝)

370萬人在這裡

台北縣人口總數，從光復初期的50萬左右，到目前已超過370萬，短短60年，成長近七倍，是個不折不扣的移民之城。1960年代，隨著製造業的發展，大批中南部的「出外人」來到三重埔、板橋、新莊、中和、永和等地「吃頭路」。到了1970年代，台北縣已是全台人口成長最快的地方。

以永和為例，面積雖只有5平方公里，卻擠進了20多萬人，人口密度直逼世界第一，秀朗國小更曾創下全世界學生人數最多的小學紀錄。

移居到台北縣的，可不只是中南部「下港人」。1990年代，由於台北市空間發展幾近飽和、房價過高，加上北二高、捷運系統等開通，許多台北市民也就近遷入了房價較低、空間更寬，而且擁山有水的台北縣定居。目前台北縣368萬人中，就有三分之一以上是工作在北市、生活在北縣的通勤人口。

北海岸

三芝至石門海岸，除了沙灘海水浴場，還有石門海蝕洞、富貴角的風稜石及安山岩；每年11月至翌年3月，老梅岸邊的石槽長滿了綠藻，十分美麗。

富貴角。(黃丁盛／攝)

淡水河口

淡水河口附近的紅樹林，蘊藏著豐富的魚蝦，常吸引水鳥覓食。

(黃丁盛／攝)

台北盆地

台北盆地大約形成於距今80～20萬年前，曾有數次積水成湖，後來湖水逐漸乾涸，填滿沉積物的台北盆地經過不斷開發，如今已成為台灣最大的都會區。

鶯歌陶瓷博物館

台北縣目前共有32座博物館，總數全台第一，主題也相當多樣。其中鶯歌陶瓷博物館是成功將地方特色系統化，並推向國際的代表之一。

大漢溪

大漢溪發源於新竹縣和台中縣之間的品田山，中上游在新竹、桃園境內，從三峽以下進入台北盆地為下游，在江子翠匯入淡水河。昔日水量豐沛，具航運之利，新莊、鶯歌、三峽等都是沿河發展的老鄉鎮。而從前時常氾濫的二重疏洪道經整治規畫後，現已成為親子休閒的最佳去處。

海
峽
沙崙海水浴場
紅毛城
淡水鎮
挖仔尾自然保留區
淡
十三行博物館
水
關渡自然公園
林口鄉
五股鄉
蘆洲市
竹林山觀音寺
五股交流道
三重市
泰山鄉
新莊市
板橋市
林家花園
中和市
樹林市
鶯歌鎮
鶯歌系統交流道
鶯歌陶瓷博物館
清水祖師廟
三峽老街
土城市
新店市
溪
三峽鎮
熊空山
滿月圓森林遊樂區
桃園縣
北插天山
拉拉山
塔曼山
121°15'0"E
121°30'0"E
25°0'0"N
24°45'0"N

(黃丁盛／攝)

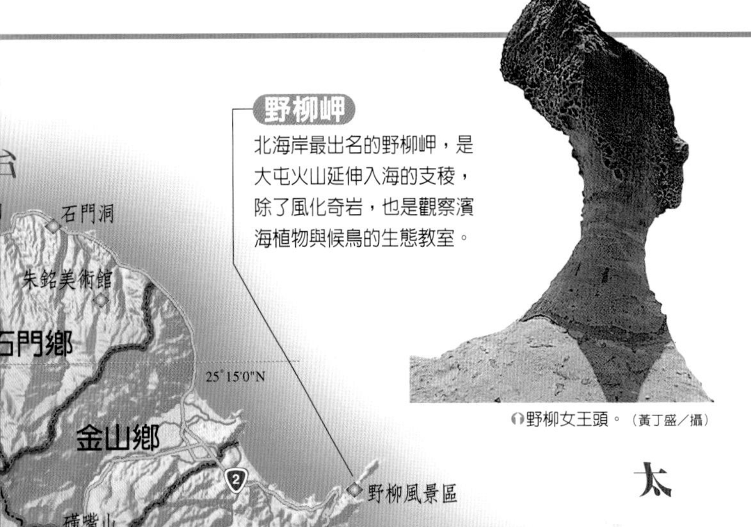
野柳女王頭。（黃丁盛／攝）

野柳岬
北海岸最出名的野柳岬，是大屯火山延伸入海的支稜，除了風化奇岩，也是觀察濱海植物與候鳥的生態教室。

親山近水好生活

台北縣雖然不是全台灣唯一擁山有水的縣市，但台北縣內交錯的山形水景，不但景觀豐富多變，更具獨特的可親性，不論是觀音山、福山、磺嘴山、基隆山等郊山，還是擁有海蝕地形、漁村聚落的北海岸，或者近年來，衝浪、潛水、風浪板、拖曳傘與滑翔翼等，新興又熱門遊憩活動蓬勃發展的東北角，都可扶老攜幼，一日往返。

東北角。（黃丁盛／攝）

汐止高科技研發中心
汐止是台北縣市最早發展製造業的地方，有雄厚的電子、電器業基礎，再加上交通樞紐優勢，新台五路一帶集結許多高科技廠房，產生很大的群聚效益。

汐止遠東世界中心。（許育愷／攝）

東北角
東北角東段海岸幾乎與東北季風平行，海蝕平台發育良好。每年9月，萊萊海蝕平台因有三貂角阻擋東北季風，加上黑潮流經水溫適中，魚群眾多，成為大型磯釣比賽的場地。

鼻頭角燈塔。（黃丁盛／攝）

石門洞
朱銘美術館
石門鄉
25°15'0"N
金山鄉
野柳風景區
太
磺嘴山自然保護區
磺嘴山
萬里鄉
121°45'0"E
平
五指山
鼻頭角燈塔
基隆山
九份
基隆市
汐止市
龍洞岩場
瑞芳鎮
河
洋
台北市
隆
基
東方科學園區
十分瀑布
南港系統交流道
茶花莊
福隆海水浴場
三貂角
平溪鄉
雙溪鄉
貢寮鄉
25°0'0"N
24°45'0"N
深坑鄉
二格山
石碇鄉
茶葉博物館
雪
翡翠水庫
坪林鄉
山
大桶山
121°45'0"E
烏來瀑布
山
森林遊樂區
阿玉山
宜蘭縣
福山植物園
122°0'0"E
北
西
東
南
0 5 10公里

北二高
北部第二高速公路讓台北縣對外交通更加方便，尤其是新店、中和、永和等人口、工廠較密集的地區，不必再繞道台北市取道中山高速公路，而能就近利用北二高南來北往並流通貨物。

（黃丁盛／攝）

雪山山脈
台北盆地有雪山山脈為靠山，迎東北季風，氣候濕潤，森林資源豐富，如烏來內洞、三峽滿月圓、大板根與北插天山等。此外，丘陵地帶適合茶葉生長，有文山包種、三峽龍井等北台灣著名茶種。

三峽滿月圓。（黃丁盛／攝）

台灣「地下矽谷」

講到「台灣矽谷」，許多人第一個想到的，可能是新竹科學園區，或是近年掘起的內湖科技園區。事實上，台北縣可說是台灣的「地下矽谷」。早期台北縣以勞力密集的製造業為大宗，中山高沿線是食衣住行等傳統民生產業的大本營，如五股、土城、林口、瑞芳、樹林、頂崁等科技工業區。跟隨時代潮流，台北縣也致力於產業升級，而電子資訊業的蓬勃發展，也帶動了上下游電子零配件與相關服務產業的群聚，北二高沿線的汐止、中和、新店等地，則成為另一個名副其實的「矽谷」。

（魯獅／攝）

台北縣 Taipei County

縣花 杜鵑 縣樹 樟樹
面積 約2,053平方公里
人口 約373萬7千人，20年來成長58.7%
人口密度 每平方公里約1,820人
海岸線 122公里，淡水河口以東為岩岸、以南為沙岸
森林覆蓋率 68%
主要水系 淡水河系
民生水源 翡翠水庫、石門水庫
節慶 詳見各鄉鎮

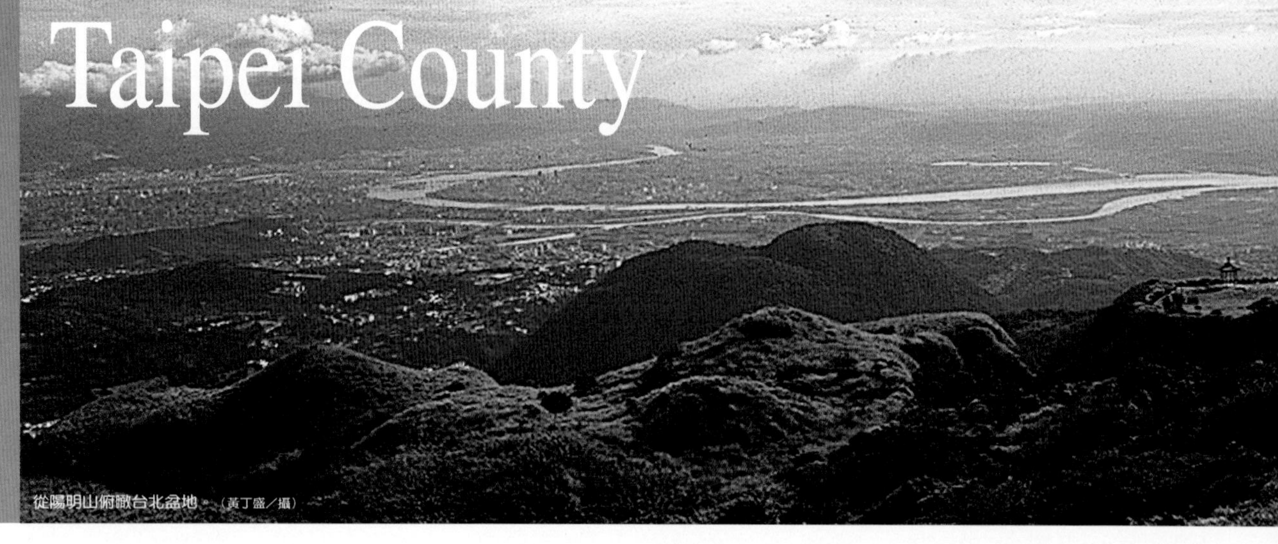
從陽明山俯瞰台北盆地。（黃丁盛／攝）

台北縣全境包含了大部分的台北盆地，遠在舊石器時代，便有人類生活的記錄，經過7,000多年的開墾，土地利用既深入又徹底，並擁有高度的文化發展。

缺角的碗狀地形

台北盆地的形狀就像左上方缺了個角的碗，缺角處爲淡水河口，平緩的碗底即是繁榮的台北市。地勢由盆底往周圍漸漸上升，至烏來鄉最高。由於盆地邊緣的高山扣住了熱氣，使得夏季盆底的氣溫較周圍高出攝氏1～2度，也因上升氣流旺盛，而形成午後雷陣雨；冬季則在山地與丘陵容易產生地形雨，多爲濕冷氣候。

五花八門的海岸景觀

台北縣海岸線全長120多公里，交錯的灣岬沿著台二號省道伸展。由於海岸軟硬岩層交錯，加上東北季風及海水的侵蝕，軟岩層內陷爲灣澳，方便船隻進出和停泊，形成漁業發展的先天優勢；硬岩層向外突出形成岬角，造成豐富的海蝕地形，萬里鄉一帶的海岸景觀，奇岩怪石遍布，爲台北縣推動國際觀光的一大重點。

河運帶動發展

台北盆地最初是原住民聚居地，17世紀，西班牙人及荷蘭人曾短暫駐留。至清代將台灣納入版圖後，大批漢人從淡水河口進入，沿著基隆河、新店溪及大漢溪等主要支流，逐步往內陸開發，也讓內陸各項產業如米、茶、大菁、樟腦及礦產得以輸出，帶動整體經濟發展。

人口最多的工商大縣

日治時期，鐵公路開始修築，陸運取代了因淤積而衰退的河運。光復後，因應全球競爭與科技化的趨勢，加上土地使用成本比台北市低，使台北縣的中小企業蓬勃發展，產業結構逐漸轉爲資訊業與服務業，如今爲全台灣首屈一指的工商大縣。又因爲人口眾多，成爲選舉時兵家必爭的「票倉」。

Bali Township

八里鄉

郵遞區號 249
面積 39.49平方公里
節慶 大眾爺民俗文化活動（農曆7/15）、文旦柚節（9月）、龍米民俗藝文活動（農曆2月）、觀音山綠竹筍節（5～10月）
關鍵字 觀音山、左岸、十三行遺址、大坌坑文化、挖仔尾紅樹林、八里坌、孔雀蛤、楊梅、渡輪

開發極早的八里，舊名「八里坌」，擁有7,000年前的大坌坑文化，和1,800年前的十三行遺址。八里位置優越，依觀音山、傍淡水河，瀕臨東海，河運與海運都十分發達，是清初渡台的三個指定港口之一，漢移民都由此上溯台北盆地，是當時北台灣最重要的港口。但因河運衰退、海港淤淺，港岸地位被對岸的淡水取代，產業逐漸沉寂。近年積極推廣的「八里左岸」計畫、即將完工的台北商港，以及北台灣僅存的渡輪，是現在八里新興繁盛的優勢所在。

十三行遺址是台灣史前鐵器文化的代表。就地興建的十三行博物館兼具研究及教育展示功能。（黃丁盛／攝）

Wugu Township

五股鄉

郵遞區號 248
面積 34.86平方公里
節慶 觀音山竹筍節（7月）
關鍵字 二重疏洪道、觀音山、王秀杞、五股濕地、凌雲寺、西雲寺、台北縣工商展覽中心

台北縣工商展覽中心。（黃丁盛／攝）

五股地形變化多端，北爲觀音山，西是林口台地，東南低平的沖積平原和塭子川沼澤區，則闢爲二重疏洪道，並經綠化整治，成爲頗受歡迎的河濱公園。中山高速公路貫穿五股工業區，便捷的交通也帶來了工商業的發達。觀音山區所出產的觀音筍清甜脆嫩，是全台最大的綠竹筍產地。

Linkou Township

林口鄉

郵遞區號 244
面積 54.15平方公里
關鍵字 樹林口、林口台地、龍壽茶、林口新市鎮、高爾夫球場、竹林山觀音寺、林口特定區

臨山面海的林口，坐落在林口台地上，氣候潮濕多霧，東北季風強勁。台地上經過長期風化的氧化紅土，土質偏酸，適合栽種茶樹與燒製紅磚。1969年的新市鎮計畫，讓茶園、磚窯遍布的林口，吸引許多製造業與電子業工廠進駐。

林口竹林山觀音寺普渡法會。（黃丁盛／攝）

Taishan Township

泰山鄉

郵遞區號 243
面積 19.16平方公里
節慶 泰山娃娃節（10月）
關鍵字 明志書院、溝仔墘老街、娃娃產業文化館、得慶居、李石樵、碉堡遺址、敢部隊、頂泰山巖、蓮藕

因坐落平頂山，即今林口台地下方，昔稱「山腳」，是新莊平原早期拓墾區，清乾隆23年（1758）成立北台灣首學「明志書院」。1950年自新莊鎮分出，以境內古刹「頂泰山巖」命名。中山高速公路通車之後，也帶來了以石化、紡織爲主的工業發展。

1967年，製造芭比娃娃的美寧公司在泰山設廠，幾乎每戶都投入家庭代工，這也許多泰山人共同的回憶。（黃丁盛／攝）

Lujhou City

蘆洲市

郵遞區號 247
面積 7.44平方公里
節慶 觀音文化節（農曆9/18）、保生大帝祭（農曆3/15）
關鍵字 蘆洲抽水站、水湳溝、關渡宮、水湳秀才厝、湧蓮寺

舊稱「鷺洲」、「河上洲」、「和尚洲」的蘆洲，是大漢溪與新店溪的沖積沙洲，土壤肥沃，適於農耕。但低平的地勢也讓水患頻繁。直到二重疏洪道、堤防、抽水站等陸續完工，蘆洲才急速發展，成爲工商發達的繁榮市鎮。

蘆洲李宅創建於清咸豐7年（1857），後來依原樣仿中原大厝規模設計重修。（黃丁盛／攝）

Sanjhih Township

三芝鄉

郵遞區號 252
面積 65.99平方公里
節慶 茭白筍節（10月）
關鍵字 橫山梯田、茭白筍、李天祿布袋戲文物館、源興居、李登輝、杜聰明、江文也、台北赤蛙、冷泉

舊名「小雞籠」，是凱達格蘭語音譯。清末與淡水、八里、石門編爲「芝蘭三堡」，後簡稱「三芝」。背山面海的三芝，以農業爲主，境內梯田連綿，是全台最大的梯田之鄉。20多年前，鄉民自金山引進茭白筍，闖出了「三芝美人腿」名號；鮮美的西瓜、酸甜的楊梅，也都是特色農產。山明水秀的三芝不但孕育了第一位民選總統李登輝、第一位醫學博士杜聰明，以及台灣民族音樂之父江文也，優美的田園風光，現更吸引不少藝術家在此落腳。

三芝擁有全台面積最大的梯田。（黃丁盛／攝）

國寶級布袋戲藝師李天祿，生前選擇在三芝成立全台首座專業的布袋戲文物館。（黃丁盛／攝）

Danshuei Township

淡水鎮

郵遞區號 251
面積 70.66平方公里
節慶 淡水西洋藝術節（12月）、迎祖師爺（農曆5/6）
關鍵字 紅毛城、淡水老街、馬偕、漁人碼頭、鄞山寺、滬尾砲台、理學堂大書院、淡水女學堂、阿給、鐵蛋、清水巖祖師廟、福祐宮

人行跨港橋是曲線優美的斜張橋，連結浮動碼頭及觀光魚市，兼具漁業與遊憩的功能。（黃丁盛／攝）

早期「淡水」一詞，是淡水河口與港口的總稱，清朝時甚至包含整個台灣北部；「滬尾」則是今老街一帶的漁村名。17世紀西班牙人、荷蘭人曾先後據爲軍事、貿易基地，直到鄭成功趕走荷蘭人，才開始有漢人前來拓墾定居，並在19世紀初取代對岸的八里坌港，也成爲列強覬覦的對象。咸豐八年（1858）依據天津條約，淡水開港成爲國際通商口岸；日治時代因河道淤淺，加上鐵路、基隆港相繼完工，水運漸衰。數百年的政權交替、經貿發展，讓淡水的古蹟數量居全縣之冠。近年來因爲捷運通車、老街拓寬、漁人碼頭整建，加上竹圍擁有全世界分布最北、面積最大的水筆仔純林，以及紅毛城內全台第一座古蹟主題館「淡水古蹟博物館」落成，讓淡水兼具自然和歷史的觀光旅遊活絡不絕。

馬偕（1884～1900）

加拿大籍的馬偕牧師以淡水為主要基地，走訪全台各地，進行宣教、醫療、辦學志業，足跡北達苗栗、東至宜蘭、花蓮。一生創立60多所教會，留下了淡水禮拜堂、滬尾偕醫館（北台灣第一座西醫院）、理學堂大書院（全台新式教育之始），還創辦全台最早的女校──淡水女學堂，對北台灣教育文化貢獻極大。

（黃丁盛／攝）

Sanchong City

三重市

郵遞區號 241
面積 16.32平方公里
節慶 河堤文化節（8-9月）、三重埔大拜拜（農曆4/25、26）
關鍵字 二重疏洪道、曹秋圃、先嗇宮、七橋之都、環狀自行車道

三重位處台北盆地中央，與艋舺、大稻埕僅一水之隔，昔稱「三重埔」，也就是從新莊（頭重埔）沿淡水河岸算來，第三個平坦未開發之地。原是淡水河邊的荒埔，日治初期人口還不到兩萬人，以務農為主，是台北最重要的香花、柑橘集散地，供應大稻埕茶商製作香片所需。光復後，因鄰近台北都會中心，且位於高速公路起終點，於是從農業聚落，快速轉型為工業衛星城市，也成為全台移民最多的市鎮。

1981年，為解決淡水河及支流水患並開發五股工業區，興築二重疏洪道，經美化後兼具休閒功能。（黃丁盛／攝）

Sinjhuang City

新莊市

郵遞區號 242
面積 19.74平方公里
節慶 宗教藝術節（每年時間不同）
關鍵字 頭重埔、輔仁大學、米市巷、褟仁和鼓、小西園布袋展示館、新莊體育場

新莊是北台灣開發最早的地區之一，清乾嘉年間因淡水河河運暢旺而興盛，取代八里坌與淡水，成為北台灣工商行政中心；清嘉慶後期河道淤積，被淡水河東岸的艋舺取代。光緒中葉，鐵路新莊線使工商業一度重振，但1897年洪水沖毀鐵道，重修時改道板橋，新莊又歸於平淡。二次大戰末，日人將工廠由台北市移往鄰近鄉鎮，讓新莊因紡織、化學、金屬等製造業的興起而繁榮。近年來各類運動與藝術中心的興建完成，更為新莊工業市鎮的面貌增添了人文風采。

從2001年開始，由各宗教團體合辦的宗教藝術節，被列入台北縣文化曆系列活動，地點固定在北台灣開發最早的新莊市。（黃丁盛／攝）

Banciao City

板橋市

郵遞區號 220
面積 23.14平方公里
關鍵字 林家花園、大觀義學、板橋新站、大安圳、台北縣政府行政中心、縣民大道

板橋舊稱「擺接」，是平埔族語音譯；後因中和地區的樟腦工人在湳仔溪上架起木橋，所以稱「枋橋」，後改稱「板橋」。板橋的發展與「林本源」商號息息相關，在林氏家族開拓下，不但完成大安圳的開鑿，也讓本地成為台北盆地漳州人領導中心。今日的板橋是台北縣政府所在地，匯聚許多來自台灣各地的新移民，是全台人口最多的縣轄市。捷運、高鐵、地下鐵及中運量環狀線等交通設施的完成，讓板橋市未來的發展更具優勢。

林本源家族有「台灣第一家」美譽。林家花園仿蘇州留園設計，是台灣二級古蹟。（黃丁盛／攝）

林家獲皇帝御賜的聖旨碑。（黃丁盛／攝）

Yingge Township

鶯歌鎮

郵遞區號 239
面積 21.12平方公里
節慶 鶯歌陶瓷嘉年華（10月）
關鍵字 鶯歌陶瓷博物館、陶瓷老街、鶯歌石（鷹哥石）

鶯歌鎮北面山脈有塊形狀似鷹的大岩石，古稱「鷹哥石」，鎮名也因此而來。鶯歌是台灣陶瓷發展最早的地區之一，因鎮內土質富含黏土，是製作陶器極佳的原料。當地並因盛產煤礦，且林業興盛，提供了燒陶所需的燃料，加上便利的陸路和大漢溪水運，成就了鶯歌兩百年的陶瓷歷史，而有「台灣的景德鎮」美譽。到了1960年代中期，禁止採土的政策限制了競爭對手北投陶瓷的生產，更讓鶯歌一躍成為台灣新興的陶瓷重鎮。

全台第一座以陶瓷為主題的博物館，藏有台灣陶瓷發展的豐富史料。（黃丁盛／攝）

陶瓷老街近年來結合觀光，提供教學和體驗活動。（黃丁盛／攝）

Shulin City
樹林市

郵遞區號 238
面積 33.13平方公里
節慶 保生大帝誕辰（農曆3月）、迎尪公（農曆8/15／9月）、祖師公生（農曆1/6）
關鍵字 風櫃店、樹林工業區、柑園生態河濱公園、紅露酒

樹林開墾初期，打鐵店林立，打鐵店必備的風櫃隨處可見，所以舊稱「風櫃店」；後因大漢溪時常氾濫，為了避免土地流失，沿岸遍種樹木，因此改稱樹林。

良好的水質，讓樹林所釀製的紅露酒與金門高粱、埔里紹興並列為台灣三大名酒。但1970年代後，大眾消費品味改變，加上移至宜蘭酒廠生產，使紅露酒的風光不再。

樹林的丘陵與平原各半，是農工混合的地區，丘陵種植稻米、蔬菜；平原則是樹林工業區，工廠數高達6,000家，多為金屬加工廠。

Sansia Township
三峽鎮

郵遞區號 237
面積 191.45平方公里
節慶 藍染節（8月）
關鍵字 鳶山、三峽祖師廟、李梅樹紀念館、長福橋、三峽老街、藍染節、滿月圓森林遊樂區

位在三峽溪、橫溪、大漢溪匯流口，舊稱「三角湧」。地處平原和山地交界，清朝即是北台灣重要的內陸船運碼頭及物資集散中心。主要物產為染布、樟腦及茶葉，不僅是全台唯一龍井茶產地，更因山區盛產可製染料的大菁，加上溪水清澈，適合漂洗布匹，成為當時的染布重鎮。但隨著河運沒落、化學染料問世，三峽的商業地位漸被取代。近年因北二高等公路陸續開通，交通便捷，再度以老街風情、作工細膩的祖師廟建築與深山幽谷美景，引回觀光人潮。

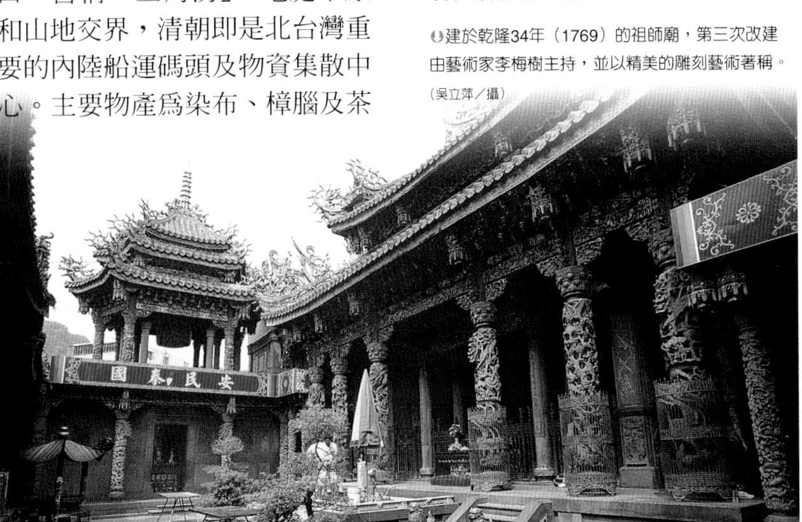

建於乾隆34年（1769）的祖師廟，第三次改建由藝術家李梅樹主持，並以精美的雕刻藝術著稱。（吳立萍／攝）

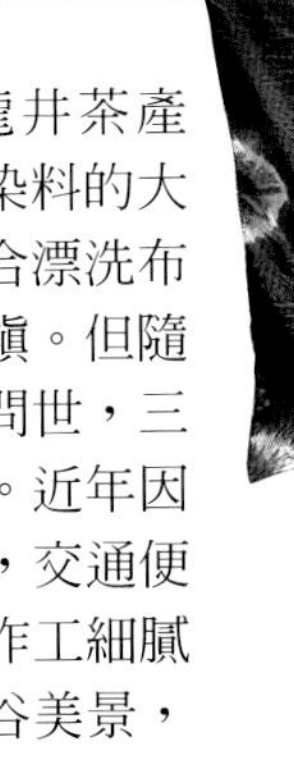
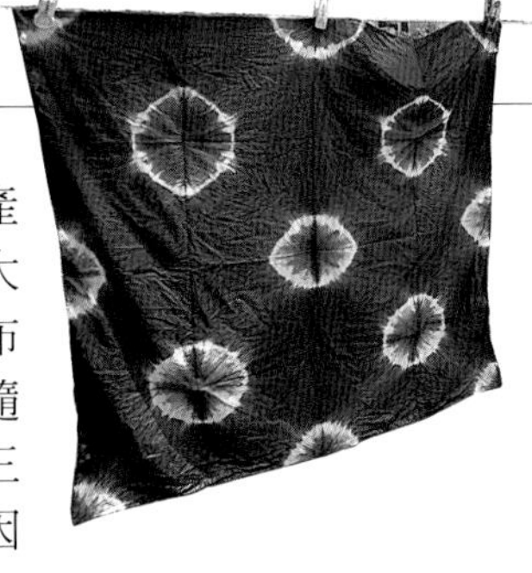

三峽藍染。（黃丁盛／攝）

李梅樹（1902～1983）

李梅樹是台灣美術史上重要的本土畫家。其創作風格自然寫實，可分為描寫故鄉風土的外光派時期、捕捉真實生活印象的台灣本土時期，以及掌握風景的回歸自然時期。1947年，李梅樹承接三峽祖師廟的第三次重建工程，以傳統式古法監督建造，呈現祖師廟的雕刻之美，有「東方藝術殿堂」之稱。

李梅樹作品《三峽春曉》。（李梅樹紀念館／提供）

Wulai Township
烏來鄉

郵遞區號 233
面積 321.13平方公里
節慶 泡湯季（11～3月）、櫻花季（1～3月）、祖靈祭（7/15）
關鍵字 溫泉、瀑布、內洞森林遊樂區、雲仙樂園、纜車、福山、泰雅族

位在台北縣最南端，是縣內面積最大的鄉鎮，也是唯一的山地鄉。境內山高谷深，雨量充沛，瀑布甚多，如烏來瀑布、信賢瀑布等，都相當有名。烏來全鄉80%土地被森林覆蓋，植物種類十分豐富，福山哈盆地區更有「台灣的亞馬遜」之稱。全鄉多溪流，流量豐沛、水質清澈，是孕育淡水魚類的良好環境，如南勢溪、桶后溪等，都是有名的賞魚區。烏來更是泰雅族人的世居地，相傳300年前泰雅族人狩獵至此，發現南勢溪冒出熱水與輕煙，齊呼「uraikirofu」，意為「冒煙的熱水」，也就是現今名聞遐邇的溫泉。近年因「泡湯」盛行，各式溫泉旅社林立，每到冬季更是人潮洶湧。溫泉特色加上廣闊的山林溪谷風光，已讓烏來成為大台北的後花園。

內洞森林遊樂區內的瀑布，是南勢溪上游溪水切開岩壁所形成。（黃丁盛／攝）

以原住民雕刻做裝飾的烏來飯店外牆。（黃丁盛／攝）

內洞

位在內洞溪與南勢溪匯口，屬常綠闊葉林，動、植物資源豐富，是台灣低海拔溪流峽谷生態的自然教室。因春夏之交，蛙鳴處處，又稱「娃娃谷」。內洞溪因河床坡降連續變陡，形成三層式內洞瀑布，氣勢奔騰，水花衝擊所產生負離子含量，全國第一。

Tucheng City

土城市

郵遞區號 236
面積 29.56平方公里
節慶 桐花節（4～5月）
關鍵字 土城工業區、油桐花節、大墓公、承天禪寺、廣欽老和尚、南天母森林步道、媽祖田觀光區

原為擺接社平埔族散居地，乾隆初年漢人入墾，與原住民時有紛爭，於是築土牆防禦，因狀似城池而得名。近年因北二高完成、捷運動工，加上大型量販店進駐、高科技園區誕生，吸引不少青壯年人口在此就業安居。

每年4-5月為廣東油桐的花季，無盡的雪白小花吸引數以萬計的賞花人潮。（黃丁盛／攝）

Jhonghe City

中和市

郵遞區號 235
面積 20.14平方公里
節慶 潑水節（4月中旬）
關鍵字 小緬街、潑水節、興南觀光夜市、枋寮老街、圓通寺、烘爐地、廣濟宮、福和宮

位在台北平原中部，清雍正年間，板橋林本源首度入墾。與永和習稱「雙和」，日治時期同屬中和庄，1958年分治後，兩地的街道名稱重複極多，外地人往來極易混淆。近年因高速公路和捷運暢通，吸引大型賣場進駐，工商業相當發達。

圓通寺中供奉巨大的彌勒佛像。（黃丁盛／攝）

Yonghe City

永和市

郵遞區號 234
面積 5.71平方公里
節慶 仲夏之夢（7月～9月初）
關鍵字 橋都、永和暮潮、永和豆漿、韓國街、楊三郎美術館、世界宗教博物館、保福宮

舊稱「溪州」，是新店溪畔地勢低平的沙洲，與台北僅一水之隔。原屬於中和，光復後因與台北往來便利，得以迅速發展，於1958年設鎮。鑑於早期漳泉械鬥慘烈，於是取「眾人團結和諧、永保和平」之意，命名為「永和」。

最初是由大陸退伍老兵經營的永和豆漿。（黃永蠖／攝）

如今為高度發展的商業區與住宅區，湧進大量在台北縣市謀生的青壯人口，其中還有為數不少的韓國、泰緬華僑。永和雖是全台面積最小的鄉鎮市，人口密度卻是世界第一，境內的秀朗國小師生總數曾超過一萬人，是全世界人數最多的小學。

音樂家楊三郎和畫家楊三郎不僅同名同姓，還都是永和人。圖為楊三郎美術館。（黃永蠖／攝）

Sindian City

新店市

郵遞區號 231
面積 120.23平方公里
節慶 端午節划龍舟競賽（農曆5/5）
關鍵字 新店渡、翡翠水庫、花園新城、陳逢顯毫芒雕博物館、劉其偉、瑠公圳、碧潭吊橋、小粗坑水力發電廠

新店溪是大台北地區最重要的水源，上游穿越烏來及坪林山區，景色優美。（許育愷／攝）

新店開拓於乾隆年間，相傳當時有商人在通往烏來的道路間，架設小屋經營雜貨，因未設店號，往來行旅以「新店」稱呼；另一說法是，有墾戶在碧潭東岸興建店舖街，為了跟大坪林「店仔街」區分，所以稱「新店」。原為秀朗社、泰雅族活動區域，因秀朗社與漢人關係友善，開發較為順利。清乾隆年間郭錫瑠引碧潭水源築大坪林圳（瑠公圳），對台北盆地農業貢獻極大。1990年代以後，捷運、北二高、環快等交通建設相繼完工，經濟結構也迅速由農業轉為資訊、研發等高科技產業。

碧潭自1960年代以來便是台北人熱門約會景點。（許育愷／攝）

Shenkeng Township

深坑鄉

郵遞區號 222
面積 20.58平方公里
節慶 深坑豆腐節（11月）、保儀尊王祭（農曆2/2）
關鍵字 豆腐、包種茶、永安居

深坑古稱「簪纓」，因四周環山，景美溪從中貫穿下切，形成狀似坑底的谷地，因而改名「深坑」。200年前，安溪人在此開墾種茶，並利用景美溪將茶產輸往艋舺，因而逐漸形成臨溪而建的熱鬧市街；日治時代因煤礦開採，再度興盛繁榮；光復後鐵公路取代水路，因而沒落，人口嚴重外流。1981年，深坑老街因道路拓寬面臨拆除危機，經地方人士奔走，順利轉型成豆腐之鄉。北二高開通之後，每到假日即湧現大量人潮，也帶來龐大商機。

深坑因水質佳，不加石膏而以鹽滷方式製作的豆腐帶有焦味，口味特殊。（邱光月／攝）

永安居具百年歷史，外牆上有為防禦原住民和土匪特設的槍孔。（邱光月／攝）

Pingsi Township

平溪鄉

郵遞區號 226
面積 71.34平方公里
節慶 平溪天燈節（農曆1/15）、平溪森林藝術季（7月）
關鍵字 天燈、十分瀑布、平溪線鐵路、煤礦、菁桐、平溪支線鐵路

平溪因丘陵縱谷地形發達，降雨豐沛，成為全台瀑布最多的鄉鎮，擁有「瀑布之鄉」美稱。有豐富的壺穴、陡峭岩峰等自然景觀，同時也是基隆河發源地。過去是平埔族的活動區域，乾隆年間漢人遷入，但因耕地狹小，發展受限，直到清末煤礦業興起，才逐漸繁榮。1921年平溪線鐵路鋪設完成，不但改善交通，也讓沿線山村隨之興起。1970年代，煤礦漸漸枯竭，聚落也因此沉寂蕭條。近年來地方政府有計畫地結合天燈、基隆河河谷瀑布群及礦業文化等自然人文景觀，讓這個原已沒落的煤鄉，成功轉型為充滿懷舊氣氛的觀光勝地。

以模型展現礦坑工作情形的煤礦博物館。（黃丁盛／攝）

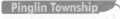

天燈

近年來廣受歡迎的平溪「放天燈」，源自清道光年間，居民為躲避盜匪，前往山中避難，再由留守村中的壯丁以天燈為信號，通報可平安返家的消息。後來逐漸演變成元宵節「北天燈、南蜂炮」的重要習俗。

平溪支線從三貂嶺到菁桐，專為採礦運輸而建，在煤礦資源逐漸枯竭之後，又轉型成為觀光鐵道。（黃丁盛／攝）

Pinglin Township

坪林鄉

郵遞區號 232
面積 170.84平方公里
節慶 茶藝博覽會（4月）
關鍵字 茶葉、茶葉博物館、翡翠水庫、北宜公路

坪林四周皆山，中為平地，故稱坪林，有「地勢平坦的林區」之意，全境森林茂密。清朝時因聚落建於山坡尾端，故以「坪林尾莊」為名。因地處偏遠、山野瘠薄，又是翡翠水庫水源保護區，開發度低，但清澈的北勢溪蜿蜒全境，美景處處。北宜公路通車後，一躍成為台北、宜蘭間的中繼站。目前鄉民80%以上為茶農，茶園遍野，茶行林立，包種茶與相關茶葉副產品是最重要的經濟來源，每到假日，就有無數遊客到此品茗踏青。

有「南烏龍北包種」之稱的文山包種茶。（黃丁盛／攝）

Shuangsi Township

雙溪鄉

郵遞區號 227
面積 146.25平方公里
節慶 雙溪詩人節（10月）
關鍵字 頂雙溪、雙溪八景、大華壺穴

基隆河上游河床由溪水挾帶礫石所挖鑿的「大華壺穴」。（黃丁盛／攝）

雙溪位在平林溪與牡丹溪匯流口，舊稱「頂雙溪」。曾因煤礦興盛而繁榮一時，鐵路未通前是台北與宜蘭間的重要驛站，曾以「頂三貂（雙溪），下攏橋（恆春）」聞名全台。全鄉至今仍維持自然純樸風貌，「雙溪八景」頗具觀光價值。

Shihding Township

石碇鄉

郵遞區號 223
面積 144.35平方公里
節慶 美人茶節（夏季）
關鍵字 翡翠水庫、茶、吊腳樓、皇帝殿

早期因出入鄉境須跨過溪中大石，有如跨越「戶碇」（門檻），因而得名；另一說是因溪深水急，船隻需繫石以碇泊。過去是北宜間的水陸轉運站，也曾是台灣三大茶市之一，北宜公路通車後，被坪林取代，但此地所產東方美人茶至今仍馳名茶市。

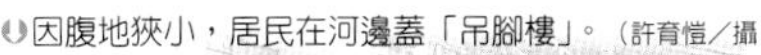
因腹地狹小，居民在河邊蓋「吊腳樓」。（許育愷／攝）

Rueifang Township

瑞芳鎮

郵遞區號 224
面積 70.73平方公里
節慶 礦山芒花季（10月底）
關鍵字 九份、金瓜石、基隆山、黃金博物園區、煤礦、金礦

舊名「柑坪里」的瑞芳，是過去台北、基隆往返噶瑪蘭（即今宜蘭）的必經之地，當年到九份、金瓜石一帶的採礦者，也都必須經由此地上山。當時柑坪里有家名爲「瑞芳」的商店，是上山者必經的中途補給站，許多人常相約「瑞芳」聚集同行，因此沿襲成名。三面環山、一面臨海的瑞芳，迎東北季風，終年多雨，土壤貧瘠不利耕作，但金、煤礦產豐富，淘金人潮不斷湧入，山城因而興起。1950、1960年代，礦產居全台之冠。礦業沒落後，人口嚴重外流。近年因九份、金瓜石觀光盛行，出外子弟又紛紛回鄉定居，以獨特的礦業史跡，營造地方旅遊魅力。

電影

近年來金九地區重現繁榮，可說全拜電影之賜。1989年侯孝賢的〈悲情城市〉獲得威尼斯影展金獅獎，也讓取景之地九份一躍登上國際舞台。之後〈多桑〉、〈戀戀風塵〉、〈無言的山丘〉等片，也以九份為背景或入鏡，礦業山城的風韻從此魅力不墜。

九份因採礦而盛，沿坡而建的房屋，大都是當時留下來的見證。（黃丁盛／攝）

Sijhih City

汐止鎮

郵遞區號 221
面積 71.24平方公里
關鍵字 水返腳、基隆河、員山子分洪道、林肯大郡、造鎮

舊名「水返腳」，意爲「潮水上漲到此爲止」，清朝時是基隆河沿岸重要的貨物集散與轉運站，當時居民多沿河而居。隨著縱貫鐵路、北基公路、高速公路的陸續完工，未來高鐵、捷運也會在此交會，汐止將成爲全台最大的運輸樞紐。交通優勢吸引了諸多科技大樓、大型住宅、購物中心進駐，讓汐止逐漸轉型爲電子經貿城；境內優美的山坡景致，也成爲許多新移民搬遷的首選。過去因地勢低平，每逢颱風必有水患，自從員山子分洪道啓用後，災情已大幅減低。

因位在交通的樞紐，近年汐止成為大型工商機構及住宅區進駐的地點。（黃丁盛／攝）

Gongliao Township

貢寮鄉

郵遞區號 228
面積 99.97平方公里
節慶 海洋音樂祭（7月）、草嶺古道芒花季（11月）
關鍵字 核四、海洋音樂祭、龍洞、鹽寮、三貂角、澳底

位在台北縣最東端，境內多丘陵山地，是雪山山脈起點。原爲凱達格蘭族三貂社的活動地，1796年，吳沙爲拓墾噶瑪蘭，首開三貂社，改稱「槓仔寮」，意指「山豬陷阱旁的草寮」。以農、漁、養殖業爲主的貢寮，海洋資源豐富，曾以盛產海鮮聞名全台。依山傍海的優勢，也讓貢寮成爲北台灣熱門的觀光休閒勝地，並以攀岩、衝浪、風浪板、輕航機等新興運動爲流行趨勢。近年來，每年夏季所舉辦的海洋音樂祭，也成爲搖滾音樂界的一大年度盛事。

2000年夏天在福隆海水浴場開辦的海洋音樂祭，樂團以接力方式演出，是搖滾界的例行盛事。（林凱洛／提供）

鹽寮沙灘是築沙堡等沙灘活動的好去處。（黃丁盛／攝）

Wanli Township

萬里鄉

郵遞區號 207
面積 63.38平方公里
節慶 海上龍舟節（農曆5/5）、野柳淨港過火節（農曆1/15）
關鍵字 煤礦、野柳、女王頭、翡翠灣、國聖埔海灘、冷泉、原生三角楓

17世紀西班牙人占據萬里時，稱此地為「Parian」，後音譯為「萬里」。地勢背山面海，境內多屬大屯火山系。居民主要靠漁業、觀光維生，山區有零星農業，1970年前曾以產煤著稱。擁有豐富的海岸景觀，也成為觀光發展優勢。風蝕、海蝕地形發達的野柳風景區，每年吸引成千上萬遊客來此一睹女王頭、仙女鞋風采；萬里海水浴場則因上升氣流旺盛，成為飛行傘運動勝地。此外，瑪鍊溪更孕育出台灣原生三角楓、碳酸冷泉等特有植物和景觀。

野柳岬是突出於海岸的硬岩，再經風與海浪不斷侵蝕，塑造出各種奇岩怪石。（吳立萍／攝）

飛行傘運動。（黃丁盛／攝）

Jinshan Township

金山鄉

郵遞區號 208
面積 49.21平方公里
節慶 甘藷節（8月）、水尾港放水燈（農曆7/14）、金包里堡童玩節（4月）、金包里漁村嘉年華（11月）
關鍵字 魚路古道、跳石海岸、硫磺、苕豐居、金山鴨肉、朱銘美術館、金寶山、溫泉、甘藷

金山舊名「金包里」，為凱達格蘭語音譯，意為「採硫之地」，1920年改稱金山。公路修築之前，往來行人必須趁退潮時，跳過沿岸巨大的火成岩，故有「跳石海岸」一說。大屯山區的硫磺開採，讓金山興盛一時；日治時硫磺改由淡水出口，加上公路開通，繁榮歲月終告結束。礦業不再，但金山的硫磺溫泉依舊名聞遐邇，陽金公路開通後，更帶動金山老街與溫泉觀光業。1999年開放的朱銘美術館，也將藝術氣息帶入了金山。

老街上的金山鴨肉店，遠近馳名。（黃丁盛／攝）

金山老街是北海岸僅存的清代老街，1997年，部分商家趁拓寬工程自行改建，已不復舊時風貌。（黃丁盛／攝）

Shihmen Township

石門鄉

郵遞區號 253
面積 51.26平方公里
節慶 國際風箏節（9～10月）
關鍵字 石門洞、藻礁、岬角、風稜石、十八王公廟、石門鐵觀音、白沙灣、富貴角、麟山鼻、風箏

石門是台灣最北端的鄉鎮，過去是平埔族小雞籠社與金包里社漁獵區域，因擁有海蝕「石門洞」而得名。背山面海，80萬年前大屯火山群的竹子火山爆發後，熔岩順勢奔流入海，不但遺留沿岸火成岩地形，也是境內一山一溪、溪流放射狀入海的成因。由於境內多山，不適農業發展，居民轉而栽培茶樹，石門鐵觀音是代表茶種。東北季風強勁，海蝕、風蝕作用旺盛，因而造就各式海蝕洞、風稜石等頗具研究價值的地質景觀。也因風大，伴隨國際風箏節而興起的風箏產業，已讓石門成為「風箏之鄉」。境內的十八王公廟，香火不墜；高30公尺的黑龍義犬矗立在山腰間，也相當引人注目。近年地方政府更大力推廣富基漁港觀光魚市，吸引各界饕客慕名而來。

石門海風強勁，每年舉辦風箏節邀請國內外風箏好手在白沙灣競技交流，蔚為盛事。（黃丁盛／攝）

麟山鼻

麟山鼻是大屯火山熔岩形成的海岬，與富貴角遙遙相對，當地稱為「鼻尾鼻」或「鼻尾頭」。熔岩冷卻後形成深黑色、堅硬的安山岩，在東北季風夾帶砂石長年累月的磨蝕下，產生表面光滑、邊角尖銳的風稜石。此外更有罕見的藻礁、石滬等景觀，以及豐富的潮間帶資源。

Taoyuan County

百花齊放桃園縣

頂著農業大縣的光環，加上產業與交通的優勢，桃園縣就像一座大花園，廣納各種元素：原本萬塘千湖、桃花遍地，也曾是北台灣主要稻米產地，現在則搖身一變，成了全台最大草花王國；台灣桃園國際機場的建設，讓桃園縣成為台灣與國際接軌的第一站；鐵道與公路的交錯縱橫，也讓桃園縣的網絡南北延伸；幼獅、龜山、平鎮、大園等工業區的設置，以及大桃園科學園區的計畫，更增加了桃園縣的工業潛力。

自然與工業、古蹟與高樓、傳統與科技，在這裡和諧共存，而泰雅、客家、閩南、眷村等不同族群的文化，也在此交會共融，卻又各自維持特有的風貌。

(黃丁盛／攝)

草花王國

近年來因氣候變遷，雖擁有眾多埤塘及水圳，桃園仍常面臨缺水灌溉的困境，許多農田因此被迫休耕，稻米產量銳減。農民於是紛紛轉植草花，在不斷的技術改良下，桃園縣已成為全台最大的草花產地，產區多集中在蘆竹及大園。

(魯獅／攝)

觀音草漯沙丘

東北季風的風積作用，在桃園縣沿海形成綿長的沙丘群，其中以向內陸延伸三、四公里，全台最發達的觀音草漯沙丘最知名。大園鄉則擁有豐富的濕地與候鳥生態，是每年濕地賞鳥節的重要舞台。

自然人文好風光

從石門水庫以下向北流出縣境的大漢溪，不僅造就大溪過往的轉運港風采，也是桃園縣的天然地理界線：東南側為雪山山脈，崇山峻嶺間有孕育數千年的檜木神木群；西側是綿延不斷的丘陵台地，有人口較聚集的市鎮，也有埤塘水澤及茶園梯田風光；再向濱海地區延伸，沙岸的濕地生態及活力十足的觀光漁港，散發著海洋的氣息。近年來，新興的花卉農業，讓桃園縣的農地不再因水源缺乏而休耕，提升了農產的經濟效益，更促使傳統農場朝觀光產業發展。

聖蹟亭。(黃永耀／攝)

(魯獅／攝)

桃園大圳

早年桃園雖然埤塘眾多，但各埤塘之間無圳道相通，乾旱季節仍缺水嚴重。因此1916年進行「八塊厝中壢附近埤圳」，即桃園大圳施工工程，1924年完成通水，將200多口埤塘串聯起來，不但解決了桃園地區的缺水問題，桃園大圳也成為台灣最早興建的大規模水利工程。

龍潭聖蹟亭

多台地及丘陵的桃園縣，居民以客家人居多，人數約占全台客家族群總數的1/4，其中近六成住在龍潭鄉。龍潭鄉還擁有全台面積最大的聖蹟亭（惜字亭），象徵著客家人崇尚讀書風氣的傳統。

(黃丁盛／攝)

大漢溪

發源於雪山山脈與大霸尖山的大漢溪，流經復興鄉，切出了河階地形；流經大溪，則帶來了清朝時期繁盛的內陸河運。但在桃園大圳與石門水庫接連興建後，大漢溪水位下降，河運也因而終止。

桃園台地上的灌溉水網

早年來到桃園台地的先民，不但要克服沖積扇礫石層難以開墾的問題，還得面臨河流水量少而短促的困境。當時他們唯一能想到的辦法，就是在台地上挖鑿埤塘貯存雨水，以作為農田的灌溉用水，最盛時桃園台地上有將近一萬口埤塘。但由於雨量分布不均，每遇暴雨埤塘的水滿溢入海，乾旱時池底龜裂朝天，使農民只能開闢「看天田」種植旱作、靠天吃飯。

直到1924年，從大漢溪上游取水的桃園大圳完成通水後，將200多口原本各自獨立的埤塘串聯成水路，加上後來興築的光復圳，終於使台地西北半部110公尺以下地區有了充足而穩定的水源。1964年石門水庫完工後，從石門水庫引水的石門大圳，則將水源疏通到台地東南半部海拔較高的地區。自此以後，桃園台地的灌溉系統才算完備。

猶見千湖風情

桃園縣大半分布在桃園台地上，距今六萬多年前，台北盆地陷落，多數溪流成了斷頭河，流路短、水量少，集水區小，加上台地的紅土礫石層保水不易，除了雨季外，其他時節多半供水不足。因此自開墾以來，先民便利用天然窪地闢塘儲水，極盛時期將近萬口，是全台埤塘最多的縣市，有「千湖鄉」之稱。而在桃園大圳、石門大圳、石門水庫接連興建後，埤塘多被填平，往昔千湖風光雖已不再，但仍有不少埤塘轉為養殖及觀光用途，呈現另一種水鄉風情。

石門水庫

大漢溪上游地勢陡峻，每遇暴雨，泥沙便傾瀉直下，河道日久淤積，造成中、下游地區時常為乾旱所苦，因此在1954年，於大漢溪中游興建石門水庫；1964年水庫完工，除防洪之用外，並具有灌溉、發電、觀光及供應民生用水等多重功能。

(黃丁盛／攝)

(黃丁盛／攝)

台灣桃園國際機場

自1979年啓航以來，進出台灣桃園國際機場的航機，從初期每年3萬架次，成長到現在14.9萬架次，旅客運量也突破了2,000萬人次，貨運量更增長到150萬公噸。該機場不但促進了外商在台投資、進出口轉運，也帶動了台灣觀光產業的飛躍發展。

飛向國際的大門

稱桃園縣為「國門之都」，一點也不為過。因位在桃園縣最北方的大園，距台北都心僅35公里，又具有地勢平坦、腹地遼闊之利，1979年雀屏中選成為台灣桃園國際機場場址。從這裡飛往亞洲各主要城市，平均飛航時間只需2.5小時，不但是台灣與國際往來的門面，更是亞洲的空運中心。而伴隨機場運輸而生的空廚、貨櫃等產業，林立在往來機場的高速公路沿線，形成另一種特色景觀。

(魯獅／攝)

桃園航空城

交通部在1996年提出了「桃園航空城」計畫，將以台灣桃園國際機場為中心，配合大園、蘆竹等地的土地利用，建置航空貨運園區暨客運園區、航空維修中心、國際會議廳及大型商務旅館等，提供航空貨運、貨物集散、物流加值服務等功能，不但增加台灣桃園國際機場的多元化經營，也將提升台灣在國際航空轉運上的重要性。

眷村文化故事館

為安置大批軍眷，國民政府在1956年以後的20年間，陸續於台灣各地設立眷村，其中桃園縣就有87處，是全台眷村數量最多的縣份。設立於龜山鄉的眷村文化故事館，以紀錄片及聲音箱的方式，呈現眷村生活的真實面。

(魯獅／攝)

大溪老街

昔日繁忙的大漢溪河運，讓大溪的市街發展達到鼎盛，現在的和平路、中山路和中央路，就是當時興起的商店街。至今，這三條老街上仍矗立著日治時代所興建，充滿巴洛克式風情的街屋。

(黃丁盛／攝)

復興泰雅族祭典

桃園縣境內的泰雅族原住民，大都居住在山脈綿亙的復興鄉。每年舉辦的「播種祭」和「豐收祭」，不但是各部落的年度盛事，也為當地帶來觀光人潮。近年成立於大溪的原住民文化會館，則提供原住民各項文化活動及傳統技藝傳承的場所。

異采紛呈的族群文化

早期桃園台地是平埔族凱達格蘭人的居住區域，而大嵙崁山地則為泰雅族人的生活圈；17世紀以後，大陸沿海閩、粵地區移民跨海來台墾拓；1949年國民政府遷台後，又在鄰近台北的桃園地區廣設眷村，安置隨行的大批軍人及眷屬，現在更是全台外籍勞工最多的縣市。縣內因此而有客家文化節、眷村文化節、泰雅豐年祭、泰國潑水節等各族群的活動，展現繽紛的文化風情。

泰國潑水節。(黃丁盛／攝)

(許育愷／攝)

達觀山神木群

園縣東南屬於雪山山脈，平均海高度約1,500公尺，因人為開發，充滿原始風味。其中復興鄉華村的達觀山（原名拉拉山），擁為數衆多樹齡達數百，甚至千年檜木群，而成為著名觀光景點，於1986年畫設為自然保護區。

桃園縣 Taoyuan County

縣花　桃花　縣鳥　台灣藍鵲
面積　約1,221平方公里
人口　約188萬人，20年來成長72%
人口密度　每平方公里約1,534人
海岸線　43公里
森林覆蓋率　35%
主要水系　大漢溪（淡水河系）
民生水源　石門水庫
節慶　元宵燈會、泰國潑水節(4月中旬)、客家桐花祭(4月)、客家文化節(8月)、眷村文化節(11月)

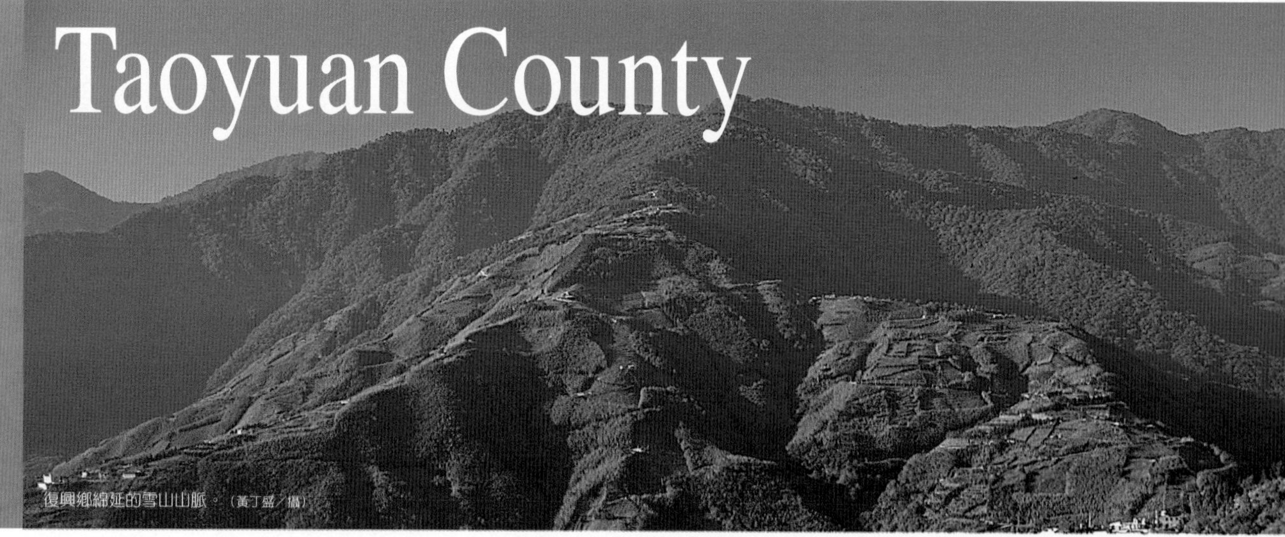
復興鄉綿延的雪山山脈。（黃丁盛／攝）

桃園縣地形狹長，臨山面海。大漢溪將全縣畫分為東南和西北兩大部分，東南部為標高300公尺以上的丘陵、山岳及階地；西北部地勢平緩，多為台地。

開發以水利為要務

桃園縣最早為平埔族人居住地，明鄭時期鄭軍曾在南崁地區駐防；清乾隆時，閩粵移民來此開墾，並開闢龍潭大池等埤塘、發展農耕；清乾隆六年（1741）霄裡大圳開通，串聯埤塘與溪流，水利系統漸具規模，也成為日治時期桃園大圳前身；石門水庫興建後，農業更興盛，稻米產量大增，曾有「北台穀倉」之稱。近年由於灌溉供水不穩，以及台灣加入世界貿易組織等影響，稻作面積減少，漸由草花取代。

交通網路四通八達

早期交通大多仰賴淡水河航運的桃園縣，清雍正年間打通台北桃園間的龜崙嶺山道（今省道台一線）後，開始水陸並重；至今，已同時擁有三條高速公路、西濱、東西向快速道路，以及縱貫線省道等交通要道，未來並將興建機場捷運，高速鐵路也在此設站。

便捷的交通網路、鄰近大台北都會區的便利性，加上台灣桃園國際機場所在地的優勢，讓桃園縣成為產業投資設廠與外縣市移民的絕佳選擇。

科技與觀光產業並重

全縣宛若一座大型工業城的桃園，擁有24個工業區，從傳統產業到高科技產業，廠商萬餘家。2004年工業產值約1.6兆元，占全台25%，不但是全球光電、半導體製造中心，同時也是汽車零組件重鎮。而除了持續發展的工業與高科技產業外，近年更整合鄉鎮資源，規畫蓮花季、水蜜桃季、水鳥節等觀光活動，逐漸成為經濟開發與休閒觀光並重的工商大縣。

Gueishan Township

龜山鄉

郵遞區號　333
面積　72平方公里
節慶　桃園縣體驗花季(3月)
關鍵字　龜崙社、長庚醫院、國立體育學院、壽山巖、市民農園、眷村故事館、聖誕紅、世界警察博物館

位在林口台地及龜山丘陵之上的龜山鄉，原為凱達格蘭族獵場，緊鄰台北縣。以清朝龜崙嶺山道為修築藍本的省道台一線開通後，便利的交通，即成為最重要的發展潛力，加上可直達中山高速公路林口、南崁兩交流道，更成為傳統製造業與高科技產業競相進駐的重鎮。目前鄉內設有六個工業區，擁有1,500多家廠商，是桃園縣最重要的工業城與都會樞紐。除了致力於工業發展，近年來山坡地社區的開發及市民農園的闢建，更為鄉民打造極佳的居住與休閒環境。

華亞科技園區。（黃丁盛／攝）

Taoyuan City

桃園市

郵遞區號　330
面積　35平方公里
關鍵字　景福宮、虎頭山公園、忠烈祠（桃園神社）、巨蛋體育場、中國家具博物館、聖保祿醫院、虎茅庄、桃仔園、新民間書院（桃園社區文化學院）

桃園市位居內陸，清乾隆年間開始有客籍移民大規模拓墾。由於全境為平坦台地，便於交通建設，因此清代便有鐵路設站，再歷經日治市街改正，已具現代化城市規模。到了現代，由於鄰近大台北地區，加上鐵、公路交錯貫穿，已成為北台灣交通重鎮，以及桃園縣政治與經濟中心，也因此吸引了許多新住民。近年為了提升市民生活品質，桃園市廣闢綠地，共興建了39座公園，總面積為全縣第一，而有「公園之都」美稱。

巨蛋體育館是為了配合1993年台灣區運動會所建，可容納1萬5千人。（黃永燧／攝）

桃園市有台灣第一座巨蛋體育館。（黃永燧／攝）

Lujhu Township

蘆竹鄉

郵遞區號 338

面積 76平方公里

關鍵字 高爾夫球、坑子社區、土埆厝、木炭窯、赤塗崎溪、蘆峰烏龍茶、番社饋古道、五福宮、斗笠手工藝、南崁、聖跡亭、林口保護區

1981年成立的航空科學館，保存了珍貴的台灣航空史料。（黃丁盛／攝）

位於桃園縣最北端的蘆竹，是縣內唯一同時擁有山川、海岸、平原的鄉鎮。16世紀中葉，先民即溯南崁溪而上，在今日鄉治所在的南崁地區活動；至今，南崁坑子社區仍保有早年農業社會的斗笠產業，並重建土埆厝與木炭窯，致力推展傳統文化。由於蘆竹北與台北縣毗連，東南緊鄰桃園市，交通便捷，東有中山高速公路，西是台灣桃園國際機場，加上高速鐵路、西濱快速道路，還有桃園機場－台北捷運線貫穿其間，各項交通優勢促成了國際物流產業在此蓬勃興盛。

便捷的交通運輸，促使影城等大型娛樂事業進駐南崁。（黃丁盛／攝）

Dayuan Township

大園鄉

郵遞區號 337

面積 87平方公里

節慶 濕地賞鳥節(10月)

關鍵字 大坵園、許厝港、南崁港、台灣桃園機場、國之大門、竹圍漁港、內海濕地賞鳥、溪海花卉園區

大園位於低平的沿海地區，清雍正年間，漳州、泉州移民陸續由許厝港、南崁港登陸拓墾，並與大陸對岸往來頻繁。後與對岸的航運雖已沒落，但光復後，漁業仍積極發展，讓南崁港晉升為桃園兩大港之一的竹圍漁港。沿海的沙岸環境及埤塘濕地生態，也使大園成為北台灣重要的賞鳥據點。1960年代，大園因地勢低平、開發密度較低，又鄰近大台北地區，被選定為台灣桃園國際機場場址。近年來，受限無法開發利用的機場周邊土地，也逐漸突破發展困境，致力於休閒產業，成果斐然。

近年來積極發展漁業觀光的竹圍漁港。（黃丁盛／攝）

Guanyin Township

觀音鄉

郵遞區號 328

面積 88平方公里

節慶 石觀音文化季(5～6月)、桃園蓮花季(5月底～9月底)

關鍵字 桃園大圳、草漯遺址、大堀溪、白沙岬燈塔、觀音工業區、蓮園、大潭電廠

觀音鄉位於桃園縣沿海中段，海岸線長約15公里，因東北季風的風積作用，形成著名的沙丘地形；由於淺灘遼闊，常有夜航船隻在此擱淺翻覆，因此在1896年興建白沙岬燈塔，引導船隻行駛。觀音的濱海沙地適合栽種西瓜及哈蜜瓜，平原地區則在1924年桃園大圳完工後，水源豐沛而盛產稻米，農業十分興盛。1970年代，為配合政府工業政策，許多農地或空地改為工業用地，也發展成占地600公頃、北台灣最大的工業區。不過，隨工業發展而來的污染問題也應運而生。近年來，在居民環保意識的覺醒與推動下，觀音又成了北台灣面積最大的蓮花栽培區，轉而成為以觀光著稱的特色之鄉。

（許育愷／攝）

蓮花

為了改善工業區所帶來的污染，一群居民在1999年自力進行大崛溪的河川保護，並利用水稻耕地栽植蓮花。後來在政府的協助下，種植面積更達40多甲，為北台灣之最；又為了搭配熱鬧的蓮花季，推出蓮花餐、蓮花寫生等活動，打響了「北觀音、南白河」的蓮花鄉名號。

觀音鄉是北台灣最大的蓮花栽培地。（黃丁盛／攝）

白沙岬燈塔。（黃丁盛／攝）

Sinwu Township

新屋鄉

郵遞區號 327

面積 85平方公里

關鍵字 范姜姓氏、永安漁港、蓮園、鵝

永安漁港原為小漁港，後來為了因應大船進出需要而擴建。（黃丁盛／攝）

新屋是典型的農業之鄉，耕地面積廣，灌溉用埤塘也占全縣總數1/5以上，因此除了稻米產量為全台第一之外，濕地生態也相當豐富。農民多在田間養鵝，鵝因活動量足，肉質口感佳，「新屋鵝肉」因此聞名全台。近年來農業與觀光並重，昔日要港崁頭厝已發展成桃園兩大港之一的永安觀光休閒漁港，新屋蓮園也成為蓮花季要角之一。

Yangmei Township

楊梅鎮

郵遞區號 326
面積 89平方公里
關鍵字 楊梅樹、諸協和、伯公山、楊梅老街、富岡老街、呂家宅邸、埔心牧場、迎古董、幼獅工業區、楊梅三部曲、楊梅包種茶

地處社子溪上游溪谷中的楊梅，地名便是依客語「楊梅壢」，即「楊梅結實纍纍的裂谷」而來。由於地形關係，自古以來，楊梅就是南來北往的交通要道，日治初期淡新鐵路就在楊梅設站。至今，鎮內仍擁有三座火車站，數量占全縣之半，高速公路及縱貫公路也在此交會。交通便利也為楊梅帶來了傲人的工業發展，境內的幼獅工業區、大興工業區及高山頂段工業區等，不僅造就無數就業機會，更發展出極具規模的貨櫃倉儲業。因就業機會而吸引來自各地的新住民，也帶動楊梅市區向東發展，高樓新廈林立。

1957年為配合政府發展酪農業，味全公司將楊梅一處荒野林地開闢為牧場，並規畫休閒空間，成為著名的觀光勝地。（黃永爐／攝）

Jhongli City

中壢市

郵遞區號 320
面積 77平方公里
節慶 義民節普渡(每年中元節)
關鍵字 龍岡眷村、牛肉麵、中央大學、高鐵青埔站、新街惜字亭、仁海宮、濟世功德協進會、學習型社區、圓光禪寺、澗仔壢

平坦的台地是中壢市的主要地形，另有老街溪與新街溪縱貫形成的澗谷，客語稱作「壢」；又因位在昔日北部兩大城：竹塹（新竹）與淡水（原為新莊，後指台北）的中途站，而稱「中」。由於位置居中，加上早年台地以旱作蕃薯為主，丘陵地則種茶，因此，清初已發展成為北部最大茶市，也因蕃薯葉可作為牲畜飼料，成為重要的牲畜市場。日治時代開通縱貫鐵路，因交通便利，地方更加繁榮，後設為中壢郡，行政地位日益重要，是光復後全縣最早升格的縣轄市。未來高鐵青埔特定區設立後，更將帶動周邊繁榮。

今日中壢文教風氣興盛，共有七所大專院校，是縣內高等學府密度最高的鄉鎮市。（魯獅／攝）

Dasi Township

大溪鎮

郵遞區號 335
面積 105平方公里
節慶 陀螺節(11月)、花海嘉年華(11~12月)
關鍵字 大姑陷、大嵙崁、大漢溪、林本源、牌樓立面、淡水河系轉運港、大溪老街、木製家具、慈湖陵寢、大溪陵寢、大溪豆干

古道

過去大溪河運發達時，築有多條從市街延伸至碼頭的石板古道。由於大溪為逐層而降的河階地形，為配合落差極大的地勢，古道不僅轉折處多，石階數也多，形成當地特色。在大溪的河運功能逐漸衰退後，除了普濟路前的月眉古道外，其他均已荒廢。近年來，鎮公所積極修復古道並發展觀光，以尋回古道的歷史價值及賦予全新生命。

御成路古道是龍潭通往大溪的捷徑。（魯獅／攝）

位在大漢溪兩岸的大溪，因擁有一連串河階地形，昔稱「大姑陷」、「大嵙崁」，原為平埔族霄裡社與泰雅族原住民散居地。清代淡水成為通商口岸後，位在淡水河系最上游的大漢溪，也因航運發達，促使大溪發展成繁盛的河港，也成為當時台灣最內陸的轉運重鎮，以轉運樟腦、茶葉為主。航運之外，大漢溪的灌溉功能，加上清代林本源家族開闢龍埤和新埤大圳，奠定了大溪農業發展的基礎。日治時期，日人為開採煤礦與林木，興築輕便鐵路，讓大溪經濟更加繁盛。後因大漢溪河道淤積，轉運功能逐漸式微。過去的繁華，讓大溪成為古蹟處處的文化重鎮。現在的大溪，則充分利用天然河階地形和肥沃土地，生產綠竹筍、火龍果等農作，同時也是北台灣最大的韭菜栽培區，更有蘭園、藥用植物園等精緻農業。

老街上有整排日治時期的仿巴洛克式建築，每到廟會及傳統節慶，還可見到熱鬧的神明出巡活動。（黃丁盛／攝）

因大溪地下水質有特性，所製的豆干特別嫩可口。（黃丁盛／攝）

Bade City

八德市

郵遞區號 334
面積 34平方公里
節慶 三元宮乞龜(農曆2/2)
關鍵字 客籍移民開墾、八塊厝、三元宮、乞龜、野生稻、馬祖人、樹德居、馬祖會館、榮家、餘慶居

桃園台地上的八德，從前多埤塘景觀。圖為由三口埤塘規畫設計的茄苳里公園。（魯獅／攝）

八德市是桃園縣最小的行政區，位在桃園縣東北側，是銜接桃園台地與台北盆地的門戶。1970年代，由於桃園地區工廠較多，吸引了許多離家前來討生活的馬祖移民，其中尤以房價較便宜的八德市，馬祖籍移民最多，十人當中就有一個馬祖人。

Pingjhen City

平鎮市

郵遞區號 324
面積 48平方公里
關鍵字 張路寮、安平鎮、義民廟、虎頭崗、安平鎮之役、胡老錦(胡嘉猷)、八角塘、說故事媽媽、社會大學、鄒新和、廣隆宮、褒忠祠

平鎮是一個相當「新」的城市，1945年才從中壢畫分出來。由於位在桃園縣中央地帶，交通便利，而且東、西、南三面地勢較高，冬季可阻擋東北季風吹襲，夏季又可減弱颱風威力，因此近年已成為桃園縣人口增長最迅速的地區。平鎮的「新」還表現在教育上，1998年全台第一所社會大學在此開辦，第一個國小說故事媽媽團也在此誕生。

八角塘。（魯獅／攝）

Fusing Township

復興鄉

郵遞區號 336
面積 351平方公里
節慶 水蜜桃觀光季(6月下旬～7月)、泰雅豐年祭(8月)
關鍵字 劉銘傳、角板山、泰雅族、神木、山地鄉、水蜜桃、甜柿、拉拉山、巴福越嶺古道、豐年祭

復興鄉是北台灣最大的山地鄉，坐擁豐富茂密的林相。大漢溪也在此切穿雪山山脈，雕鑿出壯觀的之字形峽谷。因地勢高、溫度低、土壤肥沃，適合溫帶水果生長，所產的水蜜桃甜度高、水分足，是著名的特色農產，也讓復興鄉贏得「水蜜桃之鄉」美稱。

和台北縣烏來鄉交界處的達觀山（原名拉拉山，海拔2,030公尺），由於高度適中，足以攔截東北季風所帶來的水氣，形成適合檜木生長的「霧林帶」，因而擁有一片樹齡500～3,000年的巨大神木群，且因交通不便，直到1970年代才被發現，如今已是知名的觀光景點。鄉內居民以泰雅族為主，每年盛大舉辦的豐年祭，是復興鄉最具代表的原住民文化活動。

巴福越嶺古道

從復興鄉上巴陵到北縣烏來福山地區，有一條長約27公里的巴福越嶺古道。這條古道的前身為早年泰雅族人開發的「社路」；之後巡撫劉銘傳為了溝通桃園與台北山區，循著社路開闢古道；1913年，日人再沿舊路修築警備道路，於三年後完工，稱「拉拉山角板山越嶺道」。光復後古道曾荒廢一段時間，直到北橫通車及發現神木群後才廣為人知。

達觀山自然保護區裡的檜木神木群，多達120棵左右。（黃丁盛／攝）

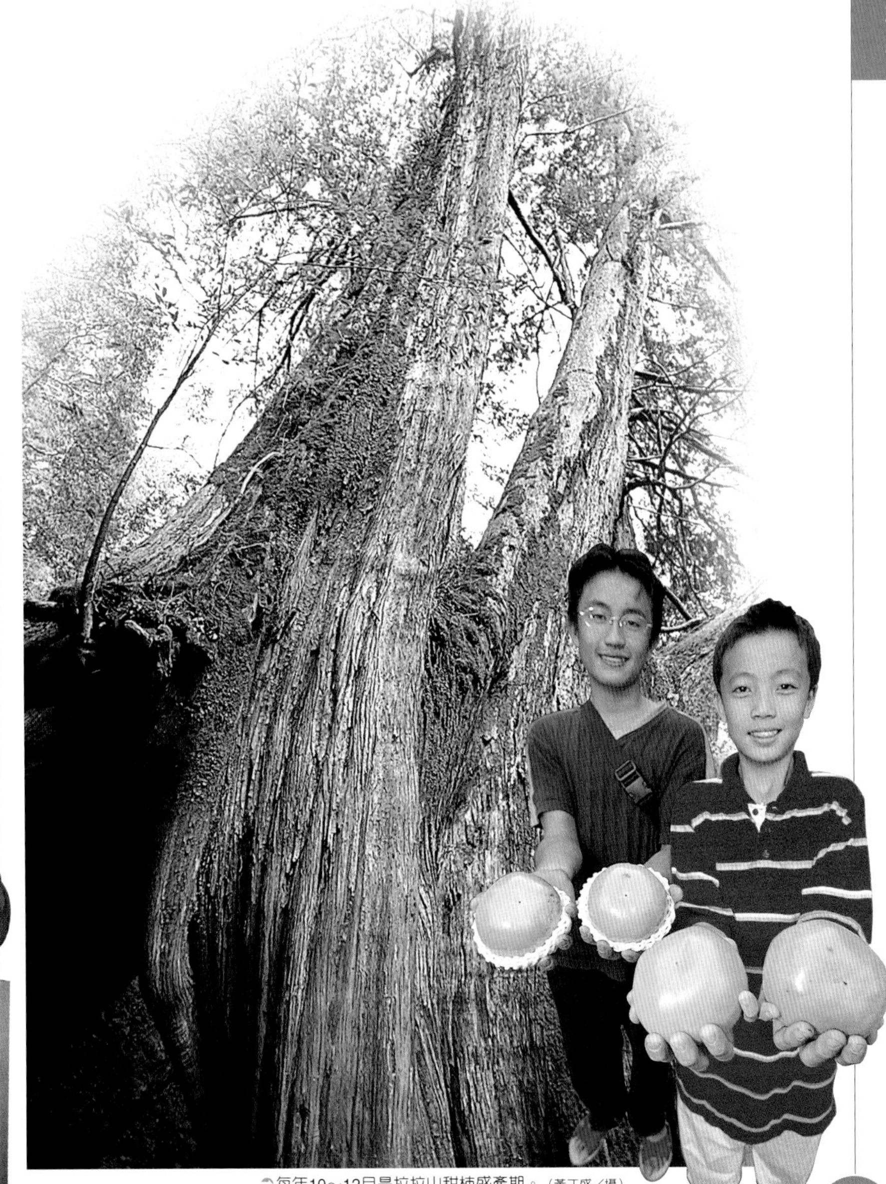
每年10～12月是拉拉山甜柿盛產期。（黃丁盛／攝）

Longtan Township

龍潭鄉

郵遞區號 325
面積 75平方公里
節慶 石門活魚觀光節(8~9月)
關鍵字 龍潭埤、龍潭大池、聖蹟亭、石門水庫、石門活魚、龍潭花生糖、龍泉茶、鄧雨賢

位於桃園台地最南端的龍潭鄉，河川短小易乾涸、水利不便，但因擁有酸性紅土與礫石地質，以及晨昏有霧的溫和氣候，清代開闢埤塘水圳後，即成為優良的茶葉產地；龍潭埤（今龍潭大池）就是當時開鑿的埤塘之一。1928年桃園大圳開通，雖改善桃園大部分地區用水問題，但龍潭鄉因地勢高於桃園大圳，所以直到石門大圳和石門水庫完工後，缺水窘境才徹底解決。坐落境內的石門水庫，不但具有灌溉、發電及供水功能，也是知名觀光景點。近年來，民間自行開發興建的「龍潭渴望園區」，將軟體等高科技產業帶進了龍潭，也為地方產業注入新動力。

石門水庫是桃園地區重要的民生用水來源，也是著名的風景區。（黃丁盛／攝）

從清代以來，龍潭即以龍泉包種茶聞名。（黃永燐／攝）

北台灣 Northern Taiwan

Hsinchu City

文化科技城新竹市

位在新竹平原，三面背山一面臨海的新竹市，由於地呈畚箕狀，形成一座受東北季風影響的「風城」，風乾出享譽全台的新竹米粉。又因爲是北台灣距離大陸最近的地方之一，因此開發較早，清朝末年更曾經是北台灣的首府，今日市區內仍留有多處清代古蹟。到日治時代，由於發現矽砂及鄰近的竹東有天然氣，發展成爲台灣玻璃工業重鎮；1980年成立科學園區後，更以半導體製造稱霸世界，成爲「台灣矽谷」。

新竹市的自然環境，與高科技發展同樣耀眼，綿延在客雅溪出海口以南的香山濕地，是台灣西北海岸最大的泥質灘地，並以豐富的生態環境，以及數量和種類均多的螃蟹馳譽世界。

風力活動公園
南寮漁港
香海公園
新竹縣
頭
前
台
北區
張氏節孝坊
蘇氏節孝
長和宮
迎曦門
護城河
鄭氏家廟
香山濕地
客雅溪口賞鳥區
紅樹林公園
北門大街
城隍廟
客
雅
溪
灣
孔廟
天公壇公園
新竹火車站
內天后宮
十八尖
鄭用錫墓
牛埔山
李錫金孝子坊
青草湖
香山牧場
海
海山漁港
香山
香山區
峽
鹽
港
溪
苗栗縣
天仁茶園
北
西
東
南
123°7'30"E
123°10'0"E
24°50'0"N
24°47'30"N
24°45'0"N
24°42'30"N

（黃丁盛／攝）

南寮休閒漁港

位在新竹市西北郊海濱的南寮漁港，建於1981年，近年來隨著魚源枯竭，轉而成為休閒港口，除了有購買生鮮漁貨與享受海鮮大餐的漁產直銷中心、盛行放風箏活動的港邊大草坪，更有一年一度的龍舟競賽在此舉行。

（李雨傳／攝）

香山濕地

鳳山溪、頭前溪的大量漂沙有一部分留在出海口南寮漁港，一部分往南形成面積廣達1,025公頃的香山濕地。根據調查紀錄，香山濕地有274種以上的留鳥與候鳥，約占台灣可見鳥種的一半；蟹類約50種四億隻，最大的螃蟹家族是約一億隻的短趾和尚蟹；這裡也是台灣特有種台灣招潮蟹在北部僅存的棲地，族群數量約一萬隻。

多功能的海岸線

新竹市的海岸線長達17公里，以自行車道串聯成觀光帶，北邊著重人工遊憩設施，包括最受歡迎的南寮休閒漁港、港南運河等；往南以自然景觀為主，除了金城湖賞鳥區、紅樹林公園，更有台灣西北海岸最大的泥質灘地——香山濕地。這片超過新竹市一半海岸線長度的濕地，在1996年澳洲布里斯本舉行的國際拉姆薩公約組織會議中，被列為「東亞重要濕地及水鳥保護網」的一環，也在2001年畫為新竹市濱海野生動物保護區。

（魯獅／攝）

（黃丁盛／攝）

新竹火車站

劉銘傳興築的台灣第一條鐵路於1893年抵達終點站新竹。現在巴洛克樣式的新竹火車站則為日治時代1913年重建而成，是台灣現存最古老的火車大站。

（黃丁盛／攝）

北門大街

北門街是從城隍廟往北，出城通往頭前溪口舊港的主道，清代發展成商業大街，至今錯落著各年代建築，包括清代閩南式建築、日治時期的樓屋和巴洛克式建築、光復前後的新式樓房、現代高樓，堪稱新竹史縮影。竹塹第一家族開台進士鄭用錫的宅邸和家廟是街上最著名的古蹟。

古竹塹新風貌

（黃丁盛／攝）

竹塹在17世紀就有泉州移民大規模進墾，並在清朝、日治時代，成為北台灣行政中心長達約170年，目前遺留20多處古蹟見證這段繁華歲月。近年來推動古蹟活化，將歷史建築轉型成博物館及藝文展演場所：東門是竹塹古城唯一遺跡，曾經頹圮，現在是市中心的閃亮地標；新竹城隍廟在日治時代有「庶民味覺殿堂」的美稱，現在仍是新竹小吃的大本營；此外，更有五座百年歷史的牌坊錯落於街弄中，提醒人們新竹城的古老過往。

新竹縣

城隍廟小吃

創建於清乾隆13年（1748）的城隍廟，不僅被列為三級古蹟，廟前小吃更是名聞遐邇，其中又以百年歷史的米粉和摃丸最出名。百年前，福建惠安移民發現客雅溪畔風勢強勁乾燥，於是在河埔地曬米粉；又利用米糠養豬，將新鮮的豬後腿肉捶打成泥狀，揉捏成可口的摃丸。

（黃丁盛／攝）（黃丁盛／攝）

東門城（迎曦門）

（黃丁盛／攝）

清雍正9年（1731）竹塹成為淡水廳廳治，兩年後廣植刺竹環繞為城，至道光9年（1829）改建為磚城，其中東門存留至今，是台灣現存最完整的古城門。1999年以「新竹之心」意象將東門整建為市民生活廣場，並保留整建時發現的船首型橋墩，串聯護城河親水公園。

新竹科學園區

1970年代發生世界能源危機，唯有美國加州矽谷的高科技產業快速成長，而且華人工程師就占1/3。當時台灣也面臨產業升級需求，因此政府在1980年設立新竹科學園區，目前園區內的科技從業人口約20萬人，約占新竹縣市總人口的1/5。

（魯獅／攝）

傳統「矽」鄉

玻璃是新竹市的產業、藝術、科技發展的時代見證與縮影。初期新竹以生產日用品及醫療器皿為主，1960年代進入工藝發展階段，甚至還有「耶誕燈泡王國」的美名。至今新竹仍是全台90%玻璃工廠的集中地，並朝向光纖電纜等高科技產品發展。

竹塹玻璃工藝館。（黃丁盛／攝）

台灣矽谷，創造榮景

由於香山蘊藏矽砂，鄰近的竹東盛產天然氣，擁有原料與燃料優勢，促成新竹第一家玻璃廠在1925年誕生。除了傳統的玻璃工業之外，更因為與北台灣的門戶──桃園國際機場及基隆港、台中港均有高速公路串聯，交通運輸便利，並擁有工研院、國家實驗室及清華、交通兩所大學，能就近提供研究與技術人才，成為科學園區的選址地。而科技新貴的高所得與高消費力，更造就了新竹市的百貨業，工商發展一片熱絡。

（黃丁盛／攝）

竹塹大事記

市花	杜鵑　市樹 黑松　市鳥 喜鵲
面積	約104平方公里　人口數 約39萬人
人口密度	每平方公里約3,753人，近20年人口成長率37.2%
森林覆蓋率	18.87%
海岸線	17公里
主要水系	頭前溪、客雅溪、鹽水港溪
民生水源	寶山水庫、隆恩堰、永和山水庫、頭前溪、地下水、寶二水庫
節慶	玻璃藝術節(2年一次，約2～4月)、米粉摃丸節(約9月)

15世紀台灣自南部開始發展，清康熙23年（1684）台灣納入清朝版圖時，竹塹仍是漢人眼中的蠻荒之地，一直到康熙50年（一說30年），才有福建泉州人王世傑帶領180多位親族移入，開墾四百甲圳（後改稱隆恩圳），新竹平原才有良田。隨著台灣北部發展，乾隆21年（1756）淡水縣廳署由彰化遷至竹塹，竹塹成為北台灣的行政中心。一直到光緒元年（1875），才由台北代之而起。日治時代，新竹州廳亦設立於此，持續擔任桃竹苗四縣市的行政中心。1982年正式改制升格為省轄市。

1654年 荷蘭史料記載竹塹社有149戶523人。
1684年 康熙23年，台灣正式納入清朝版圖，台灣為福建省的一府，府下設台灣、鳳山、諸羅三縣。竹塹隸屬諸羅縣。
1719年 王世傑開墾四百甲圳，後改稱隆恩圳，開啟竹塹水利之始。
1721年 竹塹社支援平定朱一貴事件有功，獲賜漢姓：錢、廖、金、潘、衛、黎、三為「竹塹七姓」。
1723年 朱一貴事件後，台灣第一次行政機構擴充。竹塹改屬新設的淡水廳。
1748年 建城隍廟，列入官祀為「靈佑侯，淡水廳城隍」。
1756年 淡水縣廳署由彰化遷至竹塹，竹塹成為北台灣的行政中心。
1823年 新竹人鄭用錫於北京殿試考上第三甲第109名，人稱「開台進士」。
1829年 建請竹塹城牆與城門完工落成。
1875年 清廷解除移民台灣限制，人口和商業貿易聚集於台北。清廷並調整行政機構，廢淡水廳改為台北府，台北成為新的行政中心，竹塹改稱新竹。台北府治暫留在新竹辦公，新竹縣城隍跟著晉升為府城隍。
1879年 台北府治正式由新竹移至台北。
1891年 星象神諭台灣將有災殃，全島官民於新竹城隍廟舉辦祈福法會，薦舉其為「都城隍」（相當省長），成為全島位階最高的城隍爺。
1893年 火車通達終點站新竹。
1895年 甲午戰爭馬關條約將台灣割讓給日本。6月22日日軍跨越護城河以雲梯進入東門城。
1905年 實施「市區改正」計畫，拆除城牆，僅存東門。
1913年 巴洛克樣式的新竹火車站重建落成。
1953年 台灣第一個玻璃工廠「新竹玻璃製造廠」成立。
1960～ 光復路到竹東一帶的埔頂工業區設立，加上香山工業區成立，吸引農村人口移民。
1976年 科學工業園區列入六年經建計畫。
1980年 新竹科學園區正式開幕。
1982年 改制升格為省轄市。
1995年 舉辦第一屆新竹市國際玻璃藝術節。
1999年 東門城改造為新竹之心廣場。玻璃工藝博物館開館。
2000年 新竹火車站整修，站前廣場整建。風城願景館由原「空軍工程聯隊禮堂」改建完成。
2002年 新竹護城河改造完成。
2003年 舉辦第一屆米粉摃丸節。

Hsinchu County

客家風城新竹縣

多山少平原的新竹縣，山林景觀、自然資源豐富，更因開口朝向台灣海峽，不但迎來「九降風」，也塑造了獨特的柿餅、東方美人茶等特殊的產業風景。從濱海平原到台地，從起伏的丘陵到崇山峻嶺，分別散布著閩南、客家，以及泰雅族和賽夏族群，尤其聚居在丘陵地的客家族群，人數最多，成爲境內主要族群。質樸優雅的客家小鎮、傳統客家習俗與飲食，也成爲最大文化資產與特色。新竹縣不僅是許多客家鄉親的故鄉，近年來，由於科學園區的進駐，更成爲高科技人才雲集的重鎮，也讓充滿小鎮風情的新竹縣，大步走在科技時代的最前端。

新豐紅毛港紅樹林

形狀彷如布袋，因荷蘭人在此登陸，而有「紅毛港」之稱的新豐溪出海口，有一塊占地約8.5公頃，北台灣唯一水筆仔與海茄苳混生的紅樹林。而在紅樹林南方的鳳坑村內，也有一處由106棵百年朴樹所形成的天然森林，是台灣最大的朴樹群落。

客家義民節活動。（黃丁盛／攝）

蓮花寺濕地

位在新豐和竹北交界，鳳鼻山腳下的蓮花寺濕地，由於地形封閉，人跡罕至，因此，除了許多珍稀水生植物仍得以保存，小毛氈苔、寬葉毛氈苔、長距挖耳草、長葉茅膏菜等四種台灣原生食蟲植物也留存至今，極具生態保育意義。

食蟲植物長葉茅膏菜。（李兩傳／攝）

族群衝突與融合的現場

竹塹地區的沿海平原地帶，原為平埔族道卡斯族竹塹社原住民的生息地。後因大量閩籍移民進入新竹市、竹北和新豐一帶拓墾，平埔族也逐漸被漢化。近山的丘陵地，則是粵籍移民的聚居地，山區則為泰雅族及賽夏族人居住地，為防範衝突，不但築起族群分界的「土牛溝」，並搭建隘樓，雇募隘丁分駐巡防。如今，族群紛爭早已不再，只留下見證當年衝突的歷史遺跡，以及豐富的族群文化。

（黃丁盛／攝）

柑橘與東方美人茶飄香

高溫、排水良好、日照充足，是栽植桶柑的最佳條件；芎林、北埔、峨眉等地擁有全台面積最大的桶柑園，峨眉一地的產量更達全台一成。而背風、少雨、無污染的環境，則是北埔、峨眉等地生產上等東方美人茶的原因所在。

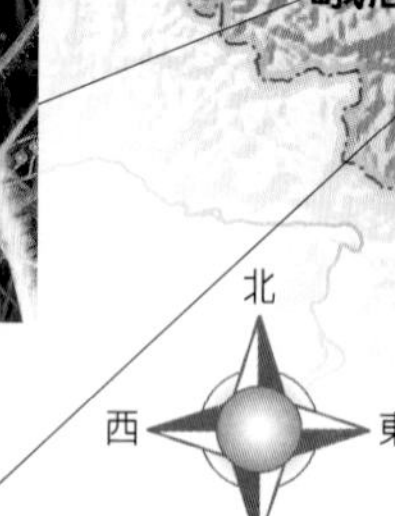

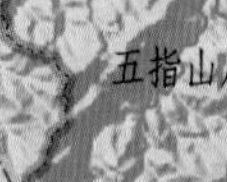

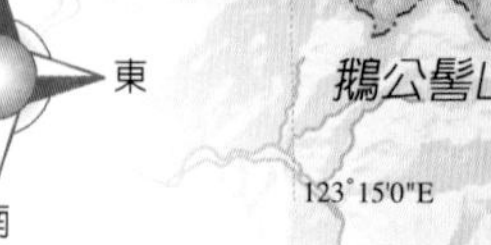

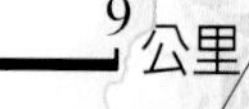

（黃丁盛／攝）

從土牛溝分界到大隘三庄移墾

清雍正年間，為防原住民侵擾，從苗栗經新竹寶山、竹北、湖口，甚至延伸到台北，修築了一條土牛溝。清道光14年（1834年），閩粵移民展開設隘防番的武力移墾，北埔、峨眉與寶山等地擁有全台規模最大的隘防線，並以北埔「金廣福」為墾務中心。

賽夏族v.s.矮靈祭

世居五峰鄉的賽夏族，是台灣人數較少的原住民族。每兩年舉行一次小祭，每十年舉辦一次大祭的矮靈祭典，是賽夏族最重要的儀式，也是台灣原住民族流傳至今最原始、完整的原始祭典，充滿神聖的敬畏之意與神祕氣氛。

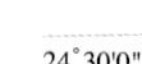

觀霧森林遊樂區

涵蓋五峰鄉區的觀霧森林遊樂區，地形與氣候變化大，有雲霧飄渺，也有瀑布溪流、壯觀的檜山神木群，更是珍稀的帝雉和藍腹鷴，以及僅見於觀霧的台灣特有物種——棣慕華鳳仙花的分布區。

金廣福墾號。（黃丁盛／攝）

（黃丁盛／攝）

新竹科學園區

由於清華、交通兩所以理工科見長的大學，以及科技研發中心工業技術研究院都坐落在新竹，加上緊鄰國際機場、高速公路等交通便利的因素，國內第一座科學園區即設置在新竹縣市交界處。已成為全球科技產業最活躍地區之一的新竹科學園區，不但帶動地方產業的升級，科技新貴移民潮的湧入，也讓大新竹地區成為全台最耀眼的地方明星。

（魯獅／攝）

客家婦女常用米做成各種粄或菜包。（黃丁盛／攝）

傳統和現代並存

新竹縣既保有傳統產業，同時也是現代科技重鎮。早年粵籍先民將丘陵地開墾成茶園，造就百年不墜的採茶、製茶傳統產業；日照足、加上得天獨厚的九降風，更誕生了聞名遐邇的柿餅與仙草等地方特產。而設置在寶山、竹東和新竹市交界的新竹科學園區，不但是北台灣高科技研發、生產重鎮，同時也帶動了包括新竹市在內的大新竹地區的繁榮與發展。

客家米食

物資缺乏的年代裡，刻苦耐勞的客家婦女，將蓬萊米、在來米、糯米等加以磨製、蒸煮，製成多樣的客家米食，諸如粄條、菜包等，用以酬神、節慶、以及招待親友。而現今已成為客家常民文化的代表之一。

粄條。（黃丁盛／攝）

泰雅族抗日記事

原為桃園大嵙崁群的泰雅先民，從司馬庫斯古道，翻山越嶺來到新竹尖石；日治時期為征討抗日的北部泰雅族，集結軍警，設立隘勇線，向山區推進。雙方曾在李崠山發生激戰，日人以優勢的砲火猛烈攻擊，造成泰雅族人死傷慘重。

李崠山古堡。（李兩傳／攝）

鴛鴦湖

隸屬尖石鄉的鴛鴦湖自然生態保育區，海拔約1,600公尺，以多樣而獨特的植物群落著稱。區內不但擁有珍貴的苔蘚共生林，還有多達百餘種的水生、濕生植物，東亞黑三稜即首次在此被發現記錄；此外，更有鴛鴦、綠頭鴨等各種候鳥，是一處極其珍貴的自然生態保育區。

鴛鴦湖自然生態保育區內的苔蘚共生林。（游登良／攝）

珍稀物種的美樂地

從海拔3,000多公尺的高山，到濱海2、30公尺的平地，新竹縣全境地形地勢落差極大，也形成極其多樣的生態棲地，甚至孕育出不少國寶級物種；在東南山區的原始山林裡，有首次發現的東亞黑三稜、僅見於當地的棣慕華鳳仙花；西側平原的濕地裡，則保留了台灣四種原生食蟲植物；而在西北低平的新豐溪出海口，更有台灣數量最多的朴樹林，以及物種豐富的濕地天堂。

雪霸國家公園

雪霸國家公園涵蓋新竹、台中、苗栗三縣，位在新竹縣尖石鄉的大霸尖山，是園內最顯著的地標。雪霸國家公園內高山林立，加上大漢溪侵蝕切割，不但具有各種特殊地形景觀，隨海拔高度遞增的豐富林相與動植物，都極具生態保育與研究價值。

大霸尖山與小霸尖山。（連志展／攝）

觀霧森林遊樂區（黃丁盛／攝）

新竹縣 Hsinchu County

縣花 茶花 **縣樹** 竹柏 **縣鳥** 五色鳥
面積 約1,428平方公里
人口 約47萬8千人，20年來成長31.4%
人口密度 每平方公里約335人
海岸線 11.5公里
森林覆蓋率 69.6%
主要水系 頭前溪、鳳山溪
民生水源 永和山水庫、隆恩堰、上坪堰、寶山水庫、湳雅淨水廠、石門水庫
節慶 詳見各鄉鎮

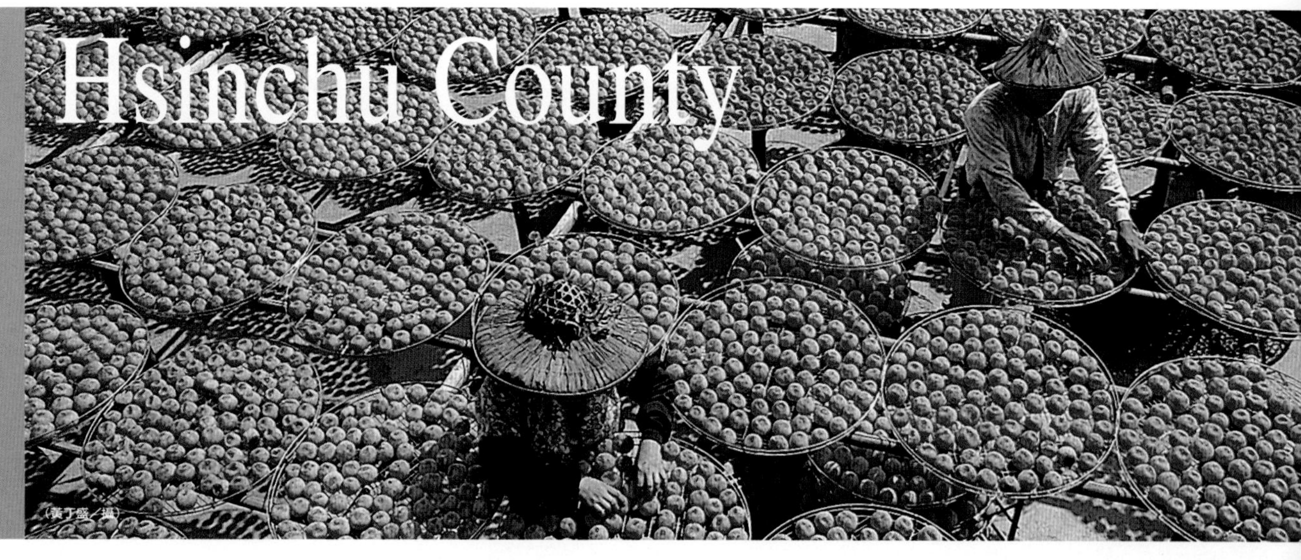
（黃丁盛／攝）

位處台灣西北部的新竹縣，三面環山、西臨台灣海峽，形成喇叭狀地形，也造成東北季風的滯留與增強，形成了通常爲九級強度的「九降風」。多山地和丘陵的山城環境，也大大影響了新竹縣的產業面貌。

丘陵台地起伏綿延

新竹縣全境從東南向西北，依序爲山地、丘陵、平原及台地。西北部臨海地勢比較低平，而其他與周圍縣市接壤的部分，都是丘陵及台地，包括飛鳳山丘陵、竹東丘陵、竹南丘陵與北部的湖口台地；東南邊有海拔3,000公尺以上的雪山山脈屏障，形成一個向西開口的封閉地形。新竹縣所屬的13個鄉鎮市，就在這起伏綿延的地理環境下，各自呈現不同的自然面貌及人文風采。

傳統產業休閒化

因地形封閉，粵籍漢移民的腳步很晚才踏進新竹縣內山，也才開始有比較大規模的開墾。最初先民在丘陵高地廣建埤塘水圳，引水灌溉種植稻米，後更積極開發山中的林木、樟腦與礦產，並將坡地闢爲茶園，地方產業繁榮一時。平原市鎮則因交通便利，逐漸發展爲新竹縣的工商業中心。

近年來，伐木、採樟等傳統產業逐漸沒落，然而客家山城的純樸特質、山林自然景觀，以及泰雅原住民風情，卻搖身成爲發展觀光休閒產業的最佳資源。

科技移民新故鄉

頭前溪和鳳山溪沖積而成的平原，土壤肥沃，加上灌溉方便，素有「新竹穀倉」之稱。1980年新竹科學園區進駐後，園區範圍內的竹東鎮和寶山鄉，以及鄰近的竹北市，逐漸由傳統穀倉變成高科技重鎮，也吸引了許多科技移民前來定居。此外，高鐵設站及生醫園區的規畫，更讓純樸的新竹縣穩居台灣高科技產業領導之首。

Sinfong Township

新豐鄉

郵遞區號 304
面積 42平方公里
節慶 新豐西瓜節(6月)
關鍵字 紅樹林、水筆仔、海茄冬、朴樹林、紅毛港、池府王爺廟、新豐高爾夫球場、小叮噹科學遊樂區

舊名紅毛港的新豐鄉，300年來的發展都和開口小、港內寬闊的紅毛港有關。早在明鄭時期前，就已經是與大陸往來的重要交通門戶，不僅粵籍先民由此登陸，更曾是茶、樟腦、米，及肥料、棉花、布匹等，買賣運輸的重要商港。後來雖然因動亂與淤沙而廢港，但是砂質的土壤，卻轉而栽植出甜度高的西瓜。

新豐紅樹林。（魯獅／攝）

Jhubei City

竹北市

郵遞區號 302
面積 47平方公里
關鍵字 采田福地、竹塹社、六家庄、高鐵六家站、璞玉計畫、魚米之鄉、水產試驗所

竹北市位居新竹縣北方，境內地勢平坦，多屬頭前溪與鳳山溪的沖積平原。因爲水利與地利的優勢，自清雍正年間，閩、粵籍先民入墾之後，水稻生產就成爲早期農業發展重心。而在日治時期，致力推廣稻米與甘蔗種植，同時大興水利設施，使稻米產量與種植面積，躍居全縣之冠，贏得「新竹穀倉」的美名。除了農業成績亮眼，由於位於省道台一線上，1950年代遷入的大型工業廠房，爲工業發展奠下根基；而接續中山高、西濱快速道路的設置，又成爲新竹地區的門戶；至於竹北、斗崙、高鐵新竹車站特定區等都市計畫，與重大建設的施行，更讓傳統產業邁向多元的發展。由於便捷的交通網與高速鐵路行經，便於往來鄰近的新竹科學園區與工研院，因此現今也正逐漸轉型成一座科技重鎮。

高鐵六家站

高速鐵路五大站之一，共畫定300多公頃為車站特定區。以兩條捷運系統連接鄰近的科學園區、工研院、清華大學、交通大學、火車站和機場捷運支線，並與著重發展生物科技、IC設計等產業的璞玉都市計畫為鄰，將大力提升竹北未來的發展潛能。

竹北位在新竹縣交通輻輳的平原地區，是新竹縣的縣治所在。（魯獅／攝）

因移墾竹北的林氏家族林國寶之子林緝褒中鄉試武舉人而建的問禮堂，是林家的議事公廳。（魯獅／攝）
（黃丁盛／攝）

Sinpu Township

新埔鎮

郵遞區號 305
面積 72.19平方公里
節慶 義民節(農曆7/18～20)、柿餅文化節(通常在9～11月)
關鍵字 義民節、柿餅、椪柑、古厝、遠東紡織、吳濁流、褒忠亭、雙堂屋、飛龍步道

新埔褒忠亭每年農曆7月盛大舉辦義民節祭典。(黃丁盛／攝)

清乾隆49年（1784年），來自陸豐及鎮平的粵籍移民移居新埔，沿鳳山溪溪谷河階地開墾，以種稻米爲主，並逐漸在周圍的山地丘陵地種植茶葉及煉製樟腦。到了清末，因鐵路經過，發展成新竹地區的米、茶葉、樟腦三大經濟作物集散地，六大商號相繼設立，一度和竹東、竹塹並稱爲新竹三大地區。

日治時期鐵道西移，又因起伏不平的地形限制了交通的發展，使新埔光環逐漸隱退。但封閉的地勢卻保留了全台最多的家祠，目前約有八、九成鄉民均爲客家族群，客家民風濃厚。而自古以來，居民在丘陵凹陷處聚居形成的「窩湖」聚落，以及受到九降風的影響，已有100多年歷史的柿餅產業，都已成爲今日發展觀光的特色之一。

秋冬季節，新竹盛行風速高達九級的九降風，再配合乾燥少雨的天然烘乾效果，讓產自新埔的美味柿餅，成為秋天當令美食。(黃丁盛／攝)

義民節

為了感念在清乾隆51年（1786）林爽文之亂中，慷慨就義，協助敉平動亂的粵籍先民，自清道光15年（1835）開始，選定每年農曆7月20日舉行祭祀活動，是為「義民節」的由來。並由地方士紳集資籌建新埔褒忠亭，又稱義民廟，立有追悼罹難者的「粵東褒忠義民總塚」，每年由各大庄輪值祭祀，是新竹、桃園一帶客家族群的信仰中心。

(黃丁盛／攝)

Hukou Township

湖口鄉

郵遞區號 303
面積 58.43平方公里
關鍵字 湖口老街、老湖口天主堂、三元宮、茶葉、埤塘、羅氏家族、波羅汶

新竹客家人稱山間盆形窪地爲「窩」，也說明了原名「大窩口」的湖口，三面丘陵環繞，一面向西開口的地貌。清乾隆年間，到湖口拓墾的粵籍先民人數增多，使地勢平坦、南北行旅必經的波羅汶地區形成繁榮聚落。清光緒年間，劉銘傳興建新竹線鐵路，並於湖口設站，又成爲稻米、茶葉的集散地，與大稻埕、大溪、新埔形成一條貿易線。但隨日治時期鐵道往西遷移，火車站改設於西側的新湖口之後，商業的重心也隨之移轉；而代表舊湖口風華的湖口老街，則在近年開始發展觀光。

清光緒年間由於鐵路的興建，在火車站附近形成繁華街市，即今日的湖口老街。(黃丁盛／攝)

Guansi Township

關西鎮

郵遞區號 306
面積 125.52平方公里
節慶 仙草節(11月初)
關鍵字 仙草、六福村、高爾夫球場、鄭家祠、黎皮石、牛欄河、東安橋

關西位在新竹縣第二大河川——鳳山溪的上游發源地，多丘陵地形。這裡原是泰雅族的居住地，直到清乾隆末年，漢人與平埔族人大量移墾，在河階地種起了水稻；光緒末年，因山區多樟木，又開始投入伐樟製腦的高經濟產業。直到近幾十年，排水性佳的丘陵上處處是茶園，同時吸引多家高爾夫球場進駐；而向西開口的地形除了能蓄積水氣滋潤仙草，更在冬季迎來可強力風乾作物的九降風，使得關西成爲「仙草之鄉」。現今，由於北二高的鋪設，使關西對外交通便利，多家大型遊樂園及觀光農園紛紛興起，帶動觀光產業的發展。

三合院型式的鄭氏祠堂，屬三級古蹟，正身五開間，中央三開間後牆向後凸出，象徵著祖先庇佑子孫之意。(黃丁盛／攝)

Jhudong Township

竹東鎮

郵遞區號 310
面積 53.51平方公里
關鍵字 樹杞林、樟腦、林業、玻璃、內灣線、煤礦、竹東大圳、工研院、璞玉計畫

緊鄰頭前溪與上坪溪，為新竹縣第二大鎮的竹東，原是從事游獵生活的賽夏族人聚集之處。清朝時，漢人已陸續移墾，為了防止番害，還設有民隘防守。但因地形以丘陵為主，耕地有限，直到道光23年(1843)，才有閩、粵籍移民合組的「金惠成」墾團進行大規模開墾。雖然開發較晚，但因地理位置居中，早期是鄰近地區，如竹北、寶山等六個鄉鎮的木材、煤礦等物產集散地；後又因發現境內蘊藏石油、天然氣、石灰岩、矽砂、煤等豐富礦藏，使水泥、玻璃等產業興起，更促使內灣支線修築，迎來竹東繁榮。近代不僅因縱貫鐵路經過，交通便利，成為工研院所在地，後來北二高通車，頭重、二重地區也被納入新竹科學園區範圍，再加上生醫園區進駐的優勢，未來竹東將是一座高科技產業城。

隴西堂為客籍移民彭開耀所建，分上下兩座，目前僅留上隴西堂門廳及正廳保存完整。（魯錫／攝）

於1928年完工通水的「竹東圳」，提供竹東地區約800公頃農田灌溉，以及科學園區的用水。（魯錫／攝）

內灣支線

內灣支線是台鐵目前僅存的三條支線之一，起建於1944年，三年後從新竹市通車到竹東。曾是林木、水泥、玻璃等產業的運輸鐵道，設有專用支線直達台泥竹東廠、亞泥橫山廠廠區。1951年為採集木材與煤礦，加築至內灣，全長27.9公里，現今則已轉型為觀光用途。

Cyonglin Township

芎林鄉

郵遞區號 307
面積 40.74平方公里
節慶 祭孔(9/28)
關鍵字 海梨柑(柑橘)、番茄、文林閣、飛鳳山、鄧洪故居、紙寮窩、田洋

芎林鄉的海梨柑栽種面積約600公頃，產量全台第一。（魯錫／攝）

地處新竹縣中央偏西的芎林鄉，清乾隆時期粵籍先民入墾，因境內九芎樹成林而得名，至今居民仍有九成為客家籍。雖然是新竹縣面積最小的鄉鎮，但從東北至西南，丘陵、台地、平原並列，不僅平原盛產稻米，由丘陵地砂礫土質所栽種出來的海梨柑也很著名。近年來，更因位居北二高及緊鄰六家高鐵特定區等交通動脈上，發展潛力躍升。

Baoshan Township

寶山鄉

郵遞區號 308
面積 64.84平方公里
關鍵字 寶山水庫、科學園區、高爾夫球場、綠竹筍、橄欖、大隘、草山

清道光年間，粵籍先民姜秀鑾以「金廣福」墾號開墾寶山鄉。由於主要為丘陵地形，春季多霧，茶樹一度是重要的經濟作物；而砂質土壤更栽培出甜度居全台之冠的綠竹筍；此外，柑橘、楊桃和橄欖，也都是當地特產。1980年科學園區進駐後，讓寶山的發展有了大幅度轉變，除了興建水庫解決供水問題，大型社區及高爾夫球場等也迅速崛起。

寶山水庫引上坪溪水，主要供應地方民生、灌溉，及科學園區工業用水。（魯錫／攝）

Beipu Township

北埔鄉

郵遞區號 314
面積 50.67平方公里
關鍵字 金廣福、隘墾、擂茶、柿餅、東方美人茶、慈天宮、樟腦

北埔是粵籍先民姜秀鑾開闢大隘三庄最初的根據地。清道光14年(1834)，為了向竹塹社番盤踞地移墾，道光淡水同知李嗣鄴命姜秀鑾等建隘樓，並雇募隘丁，組設「金廣福」墾號，驅番墾荒、伐樟木熬樟腦。當時開發範圍從北埔、峨眉到寶山一帶，形成全台最大的防禦線，人稱「大隘三庄」。為了隘墾大業，設置「金廣福」拓墾辦事處，姜秀鑾也以「天水堂」落戶於此。墾民遷入後，北埔逐漸形成聚落，以平地的稻米及丘陵的茶葉為主要產業。1930年代，姜秀鑾的後代姜阿新將茶葉、木材外銷，一時間北埔興起貿易風。今日北埔雖位在大埔水庫集水區內而發展受限，但因豐富的歷史背景，及傳承自先民生活的客家擂茶、柿餅與東方美人茶，而成為著名的觀光小鎮。

姜氏家廟建於日治大正11年(1922)，不僅極具歷史意義，且出自名匠手筆，木雕、彩繪都極精彩，名列台灣四大家廟之一。（黃丁盛／攝）

擂茶。（黃丁盛／攝）

慈天宮祀奉觀世音菩薩、媽祖、三山國王諸神，是大隘地區祭祀中心。（黃丁盛／攝）

大隘樟腦業

樟腦是火藥及化學工業中的重要物料，能防蟲驅蛀，是台灣早期重要的經濟產業。大隘地區因為蘊藏豐富的樟木，自清朝開始，樟腦產業便隨著開墾而日益擴增。光緒19年（1893），北埔市街即有樟腦市場存在，但在日治後逐漸被茶葉取代。

Hengshan Township

橫山鄉

郵遞區號 312
面積 66.35平方公里
節慶 螢火蟲季(4月底~6月初)
關鍵字 內灣線、煤礦、石灰岩、水泥、劉興欽、橫山梨、大山背、螢火蟲

舊名「天背山」的橫山，位於新竹縣的中央地帶，境內90%是山地與丘陵。過去一直是泰雅族人的居住地，直到清嘉慶年間，才有粵籍移民入墾。日治時期因採伐林木煉製樟腦，奠定橫山的發展；在1950年代，爲了開採和運送煤礦及附近尖石山區的林木，縱貫鐵路內灣支線從新竹通往內灣，吸引許多外地人前來，使橫山的發展達到鼎盛，但後來隨著林木禁採及礦產殆盡而沒落。近年來，人文資產及生態資源豐富的橫山，以發展觀光和休閒農業爲主，重新散發魅力。

內灣戲院建於1950年，曾是伐木與採礦勞工閒暇時的去處。如今為配合發展觀光，轉型經營懷舊餐廳，引領遊人感受舊日生活的點滴。（林茂耀／攝）

Wufong Township

五峰鄉

郵遞區號 311
面積 227.74平方公里
節慶 矮靈祭(約農曆10/15)
關鍵字 賽夏族、泰雅族、矮靈祭、大隘、清泉、雪霸、觀霧、水蜜桃

地處新竹縣的西南，有鹿場大山、石加祿山、五指山等，十餘座高山林立的五峰鄉，屬於山岳森林地帶。這裡是泰雅族與賽夏族的世居地，各具特色的文化風俗，引人矚目，尤其又以賽夏族每兩年舉辦一次的盛大祭典「巴斯大隘祭」，又稱賽夏矮靈祭最具盛名。靠山吃山，乃是五峰產業經濟發展的寫照。以往廣植各類適於高山冷涼氣候的蔬果，如甘藍、甜椒、梨與桃等作物；直到近年來，轉以推廣栽植水蜜桃，並積極結合自然美景，打造觀光產業。

每2年一小祭，10年一大祭的賽夏族矮靈祭，是為了避免傳說中的矮靈作祟，使作物歉收所衍生的祭典。（黃丁盛／攝）

Emei Township

峨眉鄉

郵遞區號 315
面積 46.8平方公里
關鍵字 東方美人茶、白玉苦瓜、峨眉湖（大埔水庫）、桶柑、獅頭山

源於峨眉溪畔的河階台地恰似一彎新月，取名爲「月眉」，而後更名「峨眉」。除了少數由峨眉溪沖積出的河谷平原，利於稻作外，其他區域因地勢高，取水不易，鄉民以構築埤塘因應。雖然受限於地形，但卻因背風及高溫潮濕等條件，發展出馳名的東方美人茶，產量占全台七成以上。

峨眉湖是最早由國人自行設計興建的大埔水庫，提供中港溪與峨眉溪稻作區用水，現有環湖自行車步道。（魯獅／攝）

Jianshih Township

尖石鄉

郵遞區號 313
面積 527.58平方公里
關鍵字 泰雅族、紅檜、神木、水蜜桃、高冷蔬菜、鎮西堡、司馬庫斯、北德拉曼

位在雪山山脈東南山區的尖石鄉，是新竹縣面積最大的鄉鎮，泰雅族人世居於此，至今族人仍占鄉民多數。山巒疊嶂的尖石，不僅是頭前溪及大漢溪，兩大河系的發源地，森林資源也特別豐富，孕育出成片的紅檜與扁柏純林。雖然自日治起至光復後，曾被大肆砍伐，但現今仍留存鎮西堡、司馬庫斯、北德拉曼等數處壯觀的神木群。現在鄉內經濟活動除了栽種玉米、水蜜桃和高冷蔬菜等適合高山的作物之外，也憑藉著壯麗的自然山水及泰雅族的傳統文化，發展觀光產業。

司馬庫斯古道

（許育愷／攝）

全長40公里的司馬庫斯古道起於宜蘭縣，迄於尖石鄉。最早由泰雅族大嵙崁群的先民沿山踩踏所形成；也有一說是嘉慶年間竹東地區的客家人，從芎林、關西翻山至蘭陽平原所走出來的山徑。在北橫公路尚未通車前，這條古道一直是司馬庫斯對外的交通要道，近年則因沿途的紅檜神木群及鴛鴦湖而聲名大噪。

海拔1,720公尺的鎮西堡，除山勢壯闊，景色引人入勝外，總面積達50平方公里，被畫設為森林保護區的鎮西堡神木群，也是台灣最大的紅檜原始林。（許育愷／攝）

Miaoli County

山城華采苗栗縣

苗栗境內崇山疊嶂、平原少，綿亙的丘陵更占全縣總面積82.7%。由於山巒阻絕，除了一千多前年就在此生活的平埔、泰雅與賽夏等原住民族，直到17世紀中，才有以客家族群爲主的漢人到此屯墾。開發晚，加上地形阻隔，苗栗全境現代化建設腳步遲緩，較難形成人口稠密的工商大城，但散布在沿海少數平原與丘陵谷地間的一座座小村鎮，卻以其樸實雅致的風韻，成爲全台最具吸引力的秀麗山城。近年來，各鄉鎮更充分運用地方文化，並結合傳統木雕、燒陶等手工藝；草莓、水梨等特色田園物產，以及大霸尖山、鹿場大山、馬拉邦山等名峰險岳，致力打造觀光休閒產業，讓山城魅力更加出色。

濕地

人稱「塭仔頭」的竹南濕地，位在中港溪與拓榴溝交會處，是全國唯一淡、海水相連的人工濕地。因位在河海交界處，擁有鹹水、淡水、潮間帶三種類型濕地，是中部居民窺見濕地生態的絕佳窗口，甚至也成為斯氏紫斑蝶繁殖的大本營。

白沙屯媽祖進香。（黃丁盛／攝）

海線閩南

濱海的竹南、後龍、通霄、苑裡四鄉鎮，居民以來自福建漳泉兩地的閩南人為主，其中泉州人因捷足先登，大多居住在濱海和港口，從事工商業；晚到的漳州人則住在離海岸較遠處，以農為業。因開發較早，香火久遠的媽祖廟、文昌祠、古厝老宅、舊巷弄，隨處可見。

竹南蛇窯。（黃丁盛／攝）

陶藝之鄉

過去苗栗擁有260多家陶瓷窯場，占全國總數40%左右。1990年代以後因人力、原料成本過高等因素，陸續外移到中國與東南亞，但苗栗仍是台灣目前擁有最多傳統窯廠的縣市。近年來陶藝工作室林立，也成為苗栗一大產業文化特色。

自然資源成為特產推手

苗栗境內地形複雜、地勢變化大，自然物產、農特產的種類繁多，也成為地方特色產業的最大推手：例如過去滿山的樟樹，不僅是煉製樟腦源源不絕的資源，也造就了現在的三義木雕王國；柑仔園所產的黏土礦，打造陶藝之鄉公館與竹南蛇窯，使苗栗至今仍擁有全台最多的窯廠；還有西湖柚子、卓蘭水果、大湖草莓、公館紅棗、銅鑼菊花、獅潭蠶絲、南庄的鱒魚……等，好山好水所賜予的自然物產，如今更結合文化特色、行銷網絡，為當地開闢出兼具觀光休閒的新事業。

朱銘作品「太極」。（苗栗木雕博物館／提供）

（黃丁盛／攝）

木雕王國

苗栗綿亙的丘陵地形極適合樟樹生長，而以樟樹為原料煉製的樟腦，是早期台灣極大宗的外銷農產，也是當時苗栗的重要物產。日治時，三義鄉民吳進寶利用開採樟腦後廢棄的樟樹根，加以雕琢、裝飾，成為漂亮的裝飾品，之後更與日人合作銷售三義木雕，也為苗栗現今蓬勃發展的木雕產業奠下基礎。

各族群依地形分布

苗栗不僅地形繁複，居民組合也多元豐富，除了占人口最多數的客家人外，另有閩南、原住民族及外省籍人士等。而各族群大致依地形分布：沿海平原是閩南人聚居處，丘陵地帶以客家聚落為主，深僻的山林則是泰雅與賽夏族人馳騁的家園。各族群的語言文化、生活風俗，甚至飲食風貌都截然不同，加上分布界限分明，也讓各族群擁有展現各自精采文化的最大空間。

山線客家

三灣鄉內，峨眉溪與中港溪的交會處一帶，是客家先民來到苗栗開發的起點：沿中港溪上溯到南庄，是黃祈英於清嘉慶年間所開發，而南港溪則是另一客家先民黃南球開墾獅潭地區的發跡處。目前占全縣人口六成以上的客家族群，大多分布在丘陵帶，過去多以煉樟、相思炭、香茅等農墾維生。

三義僅存的少數樟腦煉製廠之一。（李文洲／攝）

深山裡的原住民族

苗栗境內的賽夏族與泰雅族主要分布在南庄與泰安兩個山地鄉。聚居在獅潭、南庄加裡山區的賽夏族，總數不到5,000人，每兩年舉辦一次的矮靈祭典（Pas-ta'ai），是全台現存最原始且完整的原住民祭典。毗鄰而居的泰雅族則受客家影響較深，目前多朝觀光休閒農業、養殖漁業發展。

（黃丁盛／攝）

（連志展／攝）

（連志展／攝）

雪霸國家公園

雪霸國家公園總面積76,850公頃，泰安鄉境內就占了1/2，是過去泰雅族人世居的狩獵之地。園區內不但擁有多座海拔3,000公尺以上的壯麗高山，更孕育了許多全世界只有台灣或雪霸才有的特有動植物，如台灣面積最大的玉山圓柏純林、雪霸才有的棣慕華鳳仙花、台灣檫樹、台灣黑熊、台灣鮭魚等，是極珍貴的生態保護區。

山海協奏曲

苗栗主要位在雪山山脈西側沖積扇內，地勢由東南向西北傾斜下降，東南邊是峻麗高聳的雪山山脈，往西漸次為起伏的丘陵、寬長的台地，直到以沙岸為主的海岸線。後龍溪、大安溪和中港溪等數條河川穿梭其間，侵蝕、切割出繁複多樣的地形地貌，也形成雪霸國家公園、火炎山自然保留區、後龍溪出海口與竹南濕地等，極具生態與保育價值。

水果走廊

位於苗栗南端，背山面水的大湖、卓蘭，因氣候溫和、水源充足，又因坐擁大安溪沖積扇平原的肥沃土壤，適合農耕，過去曾為苗栗穀倉，現則大多改種水梨、椪柑、楊桃、葡萄、李子、草莓等高品質水果，是全台水果主要供應地，並與台中東勢連成一條果香四溢的水果走廊。

火炎山自然保留區

由礫石、紅土、砂土組成，屬惡地地形的火炎山，地質脆弱，在風雨侵蝕下，形成層層相疊的稜脈山峰；夕陽映照下，宛若一片火紅烈焰。此外，火炎山自然保護區內還擁有全台面積最大的馬尾松天然林。

（林貴松／攝）

大湖草莓園。（黃丁盛／攝）

苗栗縣 Miaoli County

縣花	桂花　縣鳥　喜鵲
面積	約1,820平方公里
人口	約56萬人，近20年來成長2.6%
人口密度	每平方公里約308人
海岸線	50公里
森林覆蓋率	67.52%
主要水系	中港溪、後龍溪、大安溪
民生水源	鯉魚潭水庫
節慶	苗栗國際假面藝術節（10月），其他詳見各鄉鎮

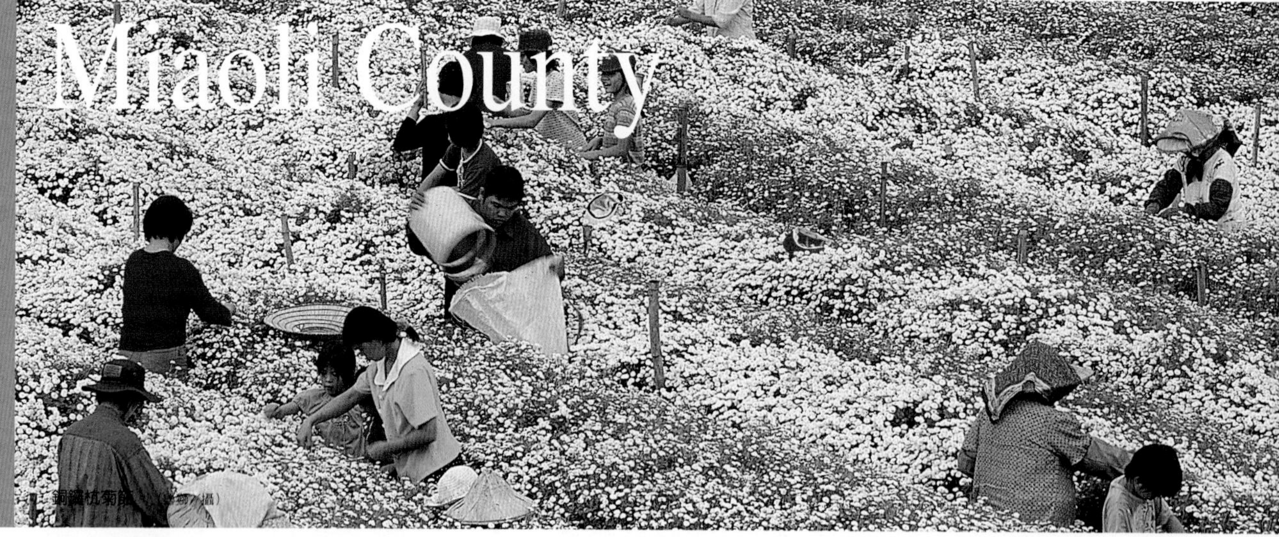
銅鑼杭菊節。（魯獅／攝）

苗栗縣位在雪山山脈西側沖積扇上，因河川侵蝕作用形成丘陵台地地形。西部臨海，南北分別與台中縣、新竹縣爲鄰，境內多山平原少，雪山、大霸尖山、加里山等主要山脈綿延，地勢由東南向西北傾斜，有「山城」之稱。

開發拓墾始貌

苗栗舊名「貓貍」，爲平埔語「平原」一詞音譯。17世紀中葉，閩粵移民自後龍、通霄港口進入，沿大安溪、後龍溪、中港溪、西湖溪等支流開墾，以閩南族群開發的平原地區較早，往東的台地及丘陵地則爲客家移民，原住民被迫同化或向山區遷移，經數百年開發，成爲客家、閩南、泰雅、賽夏族等多族群匯聚的地方。早年以樟腦、香茅、蠶絲、茶、藺草編織等爲重要經濟物產，並以古道、河運運輸交流。

豐富的地質、地形與生態

本區因境內山稜綿延，爲台灣西部較晚且低度開發的地區，因而保留純樸秀麗的山林、農村景觀及自然風貌，成爲豐富的地質及生態教室。雪霸國家公園內，蘊藏豐富的動、植物生態，尤以台灣黑熊與台灣鮭魚爲台灣特有種生物，是重要的生態保護區；三義的火炎山具地質與生態特性，並爲南北氣候分野；綿延約50公里長的苗栗海岸，因海浪侵蝕作用而形成壯觀的沙岸地形，海岸線平直優美，其中新豐溪出海口的紅樹林，與頭前溪出海口至中港溪口的平緩寬廣泥灘海岸，是西部生物最豐富的濕地海岸，各具不同生態景觀。

在地文化與資源的觀光轉型

苗栗縣爲北部客家族群主要聚居地之一，是一典型客家鄉鎮，由於客家人勤儉簡樸，至今仍可保留許多傳統客家生活飲食文化與建築樣式等。近來基於愛護家鄉山水與客家意識抬頭，青年多返鄉開闢自家農場，或發展木雕、陶瓷、藺草編織、育蠶等傳統產業，加上東南山區賽夏矮靈祭、泰雅文面、編織等原住民文化的積極保留，造就全縣觀光發展迅速與蓬勃。

Jhunan Township

竹南鎮

郵遞區號	350
面積	37.56平方公里
關鍵字	山佳史前文化遺址、金銀紙業、港墘里紅樹林、抗日義軍、青草山神社遺址、中港裕慈宮、竹南蛇窯

舊稱三角店的竹南，因位於竹塹南方，因而在1920年更名。本鎮地形屬中港溪沖積平原，爲苗栗縣最北濱海鄉鎮，縱貫鐵路山海線的岔點，也是中港溪流域的重心。先民以中港溪出海口爲進出港口，拓展貿易與漁業，並在清乾隆、道光年間，發展成爲艋舺與鹿港間最繁榮的港口。隨著地方的繁榮，信仰中心慈裕宮也順勢催生竹南爲台灣第一大金銀紙製造地，享有「金色中港」美名。港口淤積沒落後，竹南因縱貫鐵路興築，再度居位交通要衝；加上鄰近新竹科學園區，而被畫爲竹科四期工程所在地。

➲於1972年建造的蛇窯，是目前台灣保存最完整，且能燒製的傳統蛇窯。（黃丁盛／攝）

慈裕宮已有320餘年歷史，絡繹不絕的信徒讓竹南成為台灣第一大金銀紙製造地。（金成財／攝）

Toufen Township

頭份鎮

郵遞區號	351
面積	25.57平方公里
節慶	媽祖迎神賽會(農曆4月)
關鍵字	道卡斯平埔族、賽夏族、中港溪、尖山米粉、膨風茶、媽祖迎神賽會、義民廟、楊統領廟、抗日事件、頭份後花園、永和山水庫

頭份原爲道卡斯平埔族、賽夏族人居住之地，漢人移入後以「拈鬮」（抽籤）決定墾殖地點的分配，如拈得第一號，即爲頭份，後來沿用爲地名。頭份地形以平原和丘陵爲主，從中港溪口吹來的海風，使當地風乾出有嚼勁的「尖山米粉」；有「東方美人茶」之稱的「膨風茶」，最早也是從這裡產生。除傳統農業外，近來因高速公路交流道設於境內，各項交通設施寬敞順暢，帶動工業發展，成爲苗栗縣重要的工業重鎮，人口僅次於苗栗市。

永和山水庫的水源主要來自中港溪支流南庄溪，為離槽水庫，是新竹、苗栗地區重要之民生及工業用水水源。（魯獅／攝）

Miaoli City

苗栗市

郵遞區號 360
面積 37.89平方公里
節慶 苗栗熂龍國際觀光文化節(元宵節)
關鍵字 道卡斯族、文昌祠、英才書院、苗栗鐵道文物展示館、貓裡山、羅福星、玉清宮、栗社、賴式節孝坊

貓裡山上的丘逢甲紀念碑。（黃丁盛／攝）

原為道卡斯族貓裡社人居住處，以pali（平原）稱呼此地，乾隆年間粵人沿後龍溪進入苗栗盆地，在現今苗栗市的南部落腳開墾，並將此地音譯為「貓裡」，至今仍是中部地區客家族群的重鎮之一，保留苗栗客家特有的「熂龍」元宵活動。由於苗栗市早年天然資源如石油、天然氣蘊藏豐富，而鄰近鄉鎮又有石油生產；加上因地質含黏土，陶瓷業曾極盛一時，台灣省手工業研究所陶瓷研究中心也設在水源里水流娘地段，使苗栗市擁有發展工業的有利條件，成為大苗栗地區行政中心，扮演政治、經濟、文化的樞紐角色。

熂龍為苗栗客家族群在元宵節特有的炮龍炸龍活動，代表迎龍納福，更保有傳統習俗及文化傳承的深遠意義。（黃丁盛／攝）

Zaociao Township

造橋鄉

郵遞區號 361
面積 48平方公里
關鍵字 相思樹、相思炭業、錦水礦場、劍潭古道、劍潭水庫、陶瓷磚窯業、香格里拉樂園、谷巴木炭文物館、談文國小扯鈴館

造橋鄉多丘陵，早年遍植相思樹，先民以製相思炭為業；並由於丘陵河谷地形之利，坡地闢成梯田或種植牧草，為全台唯一農牧綜合社區。而發現於清光緒年間，開發於日治時的錦水礦場，於1989年枯竭前，曾在台灣石油發展史上占有輝煌的一頁。

相思炭耐燒、火力強，煙不刺激眼睛，早年曾行銷歐洲。（黃丁盛／攝）

Houlong Township

後龍鎮

郵遞區號 356
面積 75.81平方公里
節慶 元宵射炮城(農曆1月)、西瓜觀光文化藝術節(6月)、外埔漁港海洋嘉年華會(7月)
關鍵字 道卡斯族、西瓜、外埔漁港、夏季海洋嘉年華、過港貝化石層、射炮城、慈雲宮、鄭崇和墓園、大山火車站

後龍鎮為後龍溪、中港溪、西湖溪出海口所沖積形成的砂質土壤丘陵地，金質米、花生、西瓜為此區重要特產。而海岸線綿延的美麗地景與西瓜田園景象，也成了夏季「海洋嘉年華」、「西瓜觀光文化藝術節」的活動舞台。

設於後龍鎮海濱的風力發電機。（魯獅／攝）

Touwu Township

頭屋鄉

郵遞區號 362
面積 52.5平方公里
節慶 象山孔廟祭孔儀典(9月)
關鍵字 老田寮茶、明德茶、膨風茶、明德水庫、日新島、象山孔廟、鳴鳳古道、黃南球

橫越明德水庫的吊橋，通往湖中島。（黃丁盛／攝）

丘陵地約占頭屋全境2/3，舊稱「崁頭屋」，意指「崖頭上的聚落」。丘陵地多霧，排水良好，適合種茶，早年當地「老田寮茶」與文山、凍頂並列為台灣三大名茶。1970年取後龍溪上游支流老田寮溪水築明德水庫，對整個苗栗河谷平原水稻灌溉貢獻良多。

Tongluo Township

銅鑼鄉

郵遞區號 366
面積 78.38平方公里
節慶 杭菊文化節(11月)
關鍵字 樟腦油、東華樟腦廠、天然漆、香茅油、杭菊文化節、虎頭崁古道、挑鹽古道、九華山、雙峰草堂、九華山

銅鑼全境群山環繞，四周台地山麓環圍成圓弧形，狀似樂器銅鑼。丘陵起伏的地形，因山林資源豐富，早年以生產樟腦油、香茅草著稱；1970年代由農會引進杭菊種植，尤以九湖村的砂質土壤及充足陽光最適合，成為全台最大產地。

紅土略帶酸性，極適於杭菊生產。每年11月杭菊盛產期間，隨處可見黃白色花海。（魯獅／攝）

Gongguan Township

公館鄉

郵遞區號 363
面積 71.45平方公里
節慶 公館紅棗季(7月底～8月底)
關鍵字 道卡斯族、蛤仔市、隘寮下、出磺坑、油氣之鄉、陶藝王國、柿餅福菜、紅棗、台灣油礦陳列館

公館位在八角崠山和後龍溪之間，是客家移民沿後龍溪進入開墾的據點之一。由於東面山區地處苗栗土礦脈帶上，早年即已利用陶土燒製日常生活器皿；清嘉慶年間，當地發現油氣，開採了台灣第一口油井。挾出產天然氣之優勢，帶動地方陶瓷工業發展，在1950年代末，為全鄉帶來就業機會。而後龍溪肥沃的沖積平原，使公館鄉農業發達，除擁有全台最大產量的福菜加工區，另因地形、氣候、土質與廣東原鄉的紅棗產地相近，也是全台唯一適種紅棗的地區。

「出磺坑」是台灣最大、最老的油氣田。（魯獅／攝）

公館有「陶藝王國」的美稱。早年陶瓷藝品大量外銷，近年則窯廠轉型與個人陶藝工作室興起。（魯獅／攝）

Sihu Township
西湖鄉

郵遞區號 368
面積 41.06平方公里
關鍵字 打哪叭溪（西湖溪舊名）、隘磨埔社、雲梯書院、吳濁流藝文館、硬頸樂團、金龍窯、西湖文旦、青錢第古宅、劉恩寬古宅(彭城堂)

客家先民來到西湖移墾時，看見從連綿山巒流淌而出的打哪叭溪（今西湖溪）將此地沖蝕成四個湖泊，而取名四湖，後更名西湖。由於溪水流貫全境，柚子汁多味甜；而當地人務農之餘更不忘發展文教，清道光年間有雲梯書院，近代則有吳濁流藝文館，流露濃厚文風。

劉恩寬古宅是三合院建築，屋頂覆蓋綠色琉璃瓦，有燕尾式屋脊。（魯獨／攝）

Tongsiao Township
通霄鎮

郵遞區號 357
面積 107.85平方公里
節慶 海洋音樂嘉年華會(8月)
關鍵字 道卡斯族吞消社(屯宵)、通霄西濱海洋生態教育園區、海洋音樂嘉年華會、朱銘、挑鹽古道、虎頭山紀念碑、白沙屯媽祖徒步進香、火力發電廠、飛牛牧場、通霄精鹽場

通霄海岸線長達16公里，通霄溪和南勢溪匯流出海，是閩南移民的入口，更一度成為中台灣的大碼頭「吞霄港」；又因擁有一座台灣西海岸最逼近海灘的虎頭山，成為日俄戰爭時日人設瞭望台的山頭。

由於海岸沙灘平直、日照充足，清代先民即在此生產海鹽，並以牛車載至鹽館埔，再由「挑鹽古道」運送至銅鑼；至今濱海地區仍有台鹽精鹽廠，以電析法製鹽。此外，又因和木雕興盛的三義接壤，通霄亦曾因木雕聞名，三義雕刻師早期多來自通霄，朱銘即為其中的代表人物。

Yuanli Township
苑裡鎮

郵遞區號 358
面積 68.25平方公里
關鍵字 道卡斯族灣麗社、藺草、藺草文物館、有機山水米、魚丸、鯊魚餅、天下老街、山腳磚廠、陳炯輝心雕居、華陶窯

位在大甲溪北岸肥沃的沖積平原，自古苑裡即為道卡斯族灣麗社所在地，雍正初年又吸引泉州墾民進入墾殖，後取「彎麗」音，易名為「苑裡」，是苗栗最早開發的市鎮。由於苑裡平疇綠野，又有源自雪山山脈的清澈水質，加上火炎山南北氣候交界造成的日夜溫差大，稻米病蟲害少，以生產「山水米」馳名，有「苗栗穀倉」之稱；1998年更推廣自然農法栽培有機米，廣受好評。而大安溪河岸生長的水生植物三角藺，使苑裡發展出藺草帽蓆編織產業，曾占台灣5大特產的第三位，並因運送至台中大甲出口，而以「大甲帽蓆」著稱。

苑裡婦女自道卡斯族學得藺草編織，並發展出種植藺草、編織外銷。現成立藺草文物館推廣藺草文化。（魯獨／攝）

（黃丁盛／攝）

Sanyi Township
三義鄉

郵遞區號 367
面積 75平方公里
節慶 桐花季(4～5月)、木雕藝術節(8月)
關鍵字 樟腦、舊山線、勝興車站、龍騰斷橋、木雕博物館、慈濟茶園、鯉魚潭水庫、挑柴古道、關刀山、客家桐花祭、薑斑鬥魚、火炎山、三櫃坑遺址、伯公隴遺址、網形遺址

三義原名「三叉河」，源自打哪叭溪、打木溪、大坑溪匯集形成三叉狀。境內多為起伏的丘陵地形，滿山原生的樟樹，使三義擁有發展木雕的資源；而日治時由日人引進栽種的油桐樹，樹籽可榨油。此外，因地處苗栗平原和丘陵的分界，冬季常有大霧，而有「台灣霧都」之稱。今日，客家文化濃厚的三義極力轉型觀光，不但以木雕與桐花吸引人潮，更因舊山線穿越，保留了沿線的隧道群、勝興車站及龍騰斷橋，成為鐵道懷舊觀光的據點。

龍騰斷橋被譽為「台灣鐵道的藝術極品」，以紅磚疊砌而成，於1924年關刀山大地震毀損，現留南北兩端幾座橋墩。（李文洲／攝）

客家人將蔬菜醃漬製成可以久放的食材。（李文洲／攝）

Jhuolan Township
卓蘭鎮

郵遞區號 369
面積 76.32平方公里
節慶 卓蘭水果觀光季(7～8月)、卓蘭客家中元火舞祭(8月)
關鍵字 水果王國、巴宰海族、Tarien、大安溪、卓蘭台地、巨峰葡萄、卓蘭水果觀光季、創意水果祭品、卓蘭客家中元火舞祭、峨崙廟、卓蘭發電廠、鯉魚潭水庫

以台地地形為主的卓蘭，位於馬拉邦山、關刀山脈之間，南面則受大安溪沖刷，形成肥沃的沖積扇平原。本鎮舊名「打蘭」，即巴宰海平埔族語Tarien的音譯，意指「美麗原野」。全鎮43%畫為水源保護區，可開發耕作地雖僅限於大安溪沿岸平原及山坡地，但棕色的砂質壤土十分適合栽種葡萄、楊桃、水梨、柑橘等水果，品質與產量皆屬一屬二，素有「水果王國」美譽。近年白布帆地區推動自然農法，深受市場好評；又因日照足、空氣佳，成為聖誕紅盆花的產地，約占全台產量的40%。

卓蘭的柑橘遠近馳名，有椪柑、桶柑、海梨柑與茂谷柑等不同種類。（黃丁盛／攝）

Dahu Township

大湖鄉

郵遞區號 364

面積 90.84平方公里

節慶 大湖觀光草莓季(12～4月)

關鍵字 草莓、大湖農會農村休閒酒莊、草莓文化館、鯉魚潭水庫、馬拉邦山、賞楓、馬拉邦抗日古戰場、大窩山文史生態保護區、法雲寺、雪霸國家公園管理處、薑麻園區

大湖鄉因群山環繞形成盆型，狀如大湖而得名。群山屏障下較不受季風影響，加上氣候溫和濕潤，日夜溫差大，雨量充足，適宜草莓、生薑、桃、李、柑橘、梨等農作生長。境內馬拉邦山以登山賞楓著名，近年溫泉崛起，也爲大湖帶來新的觀光契機。

草莓採果是大湖的代表性活動。除推廣草莓酒、果醬等草莓相關各類產品，每年並舉辦草莓觀光季活動。（黃丁盛／攝）

Taian Township

泰安鄉

郵遞區號 365

面積 614.51平方公里

關鍵字 泰雅族、汶水溪、大安溪、文面、泰安溫泉、橫龍古道、賞楓、清安豆腐街、北坑溪古道、象鼻古道、高腳屋

泰雅族傳統服飾。（黃丁盛／攝）

泰安溫泉發源於鳥嘴山北麓，溫度為攝氏40度，屬弱鹼性碳酸氫納泉。（魯獅／攝）

泰安鄉面積超過全縣的1/3，境內大部分面積屬於雪霸國家公園，是苗栗唯一的山地鄉，自古爲泰雅族人居住處，原住民文化豐富，其中以文面文化尤爲著名。早年入山開墾的客家移民，因發現溫泉源頭，而稱此地爲「錦水」，意即客語「滾燙之水」；溫泉區從日治時代設立「警察療養所」，至光復後更名「警光山莊」，開啓泰安鄉的溫泉名號，成爲國內溫泉泡湯旅遊著名度假景點之一，近年來更因雪霸國家公園、古道、部落文化等特色帶動觀光人潮。

Shihtan Township

獅潭鄉

郵遞區號 354

面積 79.43平方公里

關鍵字 賽夏族、泰雅族、黃南球、樟腦、茶、石油、煤礦、蠶絲、仙山、仙草、茶壽、造紙、草莓、鳴鳳古道、汶水老街

茶與蠶業是獅潭鄉重要的經濟作物。（魯獅／攝）

獅潭鄉地形爲南北走向的縱谷，原爲賽夏、泰雅族人居住地，清光緒二年（1876）粵人黃南球進入拓墾，建立樟腦事業，爲獅潭開啓先業。由於氣候濕潤且砂質土壤富含鐵質、排水良好等，適宜種茶、柑橘、草莓、桂竹等，蠶業生產更占全縣90%以上。

Sanwan Township

三灣鄉

郵遞區號 352

面積 52.3平方公里

關鍵字 南坪黃梅怡唐山式古墓、中港溪、三灣橫山梨、永和山水庫、五穀廟

三灣梨肉質細而多汁，近年更以高接梨工法完成改良，成為重要農特產。（魯獅／攝）

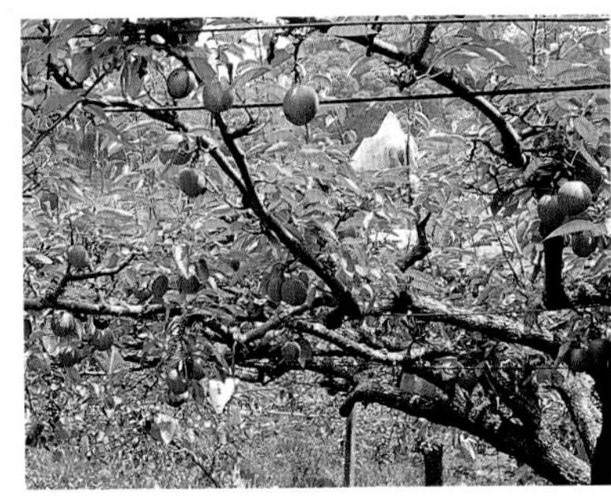

早年客家族群於中港溪河床接連三個大彎曲河階移民墾殖，因而取名爲「三彎」，後易名爲「三灣」。由於早年交通不便，居民爲往來旅人設置茶亭，至今仍留兩處遺跡。此外，當地原本多種茶或柑橘，1970年代引進新竹「粗梨」種植，並成功與新竹產季錯開，爲三灣梨打開市場。

Nanjhuang Township

南庄鄉

郵遞區號 353

面積 165.49平方公里

節慶 賽夏族「巴斯達隘祭典」(pas-taai，矮靈祭，11月)

關鍵字 賽夏族、矮靈祭、向天湖、泰雅族、南庄事件、日阿拐事件、閩客械鬥、樟腦、鹿場、獅頭山、久布斯狩獵季、蓬萊護漁步道

南庄位在苗栗東北角，以獅頭山與新竹峨眉分界，多山地丘陵地形，原爲賽夏族人居住地，清嘉慶23年（1814）始有漢人移入拓墾。現除客家族群，仍爲賽夏族群主要分布地區之一，賽夏族於向天湖所舉辦的「矮靈祭」，爲鄉內重要祭典；而多已遷居山下的泰雅族，早年群聚於鹿場部落，其所在地加里山與參山國家風景區之一的獅頭山，同爲境內著名登山健行地點。由於南庄地形由西向東逐漸升高（120～2,200公尺），再加上迎西南季風，氣候溫和潤澤，早年居民以樟腦、木材、煤礦維生，現今多養鱒魚、種柿與一葉蘭。從前煤礦鼎盛時期，鎮上戲院、酒家、茶店提供礦工消磨勞動後的寂寞時光，現今老街只剩唯一亦將凋零的老戲院；不過，古味蘊藏的老街，仍是遊客回味歷史痕跡的景點。

矮靈祭為賽夏族每兩年一小祭，十年一大祭的重要祭典。祭典長達六天，分為迎靈、娛靈、送靈三階段，藉以告慰矮黑人並祈求平安豐收。（黃丁盛／攝）

（黃丁盛／攝）

Lienchiang County

台灣地中海連江縣

位居福建閩江口外，猶如鎖鏈般羅列在台灣海峽北端的馬祖列島，36座大小島礁呈東北至西南走向，迤邐綿亙54海浬。由於地理位置特殊，亙古以前，馬祖就因數度冰河期海水消漲，成為中國大陸與台灣兩地生物遷徙移的「陸橋」；近代則因兩岸政治情勢，成為國防前哨站。但隨著兩岸關係漸趨緩和、往來日趨頻繁，並相繼開放觀光與小三通後，這座昔日屹立於台灣海峽上的軍事堡壘，已不復見戰時的緊張與詭譎。島上的自然生態、特殊的閩東建築及戰時設施，也在卸下戰地的神祕面紗後，展現另一種獨特風情。

海上明燈，光照百年

清廷在1842、1858年與列強分別簽訂「南京條約」和「天津條約」後，馬祖成為通商口岸的船舶必經之地。為了導引各國往來商船，於是在東莒及東引海邊，分別興建東犬燈塔和東湧燈塔。歷經列強分據的動盪時代後，馬祖又緊接著施行戰地政務，為了避免成為攻擊目標，燈塔一度被迫熄燈。無論是燈火通明或熄燈，迄今仍屹立於海濱的兩座燈塔，都是大時代最忠實的見證者。

東犬燈塔

東犬燈塔位在東莒東北方（後稱東莒燈塔），興建於1872年，光芒可達16海浬外的海域，是進出大陸福州馬尾的主要航標之一，也是東莒最明顯的地標，目前已被列為二級古蹟。

（湯谷明／攝）

莒光鄉

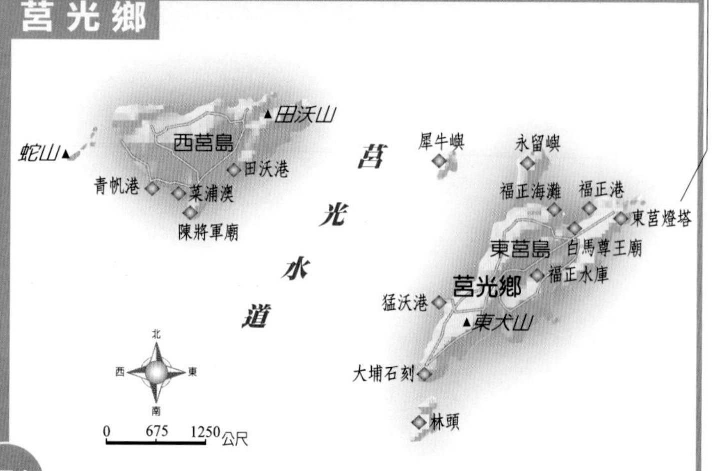

戰地的時代記憶

因扼守閩江口外的險要位置，1949年國民政府來台後，便選定馬祖為國防前哨站，馬祖也從此成為戰地政務管制區，不但隨處可見反共復國的精神標語，堅硬的花崗岩島上，崗哨與碉堡四起，地面下更密布坑道。1992年戰地任務宣告解除，2001年又開放小三通後，馬祖的神祕面紗終於卸下。記錄過去戰爭史蹟的建築和遺跡，現則成為熱門的觀光據點。

（湯谷明／攝）

梅石

位於南竿的梅石，曾是戰時駐軍生活的補給地，電影院、冰果室與洗澡間一應俱全。如今因解禁與裁軍，軍民生活型態和結構大幅轉變，也讓梅石的昔日繁榮逐漸消退。

枕戈待旦

「枕戈待旦」是1958年先總統蔣中正視察馬祖時，在南竿島福澳港邊留下的精神地標牌樓。現在兩岸局勢已由過往的誓死對立，演變至小三通，斗大標語的最初立意雖已不存，卻是馬祖過往歷史最生動的紀錄。

北海坑道與仁愛鐵堡

可供百餘艘登陸小艇進駐的北海坑道，與防止共軍潛入探查軍情的仁愛鐵堡，是南竿最重要的戰時據點。這些昔日的軍事建設，目前除了供民眾憑弔外，東引的北海及安東兩處坑道，更成為賞燕鷗的最佳觀景台。

（湯谷明／攝）

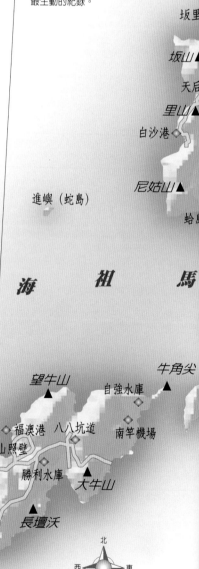

白廟
高登島
中島
小坵
大坵
海　東
僑仔港
雷山
壁山
芹壁
水部尚書公廟
大沃山
北竿島
塘岐
馬鼻灣
午沙港
坂里沙灘

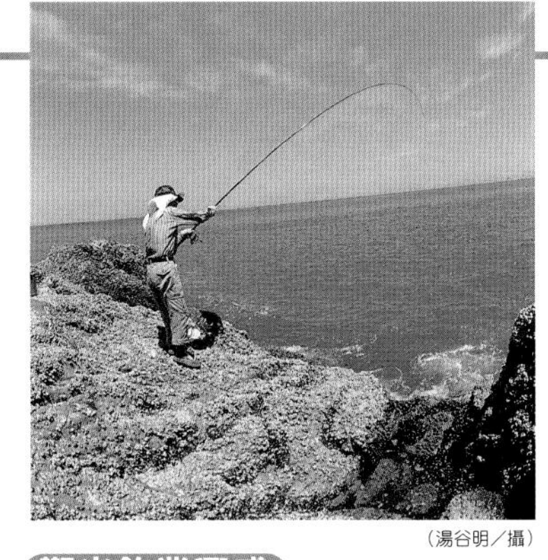
(湯谷明／攝)

觀光釣業興盛

東海因有中國沿岸流與南海水團兩股寒暖流交會，加上東引外海因地形隆升造成湧升流，將海底的有機質帶至海面處，吸引大批魚群覓食。早年馬祖人以捕魚為業，後因開放觀光，休閒性海釣和磯釣活動也因此蓬勃興盛。

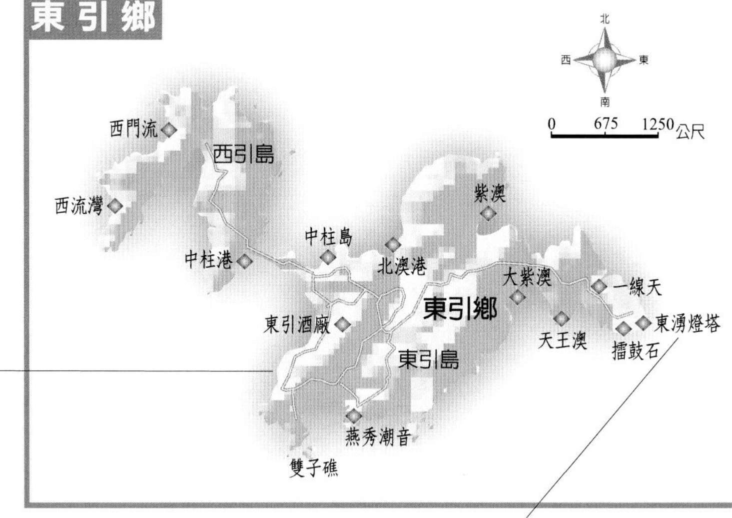

燕鷗保護區

三連嶼

由於馬祖列島位在東亞候鳥中繼站，加上魚類資源豐富、無人島嶼眾多，每年夏天都吸引數以萬計的鷗科鳥類前來繁殖。鐵尖、中島、進嶼、白廟、蛇山、雙子礁、三連嶼和劉泉礁，目前皆已公告為燕鷗保護區。

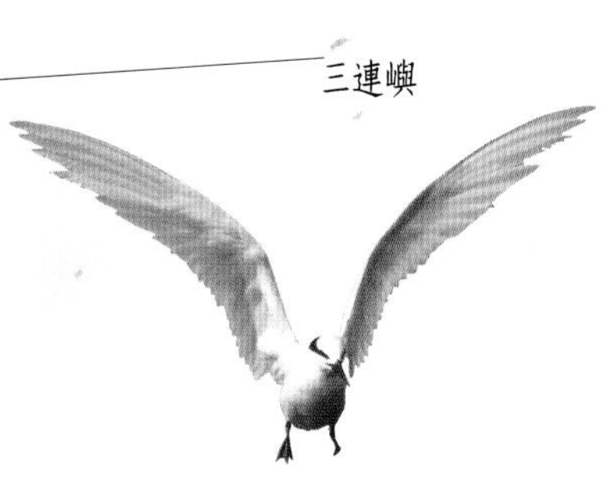
蒼燕鷗。(王徵吉／攝)

東湧燈塔

1904年矗立在東引東方的東湧燈塔（後稱東引燈塔），是大陸福州航區的最後一座燈塔。因處於洋式燈塔興建的全盛期，因此也是台海第一座採用白熾紗罩燈頭的燈塔。又因塔身純白，而有「東引別墅」美名，目前被列為三級古蹟。

(湯谷明／攝)

多元信仰

從閩東地區遷徙而來的馬祖先民，也將原鄉對於蛙（鐵甲元帥）、蛇等動物的信仰一併帶來。在芹壁天后宮裡，除了主祭的媽祖外，還奉祀了鐵甲元帥。此外，勤政愛民、能消除民間疾苦的鄉土神，如白馬尊王、塘岐尚書公與蕭王爺等，也都是當地的民間信仰。

(楊綾生／攝)

閩東傳統聚落

馬祖民居是典型的閩東式建築，北竿的芹壁村、南竿的牛角村和津沙村，以及東引的福正村是其中較具規模的聚落，也都在1998年列為「閩東傳統聚落保存區」。部分老屋舍經修繕後，轉型經營民宿和餐館，展現全新的生命。

(湯谷明／攝)

獨特的島嶼生態系

冰河時期，台灣海峽海水消退，馬祖成為中國與台灣間生物遷徙的陸橋；當冰河期結束，島嶼再度被海包圍時，孤懸海上的島嶼隔離機制，也促使馬祖物種獨立演化，例如華南狗娃花及紅花石蒜等植物，都是僅見於馬祖的特有種。此外，又因鄰近的東海有寒暖流交會，不但魚群豐饒，也因此引來種類繁多的鳥類。根據調查，馬祖地區共計有242種鳥類，其中包含了世界鷗科鳥類中，數量最稀少的黑嘴端鳳頭燕鷗，也在此出現蹤跡。

北草蜥。(賴顧泰／攝)

廟宇之美

閩東廟宇建築造型簡單，但色彩濃烈。而為了因應天乾物燥的環境，避免失火延燒，因此屋簷皆呈誇張彎曲的「封火山牆」，與閩南式廟宇樣式迥然不同。

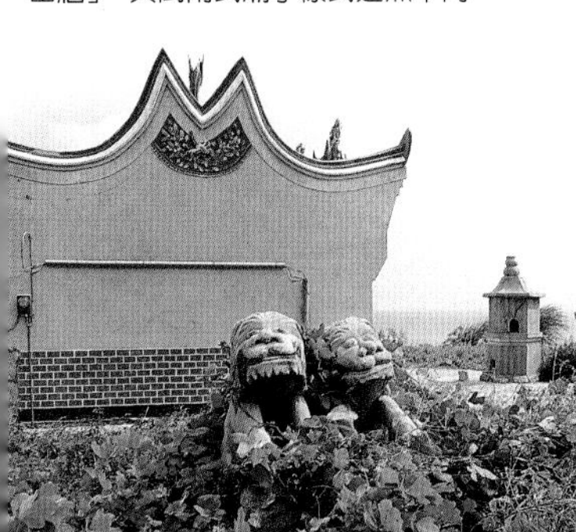
(湯谷明／攝)

閩東風情獨具特色

因地緣之便，早在元朝時，就有閩東漁民前來馬祖聚居，北竿的芹壁聚落就是台灣地區最大的閩東建築群。因海岸陡峭、腹地窄小，所有建物依山而建，極富特色。閩東移民帶來的特殊民俗風情與信仰，也充分展現在門楣上的送喜風燈，以及各廟宇在元宵節通宵祭神的「擺暝」。此外，從原鄉帶來的紅麴釀製技術，更讓馬祖老酒以香醇濃郁聞名；而以酒粕紅糟佐料的當令海鮮，則最能展現海島馬祖獨特的飲食文化。

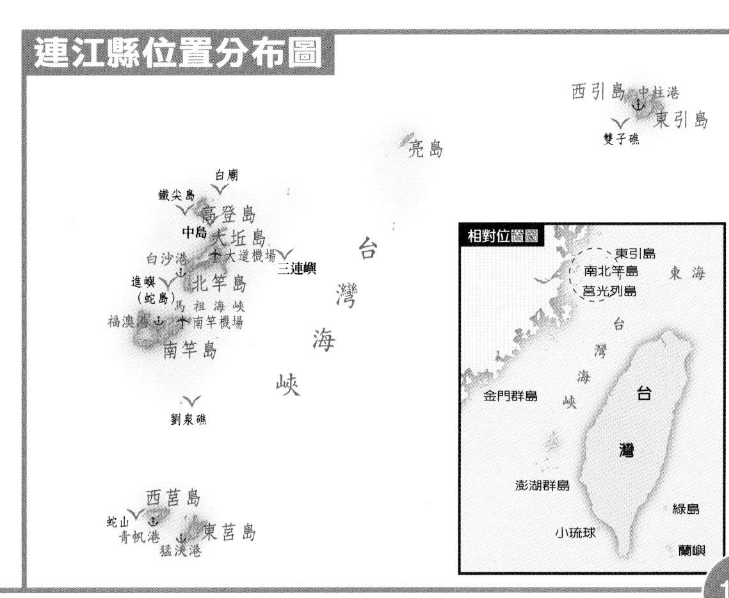

連江縣 Lienchiang County

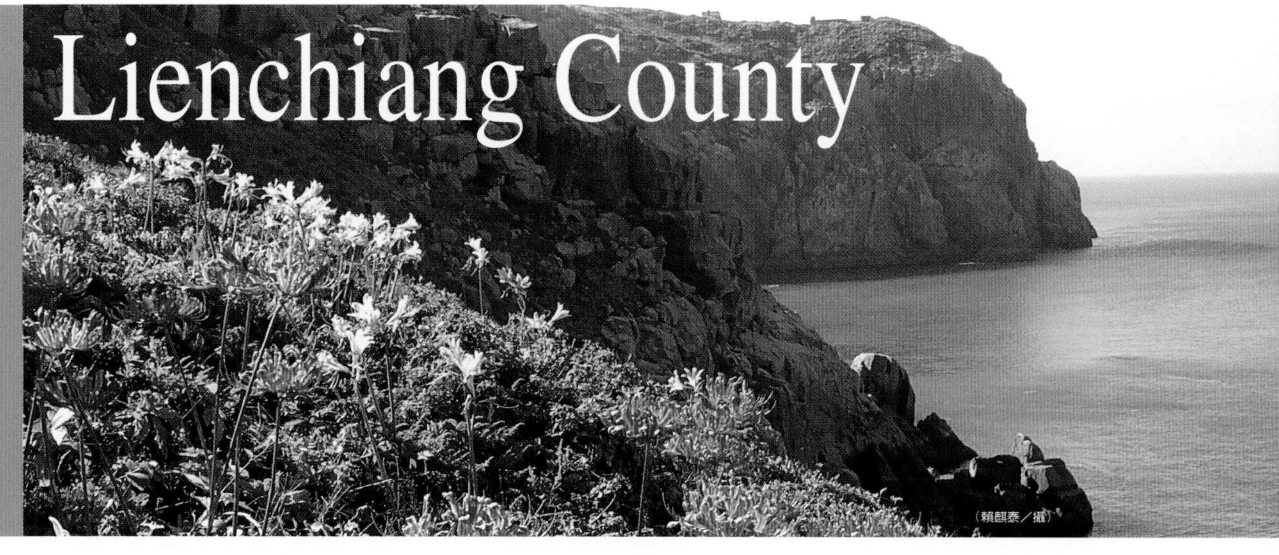
（賴麒泰／攝）

縣花 九重葛
縣鳥 黑嘴端鳳頭燕鷗
面積 28.8平方公里
人口 約1萬人，近20年來成長26.2%
人口密度 每平方公里359人
海岸線 133公里，多為岩岸
民生水源 各島小水庫
節慶 詳見各鄉鎮

地處台灣海峽西北西位置的馬祖列島，宛如一道海上天然屏障，橫列於中國大陸與台灣之間。因位居動植物的遷徙路線及重要戰略位置，馬祖不僅在烽火中度過數百年時間，也造就出豐富的自然資源與特殊的戰地人文風采。

烽火流轉中的世代演替

馬祖的開發可追溯自元朝，當時閩浙漁民利用此地的天然港灣做爲船隻停泊休憩之所，後來逐漸形成聚落。

過去，馬祖一直被視爲化外之地，因此也成了盜寇出沒處，北竿芹壁海盜屋、南竿馬港天后宮、東莒大浦石刻和東引烈女義坑，都是這一階段的歷史紀錄。民國之後，又因位居重要戰略位置，一躍成爲國民政府捍衛台海安全的反共前哨，並開始實行戰地政務管制，直到1992年11月7日才解除管制，而遍布島嶼的軍事設施，也成爲馬祖特殊的人文風景。

因地制宜的發展脈絡

馬祖列島是由海底岩漿形成的花崗岩火成岩島，島嶼四周受海浪侵蝕而成峭壁和灣澳，陸地則多丘陵少平地。漁民最初聚居在灣澳，例如南澳、清水澳，就是早年形成的聚落。爲了穀類及蔬菜等糧食的需求，居民逐漸向丘陵地發展，形成「上村」，使馬祖呈現出由海而陸，從灣澳到山頭的發展脈絡。

人與自然共存的生態園

早在13世紀，馬祖豐富的漁產就吸引了福建漁民前來聚居。漁民以木材修屋造船，並搭建烽火台，以防禦海賊侵擾。因爲大幅砍伐林木，卻也讓地貌一度僅剩黃土遍地。直到近代國軍駐紮，基於遮蔭、掩蔽及水土保持的需要，以木麻黃、相思樹、苦楝與日本黑松等，進行大規模人工栽植，如今已蔚然成林；又因長達半世紀的戰地政務管制，使馬祖得以遠離工業化的污染，不論陸地或海洋，皆生機盎然。

Beigan Township

北竿鄉

郵遞區號 210
面積 5.6平方公里
節慶 馬祖生態賞鷗活動 (7～9月)
關鍵字 芹壁、壁山、橋仔村、一顆印式建築、大道機場、塘后道沙灘、坂里、魚麵

北竿舊名北竿塘、下竿塘及長岐島，是馬祖列島的第二大島。除了坂里地勢較爲平坦外，大多是陡峭山丘，其中標高298公尺，可以清楚俯瞰北竿鄉地形的壁山，是馬祖最高峰。早在數百年前，北竿即是漁民撈捕蝦皮的暫棲居所，之後才漸漸形成聚落，並建造了質樸的閩東建築群——芹壁村。除了漁業捕撈，因橋仔村距大陸僅十多分鐘航程，與對岸海陸貿易方便，北竿因而一度成爲馬祖的發展重心。但在國軍進駐馬祖之後，爲避免干擾到人口較多的北竿島，而將行政中心設置於南竿，使得北竿逐漸失去發展優勢，直到1994年大道機場開放民航，才引來觀光人潮，重新恢復往日的繁榮。現在，北竿是一座以美景與生態取勝的觀光島嶼，熱絡的觀光事業也促使相關產業，例如橋仔村的漁業博物館、芹壁村的民宿蓬勃發展。

芹壁村石頭屋

早年馬祖移民多來自閩東的連江、長樂、羅源等縣，因此在傳統建築上承襲閩東沿海風格，其中以北竿芹壁村的民宅群最具代表性。閩東沿海民居的最大特色是獨棟雙層，建築平面通常接近正方形，牆面就地取材以花崗岩砌成，屋頂覆紅瓦，屋內建材則以木料為主。而為了避免強風灌入，窗戶都很小，屋頂上還用石塊壓住，以免被風掀起。

（湯谷明／攝）

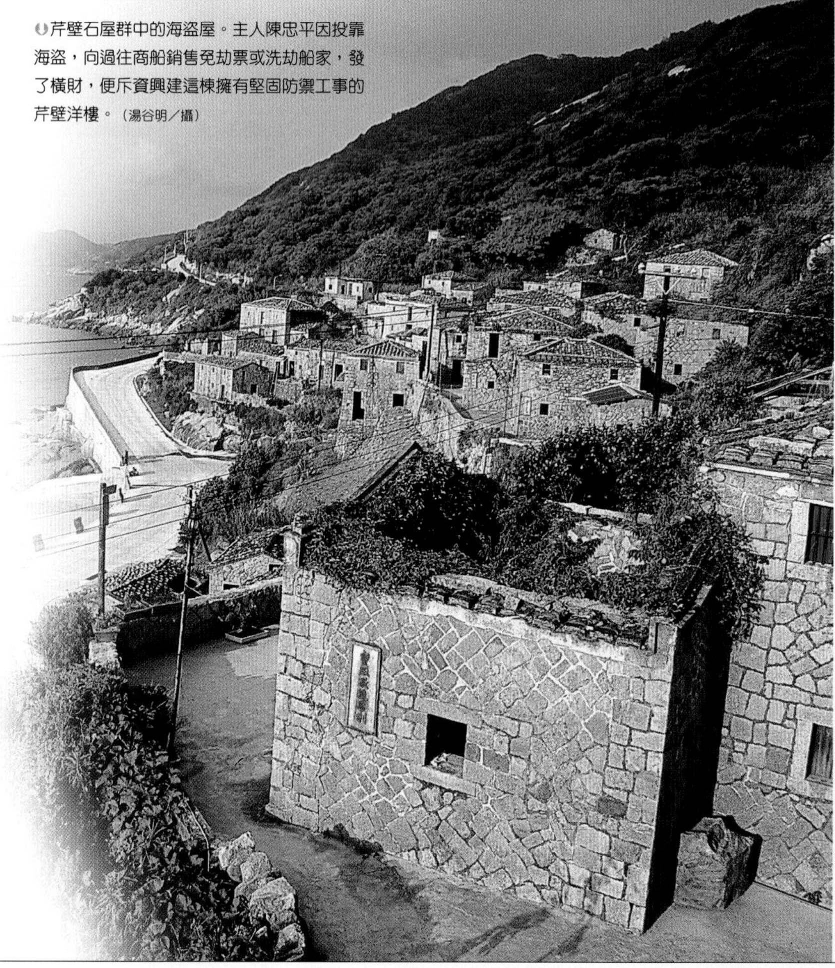
芹壁石屋群中的海盜屋。主人陳忠平因投靠海盜，向過往商船銷售免劫票或洗劫船家，發了橫財，便斥資興建這棟擁有堅固防禦工事的芹壁洋樓。（湯谷明／攝）

Nangan Township

南竿鄉

郵遞區號 209
面積 8.4平方公里
節慶 馬祖文化節及慶祝媽祖 聖誕(每年農曆3/23前後舉行)
關鍵字 福澳碼頭、牛角嶺、馬祖酒廠、八八坑道、南竿機場、雲台樂府、天后宮、北海坑道

舊稱南竿塘、上竿塘的南竿，是馬祖列島的第一大島，也是馬祖列島往來各鄉鎮，以及對外出入的重要交通樞紐，連江縣政府及縣議會等重要政府機關都在這裡，馬祖人稱的「馬祖本島」，就是指南竿。早年島上的經濟以漁業爲主，並曾設立鹽館，促成漁鹽業的發展。後來馬祖成爲戰地前線，直到今天，現役軍人仍大多在此服役，也成爲島上另一項主要的政經資源；1956年設於牛角嶺山下的馬祖酒廠，以自然湧出泉水釀製的老酒及高粱酒系列聞名，也成爲島上的重要收入。近年來，南竿憑藉著特殊的戰地人文背景與地理景觀，加上2002年底南竿機場落成啓用，使往返台馬兩地交通更爲便捷，而成爲旅遊的新熱門據點。

○馬祖的酒以醇香聞名，除引天然甘泉，並用戰備坑道的八八坑道來儲酒，因為常年恆溫且潮濕，能促進酒的後熟作用，使酒愈存愈香。（湯谷明／攝）

○連江縣政府的行政大樓前開闢為山隴蔬菜公園。（湯谷明／攝）

水庫生態園

由於島上缺乏淡水，當地人鑿建大小水庫以貯備水源，同時也營造了豐富的生態環境，尤以南竿最常見。而在南竿的南面，還有一塊背山而少受東北季風影響的生態寶庫，生長著許多台灣本島罕見的植物，有時還能巧遇紅隼等台灣少見的過境鳥種，充滿野地尋幽的驚喜。

○來到馬祖度冬的蒼鷺。（王力平／攝）

Dongyin Township

東引鄉

郵遞區號 212
面積 3.8平方公里
關鍵字 中柱島、烈女義坑、一線天、東引燈塔、東引酒廠、燕秀潮音、黑尾燕鷗、紅花石蒜

東引是台灣最北端的領土，原名「東湧」，1955年國軍進駐之後，因島嶼東方有座建於清光緒年間的燈塔，故改名「東引」，意寓「指引我軍」。東引海岸除了有受海水侵蝕成的花崗岩險峰峭壁，又因外海大陸棚邊緣常因地形造成海水湧升，將海底有機質帶上近海面處，引來大批魚群覓食，成爲一處著名漁場。但除了駐守的官兵，以及短暫停留的漁人和釣客，居民僅有700多人，且大都住在中柳村及樂華村。由於人口稀少，因此島上沒有路名和紅綠燈，是當地的特色之一。

○花崗岩海岸受風雨及海浪的日夜沖擊，造就許多海蝕地景，例如東引的海上石林及「海現龍闕」、莒光的碎石坡等。（湯谷明／攝）

Jyuguang Township

莒光鄉

郵遞區號 211
面積 4.7平方公里
節慶 元宵節結合廟會慶典 (農曆1/15)
關鍵字 大埔石刻、沈有容、東莒燈塔、白毛城、林幼嶼、福正海灣

莒光鄉由東莒及西莒兩個小島組成，因地形酷似趴在福建閩江口外的兩隻狗，而有「東犬」及「西犬」的舊稱。明萬曆年間，安徽人沈有容奉命鎮守閩海各島嶼，曾在此擊退倭寇，因此工部右侍郎董應舉刻贈大浦石刻，以表彰功績，目前已被列爲三級古蹟。後來這兩座小島因位居前哨，成爲軍方駐紮地，並在1971年取「勿忘在莒」之意，改名爲「莒光」。莒光鄉的面積不大，只要半天時間即能環島一周，但它豐富的歷史文化卻凌駕於其他各鄉，除了大浦石刻，建於清同治年間的東犬燈塔，也被列爲二級古蹟。馬祖地區的三個國家級古蹟中，莒光鄉就囊括了兩個。

○以往漁業撈捕是莒光主要經濟來源，現在則發展為休閒漁業。圖為花蛤節採貝活動。（湯谷明／攝）

○大浦石刻記載沈有容擊退倭寇功績。（湯谷明／攝）

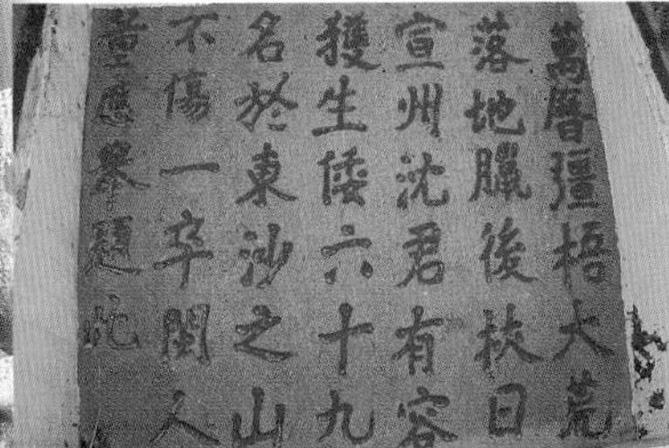

Kinmen County

海上浯土 金門縣

位在九龍江出海口的金門，距廈門外港僅十公里，早在1,600年前的東晉時代，就有漢人到此避禍屯墾。位在金門本島東北角的馬山，距中國大嶝島僅1,800公尺，戰略地位險要，也讓金門從1956～1992年間成爲軍事管制區。全島居民大多來自漳、泉兩州，民居樣式與民情風俗也多沿襲閩廈古風。長達36年的軍事管制雖延緩了現代化建設的腳步，卻也因此保留了原始自然生態與古老的人文史蹟。1995年，全島近1/4範圍被畫爲金門國家公園。2003年開放小三通，不僅讓金門成爲前往大陸的方便管道，也讓戰地最前線，搖身而成兩岸互動最先鋒。從反共前哨到交流門戶，從軍事堡壘到觀光勝地，金門的角色正在脫胎換骨中。

鬱鬱蒼蒼海上公園

根據記載，金門原是林木蓊鬱、水澤豐美之地，但歷經元、明、清朝，歷代的伐木煮鹽、造船及戰火摧殘，終致童山濯濯，水土難以保持，也讓東北季風帶來的風沙更為肆虐。1950年以後，軍民開始以木麻黃、相思樹、松樹、桉樹等積極造林。現在，金門森林面積近6,000公頃，又恢復成為鬱鬱蒼蒼的海上公園，也讓島上許多動植物有了安身立命之處。

慈湖是金門最適合賞鳥的地點……尤其多，粗估達十萬以上。（游登……

自成一系的海島生態樂園

四面環海的金門，自成一小型島嶼生態體系。由於金門的九條河流全都長度短、流量少，島上軍民於是挖掘了衆多池塘、水庫儲水，在滿足民生用水與農田灌溉之餘，也在出海口處造就了豐富的濕地生態。尤其位在西北角的慈湖賞鳥區，是金門國家公園内最大的野生鳥類棲地。而位在金城南門里外的浯江溪出海口及周邊海岸，則是金門鷸科鳥類最大度冬區之一，也是活化石生物鱟、彈塗魚、招潮蟹等生物的生息地。

鱟。（吳松霖／攝）

海岸防備

戰時金門為防止敵方船艦登陸，不但在沿岸栽植了瓊麻、紫藤等芒刺植物，島上還有各種軍事建設，如為了阻止戰車前進的戰防壕、以鐵軌製成的尖刺軌條砦、偵測敵機的反空降機堡等，都是戰地歷史的見證。

尖刺軌條砦。（黃丁盛／攝）

從戰備到藝術的碉堡

1949年以後，為了備戰需要，駐紮在金門的國軍部隊積極建設防禦工事。在那物資極度貧乏的年代，民居的門板、磚瓦、石條，也都被拆卸用來興築碉堡。如今，閒置的軍營碉堡藉由軟硬體的改善，並結合地方文化特色與博物館經營，整合成為具戰地特色的碉堡美術館，也為金門的藝術與戰地文化開創另一舞台。

虎堡。（黃丁盛／攝）

中西合併番仔樓

金門全縣168處大小聚落中，其中至少51處擁有洋樓建築，成為金門民居的另一大特色。過去，由於土地貧瘠，謀生不易，許多金門人被迫遠赴外地謀生。俗稱番仔樓的洋樓，就是衣錦歸鄉，光宗耀祖的象徵。尤其前往南洋發展的僑民，不但將南洋殖民式建築形式移植回金門，也因地制宜，且就地取材，更結合本地與廈門、鼓浪嶼一帶的匠師及技術，打造中西合併的洋樓。

得月樓。（黃丁盛／攝）

晒高粱。（黃丁盛／攝）

香醇甘冽金門陳高

1953年建廠的金門酒廠，利用金門特產的旱地高粱、當地水質甘甜的寶月神泉，以及釀酒師父承襲自傳統古法的專業技術與經驗，釀造出高粱酒；再在地窖中至少儲存五年，讓陰冷的地窖空氣和酒中成分相互調和吸收、自然醇化，即成為香、醇、甘、冽的金門陳高，也成為金門經濟的主要命脈。

古居書就昔日輝煌

開發歷史遠早於台澎地區的金門，宋神宗時即已納入中國版圖，南宋更在此設立鹽場，帶動經濟、文化的蓬勃發展，鼎盛的文風甚至曾吸引大儒朱熹渡海到此講學。先民因大多來自漳、泉二州，從明、清遺留至今的古蹟和聚落，仍保存著古時單姓集村、以宗祠為聚落生活重心的特色。而沿襲閩廈古風的聚落建築中，卻也可見中西合併的洋樓，訴說著金門先民另一番交錯著辛酸與輝煌的奮鬥史頁。

朱子祠。（黃丁盛／攝）

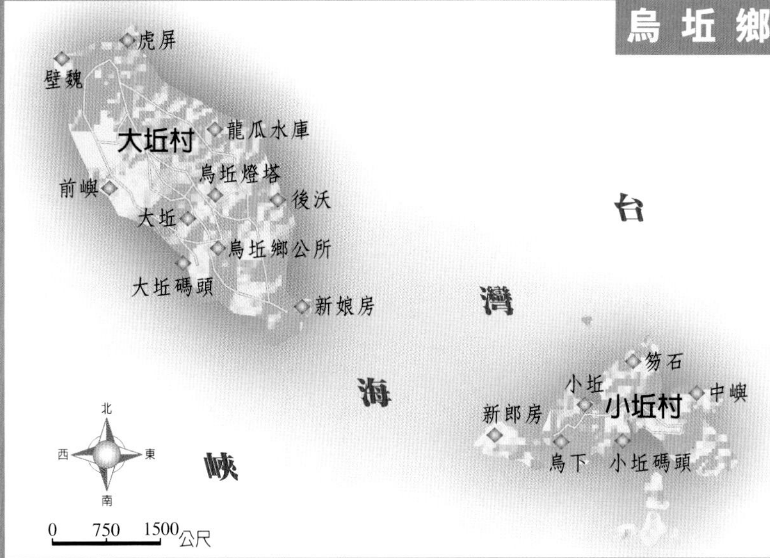

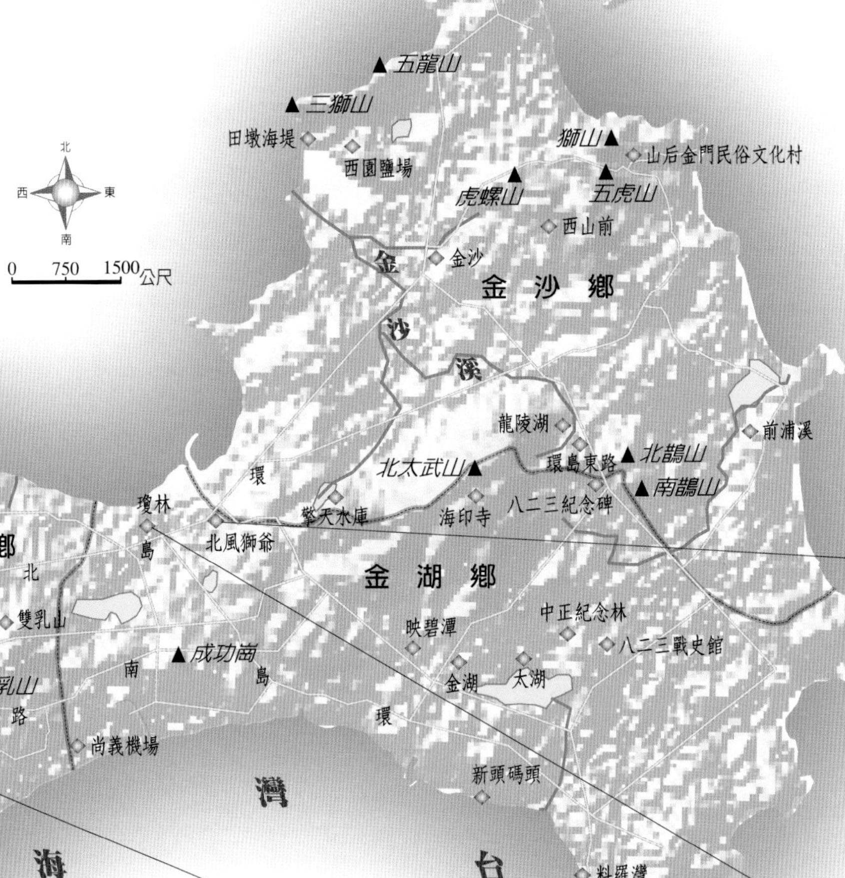

戰地遺跡成觀光熱點

扼守金廈海峽的地理位置，讓金門成為屏障台澎的最前哨。島上生活與建設無一不以「軍事、安全」為唯一考量，例如蓋房子不得超過三層樓，家中電燈必須戴光罩，車燈也要塗黑三分之二，晚上七點全島宵禁。而曾經駐紮在此的十萬大軍，不但是在地居民的兩倍，也是居民的經濟支柱。1992年戰地任務解除，駐軍也銳減到不及萬人。但多次慘烈戰役所遺留下的遺跡，包括古寧頭戰場、北山古洋樓、地下坑道、反空降樁、反登陸樁、村里巷道散見的碉堡與精神標語等，卻成為最獨特的觀光資源，觀光客也取代阿兵哥，成為最重要的經濟收益來源。

鎮風止煞風獅爺

金門四面無高山屏障，全年大半處在疾勁東北季風的吹襲下。因此，從明末清初開始，島上居民便開始在各村莊廟口、路口，樹立傳說中能鎮風止煞的風獅爺，又稱「風伯」的風獅爺也從此成為各聚落的守護神。多為石頭雕成，造型多變，且長作擬人姿態的風獅爺，也已成為金門的文化意象代表。

瓊林北風獅爺。（黃丁盛／攝）

瓊林蔡氏十一宗祠。（黃丁盛／攝）

馬背燕尾傳統聚落

維持著紅磚、紅瓦、燕尾、馬背屋脊的傳統閩南樣式聚落與建築，是金門最重要的文化資產之一，尤其在歐厝、珠山、水頭、瓊林、山后、南山及北山等7處最具代表的傳統聚落中，不論是磚石材料、建築裝飾或空間格局，不僅變化豐富，深具地方特色風格，並展現了豐沛的藝術生命力。

戰地特產金門鋼刀

從1949年古寧頭大戰以來，金門就不斷歷經大小戰役。1958年823砲戰一役，金門就落下了48萬發砲彈，戰況慘烈。但汲手可得的彈殼，卻也成為戰地居民的特殊資產。由於砲彈鋼的鋼質特殊，加上金門打鐵師傅歷代相傳的鑄造技術與經驗，加以切割、冶煉、打造、研磨後，成為聞名海內外的金門鋼刀。

（許育愷／攝）

地下金門坑道

在金門每個村落地底下，幾乎都密布著軍隊運補坑道或民防坑道。激烈的823炮火中，金門能屹立不敗，就是因為擁有堅強的坑道。於是國軍更全面利用金門堅硬的花崗岩地質，致力打造地下防禦堡壘，作為彈糧儲存與人員掩蔽之用。如今，不僅連接村莊各要道，甚至可以通到人家的地下坑道，已成為金門最獨特的魅力空間，也最具吸引力的觀光熱點。

翟山坑道。（黃丁盛／攝）

金門縣 Kinmen County

縣花 四季蘭 **縣花** 木棉 **縣鳥** 戴勝
面積 約153平方公里
人口 約7萬人，近20年來成長39.8%
人口密度 每平方公里約459人
海岸線 110公里
森林覆蓋率 40%
主要水系 古崗湖、慈湖、太湖、浯江溪、金沙溪
民生水源 湖庫、鑿井抽取地下水
節慶 詳見各鄉鎮

慈堤外灘地的防禦設施。（黃丁盛／攝）

金門位於福建省東南九龍江口外，夾在台灣和中國大陸之間，包括慣稱「大金門」的金門本島，以及「小金門」烈嶼和其他十多個大小島嶼。金門列島主要由花崗片麻岩構成，在大金門東邊標高253公尺的太武山，是全島最高的屏障。

水源依賴人工湖庫

由於早年受到倭寇燒山、鄭成功伐木造船的影響，島上森林植被消失，水土保持不易；加上地形以丘陵、台地為主，無高山屏障，風力十分強勁，氣候乾旱少雨，因此河流短淺，水資源嚴重不足。當地人多取用地下水，或人工挖鑿小型湖庫，以蓄積從太武山匯流的水源，供民生及灌溉之用。

從馬場到戰地前線

東晉時，中原六姓為避五胡亂華，南遷金門落腳。到了唐朝，泉州牧馬監陳淵奉命率十二姓至今日的烈嶼及金城牧馬，使島上居民逐漸增多，而有「海上仙山」之稱。但因僻處東南外海，經常遭受海盜及倭寇侵犯，所以明太祖於今日的舊金城構築城池，並依其地勢「固若金湯，雄鎮海門」，取名「金門城」以為防禦，「金門」之名因此而來。從此，內捍漳廈、外制台澎的金門，便與「兵燹」結下了不解之緣，更在近代成為重要的台海戰地前線。

開放的轉運點

由於長期被畫為軍事重地，加上近年金門港口以發展商港為主，以及大陸東南沿海漁民毒魚、炸魚的影響，使漁業發展受到限制。在工商業方面，主要市集多集中在金城、山外和沙美等地，並以批發及零售業居多。隨著戰地任務卸除，1993年金門開放觀光，1995年金門國家公園設立，不但逐漸導向戰地觀光產業，更在小三通的加溫之下，擔任兩岸三地的接駁點，為兩岸的經濟需求鋪路。

Jinsha Township

金沙鎮

郵遞區號 890
面積 41.09平方公里
節慶 營源廟廟慶(農曆9/15、16)
關鍵字 馬山觀測站、陳健古墓、山后民俗文化村、沙美老街、五虎山步道、田墩養殖場

位在金門本島東北端的金沙鎮，由於面迎東北季風，加上自元明以來，兵燹連連，導致森林植被消失，容易揚起風沙，因此到處可見鎮風除穢的風獅爺，數量占金門全數的一半以上。而在金沙東北隅官澳村的馬山半島，退潮後距離廈門角嶼僅2,100公尺，是台灣地區最接近中國大陸的地方，根據考古發掘及《楊氏族譜引》的記載，早在宋元時即有漢移民定居在此，後來官澳成為明代五個鹽埕港口之一。從明代至近代，一直是重要的海防據點，商業活動也隨軍隊的駐紮而興起。戰地任務解除後，除了因軍事防禦需要所圍築的海堤成為田墩養殖區，而使養殖漁業興盛外，山后民俗文化村、西山前李宅、陳禎恩榮坊等古蹟，以及監視對岸的馬山觀測站，都成為發展觀光的資源。

西山前李氏家廟。（黃丁盛／攝）

Jinhu Township

金湖鎮

郵遞區號 891
面積 41.6平方公里
節慶 搶灘料羅灣海上長泳(7月)、金湖鎮海灘花蛤季(6月)、碉堡藝術節(10月)
關鍵字 太武山、毋忘在莒勒石、花崗石、金門陶瓷廠、瓊林、邱良功墓園、金門花崗石場、太湖、中正公園

僻處太武山後的金湖，早年人口稀少，直到1958年823砲戰爆發後，因金寧、金沙部分地區受損嚴重，居民南遷至此才逐漸增多。後來又因太武山腹重兵駐紮，使山外成為當地最大的阿兵哥消費市集，為金湖帶來「金門西門町」的稱號。1967年，為解決金門東半部民生用水及灌溉問題，引太武山東北溢洪，挖鑿蓄積金門最大的人工湖——太湖，農牧業因此興盛，農作以高粱、蕃薯等旱作為主，牧業則以高粱酒糟所飼育的黃牛最特殊。開放觀光後，除了太湖風光、明代的瓊林村古厝，更有見證國共戰史的太武山「毋忘在莒」勒石等著名景點。

太湖。（黃丁盛／攝）

Jinning Township

金寧鄉

郵遞區號 892

面積 29.865平方公里

節慶 金門鸕鶿季(11月，2005年改為生態美食季)、石蚵文化節(5月)、李光前將軍廟醮祭(農曆9/8)、后湖海白金蛤季(10月)

關鍵字 慈湖、安岐風獅爺、北山古洋樓、金門國家公園、古寧頭戰史館、盤山坑道、李光前將軍廟、雙鯉濕地

金門島西北方的金寧，因三面臨海，與對岸遙遙相望，自古即爲兵戎相接之地。1949年，金寧西北角的古寧頭便因發生激烈的國共戰役而聲名大噪。1950年，政府以稻米換高粱，鼓勵居民栽種，做爲釀酒之用，使當地高粱產量達全金門的1/3；此外另有花生、蕃薯和玉米等作物，是金門最重要的農業生產地。過去因沿海受軍方管制，間接保護了綿長的砂質潮間帶，使當地人得以利用無污染的水質，將切割成條狀的花崗石橫放於潮間帶，藉海水沖刷及日光曝曬去除污漬，再斜插入泥中，使蚵苗生長，所生產的蚵仔稱爲「石蚵」。戰地任務解除之後，現今金寧沿海大都闢爲石蚵養殖區，每年5月並舉辦「石蚵文化節」，成爲年度盛會之一。

除了石蚵，原本在台灣西海岸沙灘常見，但現在幾乎已絕跡的鱟，在金寧的潮間帶仍然維持穩定族群；而雙鯉濕地及慈湖，也都是過去軍方爲了防禦而築堤成湖，卻意外形成生態天堂。

古寧頭戰史館落成於1984年，是一幢仿古城堡的建築。（黃丁盛／攝）

彈痕累累的北山古厝。（黃丁盛／攝）

Wuciou Township

烏坵鄉

郵遞區號 896

面積 1.11平方公里

節慶 媽祖誕辰(農曆3/23)

關鍵字 烏坵燈塔、鴛鴦湖、核廢料、莆田、石頭屋、紫菜

烏坵由大坵及小坵兩島組成，位居金門和馬祖的中央。全島屬花崗岩地質，不利草木生長，因此當地人靠海爲生。每年一過中秋節，便在潮間帶的花崗岩灑上燒製的貝殼粉，紫菜會自然附苗生長，到冬季就能採收，是島上居民重要經濟來源之一。

1950年代，烏坵成爲戰略要地，因島上聚落無法遷村，軍方只好在聚落四周築高牆、挖壕溝，僅留一條小路進出，成爲當地特色。又因島上對外交通不便，大部分補給全靠十天一班往返台中港的軍艦，導致人口外流嚴重，是全台面積最小、人口最少的鄉鎮。

Jincheng Township

金城鎮

郵遞區號 893

面積 21.71平方公里

節慶 浯島城隍遶境(農曆4/12)、金門詩酒文化節(6月)

關鍵字 城隍廟、逵閣、金門酒廠、邱良功母節孝坊、浯江書院、模範街、文台古塔、翟山坑道、漢根雲影、珠山古厝聚落

位在金門本島西南的金城鎮，原名後浦，因面海背山，地勢易守難攻，根據考古發現，早在五胡亂華時代，就有南渡避禍者來此活動。到宋紹興23年（1153），當時在廈門灣同安縣任主簿的朱熹，也曾來此教學，奠定了此地文化發展的基礎。明洪武20年（1387），爲防沿海倭寇來犯，在後浦之南建金門城，即現今的舊金城。

清康熙19年（1680），總兵陳龍自金門城移駐後浦，之後逐漸發展成金門的軍政、經濟中心，直到現在，都是金門最繁榮的地方。而遺留的明代街道、明清時期古厝聚落，以及由僑匯所建，有上百年歷史的洋樓建築群等，均記錄了金門文史發展的軌跡。

金城浯島城隍廟已有近200年歷史，每年遶境時，蜈蚣座、藝閣、宋江陣、打花草各式陣頭逐一上陣，是金門最大的宗教活動。（黃丁盛／攝）

Lieyu Township

烈嶼鄉

郵遞區號 894

面積 14.85平方公里

節慶 東林靈忠廟洪府元帥誕辰廟會(農曆4/22)、后頭麟護宮媽祖誕辰(農曆8/23)、鐵騎環島、自在行腳

關鍵字 小金門、戰史館、烈女廟、環島戰備散步道、陵水湖、八達樓子、黑風雞、檳榔心芋、湖井頭

烈嶼在金門的極西，俗稱「小金門」，在唐代即設有馬寨，並有零星移民；宋元之際，因蒙古入侵中原，而有移民從福建渡海來此避禍，逐漸形成村落。自古以來人口雖不多，但開發極早，且以血緣爲基礎的集村村落爲主，因此宗廟眾多，加上供奉神明的廟宇，平均每平方公里就超過三座廟。由於低密度開發的因素，烈嶼自然環境十分豐富，尤其位在西南沿海，因水利及軍事防禦之需所挖鑿的陵水湖，水草豐美，是烈嶼最大的鳥類棲息地。

湖井頭戰史館是烈嶼地區的軍事據點，位於東坑村，據說當年鄭成功雄據金廈初抵烈嶼時，即在這附近登陸。（黃丁盛／攝）

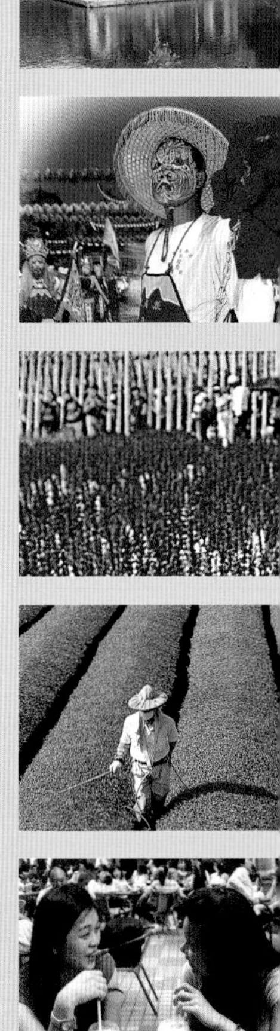

魄力·陽光·新天地

Central Taiwan 中台灣

（黃源明／攝）

中台灣包括台中縣市、南投縣、彰化縣。此區地理位置優越、腹地廣大，自古就是台灣穀倉之一；且終年陽光和煦、氣候宜人，是全台最適合居住的區域，所以不斷匯聚追求優質生活環境的現代新移民。也因此，人力資源充沛，加上房地產質優價廉，吸引許多跨國公司、企業總部紛紛進駐。而中部科學園區的啓動運作，也爲傳統產業起家的中台灣，開啓了高科技產業新契機。

地理位置、人力資源的優勢外，密如蛛網的交通網，將中台灣四縣市緊密連結，加上中山高、二高、台鐵、高鐵，南下北上，無往不利。台中港更是台灣距離大陸最近的海港，因此，作爲台中港大腹地的中台灣，勢將成爲未來兩岸經貿交流的第一站。

近450萬的中台灣居民，也在這處充滿陽光的朝氣之地，創造了一股生活消費新風潮，包括泡沫紅茶店、休閒汽車旅館，以及別出心裁的主題餐廳等。終年陽光燦爛的中台灣，擁有都會的繁華便利，也保有高品質的生活環境，大台中的未來顯然魅力耀眼。

Outstanding

世界級中台灣

位處台灣中間地帶的中台灣，地理位置適中、氣候溫和，境內因山高谷深、地形多變，成爲動植物棲息的天堂，不但擁有亞洲四大濕地之一、世界第三大昆蟲博物館，更有全世界僅有的菱形奴草；而世界含量第一高的碳酸泉、全亞洲最大的水力發電廠、東南亞最大的虹吸水利工程，也都坐落在此。此外，交通便捷快速的中台灣，在1970年代即成爲帶動台灣經濟起飛的製鞋、雨傘、草蓆、絲襪等傳統產業的發跡重鎮，薩克斯風產量還一度占有世界1/3市場。擁有最佳生活環境的中台灣居民，也創造了一股生活消費新風潮，誕生於此的珍珠奶茶，現正風靡全亞洲。

(黃丁盛／攝)

世界第一杯珍珠奶茶

全世界第一杯珍珠奶茶的發源地在台中。將濃郁香醇的奶茶，搭配粉圓，再加上大量的碎冰，結合成的冰鎮珍珠奶茶，可以說是台灣喫茶文化中，最獨具創意的發明，現已成為台中泡沫紅茶文化的招牌品。

台中市

世界第一「棒」

1969年來自台中的「金龍少棒隊」，先在日本擊敗關東少棒隊取得遠東區代表權，旋即在世界少棒賽擊敗美國西區代表隊，取得美國威廉波特第23屆世界少棒冠軍頭銜，是台灣得到的第一個「世界冠軍」，也打開了台灣棒球史新的一頁。

碳酸泉世界含量第一高

有「中部陽明山」之稱的台中大坑風景區，於921地震之後的地質探勘中，偶然發現因地震斷層而引發的地熱與地質變化，而地下溫泉的碳酸含量比日本九州長湯溫泉還高，PH值在7～8之間，是碳酸含量世界第一的碳酸泉。

製鞋王國

1969年創立的寶成集團，初期僅是純代工製造運動鞋，現已轉型為代工設計製造，主要生產NIKE、Reebok、New Balance、ADIDAS、K-swiss、CONVERSE等國際品牌球鞋，年產量上億雙，占全球市場15.8%，為全球最大，也是唯一可以同時生產品牌運動鞋與休閒鞋的製鞋集團。

亞洲最大的熱帶雨林溫室

科博館以圓管鋼架與懸吊式玻璃構建的熱帶雨林溫室，高約31公尺，寬56公尺，溫室的地下與地面展示面積總計2,500平方公尺，種植外來熱帶植物約360多種，是亞洲最大的熱帶雨林鋼構溫室。

(黃丁盛／攝)

彰化縣

世界級的漫畫家

彰化出生的蔡志忠，其漫畫暢銷世界各國，已有42國不同語言翻譯。1986年《莊子說》出版，蟬聯台灣暢銷書排行榜十個月。

台灣歷史文物最豐富

花壇「台灣民俗村」收集的各類型的台灣古蹟、文物、古宅，保存了全世界最多台灣歷史文物，也是提供學習台灣常民文化最重要的地方。

世界第一長巨龍

鹿港鎮的「護安宮」特製一條巨龍，長達72公尺，由105個小燈籠組合而成，是目前世界第一長的巨龍。

中台灣 Central Taiwan

台中縣

(黃丁盛／攝)

薩克斯風產量曾占世界1/3市場

1980～90年代，世界上每三把薩克斯風就有一把是后里製造的，為后里贏得「管樂器之鄉」稱號。

金針菇產量世界第一

有「金針菇之鄉」稱號的霧峰，除了引進日本溫度控制室栽種法，還是世界上唯一使用「無臂機器人」栽培金針菇的地方，每年產量約一萬公噸，占全台一半，外銷美加、澳亞，單一產地產量居世界第一。

東南亞最大虹吸水利工程

1932年5月完工的白冷圳，引大甲溪水到新社河階地，提供台灣第一座蔗苗養成所用水，至今仍是東南亞最大虹吸水利工程。

(潘新賢／攝)

南投縣

(魯獅／攝)

世界第三大昆蟲博物館

埔里鎮的「木生昆蟲博物館」是世界第三大昆蟲博物館，內藏十萬多件蝴蝶與昆蟲的標本中，以全世界僅有一隻因基因突變的雌雄同體黑鳳蝶最為獨特。

世界最大雙口瓶

921大地震後，水里蛇窯的主體損毀，於2000年重建。為了慶祝重新開窯，製作了高達6.68公尺的「千禧雙口瓶」，打破陶瓶的金氏世界紀錄。

世界最大橫泳活動

每年農曆九月在日月潭所舉辦的萬人橫渡日月潭活動，參與人數屢創新高，是全球規模最大的橫泳活動，主辦單位擬申請金氏世界紀錄。

世界僅見的菱形奴草

魚池鄉蓮華池研究中心在殼斗科水柯仔側根首次發現的寄生植物──菱形奴草，無根，也無葉綠素，通常有6～12對的對生鱗片葉，極為稀有，目前僅蓮華池和東眼山有發現記錄。

亞洲最大發電量的電廠

在水里溪畔，短短五公里間總計有五座水力發電廠，分別是大觀、明湖、明潭、水里及鉅工。其中明潭抽蓄電廠總發電量為160萬瓩，等於一座核能電廠的發電量，是全亞洲最大。

彰化縣

世界級的候鳥棲地

大肚溪口是亞洲四大濕地之一，也是國際的賞鳥勝地，更是台灣最大的潮間帶，豐富的生態環境，孕育各種魚、蝦、貝類，成為東亞、澳洲水鳥度冬、遷移時，覓食、休息的中繼站。

(鄭信藏／攝)

Taichung City

活力之都台中市

素有「文化城」美稱的台中市，早在清朝劉銘傳時就曾被規畫爲台灣省城預定地，日治時期也是日人實施現代建設的城市之一。又因東邊中央山脈屏障，每每守護台中盆地不受颱風侵襲；且終年陽光普照，年平均約攝氏23度的溫和氣候，吸引許多外地人移入定居，促成市中心、新光、逢甲等新商圈的蓬勃發展，更展現了台中獨特的都會風華。

因得天獨厚的地理位置，台中不但是島內交通樞紐，直通台中港的優勢，更讓台中成爲未來兩岸三通的最前哨。近年來，國內外高科技大廠紛紛進駐中部科學園區，台中市蓄勢待發的競爭力精采可期，勢將成爲魅力四射的活力之都。

(魯獅／攝)

中部科學園區

以光電科技、半導體、奈米科技、生物科技、精密機械、通訊航太產業為主的中部科學園區，不但促進中部產業升級，未來還將結合環隆科技工業園區、台中工業區、文山工業區，及台中市精密機械科技創新園區，形成「大肚山台地科技走廊」，為綠色矽島奠定厚實根基。

(黃丁盛／攝)

休閒汽車旅館業

台中不但是全台汽車旅館密度最高的城市，汽車旅館的外觀、規模到設施，也都是其他城市所望塵莫及。過去經常被蒙上情色面紗的汽車旅館，在台中已脫胎換骨，朝精緻旅店經營，並逐漸成為一種休閒文化新風潮。

「九次元」交通網

號稱具備「九次元」交通網的台中市，坐擁台中港、清泉崗國際機場、中山高速公路、中部第二高速公路、西濱快速道路、中投快速道路、中彰快速道路、台鐵、高鐵，往來台北、高雄，僅需40～50分鐘車程；不論親山、臨海，或北上南下，全在彈指之間。

從交通重鎮到國際城

南來北往、貫串東西的便利交通，不但是台中蓬勃發展的主軸，更是匯聚中部各縣市大量流動人口，躍居台灣第三大都會的主要關鍵。高速鐵路與規畫中的台中捷運通車後，勢將帶動更大的經濟效益。

交通樞紐的地位，也讓台中市成為最具優勢的科技產業投資地，坐落在大肚山腰的中部科學園區即是未來「大肚山台地科技走廊」一環，透過科技產業與人才的互動交流，讓台中市的產業觸角，延伸向全世界。

創新流行最前哨

早在1960、70年代，因戰後美軍進駐清泉崗協防，周邊林立的美式休閒酒吧、撞球間就為台中市多元、創新的流行文化開啟了先河。從全世界第一杯泡沫紅茶、珍珠奶茶開始，交融美食與視覺饗宴的主題餐廳、超高級酒店、豪華汽車旅館……等，引領全台新風潮的各種新興消費型態也相繼出籠，更奠定了台中市融合美食、文化與創意的流行文化教主地位。

逢甲夜市

以「俗擱大碗」著稱的逢甲夜市，號稱全台最大夜市。根據非正式統計，非假日期間，每天約有三萬人次湧進這裡，假日則超過十萬人。逢甲夜市的特色小吃，也號稱全台第一，遠近馳名的逢甲四合一、蜂蜜檸檬蘆薈、可麗餅、胡椒餅等，全都發源於此。

(黃丁盛／攝)

惠來遺址

2002年出土，分布範圍達15萬平方公尺以上的惠來遺址，打破了台中市遲至明朝尚未開發的刻板印象，也將台中市的歷史往前推3,500～2,000年之間，對於台中市的古生態環境、文化內涵變遷及時空分布，具有極重大的文化意義。

自然科學博物館

結合科學精妙與藝術之美，傳達地球演化的自然史觀念、生命故事，以及人與自然和諧關係的國立自然科學博物館，是台灣第一座科學博物館。1993年落成開幕至今，參觀人數每年超過320萬人，已成為台中市傲人的新景觀地標。

(黃丁盛／攝)

（李大維／攝）

（黃丁盛／攝）

精明一街

以露天咖啡座、行人徒步街道聞名的精明一街，是全台歐風商店街的發源地。這條充分結合休閒與購物之便的特色商街，不但充滿巴黎香榭大道般的異國風情，兩旁的精品名店更是購物天堂。

陽光與綠意的城市

曾被評選為「最適合居住的城市」台中，絕非浪得虛名；冬天陽光和煦，夏天鮮少颱風；兼具自然景觀、曲流地形、休閒空間和人文景觀的綠川、柳川、梅川……逶迤穿流過市區；而從植物園、科博館、國立美術館、市民廣場到美術館綠園道，串連成翡翠項鍊般的綠蔭大道，則讓整座城市被綠意包圍。市區邊緣，生態資源豐富的大坑風景區、東海大學相思林、中興大學黑森林……更為這座綠意盎然的陽光之城活力加分。

（劉東明／攝）

中部陽明山

被稱為「中部陽明山」的大坑風景區，是台中市的後花園，也是全台單位面積物種最豐富的地區之一，其中還包括冰河孑遺植物在內。風景區內，誕生於5、60萬年前造山運動，屬於火炎山惡地地形的頭嵙山，歷經數十萬年風化、沖蝕、崩塌，不但是地球板塊運動活見證，也是台中市民的天然地質教室。

（黃丁盛／攝）

都會綠肺

歷史悠久的台中公園，綠草如茵、林木搖曳。建於園內日月湖上的湖心亭，百年來一直是台中市重要地標，也見證台灣殖民與現代化歷史。台中縣市交界處的台中都會公園，是台中市面積最大、視野極佳的都會生態區，提供市民就近認識大自然與休閒好去處，也讓城市中的野生動植物保有一個棲息環境。

20號倉庫

位在台中火車站後站的20號倉庫，原是台鐵貨運倉庫，後經改造為藝術家進駐、展覽、藝文活動的場所，也成為台中市文化新地標，不但是台中市積極經營藝文展演、營造「藝術台中」氛圍的空間，也是台灣第一個閒置空間再利用的成功案例。

（黃丁盛／攝）

風華璀璨文化城

人文薈萃的台中，不但是日治時期台灣文化啟蒙運動的發源地，更是許多文化名人的故鄉，因而享有「文化城」美名。脫胎換骨成「藝文之家」的市長官邸、百年市役所、現代主義風格的台中放送局，都滿載舊時代文化城的璀璨記憶；而國內第一座自然科學博物館、全台唯一國家級的台灣美術館、國內第一個鐵道藝術網絡「20號倉庫」等，也都在這裡綻放文化藝術的風華。

大墩大事記

市花 長壽花　市樹 黑板樹

市鳥 白鷺絲　面積 約163平方公里

人口 約103萬3千人，近20年來成長70%

人口密度 每平方公里約6,320人

海岸線 無　森林覆蓋率 21%

主要水系 綠川、柳川、麻園頭溪、筏子溪

民生水源 石岡水壩

節慶 元宵燈節、巴西森巴嘉年華、國際啤酒節、台中文化季、跨年晚會

1887年，清廷設省會於台中市，一度成為台灣省行政中心，也是台中市建設的開始。但省會隨即北移，台中市也失去擴展契機。直到日治時代，日本政府因台中地理位置適中、氣候溫和等條件，選定為日本新移民移住地而實施市區改正計畫，設計棋盤狀道路、整治河流，並開通縱貫鐵路，將台中興建成台灣第一個現代化的都市。光復後，延續日治時期的現代化基礎，台中市成為中部地區高等教育、商業消費、文化藝術重鎮；尤其在1976年台中港完工後，台中市更成為坐擁吞吐港口的海路交通要衝。

台中市的發展與交通脈動息息相關，台中火車站附近是早期的繁華中心，公司行號、百貨商場、珠寶銀樓等工商群集。近年來，隨著交通幹線往外延伸、市政中心遷移，都市核心已逐漸轉移到中港路周邊的新興重畫區。此外，中科與規畫中的捷運系統，也帶動周邊西屯、北屯等區域的新生與活力，已儼然成形的新商圈，潛力可期。

1690年代　平埔族巴宰海（Pazeh）拍瀑拉（Papora）及巴布薩（Babuza）居住在此。

1705年（清康熙44年）　駐軍嘉義的台灣北路營參將張國，發現南屯一帶地沃水豐，於是著手墾荒，是漢人入墾台中的開始。

1732年（清雍正10年）　清廷在犁頭店街設置檢署後，人煙漸漸聚集，在現今中區一帶形成市街。道光年間開始出現「大墩街」街名。

1887年（清光緒13年）　清廷在台中市設立省會，成為台灣省行政中心。但邵友濂旋即將省城移至台北，台中市也失去了大步擴展的契機。

1896年　日本政府設台中縣，成為台中市地名的由來。

1908年　台中公園舉行縱貫鐵路全線通車典禮。

1916年（大正五年）　台中酒場開始運作。

1920年　台灣行政區域大更動，設五州二廳，台中市成為台中州首府。

1921年　「台灣文化協會」成立，林獻堂被推為總理，領導階層及會員以台中州最多，台中市成為風雲匯聚的重鎮。

1976年　台中港完工。

1988年　國立台灣美術館的前身——台灣省立美術館開館，1999年改隸行政院文化建設委員會，成為台灣唯一國家級的美術館。

1993年　國立自然科學博物館全區開放。

1999年　921大地震，中部地區因位居震央所在的車籠埔斷層，受創嚴重。大坑地區探鑽地震地質而發現碳酸溫泉。「20號倉庫－鐵道藝術網站台中站」開放。

2002年　中部科學工業園區成立。

2003年　市長官邸改為「藝文之家」，展出歷年大墩美展及藝術家作品，並展示歷任市長的辦公室。九月，在台中市七期重畫區發現惠來遺址。

2004年　因921大地震受創而休館五年的國立台灣美術館重新開館。11月「台中都會區捷運系統烏日文心北屯線建設計畫」啟動。

2004年　因921大地震，部分結構受損的台中火車站，整修完畢。「台中舊酒廠」將閒置空間重新規畫為台灣藝術、設計與建築展演中心。

Taichung County

日光樂土台中縣

位在台灣中部偏西的台中縣，因大安、大甲及大肚溪並列，猶如三條動脈，自東而西匯入台灣海峽，使濱海河口處成爲多座天然門戶。自古先民由此登陸，從平原、丘陵再到山區步步耕耘，至今各地都有足堪代表的文化勝景及農特產品。先民攜來的媽祖信仰，更在此地發展成萬人空巷的盛景，每年農曆三月大甲媽祖遶境進香活動，總有十幾萬人潮湧入，是全台最大的宗教慶典。

水脈帶來了開發的腳步，也使台中縣成爲一塊富足而珍貴的自然樂土：河口濕地的水草豐美，有瀕臨絕種的大安水簑衣，也是雁鴨水鳥的天堂樂園；上游鬱鬱蒼蒼的山巒之間，則是國寶魚台灣鮭魚（櫻花鉤吻鮭）目前唯一未遭破壞的棲地。

海口堆積的風貌

綿延44公里長的海岸線，在大安及大甲溪之間為大型的沖積扇平原，清水以南為隆起海岸平原。開闊的海岸地形及深水地勢，自古為先民登陸開發的起點，今日更有台中港作為中部商貨的吞吐門戶。此外，由於多沙洲、泥灘地的環境，孕育出豐富的生態世界，如今大甲溪口及大肚溪口的濕地，均已畫設為保護區，使台中縣的海岸除了商貿發展之外，並兼具保育與觀光價值。

河口濕地生態

河口地區因海水與河水的推阻，使泥砂淤積而成平坦且富含有機質的泥灘地，是一片可孕育多種生物的天堂。其中位於大甲溪南岸的高美濕地，生長著瀕臨絕種的大安水簑衣及雲林莞草，尤其受到保育人士關注；而在台中縣及彰化縣交界處出海的大肚溪，則是中部最大的候鳥棲息區。

高美濕地。（魯獅／攝）

不斷遷徙的港口

由於河口泥沙淤積，台灣中部港口地位曾幾番更迭。明鄭時期，先民主要從大安溪口的海翁窟港（今大安港）登陸通商，清代轉到大甲溪支流牛罵溪出海口的梧棲港，清末再南移至大肚溪口的塗葛崛（今麗水港）。今日與梧棲港共用水道的台中港（日治時稱新高港），是台灣第三大國際商港。

（魯獅／攝）

台灣第一米倉

台中縣是中部重要的稻米產地，其中豐原在日治時因試種蓬萊米成功，而有台灣第一米倉之稱，並以「葫蘆墩米」聞名國內外。同樣生產良質米的大甲地區，則成立稻米產業文物館，館內分為水田生態、廿四節氣、米食人生等展示主題。

台中文化城

台中地區於漢人開發後，奠定厚實的文化基礎，如神岡筱雲山莊有「清代台灣第一藏書家」之稱；大肚磺溪書院為清代地方仕紳發起的私塾；霧峰林家是台灣中部開發史上清廷前進山區的馬前卒。日治時期，林獻堂組「櫟社」，使霧峰林家的「萊園」成為文化啟蒙的據點。

霧峰林家。（郭美芳／攝）

大甲鎮瀾宮媽祖出巡

建於清雍正年間，迄今已有兩百多年歷史的大甲鎮瀾宮，在每年農曆三月媽祖誕辰日，都要舉行為期八天七夜的進香活動。遶境期間除了返回原鄉湄洲，還到北港朝天宮坐鎮。1987年鎮瀾宮從湄洲請回媽祖及聖父母聖像後，遂改變原來路線，轉往嘉義新港奉天宮，全程達300多公里，跨4縣市、30多個鄉鎮，並有大甲53庄頭武館沿途護駕、陣頭齊出，聲勢浩大。

由於遶境期間接駕香客不絕於途，加上近年媒體大篇幅報導，使這原屬於地方性的傳統盛事，成為全台最受人矚目的宗教活動。自1999年起，鎮瀾宮更舉辦大甲媽祖文化節，除了遶境進香外，並有武術觀摩、戲曲表演、文物特展及國際學術研討會等，吸引許多外國遊客的注意。

（黃丁盛／攝）

大甲鐵砧山是早期先民渡海來台的方向指標。（黃丁盛／攝）

台中加工出口區。（魯獅／攝）

產業、交通蓬勃發展

中部平坦的平原地帶，因大安、大甲、大肚溪等水源流貫，自古農業發達，豐原米、大雅麥、后里花，是今日最負盛名的農產。而居中的地理位置，加上鄰近台中市，又使太平、潭子、大里等地工廠聚集，成為中部的工業製造中心；同樣因交通而蓬勃發展的鄉鎮，還有台灣省諮議會所在地的霧峰，以及位處台中市至中興新村途中的烏日等地。

昔日林場轉型遊樂區

台中縣與新竹、宜蘭交界處的山脈，冬季深受東北季風影響，氣候涼爽潮濕。其中海拔2,000～2,996公尺的大雪山，因位於霧林帶，生長著紅檜、扁柏等檜木原始林。日治時期，大雪山已是重要林場，以機關車載運木材至東勢地區；1950年代，於東勢設立大雪山林業公司，近年則轉型為森林遊樂區。

大雪山天池。（黃丁盛／攝）

工商市鎮

台中盆地及邊緣地區，包括潭子、太平、大里等地，因鄰近台中市、交通發達，所以各項發展也與台中市的脈動十分密切，約從30年前開始，陸續設立加工出口區及工業區，成為工廠與大量就業人口進駐的地方。近年來，則朝向高科技型工業發展。

漢番界線

在漢人來到之前，平埔族與泰雅族是主要居民，其中平埔的巴宰海族主要以豐原為中心，有岸裡社等聚落；泰雅族則沿著大甲、大安溪流域聚居。漢人入墾後，在石岡附近築了19個土牛作為漢番開墾界線。

中橫公路

中橫公路是台灣第一條貫穿中央山脈，連接東岸與西岸的橫貫公路。台中縣境內為西段，與大甲溪蜿蜒相伴，自谷關開始進入陡峭的大甲溪峽谷。但自921地震後，道路毀損嚴重，至2006年4月止，青山到德基的八公里路段，依然無法通車。

（魯獅／攝）

大甲溪

全長120公里的大甲溪，上源在海拔超過3,000公尺的雪山及南湖大山匯流而成。由於大甲溪沿岸地形落差大，富含豐富的水力資源，建有德基、石岡等多座水庫，是大台中地區最重要的飲水及發電來源。

德基水庫。（魯獅／攝）

文化紛呈的景象

台中地區的史前遺址，如新社網形文化、清水牛罵頭遺址的大坌坑文化、分布廣闊的營埔文化、番仔園文化等，證明約4萬年以前此地已有人類活動。明清時期，漢人渡海來台建立了大小城鎮市集：清水街、大甲老街、大里杙老街、葫蘆墩老街、東勢客家山城等；而原住民或融入漢人社會，或往內山地區移動，形成中部地區族群紛呈、文化多元的景象。

客家山城

台中丘陵地區分布著東勢、石岡、新社等客家山城，其中東勢是全台第三大客家庄，原本仍保存完整的客家夥房及巧聖仙師廟等建築；但921地震後，不少古老建築、文物損毀，然而代表客家精神、製作紅龜粄比賽大小的新丁粄賽，至今仍傳承不歇。

東勢的防禦門樓。（魯獅／攝）

深入重巒的東境

台中縣東邊伸入中央山脈及雪山山脈，南湖大山、中央尖山等海拔超過3,000多公尺的高山達30餘座。由於氣候帶呈垂直分布，加上多條河川由山區發源，不僅林相豐富，有暖帶林的闊葉樹、溫帶林樟楠類及寒帶林的冷杉，更是穿山甲、石虎、台灣獼猴、長鬃山羊、台灣黑熊，以及70幾種稀有鳥類等野生動物的良好棲息環境，宛如一座超級的自然博物館。

（張燕伶／攝）

台中縣 Taichung County

縣花　木棉　　縣樹　榕樹
縣鳥　台灣藍鵲
面積　約2,051平方公里
人口　約153萬3千人，20年來成長約47%
人口密度　每平方公里約747人
海岸線　41公里，位於大安溪及大肚溪間
森林覆蓋率　52.58%
主要水系　大安溪、大甲溪、大肚溪
民生水源　德基水庫、石岡水壩、鯉魚潭水庫
節慶　詳見各鄉鎮

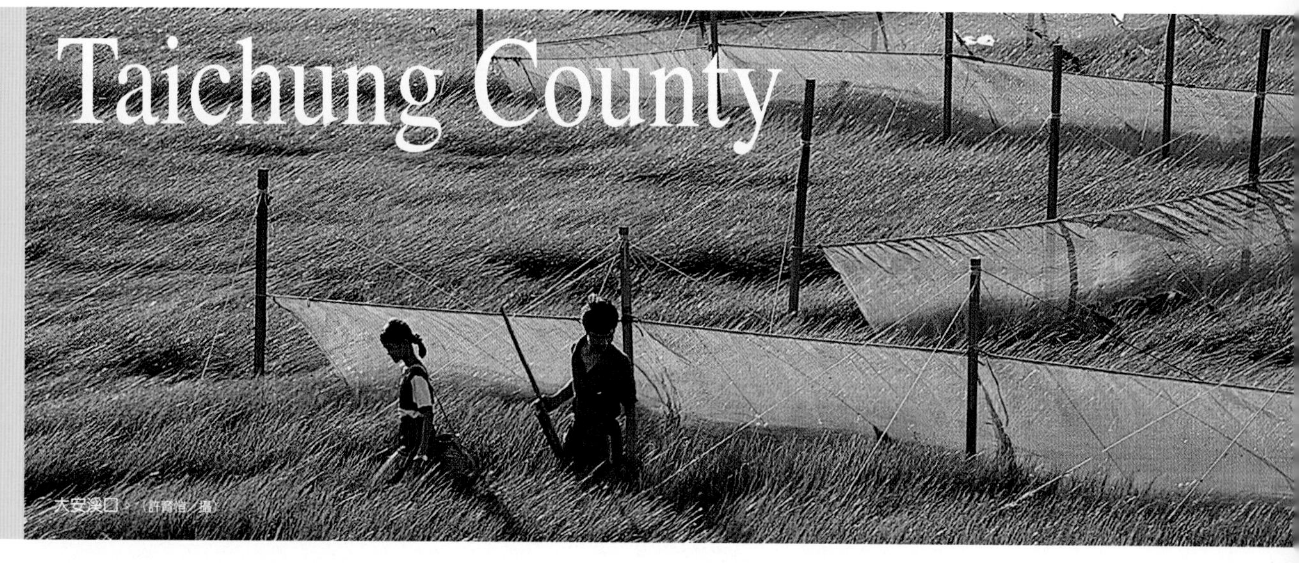
大安溪口。（許育愷／攝）

位在大安溪與大肚溪之間、東西狹長的台中縣，地形由東側高山、中部丘陵到西側平原漸次降低；水系則由北而南，分屬大安、大甲及大肚溪。多樣的自然環境，也造就豐富的人文風貌。

族群分布的歷史軌跡

漢人尚未登陸墾拓以前，平原地區住著平埔族，山區則爲泰雅族分布地。明鄭時期漳泉人士由海翁窟港（大安）進入；至乾隆時期，海線地區大致開墾後，逐漸有粵籍張達京等墾戶，由平地往丘陵山區推進，在石岡、東勢、新社等地建立聚落。直至今日，縣內從西側海濱到東側山區各鄉鎮，仍呈現著閩、客及泰雅族分布的歷史軌跡。

自然環境牽動鄉鎮發展

不論濱海或山地，台中縣各鄉鎮的發展與自然環境息息相關。面迎台灣海峽的大安和梧棲港，早年因位在大安及大甲溪河口，成爲中部貿易樞紐，也同時帶動了周圍的大甲、清水、沙鹿等地的蓬勃發展。而中部和東部的豐原、東勢，因位處山區與平原交界，或因倚靠森林資源豐富的山地，不但過去藉物資運輸而得以發展，也奠定現今成爲重要交通轉運站及工商中心的基礎。

中部的交通動脈

由於幅員廣大、地形多變，加上位居台灣中部，氣候溫暖、物產富饒，南來北往交通更是方便，因此早年傳統的農業、林業、家庭手工業等，均十分發達。而近代的台中縣，不僅有縱貫鐵路和公路、中部橫貫公路經過，更有水湳機場、清泉崗機場和台中港等，構成便捷的陸、海、空交通網絡，不論是山區的觀光旅遊、平地的農工科技，或客家及原住民文化的推廣，也都潛力無限。

Daan Township

大安鄉

郵遞區號　439
面積　27.4平方公里
節慶　大安港文化節(8月)
關鍵字　大安港、海翁窟港、螺絲港、大安水簑衣、南庄鷺鷥林、大安濱海樂園、振興社

位於大安溪出海口的大安港，是清代閩粵移民登陸中台灣的重要港口，早年還輸出稻米、糖，並進口日用品，貿易興盛，「大安」鄉便是因大安港而得名。但日治時期由於港口泥沙淤積，風華不再。後來虎眼大圳完工，灌溉便利，因而轉型爲農村，以種植水稻爲主。

大安溪口濕地。（許育愷／攝）

Dajia Township

大甲鎮

郵遞區號　437
面積　58.49平方公里
節慶　媽祖文化節(農曆3月)、大甲芋頭節(9月)
關鍵字　卡斯族、鎮瀾宮、大甲媽祖、文昌祠、武館、大甲貞節牌坊、鐵砧山、芋頭酥、奶油酥餅、大甲稻米產業文化館、藺草、帽蓆、捷安特

大甲原是平埔族道卡斯族居住地，昔日閩粵移民由鹿港、大安港登陸上岸後，漸往地勢高、水患少的大甲平原移居；加上位處通往外埔、后里、豐原等地的交通要道，商業活動頻繁、人口聚集，促使了大甲街坊的形成。由於境內有大安溪、大甲溪沖積，土壤十分肥沃，孕育出良質米與口碑甚佳的檳榔心芋頭。此外，日治時大甲更因爲縱貫鐵路經過，成爲大安溪北岸苗栗苑裡帽蓆的轉運站，至今仍以「大甲帽蓆」馳名。

農曆三月是台灣「瘋媽祖」的季節，大甲鎮瀾宮媽祖遶境路線遠至嘉義新港奉天宮，活動十分盛大。（黃丁盛／攝）

大甲帽蓆。（黃丁盛／攝）

Waipu Township

外埔鄉

郵遞區號　438
面積　42.41平方公里
節慶　酩陶文化節(10月)
關鍵字　河階地形、休閒農業、大甲東陶、陶器藝術、中原紫雲寺、農會示範牧場、忘憂谷、外埔肉粽

外埔鄉北有大安溪、南有大甲溪，整個地勢呈向北傾斜的河階地形。鄉民因地制宜，在灌溉不易的高河階地種植劍蘭、葡萄；較低平地區則種稻、芋及茭白筍，作物種類相當多樣。1969年，外埔又於大甲溪畔成立示範牧場，成爲農牧並重的鄉鎮。

外埔鄉大甲東地區富含後湖陶土，所燒製的陶器不滲水，因此早年以「大甲東陶」聞名。（黃丁盛／攝）

Cingshuei Township

清水鎮

郵遞區號 436
面積 64.17平方公里
節慶 清水燈節(2月)、牛罵頭音樂節(8月)、眷村文化節(10月)
關鍵字 牛罵頭文化遺址、鰲峰山、清水國小、台中港區藝術中心、台中港區古典音樂協會、蔡惠如、清水美術家資料館、高美濕地、楊肇嘉、證嚴法師、清水米糕、韭黃

清水原為平埔族牛罵頭社所在地，舊稱「牛罵頭」，後因當地湧出泉水而改稱清水。清水也是人文薈萃之地，如民間傳奇人物廖添丁、從事「設置台灣議會」請願運動的蔡惠如和楊肇嘉，及創立慈濟功德會的證嚴法師等。近來因舉辦音樂節與藝術中心進駐，讓小鎮洋溢濃厚文藝氣息。

台中港區藝術中心。（許育愷／攝）

三義到后里的泰安鐵道，俗稱舊山線，早期為木材、黑炭、水果等產業運輸的主要路線。（魯獅／攝）

Houli Township

后里鄉

郵遞區號 421
面積 58.94平方公里
節慶 泰安鐵道文化節(8月)
關鍵字 月眉糖平廠、花卉、后里馬場、泰安車站、台中縣震災復興紀念碑、內埔庄役場、張連昌薩克斯風紀念館、月眉育樂世界、澤民樹、毘盧禪寺

后里位於大甲溪沖積扇隆起台地，土壤酸鹼度適中，加上位於台灣中部，夏季高溫多雨，冬季乾旱少雨，全境56%面積為耕地。自1987年推動農業精緻化後，切花產量占全台七成，以劍蘭、百合、文心蘭、火鶴為主，號稱「四大天王」；此外，更因生產釀酒用的黑后葡萄，孕育出當地的酒莊休閒文化。而在1970年代，張連昌製造出台灣第一支薩克斯風，也讓后里成為台灣樂器外銷的重鎮，享有「音樂之鄉」的美名。近年因受中國代工市場衝擊，有業者與工研院合作，結合奈米科技，在2005年4月德國樂器大展中受到國際讚譽。

（黃丁盛／攝）

Shengang Township

神岡鄉

郵遞區號 429
面積 35.05平方公里
節慶 岸裡社文化節(4月)
關鍵字 筱雲山莊、林家大夫第、岸裡國小、黑葉荔枝、神岡雞蛋、台鐵神岡線神岡站、潭雅神自行車綠園道

神岡位在大甲溪與台中盆地間的沖積平原，原為平埔族巴宰族海岸裡大社居住地，清康熙、雍正年間，岸裡大社頭目與漢人通事張達京開鑿葫蘆墩圳，引大甲溪水灌溉開發，至今仍是重要稻米產地。由於開發較早，曾是文人名仕薈萃之地，目前尚存清代舉人祖宅筱雲山莊等古蹟。

筱雲山莊是清代舉人呂汝修的祖宅，山莊內的筱雲軒是清代藏書最多的私人圖書館。（魯獅／攝）

Fongyuan City

豐原市

郵遞區號 420
面積 41.18平方公里
節慶 葫蘆墩文化節(7月)、糕餅節(農曆7/23)
關鍵字 葫蘆墩圳、台灣中部第一米倉、葫蘆墩米、小蘇州、糕餅之鄉、鞋業王國、丘逢甲紀念公園、廖繼春、葫蘆墩美術研究會

豐原位於台中盆地北端大甲溪沖積扇，因擁有大片肥沃的黑土，加上清雍正年間開鑿的葫蘆墩圳灌溉，所生產稻米品質十分優良，在清朝即享有中部米倉、「富春鄉」等美名；優質米同時帶動糕餅業的發展，直到今日，仍是馳名全台的「糕餅之鄉」。又因位處在山區與平地的交界，林木資源充足且運輸方便，日人曾開發為木材集散中心，並發展漆器工藝，至1970年代，成為當地外銷產業的最大宗。自從縱貫鐵、公路興建後，豐原的交通更為便捷，並朝向中小型輕工業及精密科技業發展。

已有上百年歷史的老雪花齋糕餅店，以當地盛產的良質米為原料生產糕點。（黃永盛／攝）

Tanzih Township

潭子鄉

郵遞區號 427
面積 25.85平方公里
節慶 潭子墘文化季(7月)
關鍵字 潭仔墘、台中製糖所分工廠、潭子糖廠、潭子加工出口區、五分車、綠竹筍、黑葉荔枝、摘星山莊、潭雅神綠園道

潭子鄉位於台中盆地中央，為古大甲溪沖積、適合耕種的砂頁岩土壤。日治時期與大雅、神岡同為甘蔗栽培區，加上為運輸而鋪設的鐵路，交通十分便捷，是台灣製糖業的重鎮。由於土壤肥沃，早年當地林姓族人從福建移植的黑葉荔枝生長良好，並因皮薄、肉厚而聞名，成為全台黑葉荔枝品種的原鄉。

1969年，政府為了促進中部地區的工業發展，將台糖用地改設成潭子加工出口區，是台灣繼高雄楠梓區之後成立的第二個加工出口區，過去以成衣及鞋類等傳統產業為主，今日則朝向光電科技發展。

Daya Township

大雅鄉

郵遞區號 428
面積 32.41平方公里
節慶 小麥文化節(3月)、清泉崗航太文化節(11月)
關鍵字 清泉崗國際機場、中部科學工業園區、潭雅神綠園道、小麥專業生產區、謙興堂

大雅西為大肚台地，東為台中盆地北緣，自古即為稻米產地；且因氣候偏乾冷，適合小麥生長，冬天稻子收割後便種小麥，是台灣唯一的小麥生產專區。由於和沙鹿、神岡交界處是地勢稍高而平坦的台地，光復後美軍在此闢建軍用機場；直至今日，清泉崗航太文化節仍是地方盛事。

大雅鄉小麥產量占全台九成，主要供應金門酒廠種植釀酒用的小麥種源。（魯獅／攝）

Wuci Township

梧棲鎮

郵遞區號 435
面積 18.4平方公里
節慶 港口藝術節(10月)、五汊港鄉土產業文化季(10月)
關鍵字 五汊港、梧棲觀光魚港、台中港、新天地海鮮餐廳、舶來品商店街、極限運動公園、林異香齋

大甲溪支流牛罵溪在此入海，海汊縱橫，古稱「五汊港」，後來改稱梧棲。早在清乾隆年間，梧棲港便與泉州對渡交易而形成市街，是中部貿易的樞紐；至道光年間，因淤積嚴重、港運衰退，商務漸轉往大肚溪口的塗葛堀港。光復初期，由於國防因素禁止梧棲港對大陸貿易，直到1973年塡海造陸，將梧棲港擴大開闢成兼具工、商、漁業功能的國際港──台中港。大港完工後，在尙未開放出國觀光的年代裡，梧棲曾是國外進口舶來品的集中地；目前台中港的貨物吞吐量僅次於高雄港和基隆港。

（黃丁盛／攝）

Dadu Township

大肚鄉

郵遞區號 432
面積 38.06平方公里
節慶 磺溪書院文化季(3月)、西瓜產業文化節(5月)
關鍵字 磺溪書院、校長之鄉、大肚溪水鳥保護區、小玉西瓜、大肚古堡、望高寮、追分火車站、大肚火車站

磺溪書院是大肚、龍井、烏日的。（魯獅／攝）

位在大肚溪中、下游的大肚鄉，因溪水左右漫流，形成多沙洲的濕地環境，是候鳥遷徙必經之地，無論種類、族群數量及密度均高，目前已畫設爲野生動物保護區。而溪邊肥沃的砂質土與充足的水利灌溉，也適宜瓜類生長，所盛產的「小玉仔」西瓜聞名全台。

Shalu Township

沙鹿鎮

郵遞區號 433
面積 40.46平方公里
節慶 鹿寮成衣文化節(10月)
關鍵字 沙轆社、鹿寮成衣市場、盛香珍食品、味丹公司、福壽實業、蕃薯、落花生、番薯

沙鹿原爲平埔族沙轆社的居地；1948年發現、2003年挖掘的南勢坑遺址中，已可見鐵器和銅錢。因位於大肚山以西的濱海台地，風沙大又受酸性紅壤土限制，加上沒有充足的水利系統灌溉，只適合蕃薯、花生等旱作生長。雖然無法發展農業，但因西接台中港，東南鄰台中市，在1970～80年代，促使大型成衣及食品加工業誕生。

近年來國內市場競爭激烈，當地的成衣業不再一枝獨秀；然而縱貫鐵、公路經過的優勢，使沙鹿依然深具潛力，除了投入商圈再造，更舉辦成衣文化節，帶來蓬勃的商機。

Wurih Township

烏日鄉

郵遞區號 414
面積 43.4平方公里
關鍵字 湖日港、高速鐵路烏日站、烏日啤酒廠、成功嶺、成功車站、台灣啤酒、現代文學館

因大肚溪上游的大小溪流都在烏日境內匯聚後，再向西奔流入海，因此清代烏日附近地區的稻米通常都先送來此地，再以河運轉送至大肚溪口北岸的塗葛窟港（今麗水港）輸出；至於進口的物資，也由河運送到烏日，再轉運大里。

直到今天，烏日仍然是台灣中部的交通樞紐，台一線、中山高王田交流道、西部縱貫鐵路、中彰快速道路、中二高，以及即將完工的高鐵台中站等，都在烏日交會，且目前高鐵台中站預定地附近畫設了占地300公頃的商業特定區，爲烏日的未來發展勾勒出繁榮景象。此外，1968年烏日啤酒廠落成後，所產的台灣啤酒備受歡迎。

Dali City

大里市

郵遞區號 412
面積 28.88平方公里
節慶 大里杙文化節(12月)
關鍵字 大里杙、大里老街、北管、鹹菜、七將軍廟、林爽文、草湖芋頭冰、二二八公園

大里舊名大里杙，「杙」是繫舟筏的木樁。清雍正年間，竹筏可由大肚溪進入大里溪，使此地成爲附近地區貨物進出口的商業重鎮。後來因大里溪淤積，加上爆發林爽文事件而沒落。但由於毗連台中市，生活機能發達、遷入人口眾多，至今仍是台中縣的第一大城。

以大甲芋頭製作成的塊狀草湖芋頭冰，因質地綿細、口感香濃，加上便於攜帶且不易溶化，一度風靡全台。（黃永爐／攝）

Longjing Township

龍井鄉

郵遞區號 434
面積 38.04平方公里
節慶 龍目井文化節(1月)
關鍵字 龍目井、塗葛堀港、麗水港、台中火力發電廠、大肚山、藝術街坊、東海大學、東海藝術街坊

龍井鄉東爲大肚山台地，西爲清水隆起海岸平原，西麓斷層並有豐富的泉水湧出，相傳西、荷時期，當地有一口泉湧不絕的水井，「龍目井」古名便是由此而來。

東海校園內的路思義教堂由國際知名建築師貝聿銘設計，是東海大學的地標。（黃丁盛／攝）

早年龍井因大肚溪口北岸的塗葛堀港而興起，並曾一度取代淤積的梧棲港。但自從1912年港口遭海水淹沒，繁華亦成過往。但龍井並未因此沉寂，從日治時期至今，大肚溪河床沙地土壤排水良好，有利西瓜根部發育，所產的金蘭西瓜汁多味甜，且一年兩穫，爲中部僅見。而坐落在此的東海大學校園美景及東海藝術街坊的營造，更爲龍井塑造出全新的藝文形象。

Wufong Township

霧峰鄉

郵遞區號 413
面積 98.08平方公里
節慶 阿罩霧文化節(11月)
關鍵字 霧峰林家、明台高中、林家花園、台灣省議會、菇類文化館、台灣省諮議會、櫟社、921地震教育園區

霧峰東半部屬山地丘陵地帶，火炎山、九九連峰環峙，舊名「阿罩霧」的由來之一，相傳便是因爲山峰多霧。清代林氏家族開墾此地，引大肚溪水修築阿罩霧圳，並形成以林家地主爲中心，四周由佃農集居而成的聚落；今日尚存的霧峰林家花園，便是林家數代居住的宅院。

由於多山、潮濕的氣候，霧峰在1950年代成爲菇類主要產地，有「菇蕈之鄉」的美名，並於1998年創立台灣菇類文化館。此外，921地震中受災嚴重的霧峰鄉，建有地震紀念博物館，供民眾進行地震相關教育。

霧峰還有全台唯一的古蹟花園學校——霧峰林家花園，又稱為萊園，現在明台管理學院內，仍保留木棉橋、五桂樓、小習池、荔枝島等建築。（黃丁盛／攝）

Taiping City

太平市

郵遞區號 411
面積 120.75平方公里
節慶 桂冠枇杷文化節(3月)
關鍵字 桂冠枇杷、吳鸞旂墓園、三叉買菸廠藝文空間、太平菸廠、古農莊民俗中心、藝術公社、蝙蝠洞、護國清涼寺

太平市境內多丘陵，適合栽種龍眼、枇杷、荔枝等果樹，同時帶動養蜂業發展，蜂蜜產量爲全縣第一。東部是由頭汴坑溪及部子溪沖積而成的平原，日治時由於日人的推廣，曾以生產菸葉名噪一時；今日則是稻作生產區。又因鄰近台中市，營造、塑膠、精密機械等工業也逐漸發展。

日治時引進的枇杷在太平試栽成功，品質不遜於日本原產地，而有「桂冠枇杷」之稱。（魯獅／攝）

Sinshe Township

新社鄉

郵遞區號 426
面積 68.89平方公里
節慶 白冷圳文化節(10月)、九庄媽文化節(農曆春節期間)
關鍵字 河階台地、種苗改良繁殖場、白冷圳、水果之鄉、枇杷產業文化館、太空包香菇、九庄媽

新社因種植水果種類多而有「水果之鄉」美名。（魯獅／攝）

新社位於大甲溪中游河階台地。1932年，日人爲了在能避風的高地種蔗苗，引大甲溪水開鑿「白冷圳」。直至今日，當年的蔗苗養成所改成農業種苗繁殖場，爲當地的水果及菇類生產提供豐富且優良的種苗；而原本灌溉蔗苗的水圳，則成爲哺育葡萄、水蜜桃、枇杷、世紀梨和柑橘的重要水源。

Shihgang Township

石岡鄉

郵遞區號 422
面積 18.21平方公里
節慶 石岡仔文化節(10月)
關鍵字 土牛地界碑、土牛客家文化館、客家夥房、石岡大壩、石岡瀑布、東豐鐵路綠色走廊

石岡鄉是台中縣面積最小的鄉鎮，大甲溪從北緣流過，以河谷平原及河階地爲主，屬於排水良好的赭土礫石層，適合栽種鶯歌桃、椪柑、葡萄、楊桃等果樹。鄉民主要爲客家族群，至今仍留存傳統的客家夥房，是當地最具代表性的文化特色。

石岡水壩是大台中地區主要水源。（黃丁盛／攝）

Dongshih Township

東勢鎮

郵遞區號 423
面積 117.41平方公里
節慶 元宵新丁粄賽(元宵節)、匠寮文化節(5月)
關鍵字 客家山城、巧聖仙師廟、義渡會、義渡碑坊、大雪山林業公司、東勢林場、四角林林場

東勢鎮位在苗栗卓蘭丘陵的延伸地區，境內山坡起伏，爲砂質壤土，生產椪柑、甜蜜桃、高接梨及巨峰葡萄。伐木業也是清代以來的重要產業，尤以伐樟及製樟腦業最盛；光復後停止伐木，改設觀光林場。中橫公路開通後，位在西端起點的東勢，在921地震部分路段毀損前，一直都是中部進出中央山脈的重要門戶。

東勢也發展出葡萄或梅子等水果釀酒。（許育愷／攝）

水質清澈的七家灣溪是台灣鮭魚的主要棲地。（俞錚嶂／攝）

鉛色水鶇是七家灣溪最常見的溪鳥。（俞錚嶂／攝）

Heping Township

和平鄉

郵遞區號 424
面積 1037.82平方公里
節慶 泰雅文化節(11月)、谷關溫泉文化節(8月)
關鍵字 泰雅族、中部橫貫公路、梨山、谷關溫泉、德基水庫、武陵農場、大雪山森林、七家灣溪、台灣鮭魚

占台中縣一半面積的和平鄉，地跨雪山山脈，境內2,000公尺以上的高山共18座，大安溪、大甲溪由此發源，並孕育出暖、溫、寒帶三種林相；加上中橫公路貫穿而過，將梨山、武陵、大雪山及谷關等風景區串聯，觀光資源相當豐富。此外，大甲溪上游支流七家灣溪，因地勢高、水質清澈，又有東北季風的吹拂，水溫終年維持在攝氏16度，是台灣國寶魚台灣鮭魚的棲地，已畫爲重要保育區。

鄉內住民原以泰雅族爲主，光復後因開鑿中橫公路，不少榮民遷入定居，族群相當多元。由於海拔高、水氣充足，所生產的高山雲霧茶及高麗菜、雪梨、蜜蘋果、水蜜桃、甜柿等高冷蔬菜和溫帶水果特別香甜；但開墾山坡地所引發的水土保持問題，也是近年保育人士相當關注的重點。

Changhua County

彰雅化育 彰化縣

由於位處台灣西部中央，因此明清時期墾民入台，彰化也是重要的登陸點之一，尤其當時港闊水深、內陸腹地平廣的鹿港，更成爲台灣第二大港，號稱「台灣小泉州」，享有「一府二鹿三艋舺」美名。因此，彰化不僅擁有台灣最早的學府、完備的學制，培育出許多文人雅士，成爲文風鼎盛之地；更是國寶級民族藝師的搖籃，舉凡神像雕刻、錫藝、燈籠、木雕、雕硯等，均能傳承不輟，屢獲國內外大獎殊榮。

除此之外，濁水溪以肥沃黑土沖積的彰化平原，由於清代「八堡圳」的開鑿，而成爲「台灣米倉」。直到今天，彰化不僅以「濁水米」馳名，種類豐富多樣的蔬果農產品，更塑造了員林蜜餞鄉、田尾酸菜王國，甚至帶動美麗的公路花園產生。

第一磚城，文化古城

「一府二鹿三艋舺」除了道出明清漢移民拓墾時的市鎮繁榮排序外，更可想見鹿港市鎮的繁榮，古樸的閩式建築即為當時見證；護衛堡壘也隨處可見，如秀水鄉陝西村仍保留20餘座古厝，被譽為古厝之鄉；而於1734年興建的彰化縣城，則為台灣第一座磚城。日治時期「台灣新文學之父」賴和以彰化為據點，推廣台灣新文學，彰化市也因此被封為「台灣新文學原鄉」。

南管演奏。（黃丁盛／攝）

八堡圳

16世紀前，彰化原是平埔族原住民半線社所在地。1620～60年代，荷蘭人首先進入彰化，留下紅毛井等遺跡。明鄭時期，墾民多來自漳泉或粵東潮州等地，以種稻為主，但當時濁水溪常氾濫，彰化平原境內較低窪處成為易積水的荒地，使農作歉收。直到1709年，鳳山拔貢后陞兵馬指揮施世榜與鄉紳黃仕卿，得到傳奇人物林先生傳授水利工法，順利在鼻仔頭（今二水鄉）設圳頭，挖掘渠道，引濁水溪溪水灌溉農田，才將萬頃荒地變良田，至今仍是彰化平原最重要的水利設施。由於水圳是引濁水溪的水，因此最初名為「濁水圳」；又因早年屬施家產業，也稱「施厝圳」；其灌溉面積包括當時彰化平原13個堡中的8個，所以也稱「八堡圳」。

（魯獅／攝）

（魯獅／攝）

泉州郊會館舊址

早年台灣與閩南沿海商人設立「郊行」進行貿易，極盛時期，光是鹿港地區就有300多家郊行，今日依然存留泉州郊會館舊址。現在的鹿港中山路老街，則是當年最繁華的商店街，為了避免顧客受日曬雨淋，以前街道上方還加蓋了屋頂，形成「不見天街」。

（魯獅

賴和詩牆

彰化縣文風鼎盛、人文薈萃，自康熙年間始，即有諸多文人雅士吟誦彰化風土。到治期間，又有出生於本地的賴和耕耘台灣文學，並且提攜後進不遺餘力。位在彰化的八卦山文學步道及賴和詩牆上，均可看豐富的文學發展脈絡。

彰濱工業區

彰濱工業區位在彰化平原向西延伸的海埔地潮間帶上。園區除了發展工業，並兼及儲運和物流，同時也規畫運動休閒產業，不僅為彰化的傳統產業注入新興產能，更將新竹科學園區及台南工業園區南北串聯。

（魯獅／攝）

王功蚵田

嘉慶年間鹿港泥沙淤積，王功為外港，市街繁榮。道光年間因多淤沙，港務南移，王功繁榮不再。但潮間帶廣闊，潮差大，成了全台最佳養蚵地區。如今再添生態觀光產業，「王功生態景觀橋」與漁人碼頭「王者之弓」橋相互輝映。

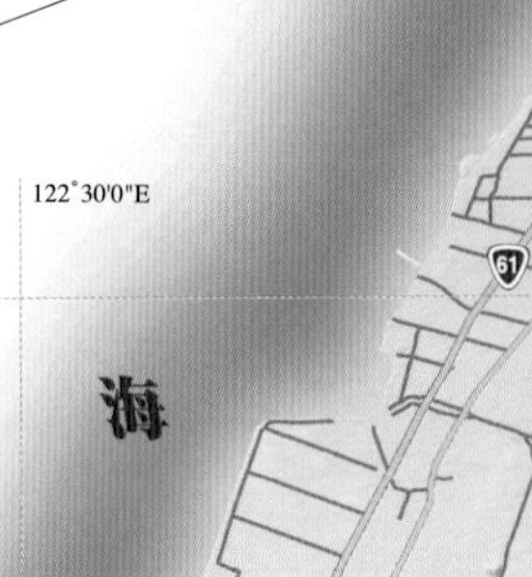

全台首座磚城

彰化在1734年遍植莿竹為城，直到1811年地方仕紳（包括漳、泉、客不同族群），屏棄彼此分類械鬥的成見，捐資改建為全台首座磚城，築有城門四座，砲台12座。城門現皆已拆毀，但從中山路旁東門百姓公廟城壁巷（東門一角），仍可窺見古城遺跡。

台中縣
大肚溪口水鳥自然公園
伸港鄉
線西鄉
道東書院
和美鎮
鹿港鎮
火車扇形車庫
賴和紀念館
孔廟
彰化市
彰化交流道
八卦山風景區
益源大厝
泉郊會館
龍山寺
文開書院
福興鄉
虎山巖
秀水鄉
花壇鄉
台灣民俗村
芬園鄉
寶藏寺
大村鄉
埔鹽鄉
埔鹽系統交流道
興賢書院
員林鎮
員林交流道
溪湖鎮
糖廠鐵路
埔心鄉
新百果山風景區
永靖鄉
餘三館
公路花園
田尾鄉
社頭鄉
清水巖
埤頭鄉
北斗交流道
北斗鎮
田中鎮
南投縣
溪州鄉
西螺大橋
林縣
二水鄉
八堡圳
二水獼猴保護區
集集支線
林先生廟
大 肚 溪
八 卦 台 地
122°45'0"E
24°0'0"N

大杓鷸（鄭信義／攝）

大肚溪口野鳥保護區

大肚溪口占地約3,000公頃，豐富的濕地生態環境，加上有魚塭堤岸提供水鳥良好的覓食與避風場所，因此包含南側的漢寶、福寶濕地，均為東亞及澳洲水鳥遷徙路線上的中繼站；而大肚溪口南岸的河口沙洲及彰濱沙灘，更是大杓鷸在台灣最大的棲息地。

海口丘陵皆豐美

彰化主要地貌涵蓋平原、台地和海岸線，自然環境也隨地貌變化而有不同。在八卦山台地上，有台灣典型的低海拔森林生態系，並以二水獼猴保護區、「國慶鳥」或稱「南路鷹」的灰面鵟鷹過境地最著名。在沿海地區，因大肚溪河口坡度平緩，有寬約四公里左右的潮間帶，以及有機質豐富的濕地環境，成為眾多候鳥的棲息地，包括大肚溪口自然生態保育區、將廢耕農地再利用的福寶園區等，都是濕地生態教育的良好場所。

八卦山

八卦山屬台中台地的一部分，迎東北季風，雨量充沛，屬於典型的副熱帶低海拔森林生態系，不僅有豐富的生態資源，每年三月，還有從南洋經台灣到北方繁殖、在此短暫停留的灰面鵟鷹，成為最佳的賞鷹地點。

（黃丁盛／攝）

（黃丁盛／攝）

員林蜜餞之鄉

員林鎮在清代即開鑿引自濁水溪的八堡圳，圳水所挾帶的沃土，適合種植荔枝、楊桃等各式農產。多樣化的水果特產，帶動了蜜餞加工產業的興盛，至今，員林已成為全台最大的蜜餞產地。

溪湖糖廠

溪湖因位在台灣西岸中心點，1919年鹿港仕紳辜顯榮看好此地位置優勢，將四所舊式糖廠合併成大和製糖所，也就是「溪湖糖廠」前身。近年轉型為休閒產業，推出糖廠觀光小火車，研製古早味冰棒等，為糖廠注入新活力。

（魯獅／攝）

多采多姿的產業群落

濁水溪沖積的沃土、砂質海岸，以及中部溫暖的氣候，使彰化縣成了物產豐富多樣的縣市，如出海口的潮間帶適合養殖蜆類、沿岸砂質河床適合西瓜生長，而濁水溪下游所沖積的肥沃土壤，也使田尾成為酸菜重鎮。此外，彰化位居縱貫鐵路山線及海線交會處，交通發達、工商繁榮，花壇的紅磚業、和美「雨傘巢」及社頭「襪子王國」都因此誕生；近年來彰化發展觀光，田尾鄉更以特殊的「公路花園」聞名。

文開書院文人搖籃

道光四年（1824年），鄧傳安認為鹿港雖文風興盛，但學子苦無就學場所，倡議興建書院。名為文開，是為了紀念沈光文（字文開）在荷據時期教導人民讀書識字。文開書院造就進士甚多，為古鹿港文化搖籃。

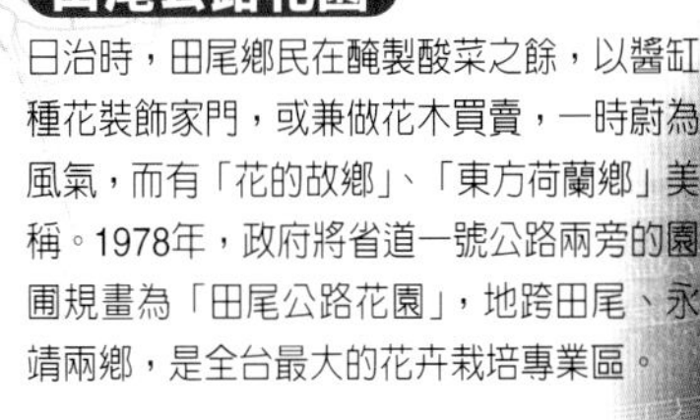

（魯獅／攝）

田尾公路花園

日治時，田尾鄉民在醃製酸菜之餘，以醬缸種花裝飾家門，或兼做花木買賣，一時蔚為風氣，而有「花的故鄉」、「東方荷蘭鄉」美稱。1978年，政府將省道一號公路兩旁的園圃規畫為「田尾公路花園」，地跨田尾、永靖兩鄉，是全台最大的花卉栽培專業區。

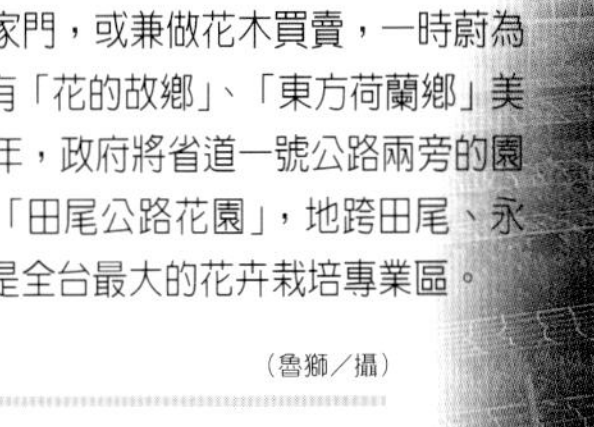

（魯獅／攝）

彰化縣 Changhua County

溪州花卉博覽會。(黃丁盛／攝)

縣花 菊花　**縣花** 菩提樹
面積 約1,074平方公里
人口 約131萬7千人，近20年來成長近12%
人口密度 每平方公里約1,225人
海岸線 約61公里，北自大肚溪口，南至濁水溪口。
森林覆蓋率 5.45%
主要水系 濁水溪、大肚溪
民生水源 台中縣石岡水壩、地下水
節慶 詳見各鄉鎮

位於台灣西部平原中部，東倚八卦山台地，西濱台灣海峽，北以大肚溪與台中為界，南有濁水溪與雲林縣遙望。遼闊的山、海、平原，造就了「台灣米倉」的富庶，也豐富了此地的人文歷史。

花田城市與稻香果甜

除了東側的八卦山台地外，彰化縣全境均為濁水溪與大肚溪沖積而成的彰化平原。由於灌溉水源充足、土壤肥沃，不僅生產名聞遐邇的濁水米、二水白柚、二林葡萄、芬園荔枝、芳苑花生及社頭芭樂等農產品，並設立國家花卉園區，透過精緻農業與觀光產業結合，提升從日治時期延續至今的傳統園藝事業，使彰化縣成為國際級「花都」。

豐美的泥質海岸線

由於過去大肚溪及舊濁水溪大量輸砂堆積，使彰化縣全長61公里的海岸線，成為全台獨一無二的泥質灘地，沿海的伸港、線西、鹿港、福興、芳苑和大城六個鄉鎮，均以開闢魚塭及蚵田為主，養殖漁業十分發達。又因為泥質灘地富含有機質，孕育出多樣的底棲生物和魚類，吸引許多鳥類來此覓食及繁衍。1978年開始進行開發的彰濱工業區，為當地帶來石化、火力發電等就業機會，但也曾引發環保議題。

文學彰化與古城風華

彰化縣海岸距離福建泉州約僅300公里，過去從閩南地區渡海來台，在彰化開基創業者相當眾多。由於開發歷史久遠，境內寺廟、古蹟因而非常豐富，其中尤以靠海的鹿港鎮及縣治彰化市為最。早年的商業繁榮也帶動了文化發展，除了縣儒學孔廟外，縣內各地書院林立，文風鼎盛；到了日治時期，更有醫師出身的賴和，為台灣新文學樹立了最佳的典範。

Shengang Township

伸港鄉

郵遞區號 509
面積 30.72平方公里
節慶 福安宮媽祖遶境紮營活動(農曆3月)
關鍵字 新港、大肚溪水鳥自然公園、福安宮、福安公園、張玉姑廟、台中火力發電廠、108甲重畫區、全興工業區

伸港鄉位於大肚溪南岸，東北季風強烈，雖不適合栽種水稻，卻有利耐低溫、短日照的蒜頭與洋蔥生長；靠海的地理位置，也促使養殖漁業發達，盛產文蛤、蚵和牡蠣。河岸地區潮間帶生態豐富，每年都有大杓鷸、濱鷸等從西伯利亞南飛至此度冬，目前已規畫為著名的大肚溪水鳥自然公園。由於緊鄰紡織業群聚的和美鎮，1960、70年代曾吹起一股製衣風，自營工廠隨處可見。為創造更多就業機會，政府近年更設立以紡織、金屬加工為主的全興工業區，未來更規畫附近的108甲重畫區為綜合性工商重地。

大肚溪沖積出3,000公頃的廣闊沙灘，是水鳥與濕地動植物的天堂，1998年設為大肚溪口野生動物保護區，每年10月到翌年5月是賞鳥季節。(許育愷／攝)

Hemei Township

和美鎮

郵遞區號 508
面積 39.12平方公里
節慶 織傘文化節(10/25～31)
關鍵字 卡里善、和美織仔、道東書院、雨傘王國、雨傘巢、阮氏宗祠、陳家洋樓、銀星氣象站

和美舊稱「卡里善」，為平埔族「氣候溫和、清美之境」之意。境內多平原，盛產稻米、雜糧。日治時因「戰時經濟動員」，在此推動棉花種植及棉紡織業，也奠定手工織布業基礎，造就「和美織仔」名號。紡織代工風氣興盛，家庭師傅、家庭即工廠隨處可見；初期以雨傘製造與加工為主，有「和美雨傘巢」之稱。近年為了和低價的通用傘消費市場區別，轉型為精緻洋傘製作。1977年7月因颱風重創當地產業，激勵鎮民自發性架設儀器觀測氣象的「銀星研究氣象站」，是全台罕見的民營氣象站。

Siansi Township

線西鄉

郵遞區號 507
面積 23.47平方公里
節慶 塭仔港烏魚季/聯歡晚會(12月)、油麻花季(12～2月)
關鍵字 塭仔村漁港、黑鯛、烏魚、慶安水道、半線堡、鴨蛋、彰濱工業區

因位於「半線堡」西側而得名的線西，是彰化面積最小、人口最少的鄉鎮。居民大部分從事農、漁、畜牧，尤以養鴨業最多，也因此皮蛋加工為全台大宗，有「鴨蛋王國」美譽。1980年代政府設立以金屬製品、機械設備修配業為主的彰濱工業區，作為鄰鎮和美的紡織、五金代工重地。

馬場是線西的休閒觀光資源之一。(許育愷／攝)

Fusing Township

福興鄉

郵遞區號 506
面積 49.89平方公里
節慶 粘姓宗親大會(農曆春節)、「同安寮厦十二庄請媽祖」廟會活動(農曆3月)
關鍵字 生女真族、福興農會穀倉、福寶濕地、貝殼廟、福寶酪農區、拱辰宮

福興鄉位於鹿港溪南岸，居民以濱海養殖漁業爲主。爲減緩超抽地下水、土壤鹽化等問題，政府近年來陸續成立了「外中豌豆專業區」、「福寶酪農專業區」及「三和西瓜專業區」。由於此地土壤偏鹼性，適合豌豆栽種，種植面積達200多公頃，產量居全縣第一。而溫濕的氣候條件，也使牧草豐美、牛乳生產興旺，牛隻數量達7,000多頭，居全台之冠。緊鄰福寶村的廈粘村、頂粘村境內，居住著「生女眞族」後裔，是清中葉，閩南一帶漢化女眞人移民到台灣的唯一聚落。

全廟以貝殼、珊瑚、海底礁石裝飾的三清三元宮。（黃丁盛／攝）

Fangyuan Township

芳苑鄉

郵遞區號 528
面積 96.89平方公里
節慶 福海宮媽祖進香活動(農曆春節4月)、普天宮媽祖誕辰祭典(農曆3/23)
關鍵字 番挖、沙山、王功漁港、芳苑燈塔、珍珠蚵、雞蛋王國、漢寶濕地、普天宮

芳苑鄉在日治時期，因靠海、沙丘甚多，名爲「沙山」。由於沿海爲泥質地，不適合農作，因而開闢魚塭，其中王功漁港所產的蚵仔晶瑩剔透、肉質飽滿，有「珍珠蚵」美譽。近年漁民則發展出以牛奶飼養牡蠣，所生產的牡蠣又大又甜，因而獲頒水產認證。緊鄰王功漁港的漢寶濕地，因鄰近魚塭，食物來源充足，吸引許多水鳥來此覓食。農民也在砂質土壤上，栽培蘆筍和落花生，但1980年代後受韓國競爭影響，蘆筍外銷市場節節敗退，多數農民轉而飼養蛋雞，近800萬隻的蛋雞，打造出全台最大雞蛋供應地。

王功港區有漁人碼頭、燈塔、生態橋、王者之弓等休閒景點。（魯獅／攝）

Lugang Township

鹿港鎮

郵遞區號 505
面積 39.46平方公里
節慶 天后宮元宵花燈(農曆正月15)、天后宮媽祖香期(農曆3月)、龍山寺註生娘娘祭典(農曆3/20)、蘇府王爺香期(農曆4月)、鹿港民俗週(農曆5月第1個禮拜)、吉安水道端午節龍舟賽(農曆5/5)、七娘媽誕辰祭拜(農曆7/7)、鹿港火龍祭活動(農曆8/9～15)
關鍵字 鹿仔港、龍山寺、天后宮、民俗文物館、文開書院、文武廟、丁進士宅、九曲巷、摸乳巷、半邊井、桂花巷、施叔青

從荷蘭據台至清初，靠海的鹿港，因常有鹿群聚集在海口草埔一帶，當地人因而習稱「鹿仔港」，後來稱鹿港。由於地勢低平，土壤肥沃，不但吸引大批閩粵人移居，也常有許多船販自泉漳前來貿易，故清中葉正式設口開渡。從此鹿港門戶大開，商船雲集，「鹿港飛帆」爲當時勝景，有「一府、二鹿、三艋舺」之俗諺。而豐富的歷史背景，更造就鹿港成爲一座文化小鎮，除了擁有大小古蹟多處，還是「民族藝術薪傳獎」得主的搖籃，舉凡木雕、硯雕、神像雕刻及燈籠藝術等傳統工藝，均得以在此傳承發展；此外，曾爲「舉人之地」的鹿港，現在則是「博士之鄉」，從日治時期至今已出近300位博士，教風鼎盛。20幾年前，當地舉辦的慶端陽民俗文化活動，吸引數萬外地人到訪，不僅再造「二鹿」的風華，更是台灣產業文化節慶的濫觴。

建於1635年的龍山寺，歷經多次遷建、改建，是台灣最早的佛寺，日治時期也曾是西本願寺台灣分寺。（黃丁盛／攝）

鹿港小吃

來自福建泉州糕餅名手──鄭槌，帶來家鄉的精緻點心，讓鹿港茶點享譽全台半世紀。從天后宮前開始，拓展到整條中山路，都是年代相當久的老字號，較具盛名的有「鳳眼糕」、「口酥餅」、「綠豆餅」、「龍晴酥」等。此外「龍鬚糖」、「牛舌餅」也非常可口。

鹿港的小吃，種類繁多，別具風味。較為人們所稱道的有鹿港蚵仔煎、俗稱「燒肉迴」的燒肉圓，還有麵線糊、「蝦猴」更是讓人回味再三的美味。

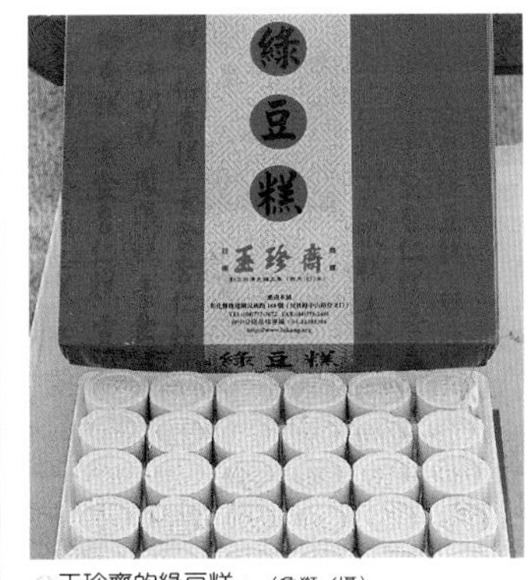

玉珍齋的綠豆糕。（魯獅／攝）

Dacheng Township

大城鄉

郵遞區號 527
面積 63平方公里
節慶 咸安宮保生大帝誕辰祭典(農曆3/15)
關鍵字 深耕堡、大城厝、興山公園、西港沙崙、公館沙崙、西瓜、燻茶鵝、防風木麻黃隧道

大城因地處彰化縣最突出一角，飽受東北季風侵襲而長年粗沙暴雨、氣候惡劣。南境雖有濁水溪，但屬下游地段，水源早被上游瓜分殆盡，多數農田只能栽種花生、番薯、毛豆等旱作；沿岸河床為砂質土，適合西瓜生長，滋味甘甜聞名全台；而潮間帶也是鄉民賴以維生之地，淡水蜆養殖面積占全台30％，許多養蜆人家也兼養鵝鴨，家禽總數達全縣第一。

分級篩選淡水蜆。（魯獅／攝）

Erlin Township

二林鎮

郵遞區號 526
面積 92.85平方公里
節慶 順天宮池府千歲誕辰(6/18)、二林鎮葡萄季(7月)、二林鎮蕎麥花海季(11、12月)
關鍵字 二林蔗農事件、金香葡萄、黑后葡萄、儒林、仁和宮、洪欽懋、洪醒夫

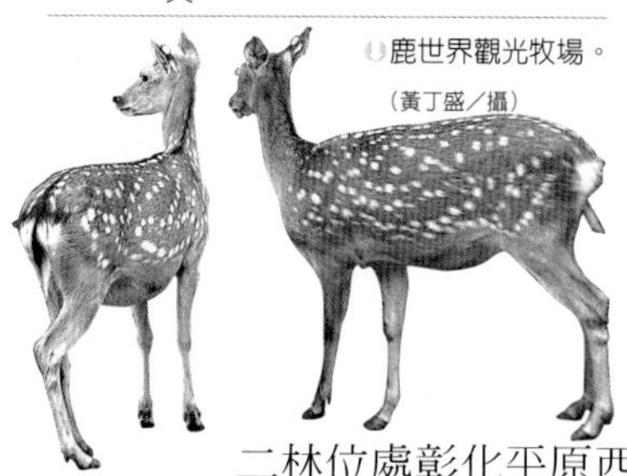
鹿世界觀光牧場。（黃丁盛／攝）

二林位處彰化平原西南部，距鐵路運輸偏遠，不利工業發展，而以種植稻米、甘蔗等農作為主。日治時期，當地蔗農因不滿殖民政府剝削而爆發歷史上著名的「二林事件」，開啓台灣農民運動先河。1980年代因稻米生產過剩，居民把富含鹽分的砂質農田轉作釀酒用金香葡萄，至今仍為全台產量第一的葡萄酒莊原料生產基地。

Bitou Township

埤頭鄉

郵遞區號 523
面積 42.75平方公里
節慶 北港媽祖進香(農曆3月)、合興宮媽祖聖誕祭典(農曆3/23)
關鍵字 圳頭、埤農有機米、米粉望、合興社區、元埔農場、糊仔甘蔗、彰南養鹿場

埤頭鄉因位在濁水溪沖積扇上游「莿仔埤圳」灌溉圳頭而得名。全境屬典型的農村社會，未受工業化污染的農地富含肥沃養分，故植稻過程毋需添加化學肥料與生長劑，因而被農政單位設為良質米適栽區，也是目前縣內唯一的有機米產地，所產稻米，如中興有機米、埤農有機米等，色澤透亮、口感香Q，品牌、口碑皆佳。優質的稻米也使加工後的米粉柔潤爽滑，曾是埔里米粉的主要貨源之一，如今更遠銷全球五大洲，每月出貨量達十個貨櫃。而為了繁榮地方經濟，政府也在1970年代開發埤頭農村工業區，以食品加工為主。

濁水溪沖積出肥沃的土壤，是良質米稻作區，其中包含了20公頃有機稻米區。（魯獅／攝）

Sijhou Township

溪州鄉

郵遞區號 524
面積 75平方公里
節慶 國際花卉博覽會花神季(2月)、王宮三山國王祭典(農曆2/21)、國姓宮鄭成功祭祀儀式(3/29、9/3)
關鍵字 西螺大橋、莿仔埤圳、溪州糖廠、花博公園、國姓宮、復興館、法圜禪寺

溪州原本為東西螺溪間的淺灘，為溪中之沙洲，故名「溪洲」。南隔濁水溪與雲林縣相鄰，綿長的灌溉水源與沖積而成的肥沃黑土壤，使這裡擁有4,000多公頃良田耕地。1919年起，便建有糖廠，光復初期更為台灣糖業中心，台糖總公司、中部總廠都曾設立於此。糖業外，這裡所產的濁水米也享譽全台。近年為因應加入WTO後，政府將減少補助蔗農的衝擊，農會已實施水旱田利用調整計畫，積極推廣輪作番石榴、蔬菜、花卉。每年2月，台一線一帶占地400公頃的蔗田更固定休耕整頓為大型休閒花園，形成綿延數十公尺，彷彿花地毯般的奇景。

占地廣大的溪洲糖廠，年年以不同主題舉辦花卉博覽會。（皆為黃丁盛／攝）

Jhutang Township

竹塘鄉

郵遞區號 525
面積 42.16平方公里
節慶 醒靈宮客家祭孔大典儀式(9/28)、慈航宮入火安座紀念日(農曆11/15)
關鍵字 內蘆竹塘、醒靈宮、彰化縣孔廟、九龍大榕公、明航寺、慈航宮、三好米、穗生米粉、洋菇、高接梨、金香葡萄

竹塘鄉過去因到處都是長滿蘆荻的低窪水塘，故名「蘆竹塘」，後簡稱為「竹塘」。由於位置離海較遠，受季風影響較小，又位在濁水溪北岸，水源充足、灌溉方便，所生產的濁水米聞名全台，其中尤以強調「好產地、好新鮮、好口感」的三好米最廣為人知。

三好米品質優良，也帶動了蓬勃的米粉加工業，除了市面上常見的白米粉外，近年來更發展出一種用南瓜混合製成的「金瓜米粉」。此外，勤奮的農民還以稻草培植洋菇為副業，產量占全台三分之一。

Beidou Township

北斗鎮

郵遞區號 521

面積 19.25平方公里

節慶 媽祖敬謝酬神活動(農曆正月～3/23)、端午龍舟賽(農曆5/5)、水醮活動(農曆8/12)

關鍵字 寶斗、牛墟、寶斗三頁、北斗河濱公園、洪瑞珍酥糖、香菜

奠安宮是北斗信仰與街道發展的中心。(魯獅／攝)

清初，北斗鎮原爲濁水溪支流東螺溪上的河港，是中部內河航運中心。清末正式開有隘門，負責轉運周邊地區的染布、砂糖等貨物，繁華程度僅次於鹿港。後也因河道淤積廢港，但北斗至今仍以經商貿易爲主，且主要是以雜貨、食品等初級商業活動爲大宗，商家分布地點則以西北斗一帶最熱鬧。

Shetou Township

社頭鄉

郵遞區號 511

面積 36.15平方公里

節慶 鎮安宮三山國王祭典(農曆2/25、6/25、9/25)

關鍵字 月眉池、斗山祠、牛奶芭樂、清水巖、觀音峰、石頭公、善德禪院

社頭鄉除東面屬山陵地帶外，其餘皆爲平原，農產以水稻爲大宗。因有八卦山屏障，適宜怕風的作物芭樂生長，因此，除水稻外，也種植土芭樂。

1970年間隨「泰國芭樂」及「廿世紀芭樂」引進，農民推出改良的「水晶芭」、「珍珠芭」，質量俱佳，是全台芭樂主要產地之一，有「番石榴王國」美譽。

此外，社頭的織造業發展也十分蓬勃，如襪子、褲襪、鬆緊帶、緞帶等。在二次大戰後，鄉民爲了增加收益，由上海引進製襪技術，1980～90年間是全盛時期，迄今產量仍占全台70%，因此有「襪子王國」稱號。

Ershuei Township

二水鄉

郵遞區號 530

面積 29.45平方公里

節慶 元宵節提燈踩街活動(農曆1/15)、受玄宮文昌帝君點智慧儀式(農曆2/3)、普外溝仔祭典(農曆6/3)、二水跑水節系列活動(11月)

關鍵字 二八水、八堡圳、二八彎古道、林先生廟、螺溪石、土埆老菸樓、竹屠、獼猴保護區、蒸汽火車頭

八堡圳源頭因在二水鄉境內分成一圳與二圳，二水因而舊稱「二八水」。除八卦山麓附近爲台地外，其餘均爲平原，土壤鬆軟肥沃，灌溉水源充沛，居民大多務農，生產良質濁水米、胭脂茄、香蕉、白玉苦瓜、翠玉絲瓜等；山坡地則產白柚、文旦、鳳梨、柑橘、龍眼、荔枝等。濁水溪流出彰化縣二水鄉鼻仔頭山口後，因溪流擴散狀似螺紋，所以稱「螺溪」。又因水質經年混濁，河床生產會吸濕氣的烏黑石頭，稱「螺溪石」。由於螺溪石硯具有質地細軟、易發墨、易洗淨等特點，遂成爲二水最熱門的手工藝品，有「台灣黑玉」的美名。

林先生提供引水方法使八堡圳得以順利導水灌溉，有「台灣大禹」稱號。圖爲二水的林先生廟。(黃丁盛／攝)

螺溪石硯。(黃丁盛／攝)

Tianjhong Township

田中鎮

郵遞區號 520

面積 34.61平方公里

節慶 順天宮放天燈慶元宵(農曆1/15)、崁頂舉古仔燈慶元宵(農曆1/15)、乾德宮媽祖遶境遊行(農曆3月)、田中鎮公所慶讚中元(農曆7月)、贊天宮孔子誕辰祭典(9/28)

關鍵字 施世榜、柴窯、茄荖樹公、口袋公園、樹葡萄、玫瑰、桑椹、田中森林公園、清水岩、蕭書山祠、長青自行車道、大新工業區

田中因先民築庄於水田中央而得名。南端的沙崙里因擁有排水良好的砂質土壤，適合玫瑰生長，1990年代產量占全台七成以上，盛況空前。1990年代末，又從南美引進適合當地土壤、一年四季都可生長的樹葡萄「嘉寶果」，成爲全台最早的嘉寶果產地，除直接食用外，也可釀酒、炸果汁，做成冰棒、蜜餞等，附加價值極高。鎮內並設有製造速食麵、食用油、飼料及碾米等食品加工爲主的大新工業區，爲鎮民提供了許多就業機會。

Tianwei Township

田尾鄉

郵遞區號 522

面積 24.04平方公里

節慶 花蝶叢林親子沙畫比賽(1/22～2月底)、花的故鄉嘉年華會(2月)、公路花園春節賞電照菊(農曆春節)、懷恩堂清明節春祭儀式(4/5)

關鍵字 水尾、打廉、公路花園、電照菊、花卉王國、百花騎自行車道、曾永錫、受武宮、廣善堂、孝思堂、怡心園

田尾鄉陽光普照，並有濁水溪下游所沖積的肥沃土壤，適合種植芥菜，清初時期即爲台灣酸菜重鎮。日治時，鄉民在醃製酸菜之餘，還以醬缸種花裝飾家門，或兼做花木買賣，因實用又美觀，遂蔚爲風氣，也取代原本酸菜產業，而有「花的故鄉」美稱。所產花卉種類及數量居全台之冠，其中又以菊花、唐昌蒲、玫瑰等爲生產大宗。1978年開放觀光，沿環園道路，北起民生路南至民族路設「公路花園」，從事庭園花卉栽培、盆花買賣，是全台最大花卉與花苗生產專業區。

公路花園中，以電照方式培養的菊花栽培專業區最具特色，在夜間電照時段，燈海通明，如同一座不夜城。(黃丁盛／攝)

Yongjing Township

永靖鄉

郵遞區號 512

面積 20.64平方公里

節慶 甘霖宮元宵節乞米龜活動(農曆1/15)、永安宮三山國王祭典(農曆2/25)、福興村義民祠義民公祭(農曆7/20)

關鍵字 關帝廳、甘霖宮、餘三館、崙子社區、忠實第、苗木、荖葉、和德園

永靖東近丘陵帶，無海風吹襲，適合栽培花卉果樹，日治時期即從事果樹苗、荖葉、甘蔗等多元化經營，爲農業研發的重要據點。至今不單是全台規模最大的花卉產地之一，樹苗產量亦居全台之冠，有「苗木之鄉」美譽。

台灣十大古宅之一的餘三館。

(許育愷／攝)

Yuanlin Township

員林鎮

郵遞區號　510

面積　40.04平方公里

節慶　員林百姓公祭典(農曆1/18)、錫慶祠土地公誕辰祭典(農曆2/2)、興賢書院文昌帝君誕辰祭典(農曆2/3)、南聖宮林府王爺誕辰祭典(農曆2/25)、大衆爺廟城隍爺遶境活動(農曆4/5)、百果山蘋婆季系列活動(6月)、中元普渡法會(農曆7/15)

關鍵字　蜜餞、打石巷、興賢書院、鐵路穀倉、肉圓、百果山、朝業亭、四百崁、員林社大

員林鎮在清代即開鑿了引自濁水溪的八堡圳，灌溉無虞，而圳水所挾帶的沃土，適合種植稻米、芭樂、荔枝、龍眼、楊桃等各式農產，尤其是椪柑的品質最爲優良。農業的興盛，更讓員林在日治時期擁有「台灣的丹麥」美稱。

多樣化的水果特產也帶動了員林1950～60年代「蜜餞」加工產業的興起。至今，員林仍是全台最大的蜜餞產地。（黃丁盛／攝）

Dacun Township

大村鄉

郵遞區號　515

面積　30.78平方公里

節慶　葡萄之旅活動(7、8月)

關鍵字　燕霧、巨峰葡萄、台大蘭園、芯園農場、劍門生態花果園、賴景春祖祠、兄弟同榜、慈雲寺

巨峰葡萄。（黃丁盛／攝）

大村鄉氣候溫暖、土質鬆軟，適於葡萄生長，清初曾引進純歐洲品種試栽。1960年代中後期，則培育出酸甜適中的本土種「巨峰葡萄」，並採取一年兩收與一年三收等產期調節模式，擴大生產面積，有「葡萄王國」之稱。1980年代，大村鄉部分葡萄園轉植蝴蝶蘭，配合台中區農業改良場的控濕技術，是台灣最早進行大規模蘭花栽培企業之地。

Fenyuan Township

芬園鄉

郵遞區號　502

面積　38.02平方公里

節慶　寶藏寺九角頭恭迎天公(農曆1/9)、寶藏寺媽祖誕辰祭典(農曆3/23)

關鍵字　菸仔園、八卦台地、挑水古道、楓坑米粉、荔枝、寶藏寺、柯王宅厝

芬園鄉靠山又近水，不但有菸田所需的水源灌溉，也有燻菸所需的木材，因此在清初，居民便以種植菸草爲業。1980年代，台灣菸草外銷量下滑，政府爲減輕菸農產量過剩的壓力，裁減菸作面積。鄉民便改以山坡地開發爲主，大量栽培果樹。貓羅溪甘甜水質所孕育的優質荔枝、鳳梨，以及在來米加工米粉，合稱「芬園三寶」。而芬園所在的八卦山區，昆蟲生態豐富，並有100多種蜜源植物，及大紅紋鳳蝶、枯葉蝶、樺斑蝶等30多種蝴蝶，每年3月還有越冬型紫斑蝶遷徙經過，是中部著名昆蟲生態園。

楓坑米粉與荔枝。（皆為魯猶／攝）

Changhua City

彰化市

郵遞區號　500

面積　65.69平方公里

節慶　定光古佛祭典(農曆1/5)、元清觀玉皇大帝誕辰祭典(農曆1/9)、南瑤宮迎媽祖(農曆3/23)、鷹揚八卦——全民賞鷹系列活動(3～4月)、祭孔大典(9/28)

關鍵字　半線、八卦山、賴和、扇形車庫、紅毛井、不老泉、灰面鵟鷹、開化寺、元清觀、文學彰化、南北音樂戲曲館、肉圓

清初的彰化市，是平埔族半線社居住地，故稱「半線堡」。清雍正元年（1723）設縣，當時福建巡撫所題建縣碑記中：「保城保民彰聖天子丕昌海嶼之化」，知縣張世珍解讀爲「建學立師，以彰雅化」，所以建孔廟，積極教化市民，因而文風鼎盛。

日治時期，被譽爲「台灣新文學之父」的醫生作家賴和，積極倡導本土精神、鼓勵新文學創作，也讓彰化市獲得「台灣新文學原鄉」稱號。

人文薈萃之外，彰化曾是通往南投內山必經之地，現在更是山、海線鐵路及中山高、二高交會處，未來高鐵興建後，可說位居南北縱貫線樞紐，也是中部商業重鎮之一。

東側的八卦台地，除了有名聞中外的如來大佛，每年清明前後由南洋地區北返的灰面鵟鷲，必定來此中繼棲息，當地人因此稱之爲「清明鳥」。

雍正四年（1726）孔廟創建，做為「彰化縣儒學」，以「設學立教，以彰雅化」，奠定了彰化的人文基礎。（黃丁盛／攝）

高22公尺的釋迦牟尼大佛，是八卦山上最明顯的地標。（黃丁盛／攝）

扇形車庫

目前仍在運作中的扇形車庫，未來即將規畫為國家鐵道博物館。（許育愷／攝）

在台灣的鐵道發展史中，有山線、海線交會經過的彰化縣，一直扮演著重要角色。1922年，當時的日本政府為因應鐵道運輸量增加，並減少火車頭維修及調度的時間，在彰化火車站北側興建了一座火車庫，別稱「火車頭旅館」；又於空中鳥瞰車庫外的軌道，狀似一把展開的扇子，因此也稱「扇形車庫」。台灣原本一共有6座扇形車庫，但自1979年鐵路電氣化後，隨著蒸汽機火車頭走入歷史，扇形車庫也一一拆除，僅存這座彰化扇形車庫仍在使用，成為台灣鐵路發展史的見證。

Huatan Township

花壇鄉

郵遞區號　503
面積　36.35平方公里
節慶　文德宮迎花燈(農曆1/15)、白沙坑字姓燈燈排遶境活動(農曆1/15)、茉莉花季活動(6～8月)、磚的文化之旅(7～9月)
關鍵字　燕霧堡、文德宮、虎山巖、三春老樹、紅磚、八卦窯、茉莉花茶、魚苗寮

花壇鄉位在八卦山西麓，擁有天然湧泉的白沙坑，因水源不虞匱乏，早在清代便被闢爲中部淡水魚苗養殖中心。日治至今，則以生產甲魚卵聞名。台灣經濟起飛的1970～80年代，需大量建築紅磚，此地多紅土與黏土的地質，正是紅磚最佳材質，紅磚業因此應運而生。1990年代受水泥衝擊，傳統磚業轉型爲雕磚、空心磚業，內銷市場全縣第一。在高溫炎熱的坡地及微酸土質區，則適合耐旱的茉莉花生長，從1960年代試種至今，茉莉花供應量占全台半數以上，製作成各種茉莉花茶、香皂、酒、香水等。平地區域則以耐熱作物和稻爲主，並藉著品種改良，打響了「金墩米」知名度。

採茉莉花製茶。(許育愷／攝)

Sioushuei Township

秀水鄉

郵遞區號　504
面積　29.34平方公里
節慶　曾厝社區陣頭表演(農曆春節)、烏面將軍神誕辰祭典(農曆8/26)
關鍵字　臭水、滑板車、益源古厝、蘇厝、古厝之鄉、馬賽克藝術、烏面將軍廟

秀水舊名臭水，據說是因圳水與溪水在此匯流，淤積發臭，後用雅字「秀」代替。全境地勢低平、土壤肥沃，適合稻米栽種。清雍正年間，閩人陸續從泉州、南安、晉江、漳州等移入。由於漳泉兩地人經常發生械鬥，衝突迭起，後泉州人便西遷，以秀水河爲界，另闢陝西村，自喻「閃到西邊住」。鄉內至今仍保有20餘座大小古厝，是當時拓墾過程中，各親族間爲了捍衛家業所建的堡壘。雖風華已過，迄今仍保存完善，不但成爲鄉內一大特色，也贏得「古厝之鄉」美譽。

益源大厝和板橋林家、霧峰林家並稱台灣保存最完整的三大古厝。(魯蛟／攝)

Puyan Township

埔鹽鄉

郵遞區號　516
面積　38.61平方公里
節慶　十二庄迎媽祖(農曆3月)、糯米文化藝術季(10/25～11/15)
關鍵字　埔鹽菁、糯米原鄉、花椰菜、一姓街、牛埔厝、草地學堂、埔南社區

埔鹽生產的蔬菜種類多，有「蔬菜故鄉」之稱。(許育愷／攝)

埔鹽鄉氣候溫和，土質偏鹼性，適合栽種糯稻，有「糯米原鄉」美譽；又因土壤質地中細，透水性強，也讓埔鹽成爲全台蔬菜的生產重鎮，其中又以花椰菜最爲出名，產量居全台之冠。當地花椰菜農並發揮巧思，以不織布遮蓋生長中的花椰菜，因此能常保色澤鮮白、少蟲害，品質優良，且更具賣相。

Pusin Township

埔心鄉

郵遞區號　513
面積　20.95平方公里
節慶　武聖宮關帝爺祭典(農曆5/13)、蜜紅葡萄採果季(5～7月、11～12月)、褒忠義民祭典(農曆7/19～20)、忠義公立碑紀念活動(農曆8/18)
關鍵字　忠義廟、黃舉人、羅厝教堂、天神鐘、柳溝、三蜜、金蜜21、米穀之鄉、濁水米

八卦山台地下的濁水溪沖積土與副熱帶季風氣候，孕育出埔心的甜美水果，其中以蜜紅葡萄、寶島蜜拔、金蜜芒果最有名，並稱「三蜜」。豐沛的濁水溪也讓當地種出高品質的濁水米，有「米穀之鄉」稱號。

羅厝天主堂建於1882年，是中部地區歷史最久的教堂。(許育愷／攝)

Sihu Township

溪湖鎮

郵遞區號　514
面積　32.06平方公里
節慶　霖肇宮三山國王拜祖接香活動(農曆2/21)、溪湖鎮葡萄觀光時令(5～7月)
關鍵字　溪湖糖廠、軍機公園、石鵝湖、捏麵人、老樹糖屋、楊家古厝、荷婆崙霖肇宮

溪湖鎮的沃土極適合栽種蔬果，其中又以生長期不限的韭菜種植面積最廣，頗負盛名。1970年代更栽培巨峰葡萄增加收益。溪湖也因位在台灣西岸中心點，有東西向快速道路、中山高速公路在此交會，縣內省道也以溪湖爲中心呈放射狀聯外，故長期以來就是全台果菜集散地。民初，鹿港仕紳辜顯榮看好此地的位置優勢，將四所舊式糖廠合併成大和製糖所，即溪湖糖廠前身。也因交通便利，日治時期即有不少店家在員鹿路及溪湖路段經營羊肉爐小吃，爲往來運貨司機補身，口耳相傳，至今「溪湖羊肉爐」名聲響遍全台。

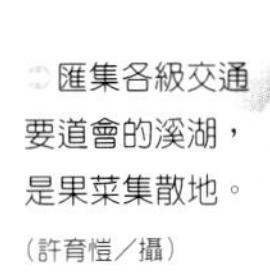

匯集各級交通要道會的溪湖，是果菜集散地。(許育愷／攝)

Nantou County

島嶼中心南投縣

在這台灣唯一不靠海的縣份，境內的中央山脈是台灣脊樑的最高處，有東亞第一高峰玉山傲然聳立，也有台灣第一長河濁水溪涓滴匯聚，深深影響著台灣的氣候、生態及物產，猶如這座島嶼的心臟。在南投起伏的山巒間，各個族群踩踏遷徙，所遺留及延續至今的族群文化，是人類學者眼中的寶藏；憑藉著豐富的自然資源所發展出來的手工藝傳統，使南投成爲工藝研究的重鎮、藝術家的靈感泉源。

然而特殊的地理環境，也使南投在台灣百年最嚴重的天然災害921大地震中，受創極深。經過數年的恢復，居民已從殘破的土地上站起，並且找到新的方向，埔里桃米生態村、中寮和興有機文化村等，都是在921震災後發光發熱的示範社區。

好水哺育產業王國

由於位在濁水溪中、上游流域，沿溪數個鄉鎮皆因水源充足，成為具有產業特色的小鎮，如水里青梅、竹山蕃薯、集集山蕉、埔里紹興酒和礦泉水等。又因山區攔截水氣，以及海拔落差大，溫、濕度等氣候條件適合，100多年前引進茶種種植，至今不僅種類多樣豐富，種植面積更占全台約40%，為各縣市之首，名間的松柏長青茶、鹿谷的凍頂烏龍茶、魚池的阿薩姆紅茶，以及仁愛的高山烏龍茶等，都是著名特產。

族群匯集埔里

早年居住在埔里的族群，以泰雅、布農及邵族為主，清嘉慶19年（1814），屬於布農族的埔社遭漢人屠殺滅社，僅存的族人為了延續命脈，引進原本住在台灣西部平原的平埔族，當時計有五族趁機入墾埔里，加上後來移墾的閩南人及客家人，形成多元的族群特色。

（許育愷／攝）

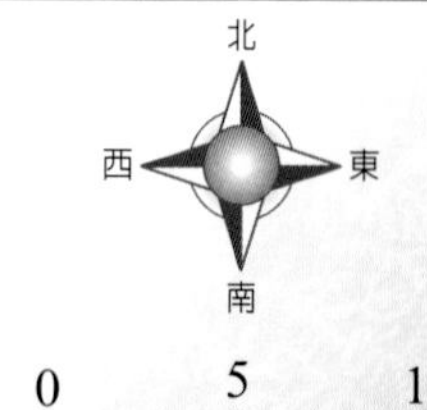

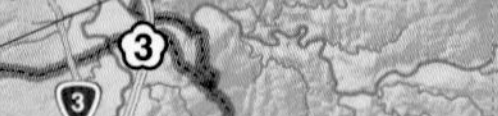

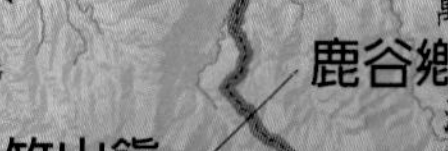

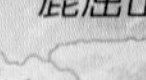

台灣工藝之都

南投縣雖然位居內山，但自然資源豐富，凡陶土、竹子、稻草及石頭等，都是絕佳的工藝材料，因此手工藝發展甚早，可追溯至清朝及日治時期，知名的有南投陶（南投市、魚池、水里），竹山竹藝，埔里漆器、手工宣紙及石雕等；此外，由於南投是多元族群融會之地，原住民工藝也成為當地特色，如木雕、竹藤編織及織布等，使南投享有「工藝之都」美稱，而台灣唯一的手工藝研究所也設於此。除傳統工藝外，南投的清新空氣與美麗山水，近年也吸引許多藝術家定居。

國立台灣工藝研究所

位在草屯鎮的台灣工藝研究所，1954年由藝術家顏水龍創立，是南投縣工藝發展的重要推手。在其輔導之下，不斷有新興的工藝產生，包括草屯的稻草編製、中寮的手染及集集的影雕（在石頭表面浮雕圖案）等。

（魯獅／攝）

（潘昕賢／攝）

九份二山

位於國姓鄉九份二山旁的澀仔坑是921地震的氣爆點，驚人的能量從地底衝出，導致劇烈的山崩位移，大量崩落的土石更造成嚴重傷亡。為保留當地山岩錯動的景象，以供研究及教學參考，目前已規畫為921地震公園。

魚池紅茶

1926年日人開始在魚池鄉種植阿薩姆紅茶，由於600～800公尺的海拔高度適中，加上全年溫、濕度穩定等條件，使當地的紅茶產量曾高居全台首位。其中以台灣野生山茶和緬甸大葉種紅茶配種研發而成的台茶18號，具有天然肉桂香及薄荷香，是當地最知名的新紅茶。

（潘昕賢／攝）

日月潭和集集鐵道

日月潭原是天然水潭，由菱形的日潭及細長弧形的月潭組成，潭中有一小島，原名光華島，現更名為拉魯島。1919年日人為發展輕工業，計畫在日月潭興建發電廠，但因資金短缺，三年半後停工。直到1931年再次興築，鑿圳引入濁水溪溪水，並築壩蓄水以增加容量，然後利用落差，在水里溪畔設置水力發電廠，並擴大潭面面積，至今仍是台灣最大的水力發電工程。水庫及發電廠的興建，增添了日月潭的山水美景，加上原住民邵族的人文風情，使這裡成為中外馳名的觀光區。

當年為了闢建日月潭水力發電工程，興築從彰化二水到南投水里的集集線鐵道，原本用來運送相關的設備與原料，如今則是台灣人氣最旺的觀光鐵道，為沿線的鄉鎮帶來大量人潮。

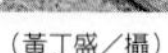

（黃丁盛／攝）

茶香飄逸

在多丘陵地形的鹿谷及名間松柏嶺，因谷地容易匯聚水氣，經常雲霧瀰漫，是茶樹生長的理想環境，其中鹿谷凍頂烏龍茶品質優異，聞名全台；松柏嶺則以翠玉茶著稱，又稱「松柏長青茶」，年產量約1萬多公噸，居全台首位。

（許育愷／攝）

南投陶

清嘉慶年間，南投陶開始於今南投市牛運窟一帶，至今已有200多年歷史。其製品精緻小巧，富藝術風格，底座常有「南投燒」或「台灣南投」的印字。南投現代陶藝也發展蓬勃，不少陶藝作坊，如水里蛇窯、埔里添興窯等，均與觀光產業結合，帶動地方發展。

（黃丁盛／攝）

東方瑞士，自然天成

台灣島上超過3,000公尺的高山有250多座，南投縣內就有86座之多，居全台之冠。又因境內中央山脈綿亙，得以攔截東北季風及西南季風的水氣，匯聚成濁水溪、大肚溪（烏溪）等流域，自然環境豐富；加上中央山脈造山運動及板塊張裂的影響，不僅誕生聞名的廬山溫泉，群峰之間更陷落成一連串的埔里盆地群，以及風景秀麗的日月潭。除了山川之美，由於位在台灣地理中心的優勢，更吸引南北遊客湧入，成為有「東方瑞士」之譽的觀光大縣。

東埔溫泉。（許育愷／攝）

高山原住民鄉

南投縣東半部仁愛鄉及信義鄉，幾乎占了全縣一半面積，群峰綿延，為中央山脈最高處，也是泰雅及布農族世居地。1930年泰雅族原住民發起的抗日行動「霧社事件」即位於此區，現設有「莫那魯道抗日紀念碑」。

（黃丁盛／攝）

溫泉季

南投擁有豐富的地熱資源，從日治時便陸續開發多處溫泉，其中1941年創立的廬山溫泉，屬於鹼性碳酸氫鈉泉，清澈無味品質佳，有「天下第一泉」之稱。近幾年，在國姓、埔里又陸續開挖出新溫泉，使南投成為溫泉的故鄉，每年冬天都會舉辦為期一個月的溫泉季活動。

埔里美酒

因少開發而無污染的埔里，不僅山區礦泉水水質純淨，日治時期在愛蘭台地發掘的「愛蘭甘泉」，更促使埔里成為台灣唯一的酒鄉小鎮。由此泉釀製的紹興酒、愛蘭白酒與愛蘭囍酒名聞遐邇，埔里酒廠也因此獲觀光局評選為台灣十大旅遊路線之一。

（許育愷／攝）

桃米坑

埔里鎮桃米坑有桃米坑溪等6條溪水流經，是一處生態非常豐富的山村，全台灣共有31種青蛙，當地就有21種；143種蜻蜓，當地也擁有近50種，因此在921地震後轉型發展生態旅遊，如今已成為台灣知名的生態村。

（林茂耀／攝）

綿延的盆地群

位於縣境北邊的埔里盆地群，由十幾個大小不一的盆地所組成，其中以埔里盆地最大，面積約64平方公里。這些因地層陷落所形成的盆地，原本都是水光瀲灩的湖潭，後來因為地殼變動、泥沙淤積或河水切割等作用，使湖水消退，目前僅存日月潭。

（魯獅／攝）

日月潭邵族

邵族世居日月潭一帶，目前是台灣人口最少的原住民族。其獨特而完整的祖靈祭儀和「先生媽」制度、杵音藝術及優越的漁撈技術，是最大特色。過去邵族被歸類為鄒族或平埔族的一支，直到2001年才得以正名。

人類學寶庫

因境內崇山峻嶺，使南投遲至清中葉以後，才有漢人進行較大規模的移墾；又因位居台灣地理中心，自古至今，都是族群遷徙與文化交流最頻繁之處，成為融合最多族群的「人類學寶庫」。在涵蓋今天日月潭、魚池、埔里至霧社等，古稱「水沙連」的地區，群峰圍繞，有眉溪及南港溪流經平原盆地，土壤十分肥沃，除了考古學家曾在埔里發現的史前人類「水蛙窟文化遺址」及「大馬璘文化遺址」外，尚有泰雅、布農、邵、平埔各族及漢人等至少十個以上的族群陸續來此建立家園，孕育出多姿多采的文化特色。

用來盛裝邵族祖先衣物，代表祖靈的祖靈籃。（許育愷／攝）

南投縣 Nantou County

縣花 梅花
縣樹 樟樹
面積 約4,106平方公里
人口 約53萬7千人，近20年來成長1.8%
人口密度 每平方公里約131人
海岸線 無
森林覆蓋率 74.74%
主要水系 濁水溪、烏溪
民生水源 地下水及水庫
節慶 詳見各鄉鎮

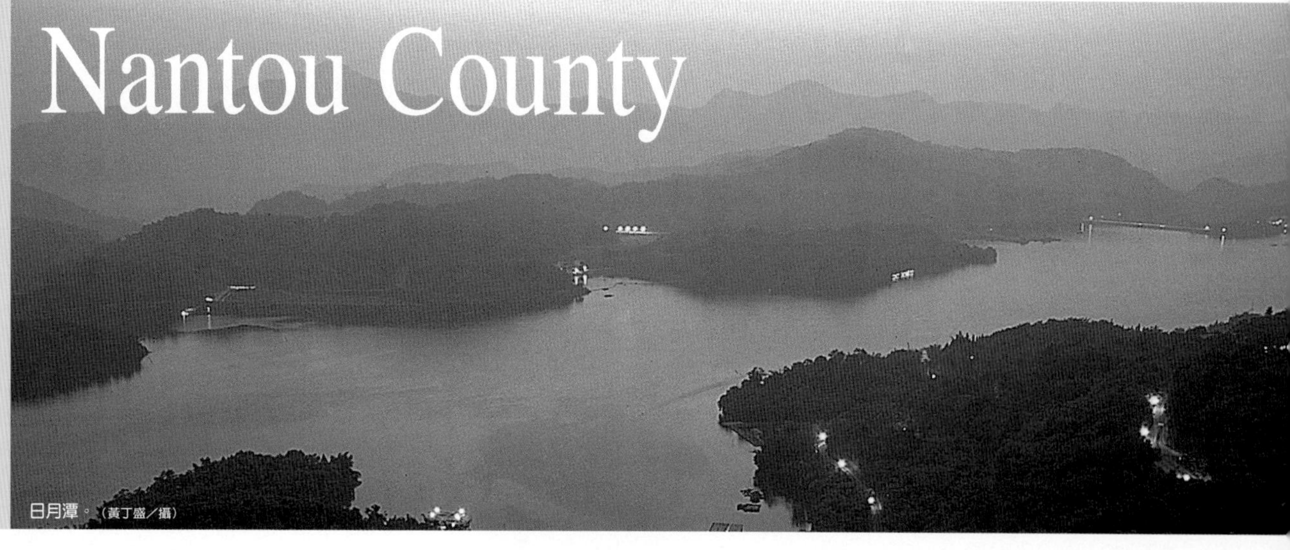
日月潭。（黃丁盛／攝）

南投縣位於台灣的中央地帶，幅員廣闊，面積僅次於花蓮縣，是台灣第二大縣。縣境東方隔著中央山脈與花蓮縣為鄰，西側有八卦山台地與彰化縣、雲林縣相通，南邊則以清水溪為界，與雲林、嘉義、高雄三縣接壤，而北面則有白姑大山和台中縣毗連，是台灣唯一不臨海的縣份。

坐擁群山，景致天成
南投縣有13鄉鎮市，除了西邊的南投市、草屯鎮及名間鄉的一部分，屬於台中盆地的範疇，地勢較為平坦，其他鄉鎮皆屬山區，地勢落差大，尤其是仁愛、信義兩鄉，境內更是群峰峭拔，兩鄉的總面積就占全縣面積的65.6%，使南投縣成為標準的山地縣。由於山多，地勢落差極大，因此南投縣兼具副熱帶、溫帶及寒帶三種氣候，動植物生態豐富、自然景觀優美，擁有玉山、合歡山、廬山溫泉、中台禪寺、日月潭、集集綠色隧道、溪頭、杉林溪等知名旅遊景點，是台灣重要的觀光大縣。

族群多樣，文化多元
南投縣自古就是島上居民南來北往、通往花蓮後山的交通樞紐，位在平地與山區交界的竹山，便是南投縣最早開發的地方。明朝永曆15年，鄭成功派遣武將林圮進入竹山開墾，開啓了漢人入墾南投的歷史。在此之前，南投縣是原住民泰雅族、布農族、邵族、鄒族及平埔族洪安雅族等族群生活的天地，加上後來的閩南人與客家人，使得族群多樣、文化多元，呈現出豐富精彩的人文風貌。

傳統農業精緻化
雖然南投縣山多田少，可耕種的面積有限，但因具備山區水氣豐沛、土壤肥沃、少強風驟雨等優厚條件，當地人仍以務農居多，工業並不發達，僅南投市與竹山鎮設立工業區。為了有效利用土地，除了傳統的稻作，近年來更發展精緻農業，包括平地的茭白筍、花卉；山區丘陵地的茶葉、竹筍、香菇、梅子等作物，無不品質優異、聞名全台，並開放為觀光農作區，成為南投縣的特色之一。

Nantou City 南投市

郵遞區號 540
面積 72平方公里
關鍵字 八卦山台地、中興新村、南投陶、藍田書院、貓羅溪、猴探井、竹藝博物館、青山茶、南投酒廠

南投市舊稱南投社或南投堡，是平埔族洪安雅族舊聚落之一，因為沒有高山阻隔，是南投縣開發較早的區域，因此人文薈萃，加上位在北邊的中興新村過去是省政府所在地，因而成為南投縣行政與文化中心。除了典藏台灣官方文書、檔案、民間文物的台灣歷史文化園區及藍田書院等重要文化據點外，清嘉慶元年(1796)開始，當地居民利用貓羅溪沖積平原的黏土燒製磚瓦，不但開啓南投陶的製作，日治時期，南投陶瓷名聲更勝鶯歌，是南投市最具有代表性的文化產業。

藍田書院與登瀛書院、明新書院並列南投縣三大古蹟書院。（黃丁盛／攝）
藍田書院敬聖亭。（黃丁盛／攝）

Caotun Township 草屯鎮

郵遞區號 542
面積 104平方公里
節慶 龍德廟鑽花燈及丁雞比賽(元宵節)
關鍵字 草鞋墩、北投社、九九峰、烏溪、稻米、稻草文化節、登瀛書院、國立工藝研究所、藝術大道、雙冬檳榔、煙葉、荔枝

草屯鎮最早稱北投社，與南投社隔著貓羅溪為界，是平埔族洪安雅族舊聚落之一。因地處交通要道，自古就是南投縣居民前往台中、彰化必經之地；曾流傳因眾多軍隊或挑夫路經當地歇息，將破舊草鞋棄置成堆的故事，於是後來改稱草鞋墩。北邊有烏溪（大肚溪）經過，溪流沿線盛產稻米，產量居全縣之冠。由於開發較早，境內古蹟、古厝甚多。當地居民利用稻草編製草鞋，且定期舉辦稻草工藝文化節，企圖重現舊地名所展現的文化風貌。

九九峰地質為礫石層，由於透水性高，易受雨水侵蝕下切，因此造成山峰與深溝。（許育愷／攝）
草屯竹編工藝。（黃丁盛／攝）

Guosing Township

國姓鄉

郵遞區號 544
面積 176平方公里
節慶 鄭成功文化祭(國曆11～12月)
關鍵字 客家人、鄭成功、糯米橋、水鹿、九份二山、枇杷、草莓

明鄭時期，鄭成功部將劉國軒領兵北上，在台灣中部遭遇大肚番侵擾，鄭軍奮勇擊退番族並沿溪驅趕，抵達內山時所紮營地稱國姓埔，也成為國姓地名由來。為感念鄭軍對國姓開發之功，當地信仰中心護國宮即以鄭成功為奉祀主神，在國姓老街入口還豎立一尊巨大的鄭成功像，是當地地標。國姓鄉多山林，許多地方開發較晚，清末陸續有客家人從苗栗、東勢一帶遷入，粵籍居民約占70%，是南投縣唯一的客家鄉鎮。因耕地有限，鄉民發展出圈養水鹿的事業，目前圈養3,000頭，有「鹿茸原鄉」之稱。

地震時，九份二山大崩山，高度徒降400公尺，坍塌的範圍有180公頃，形成澀仔坑湖與韭菜湖二座堰塞湖。（魯獅／攝）

（林茂耀／攝）

Jhongliao Township

中寮鄉

郵遞區號 541
面積 147平方公里
關鍵字 集集大山、九份二山、鄉親寮、手染、柳丁、龍眼、棋盤石、肖楠巨木群、有機文化村

中寮鄉舊稱鄉親寮，源自客籍先民在當地築寮墾荒。中寮鄉與南投縣最熱鬧的南投市、草屯鎮相鄰，但因境內皆為丘陵，加上沒有省道經過，交通十分不便，是南投縣內發展較慢的鄉鎮之一。1999年921大地震重創當地，但居民並不氣餒，將原本種植在山坡上的檳榔樹砍除，以生態工法重建家園，並積極從事有機農業，且利用當地特有的龜甲石及化石等石材與植物，進行石雕及植物染的開發，為中寮鄉帶來產業新契機。

中寮平林溪蘊藏各種奇岩雅石，如龜甲石、黃蠟石等。（許育愷／攝）

中寮鄉仙洞坪溪谷的河床上，布滿棋盤石，面積約有3,000平方公尺，形狀方正，排列整齊。（魯獅／攝）

Mingjian Township

名間鄉

郵遞區號 551
面積 83平方公里
節慶 玄天上帝聖誕(農曆3/3)
關鍵字 松柏嶺、受天宮、茶葉、永濟義渡碑、集集支線、薑、鳳梨、山藥、樟樹

位於八卦山台地尾端的名間鄉，舊稱湳仔，因台地下方低窪處常積水而得名。台地海拔約120～300公尺，屬紅土地質，非常適合茶樹生長，名間因此成為台灣茶樹種植面積最大的鄉鎮；俗稱紫山藥的紅薯，也是當地八卦山脈丘陵肥沃紅土上的特產。坐落在台地上的受天宮，則是台灣玄天上帝信仰的中心。

供奉玄天上帝的受天宮，每年春秋兩祭是最大慶典。（黃丁盛／攝）

八卦山台地常年雲霧瀰漫，茶園遍布，是台灣著名的茶鄉。（許育愷／攝）

Jiji Township

集集鎮

郵遞區號 552
面積 50平方公里
節慶 大眾爺樟樹公(農曆8/23為期一週)
關鍵字 集集支線、綠色隧道、濁水溪、集集攔河堰、集集大山、特有生物中心、明新書院、開闢洪荒碣、化及蠻貊碣、大眾爺祠、樟腦、香蕉、陶瓷

位於濁水溪北岸的集集鎮，是早期先民進入日月潭、埔里等內山的出入口，曾經繁華一時。由於位處交通要道，所以也是兵家必爭之地，從清朝到日治，多次反清或抗日事件多與集集有關，當地大眾爺廟所奉祀的，就是戰亂中喪生的先民。清末，集集周遭長滿樟樹的山林是台灣重要的樟腦產地；日治時期日人在當地種植香蕉，是專供日本天皇品嘗的「貢品」，有「天下第一蕉」之稱。目前因位在集集線鐵道中心點，又擁有綠色隧道等知名景點，是南投縣最負盛名的觀光小鎮之一。

特有生物中心

成立於民國81年的集集特有生物研究保育中心，占地3.5公頃，是隸屬於農委會的生態保育與研究機構，設置教育保育館、生態教育園區、蝴蝶生態館及野生動物急救大樓等區域。除了研究與保育工作外，也對外開放參觀，是一處結合生態教育與休閒旅遊的知名景點。

（黃丁盛／攝）

日治時期以檜木築成的集集火車站。（黃丁盛／攝）

Jhushan Township

竹山鎮

郵遞區號 557

面積 247平方公里

節慶 沙東宮古禮春秋兩祭(農曆1/16及8/27)

關鍵字 雲林城、八通關古道、李勇廟、杉林溪、太極峽谷、社寮紫南宮、竹子、蕃薯、富州番茄、茶葉

爲紀念拓墾而犧牲的明鄭部將林圯，竹山鎮舊稱林圯埔。清光緒元年（1875）總兵吳光亮開通八通關古道時，以此爲前往花蓮後山的起點，因而有「前山第一城」之稱。後因當地山林間經常雲霧籠罩，改稱雲林，並在清光緒14年（1888）築有「雲林城」；又因包圍竹山鎮的清水、濁水兩溪流，夏季經常暴漲，出入不便，於是雲林城往南遷至今日雲林縣；而當地竹林密布，日治時期改稱竹山。直至今日，竹山的純樸風貌未有太大改變，不僅竹筍產量居全台之冠；蕃薯也因附會於傳說清嘉慶君在當地留下一句：「蕃薯好吃免大條」而聞名。

竹製品加工曾是竹山最盛行的產業。（黃丁盛／攝）

纖維細嫩的竹山紅蕃薯除了蒸煮、焢窯，還可加工成內餡為竹筍的蕃薯包等小點心。（黃丁盛／攝）

Lugu Township

鹿谷鄉

郵遞區號 558

面積 142平方公里

節慶 慚愧祖師聖誕(農曆3/16)

關鍵字 凍頂烏龍茶、溪頭、鳳凰山、鳳凰鳥園、吳光亮、八通關古道、慚愧祖師、小半天社區、麒麟潭

早期鹿谷滿山野生羌和鹿，居民捕捉畜養，故舊稱羌仔寮，後改稱鹿谷。清光緒年間，總兵吳光亮領兵開通八通關古道，路經鹿谷，得到慚愧祖師顯靈協助，得以避開番害，順利開通古道。於是慚愧祖師成爲鹿谷鄉，甚至南投縣最受敬仰的神祇，當地鳳凰山寺還留有吳光亮題賜「佑我開山」古匾。由於鹿谷多丘陵、氣候溫和，雲霧、水氣充足，適合栽培茶樹。清咸豐5年（1855），當地人林鳳池赴大陸參加科舉，高中文科舉人，回程時，從福建武夷山帶回36株軟枝烏龍茶種，其中12株由鹿谷凍頂山林三顯栽植成功，成爲當地凍頂烏龍茶始祖。直至今日，全鄉人口有59%爲茶農，其中尚不包括茶商。

溪頭隸屬台大實驗林，種植了大面積的孟宗竹林、檜木、杉木等人造林。（許育愷／攝）

Shueili Township

水里鄉

郵遞區號 553

面積 107平方公里

節慶 義民節(農曆7月)、新安清醮(每12年一次)

關鍵字 車埕、木材、小台北、水力發電廠、二坪山冰棒、濁水溪、蛇窯、酒莊、梅子、上安葡萄、玉峰柳丁

三面環山，水里溪、陳有蘭溪、濁水溪交錯，加上東北方有日月潭流下來的豐沛水量，使水里的發展與水密切相關。從日治至今，水里溪沿岸設有5座水力發電廠，其中明潭水力抽蓄電廠，總發電量高達160萬瓦，規模與發電量居全台水力電廠之冠。早年伐木業鼎盛時期，繁榮的水里甚至有「小台北」之稱。由於擁有豐沛水源與燒材用林木，加上當地出產品質優良的陶土，極適合陶業發展，知名的水里蛇窯是最具代表性的文化景點。

水里蛇窯以柴火燒窯，主要生產缸、甕等生活陶器。（黃丁盛／攝）

蛇窯入口處的千禧雙口瓶地標。（魯獅／攝）

Yuchih Township

魚池鄉

郵遞區號 555

面積 121平方公里

節慶 邵族豐年祭(農曆8月)

關鍵字 水沙連、日月潭、九族文化村、邵族、林淵、蓮華池、菱形奴草、豎琴蛙、陶藝、紅茶、檳榔、香菇、蘭花、孔明廟

魚池鄉舊稱「水沙連」，爲平埔族語，意指南投內山的水潭。早期境內多水潭，但現多已枯竭，僅存日月潭，是台灣最大的高山湖泊。潭畔的邵族是台灣人口最少的原住民，杵音、女巫師（亦稱先生媽）及祖靈籃傳統，是邵族特有的文化。魚池鄉丘陵多，土質又屬磚紅土壤、排水良好，是栽培紅茶理想環境，1926年日人就開始種植，產量及生產面積都曾占全台約80%，因而有「紅茶故鄉」美稱；現在則以檳榔、香菇和蘭花的產量居全縣之冠。

邵族的祭師又稱先生媽，是族人和祖靈溝通的橋樑。（黃丁盛／攝）

日月潭水社碼頭。（黃丁盛／攝）

Puli Township

埔里鎮

郵遞區號 545
面積 162平方公里
節慶 地母聖誕(農曆10/18)、九月迎媽祖(農曆9/1)、鼠年新安清醮(12年一次)
關鍵字 地理中心碑、綠湖、人類學的寶庫、郭百年事件、228事件、水之鄉、花之都、小洛陽、蝴蝶鎮、手工造紙、藝文小鎮、桃米生態村、中台禪寺、地母廟、茄苳樹王公、茭白筍、百香果、紅甘蔗

埔里以藝術造鎮，多藝文活動。（潘新賢／攝）

埔里鎮位居台灣中央，四面峰巒環繞，是典型盆地。由於環境優美、氣候宜人、水質甘醇，曾吸引近10個族群先民前來墾殖，而有「人類學寶庫」之稱，更曾被評選爲全球最適合人類居住的地點之一。在得天獨厚的環境條件下，茭白筍、花卉、紅甘蔗、天然漆及百香果等，產量都居全台首位。近年來，不但設置大學，許多藝文人士成爲埔里新移民，更添小鎮人文氣息，也爲這座最具魅力的觀光小鎮更加分。

每年4～6月是埔里茭白筍盛產季節。（魯獅／攝）

Sinyi Township

信義鄉

郵遞區號 556
面積 1422平方公里
關鍵字 濁水溪、陳有蘭溪、神木村、八通關古道、玉山、塔塔加、七彩湖、新中橫、葡萄、風櫃斗、東埔溫泉

信義豐丘的葡萄主要為巨峰葡萄。（許育愷／攝）

信義鄉是南投縣面積最大的鄉鎮，也是台灣最大的山地鄉。境內有台灣最高的玉山，以及最長的濁水溪，占地廣大的玉山國家公園也坐落在此，山水景致極爲壯麗；台16線新中橫公路橫向貫穿，沿途有瀑布、溫泉、高山，構成極具特色的帶狀觀光景點。境內居民多爲布農族，另有少數來自阿里山的鄒族；豐富的原住民文化，如布農族八部和音及打耳祭等，是信義鄉重要的觀光資源。風櫃斗的梅子及豐丘的葡萄，則是當地最知名的特產。

小米是從前布農族的主食，因此有許多關於小米的祭典，從一開始的開墾、播種、除草到收穫都會舉行祭典儀式，祈禱豐收。（黃丁盛／攝）

Renai Township

仁愛鄉

郵遞區號 546
面積 1274平方公里
關鍵字 霧社、櫻都、泰雅族、莫那魯道、抗日事件、合歡越嶺古道、廬山溫泉、高山茶、高冷蔬菜、合歡山、清境農場、惠蓀林場、濁水溪、奧萬大、人止關

仁愛鄉位在濁水溪與烏溪上游間的稜線上，是兩側溪流豐沛水氣會合的地方，因此經常雲霧瀰漫，故舊稱霧社。泰雅族是境內主要族群，知名抗日英雄莫那魯道即是此地泰雅族人；南邊還有少數布農族，以及住在清境農場附近，隨國民政府來台的雲南擺夷等少數民族。多山的地理環境，造就了仁愛鄉豐富的觀光資源，包括合歡賞雪、廬山泡湯、清境眺遠、春陽訪櫻及奧萬大賞楓等。而當地濕冷環境所生產品質優良的高山茶及高冷蔬菜，也聞名全台。

1930年，莫那魯道率領泰雅族6社反抗日本高壓統治，史稱霧社事件。（魯獅／攝）

中橫霧社支線上的清境農場，屬中海拔的濕冷氣候，除了種植溫帶水果、高冷蔬菜，草原上也放牧牛羊。（魯獅／攝）

合歡越嶺道

（游登良／攝）

日治時期，日本人為取得台灣東部的資源，1914年發動「太魯閣征伐戰」，除了取道泰雅族從霧社東移太魯閣的獵徑，也開闢臨時便道，攻打當地泰雅族人。戰爭結束後，陸續整修道路並設軍警駐在所等單位，以便管理原住民。1927年太魯閣獲選為台灣八景之一，花蓮港廳陸續拓寬成合歡越嶺道，西起霧社，越過合歡埡口，沿立霧溪而下，東出太魯閣口，抵達花蓮新城。而1960年通車的中部橫貫公路，大多沿越嶺道而建，其中保留下來的路段如錐麓大斷崖古道、立霧溪掘鑿曲流古道等，有的成為健行步道，有的則湮沒荒林中。

熱力・閃亮・新勢力

Southern Taiwan 南台灣

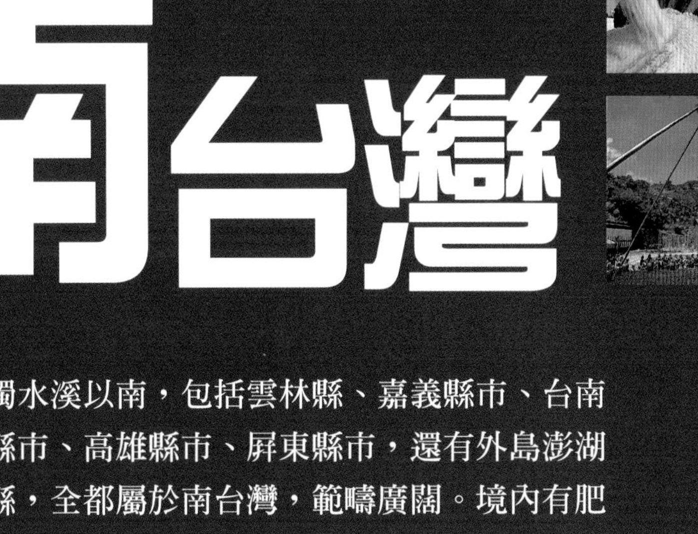

濁水溪以南，包括雲林縣、嘉義縣市、台南縣市、高雄縣市、屏東縣市，還有外島澎湖縣，全都屬於南台灣，範疇廣闊。境內有肥沃平原、潟湖、沙洲、濕地、良港、高山、深谷、溪流、惡地、玄武岩、熱帶季風林、風吹沙等豐富多樣的地形地貌，加上水源充足、陸海空交通暢便，不但是台灣農林漁牧產業的搖籃，更是重工業大本營。如果說，北台灣是帶領台灣奔向世界的先鋒，那麼，南台灣就是最強而有力的堅實後盾。

南台灣也是台灣開發的起點，從荷據、明鄭到清朝，嘉義、台南、澎湖，就是移民拓墾、殖民轉運、設治管轄的前哨與據點；坐落在雲林的全台第一座媽祖廟、嘉義的開台第一村，以及古蹟之都台南，不但是歷史足跡的見證，更是台灣人文史詩的先聲。

資源雄厚、融古納今的南台灣，近年來逐漸打破過去各自為政、山河為界的觀念，開始以跨縣市合縱連橫的聯手經營策略，爭取地方建設、公共投資，不但讓南台灣的建設版圖、繁榮前景，不斷展露新契機，更讓南台灣成為台灣政經勢力耀眼的新貴。

（金成財／攝）

世界級南台灣

Outstanding

終年陽光高照的南台灣，是台灣西部平原的集中地，加上孕育自西側高山的眾多溪流灌溉，不但自古就是台灣的米倉，還擁有世界最大的蔬菜種子銀行；曾文溪口的廣大濕地，更吸引了半數以上世界珍稀的黑面琵鷺到此度冬。深藏在南台灣森林深處的紫蝶幽谷，則是世界唯二的越冬型蝴蝶谷之一。深入大洋的台灣最南端，有拜黑潮之賜的世界第一鮪魚漁獲量，也擁有世界十大熱帶植物園之一；陸蟹棲息密度與前所未見的新種類，更成爲國際陸蟹學者的研究天堂。以南台灣豐富的地形和魚類資源所打造的海洋生物博物館，不但兼具保育、學術研究功能，也是東南亞最大的水族生態館。橫跨高屏溪的南二高橋樑西側斜張橋，塔高183.5公尺，是亞洲最長的非對稱單塔斜張橋，也彷彿屹立在台灣南端的小巨人，守護著南台灣。

阿里山森林鐵道。(黃源明／攝)

雲林縣

八色鳥棲息數量亞洲最多

八色鳥是夏候鳥，在春、夏之交從南方飛來台灣繁殖。以往在台灣中、南部數量衆多，現在極為稀少，為保育類野生動物。雲林縣林內鄉湖本村至少有20對以上，可說是「台灣八色鳥的故鄉」。

昔日的遠東第一大橋

西螺大橋橋身橫跨濁水溪，南起自雲林縣西螺鎮，北止於彰化縣溪州鄉，全長1.93公里。過去曾經鋪設台糖的小火車軌道，橋面上火車與汽車並行。西螺大橋以鋼鐵作架，水泥作墩，在1953年落成時，是僅次於舊金山金門大橋的世界第二大橋。

嘉義縣

東亞最高鐵路

於1912年全線開通的阿里山森林鐵路，集森林、高山、登山三大鐵道特色於一身，以千分之62.5公尺的爬升坡度、螺旋狀登山路線、之字形爬升為最大特色。

世界第一座回歸線紀念碑

位於水上鄉的北回歸線紀念碑，第一代地標立碑於1908年，是全世界第一座設立的標塔。歷經不同時期的修補，至今則是第五代與第六代並列，並規畫為「北回歸線太陽館」。

嘉義市城隍廟剪黏。(黃丁盛／攝)

嘉義市

巴黎萬國博覽會的「台灣絕技」

葉王的交趾燒代表台灣參加1938年在巴黎舉辦的萬國博覽會，該年以「近代生活工藝與美術」為主題。而葉王交趾燒讓各國為之驚豔，被認

南台灣 Southern Taiwan

台南縣

世界最大的蔬菜種子銀行

善化因曾文溪的哺育，農產發達，並成立亞洲蔬菜研究發展中心，目前收集的蔬菜原生種子多達4,700種。

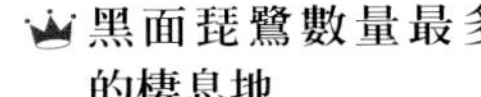

黑面琵鷺數量最多的棲息地

目前全球黑面琵鷺總數約600多隻，其中超過半數在曾文溪口度冬。

黑面琵鷺。(鄭信藏／攝)

高雄市

亞洲最大的應用科學博物館

台灣第一座應用科學博物館——國立科學工藝博物館，其館展面積在世界同類型博物館中排名第二。館內設有許多互動式展示，讓參觀者能親身體驗科學趣味。

澎湖縣

遠東第一座跨海大橋

1970年底完工通車的澎湖跨海大橋全長2,494公尺，橫跨吼門海道，連接白沙及漁翁兩島，又稱「遠東第一長虹」。

屏東縣

(黃丁盛／攝)

亞洲第一大鐵橋

高屏舊鐵橋全長1,526公尺，橫跨高屏溪，連結高雄、屏東兩縣，建橋過程動用500多名人員，費時八年才完工，是當時亞洲第一長橋。後因鐵路電氣化加上考量文史價值而除役，列名國家二級古蹟鐵橋。

陸蟹棲地高居世界第一

除了在墾丁香蕉灣海岸林區，1公頃的土地裡便能找到20幾種陸蟹，另有林投蟹、紅指陸相手蟹、樹蟹等10來種全球前所未見的新種螃蟹，堪稱是國際研究陸蟹學者必訪的夢想之地。

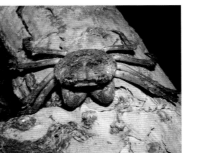

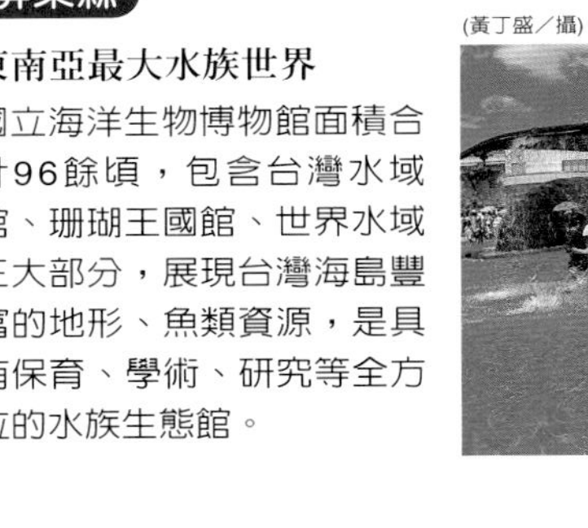

樹蟹。(李榮祥／攝)

亞洲最長非對稱單塔斜張橋

橫跨高屏溪的南二高橋樑，橋長2,617公尺，是聯絡高屏兩縣的交通要道，其中橋樑西端採斜張橋設計。橋長510公尺，塔高183.5公尺，為國內首座複合式斜張橋，也是亞洲最長之非對稱型單橋塔斜張橋。

(鄭信藏／攝)

亞洲第一個遊艇專業區

興達港原為東南亞最大漁港，目前已轉型為觀光休憩港，並全力推動遊艇專區計畫。

世界唯二「越冬型蝴蝶谷」

台灣紫蝶幽谷和墨西哥帝王斑蝶谷並列為世界兩大「越冬型蝴蝶谷」，兩者同屬世界級的自然資產。每年秋冬時節紫斑蝶群集飛往台灣南部過冬，其中以高雄茂林為最主要的紫蝶幽谷分布區域。

屏東縣

東南亞最大水族世界

國立海洋生物博物館面積合計96餘頃，包含台灣水域館、珊瑚王國館、世界水域三大部分，展現台灣海島豐富的地形、魚類資源，是具有保育、學術、研究等全方位的水族生態館。

(黃丁盛／攝)

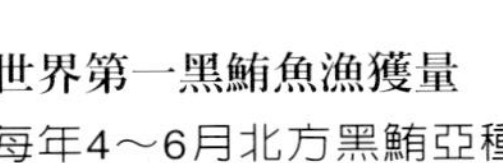

世界第一黑鮪魚漁獲量

每年4～6月北方黑鮪亞種太平洋黑鮪因產卵洄游，台灣捕獲量最多達9,000多尾，重量逾160萬公斤。近十年主要銷往日本，市場占有率達八成以上。

(黃丁盛／攝)

文武農鄉雲林縣

位在台灣第一大河濁水溪之南，漢移民最早登陸的水脈笨港溪（今北港溪）以北的雲林縣，300多年前就已成爲漢人聚集的拓墾區之一。由濁水溪和北港溪沖積而成的肥沃平原，自古就是稻米穀倉以及蔬果盛產地。至今，濁水米、西螺醬油、北港花生等，仍然是雲林縣最具口碑的地方特產。

在這片漢人開發起點的舞台上，擁有許多歷史久遠的古蹟，全台第一座媽祖廟——朝天宮，即坐落在此。因傳統宗教信仰興盛，廟宇林立，酬神感恩的布袋戲、藝陣和各種民俗技藝等，也因而蓬勃發展。而移民時期爲了防範盜匪侵擾所發展的團練習武傳統，如「阿善師與西螺七崁」等，更讓雲林成爲全台唯一以「武」著稱的縣市。

（魯獅／攝）

濁水溪大穀倉

濁水溪上游地質富含有機質，經河水挾帶沖刷，在中下游淤積形成肥沃的沖積扇及平原，適合栽植蔬菜與瓜果；再加上氣候溫和、水利設施良好，因此耕耘成台灣的大穀倉與瓜果產地。

牡蠣生產全台之最

台西、口湖、麥寮、四湖沿海四鄉屬砂岸，陸棚平坦，海底生物豐富，適合飼養蜆苗、文蛤及牡蠣；近年更引進海水培植龍鬚菜，產量均為台灣最高。沿岸箔子寮、三條崙、金湖、台西等近海漁港，都朝向休閒觀光發展。

（雲林縣交通旅遊局／提供）

（魯獅／攝）

開台紀念碑

北港為古代笨港的一部分，位在北港溪口，是從大陸到台灣最近的門戶之一。明末顏思齊便率眾由此登陸，開啟了漢人較具規模來台的開拓史。在今天的北港市街上，便有一座1956年所立的顏思齊開台紀念碑。

溪水匯聚生命脈動

由於位在濁水溪和北港溪之間，從外海到內陸，雲林縣眾多農漁產品，皆直接或間接來自這兩條溪流的哺育。在河口與濱外沙洲之間有蚵田綿延。內陸的沖積平原上，則有香Q的濁水米和北港溪河岸沙土栽培出來的花生；而家譽戶曉的西螺醬油，也是因為濁水溪的水質含鐵量低、硬度適中，所釀製的醬油得以愈燉愈香而聞名。在溪流的上游山區，眾多支流切割美麗的山形，同時也灌溉了年年豐收的竹筍及柳丁園；921大地震後，古坑更以台灣咖啡的故鄉，帶動雲林東部的觀光休閒事業。

外海沙洲消失中

雲嘉外海因有沙洲屏障，加上海水深度較淺，鮮少巨浪，是全台最優良的養蚵場。但近年來濁水溪輸砂減少，再加上六輕防波堤和航道，擋下原本該往南漂流的河砂，加快了雲林縣外海沙洲、外傘頂洲消失的速度。

（魯獅／攝）

（黃丁盛／攝）

北港朝天宮

康熙33年(1694)，樹壁和尚恭請湄洲朝天閣媽祖神像入駐笨港，當地居民於1700年捐款合建天妃廟奉祀，後改制為朝天宮，為全台最早建立且香火最盛的媽祖廟，更是目前台灣300多間媽祖廟的總廟。

（黃丁盛／攝）

台灣武術發源地

清朝道光年間盜賊四起，此時擅長武術與醫術的劉明善（阿善師），在西螺廣興里所創的武術館——振興社，成立七崁地方自衛隊護衛宗族。阿善師的門人皆須先習文而後練武，在當時台灣開荒時期曾聞名全島，使西螺成為台灣武術的發源地。

虎尾溪鐵橋。（魯獅／攝）

台灣糖都

1906年日人興建虎尾糖廠，利用肥沃土壤所生產的蔗糖產量，為當時全台之冠，因此有「糖都」美稱。虎尾、北港溪鐵橋都為運送甘蔗而建，因軌寬只有火車一半，所以俗稱「五分仔鐵道」。

前人足跡，歷史開端

雲嘉地區是漢人最早開發台灣的地方，登陸起點在今日北港及嘉義新港，即昔時濱海的笨港，此後漢人陸續往南北墾拓，使雲林縣的平地逐漸成為良田。開發之初，先民為了防禦，在笨港設立十寨進行武裝保護，西螺地區也興起習武之風，至今尚武風氣猶存。除了濱海平原開發最早，雲林縣近山地的內陸地區，也位居漢人開拓史的前頁，早在明末鄭成功驅逐荷蘭人後，便派林圮至東部平原與山地交界處的斗六門墾荒，以做為進入山區的起點。到日治時期，雲林肥沃的平原更成為台灣最大的蔗糖產地，寫下「甜蜜」的產業發展史。

斗六太平老街

斗六因位居山口，明末即已成為重要的內陸軍事重地，從清代到日治更是漢番交易的中心。昔日最熱鬧的商業區，就在今日全長約600公尺的太平老街。街上共有80多座建於日治時期的仿巴洛克式街屋，從立面上的精緻雕刻，足見當時的繁華。

斗六太平老街街屋。（雲林縣交通旅遊局／提供）

東部山區滿橙香

東部山區屬中央山脈玉山西山系，橫跨古坑鄉、斗六市及林內鄉。位處山地與平原間的丘陵過渡帶，擁有沖積扇優越的地質，水質豐沛又可避水患。年均溫攝氏14～22度，適合種植柳丁、竹筍、柑桔，是全台最大的柳丁供應區。

咖啡樹。（雲林縣交通旅遊局／提供）

西側邊坡地質奇景

西部山區為阿里山山脈西側邊坡，濁水溪支流清水溪與竹篙水溪切割侵蝕出豐富的自然景觀，有樟湖、草嶺石壁等風景區，以低海拔雲海、草嶺十景聞名；921地震後形成的新草嶺潭則成為新興地質奇景。

彰化縣　南投縣　嘉義縣　122°45'0"E　23°45'0"N　北　南　東　西　0　2.5　5 公里

西螺鎮　莿桐鄉　林內鄉　斗六市　虎尾鎮　斗南鎮　大埤鄉　古坑鄉

西螺大橋　泰山石敢當　振文書院　崇遠堂　西螺交流道　振興宮　烏塗仔發電廠　林內山　觸口山　白馬寺　湖本生態村　湖山岩　斗六交流道　太平老街　吳秀才宅邸　番仔溝遺址　梅林遺址　虎尾糖業文物館　振興宮　虎尾溪鐵橋　斗南交流道　落花生產業文化館　木瓜潭山　荷苞山　綠色隧道　古坑系統交流道　石頭公園　三山國王廟　樟湖　樟湖山　嘉南雲峰　石壁　石壁山　草嶺　大尖山　虎尾溪　新虎尾溪

（雲林縣交通旅遊局／提供）

虎尾振興宮白鶴陣

虎尾鎮西安里五間厝的振興宮，在每年農曆5月13日舉辦的廟慶活動中，有幾已失傳的白鶴陣，特色是陣前有一人穿戴白鶴裝扮，做出鶴舞姿態，象徵太平天年。西安里並舉辦「白鶴文化節」，以保存及發揚此一傳統民俗。

（黃丁盛／攝）

廟會藝陣熱鬧齊聚

雲林縣可說是台灣民間藝陣的匯集地。由於早年墾荒，先民為保平安，必從家鄉攜奉神明來台，並在落腳處建廟祭祀，因此開發較早的雲林地區，便成為許多傳統宗教信仰在台灣的起源地，所衍生的廟會及藝陣活動也相當多。最盛大的是每年農曆3月23日媽祖誕辰，北港朝天宮舉辦的跨縣市遶境慶典，幾乎已成為全國性的宗教活動。而在各種熱鬧的廟會陣頭中，除了常見的花鼓陣、獅陣、布馬陣之外，更有其他地方已很少見的白鶴陣及「吃飯擔」習俗。

刀光劍影掌中乾坤間

早年雲林西螺、崙背與虎尾等地，為了廟會酬神，經常從福建漳州請布袋戲團來台演出，間接促成了布袋戲在台灣發展的根基。這些地方最初以北管布袋戲為主，特色是音樂加入鑼鼓伴奏，戲偶則有繁複的武打動作，又稱「亂彈戲」。而在同時傳入北台灣的布袋戲，是源自泉州，從台北艋舺或新莊開始發展的南管戲，曲調溫婉，沒有武打動作，又稱「文人戲」。

雲林有兩大主要戲團，一是由黃海岱所主導的「五洲園」，另外一派則是西螺的鍾任祥、鍾任壁所領導的「新興閣」，兩者皆以傳統北管戲見長，並隨時代變遷先後躍上電視螢光幕，發展出結合現代科技的「金光布袋戲」。近年來，五洲園的霹靂布袋戲團更跨足電影大銀幕，又在國際偶戲節上大放異彩，使布袋戲成為台灣意象的代表。

布袋戲中的著名主角史豔文。（黃丁盛／攝）

南台灣 Southern Taiwan

雲林縣 Yunlin County

縣花 蝴蝶蘭　縣樹 樟樹　縣鳥 藍鵲

面積　約1291平方公里

人口　約73萬3千人，近20年來成長-8%

人口密度　每平方公里約568人

海岸線　約55公里，位於濁水溪及北港溪間

森林覆蓋率　12%

主要水系　濁水溪、北港溪

民生水源　集集攔河堰

節慶　媽祖生(農曆3/23)、雲林福佬客文化節(7月底或8月初)

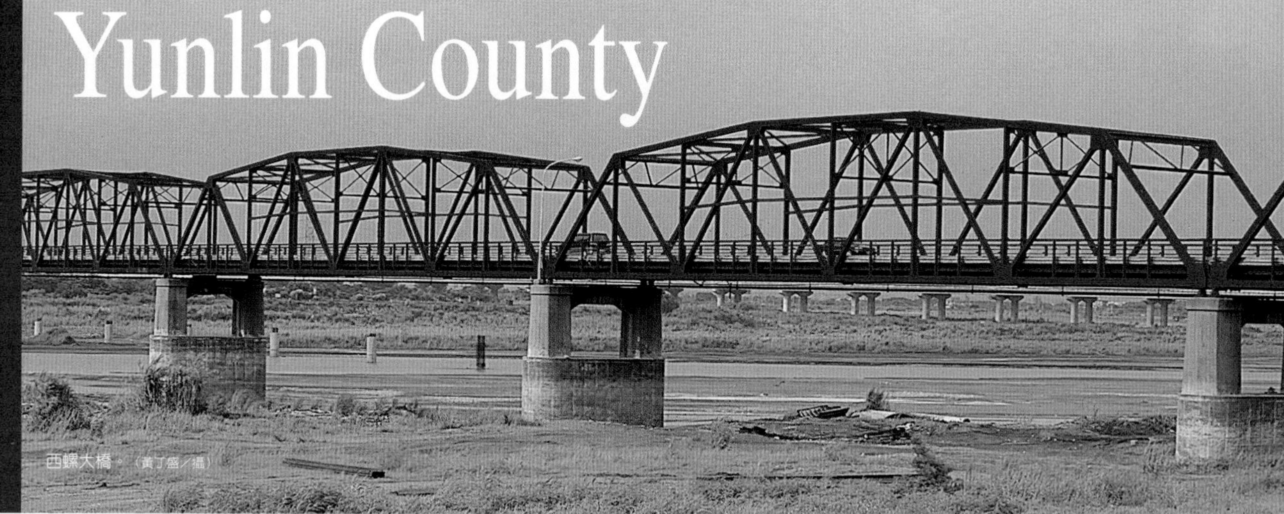
西螺大橋。（黃丁盛／攝）

雲林縣除了斗六、古坑及林內鄉靠山外，其餘17個鄉鎮皆屬嘉南平原。濁水溪、北港溪帶來的肥沃土壤與灌溉水源，孕育了種類豐富且品質極佳的作物，也堆積出屏障海灣的沙汕與外傘頂洲。

巷尾街頭見傳統

遠從明末顏思齊在笨港登陸，並在鄰近的水燦林地區墾植開始，無數先民從港口不斷往內陸拓植。因近海之便，港口成爲當時重鎮，雖然隨著泥沙淤塞、人文變遷、發展滯緩而沒落，卻也讓雲林縣保有罕見的歷史古井——七角井、傳統閩南古厝建築、廟宇、布袋戲，及各種廟宇賽會的遊藝陣頭，處處可見傳統古蹟與現代人文交融的風情。

蔬菜瓜果農業大縣

因全境幾乎是濁水溪沖積平原，富黏性的肥沃壤土孕育豐饒的蔬果，從北端的蔬菜、西瓜大產區開始，往南延伸即是稻米、花生、甘藷、玉米雜糧等，其中蔬菜、瓜果產量均占全台第一，稻米產量與彰化縣輪擁全國之冠，如此豐富的作物產量，堪稱蔬菜瓜果農業大縣！

沿海小漁村養殖盛

早期沿海居民以種植雜糧及漁業維生，近年來政府積極建設台西漁港、　仔藔漁港，並輔導漁民養殖牡蠣、文蛤與其他魚類，生活大有改善。但也因過量抽取地下水，造成地層下陷，居民因而飽受豪雨帶來的淹水之苦。

小小山區寶藏豐

山區面積僅占1/10的雲林縣，自然資源豐富，如：古坑的貝類化石群、草嶺風景區的瀑布壺穴景觀、罕見的低海拔雲海、聞名國際的林內八色鳥群，甚至瀕臨絕種的岩生海棠，在斗六山區依然茂盛。近年更因921地震後出現的新草嶺潭、沸騰風行的台灣咖啡而聞名全台。

Mailiao Township

麥寮鄉

郵遞區號　638

面積　80.03平方公里

關鍵字　蚵苗、阿嬤公園、濁水溪濕地、六輕工業區

麥寮境內的海豐港是清朝初年的繁盛商港，清乾隆年間新虎尾溪水患，港口毀損，居民散遷；地方父老眷戀鄉土，於乾隆末年在原地重整家園，並墾荒種麥爲生，取名麥寮。因爲濱海，所以土壤鹽分高，不利農作，但濁水溪沖積而成的砂質地適合培育蚵苗，因而成爲台灣蚵苗的最大產地。1971年後，養豬業竄起，截至今日養豬頭數約21萬頭，數量、密度高冠全國，是主要的經濟產業之一。近年來，除了填海造陸營建六輕工業區，提供居民就業機會；未來更計畫申請自由貿易港區，爲麥寮鄉及鄰近鄉鎮帶來新的發展方向。

填海造陸後所興建的六輕工業區，為麥寮居民帶來了就業機會。（雲林縣交通旅遊局／提供）

Taisi Township

台西鄉

郵遞區號　636

面積　54平方公里

節慶　安西府建醮與送王船(農曆6/10)

關鍵字　海口、文蛤、牡蠣、海園觀光區

海園觀光區的大貝殼標誌（雲林縣交通旅遊局／提供）

台灣本島最西端的台西，是全台太陽最晚下山的地方。濱海地帶80%的鄉民以養殖漁業維生。濁水溪帶來的豐富養分讓台西牡蠣不但大又肥美，數量也是台灣之最，更提供全台約2/3的蚵苗，現已規畫設置牡蠣生產保留區；而虱目魚及文蛤混合的魚塭生態養殖，又使台西成爲台灣文蛤最大的生產和集散地。

台西鄉擁有台灣最晚報到的夕照。（雲林縣交通旅遊局／提供）

Sihhu Township

四湖鄉

郵遞區號 654
面積 77平方公里
節慶 濱海武術節(8月)
關鍵字 鹿場村、箔子寮漁港、三條崙海水浴場、海青宮

四湖早在清嘉慶元年形成聚落時，便以此處有四大湖而得名。但湖泊卻因農業所需填土造地及牛挑灣溪泥沙淤積，到光復初期僅剩零散的池塘。如今濱海地區居民大多從事養殖漁業，其中又以動力膠筏及吊蚵數量居雲嘉南地區之冠。

四湖鄉的海清宮是全省唯一以包青天為供奉主神的廟宇。（黃丁盛／攝）

Kouhu Township

口湖鄉

郵遞區號 653
面積 80.46平方公里
節慶 牽水轙祭(農曆6/7、8)
關鍵字 烏麻園、外傘頂洲、牽水轙、龍鬚菜、巧味芽、鄭豐喜

口湖是雲林沿海最南的鄉鎮，18世紀初正逢大陸移民潮，因笨港淤積嚴重，以外海有沙洲屏障的金湖港爲外港，一度是「人煙稠密、商旅雲集」的重要登陸港口。因沿海土壤鹽分過高，不利種植，居民轉以養殖魚、蚵、貝類爲業，1970～80年大量養殖鰻魚銷售日本，當時產量居全台之冠，擁有「養鰻王國」的美稱。現在卻因對日銷量減少而風光不再。今日鄉民因地利之便，引海水培育優質龍鬚菜，每年可以收成七次，是目前全台龍鬚菜的最大栽培區。

牽水轙祭。（黃丁盛／攝）

移動的海岸長城

隸屬於雲林口湖鄉的外傘頂洲，長20公里，是台灣最大的離岸沙洲。早期沙源來自從前濁水溪主流北港溪口的大量泥沙，隨著沿岸海流搬運、東北季風吹拂，才在河口南邊形成廣大沙洲，如海豐島、統仙洲、箔仔寮汕等。但日治時期濁水溪治導計畫將濁水溪與北港溪分離，造成北港溪漂沙減少，再加上數十年來海浪侵蝕外緣，面積減少了數千公頃，50年間南移了4公里到嘉義外海，不再屏障箔仔寮漁港。

Shueilin Township

水林鄉

郵遞區號 652
面積 76.96平方公里
節慶 甘藷文化節(12月)、蕃薯厝祈安節(農曆1/15~18)
關鍵字 水燦林、七角井、顏厝寮、甘藷、塭底濕地、候鳥

現代化的甘蔗採收。（黃丁盛／攝）

明末顏思齊設立十寨墾殖，笨港溪北岸的水林即占五寨，更以顏厝寮爲主寨，如今還留下兩口全台僅存、300多年的七角井古蹟。不斷改道的笨港溪填平了早期遍地是沼澤的水林，今日濱海的塭底是濕地生態區。而平原地帶則種植稻米、花生、甘藷等，近年開始引進藥草，是雲林縣重要的農產地。

Baojhong Township

褒忠鄉

郵遞區號 634
面積 37平方公里
節慶 元宵節「吃飯擔」(1或2月)
關鍵字 埔姜崙、吃飯擔、沙崙、砂鼈、土螻、花鼓陣

褒忠因鄉內遍布幾百年風吹積沙而成的沙崙地形，而舊稱「埔姜崙」。清乾隆年間鄉民協助平定林爽文事件，得皇帝賜諭「褒忠論賞」而改名。如今沙崙上長得不再是從前的埔姜樹（黃荊），而是成片的黃槿及林投，林下處處可見土螻、沙鼈鼈的沙洞，動、植物生態豐富；而砂質的土壤適合種植蘆筍，是台灣最早推廣種植蘆筍的鄉鎮。

每年元宵節，馬鳴山鎮安宮五府千歲遶境全鄉，是褒忠最熱鬧的時候，而爲了慰勞參與人員的「吃飯擔」盛事也成爲特有文化。此外，大廊村更是全台花鼓陣發祥地之一，早期爲了迎神賽會而興起的花鼓陣，傳承至今，並受邀到全台各地表演。

花鼓陣團員手拿著大傘、鑼、鼓、鈸，表演龍形、八字形、對面穿等各種隊形。（黃丁盛／攝）

Yuanchang Township

元長鄉

郵遞區號 655
面積 72平方公里
關鍵字 花生故鄉、吳氏古厝、李氏古厝

元長鄉因境內羅列了沙墩而舊名爲「白沙墩堡」，清初泉州人傳元掌遷台拓荒，歿後地方人士感念恩德，將地名改爲「元掌」，後改爲元長。此地土質介於砂土與壤土間，適合種植黃麻、稻米與花生等作物，又因土地鹽分比附近的沿海鄉鎮低，所種植的花生肥美、產量大，居全縣之冠，素有「花生的故鄉」之稱。

Tuku Township

土庫鎮

郵遞區號 633
面積 49平方公里
節慶 五年王爺生(每隔5年的10月)
關鍵字 五年王爺、土豆油、王船

土庫從前爲鹿港通往北港必經之道，乾季時塵土飛揚，雨季又泥濘不堪，人車經過時都會沾滿黃泥，因此稱爲「塗褲莊」。土庫地勢平坦，河床砂土適合種植花生，光復初期，全台花生油價幾乎由土庫當日市價決定。目前以生產蘆筍爲大宗，所生產的蘆筍罐頭外銷量占全台第一位，有「蘆筍王國」美名。

雲林的花生產量約占全台70%，元長即占40%。以台南九號品種最佳，另有黑金剛、花仁、紅仁等品種。（魯猶／攝）

Beigang Township
北港鎮

郵遞區號　651
面積　41.50平方公里
節慶　朝天宮元宵燈會(農曆1/15)、朝天宮藝閣遊行(農曆3/19～23)水道頭文化節(10月)、北港花生節(約11月)
關鍵字　笨港、顏思齊、朝天宮、插頭香、北港糖廠、宮口街

北港舊稱笨港，17世紀荷蘭人航海地圖上標示的「Ponkan」，指的就是這裡。此地在明末清初原是個往返大陸各港口、交通運輸便捷、具貨物吞吐功能的天然港埠，有「小台灣」之稱。清乾隆15年（1750年）洪水氾濫，北港溪南移，將原笨港的前街與後街一分爲二。目前的北港就是當年的笨港後街，直到光緒年間因泥沙淤積逐漸失去港運優勢。明治44年（1911年）北港建立糖廠，運糖的五分車四通八達，1917年起兼客運業務，每天幾千人的載客量，對北港商機有極大貢獻，因此成爲沿海鄉鎮油、糖、農產品集散地，尤以花生製品及花生油爲大宗，是全台花生最大集散地，而有「油價北港訂」俗諺。

北港因朝天宮而成為宗教聖地，藝閣、陣頭等民俗活動也應運而生。（黃丁盛／攝）

光復後北港結束港口功能，幸有朝天宮吸引全台媽祖信徒前來進香，轉爲宗教聖地而能持續繁榮，至今香火仍十分鼎盛。元宵節的花燈及媽祖誕辰時的藝閣遊行吸引大量遊客，年初一的搶頭香更負盛名。

清康熙33年（1694）樹壁和尚從福建湄洲朝天閣奉媽祖神像至北港建朝天宮。（黃丁盛／攝）

Dongshih Township
東勢鄉

郵遞區號　635
面積　48.36平方公里
關鍵字　木麻黃、小北投、嘉南羊乳、白羅曼鵝、中藥草

雲林沿海土地貧瘠，主要作為肉鵝的蓄養地。（魯獅／攝）

東勢鄉位於台西東邊而得名，近年因傳統農產收益不佳，轉型從事精緻農業，除了種植山藥、火龍果，也成功培植高氏柴胡、魚腥草等高經濟價值的中藥草。此外，東勢的羊乳生產量已達到嘉南羊乳衛星牧場的地位，而肉鵝的畜蓄養更讓東勢成爲全台鵝肉的主要產地，有「鵝鄉」之稱。

Erlun Township
二崙鄉

郵遞區號　649
面積　60平方公里
關鍵字　西瓜、香瓜、瓜鄉、濁水溪、保安林

二崙因開墾的漢民最早聚居於境內兩座小丘崙之間而得名。由於地處嘉南平原北側、濁水溪沖積扇中後段，濁水溪每年夏季會帶來肥沃的泥沙淤積；再加上氣候溫和，種植出甜度高、肉質綿細的西瓜與香瓜，質、量皆冠全台，是台灣的瓜鄉。此外，居民爲了防止沙丘移動而種植木麻黃，也成了鳥類棲息的保安林。

二崙瓜農以嫁接扁蒲與南瓜的方式培育出新的西瓜品種，不但可使西瓜避免蟲害，更可提高產量。（魯獅／攝）

Siluo Township
西螺鎮

郵遞區號　648
面積　50平方公里
節慶　米食文化節(4月)、西螺大橋觀光文化節(農曆2月)
關鍵字　螺陽、阿善師、西螺大橋、生慶死張、西螺七崁、豆皮、崇遠堂、振文書院、泰山石敢當

西螺因位在濁水溪南岸，又名「螺陽」，是個依賴濁水溪而蓬勃發展的城鎮：含砂量大的濁水溪沖積出蘊含肥沃有機土的平原，栽植了全台1/3產量的蔬菜，成爲國內最大供應地；溪水因含有氮、磷、鉀等天然肥料，生產的稻米既香且Q，曾是日治時是天皇指定食用的獻納米；而圓糯米黏性雖高，但製成的麻糬卻香Q爽口又不黏牙。此外，低鐵質、高石灰質的豐沛地下水，讓不產黑豆與黃豆的西螺，也能醞釀出甘醇醬油和口感特佳的豆皮。

濁水溪沖積平原土壤肥沃，全台1/3的蔬菜栽種於此。（黃丁盛／攝）

Cihtong Township
莿桐鄉

郵遞區號　647
面積　51平方公里
關鍵字　原生莿桐、豆皮、軟枝楊桃

莿桐產的大蒜精油，早期即外銷美、日、新加坡等國；日本人購買蒜頭時特別喜歡指定莿桐蒜（簡稱TT蒜）（黃丁盛／攝）。

莿桐鄉民以農耕維生，尤以種植精油含量全台最高的蒜頭最享盛名；豆皮產量則占全台70%，而利用製造豆皮所產的豆渣作爲肥料，孕育出果肉肥厚甜美的軟枝楊桃，年產400公噸，是台灣楊桃的主要產地。

Lunbei Township

崙背鄉

郵遞區號　637

面積　58平方公里

關鍵字　洋香瓜、布袋戲、黃海岱、五洲園酪農專區

崙背鄉因先民在沙崙背面建庄而稱崙背。濁水溪帶來的肥沃土壤，再加上以有機肥料及塑膠布遮蔽的通道式栽培法，所生產出的高甜度洋香瓜（哈密瓜），與布袋戲、乳牛並稱三寶。這裡是台灣布袋戲始祖之一的五洲園創始地，弟子遍布全台，崙背目前更是全台布袋戲團分布最多的鄉村，因此有「布袋戲故鄉」之稱。此外，崙背還是全台第一個設立乳牛專區的地方，至今已30餘年歷史，牛隻數超過萬頭，是台灣重要的酪農區之一。

霹靂布袋戲造型現代，並加進聲光效果，成功吸引年輕族群。（霹靂多媒體／攝）

Huwei Township

虎尾鎮

郵遞區號　632

面積　69平方公里

節慶　白鶴文化節(農曆3月)、虎尾中元祭(農曆7月)

關鍵字　虎尾鐵橋、虎尾糖廠、糖廠招待所、黃海岱、鄭井，虎尾中元祭

位於雲林心臟地帶的虎尾，在日治時期的抗日活動漸漸平息後，日人刻意深耕經營。除了設置東亞地區最新式製糖工場，產量居全台之冠，而使虎尾有「糖都」之稱；更搭建虎尾鐵橋、糖廠宿舍、五分車鐵道車站、虎尾水塔及糖廠招待所，處處可見日式建築。

虎尾鎮藝文鼎盛，風靡全台的霹靂布袋戲即在此發跡。另外，農曆7月15日全鎮共同設壇祭拜的中元祭，天燈祈福、踩街遶境，入夜後燈海絢爛的普壇牌樓美輪美奐、排場盛大，有「北基隆、南虎尾」的美稱。

Dabi Township

大埤鄉

郵遞區號　631

面積　45平方公里

節慶　酸菜節(11月)

關鍵字　紅毛埤、酸菜王國、鐵道橋、三山國王廟

明鄭時期即已開墾的大埤鄉，是雲林縣內客家人主要聚集地。後陸續有漳州、泉州人遷入，至今大多被同化但不會說客家話。此地居民在二期稻作後種植芥菜，約70天即可採收，並依循客家人流傳下的鹽漬技術加工成酸菜，而有「酸菜王國」之稱。

芥菜收成後以鹽巴醃漬，約45天可成為酸菜，再經加工處理及殺菌包裝即可上市。（魯獅／攝）

Dounan Township

斗南鎮

郵遞區號　630

面積　48平方公里

關鍵字　他里霧、茅草屋、斗南火車站、百年香紙店、斗南分局、布袋戲戲偶雕刻

舊社的百年茅草屋，以竹架、泥牆、茅草屋頂搭建而成。（魯獅／攝）

斗南原稱「他里霧」，是平埔洪雅族的聚落社名。昔日所生產的簑衣占全台1/2，如今被掃帚、棕刷產業取而代之。鎮內地形平坦，有多條溪流由東向西貫穿，灌溉便利，居民半數從事農業，稻米收割後，隨即栽種馬鈴薯、玉米、甘蔗、葡萄。

Gukeng Township

古坑鄉

郵遞區號　646

面積　167平方公里

節慶　古坑咖啡節(10～11月)、柳丁文化節(11～12月)

關鍵字　雲海地景、咖啡、柳丁、綠色隧道、堰塞湖、草嶺潭、花卉

古坑早期是中南部著名的觀光區，921地震之後，土石阻斷清水溪，形成新草嶺潭，鬆動的山壁使得遊客卻步。痛中思變，重新以台灣咖啡原鄉找到新出路。

古坑位於中海拔、雨量充沛、多丘陵地，又有排水良好的礫石土壤，日治時期引進阿拉比卡品種咖啡，除了進貢日本天皇，還得過世界咖啡比賽亞軍。光復後因喝咖啡人口少而沒落，接連轉作竹筍、茶、檳榔、柳丁。隨著中二高通車後，每年固定舉辦台灣咖啡節，再加上秋末冬初的柳丁節，再度帶動古坑觀光發展。

草嶺風景區。（雲林縣交通旅遊局／提供）

古坑每年舉辦咖啡節，讓咖啡的香味飄散各地。（黃丁盛／攝）

古坑鄉的緯度與牙買加等著名的咖啡產地相當，所生產的台灣咖啡，口感甘醇。（雲林縣交通旅遊局／提供）

Douliou City

斗六市

郵遞區號　640

面積　94平方公里

節慶　美食節(農曆4～5月)、湖山岩浴佛節(農曆4/8)

關鍵字　斗六門、洪雅族、番仔溝遺址、梅林遺址、文旦、糖漏、朱丹灣、太平老街、黑松汽水

斗六位在古坑山區、嘉南平原、濁水溪流域、南投山區的交會要衝，清康熙時因是諸羅北邊的軍事重地而逐漸發展；乾隆後更成為雲林地區的政治、經濟、文化及商業中心。目前設有斗六工業區及雲林科技工業區，企圖成為人文與科技並重的全方位城市。

斗六市的地標噴水圓環。（雲林縣交通旅遊局／提供）

Linnei Township

林內鄉

郵遞區號　643

面積　38平方公里

關鍵字　坪頂、坪頂遺址、紅寶石木瓜、湖本村、八色鳥、白馬寺、古墓群

建於1997年的白馬寺，是全台第一座藏傳佛教寺院。（雲林縣交通旅遊局／提供）

林內鄉西部為平原，東側為阿里山山脈邊坡丘陵，半山半原的地形上栽種了稻米、草莓、龍眼、柳丁、木瓜、雲頂茶等，農作種類豐富而多變。鄉內的湖本村更因為毗鄰枕頭山與大浦溪的地利位置，八色鳥覓食容易，成為全台最多八色鳥聚集之地，可說是八色鳥的故鄉。

藝文古都嘉義市

嘉義市位於嘉南平原北端，地勢平坦開闊，朴子溪與八掌溪流經南北，並有北回歸線橫跨南端。這裡原是平埔族生活的所在，也是漢人足跡初到，並且最早建立城池的地方之一，清朝起便是諸羅縣治所在，直至今日，仍是台灣五個省轄市之一，政經中心的重要性不減。由於歷史悠久，嘉義市留下許多見證歷史的古蹟；傳統的交趾陶，以及當代的繪畫、石猴雕刻等藝文風潮，也在台灣藝術舞台上占有一席之地。

(嘉義市政府／提供)

吳清山作品。(嘉義市文化局／提供)

嘉義營林俱樂部

建於1914年間，仿半木構造、外觀為英國都鐸式建築樣貌的營林俱樂部（阿里山林場招待所），是日治時期台灣總督府營林局招待貴賓兼娛樂的場所。光復後曾一度移作幼稚園、法務部之用，後有鑑於它與嘉義林業發展的歷史意義，已列為市定古蹟。

石猴雕刻

從「猴雕第一人」詹龍開始，石猴雕刻即成為嘉義市一股藝術新勢力。一群素人陶藝家以活躍在嘉義山區的獼猴為靈感來源，並取材八掌溪畔的貝類化石，雕刻出各具風貌、活靈活現的石猴。

陳澄波畫作「嘉義街外」。(維基百科／圖片來源：陳重光／同意刊載)

陳澄波畫架

出生於1895年的陳澄波，是嘉義畫壇代表人物。他在求學時期（1926），便以「嘉義街外」一畫入選日本帝國美術展覽會，是第一位以西畫闖入日本官展的台灣人。此後，陳澄波也積極參與國內的美術團體，並以家鄉為創作題材。2001年3月，陳澄波文化基金會提供9幅複製畫陳列於嘉義公園內，稱「陳澄波畫架」，首開台灣藝術與公園結合之先河。

花卉種植現已成為嘉義新興產業之一。(魯獅／攝)

花卉種植區

為了讓農業朝精緻、觀光化方向，嘉義市西區的港坪、劉厝、頭港等地，近年來紛紛開闢花卉種植區。其實早在日治時期，此地的農民為因應香水工業，已經開始大量栽種夜來香，目前則是以菊花、康乃馨、劍蘭等花卉為主，大溪里甚至還有浮萍專業區。這一片花團錦簇，也成為嘉義市新興的觀光景點。

交趾陶博物館。(魯獅／攝)

葉王交趾燒

嘉義市不但可以說是台灣交趾陶的故鄉，日本人更直稱交趾陶為「嘉義燒」。出生於雄、並在嘉義市度過後半生的葉王（葉獅），是台灣交趾燒發展史中，最具代表性的人物。他從嘉義城隍廟的整修開始，發揮精湛的手藝，並培育出無數優秀後進，他所獨創的「胭脂紅」釉，更是一絕。

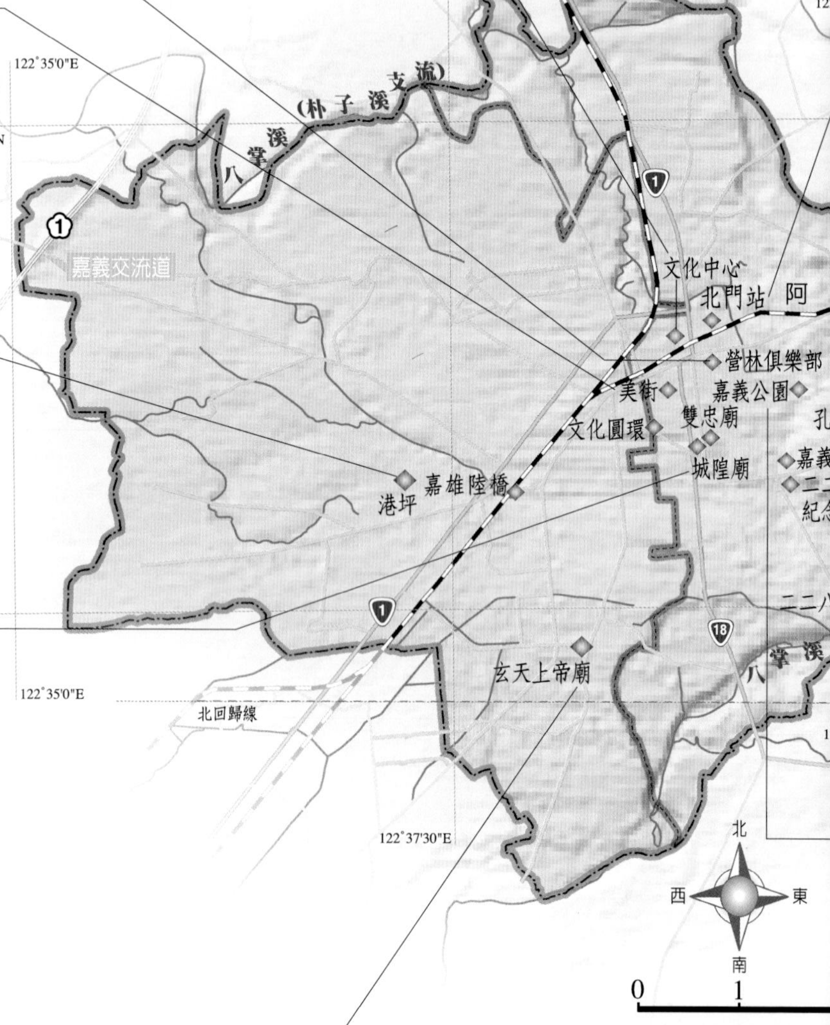

藝術的沃土

嘉義市自古人文薈萃，葉王、林添木在交趾陶上的貢獻傳承；陳澄波、林玉山、蒲添生等前輩美術家的繪畫成就，讓嘉義市素有「畫都」美譽。除了大師光環之外，嘉義市近年也積極開創藝術新格局，例如重塑昔日光采的「交趾陶藝術節」、激盪藝術新火花的「嘉義鐵道藝術村」、在地素人的「石猴雕刻」，以及吹舞出新意象的「嘉義市管樂節」等，都讓嘉義市這塊藝術沃土，不斷吐露藝術新苗。

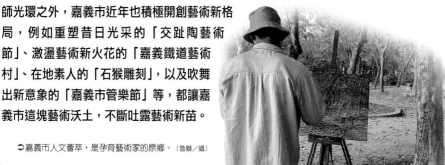

嘉義市人文薈萃，是孕育藝術家的原鄉。(魯獅／攝)

抗瘟疫的信仰

嘉義早期瘟疫橫行，醫療技術又還不發達，雙忠廟的張巡、許遠將軍，以及玄天上帝，成為無助百姓祈福消厄的心靈慰藉。北極玄天上帝廟的信徒更發展出已有300多年歷史的「盪鞦韆」活動，每逢閏年玄天上帝誕辰，當地居民就會用竹竿搭起高12公尺的「秋千架」，以盪鞦韆方式答謝神威。

(黃丁盛／攝)

(嘉義市文化局／提供)

北門驛

由紅檜木為建材所建造的北門驛，曾是阿里山森林鐵路的起點，也是嘉義市的林業中心。驛站內，從主管林業政策的辦公廳舍、運輸木材的車站主體，到火車修理場、貯木池、製材所等，設施一應俱全。雖然阿里山鐵路已移至北門新站發車，但北門驛仍為過往的林業榮光留下最佳見證。

與時並進的產業面貌

因位在平坦肥沃的嘉南平原，嘉義市自古即農業發達；又因坐落在嘉義縣境中央，所以一直是商賈南北往來，以及山區與海線物產交易重鎮。日治時期，日人大舉開發阿里山林場，更促使嘉義市的製材業盛極一時，1960～70年代間，木材加工內外銷更達到最高峰。近年來，林業雖沒落，但新興的花卉、浮萍等觀光植栽，已開創出全新的農業休閒產業。

嘉義管樂節

當嘉義高中在1931年成立嘉市第一支學生吹奏樂隊後，管樂風氣也逐漸在嘉市蔓延開來。1993年開始舉辦的「嘉義市管樂節」，更將過去累積的能量展現出來。不管是定點或踩街、室內或戶外，一年一度的音樂饗宴，都為嘉義市民帶來聽覺上的最大享受。

(嘉義市文化局／提供)

228紀念碑

228事件曾是被刻意隱埋的台灣歷史傷痕，許多嘉義市民及菁英皆不幸在這個歷史事件中失去性命。早在1989年解嚴之前，嘉義市便興建了全台第一座228紀念碑，藉以撫平傷痛，並告誡後代子孫，讓憾事不再發生。

(黃丁盛／攝)

蘭潭

相傳蘭潭是荷蘭人截取八掌溪支流修築成潭，所以有「紅毛埤」的稱呼。除了灌溉用途，由於擁有豐富林相與動植物資源，光復後「蘭潭泛月」名列嘉義八景之首，後經日人重新整建，成為自來水儲水池，現為嘉義市主要水源之一，也是市民休閒的好所在。

(魯獅／攝)

23°30'0"N

鐵路

23°27'30"N

北回歸線

122°42'30"E

尋訪古都風華

由於位在嘉義地區中心位置，當最早一批漢人登陸台灣拓墾時，嘉義市即隨之開發。1624年荷蘭人占據台南安平，不久之後便招撫諸羅一帶的平埔族，開闢「王田」，並留下了灌溉用的「紅毛埤」──蘭潭。1704年諸羅縣治遷移至此，政經地位日益重要；而後經日人實施市區改正，規畫出棋盤式街道與新式建築，又使嘉義市搖身成為現代化都市。今日的嘉義市新舊交陳，雖然許多古老事物一去不回，但仍可從遺留的史蹟或風俗，拼湊出古城昔日的歷史風華。

保存史蹟的嘉義公園

建於1910年的嘉義公園，除了花草扶疏之外，也保存了不同時代的紀念物：入園處的福康安生祠碑，是1788年乾隆皇帝為了褒揚福康安將軍平定林爽文事變所賜；12門古砲則是清朝軍功的歷史見證；而保存並展示嘉市過往的史蹟紀念館，則由日治時期嘉義神社的齋館與社務所兩棟日式建築所組成。

史蹟紀念館。(黃丁盛／攝)

文化路噴水池。(嘉義市文化局／提供)

桃仔城大事記

市花	豔紫荊	面積	約60平方公里
人口	約27萬2千人，近20年來成長8%		
人口密度	每平方公里約4,526人		
主要水系	八掌溪、朴子溪		
民生水源	蘭潭、仁義潭		
海岸線	無	森林覆蓋率	5.26%
節慶	武當山玄天上帝廟玄天上帝誕辰(邏鞦韆，農曆3月6日)、仁武宮保生大帝誕辰(農曆3月15日)、朝天宮媽祖廟(農曆3月23日)、雙忠廟許遠、張巡誕辰(農曆5月8日與12月8日)、九華山地藏庵(上元、中元、下元三大法會)		

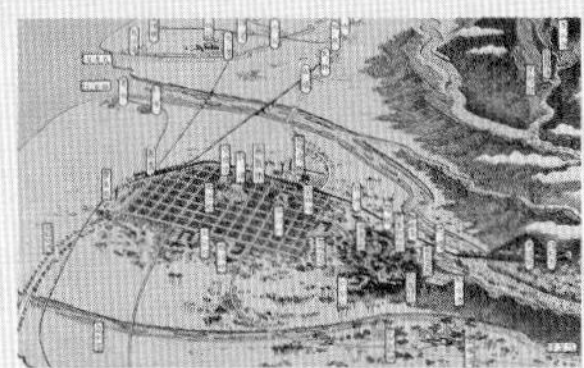
諸羅地圖。(國立台灣歷史博物館／提供)

嘉義市早期是平埔族洪雅族社的居住地，後歷經漢人開發、荷據、明鄭及清領時期，1704年諸羅縣署正式遷移至此，因最初以木柵圍城，城形像桃，亦有「桃城」之稱。日人統治期間，進行現代化市區改正計畫，加上鐵路縱貫線通車，嘉義市從此具備現代城市風貌，對外交通也更為便捷順暢；自從阿里山鐵道開通後，更成為林業及觀光運輸重鎮。1930年嘉義升格為市，光復後雖市民數未達50萬人，但因其在嘉義地區的政經地位，仍成為省轄市。

1624年　荷蘭人統治，嘉義市隸屬「北部地方會議區」。
1661年　鄭成功擊退荷蘭人，嘉義市歸天興縣管轄。
1704年　諸羅縣治遷至此，當時以木柵圍城。
1715年　嘉義城隍廟落成，成為地方信仰中心。
1786年　林爽文事件爆發，軍民齊心守城，諸羅城雖被圍攻數月，仍未失守。
1787年　清高宗乾隆嘉獎諸羅軍民於林爽文事件中的義行，賜名「嘉義」。
1885年　台灣正式建省，嘉義市為嘉義縣縣治所在地。
1906年　嘉義發生規模7.1級的大地震，房屋震毀約2萬餘棟，死傷3千6百餘人。日人在災後重建的同時，進行市區改正與都市更新，使嘉義市成為當時台灣最現代化的都市之一。
1910年　嘉義公園落成。
1912年　阿里山鐵道正式開通，以北門驛為起點。
1918年　阿里山運材列車後加掛客車車廂，開始客貨兩用運輸。
1930年　由街升格為市，嘉義市正式誕生。
1941年　嘉義發生7.1級大地震，死傷1千餘人。
1945年　嘉義市升格為省轄市。
1949年　市民林添壽創立噴水火雞肉飯，自此雞肉飯成為嘉義美食代表。
1950年　全台行政區調整，嘉義市改為縣轄市。
1971年　市府在中山路興建中央噴水池，以七彩噴泉聞名。
1973年　北門新站落成，正值阿里山森林鐵路客運的黃金時代。
1982年　嘉義市重新升格為省轄市。
1989年　全台第一座228紀念碑在嘉義市落成。
1993年　舉辦第一屆嘉義市管樂節。
1995年　桃仔城文史工作室成立，是全台第一個地方性文化工作團體。
1997年　嘉義市管樂節開始邀請其他國家參與，轉變成國際性質。
2000年　嘉義公園內的射日塔啟用，高62公尺，成為嘉義市新地標。
2003年　嘉義鐵道藝術村成立，成為新生代藝術家創作發表園地。

紅毛井。(嘉義市文化局／提供)

Chiayi County

山海皆不凡嘉義縣

早在1620年代，當台灣西側沿海仍是原住民農耕及漁獵活動的範圍時，以福建海澄人顏思齊為首的漢人移墾團，便有計畫地從笨港溪（今北港溪）登陸台灣，在笨港（今嘉義新港及雲林北港一帶）開疆闢土。在此之前，雖然也有漢人來台拓墾，卻從未如此大規模且有計畫，因此，嘉義縣成為漢人墾台前哨站，笨港也成了「開台第一村」。

這樣的歷史背景，造就了嘉義縣西側沿海平原商賈雲集的榮景，但1797年的一場大洪水，卻摧毀了這個開台基地，也使沿海地區逐漸轉變成漁鹽小鎮。但嘉義縣卻未因此歸於平淡，日治時因開發林木而令世人驚豔的阿里山，以日出、雲海、神木吸引中外遊客造訪，至今仍是馳名國際的台灣觀光勝景。

（嘉義縣觀光旅遊局／提供）

一級古蹟王得祿墓

王得祿官拜水師提督曾平定海盜蔡牽之亂，是清廷官員中，受封官位最高的台灣人。1841年鴉片戰爭時，不幸病逝於澎湖駐防營地，道光皇帝授以太子太保，葬於今六腳鄉雙涵村。墓園占地廣闊、石雕精美，為嘉義縣唯一的一級古蹟。

笨港遺址

沿著笨港溪南北兩岸興起的笨港，有「一府二笨三艋舺」俗諺，後分南北二港。嘉慶年間洪水侵襲，南港荒廢，又因漳泉械鬥激烈，居民南遷移至麻園寮，建笨新南港，即新港。據學者調查，北港溪河堤即笨港遺址所在。

（黃丁盛／攝）

開台媽祖

位在新港中心位置的奉天宮，有「開台媽祖」之稱。廟裡所供奉的金身媽祖神像，相傳是從湄洲天后宮奉請來台。每年農曆3月，台中縣大甲鎮瀾宮舉行的媽祖進香活動，都會遶境至此，是全台最大宗教盛事之一。

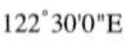

鰲鼓濕地。（嘉義縣觀光旅遊局／提供）

沿海濕地多

鰲鼓、朴子溪口、新塭、好美寮等沿海地帶遍布濕地。其中1964年政府在東石海岸圍堤造陸、洗鹽整地的東石農場，1970年代因地層下陷低於海平面，再度鹽化而無法耕種，除了原有的樹林、魚塭外，又多了沼澤、草澤等環境，使鰲鼓濕地成為100多種植物、30多種貝類，以及206種以上鳥類棲息的生態天堂。

密集蚵棚中的水道隱約可見。（嘉義縣政府／提供）

靠海吃海

在東石、布袋西側濱海地區，早年鹽業興盛，並利用砂質壤土種植蘆筍。現則以養殖漁業為主，且因未受工業污染，所產漁獲品質優良。在外傘頂洲與東石海岸之間的東石潟湖上，一片片蚵棚形成的「蚵田」，是當地最具代表的景觀。

無字曲

早年流傳鄉間，歌詠日常生活愛的歌謠，由於全靠口耳相傳文字記載，隨著社會變遷，幾傳。但今日太保仍有長者能翻調；朴子南勢竹也保存著無字民間故事及鄉土謎語。

農漁業勾勒人文風貌

自然環境深深影響嘉義的人文風貌。在較平整的布袋海岸上，居民早期以曬鹽為業，四處可見一畦畦堆高如小山的鹽山景致。現在嘉義海岸線則以養殖漁業為大宗，魚塭、蚵田遍布。在廣闊的嘉南平原沃土上，則是良田萬頃的平疇綠野，還有先民留下的史蹟及文化古城。而在丘陵及淺山地區，龍眼、荔枝、蓮霧、柑橘、柳丁等果園成片鋪展，堪稱台灣的水果展示場，也為當地的經濟扎下根基。

布袋新塭嘉應廟迎客王祭典。（黃丁盛／攝）

藝文新生命

歷史悠久的嘉義縣，過去就有許多文人雅士成立詩社、藝陣，讓地方充滿優美的文化氣息。一直到近代，還孕育出馳名國際的「雲門舞集」，更培養出無數藝術幼苗，為南台灣帶來無限新生與活力。近年台北故宮更選定在太保市設置南院，待高鐵完成，必將為嘉義縣帶來另一番藝文新榮景。

北回歸線地標太陽館。（嘉義縣觀光旅遊局／提供）

古城諸羅記

嘉義地區原是平埔族散居之地，稱「諸羅山」，為洪雅族諸羅山社社名音譯。明末顏思齊率部眾登陸拓墾，並將墾民分成十寨，第一寨即位於今日的新港。此時，荷蘭人也登陸台南安平，並逐步進占僅少許漢人墾拓的諸羅山。清代在台灣設一府三縣，最北縣即諸羅縣，統轄今嘉義以北地區。1788年，清廷因諸羅縣民協助平定林爽文叛亂有功，取「嘉其忠義」之意，改稱嘉義。

（黃丁盛／攝）

平原丘陵物產豐富

嘉南平原從漢人種稻、荷蘭人闢蔗田等陸續開墾後，整片平原幾乎全是農耕地，並延伸到與山地交接的丘陵地帶。嘉南平原以種稻為主，丘陵則多種蔬果、闢茶園。其中梅山、竹崎、番路及阿里山等，是重要的高山茶產區；素負盛名的屏東黑珍珠蓮霧也來自梅山。

（黃源明／攝）

檜木森林

盤踞嘉義東側的阿里山山脈，平均高度約海拔2,000公尺。秋冬東北季風盛行時，攔截豐沛水氣的南下冷鋒，在山頭凝結成豐厚的層積雲，形成壯觀雲海；又因位處1,800～2,600公尺潮濕多雨的霧林帶中，孕育出珍貴的檜木巨木林。

藏諸山境的寶地

嘉義縣東境群山羅列，尤其在阿里山及玉山山脈的崇山峻嶺間，不僅山勢磅礡、生態環境豐富，更因獨特的鄒族原住民風情及早年的林木文化，成為中外馳名的觀光景點。而位在南境山巒間，碧波萬頃的曾文水庫，不僅哺育了中下游嘉南平原上的良田，也使周邊山林成為極具觀光價值的風景區。致力發展觀光之餘，當地居民也不忘守護自然，阿里山鄉山美村的達娜伊谷溪，就是國內第一條護魚有成的溪流。

阿里山鄒族

阿里山的原住民以鄒族為主，據專家推測，約3,000年前，鄒族便已活躍於嘉南平原一帶，後來才輾轉遷徙到阿里山定居。因語言和習俗不同，分布於阿里山的鄒族稱「北鄒」，有別於高雄縣桃源鄉及那瑪夏鄉的「南鄒」。

（嘉義縣觀光旅遊局／提供）

阿里山森林鐵道

（黃源明／攝）

1897年，日本人發現了阿里山蘊藏著豐富的檜木資源，經探勘後，便陸續鋪設鐵道，並在1912年全線通車。為了順應陡峭山勢，鐵道採有時前進，有時後退的Z字型爬升，也就是著名的「阿里山火車碰壁」奇觀。

阿里山鐵道除了運材，也發揮客貨運功能，使沿線民生物資得以集散運送。現因阿里山森林水土保持與造林保育之需，已停止砍伐林木，鐵道也已轉型為觀光用途；從海拔30公尺的嘉義市北門火車站出發，翻山越嶺到海拔2,216公尺的沼平火車站，大約3小時20分鐘車程內，可親眼觀察呈垂直分布的林相；而在山林幽靜處，更孕育著台灣一葉蘭、長鬃山羊及台灣獼猴等多種保育類生物。

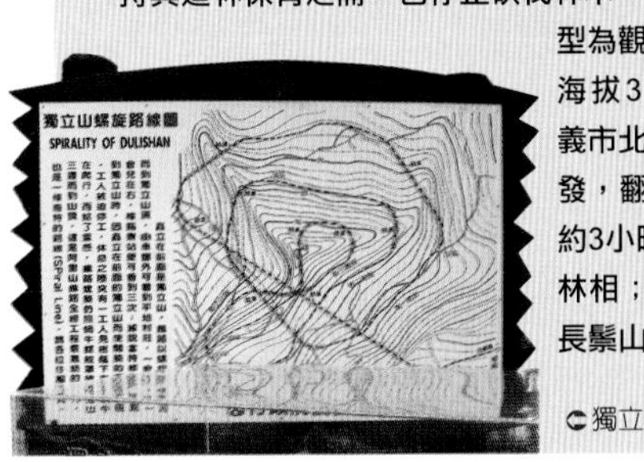

獨立山螺旋路線圖。（黃源明／攝）

故宮南院

籌建中的故宮南院占地約70公頃，同時配合興建亞洲藝術區，未來是一座多元的文化公園。館內收藏將以亞洲文物為主，並與台北故宮館藏交流，預計2008年落成，太保市也將成為南台灣文化重鎮。

新港新形象

新港人才輩出，最負盛名者，包括雲門舞集創辦人林懷民、新港文教基金會創辦人陳錦煌等，不但讓新港成為嘉義縣中最早與國際接軌的鄉鎮，也讓新港形象一新。近年來新港文教基金會除了積極推動、籌辦國際兒童社區藝術節之外，並規畫台糖五分車鐵道公園等，充分展現新港躍上國際舞台的企圖與目標。

國際兒童社區藝術節（鄭長成／攝）

嘉義縣 Chiayi County

面積　約1,902平方公里
人口　約56萬7千人，近20年來成長3%
人口密度　每平方公里約293人
海岸線　41公里，位於北港溪及八掌溪間
森林覆蓋率　43%
主要水系　北港溪、朴子溪、八掌溪
民生水源　曾文水庫、蘭潭水庫
節慶　詳見各鄉鎮

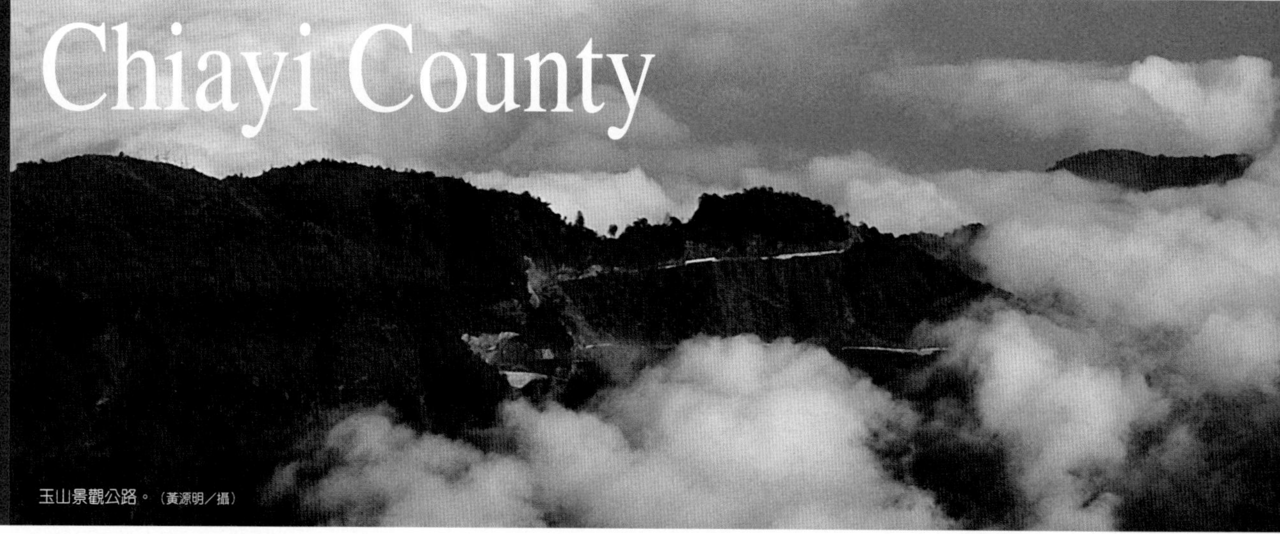
玉山景觀公路。（黃源明／攝）

東倚群山，西臨台灣海峽的嘉義縣，兼具海洋、濕地、平原、丘陵、高山等多樣地形；加上北回歸線通過水上鄉，以北為副熱帶，以南為熱帶，造就出豐富多采的自然與人文生態環境。

從高山到臨海平原

嘉義縣東邊為阿里山山脈及玉山山脈西側，地勢向西趨緩，漸次為丘陵、平原等地形，近臨海處為嘉南海岸平原，海岸線總長約41公里。外海處因受海流及八掌溪河口排沙的影響，形成一連串沙洲群，其中尤以東石外海的外傘頂洲最突出，也因此，海岸線曲折多變，在平直的台灣西海岸較為罕見。但在朴子溪與八掌溪之間的布袋沿海內凹海岸，則因大量河流輸砂而顯得較為平整。

人文風貌東西不同

中山高速公路嘉義路段，南北縱貫穿越縣境內的東側山地與西側海岸之間，成為嘉義縣東西兩側截然不同地理景觀的分界線。開發較早的西側海岸及平原地區，居民以漢人及已漢化的平埔族為主，大多從事漁業和農耕，發展出沿海漁鹽文化、嘉南平原農業文化。東側山地則是中外聞名的阿里山山脈及玉山山脈西側，早年為鄒族人的生息地，因崇山峻嶺的阻隔，直到日本人為開發林木，修築登山鐵路後，才逐漸廣為人知。

保育帶來觀光契機

因開發早且資源豐富，嘉義縣的林木採伐及農漁業都曾盛極一時。近年來環保意識抬頭，嘉義縣也成為國內最早推動生態保育的縣份之一，從濱海的東石鰲鼓濕地，到阿里山區的山美村達娜伊谷溪，全都是村民自主發起，並且持之以恆，持續推動，並成為台灣環境保育成功的良好示範與代表。而恢復自然生息的土地，也為當地帶來觀光發展的新契機。

Budai Township 布袋鎮

郵遞區號　625
面積　60平方公里
節慶　布袋嘉應廟建醮(日期不定)、新塭嘉應廟「迎客王」(農曆3/27)
關鍵字　鹽田、蘿蔔乾、蚵、千江有水千江月、蕭麗紅、小上海、好美里濕地、東港山

布袋位於嘉義縣西南，由於八掌溪多次改道沖積，因此境內多為平地，平直而富含有機質的沙岸不僅生態豐富，且適合開闢為魚塭，所生產虱目魚及牡蠣極負盛名。此外，布袋海岸日照強烈，過去曾是台灣知名的曬鹽場。但現在人工成本太高，改從國外進口粗鹽再加工，因此曬鹽場景已不復見。由於土壤鹽化貧瘠，居民只能栽種不需沃土即可生長的蘿蔔，再用鹽加以醃漬，製成菜脯。現今台灣各地所食用的菜脯，大多產自此地。

布袋潮間帶養殖牡蠣，沙岸則開闢漁塭，昔日的曬鹽場轉型成鹽業文化園區。（嘉義縣觀光旅遊局／提供）

Yijhu Township 義竹鄉

郵遞區號　624
面積　79平方公里
節慶　賽鴿笭(農曆2月)
關鍵字　八掌溪日落、花跳、大彈塗魚、賽鴿笭、翁岳生舊宅、青草園、九十四公忠義元帥廟、科技米

位在嘉義縣西南的義竹鄉，隔著八掌溪與台南鹽水鎮相望。西側鄰近布袋的海埔地地區，多開闢為養殖虱目魚、草蝦、鰻魚及花跳（大彈塗魚）魚塭。其他地區則因地勢平坦、土壤肥沃，且灌溉水源充足，一半以上面積均開墾為農地，盛產稻米、高粱、玉米、甜香瓜、芒果等，農產豐富多樣。近年來，義竹鄉發展「科技米」，利用二氧化碳除去食米中的污染物及蟲卵，可改善糙米不易貯存及不夠好吃的缺點。除了致力於農漁產業的發展，居民在閒暇時發展出來的「賽鴿笭」，更是鄉內的年度盛事，各村落都會出賽。

製鴿笭師傅正將竹片或杉木片削薄並黏上空心木器上。（嘉義縣觀光旅遊局／提供）

Puzih City

朴子市

郵遞區號　613
面積　50平方公里
節慶　配天宮元宵賞花燈(農曆1/15)、南竹里向日葵花季(11月)
關鍵字　配天宮、刺繡、朴子水塔、德興里古厝

位在山地與平原交界的朴子，原爲商旅運送海上或陸上物產的休息站。百年前，鹿港天后宮媽祖分靈，停在當地一株樸樹下，之後便在原地建廟祭祀，逐漸形成街市。40多年前，朴子婦女發展刺繡技藝，爲台灣新娘縫製嫁妝；如今雖被成衣業取代，但當地仍致力保存此文化特色。

相傳配天宮元宵賞花燈是嘉慶君御賜王得祿而流傳下來的活動。（黃丁盛／攝）

Taibao City

太保市

郵遞區號　612
面積　67平方公里
節慶　觀音大士爺千秋(7/23)
關鍵字　無字曲、王得祿、祥和文教基金會、牛將軍廟、洋香瓜、王氏家廟、閩浙水師提督

王氏家廟原是王得祿的故居。（黃丁盛／攝）

清末，水師提督王得祿曾協助清廷平定內亂、收復諸羅城，去世後被冊封爲太子太保，成爲當時受勳最高階級的台灣人，鄉親爲了紀念他，便將地名改爲「太保」。1991年，嘉義縣市分家，毗鄰嘉義市的太保成爲縣治所在地，隨著行政地位提升，也帶動文教發展，包括大學城及故宮南院都設在此地。

Singang Township

新港鄉

郵遞區號　616
面積　66平方公里
節慶　大甲鎮瀾宮遶境進香活動(農曆3月)
關鍵字　新港文教基金會、國際兒童社區藝術節、台鐵五分車鐵道公園、奉天宮、蘭社、登雲書院、義殿私塾、林懷民

明末顏思齊率鄭芝龍與部眾來台墾拓，在笨港開疆闢土，建立了「開台第一村」——開台十寨的第一寨。同時，又有先民從湄洲天后宮奉請媽祖神像來台，並興建笨港天后宮安奉（現奉於新港奉天宮），至今香火不斷。每年農曆3月大甲媽祖遶境至此，均湧進十萬以上香客，幾乎爲當地人口的五倍，是全台影響力最大的媽祖廟。歷史悠久的新港也是一座文風鼎盛的文化重鎮，1822年即成立全台第一個民間社團「蘭社」，以傳承詩文古風爲結社宗旨。1987年，出身於新港的舞蹈家林懷民率領雲門返鄉公演，間接刺激小鎮醫生陳錦煌組成新港文教基金會。隨後基金會又陸續成立古民國小宋江陣、鳳儀國樂社、舞鳳軒北管戲劇團等民俗社團。後於1998年開始舉辦的國際社區兒童藝術節，更打響了新港的國際知名度。

留在奉天宮的大媽。（黃丁盛／攝）

笨港溪氾濫，將笨港分為新港、北港，也將大媽、二媽、三媽分祀到不同寺廟。（嘉義縣觀光旅遊局／提供）

Dongshih Township

東石鄉

郵遞區號　614
面積　82平方公里
節慶　端午節划龍舟比賽(農曆5/5)、笨港港口媽祖壽誕(農曆3月)、蚵貝藝術節(10月)
關鍵字　蘆筍、蚵、船仔頭藝術村文教基金會、鰲鼓濕地

東石鄉境內有北港溪及朴子溪西流入海，沉積於入海口一帶的砂質壤土適合栽培蘆筍，因此在1960、70年代，不少鄉民種植蘆筍致富。但後來因人工成本過高，產業逐漸沒落。到了1980、90年代，鄉民紛紛將蘆筍田改成魚塭，養殖漁業興盛；又因東石外海有外傘頂洲圈護，在沙洲與海岸之間形成風平浪靜的東石潟湖，鄉民將一片片蚵棚置於海面上，形成台灣最大的外海蚵棚養殖場，牡蠣產量居全台之冠。

位於北港溪以南的鰲鼓濕地，冬季常有黑面琵鷺、紅尾伯勞等候鳥過境，是一處生態天堂。（嘉義縣觀光旅遊局／提供）

Lioujiao Township

六腳鄉

郵遞區號　615
面積　62平方公里
關鍵字　蒜頭糖廠、獅陣、蔗糖文物館、王得祿、王德祿將軍墓園、鳳山宮、灣內花生、日式檜木車站、榕樹王庄、娘媽堂、明治寶庫、藝陣館

蒜頭糖廠。（黃丁盛／攝）

六腳鄉北隔北港溪與雲林北港相望，平疇綠野、土壤肥沃，隨處可見種植稻米、甘蔗、花生、高粱和蘆筍等作物的農田，是典型的農村鄉鎮。1906年設立於工廠村的蒜頭糖廠，在日治時代的明治時期，因產糖率高而有「明治寶庫」之稱，如今糖廠高聳的煙囪仍是當地最醒目的地標。

Lucao Township

鹿草鄉

郵遞區號　611
面積　54平方公里
節慶　重寮安溪城隍爺聖誕(農曆5/28)、鹿草圓山宮獅炮台(農曆1/15)
關鍵字　西瓜、笨港十寨、鹿仔草、西瓜種苗、中寮安溪城隍廟

第一批來台開墾的漢人曾在此設寨，據說當時遍地都是野生梅花鹿最愛的鹿仔草，便稱此地爲「鹿草」。居民多以務農維生，且不斷創新研發，將西瓜苗嫁接在較高的胡瓜植栽上，以免攀援在地面的西瓜藤泡水腐爛。此外，鹿草還出現企業化經營的蔬菜加工廠，並以「果菜生產合作社」模式集合50多戶農家，直接掌控蔬果管銷通路，成效十分良好。

鹿草鄉耕地大多已轉作瓜果等經濟作物。（嘉義縣觀光旅遊局／提供）

Meishan Township

梅山鄉

郵遞區號　603

面積　119.8平方公里

關鍵字　蓮霧、黑珍珠、瑞里風景區、柑橘、柳丁、麻竹筍、烏龍茶、阿里山小火車、金萱、高山茶、農村化館、愛玉子、龍珠茶、大南國小傳統鼓隊

梅山鄉位於嘉義縣東北部，地形從丘陵向山地延伸，海拔落差達1,000公尺，並有瑞峰溪、清水溪切割出斷崖峭壁，景色壯麗，生態及觀光資源相當豐富。由於境內以山地地形爲主，加上長年雲霧飄緲、氣候濕潤，是金萱、烏龍等高山茶的優良栽培區，種植面積占嘉義縣總產區的一半；而將茶葉揉捻成球狀的「龍珠茶」，更曾獲全台產銷冠軍。在山地與丘陵之間的淺山地帶，則大多種植柑橘、柳丁、愛玉及麻竹筍；其中黑珍珠蓮霧，果實飽滿、甜度高，吸引屏東的農民移植栽培，創造出「黑珍珠傳奇」。

清水溪侵蝕切割出瑞里燕子崖蜂窩般的峭壁景觀。（嘉義縣觀光旅遊局／提供）

Shueishang Township

水上鄉

郵遞區號　608

面積　69平方公里

關鍵字　F16戰機、海鷗直昇機、水上機場、南靖糖廠、北回礦場、北回歸線公園、北回歸線太陽館、窺陽管、頂塗溝蝴蝶村、空軍基地、顏思齊墓

為了糖廠運輸而設置的南靖車站。（魯獅／攝）

位在嘉南平原中心的水上鄉，是台灣的軍事重鎮，坐落在此的空軍基地部署了大批F16戰機與海鷗直昇機。又因位處嘉義市與台南縣之間，是重要的交通樞紐，再加上糖業興盛，先後興建水上車站、南靖車站與北回車站，是全台少數擁有多座車站的鄉鎮；此外，南二高、中山高在此匯集，加上水上機場設立，交通流量相當驚人。

Minsyong Township

民雄鄉

郵遞區號　621

面積　85.5平方公里

節慶　大士爺祭(農曆7/21~7/23)

關鍵字　鳳梨、中正大學、打貓、嘉義酒類文物館、劉家古厝、廣播文物館、內埔仔水庫、民雄鵝肉、嘉義酒廠、玉山陳高

位在嘉義縣中心、平原與丘陵交界的民雄，明鄭時期即爲駐軍屯墾之地，並設有40多座穀倉，用來存放彰化以南、嘉義以北的官糧。現在民雄仍是物產豐饒的鄉鎮，並在農會推動下，成功種植出蘋果鳳梨、東蜜鳳梨、甜蜜蜜、金鑽鳳梨與牛奶鳳梨等品種。

民雄氣溫高、山坡地土壤肥沃且略帶酸性，適合栽種鳳梨。（黃丁盛／攝）

Sikou Township

溪口鄉

郵遞區號　623

面積　33平方公里

節慶　北極殿元宵節廟會(農曆1/15)

關鍵字　溪口酸菜、鵪鶉蛋、石龜溪、三疊溪、陀螺童玩館、開元殿、鄭成功像、開元殿

溪口鄉雖然是嘉義縣面積最小的鄉鎮，但有石龜溪與三疊溪環抱，灌溉成富饒的農業之鄉，勤儉農民的副食酸菜，更發展成爲當地特產，產量居全台第一。鄉內另一名產鵪鶉蛋，每日產量高達20多萬顆。1970年起，政府又在此推動民俗童玩，溪口國小在毽子與陀螺等項目表現傑出，時常受邀到國外表演。

技藝高超的溪口國小陀螺隊。（蔡伯期／攝）

Dalin Township

大林鎮

郵遞區號　622

面積　64平方公里

關鍵字　蘭花、新兵訓練中心、台糖生物科技中心、大埔美智慧型工業區、大林糖廠、昭慶寺、陳家古厝、狀元墓、鹿崛溝清水公園

大林從蔗糖轉型蘭園等精緻農業。（魯獅／攝）

大林鎮早期因發達的蔗糖業，一度成爲嘉義首富地區。糖業沒落後，鎮民轉向培育蘭花，至今已20多年，是全台灣養蘭面積最大的鄉鎮。近年台糖公司在此推動生物科技中心，政府也設置了嘉義香草藥草生技園區，期待能將大林轉型成精緻農業專區。

Jhuci Township

竹崎鄉

郵遞區號　604

面積　162.2平方公里

關鍵字　奮起湖風景區、阿里山森林鐵道、畚箕湖、便當王國、高山茶、阿里山日出、四方竹、公婆餅、火車餅、奮起湖文史工作室

位在阿里山與嘉南平原過渡地帶的竹崎鄉，全鄉丘陵起伏，日治時期爲了砍伐阿里山林木而修築的阿里山森林鐵路，2/3在鄉內盤繞。如今林木不再砍伐，但森林鐵道卻成爲中外知名的帶狀觀光景點，同時也爲竹崎鄉帶來可觀的經濟收益：靠月台便當起家的中點站奮起湖，20年前每日可賣出2,000多個便當，締造「便當王國」傳奇，至今仍受過往旅客青睞。較低矮的山坡丘陵則終年多霧，茶園遍布，所產春茶一斤叫價1,500元，冬茶高達2,000元，被稱爲「綠金」。其餘高坡上種植的竹筍、柳丁、檳榔、高接梨等經濟作物，鄉民甚至以賓士車裝載穿梭，經濟實力驚人。

奮起湖是嘉義市區到阿里山的中繼站，火車需加水加煤，旅客也會在此用餐，因此造就遠近馳名的便當王國。（嘉義縣觀光旅遊局／提供）

Fanlu Township

番路鄉

郵遞區號　602

面積　117.5平方公里

節慶　半天岩紫雲寺全鄉遶境祈福活動(農曆2/19)、柿子文化節(10月)

關鍵字　番仔路、水柿、紅柿、柿餅、蝴蝶蘭、烏龍、金萱

番路鄉內的159甲縣道，早期是鄒族往來阿里山與嘉義平原的必經之路，舊名「番仔路」，鄉名也由此而來。位在鄉內的隙頂山，霧氣瀰漫、濕度高，適合蝴蝶蘭生長，產量占全台之半，其中七成外銷美國。此外，全鄉多山地丘陵，氣候溫和，適宜栽種水柿，產量占全台八成。

番路鄉水柿又大又甜，有「柿子之鄉」美譽。（嘉義縣觀光旅遊局／提供）

Jhongpu Township

中埔鄉

郵遞區號　606

面積　129.5平方公里

關鍵字　木耳、香菇、靈芝、檳榔、葡萄柚、吳鳳廟、中崙溫泉、菁仔農、菁仔山、槌球運動、中埔風華、中華民俗村、社口村、姑仔寮、藥草

吳鳳廟。（嘉義縣觀光旅遊局／提供）

平原及丘陵各半的中埔鄉，早年在坡地上種植檳榔致富，鄉內富農大多就是栽種檳榔的「菁仔農」。近年，鄉民利用八掌溪所帶來的對流和濕氣，改種各種菇類，光是木耳就占了全台產量的75%；所生產的高品質養生靈芝，也外銷到日本、美國、奧地利等國。

Dapu Township

大埔鄉

郵遞區號　607

面積　173.2平方公里

節慶　曾文水庫水庫節(8/21~8/22)

關鍵字　雲瀑、曾文水庫、大埔筍乾、情人公園、麻竹筍、百香果、破布子、筏釣、嘉義農場

嘉義縣最南端的大埔鄉，為四面環山的盆地地形，曾文溪上游從中流過，原本為富庶的農耕地，鄉民多以務農為生。1967年，供給嘉南平原灌溉與民生用水的曾文水庫開始興建，使大埔鄉600多甲田地與700多戶房舍淹沒於壩底。雖然水庫讓大埔鄉失去許多農地，只能上山種植麻竹筍、破布子、百香果及網室木瓜等作物，但水庫周邊的旖旎風光，也帶來觀光發展的新契機。水庫內更因魚蝦豐富，引來許多猛禽棲居，是台灣最大的猛禽棲息地。

位在大埔鄉的曾文水庫。（黃丁盛／攝）

Alishan Township

阿里山鄉

郵遞區號　605

面積　427.8平方公里

節慶　鄒族瑪雅斯比戰祭(2/15)

關鍵字　達娜伊谷、玉山、雲海、鯝魚、苦花、山青團、愛玉子、山葵、特富野、達邦、阿里山森林鐵路

冬季時，東北季風挾帶大量水氣翻越阿里山山脈後，在山谷中形成壯觀的雲海景觀。圖為新中橫公路上的雲海。（黃源明／攝）

阿里山鄉是嘉義縣面積最大的鄉鎮，全境皆為山地，連綿不斷的山脈從海拔360公尺攀升到3,900公尺，造就阿里山、玉山國家公園、豐山風景區、里佳風景區等觀光景點。鄉民大多為鄒族原住民，共有七個鄒族村落散布在各山嶺間，村民以種植竹筍、高山茶、高冷蔬菜、愛玉子及山葵等作物為主。而由達邦、特富野兩社結合成的達邦村，每年固定舉行的鄒族戰神瑪雅斯比戰祭，是全鄉年度盛事。阿里山鄉除了以自然、特產及原住民風光取勝外，更是國內由居民自發性成功護魚的典範。1989年，山美村推動設置達娜伊谷生態保護園區，嚴禁村民及遊客獵捕、開發，並積極復育俗稱「苦花」的鯝魚，一年後溪裡鯝魚多達100萬尾，成為最具保育意義的生態景觀。

鄒族護溪成功的達娜依谷溪常可見成群的苦花魚。（嘉義縣觀光旅遊局／提供）

阿里山櫻花季

1903年，日本人在阿里山試種吉野櫻成功，後來陸續栽種八重櫻、千島櫻、大島櫻等品種的日本櫻花。近年來，阿里山森林遊樂區再度種植台灣原生種山櫻花（緋寒櫻）及日本櫻花。每年3月中旬至4月中旬，眾多不同品種的櫻花繽紛盛放，為阿里山更添姿色。

（黃源明／攝）

Tainan City

古蹟之都台南市

台南，可說是台灣歷史的起點。從荷據、明鄭至清領，300餘年的發展進程猶如台灣拓墾與殖民史的一部縮影。17世紀的台南是全台最繁華的都市，直到今天，「府城」依然是台南市最風光的稱呼。久浸政經與歷史光環，使台南孕育出獨樹一幟的文化古都風貌，許多通衢大道或狹街小巷上，均坐落著年代久遠的歷史建築，猶如一座「古蹟之都」！

古蹟訴說著府城往昔的榮光，相連的魚塭、曾有的鹽田及巷弄中的老行業則是府城居民生活的痕跡。台江古地潟湖與陸地相接的濕地，則是物種豐富的天堂。現代的海安路藝術造街、全東南亞面積首屈一指的百貨公司進駐，台南府城容古納今，不著痕跡地融合了人文、自然、悠閒和活力的古都韻味。

鹿耳門溪海口牡蠣收成。（黃丁盛／攝）

改頭換面的海安路。（黃丁盛／攝）

台江內海

鹿耳門是1661年鄭成功船隊登陸台灣的港口，但1823年曾文溪氾濫，大量泥沙堆積在台江內海，漸成海埔新生地。居民在尚未完全陸化的海域上開闢魚塭，養殖虱目魚、草蝦及石斑魚，其中以虱目魚為大宗，因此台南市素有「虱目魚故鄉」之稱，鹿耳門一帶則以蚵田為主。

海安路藝術造街

海安路位於昔日的五條港附近，曾因開挖地下商店街及地面道路拓寬工程，導致街道長期閒置或倒塌。近年來，政府推行「藝術建醮」活動，由藝術家為海安路改頭換面，打造沿街的公共藝術，並吸引商店進駐，夜間尤富藝術氣息。

122°19'0"E
曾文溪
鄭成功登陸紀念碑
安南區
鹿耳門溪
台南市科技工業區
鹿耳門天后宮
四草野生動物保護區
台灣海峽
安平古堡
台南
安平港
安平新港
億載金城
鯤鯓

填海造陸的自然神力

府城的土地面積在數百年間不斷擴增，現在從赤崁樓到安平古堡之間的地區，放眼望去鱗次櫛比的樓房，很難想像以前是一片汪洋！從17世紀到1823年的暴雨，致使曾文溪改道，大量泥沙自上游滾滾而下，泥沙堆積而逐漸狹窄的台江內海更淤淺；再加上海流漂沙的影響，將海岸線向西擴張，形成一片海埔新生地。大自然填海造陸的神力，不僅造成地形地貌的改變，更使府城失去海港優勢，由繁華趨於平淡。但淤沙形成的濕地，造就了魚塭、鹽田產業及豐富生態環境。

（黃丁盛／攝）

四草野生動物保護區

四草從1919年開闢為安順鹽場，至2002年停止收鹽期間，漁、鹽業並存。1992年四草被規畫為台南科技工業園區；為降低對濕地環境的衝擊，於1994年另劃四草野生動物保護區進行保護。四草地區的鳥類超過160種，還有紅樹林、招潮蟹和彈塗魚等，現有竹筏生態旅遊活動。

億載金城是台南最負盛名的古蹟之一。（黃丁盛／攝）

安平古堡前身即是熱蘭遮城。（吳立萍／攝）

荷蘭時代

1624年，荷蘭人在大員島上建立了熱蘭遮城，即安平古堡的前身，作為行政中心、東亞的貿易轉運站及海軍基地，並在城堡東側規畫一個棋盤式街鎮。後因腹地不足、水源缺乏，轉移至當時台江內海對岸的赤崁重建市街，並於1655年建赤崁樓（普羅民遮城）。

清領時代

安平在荷鄭時代就已確立其重要性，1858年的天津條約，促使清廷打開安平港，現存西式建築的英商德記、德商東興洋行，訴說曾有的光輝。而清朝意識到台灣位置的重要性後，1874年派欽差大臣沈葆楨來台，在安平興建台灣第一座西式砲台「億載金城」，抵禦外侮。

古城開步走

擁有古蹟和文化資源的台南，近年來致力於讓古蹟由冷硬的歷史建物變為現代人可親炙、遊覽的休閒空間，並與當地社區資源結合，規畫了赤嵌文化園區、五條港文化園區、孔廟文化園區、安平港國家歷史風景區、民生綠園文化區及台江生態文化園區，重塑區域整體景觀，展現古城的新風貌。而精心規畫的市街行道樹──木棉、黃花風鈴木、羊蹄甲等，輪番在台南上演花海場景，搭配藝文表演、咖啡香，形成新的悠閒文化城，讓古城愈來愈美麗！

安平港國家歷史風景區

安平港因為深厚的歷史文化資源，已成為「2008國家新六年建設」之一，現正逐步整合歷史古蹟安平古堡、億載金城、砲台、洋行、樹屋等，還有港邊的觀光魚市、漁人碼頭，每年度除了辦理盛大燈會，並可連結四草遊賞自然風光。

以古蹟赤崁樓為藝文活動舞台，老城轉型為文化城。（許育愷／攝）

開元寺大門板精繪的門神。（黃丁盛／攝）

多廟宇

無論早年拓墾的生存、希望，以至發達後的感恩，一切都仰仗神明，因此台南廟宇眾多，光是列名一級古蹟就有祀典武廟、五妃廟及大天后宮等。台南的繁榮造就了富商貴賈，因而造就了精雕細琢的廟宇，金銀細工、廟宇彩繪、紙紮工藝、木雕、打鐵等相關傳統產業也隨著旺盛。

棺材板。（黃丁盛／攝）

多樣味美的小吃

台南小吃種類多樣，包括鱔魚意麵、虱目魚粥、魠魠魚羹等，都是以海為鄰，就地取材所發展出多樣的魚料理。米糕、擔仔麵、棺材板等小吃，幾十年的老店風味，也在小北、大東、武聖及沙卡里巴等各大夜市發揚光大。

古都遺風

文化的氣質需要數百年的光景才能養成，府城就像個沒落的貴族，曾經的文風鼎盛、大興廟宇和豐富的飲食文化，並未隨著行政中心的轉移而改變，今日仍延續在生活中。在孔廟後側的以成書院，傳承了160多年的南管雅樂；多座年代悠久的寺廟建築，也可見精美的彩繪躍然門扉。重禮數的台南人維繫了日漸式微的傳統工藝產業，並發展出別具意義的節慶儀式。巷弄中動輒傳承數十載、上百年的小吃老店及數個大型夜市，是古都最佳的歷史見證。

重文教禮數

台南人重文教，也講禮數。台南女兒的嫁妝最豐盛，規矩最繁複；台南人「做十六歲」成年禮，每年農曆七夕「七娘媽生」當天在開隆宮舉行；台南還有「全台首學」之稱的台灣第一座孔廟，每年9月28日孔子誕辰，必遵古禮舉行祭孔大典。

在孔廟文化園區舉辦的「做16歲」成年禮儀式。（黃丁盛／攝）

成功大學周邊

近年來，成功大學周邊從東豐路到誠品台南店，醞釀出新的文化景觀。大學路18巷、東豐路及長榮路的咖啡店、餐廳及書店；在校園中讀書、散步和慢跑的人群和學生們，以及誠品書店的講座和音樂會，將這個學區打造成台南最優質的文教區之一。

成功大學。（許育愷／攝）

西方文化的發軔

英國長老教會的宣教士——馬雅各、甘為霖和巴克禮於19世紀中葉先後進入府城。他們在府城等地設立50餘所教會，傳播基督教信仰，並將西式醫學和教育帶入台灣，創造許多「台灣第一」：第一所西醫醫院「新樓醫院」、第一所神學院「台南神學院」、第一份報紙「台灣府城教會報」，及台灣第一所中學「長榮中學」。

台南神學院。（黃丁盛／攝）

日本時代

1895年日本治台後，認為台灣的街道過於狹小、衛生條件不佳，因此在各大城市推動「市區改正」計畫。當時全力西化的日本，也將西方建築特色帶進台南，如現存的台南地方法院、台南火車站（台南驛），及現已再利用成為國家台灣文學館的台南州廳等。

用古蹟記錄台灣開發史

從荷蘭人踏上台灣土地至今近400年，台南經歷了繁榮趨於平淡的消長，面積小卻留下了無數的古蹟，一級古蹟有7處，二級古蹟8處，三級古蹟更多達37處，逐步踏訪，有如展讀台灣開發史。荷蘭人以安平為統治中心；清領時的開港通商，造就了洋行，引進了傳教士，也開啟了五條港200年的繁盛。日本入台後，大幅重整現在民權路、忠義路及永福路的老街，建新街屋、設銀行，直至光復後40年止，鄰近的中正路、西門路仍持續作為台南的商業中心。

台南地方法院。（黃丁盛／攝）

府城大事記

市花　鳳凰花　　市樹　鳳凰樹
市鳥　喜鵲　　面積　176平方公里
人口　約75萬7千人，近20年來成長27%
人口密度　每平方公里4,309人
海岸線　23公里(砂岸)　　森林覆蓋率　2%
主要水系　曾文溪、二仁溪、鹽水溪
民生水源　曾文水庫、烏山頭水庫、南化水庫
節慶　媽祖文化節(農曆3月)、國際鼓樂節(不定期)、府城行春(農曆春節)、鄭成功文化節(4月)、府城國際七夕藝術節(農曆7/7)、孔廟文化節(9月)

17世紀以前，台南市大半土地仍為沙洲及台江內海，西拉雅平埔族在此生息繁衍。明鄭和清領初期，台南依然維持著靠海維生的榮景。1860年後的30年間，安平五大洋行盛極一時；而連通內陸的五條港，也就是赤崁樓前淤沙成陸後殘餘的五條水道，將貨物直接運入府城中心地帶，直到清末淤沙嚴重，才趨於沒落。在此同時，因北部茶葉出口旺盛，全台政經重心也逐漸北移。

日治時期的台南由西向東，轉向內陸發展，日本人的「市街改正」，已開展了台南現代化都市的面貌。今天的台南以文化古都定調，發展文化園區、自然生態觀光，如同日本的京都，以不疾不徐的優雅步調向前走。

明代中葉（約1550年）　常有倭寇與海盜以台南為基地，侵襲大陸東南沿海居民。明朝幾次派兵勦亂，與當地原住民接觸，同時也開啟漢人移民之風。

1624年　原占領澎湖的荷蘭人被明軍驅逐，進而在今天的安平一帶建立熱蘭遮城（今安平古堡），做為在台的統治中心。
1625年　荷蘭人在赤崁建普羅民遮街（今民權路）。
1652年　爆發郭懷一抗荷事件，歷時半個月。
1653年　荷蘭人築普羅民遮城（今赤崁樓）。
1661年　鄭成功收復普羅民遮城，定台灣為東都，赤崁為承天府，設天興、萬年縣。
1666年　承天府孔廟落成；1985年修復成今貌。
1684年　設一府（台灣府，於今台南市）、三縣（台灣縣、鳳山縣、諸羅縣），隸屬福建省。
1721年　朱一貴攻下台灣府城一個月後即被捕處死。
1725年　建造木柵城池；1736年改建磚石城樓；1788年改建柵城為三合土城垣。
1823年　曾文溪氾濫，台江內海淤塞。
1864年　安平港正式開港。
1865年　長老教會傳教士馬雅各抵府城傳教。
1867年　英商於安平設德記、和記洋行。
1874年　欽差大臣沈葆楨籌建「億載金城」砲台，兩年後完工，1975年整修成今貌。
1876年　巴克禮創建台南神學校（台南神學院）。
1886年　赤崁樓改建成中式建築，1994年修復成今貌。
1887年　台灣府改為台南府。
1895年　日軍進據台南。
1911年　進行「市區改正」計畫，並將洋行完全撤離。
1916年　台南廳舍（台南市政府）落成。
1920年　台南改制為台南市。
1925年　開通台南新運河。
1932年　台南驛（台南火車站）進行改建。
1945年　定台南市為省轄市。
1995年　拆除並拓寬延平街（熱蘭遮街，台灣第一街）。
2002年　通過安平港國家歷史風景區計畫，預計2008年完工。
2003年　原台南州廳建築改設為國家台灣文學館。
2004年　海安路藝術造街活動展開。
2005年　台南科學工業區落成。

農產故鄉台南縣

三、四百年前，當荷蘭人及明鄭大軍先後登陸現今的台南市安平區時，同時也開啓了周圍台南縣的開發史。位處台灣面積最大的嘉南平原，台南縣除了東側起伏的丘陵地外，全境大都是平原，並在過去數百年來的開墾下，成爲富庶的農業之地。

台南縣也是台灣地貌變化最鉅大的縣份，1823年曾文溪大改道，使沿海地帶滄海變桑田。自然環境劇變加上歷史更迭，造成台南縣從西部沿海到東側山區不同特色：濱海鹽分地帶有王爺信仰及豐富濕地環境；中部鄉鎮可說是「一鄉一特產」，並可從地名一窺歷史；東側丘陵則多開闢淺山農業，至今仍可見純樸的自然風貌及平埔族阿立祖信仰。

平疇綠野無大山

台南縣可說是台灣地勢最平坦的縣份，全境超過海拔500公尺以上的山地，只占總面積的5%，最高的大凍山也僅有海拔1,234公尺。境內主要河川從北到南有八掌溪、急水溪、曾文溪及二仁溪等。其中以發源於阿里山系、台南縣最長(160公里)，並曾經常氾濫的曾文溪，對台南縣的地理環境影響最大，它曾不斷挾帶泥沙填入西側內海，使海岸線向西推進。在台南縣中段部分，過去為了灌溉之需挖鑿許多埤塘，在埤塘較集中的官田及柳營一帶，還因此盛產菱角，並吸引俗稱「菱角鳥」的水雉來此棲住。

頂頭額汕。（鄭信藏／攝）

鹽分地帶文學

台南縣北門區（北門、將軍、七股、學甲、佳里、西港）及台南市安南區，是一片由曾文溪挾帶泥沙填入，及台灣海峽海潮推阻所共同形成的陸地，由於土壤含鹽量高，被稱為「鹽分地帶」。因土壤不適合耕作，以前只能闢為曬鹽場或魚塭，當地人生活極其辛苦。但在此惡劣的環境下，卻於日治時代誕生了以佳里人吳新榮為首的「鹽分地帶文學」。鹽分地帶文學帶有濃厚的鹽田色彩，作品中充滿了品嘗生活、咀嚼日常辛酸的況味，是台灣文學裡相當特殊的一支系統，蔡素芬的《鹽田兒女》、蕭麗紅的《千江有水千江月》，都是其中最為人熟知的代表。

歷史悠久、節慶繁多

早年沿海地區被視為瘴癘之地，因此漢人先民發展出驅邪逐穢的王爺信仰。而西拉雅族結合神明「阿立祖」與漢人神明聖誕，所發展出來的「夜祭」，至今依然流傳在東山、大內、白河、官田及佳里等地。

鹽水蜂炮活動已成為全台聞名的地方節慶之一。（黃丁盛／攝）

沿海漁鹽業

台南縣魚塭面積約13,000公頃，為全台之冠。除了養殖漁業以外，由於雲嘉南海岸線平直，日照時間長，自明鄭時期開始即已產鹽。台灣鹽業延續了300多年，近代卻因開放進口而陸續停產。

（黃丁盛／攝）

沙汕海岸

台南縣綿延54公里的海岸線，為平直的沙汕海岸，網仔寮汕、頂頭額汕、新浮崙汕等沙洲遍布，並有環抱在沙洲與陸地之間的七股潟湖。潟湖為鹹淡水交會的環境，是物種豐富的生態天堂。

七股潟湖潮間帶常可見彈塗魚出沒。（鄭信藏／攝）

曾文溪

過去經常氾濫的曾文溪，影響台南縣環境變化至鉅，且由於灌溉不易，原本嘉南平原只有5,000公頃水田。但自從1930年嘉南大圳疏通後，曾文溪不再氾濫，耕地面積也擴充為15萬公頃，成為哺育農業大縣的生命之河。

記錄不同時代歷史

現今的台南縣新市、善化、麻豆、佳里，是早年平埔族西拉雅族的四大部落生息地。但因台南縣是台灣本島距離福建沿海最近的地方，在明、清時期，成為大批漢人移民最早的落腳處之一；又因為是台灣本島最接近澎湖的縣份，成為荷蘭、明鄭及清代大軍從澎湖再到台灣的登陸點。在不同的時代背景下，台南縣留下了珍貴的史料、傳統祭儀、古蹟及明鄭駐軍時期的老地名，這些都是研究平埔族及早期漢人移民文化、生活習俗的重要歷史見證。

南鯤鯓平安鹽祭。（黃丁盛／攝）

昔日舊港

現今屬內陸地區的鹽水、麻豆、西港、新市等鄉鎮，在曾文溪大改道以前均為濱海之地，沿岸有多處港口。過去台灣的糖、茶、樟腦等物資便是由這些港口輸出，也讓當時的台灣經貿走入世界體系。

鹽水月津港舊址。（黃丁盛／攝）

駐軍屯墾老地名

鄭成功在1661年從鹿耳門登台，以府城為都，設天興、萬年縣，並向北、東、南地區屯墾，在今天的台南縣留下設鎮屯田的舊名，例如依據駐軍屯營的先後或相關位置而稱「新營」、「下營」、「林鳳營」。

林鳳營車站。（黃丁盛／攝）

新港文書

荷蘭人曾利用傳教士將西拉雅語以羅馬拼音譯成文字，教化原住民及漢人移民。這些文字包括聖經，以及記錄各種買賣、借貸的契約文書，因為大部分都在新港（今新市）發現，所以稱「新港文書」。

佳里西拉雅族聖山北頭洋的荷蘭古井。（黃丁盛／攝）

台南科技工業園區

為平衡台灣南北兩地的高科技發展，繼新竹科學園區之後，1995年選在鄰近台南市，有縱貫鐵公路經過、交通便捷的善化及新市，規畫設立第二工業園區——台南科技工業園區。

（許育愷／攝）

平原多埤塘

為了防洪及水利需要，台南縣興建了曾文、白河、尖山埤、德元埤、烏山頭、鹿寮、虎頭埤、鏡面及南化等多座水庫，加上民間挖鑿的大型埤塘，數量共有30多座，為全台之冠。

烏山頭水庫是重要水利建設。（黃丁盛／攝）

平原農業

包含烏山頭水庫、曾文水庫在內的整體水利設施統稱「嘉南大圳」，是供應整個嘉南平原的農業水脈。台南縣的平原農業，中部地區以水田稻作、菱角、蓮花為主，東部近丘陵區則多種植熱帶水果。

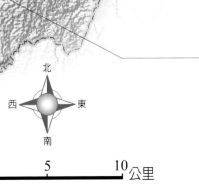

東部平原主要種植熱帶水果。（黃丁盛／攝）

與時並進的農業大縣

從荷據時代開始，荷蘭人就從熱帶引進甘蔗大規模栽種。明鄭屯田時期，在參軍陳永華的建議下，焚蔗田改種可以做為糧食的蕃薯，並在多濕地和潟湖的沿海一帶興漁鹽產業。清代以後多承襲明鄭舊制。日治時製糖、製鹽產業發達，並在嘉南大圳完工後，將許多原本只能種蕃薯、花生等旱作土地變成經濟價值更高的水稻田。直到今日，台南縣仍是台灣農業大縣，近年來更朝向蘭花生技等精緻農業發展，同時也將規畫高科技工業園區。

台南縣 Tainan County

市花：桂花　市樹：樟樹　市鳥：水雉

面積：2,016平方公里

人口：約110萬6千人，近20年來成長14%。

人口密度：每平方公里549人

海岸線：54公里(沙岸)　森林覆蓋率：20%

主要水系：八掌溪、急水溪、曾文溪、鹽水溪、二仁溪

民生水源：曾文水庫、烏山頭水庫、南化水庫、鏡面水庫、尖山埤水庫等

節慶：世界糖業文化節(1~2月)、南瀛民俗藝術節(10月，2年一度)、西拉雅平埔會親(10月)、兒童戲劇節(5月)、古蹟日(9月第3個週末)

(許育愷／攝)

台南縣又稱「南瀛」，「瀛洲」即為古籍中的海上神山——台灣。位在台灣面積最大的嘉南平原上，這片「南瀛大地」雖然沒有大山屏障，但平疇綠野、交通發達，是發展農業及觀光的重要縣份。

溪北溪南大不同

從台南縣中央橫跨而過的曾文溪，將縣境分為溪北、溪南兩區。溪北區的鄉鎮基本上都富有「水質」的特性，包括濱台灣海峽的「北門區」，以漁業為主；曾文溪北岸、多埤塘的「曾文區」，則多開闢成水田；以及鄰近的嘉義縣、與外縣市交通便捷，以縣治新營為中心的「新營區」。

溪南區的鄉鎮則為「山陸」風格，包括曾文溪南岸、東側為丘陵地的「新化區」，多見坡地熱帶果園；毗鄰台南市與高雄縣的「新豐區」，西側平原為工商發達的市鎮，東側則為起伏的丘陵，多經營坡地熱帶果園等淺山農業。

歷史牽動產業發展

台南縣早年為平埔族生息地，之後又成為台灣最早開發的地區之一，荷蘭人引進牛馬等役畜，教導平埔族及漢人移民栽種甘蔗，進行殖民生產，並畫地奉獻給荷蘭王室為「王田」。到明鄭時期，這裡成為兵民合一的屯田區。直到日治時嘉南大圳完工，在嘉南平原上密布藍色的水脈，建立了台南縣以農發展的基礎，並成為台灣農、漁、鹽、糖等諸多產業的「母園」。

農業與休閒產業結合

由於沒有崇山峻嶺的阻隔，台南縣的交通相當便捷，縣內任何兩地車程皆不到一小時，是發展觀光的重要條件。此外，近年提倡「一鄉一特產」，營造了產業文化節，例如「白河蓮花季」、「官田菱角節」、「玉井芒果節」等，不僅打造出台南縣為農業大縣的形象，產業文化節的風潮並向各地蔓延，其他縣份的許多鄉鎮紛紛起而效尤。

Beimen Township 北門鄉

郵遞區號 727

面積 44.1平方公里

節慶 南鯤鯓代天府進香潮(農曆4/22~27、6/14~18、8/11~24、9/11~15)、全國詩人聯吟大會(10~12月，擇一週日舉行)、三寮灣燒王船(農曆11/1，3年一度)、虱目魚節(9月)

關鍵字 南鯤鯓代天府、洪通、星點彈塗魚

北門鄉位於台南縣西北隅，清康熙年間只是懸在漚汪溪口的一座孤島，因此舊稱「北門嶼」，後逐漸與台灣本島連成一地。沿海潟湖遍布，鄉民架設蚵架及定置漁網，以養殖漁業維生；其中因高溫潮濕的環境相當適合星點彈塗魚（又稱花跳），所以養殖面積冠於全台，而有「花跳之鄉」的稱譽。當地尚有列為二級古蹟的南鯤鯓代天府，供奉明朝末年從福建沿海漂來的五尊王爺，是鄉民最重要的信仰中心，也是全台最大的王爺總廟，每年的進香潮及王船祭活動，是鄉內最大盛事。

❶南鯤鯓代天府是南部沿海地區的信仰中心。(黃丁盛／攝)

❷結合沿海鹽業與王爺信仰的平安鹽祭大鼓表演。(黃丁盛／攝)

Jiangjyun Township 將軍鄉

郵遞區號 725

面積 42平方公里

節慶 胡蘿蔔節(視產期不同舉行)

關鍵字 三年輪作制度、台南八景、西甲文化傳習基金會、嘉南水利會漚汪工作站、馬沙溝、胡蘿蔔、牛蒡

施琅因討伐鄭成功有功，受清廷賜封此地，因而得名「將軍」。因濱臨台灣海峽，土地貧瘠、鹽分多，鄉民即採用「三年輪作制」方式，先種甘蔗、後種稻，再種花生或胡蘿蔔，三年一輪，以不同深淺的作物根部，吸收上下層土壤的養分，成功與海爭田。其中胡蘿蔔產量為台南縣之冠，而有「胡蘿蔔之鄉」稱號。近年來牛蒡的產量也相當豐富。目前將軍漁港已被規畫為台灣環島海上公路航線上的重要港口，未來前景可期。

❶將軍漁港是台南縣最大漁港，除了觀光魚市，也是海上公路的重要據點。(黃丁盛／攝)

Cigu Township

七股鄉

郵遞區號 724
面積 110.1平方公里
節慶 洋香瓜節(視產期不同舉行)
關鍵字 黑面琵鷺、七股潟湖、七股鹽田、鹽山、台灣鹽業博物館、洋香瓜、頂頭額汕、網子寮汕、青山港汕

七股鄉位於台南縣西南端，西臨台灣海峽，最南端爲曾文溪入海口。沿岸沙洲、魚塭、潟湖遍布，其中七股潟湖被頂頭額汕、網子寮汕和青山港汕所圍繞，面積超過7,000多公頃，當地漁民俗稱「內海仔」，是全台面積最大的潟湖。曾文溪口岸溫暖潮濕的河灘地上，因生態豐富，每年九月陸續有瀕臨絕種的黑面琵鷺，從朝鮮半島飛來覓食、棲息而畫爲保護區，也讓原本預定在此設立的七股、濱南工業區計畫暫時停擺。

沿海地區因日照強烈，曾是全台最大鹽場。但近年來產業結構改變，台鹽已在2002年結束台灣300多年的曬鹽歷史，只從國外進口及加工。這裡也就搖身一變成爲記錄鹽業史蹟的重要景點。

黑面琵鷺

黑面琵鷺屬瀕臨絕種鳥類，估計全世界僅存約600隻，曾文溪口是目前已知數量最多的棲息地。每年9～10月，黑面琵鷺會從朝鮮半島飛來台灣過冬，翌年3～5月，才分批離開台灣向北飛。但目前專家僅在韓國及遼寧外海小島上，發現部分北返後進入繁殖期的黑面琵鷺，其他則行蹤不明。

（鄭信蔵／攝）

⇒原本是台灣最大工業用鹽產地的七股，現已轉型成鹽業觀光據點。（許育愷／攝）

（許育愷／攝）

Jiali Township

佳里鎮

郵遞區號 722
面積 38.9平方公里
節慶 金唐殿蕭瓏香(農曆1/18~20，3年一科)、立長宮阿立祭祖(農曆3/29)、牛蒡節(視產期不同舉行)
關鍵字 台灣文學、鹽分地帶文學、吳新榮、諸羅縣治、北頭洋平埔族夜祭、牛蒡、金唐殿、佳里糖廠、蕭瓏文化園區、蕭瓏社

佳里鎮早期稱「蕭瓏社」，爲平埔族四大社之一。由於位處北門地區（今佳里、學甲、西港、七股、將軍、北門）中樞，清代成爲台南府諸羅縣縣治所在。鎮內多爲平坦的平原，砂頁岩沖積土排水良好，適合種植甘蔗等旱作，因此早年製糖業發達。1907年即有日人在此興建佳里糖廠，但目前已停產改設「蕭瓏文化園區」。此外，日治時期，佳里人在當地醫師吳新榮的帶領下，紛紛投入文藝寫作，人才輩出，形成以描述鹽分地帶景物，或以其爲背景的文學流派，稱爲「鹽分地帶文學」。

Syuejia Township

學甲鎮

郵遞區號 726
面積 54平方公里
節慶 上白醮(農曆3月)、賽鴿笭(農曆2月下旬)
關鍵字 上白醮、慈濟宮、賽鴿笭、頂洲西瓜、台南幫

學甲鎮地形盡是平野，但因沿海砂土含鹽量高，加上八掌溪、急水溪及將軍溪貫穿，排水不佳，時有洪水之患。雖然受到地理條件限制，但這裡卻是明鄭軍部隊登陸、拓墾地之一。每年慈濟宮的「上白醮」慶典，便是緬懷開台先祖及酬神的重頭戲。

⇑賽鴿笭是農民農閒時的休閒活動。（黃丁盛／攝）

Sigang Township

西港鄉

郵遞區號 723
面積 33.88平方公里
節慶 慶安宮西港仔香(農曆4月中，3年一科)
關鍵字 西港仔香、網球、台灣第一香路、慶安宮、姑媽宮

西港鄉位於昔日台江內海北岸，清康熙年間即有小舢板穿梭，運載五穀、糖、菁等貨物。台江內海淤積後，雖然滄海桑田，但因位處台南市與北門地區的交通要衝，仍是農產品交易中心。近年來更致力於體育發展，培育出多位馳名世界的網球選手。

⇑西港鄉的體育風氣頗為盛行。（許育愷／攝）

Anding Township

安定鄉

郵遞區號 745
面積 31.3平方公里
節慶 蘇厝王船祭(農曆3月中旬，3年一科)、玉勒真護宮王船祭(農曆3月，3年一科)、蘆筍節(4月)
關鍵字 蘆筍、燒王船、王船祭

現在的安定鄉雖不濱海，但昔日卻曾經是台江內海的渡頭，常有船隻運載貨物，後曾文溪改道，台江逐漸淤積填平，才失去港口的機能，成爲一座內陸鄉鎮。至今鄉內還可見到諸如「港尾」、「渡子頭」等與海港相關的地名。安定鄉與台南縣其他濱海或曾經濱海的鄉鎮一樣，有虔誠的王船信仰，只要地方舉行遶境活動，就會湧進上萬信眾。此外，當地排水良好的砂質壤土適合種植蘆筍，除了筍枝鮮嫩多汁，頗受好評之外，近年來農民也將可食用的蘆筍花推向市場，成爲代表農產之一。

⇑長興宮每三年舉行一次，每次連續七天驅逐瘟疫的燒王船醮儀式。（黃丁盛／攝）

南台灣 Southern Taiwan

Yanshuei Township
鹽水鎮

郵遞區號 737
面積 52.2平方公里
節慶 鹽水蜂炮(農曆1/14~15)
關鍵字 蜂炮、月津港、鹽水天主教堂、八角樓、高粱、岸內糖廠、台灣詩路、鹽水天主教堂

極具地方色彩的鹽水天主堂內部。(黃丁盛／攝)

過去鹽水鎮因濱臨八掌溪與急水溪交會形成的倒風內海，清朝時期海陸暢通，因此成爲台南縣最早開拓的地方，岸上貿易行、郊行林立，是嘉南地區的政治、歷史、經濟、文化中心，當時人稱「一府、二鹿、三艋舺、四月津(即鹽水)」，足見昔日繁華。日治時期，北側的布袋鎮興建堤防，致使鹽水港海水不能暢流，成爲廢港，從此漸趨沒落。但昔日熱鬧的民俗節慶並沒有因此褪色，早年瘟疫盛行時所發展出來的驅邪除疫儀式──蜂炮活動，直到現在仍是每年元宵節必盛大舉辦的重頭戲。

鹽水蜂炮已成為台灣最有特色的元宵節活動。(黃丁盛／攝)

Siaying Township
下營鄉

郵遞區號 735
面積 33.5平方公里
節慶 下營蠶桑節(5月)、白鵝節(10~11月)
關鍵字 蠶絲被、蠶絲內衣、燻茶鵝、小揚州、白木耳、黑豆蔭油、武承恩公園、火燒珠、苦螺仔

300多年前濱臨倒風內海的下營，舊稱「海墘營」。境內茅尾港水利暢達，曾是台灣文人筆下的「小揚州」，後因倒風內海淤積而成廢港。全境雖爲平原，但急水溪經常改道，乾枯的舊河道土壤貧瘠、多石礫，加上1892年一場大地震將過去繁華時代的建築摧毀成農田中的斷瓦殘垣，也造成無法耕作的「苦螺仔田」。爲了適應環境變遷，下營人從大陸進口純蠶絲原料，手工拉製成「下營蠶絲被」，甚有口碑。

(陳淑分／攝)

Shanhua Township
善化鎮

郵遞區號 741
面積 55.3平方公里
節慶 啤酒節(9月)
關鍵字 冰品、慶安宮、牛墟、甘薯粉、亞洲蔬菜研究發展中心、成功啤酒廠、善化糖廠

善化鎮位於台南縣正中央，加上縱貫線鐵、公路經過，交通十分便利，因此成爲台南縣的農產集散中心，並有全台規模最大的牛隻交易市集「牛墟」。

從日治末期至今，善化還因澱粉加工技術精良，所生產甘藷粉的質與量均居全台之冠，而享有「甘藷粉王國」之譽。

此外，國際性的亞洲蔬菜研究發展中心也坐落在善化，該中心除了致力於提高蔬菜的產量與品質，目前收集的蔬菜原生種子更多達4,700種，是全球最大的蔬菜種子銀行。

Madou Township
麻豆鎮

郵遞區號 721
面積 54平方公里
節慶 文旦節(9月)
關鍵字 文旦、鹹菜巷、總爺糖廠、林家祖厝、麻豆社、郭藥、胡丙申、過港貝塚、麻豆港碼頭遺跡

麻豆鎮原爲平埔族西拉雅族四大社之一的「麻豆社」。300年前也是商賈雲集的商港，後因倒風內海淤積，才失去商港的功能。但因位在台南縣的中心，現今仍是重要的腹地重鎮。鎮內約有六成以上農家種植文旦，溯其源由，約在150多年前本地人郭藥開始栽植，由於當地氣候溫暖多雨、日照充足，加上砂質壤土肥沃且排水良好，因此生產的文旦汁多味甜，並曾被日本天皇指定爲「御用文旦」，名噪一時。此外，麻豆的土質也適合種植芥菜，「鹹菜巷」內以古法醃製的鹹菜，就是以冬季盛產的芥菜發酵製成，滋味入裡，也很出名。

麻豆文旦皮薄、肉厚、汁多。(許育愷／攝)

醃製鹹菜的大木桶。(鄭信藏／攝)

Sinhua Township

新化鎮

郵遞區號 712
面積 62.1平方公里
節慶 番薯節(視產期舉辦)
關鍵字 大目降、新化老街、虎頭埤、新化三寶、中興林場、保生大帝廟、大坑休閒農場

古名「大目降」，平埔族語意爲「山林之地」。由於位處平原與山地交接處，早年爲商旅休息及買賣的中心。到了1920年，日人成立台南州新化郡，並將郡役所設於此，因此政經發達。今日中正路（新化老街）上整排華麗的巴洛克式建築立面，即爲日治時的歷史建物。此外，建於清道光26年（1846）年的虎頭埤水庫，亦爲全台最早興建的水庫，並因風景優美，帶動地方觀光熱潮。新化鎮不僅歷史悠久、人文景觀豐富，農產品也相當多樣，東側丘陵地上栽培出來的竹筍、鳳梨、蕃薯，有「新化三寶」之稱。

虎頭碑水庫是全台最早興建的水庫。（鄭信藏／攝）

新化老街

1921年，地方人士林茂己出資將原有房舍改建成當地第一棟巴洛克式洋房，左鄰右舍紛相仿效，形成街道一側為新式洋房，一側為中式矮樓的景象。後來在日人的主導下，另一側也拆除改建，始成今日老街模樣。由於新化老街是當地居民自主表決保留下來的古蹟，也是除日本以外，亞洲地區唯一由住民自決公共事務的案例。因此除了古蹟的歷史及美學價值之外，更具有相當重要的時代意義。

（鄭信藏／攝）

Sinshih Township

新市鄉

郵遞區號 744
面積 47.8平方公里
關鍵字 台南科學園區、東勢北極殿、玄武傳奇文史工作室、張家古厝、后殿北極殿、西興北極殿

新市鄉原爲善化、麻豆前往台南府的途經之地，並無特別開發，後因附近住民來此做買賣，才逐漸形成聚落。現爲典型農村鄉鎮，特產爲適合當地溫濕氣候的無子西瓜與白蓮霧。近年來，因高速公路及省道均匯集於此，成爲台南科學園區預定地，是南台灣最具科技潛力的新市鎮之一。

台南科學園區是新市未來的新契機。（鄭信藏／攝）

Yongkang City

永康市

郵遞區號 710
面積 40.3平方公里
節慶 蟋蟀大賽(端午節)、菜頭節(12月)
關鍵字 埔姜頭、蘿蔔、永保安康、永康工業區、衛星城市、鄭成功墓址紀念碑、陳氏花園

永康因緊鄰台南市，從明鄭時期即已開始發展；而鄭成功父子遺骨遷回故鄉福建泉州南安縣以前，也安葬於此。永康市是台南市的衛星城鎮，交通發達、工商繁榮，工廠數達2,800多家，吸引眾多就業人口湧入，人口數約占台南縣總數的1/5。

旅客最喜歡索取的「永保安康」籤。（許育愷／攝）

Rende Township

仁德鄉

郵遞區號 717
面積 50.8平方公里
關鍵 奇美博物館、太子祭岳王、保安站、仁德糖廠、台南家具產業博物館、永保安康、都會公園、航太工業區

早年仁德鄉因三爺溪、五帝廟溪流經，灌溉方便，爲農業鄉鎮。後來因水源污染嚴重不再以農業爲主。但因與台南市及高雄縣西南毗鄰，交通便利，吸引許多廠商進駐。近年來，台糖仁德廠投資興建都會公園；此外，航太工業區與台南家具博物館也在計畫興建中。

保安車站。（鄭信藏／攝）

Gueiren Township

歸仁鄉

郵遞區號 711
面積 40.3平方公里
關鍵字 紅瓦厝、讀書會、陳永華、十三窯遺址、仁壽宮、網路祭壇、敦源勝廟、世界蛇王教育農場

歸仁鄉早期屬平埔族聚落，明鄭時期，大臣陳永華在保西區成立書院教育子弟，其他人才亦陸續湧入，遂改名「歸仁里」，取其「天下歸仁焉」之意；又因紅瓦頂的書齋處處林立，也名爲「紅瓦厝」。當地的十三窯遺址，即爲當年燒製紅瓦片的窯廠，同時也是台灣窯業繁榮史的見證。至今歸仁仍遵循先輩好學不倦的精神，鄉民常自組讀書會，公私立圖書館的藏書更超過七萬多冊，是台南縣其他鄉鎮的兩倍。

十三窯遺址是台灣窯業曾經繁榮的見證之一。（許育愷／攝）

Sinying City

新營市

郵遞區號 730
面積 38.5平方公里
節慶 太子宮進香請火刈香活動(農曆8月~9/9)
關鍵字 新營糖廠、五分車、萬國地、舊營、台南縣縣治

明鄭時期，官兵將部分人口從今鹽水鎮南方約兩公里處遷移至此，從此稱舊家園爲「舊營」，新居稱「新營」。1902年興建縱貫鐵路，新營成爲南北交通幹線的要道；又加上1930年嘉南大圳開通後，灌溉方便，盛產稻米和甘蔗，相關的製糖產業，以及製藥、製紙、酒精等工業均盛極一時。光復後，新營成爲台南縣的縣治所在，除了工商業以外，文教也相當發達，甚至成爲鄰近各鄉鎮移民的新家園，而有「萬國地」的美譽。

新營糖廠五分車是過去興盛糖業歷史的活見證。(鄭信藏／攝)

Liouying Township

柳營鄉

郵遞區號 736
面積 61.3平方公里
節慶 白玉苦瓜節(4月)
關鍵字 苦瓜、太康隧道、酪農

丘陵與平原地形各半的柳營鄉，因有急水溪及龜重溪流經，加上土壤肥沃、氣候溫暖，原本爲典型的農業鄉村，所生產的白玉苦瓜與菱角質與量均佳；而南瀛勝景「太康隧道」上整排的老芒果樹，也是過去農業發展的見證。1974年，政府爲加速農村發展，特別在此地開闢台灣最大的酪農專業區，輔導鄉民飼養乳牛。一時之間，柳營鄉的平原遍地植滿當成牧草的狼尾草，擁有的乳牛數量更占全台的1/6，年產乳量接近五萬公噸。

柳營盛產白玉苦瓜。(黃丁盛／攝)

(陳璇分／攝)

Lioujia Township

六甲鄉

郵遞區號 734
面積 67.5平方公里
節慶 赤山觀音佛祖誕(農曆2/19)
關鍵字 木炭、菇蕈、黑鄉、林鳳營牧場、嘉南大圳、八田與一、磚瓦之鄉、磚瓦之鄉、烏山頭國家學術研究園區

土壤富含黏土的六甲鄉，300多年前就有明鄭參軍陳永華來此取土燒瓦。至日治時期，六甲窯業非常興盛，所生產的赤紅磚瓦色澤柔和、質地堅實，而有「磚瓦之鄉」的美譽。現代則因建築材料改變而逐漸沒落，但仍有少數幾家勉力經營，並積極轉型成爲當地富有人文特色的觀光景點。六甲的黏土不但能燒出好磚瓦，也適合栽培菇蕈及良質米。菇蕈曾大量銷往國外，現在則多爲內銷；屬日本國寶級的良質米「越光米」，則爲近年新興培植的特產。此外，六甲也計畫成立烏山頭國家學術研究園區，爭取中研院南部分院進駐。

六甲的菇蕈也是利用當地的黏土栽培而成。(鄭信藏／攝)

Guantian Township

官田鄉

郵遞區號 720
面積 70.8平方公里
節慶 菱角節(10月)、番仔田復興宮祭阿立祖(農曆10/15)
關鍵字 菱角、烏山頭水庫、隆田酒廠、陳水扁、總統

官田鄉在清朝時有封官祿位之大地主，因而得名。由於東部與中央山脈相連，背風處難得雨水滋潤，因此當地人即開鑿大大小小埤塘貯水灌溉，以種植稻米、甘蔗及蔬菜；其中尤以必須栽植於池塘中的菱角最盛，種植面積達300多公頃，產量全台第一，爲官田贏得「菱角之鄉」的美譽。

日治時期，嘉南大圳設計者八田與一爲了提供嘉南平原灌溉用水，花費十年引官田溪水入曾文溪，興建當時東南亞最大的烏山頭水庫。今日官田則因爲是總統陳水扁的故鄉，以及台南縣第一所國立大學——國立台南藝術學院所在地而聞名。

官田是菱角之鄉。(黃丁盛／攝)

Zuojhen Township 左鎮鄉

郵遞區號 713
面積 74.9平方公里
關鍵字 青灰岩、菜寮化石館、化石、破布子、月世界、白堊土、菜寮溪、左鎮人、陳春木

左鎮鄉位於台南縣東南端，全鄉地形高低起伏，有1/2以上土地屬於「白堊土質」的青灰岩荒漠，常有人以「地無三里平」形容此地窮山惡水的景況。由於青灰岩遇水容易沖刷的特性，因此也顯露出埋在菜寮溪河床地層中、台灣最古老的人類化石與完整犀牛化石，一時聲名大噪，並於1987年成立左鎮化石館，陳列上千件陸續於此地挖掘出來的化石。因土地枯瘠，農會輔導鄉民栽種具解毒功能的耐旱作物「破布子」，至今已成為左鎮最著名的特產。此外，草山月世界彷如外星球般的荒寂景象，也成為當地最熱門的旅遊景點。

菜寮化石館展示的化石，左為古象臼齒，右為扇貝類。（吳立萍／攝）

左鎮貧脊荒蕪的草山月世界是著名景點。（鄭信藏／攝）

Shanshang Township 山上鄉

郵遞區號 743
面積 27.9平方公里
關鍵字 蘭花、網室木瓜、鳳梨花、山仔頂、白鶴芋、山上鄉淨水場、山上天后宮、明德山莊

山上鄉位在曾文溪河階高地，因地勢比其他村落稍高，有「山仔頂」之稱。由於鄉內多丘陵，河階地範圍小，為了在有限的耕地上獲取較大的收益，便發展出精緻農業，其中網室木瓜產量居台南縣第一位；蘭花、鳳梨花、白鶴芋等花卉，亦是主要特產。

山上鄉淨水場。（鄭信藏／攝）
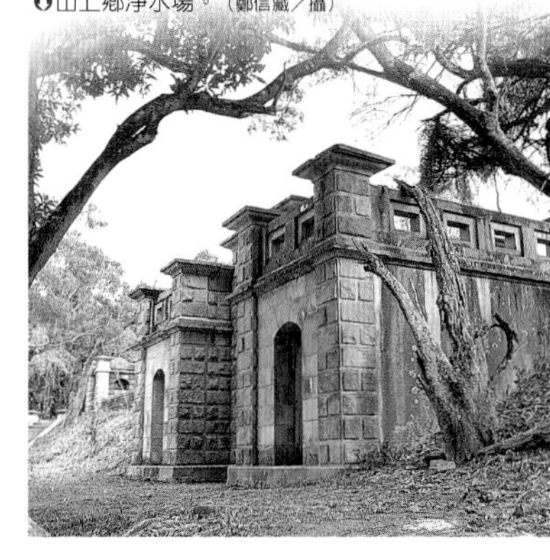

Longci Township 龍崎鄉

郵遞區號 719
面積 64.1平方公里
節慶 采竹節(視產期不定)
關鍵字 仙人投網、竹筍、虎形山公園、烏龍水、鳳梨、牛埔村、龍船窩、下寮子、新市子

龍崎鄉位於台南縣東南隅，地處阿里山丘陵地帶，地質多為砂岩層，每遇雨水就易沖刷流失；加上山坡地內含遇水就膨脹的黏土礦物，無法進行水土保持，土地邊坡不穩，容易發生走山，地形非常險惡，也因此古時被稱為「番社」。直到日治時期才由鄉內兩個村落的名稱「龍船村」、「崎頂村」，得名「龍崎」。

由於鄉內土壤貧瘠，地形起伏不定，因此人口大量外流，是台南縣人口最少的鄉鎮。因地形特殊，諸多地點成為觀光勝景，如牛埔地區泥岩地勢光禿，下寮仔地區群山交錯的青灰岩地形彷如仙人撒網，壯麗雄偉，有「仙人投網」之稱。

Guanmiao Township 關廟鄉

郵遞區號 718
面積 53.6平方公里
節慶 山西宮迎關帝(農曆5/10~13)、鳳梨節(5月)
關鍵字 鳳梨、竹編織手工藝、關廟麵、香洋春褥

關廟鳳梨纖維細嫩、汁多香甜。（黃丁盛／攝）

利用充足日照生產的關廟麵。（黃丁盛／攝）

關廟鄉位於嘉南平原與新化丘陵交界處，形如一個向西開口的畚箕，北側有鹽水溪流域的許縣溪流過，南方則屬二仁溪水系。因土地肥沃、物產豐饒，早在乾隆16年（1751），被列為台灣八景之一的「香洋春褥」；「香洋」即指稻香遍布、田地廣袤之意。

1940年代，家家戶戶利用當地遍生的竹子與野藤，投入竹器及藤製家具編織產業，並與當時的苑裡草蓆、三義木雕齊名；但後來因進口藤具而沒落。現今八成鄉民以務農為生，除早年的稻米之外，並新增鳳梨與竹筍，其中鳳梨種植在向陽的坡地上，因日照充足、地力雄厚，質與量均為台南縣之冠。此外，關廟麵也是利用充足的日曬製成，味道香甜，口感十分有嚼勁。

Houbi Township

後壁鄉

郵遞區號 731
面積 72.2平方公里
節慶 米鄉節(10月)、三十六庄拜茄苳媽(農曆3/17~23)
關鍵字 南瀛米倉、鄉土大戲原鄉、番石榴之鄉、墨林村

後壁鄉位於台南縣最北端，是一個典型農村鄉鎮，由於土質黏土含量高，種出來的稻米香Q好吃，光種植面積就高達3,000公頃，素有「南瀛米倉」的美譽。此外，由黏土培育出來的番石榴香脆甘甜，也相當受好評。

純樸的後壁從古至今並沒有太大變化，典型的農村樣貌也成爲許多鄉土連續劇取景的地點。而鄉民農餘也喜愛藝文，在村長與鄉民奔走下，使墨林村成爲全台第一個成立社區博物館的村莊。

南瀛米倉後壁鄉保持著純樸的農村景象。(黃丁盛／攝)

Dongshan Township

東山鄉

郵遞區號 733
面積 124.9平方公里
節慶 碧軒寺佛祖回駕(農曆12/23~隔年1/10)、吉貝耍夜祭與哮海祭(農曆9/4~5)
關鍵字 平埔夜祭、哮海祭、黃金豆、土產咖啡豆之鄉、西口桃源、洋香瓜、東山鴨頭、番社庄、崁頭山、阿立祖信仰、吉貝耍夜祭與哮海祭

東山鄉境內多山地，明鄭時期平地已開墾，山地則在清乾隆中葉有平埔族蕭瓏社民移居，因此舊稱「番社庄」。雖然後來遷入漢人日多，並與原住民通婚，但至今仍流傳平埔族特有的阿立祖信仰。東山鄉除了平地栽種稻米及洋香瓜，山區因開墾不易，多闢爲椪柑及龍眼園。此外，海拔高度500～800公尺的崁頭山山坡地，因日夜溫差適合，附近又有曾文、烏山頭及白河水庫調節濕度，加上土壤酸鹼度適中，成爲全台成功栽植咖啡豆的鄉鎮之一。所出產的咖啡豆又稱「黃金豆」，滋味口感不遜於牙買加藍山咖啡，因而獲得「土產咖啡豆之鄉」的讚譽。

東山鄉的西拉雅族仍維持傳統的哮海祭。(黃丁盛／攝)

Baihe Township

白河鎮

郵遞區號 732
面積 126.4平方公里
節慶 白河蓮花節(6~9月)、關仔嶺椪柑節(11~12月)、六溪平埔文化節(10~12月)
關鍵字 蓮花、白河蓮花節、水火同源、關仔嶺

200多年前，白河因位在山產與農產交易處，一位商人在此販賣涼水而逐漸形成村落。由於地處觸口斷層，加上境內枕頭山爲石灰岩地質，溫泉、石油氣及石灰石爲重要礦產；就連「白河」之名，也是因爲流經境內的白水溪上源地質含有石灰岩，水色白濁而得名。近來石油氣及石灰石因開放進口而停產，但溫泉仍是此地最負盛名的景點。其中關仔嶺溫泉下方有泥質岩層，泉水中含有地下礦物、鹽類及泥岩微粒，因此常呈現黑色，是台灣唯一的「濁泉」。1970年代，在農會輔導下，以專業區大量種植蓮花，蓮田面積達200多公頃，產量占全台1/2，爲地方帶來可觀收益。

蓮花與蓮子為白河鄉帶來豐厚的經濟與觀光收益。(黃丁盛／攝)

關子嶺風景區

關仔嶺風景區景色優美，更有世界罕見的濁泉，泉質黑如泥漿，具各種療效，又是極佳美容聖品，日治時期即遠近馳名。區內另有水火同源奇景，地底天然氣湧出後，點火可不斷自燃；同時還有泉水汩汩流出，水與火能同時並存，令人稱奇。

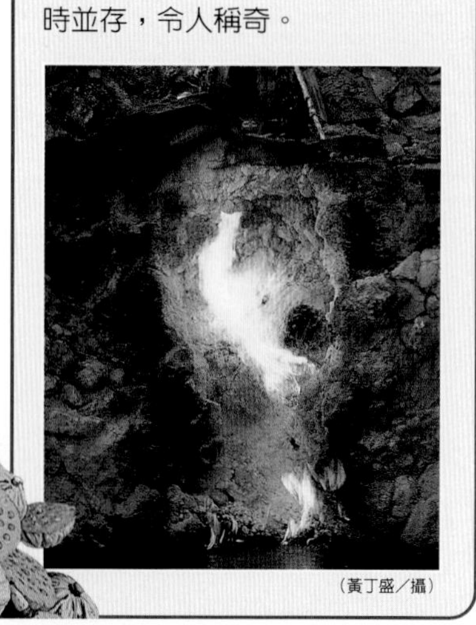
(黃丁盛／攝)

Danei Township

大內鄉

郵遞區號 742
面積 70.3平方公里
節慶 頭社平埔族夜祭(農曆10/14~15)、酪梨節(12月)
關鍵字 酪梨、甜美之鄉、太祖夜祭、楊家古厝、走馬瀨農場

大內鄉位居台南縣中部偏東，全鄉七成以上是山坡地。早年平埔族與漢人在這裡共存共生，也發展出原漢共同參與、全台最盛大平埔夜祭。四季氣候溫暖的大內鄉，山坡地上栽植種類繁多的熱帶水果，其中尤以酪梨產量全台第一，有「酪梨之鄉」的美譽。

大內鄉的太祖夜祭，是全台最盛大的平埔族夜祭活動。（黃丁盛／攝）

Yujing Township

玉井鄉

郵遞區號 714
面積 76.4平方公里
節慶 芒果節(7月第2個星期日)
關鍵字 虎頭山、噍吧哖事件、芒果

玉井鄉位於阿里山脈南段分脈，四周環山，形成一天然盆地地形。由於大部分土質為壤土及砂質壤土，不利水稻，但因日照充足，非常適合種植芒果、楊桃、柳丁、甘蔗、番石榴等熱帶果樹。1960年代，政府引進美國愛文芒果，在全台11處輔導農民種植，但只有玉井鄉的鄭罕池種植成功，被譽為「愛文芒果之父」。愛文芒果皮肉纖細、汁多清甜，現在玉井農地一半以上都栽種芒果，產量居全國之冠；品種之多，也是全台第一。此外，1915年，余清芳、江定、羅俊等人曾在這裡發起抗日行動，史稱「噍吧哖事件」，是抗日史上最慘烈的一次戰役，死亡人數牽連數百人，至今虎頭山上仍豎立一座「抗日烈士余清芳紀念碑」。

日照充足的向陽坡地，適合芒果樹生長。（黃丁盛／攝）

玉井鄉生產皮肉纖細、汁多清甜的愛文芒果。（許育愷／攝）

Nansi Township

楠西鄉

郵遞區號 715
面積 109.6平方公里
關鍵字 茄拔社、江家古厝、曾文水庫、梅嶺、密枝楊桃、竹子尖山、香蕉山、果農之家

楠西鄉位於台南縣東側，原本是一座典型的農業鄉鎮，氣候溫和，適合種植楊桃、梅子、芒果和龍眼等水果；其中原名「香蕉山」的梅嶺，栽種梅子的面積達600多公頃，是台灣最大的梅樹栽培區與極負盛名的觀光區。自從曾文水庫興建後，水庫四周湖光山色的景致，也吸引無數觀光人潮。除了美景怡人，鄉內的江家古厝，是台灣最大的閩南古建築聚落，不但建築形式優美，結構也仍然保存完善。

密枝楊桃是楠西鄉盛產的水果之一。（許育愷／攝）

Nanhua Township

南化鄉

郵遞區號 716
面積 171.5平方公里
關鍵字 台灣獼猴、烏山獼猴保護區、龍眼、南化水庫、綠色的故鄉、烏山健康步道

南化鄉是全台南縣面積最大的鄉鎮，鄉內丘陵遍布，約85%的農地面積都種植芒果、龍眼等果樹，其中龍眼的產量為全台第一。未經開發的自然風光，是南化最大特色，境內有1993年峻工、景色優美的南化水庫，以及130多隻野生獼猴棲住的烏山獼猴保護區。

烏山獼猴保護區是130多隻野生獼猴的家園。（許育愷／攝）

Kaohsiung City

海洋之都 高雄市

高雄是台灣最大的港口城市，也是第二大城市。1908年高雄開港，帶動工業發展，從此奠定「港都」百年來的發展與地位。重工業、勞動者，以及南方子民熱情的性格，幾乎已成為這座城市的經典形象。然而，充滿活力的高雄近年來不但積極運用景致優美的大型燈會、愛河風光、城市光廊、旗津渡輪；也結合深具產業特色的貨櫃、鋼雕藝術節，開發新光碼頭海洋之星的環港觀光；更創造了前英國領事館、高雄願景館等古蹟再生的契機，積極形塑在地的嶄新城市風情，也綻放出屬於海洋都會的獨特風采。2004年成功爭取到「2009年世界運動會」主辦權，也讓這座海洋城市蓄勢待發的野心與熱情，益加光采耀眼。

從柴山遠眺西子灣的落日美景。（黃丁盛／攝）

西子灣與柴山

早期是平埔族打狗社居住地的萬壽山，又名柴山，位在高雄西側濱海，是高雄市的天然屏障。過去是軍事管制區的柴山，率先開放成為高雄市民的後花園。從山頂即可遠眺高雄港埠、欣賞西子灣落日及市區夜景，視野極佳。珊瑚礁岩質的柴山，擁有石灰岩洞區、台灣獼猴自然生態保護區等豐富資源，是天然的生態教室。

山海河港魅力無限

平原廣闊的高雄市，極少丘陵和山地，西側的壽山是全境最高點，海拔高度僅356公尺。高雄市擁有海、港、山、河得天獨厚的自然優勢，但直到近年來才撥開重工業塵霧，展露引人目光的渡輪海風、西灣落日、繽紛璀璨的城市光廊、愛河人文空間，以及都會水岸觀光遊線等魅力風光。褪去灰沉舊貌的港都，另有一番清新怡人的新風情。

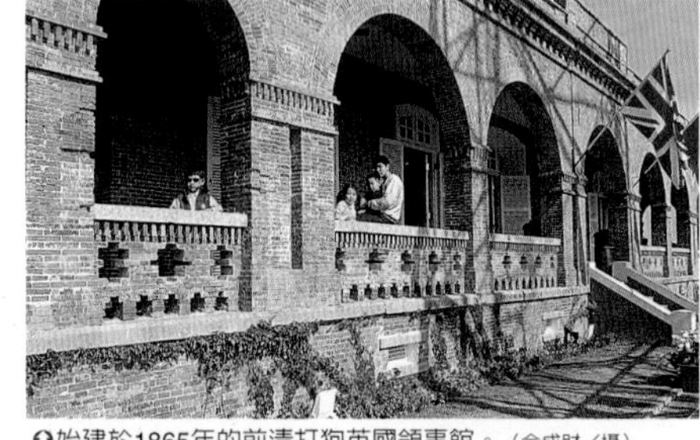
始建於1865年的前清打狗英國領事館。（金成財／攝）

前英國領事館

打狗英國領事館為台灣第一棟洋樓，1865年由英商天利洋行出資興建。近年改作為「高雄史蹟文物館」，並結合觀光餐飲與周邊景觀資源，成為高雄的一處文化新景點。

渡輪是旗津人往來高雄和旗津的重要交通工具。（黃丁盛／攝）

旗津半島

旗津過去稱「旗後」，已有300多年歷史，為一座南北狹長約七公里的沙洲小島，是道天然防波堤。日人修築高雄港，開啓了旗津的黃金時代，當時與高雄間的交通工具──渡船輪，現已成為旗津一大特色。1984年，全台第一座過港隧道開通，旗津與高雄也從此連成一體。

南台灣的門戶

明清時期，高雄港灣已是閩南漁戶的重要集中地。清代打狗開港通商後，海上貿易大興，高雄港不僅成為印度洋和東北亞航運中心的重要轉運站，也是往來商船卸貨、補給的重鎮。南部的發展隨著高雄港啟動而繁盛，也與世界接軌，高雄港的榮景更打造高雄市成為南台灣門戶的重要地位。海運之外，與高雄港同負運輸重責的小港國際機場、即將完成的捷運系統、快速道路、高速鐵路等，海運、空運，配合完善快捷的陸運，高雄國際性交通樞紐的地位儼然成形。

小港國際機場是南部最重要的航空門戶。（魯獅／攝）

小港機場

占地240公頃的小港國際機場，是南部最重要的空運門戶，也是台灣第一個同時擁有兩座航站大廈的機場，肩負國內與國際航線不同飛航任務，每年約有800萬人次的客運量，未來可望成為兩岸直航的重要據點。

高雄港

高雄港天然的大型潟湖利於港口建設，而夏雨集中、冬天乾季長，也利於卸載操作。日治時期的港灣建設已奠定港務基礎。1945年，高雄港務局成立，陸續完成第二港口開闢工程、興建貨櫃儲運中心、過港隧道工程等，更使高雄港迅速發展成為東亞第二大商港，以及全球十大貨櫃港之一。

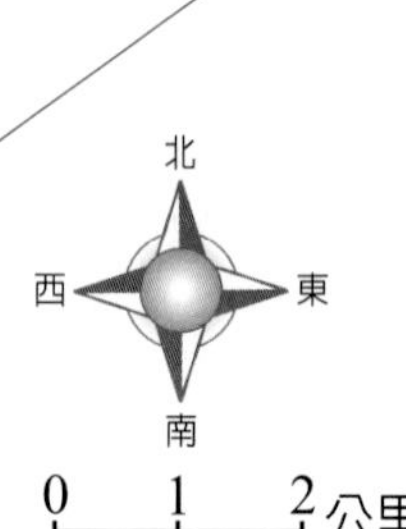

（黃丁盛／攝）

愛河文化

愛河過去因工業廢水大量排入，污染嚴。近年來整治成功，透過水質監管、河岸綠化、闢建休憩設施，打造愛河新形象，也藉由舉辦燈會、龍舟賽、愛河啤酒節等活動，以及歷史博物館、音樂館、電影圖書館、工商展覽館的藝文展演，活絡愛河沿岸的文化動力。

（黃丁盛／攝）

楠梓交流道

高雄願景館

高雄願景館建築其實就是建於1940年，具「帝冠式建築」型式的舊火車站，也是日治政府在台灣西部最後完成的火車站。為保存這棟歷史建物，市政府將原建築平移82.6公尺，並規畫成展示市政願景的公共空間。

（鄭信藏／攝）

蛻變與新生

自清朝至今，高雄的行政中心由旗津、哨船頭、哈瑪星到鹽埕，不斷向東遷移，而行政中心的轉換，也帶動政經文化教育等重心移轉，同時豐富了各地的文史風華。縱觀高雄今昔建物，舊火車站變身為願景館、舊市政府成為歷史博物館、前清英國打狗領事館則規畫為文物館；有新生，也有蛻變的文化資產再利用，創造出今日的高雄風采。

⬆高雄貨櫃藝術節中所展示的貨櫃裝置藝術作品。（黃丁盛／攝）

鹽埕與崛江

鹽埕鄰近港灣，曾是高雄最繁華奢靡的地區，日治時代號稱「台灣銀座」。光復後發展迅速，形成多條專業街，如銀樓街、大五金街，以及有舶來品街之稱的崛江商場。當時高雄一半的稅收皆來自鹽埕，直到1980年代市府搬遷、商業中心東移至大統商圈後，盛況不再。近年在新興區重新開張的新崛江商圈，主打年輕形象，是高雄年輕人最熱門的逛街聖地。

22°40'0"N

（鄭信藏／攝）

紀念館

高雄交流道

「重」量級工業大城

日治時期的南進政策，為高雄奠定了工業發展的動力基礎。1970年代十大建設中的重工業，包括中鋼、中船、中油、加工出口區，都是因應高雄港的良港條件而產生，隨之衍生的機械、水泥、化學、煉鋁、重化工業、加工出口業、拆船業，以及遠洋漁業，將高雄塑形成一個煙囪、貨輪密集的勞動城市，也吸引了鄰近地區，包括澎湖等地的勞動人力。潮水般湧入高雄的勞工移民，成為20世紀之前高雄最主要的人口。高雄也因此成為全台石化工業密度最高的重化工業中心，並躍升為台灣第二大都會區。

高雄縣

22°35'0"N

小港國際機場

小港區

鳳鼻山

中國造船廠

中國鋼鐵廠

鹽水港

鳳山水庫

鳳山

122°35'

加工出口區

為配合工業推展，1966年設置的高雄加工出口區，是台灣第一個加工出口區，也開啓了台灣「出口導向」的工業發展。緊接著成立的楠梓加工出口區，更促使高雄市成為全國工業生產的主力。

（魯獅／攝）

鋼鐵工業

為各行各業生產基礎材料的鋼鐵工業，素有「工業之母」稱號，也是衡量工業發達進程的重要指標。位於小港區的中國鋼鐵公司，名列台灣十大企業，不但提供穩定的鋼鐵產品，改進國內鋼鐵品質，更奠定台灣重工業基礎，帶動工業迅速發展。

（魯獅／攝）

打狗大事記

市花	木棉花	市樹	木棉
面積	154平方公里		
人口	約151萬6千人，近20年來成長約23.1%		
人口密度	每平方公里9,835人		
海岸線	26公里	森林覆蓋率	3.03%
主要水系	愛河		
民生水源	高屏溪、南化水庫		
節慶	元宵節燈會(2月)、愛河國際啤酒節(9月)、左營萬年季(10月)、高雄國際貨櫃藝術節(11月)、高雄國際鋼雕藝術節(12月)		

高雄舊名「打狗」，源於最早在此生活的平埔族西拉雅族支脈馬卡道族番社名稱「Takau」。清朝時期打狗被闢為通商口岸，哨船頭及旗後因此成為商港，形成主要聚落，1905年哨船頭設置「鳳山廳打狗支廳」；1917年再將打狗支廳移往哈瑪星(南鼓山地區)，隨著哈瑪星發展達到飽和，高雄州廳、市役所相繼遷到愛河畔，同時吸引市民遷居鹽埕新生地。高雄行政中心的一路轉移，帶動了各地政經文化教育的發展，使得高雄的開發脈絡清晰可循。

在人口方面，從1901年的3,000餘人成長到1990年的140多萬人，人口總數激增近400倍；除工、商業蓬勃發展外，高雄市在漁業方面的產值與發展，也高居全台遠洋漁業之首，在世界遠洋漁業中更占有一席之地。位在南海的東沙島與南沙太平島也屬於高雄市行政管轄範圍，其中東沙島扼台灣海峽南方咽喉，具有軍事戰略與海空航道的重要意義。

（國立臺灣歷史博物館籌備處／提供）

- 1684年 清朝設鳳山縣縣治於左營。
- 1691年 旗津天后宮建立。
- 1859年 天主教郭德剛、洪保祿神父於前金蓋屋傳教，為玫瑰堂前身。
- 1863年 打狗港開放。
- 1864年 天利洋行的洋樓完工，1867年設為英國領事館。
- 1875年 旗後砲台及港口砲台（雄鎮北門）完工。
- 1898年 「打狗國語傳習所」改為打狗公學校，為高雄最早的新式小學。
- 1900年 台南至打狗的鐵路通車。
- 1908年 日人進行第一期築港工程，於1912年完工，從港內清出的泥沙並填建了新市街哈瑪星。
- 1924年 廢高雄郡改為高雄市。
- 1938年 日人在左營建軍港。
- 1939年 高雄市役所遷至鹽埕埔，即今歷史博物館。
- 1940年 高雄火車站完工，採用日式寺廟攢尖頂狀的屋頂，屋簷為東方式雕塑，形似帽子，稱之為「帝冠式」；內部則採用西式格局空間。
- 1945年 高雄市升格為省轄市。
- 1947年 「228事變」爆發。
- 1968年 前鎮漁港完工，成為台灣最大的漁港。
- 1972年 高雄國際機場落成使用。
- 1977年 中國鋼鐵公司大煉鋼廠完工啟用。
- 1979年 高雄市改制直轄市，小港併入高雄市。12月發生美麗島事件。
- 1984年 過港隧道完工啟用。
- 1989年 填海造陸的南星計畫工程動工。
- 1993年 高雄港躍居世界第三貨櫃港。
- 2001年 高雄捷運動工，預計六年完工。
- 2003年 高雄願景館動工。
- 2004年 取得「2009年世界運動會」主辦權。高雄巨蛋動工。

⬆高雄舊城。（國立臺灣歷史博物館籌備處／提供）

Kaohsiung County

不只是工業大縣高雄縣

由於和港都高雄市連成一線，因而成爲重工業大本營的高雄縣，總是予人充滿鋼鐵、石化等冷硬線條的印象。但其實在南部的縣市中，高雄縣是唯一幾乎延伸至台灣中心的縣份，如此狹長並地跨多重地形的特殊條件，不但使高雄縣呈現豐富的人文風貌，更因中央山脈與荖濃溪、楠梓仙溪交錯而擁有許多得天獨厚的自然資源。在轄內的27個鄉鎮市中，可以窺見高雄縣錯綜多元，但卻依循地勢高低逐漸改變的面貌：西南沿海平原有彰顯現代工業社會高度發展的重工業區，亦有純樸的漁村景致；中段丘陵保留濃郁的客家遺風，並以獨具特色的香蕉、菸葉、辦桌外燴及惡地地形著稱；而山高谷深的東北山地，則是布農、魯凱、排灣族等原住民族之鄉，更是擁有豐富野生動物、森林、瀑布、溫泉的世外桃源。

月世界及泥火山

在中央山脈尾端和嘉南平原的交接處，是一片地質學上所稱的「惡地」，這種地形最容易在泥岩地帶生成。

台灣的泥岩惡地，以田寮月世界最具代表性。「月世界」的組成以青灰岩為主（數百萬年前在深海沉積的泥岩），由於表土遇雨容易沖蝕流失，因而形成雨溝遍布、河川縱橫、峭壁如林、童山濯濯的惡地景觀。

泥火山也是泥岩地形的特殊景觀，是天然氣由斷層湧出和泥漿混合，並產生地表間歇性噴發的現象，常見的有噴泥丘、噴泥盾、噴泥池和噴泥盆等地景類型。台灣南部的泥火山主要分布於高雄、台南及屏東縣等地，目前已發現的泥火山總數超過60個。

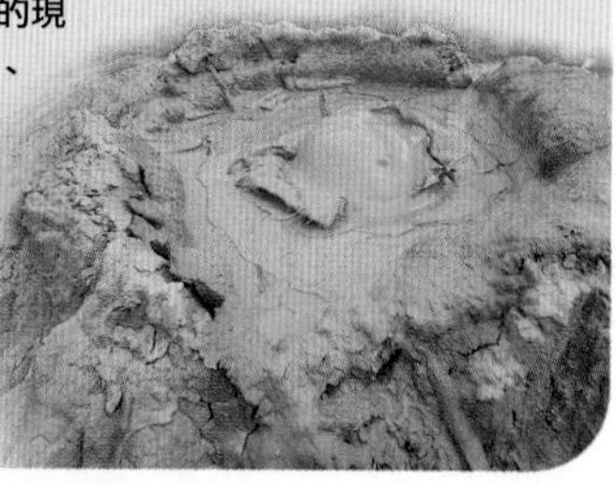

（黃丁盛／攝）

（黃丁盛／攝）

淺山農業

高雄縣中段屬於地勢和緩的丘陵地帶，楠梓仙溪下游及美濃溪從中蜿蜒流過，在旗山匯入高屏溪。由於此區有豐沛的溪水可以灌溉，加上氣候溫暖潮濕，相當適合栽植菸葉與熱帶作物，因此曾造就出美濃「菸葉大鎮」與旗山「香蕉王國」的榮景，為當地帶來可觀的收益。

海線

高雄縣海岸線長38公里，沿岸多瀉湖，擁有廣大的大陸棚，近海漁業與石斑、虱目魚等養殖漁業十分發達。此外，興達港更是全台規模最大、設備最新的遠洋漁港，年漁獲量居各縣之首。

（黃丁盛／攝）

石化工業區

高雄縣與高雄市同為台灣煉製、石化工業中心，國內六成石化製造產業均坐落在高雄縣，如大發工業區、林園石化工業區等，其中大社、林園及仁武鄉並稱為高雄縣三大石化工業重鎮。但發達的石化業相對引起的污染問題，亟待解決。

（鄭信藏／攝）

高屏溪

高雄縣的生命母河──高屏溪，由旗山溪（楠梓仙溪）、荖濃溪、美濃溪、濁口溪等匯集而成，全長171公里，是台灣流域面積最大的河川。

多元化的產業面貌

高雄縣的產業發展與歷史脈絡緊密相連，並交疊出多元而又異於其他各縣的產業面貌。自清代以來，沿海地區有傳統的漁業及農業。日治時，現代化的機械製糖業也率先出現於此地；這段時期還有香蕉產業因大量銷日而蓬勃發展；菸業也在菸酒公賣制下順應而生。到1980年代中期以後，重工業區的林立，更奠定了高雄縣為台灣工業大縣的基礎。

（鄭信藏／攝）

菸農及乾燥的菸葉。（黃丁盛／攝）

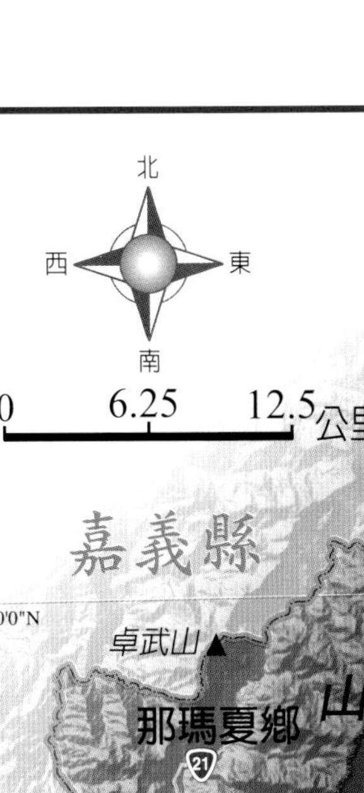

地形生態複雜多變

高雄縣地形呈西南－東北走向，東北部屬玉山國家公園範圍，山勢陡峻。發源於此的楠梓仙溪及荖濃溪，不僅是塑造美麗山川景致的自然之「手」，更是哺育廣大上游地區的生命之泉，使高雄縣北段擁有南橫風光、茂林國家風景區和有小溪頭別稱的藤枝風景區、扇平教育林區等，保留了物種豐富的動植物生態。此外，由於縣境中段分布著台灣面積最廣的泥岩層，因此還有月世界及泥火山等令人驚異的奇景。

（黃丁盛／攝）

南橫高山風景

南橫高山風景線橫跨高雄、台東兩縣，高縣菁華段以甲仙為起點，沿著荖濃溪縱谷，經寶來、桃源、梅山口、天池到埡口，約100公里路程，沿途可欣賞豐富的地質變化及秀麗景色。

南橫天龍吊橋。（黃丁盛／攝）

東部山區生態豐富

東部山區是水的故鄉，多條河川由此發源，並蜿蜒切割出許多引人入勝的美景。再加上高雄縣位處北回歸線以南，屬副熱帶氣候區，溫熱潮濕的氣候配合各種地形環境，孕育出紅檜木群、中低海拔原始林相、紫斑蝶、帝雉等多樣的動植物生態。

南橫天池附近，高聳入雲霄的檜谷神木。（黃丁盛／攝）

荖濃溪

荖濃溪發源玉山東峰東坡與秀姑巒山西南坡，蜿蜒流向西南，至嶺口與旗山溪匯流為高屏溪，沿途有斷崖、瀑布、激流、溫泉等特殊地理景觀。豐沛的水量提供六龜的土壟及竹子門發電廠使用，同時也是泛舟活動的最佳去處。

荖濃溪是近年新興的熱門泛舟去處。（許育愷／攝）

族群多樣文化薈萃

早在荷蘭據台前，已有福建移民在高雄港附近避風並逐漸形成漁村。當時高雄港一帶為平埔馬卡道舊社所在，但受到大陸移民增多而遭驅逐，閩南移民便以此為中心逐漸向內陸擴張，並深入到內門等地建立聚落；明、清時代，又有漳、泉移民前來墾拓。1690年代以後，客家人往美濃、杉林及六龜等靠山的地區發展。外省族群主要是1945年隨國民政府播遷來台的新移民，分布於鳳山、岡山及大寮一帶軍事設施附近，形成數個集中的眷村。高雄縣的原住民族群不少，包括鄒族、布農族、魯凱族，以及平埔族中的西拉雅族等。多元化的族群分布，使高雄縣的人文采風豐富且耐人尋味。

美濃客家聚落

美濃鎮的客家人口占九成以上，祖籍多為廣東嘉應州梅縣蕉嶺一帶。清乾隆元年，右堆統領林豐山、林桂山兄弟帶領各姓氏族人自武洛（今屏東縣里港鄉茄苳村一帶）來到美濃山下墾拓，孕育出饒富特色的客家小鎮。

美濃鎮的地標東門樓。（許育愷／攝）

山地鄉聯合祭典

茂林、桃源和那瑪夏是原住民之鄉，在每年4月，三鄉的族人都會輪流主辦聯合豐年祭。祭典內容包括茂林魯凱族的小米祭和豐年祭、桃源布農族的打耳祭和狩獵祭，以及那瑪夏鄒族的除草祭和拔摘祭。除了祭儀之外，並有名揚國際的布農族八部和音及其他傳統歌舞演出。

布農族打耳祭。（黃丁盛／攝）

高雄岡山眷村。（金成財／攝）

高雄縣 Kaohsiung County

縣花：朱槿　縣樹：桃花心木
縣鳥：綠繡眼　面積：約2,793平方公里
人口：約124萬8千人，近20年來成長22%
人口密度：每平方公里約445人
海岸線：約37公里，均為沙岸
森林覆蓋率：61.18%
主要水系：高屏溪、二仁溪、阿公店溪
民生水源：高屏溪各抽水站、鳳山水庫、澄清湖水庫、地下水源
節慶：國際音樂節(8月)、國際偶戲節(7月)、山地鄉聯合祭典(4月)

（吳立萍／攝）

高雄縣地形狹長，地勢由東北向西南斜傾。東北部山地區屬中央山脈的一部分，標高均在1,000公尺以上；中部丘陵區大致在田寮、燕巢一帶，惡地地形極發達；西南部平原區包括零星隆起的珊瑚礁丘陵及海岸平原，是人文、產業活動的精華區。

三山分區特色鮮明

從西南濱海至東北中央山脈，高雄縣坐擁瀉湖、平原、泥岩惡地及崇山峻嶺等各種不同的地形。如此複雜多變的地理環境，深深牽引著各地的人文發展。

長久下來，自然形成特色鮮明的「三山地區生活圈」，分別爲工商發達的鳳山生活圈（鳳山、林園、大寮、大樹、仁武、鳥松、大社）、以農漁養殖爲主的岡山生活圈（岡山、橋頭、燕巢、田寮、阿蓮、路竹、湖內、茄萣、永安、彌陀、梓官），以及多客家聚落及原住民山地鄉的旗山生活圈（旗山、美濃、六龜、甲仙、杉林、內門、茂林、桃源、那瑪夏）。

水利開發爲富饒的關鍵

高雄開發初期，一切以農業爲首，水利條件成爲各地豐饒與否的關鍵。1838年，鳳山知縣曹謹開鑿曹公圳，自下淡水溪（高屏溪）引水入鳳山平原，灌溉鳳山、鳥松、高雄、大寮、林園的5,000甲農田，成爲高雄農業經濟的重要命脈，對早期南台灣的開發貢獻極大。另外，由日人建於1908年的竹子門發電廠，爲南台灣最早的一座電廠，鑿山引荖濃溪溪水爲發電動力，同時整編獅山大圳灌溉系統，完整的水利渠道爲美濃創造出「六堆穀倉」的美稱。

工農漁業各領風騷

高雄縣不僅是南部主要的工業區，同時也是重要的農業大縣，農業人口達24萬，主要農產爲水稻、蔬菜，並盛產各種熱帶水果；另外在畜牧生產上也頗具規模。而在漁業方面，沿海的鄉鎮各有特色，其中彌陀及梓官以漁撈爲主，茄萣及林園以近海漁戶爲多，永安、湖內及路竹則致力於養殖業。

Fongshan City

鳳山市

郵遞區號　830
面積　26.7平方公里
節慶　城隍廟祭(農曆5/12)、曹公謹例祭(農曆9/21)、曹公文化節(11/1)
關鍵字　鳳儀書院、東便門、東福橋、龍山寺、雙慈亭、曹謹、赤山粿

鳳山自古就因鄰近高雄港而蓬勃發展，清代時期爲鳳山縣縣署，現今則是高雄縣治所在，也是全縣第一大鄉鎮市。在鳳山現代化的市容中，仍然可見過往的歷史遺跡，如閩式的古市街聚落、台灣現存規模最大的鳳儀書院，以及打鐵、雕刻、陣頭等傳統民俗產業。日治時期，因高雄縣位踞南進地理要塞，因此日本人在鳳山設立陸軍基地。直到現在，許多軍事學校仍設在鳳山，是培育國軍人才的搖籃。

↑三級古蹟鳳儀書院，為清代學子求學之處。（鄭信藏／攝）

Linyuan Township

林園鄉

郵遞區號　832
面積　32.3平方公里
節慶　龍舟賽(農曆5/5)
關鍵字　林園石化工業區、武陵船、九孔、鰻苗、蚵、清水巖、中芸國小天文館、芸漁港、鳳鼻頭遺址

林園自明鄭屯墾以來，居民一直以農漁業維生。漁業方面，除了每年冬季沿近海捕獲的豐富鰻苗，近年來經營的九孔養殖產量也已晉升全台第一。傳統農漁業外，1970年代林園工業區設立，更將林園拓展成全台最大的石化工業區。

↑林園石化工業區。（鄭信藏／攝）

Daliao Township

大寮鄉

郵遞區號　831
面積　71平方公里
關鍵字　開封府、紅豆

大寮位於高屏溪下游沖積平原，早期氾濫頻傳，但自從清代曹公圳大寮支圳完工後，已揮別水患的夢魘。

大寮在1978年設立大發工業區，1983年底再畫設混合金屬專業區，以處理廢五金聞名。但燃燒廢五金的塑膠、電線產生的戴奧辛及酸液廢水，卻造成極嚴重的公害污染。1989年，政府全面禁止廢五金進口，全鄉的拆解業因原料中斷而告解散。由於大寮鄉近高雄港及小港機場，未來可望隨著高雄亞太營運中心的發展，扮演後勤基地的角色。

Niaosong Township

鳥松鄉

郵遞區號　833
面積　24.6平方公里
關鍵字　澄清湖、鳥松濕地教育公園

鳥松濕地。（魯獅／攝）

鳥松緊鄰高雄市，自古便擔任貿易中繼站的角色。而有「台灣西湖」之稱的澄清湖風景區也坐落在境內，優美的環境加上便捷的交通，因而成為高雄市民外遷定居的新故鄉。澄清湖原為淤淺池沼，日治時期為供應高雄重工業用水而開鑿成湖。1960年開放觀光後，陸續闢建青年活動中心、圓山大飯店、高爾夫球場、勞工育樂中心、棒球場及鳥松濕地公園等，為一兼具教育及多元遊憩功能的風景區。

澄清湖九曲橋。（黃丁盛／攝）

Dashe Township

大社鄉

郵遞區號　815
面積　26.6平方公里
節慶　觀音山山靈祭(農曆5月)
關鍵字　東華皮影戲團、觀音山、集興軒南管樂社、大覺佛寺、石化工業區、三奶壇、滿寬文物室

早年大社與仁武鄉合稱仁武庄，是一處典型的農村；東緣的觀音山，在清朝時就已聲名遠播，名列「鳳山八景」之一。光復後大社從仁武分立出來，十大建設時期興建石化廠區，與仁武、林園並稱高雄縣三大石化重鎮。從200年前至近代，農業社會時期所流行的傳統皮影戲，是大社鄉最彌足珍貴的民間藝術，其中東華皮影戲團已傳承六代，歷史最為悠久。鄉內僅存的集興軒南管樂社，也已經傳唱近1/4世紀，吸引不少國際藝文人士及學者前來探訪。

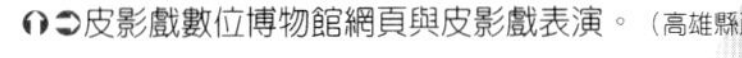

皮影戲數位博物館網頁與皮影戲表演。（高雄縣政府文化局／提供）

Renwu Township

仁武鄉

郵遞區號　814
面積　36.1平方公里
關鍵字　仁武工業區、觀音湖、菱角

仁武早期是農業重鎮，由於緊鄰高雄市，早在1960、70年代就隨高雄工業區同步起飛，全面轉型為工商城市，著名的石化大廠如台塑、台灣聚合等都設置在仁武工業區內。製造業年產值居全縣第一，但所產生的環境公害問題也較為嚴重。

仁武工業區。（魯獅／攝）

Dashu Township

大樹鄉

郵遞區號　840
面積　67平方公里
節慶　佛光山平安燈法會(農曆1月)、浴佛節(農曆4/8)、無水寮義民祭典(農曆10月，每6年一次)
關鍵字　佛光山、三和瓦窯、鳳梨罐頭、下淡水溪舊鐵橋、飯田豐二、竹寮取水站、玉荷包、斜張橋、高屏溪、鳳荔藝術季

三和瓦窯

大樹的土質綿密、黏濕度適中，並且無雜質，因此可以燒出品質優良的清水磚、薄瓦等高級傳統建材，早年曾是台灣主要的瓦窯集中地。但隨著建築形式及建材的改變，傳統磚窯產業式微，如今只剩碩果僅存的三和瓦窯仍在運作，提供台灣各地古蹟修復及仿古建材所需。（黃丁盛／攝）

位在高屏溪上游水源保護區的大樹鄉，因水質良好，所產熱帶水果香甜多汁，夙有「水果之鄉」稱號，其中尤以荔枝產量居全台第一，「玉荷包」品種更名列高雄縣水果王；鳳梨產量也不遑多讓，日治時曾冠居全台，鳳梨加工還曾名列世界第一。此外，大樹也因境內的佛光山而成為宗教聖地，絡繹不絕的遊客不但點燃了寺院香火，也帶動了地方觀光產業。

鳳梨加工品外銷世界第一，贏得鳳梨王國稱號。（金成財／攝）

位在大樹鄉境內的佛光山，是香火鼎盛的宗教聖地。（黃丁盛／攝）

Gangshan Township

岡山鎮

郵遞區號 820
面積 47.9平方公里
節慶 籮筐會(農曆3/23、8/14、9/15)、義民節(農曆9/15)
關鍵字 籮筐會、岡山三寶(蜂蜜、羊肉、豆瓣醬)、阿公店水庫、皮影戲館

籮筐會已有200多年的歷史。(黃丁盛/攝)

岡山過去是府城通往縣城(高雄左營)的中途站，又因位在水陸交會之處，所以是西側海濱與東側山區的物資集散地。明清開發之初就成爲高雄平原的商業中心，鄉土色彩濃厚的民俗市集「籮筐會」源遠流長，歷史已逾200年。由於優越的地理條件，日治時期便在岡山設立空軍基地，也是高雄縣軍眷村主要集中地之一。岡山現今仍是高雄縣工商中心，文化中心、演藝廳、皮影戲館等文教設施都集中於此。

岡山羊肉爐、豆瓣醬和蜂蜜是岡山三寶。(皆為鄭信藏/攝)

Ciaotou Township

橋頭鄉

郵遞區號 825
面積 25.9平方公里
節慶 藝術節(不定期)
關鍵字 第一座新式糖廠、橋頭糖廠、神主牌、中崎溪、許厝、父子經元、黑尼陀觀音像、橋仔頭文史協會

橋頭糖廠展示昔日載送製糖甘蔗的五分車。(皆為鄭信藏/攝)

橋頭鄉因典寶溪流經，土壤肥沃，甘蔗栽培面積遼闊，因此日人於1901年在此創設全台第一座機械化新式糖廠，使橋頭成爲台灣邁向產業工業化的第一站，此後的發展也與糖業息息相關。光復後糖業漸趨沒落，但所遺留的製糖遺跡卻醞釀出新的文化韻味。地方人士目前正積極營造「糖業文化園區」，藉以保存珍貴的糖業歷史文物。

Tianliao Township

田寮鄉

郵遞區號 823
面積 92.7平方公里
關鍵字 惡地地形、泥火山、鐘乳石、山羊

月世界為典型惡地地形，寸草不生，地景特殊。(金成財/攝)

田寮鄉是台灣惡地地形的主要分布帶，景觀特殊，有「月世界」之稱。但土壤貧瘠、含鹽量高的惡地不利農耕，全鄉可耕地僅1,000公頃左右。人口外流嚴重，老人比例高達一成六，居全縣第一。放牧在月世界的山羊養殖是最主要的畜產業，也是鄰近聞名全台的岡山羊肉爐的最主要原料供應地。

Alian Township

阿蓮鄉

郵遞區號 822
面積 34.6平方公里
節慶 超峰寺觀世音誕辰進香(農曆2/19)、大崗山龍眼蜂蜜文化節(3月底、8月初)、中路庄文藝季(4月初)、阿蓮鄉宗教藝術節(4月初)、大崗山萬人登山(9月)
關鍵字 二仁溪、大崗山、宗教聖地、超峰寺、清和宮、光德寺、大崗山法脈

阿蓮早期爲平埔族阿蓮社所在地，大部分土地都坐落在嘉南平原，以生產熱帶水果爲主。東面的大崗山由珊瑚礁石灰岩構成，由於地下水滲透，產生各種岩洞及鐘乳石景觀。山上古刹林立，是台灣南部重要的宗教聖地。

大崗山上的超峰寺。(黃丁盛/攝)

Yanchao Township

燕巢鄉

郵遞區號 824
面積 65.4平方公里
關鍵字 月世界、泥火山、滾水坪泥火山、烏山頂自然保留區、太陽谷、養女湖、生態保護區、燕巢三寶、脆棗、芭樂、西施柚、阿公店水庫

阿公店水庫是高雄地區用水來源。(鄭信藏/攝)

燕巢鄉是明鄭時期援剿中鎮與右鎮屯田舊址，地名即爲「援剿」諧音。北面擁有獨特的泥火山自然景觀，其中1992年公告的「烏山頂自然保留區」，是全台最完整、噴泥口最密集的泥火山群。在西側肥沃的沖積平原上，則孕育出品質佳、產量豐的「燕巢三寶」──脆棗、芭樂與西施柚。鄉內目前也已規畫多所大學城用地，未來將打造成年輕又多元的新文化生活圈。

燕巢擁有全台最完整的泥火山群。(黃丁盛/攝)

Yongan Township

永安鄉

郵遞區號 828
面積 22.6平方公里
節慶 永安石斑魚文化節 (1月)
關鍵字 紅樹林、海茄冬、鹹水養殖、石斑魚、興達火力發電廠、液化天然氣接收站、永安鹽田、永安濕地

火力發電廠。（鄭信藏／攝）

永安位在阿公店溪出海口的海埔新生地上，因海茄苳等紅樹林茂密，過去有烏樹林之稱。沿海一帶屬潟湖區，日治時期曾設立製鹽廠，是台灣開發最早、最南端的鹽田；1978年台電公司設置興達火力發電廠，鹽田因而停產，逐漸荒廢，形成永安濕地。由於土地含鹽分高、不宜耕作，因此鄉民大力開闢魚塭，從事鹹水養殖，早期以虱目魚爲大宗，1976年自澎湖引進石斑魚苗後，石斑魚產量便躍升爲全台第一。

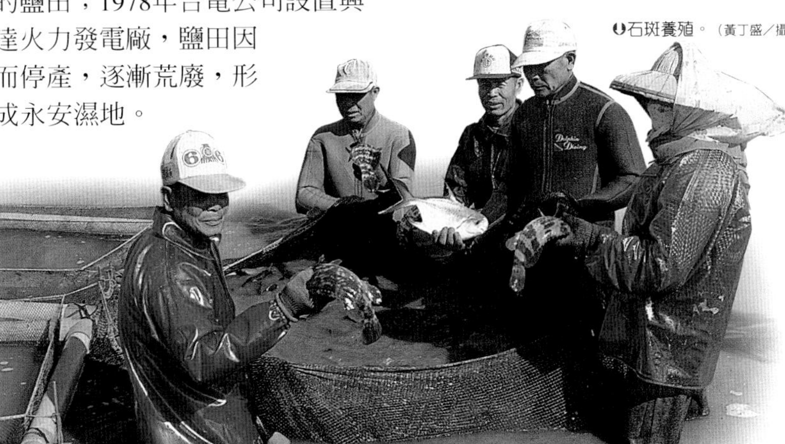
石斑養殖。（黃丁盛／攝）

Zihguan Township

梓官鄉

郵遞區號 826
面積 11.6平方公里
節慶 烏魚文化節(12月)
關鍵字 王梓、蚵仔寮、烏魚節、烏魚館、海洋文化節、蔬菜產銷中心、紅樹林茄苳溪保護區

蚵仔寮漁港。（黃丁盛／攝）

梓官雖然是高雄縣面積最小的鄉鎮，境內仍呈現南北迥然不同的面貌。北梓官屬平原地帶，蔬果富饒，是南台灣最大蔬果集貨產銷中心。南梓官擁有數十公里海岸線及蚵仔寮漁港，漁產豐富，每年冬季順著潮流而至的烏魚，是當地的季節特產。

Mituo Township

彌陀鄉

郵遞區號 827
面積 14.8平方公里
節慶 虱目魚文化節(10/12)
關鍵字 虱目魚、台江內海、金蓮興皮影劇團、蔡龍溪、復興閣皮影戲團、漯底山、蔦松文化、草蓆、鹹草

彌陀曾爲台江內海的一部分，清初，舟楫可直溯府城安平港，清中葉後因泥沙淤積，港口便失去功能。彌陀多濕地、沼澤，盛產鹹草，早年以編織草蓆聞名全台，而有「鹹草故鄉」之稱。此外，以竹葉或山棕纖維爲材料的斗笠、棕簑，也曾盛行一時。彌陀也是高雄沿海漁業重鎮之一，尤以海水飼養的虱目魚最著名。

虱目魚大豐收的魚塭。（鄭信藏／攝）

Hunei Township

湖內鄉

郵遞區號 829
面積 20.2平方公里
節慶 明寧靖王誕辰(農曆 9/25)
關鍵字 明寧靖王墓、湖內皮蛋、日本鰻、鴨、魚塭、花卉、魚飼料加工、熱帶盆栽

湖內鄉境內水塘密布、灌溉系統發達，自古就是鳳山縣穀倉之一。1950年代盛行養鴨，加工製成的「湖內皮蛋」至今仍名聞全台。1960年代以後，又發展出以鰻魚及其他高經濟魚類爲主的養殖漁業，魚塭面積約占全鄉四成左右，所產白鰻因外銷日本大獲好評，而有「日本鰻」之稱。除了蓬勃的養殖業外，近年來更致力於熱帶盆栽產銷，逐漸由漁村轉型爲精緻農業區，也勾勒出全新的鄉鎮風貌。

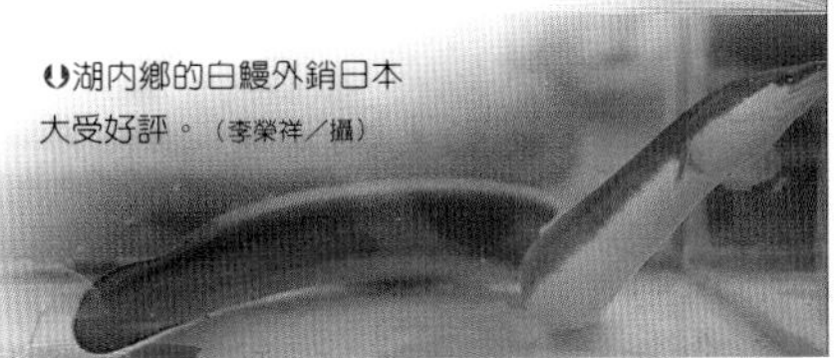
湖內鄉的白鰻外銷日本大受好評。（李榮祥／攝）

Lujhu Township

路竹鄉

郵遞區號 821
面積 48.4平方公里
節慶 番茄文化節(12月)
關鍵字 番茄、雞蛋、青花菜、螺絲、寧靖王、朱術桂、華山殿、鳳岡書院、龍發堂、蕃茄文化節

路竹因氣候適宜、黏土土質易涵養水分，成爲全台青花菜最大產地。1960年代率先引進蛋雞，曾有「雞蛋王國」之稱。蛋雞養殖現已外移，但仍有兩家食品工廠生產鐵蛋行銷世界。因鄰近高雄港及中鋼公司，螺絲零件產量全台第一；又因位在台1線、中山高及鐵路交會處，交通便捷，是高科技園區預定地。

路竹的蛋雞養殖場曾盛極一時。（黃丁盛／攝）

Jiading Township

茄萣鄉

郵遞區號 852
面積 15.8平方公里
節慶 王船祭(10月)、烏魚嘉年華季(2月)
關鍵字 烏魚、興達港、情人碼頭、王船祭、振興社南管團、傳統民俗技藝、陣頭、崎漏潟湖

靠海吃海的茄萣，約有四成人口以海上資源維生，在當地眾多的海產中，以烏魚子的品質最佳、產量最豐，有「烏魚之鄉」稱號。烏魚棲息在中國大陸沿海，屬洄游性魚類，會順著中國沿岸流到南洋過冬產卵，經過茄萣沿海時，大約是冬至前後，烏魚卵塊飽滿，漁民撈捕烏魚取卵，加工乾燥成珍貴的烏魚子。而自古以來，因茄萣討海人數眾多，爲祈求平安，不僅廟宇林立，酬神祈安的祭儀特別多，其中以王船祭最爲盛大。

曬烏魚子。（黃丁盛／攝）

Cishan Township

旗山鎮

郵遞區號 842
面積 94.6平方公里
節慶 馬雲山馬神祭(10/10)
關鍵字 旗尾山、旗山老街、糖廠、香蕉王國、鄭城枝仔冰、天后宮、天主教聖若瑟堂、糖廠舊火車站、鳳山寺

旗山老街上的石拱圈亭仔腳。（金成財／攝）

旗山舊名「蕃薯寮」，後以旗尾山為名，改稱旗山。因位處高雄地區中央，南來北往十分便捷，晚清時期即成為物資集散重鎮。又因坐落在楠梓仙溪溪谷中，水質清澈、氣候適宜，是栽培甘蔗及香蕉的良好環境。因此日人早在1909年便設立旗尾糖廠，讓旗山的糖業與鐵道系統風光一時。

香蕉業則在1953年繼糖業之後興起，並大量銷往日本，是當時台灣最大宗的外銷經濟作物，旗山因此坐擁「香蕉王國」的美譽達半世紀之久。從物資集散中心、糖業到香蕉業，各項產業的蓬勃發展，也讓旗山市街累積了豐富多樣的歷史見證，有閩南合院的洪厝、天后宮，日治時期的仿巴洛克式街屋，以及全台唯一的石拱圈亭仔腳等，全鎮猶如一座歷史建築博物館。

香蕉口味的枝仔冰是旗山特產之一。（黃丁盛／攝）

Neimen Township

內門鄉

郵遞區號 845
面積 95.6平方公里
節慶 宋江陣(農曆2/12~19)
關鍵字 宋江陣、辦桌文化、沈光文、萃文書院、鴨母王朱一貴、紫竹寺、萃文書院、花生糖、總舖師、竹簍

內門是旗山地區最早開發之處，早年居民為抵禦盜匪而演習的各種武藝，後來逐漸演變成「宋江陣」民俗藝陣，也成為此地最大特色。為了因應團練所產生的「辦桌」（外燴），也曾經促使上千在地人投入外燴產業，南部地區許多知名「總舖師」（主廚），就是出身內門。

內門鄉擁有全國最多的民俗藝陣陣頭。（黃丁盛／攝）

Shanlin Township

杉林鄉

郵遞區號 846
面積 194.2平方公里
節慶 三山國王祭(農曆2/25)
關鍵字 楠梓仙、月眉、楠梓仙溪、網室木瓜、紅孩兒木瓜、月光山隧道、葫蘆雕刻藝術館

胡瓜乾燥後可作葫蘆雕塑的好素材。（金成財／攝）

全鄉沿楠梓仙溪南北縱走，舊稱「楠梓仙」或「月眉」，屬於高屏地區六堆客家族群的分布範圍，閩客人口各半。楠梓仙溪畔的平原為農墾區，以種植水稻為主；也盛產胡瓜、絲瓜、木瓜等各類瓜果，其中以「紅孩兒木瓜」最有名。

Meinong Township

美濃鎮

郵遞區號 843
面積 120平方公里
節慶 黃蝶祭(7~8月)、竹扶人祭(農曆1/14)、二月戲(3/29)
關鍵字 月光山、菸樓、菸葉、夥房、永安老街、東門樓、竹子門發電廠、獅頭圳、黃蝶祭、交工樂隊、美濃水庫、油紙傘、粄條、美濃客家文物館、鍾理和、台灣文學步道

菸葉曾為美濃帶來大量財富。（鄭信藏／攝）

美濃至今仍保留部分菸樓建築。（鄭信藏／攝）

美濃紙傘。（鄭信藏／攝）

清乾隆年間，屏東武洛庄（里港鄉）的客家族群遷移至此，將月光山下，美濃溪澆灌的這片豐饒土地，開墾成南台灣米倉。1939年日人推動「工業日本、農業台灣」政策，引進適合此地栽種的菸葉，往後約一甲子歲月，美濃菸葉產業達全台1/4，也帶來豐厚的收益。近年來，菸業榮景已隨洋菸進口而褪色，農民轉而致力良質米的培育。客家族群講究慎終追遠、凝聚力強，美濃典型的客家小鎮風貌也鮮少改變，除了最具有特色的菸樓，隨處可見夥房、伯公廟等，都是散發濃郁客家風情的文史地物。

Maolin Township

茂林鄉

郵遞區號 851

面積 194平方公里

節慶 魯凱族豐年祭(8/15)

關鍵字 多納村、魯凱族、石板屋、萬山岩雕、百合花、百步蛇、原住民文化園區、茂林國家風景區、屯子役、出雲山自然保留區、魯凱文物館、小米祭、黑米祭、大鬼湖生態保護區、紫斑蝶、刺鯨

茂林地處中央山脈山地管制區，全鄉位於茂林國家風景區內，除擁有高山峻嶺、瀑布、峽谷、溫泉等多元自然景觀外，境內更有紫斑蝶越冬谷地、為保護帝雉及藍腹鷴而畫設的出雲山自然保留區，動植物生態豐富。居民以魯凱族為主，雖然是南台灣人數最少的原住民鄉鎮，卻保存了魯凱族完整的石板屋、傳統木雕、石雕、編織服飾，及象徵魯凱精神的百合花、百步蛇等圖騰，也塑造出茂林特有的原鄉風情。

茂林國家風景區多納溫泉。（黃丁盛／攝）

魯凱族石板屋。（黃丁盛／攝）

Sanmin Township

那瑪夏鄉

郵遞區號 849

面積 253平方公里

節慶 鄒族祭典(2/15)、小米收成祭(7/23)、河祭(8、9月)、打耳祭(9月)

關鍵字 山地鄉、楠梓仙溪、高身鯝魚、埔里中華爬岩鰍、溪流生態保育區、彩虹瀑布、世紀大峽谷

位在山地管制區內，平均海拔1,000公尺以上的那瑪夏鄉，楠梓仙溪上游貫穿全境，台21線公路則依傍溪谷而行。居民以布農族為主，還有少數的鄒族與排灣族。除了渾然天成的美景外，楠梓仙溪是全台第一條保育河川及海相化石蘊藏區。

那瑪夏鄉的鄒族屬於南鄒。（黃丁盛／攝）

楠梓仙溪河祭

（吳立萍／攝）

楠梓仙溪上游流淌在那瑪夏鄉境內的崇山峻嶺間。自古以來，當地的南鄒族人以傳統方式在溪裡捕魚，並在每年颱風季節來臨溪水上漲前，到岸邊一處高起的岩壁附近舉行河祭（也稱「鯝魚祭」），祈求河神保佑豐收及平安。近年來，為了保護溪流生態，以及珍貴的保育類魚種高身鯝魚和埔里中華爬岩鰍，鄉民自發性地將楠梓仙溪上游畫為保護區，長期封溪禁釣，只有在每年河祭儀式之後才開放數日垂釣。

Jiasian Township

甲仙鄉

郵遞區號 847

面積 124平方公里

節慶 義民爺祭(農曆7/19)、小林公廨祭典(農曆9/15)、芋荀節(9月)

關鍵字 甲仙化石館、小林平埔族館、小林公廨祭典、甲仙埔事件、甲仙翁戎螺、曾德明、洪以內利、錫安山、新約教派、紅檳榔心芋頭、芋頭冰、月眉橋

全境都是山坡地的甲仙，200多年前是南台灣漢人開發的最東界。由於貧瘠的山坡地無法栽種稻米，因此早期住民種植紅檳榔心芋頭為主食，一直沿續至今，因而成為著名的地方特產。此外，甲仙也是台灣最重要的化石蘊藏地之一，曾發現「甲仙翁戎螺」、「曾氏金梭魚」和「曾氏核螺」等化石新品種。近年來，專家又在這裡發現古老的平埔夜祭習俗，豐富了甲仙的文化寶藏。

甲仙芋頭是當地的重要特產。（黃丁盛／攝）

Liouguei Township

六龜鄉

郵遞區號 844

面積 194.2平方公里

節慶 頂荖濃公廨祭典(農曆9/15)、溫泉嘉年華會(11~12月)

關鍵字 荖濃溪、寶來溫泉、不老溫泉、黑鑽石蓮霧、十八羅漢山、扇平森林遊樂區、六龜育幼院、楊恩典、寶來妙通寺、廣欽老和尚、黑鑽石蓮霧、金煌芒果、蜜棗

山地面積占全鄉3/5的六龜鄉，雖耕地有限，但貫穿全境的荖濃溪，不僅澆灌出黑鑽石蓮霧、金煌芒果等著名熱帶水果，每年夏季的泛舟活動，加上沿溪分布的十八羅漢山、扇平森林遊樂區等，不但為六龜帶來觀光人潮，也讓這裡成為高雄縣最重要的觀光鄉鎮之一。

荖濃溪畔的十八羅漢山。（金成財／攝）

Taoyuan Township

桃源鄉

郵遞區號 848

面積 929平方公里

節慶 布農族打耳祭(4~5月)、布農族嬰兒祭(農曆6/26)

關鍵字 布農族、寶來溫泉、少年溪風景區、檜谷、天池、梅山、天池、溪南鬼湖、關山隧道、藤枝森林遊樂區、鄒族美秀台遺址、布農文物展示館、中之關古道

桃源鄉地處荖濃溪上游中央山脈與玉山山脈一帶，境內僅南橫公路穿越其中，因此雖然是高雄縣面積最大的鄉鎮，卻也是全台人口密度最低的地方。居民以布農族為主，也是布農族由南投向南遷徙的最後一站。群山環繞的桃源鄉不僅是重要的水源涵養區，也是台灣黑熊、長鬃山羊、水鹿、帝雉，及山椒魚等珍稀野生動物的重要棲地，梅山以北地區現已畫歸為「玉山國家公園」。

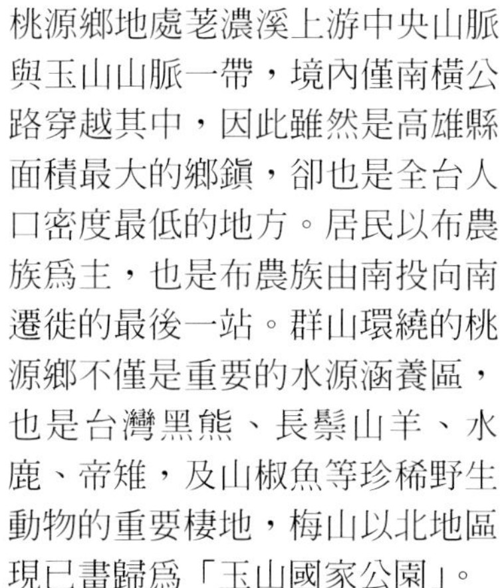

南橫公路上的天池。（黃丁盛／攝）

熱帶台灣尾 屏東縣

Pingtung County

位於台灣最南端的屏東縣，是一個深入大海，中間又有中央山脈尾稜縱貫的縣份。由於海洋資源豐富，加上緯度低，四季氣候高溫，因此早年雖然被漢人視為熱帶瘴癘之地；但也有為數不少的移民來此開墾，農、漁、牧皆盛；且因地制宜，發展出如黑珍珠蓮霧、洋蔥、椰子等具有地方特色的物產。地理環境同時也影響著此地的族群分布，形成山地有魯凱族、排灣族等原住民鄉，丘陵地區附近為客家庄，沿海平原則多閩南人，三大族群人數各占三分之一，形成多元的人文風貌。

而坐擁山海的地理環境，以及酷似南洋的氣候特徵，不僅使屏東具有熱帶季風林、風吹沙等陸域自然景觀，同時也有清澈美麗的珊瑚礁海域；而一座海陸兼具的墾丁國家公園，更以豐富的生態環境及人文歷史著稱，成為台灣尾美麗的驚歎號。

群踞東側的崇山疊嶂

縣境東側為中央山脈南段，平均海拔高度在1,000公尺以上，其中標高3,096公尺的大武山為最高峰。群峰起伏蜿蜒，不僅是台灣尾東西兩側的天然屏障，也是隘寮溪、東港溪、林邊溪等大小溪流的源頭。山地延伸至東南方，轉為低山丘陵綿延，平均海拔600公尺。由於東部山地地形崎嶇，加上過去交通不便，少受人為干擾，因此保留了原始自然風貌，現今有多被劃設為生態保護區；崇山峻嶺間更是魯凱族及排灣族的生息地，原民風味十足。

（黃丁盛／攝）

原住民風情

過去魯凱族祖先由台東翻山而來，在今天的霧台鄉建立了舊好茶村，即魯凱族最南端的聚落，但因為和排灣族的分布地交錯，早年還曾發生過數次生存空間爭奪戰。現今屏東縣山區仍為原住民的家鄉，舊好茶魯凱族石板屋群遺址、山地門排灣族部落，均展現濃厚的原住民風情。

地下水哺育的廣大平原

從山地發展出的東港溪、流域面積全台最大的高屏溪等大小河流，在潮州斷層崖下形成一連串沖積扇，再向西綿延成台灣第二大的屏東平原。由於屏東平原以礫、砂地質為主，含水性高，水源滲入地層，成為豐沛的地下水庫。自古以來，先民倚賴地下水灌溉，配合四季溫暖的氣候，稻米一年可三熟，並盛產熱帶作物。至西部濱海一帶，地下水源亦為養殖業者所利用，可惜近年來超抽嚴重，已造成地層下陷。

屏東糖廠

在台灣糖業外銷的全盛時期，光是糖的外匯產值就占了75%，而早年遍植甘蔗的屏東平原，產量更是全台之冠。位在屏東市的屏東糖廠，最早是1909年由日人所興建，稱「阿緱糖廠」，走過繁榮歲月，現在糖廠已轉型為觀光景點，部分則為國宅建地。

熱帶農業博覽會

由於屏東縣緯度低、全年日照強、水源充足，在8萬餘公頃耕地面積上，除了稻米一年可三熟，也適合栽培番石榴、南瓜等各種熱帶作物。在每年寒假期間，當地所舉辦的「熱帶農業博覽會」，便展現了在冬季也能盛產蔬果的優越條件。

（黃丁盛／攝）

(島獅／攝)

椰子王國

熱帶性氣候的屏東縣，具備了棕櫚科熱帶植物椰子的生長條件，因而成為椰子的故鄉。從高屏大橋進入屏東市，沿途都是大王椰子樹，搖曳生姿好不怡人。全縣椰子年產量約15,000多公噸，栽種面積更居全台之冠。

(黃丁盛／攝)

台灣的南洋

恆春半島是台灣最接近南洋熱帶環境的地方，它以倒三角形的姿態伸入台灣海峽與太平洋，並向南延伸至巴士海峽，氣候深受海洋調節，夏少酷熱，冬無嚴寒，年溫差小。三面環海、景致變化大，自楓港以南，珊瑚礁岸綿延約90公里，以北則為沖積沙岸，外海尚有珊瑚礁構成的琉球島。濱海居民以海為生，東港、後壁湖漁港、鏢旗魚漁船及直銷漁市呈現一片欣欣向榮。此外，由於海岸地形變化多端，也是海上休閒活動的勝地。

墾丁船帆石。(黃丁盛／攝)

恆春調

恆春地區風大、日照強，早年初來乍到的漢人移民因環境險惡，加上思念故鄉，因此發展出以念唱歌謠的方式來抒發心裡苦悶，由於極具當地特色而稱為「恆春調」。恆春調包括四個基本曲調：「台東調」（又稱平埔調）、「思想起」、「四季春」及「牛尾擺」，演唱者可以根據基本曲調自行填詞另行發揮，或快或慢，或高或低，從而譜出屬於個人特色的歌謠。由於歌詞通常取材自生活，因此從歌詞內容亦可看出當地人的生活面貌。

1967年，音樂家許常惠和史惟亮到恆春蒐集鄉土歌謠，意外發現當地人陳達歌聲蒼涼、歌詞富有詩意，經過媒體的報導，恆春調開始廣為人知。又因為恆春調的變化空間很大，就連流行音樂界的人士均可沿用，因此恆春還被譽為「台灣民謠故鄉」。

東港

屏東縣海岸線綿長，黑潮及其支流固定流經東側海域，盛產季節性漁獲，如黑鮪、海鱺、魩仔魚、櫻花蝦、泰國蝦、白蝦、飛烏等；轄內並設有五個區漁會、七個養殖生產區管理委員會等相關漁業團體，為全台漁業最發達之地。

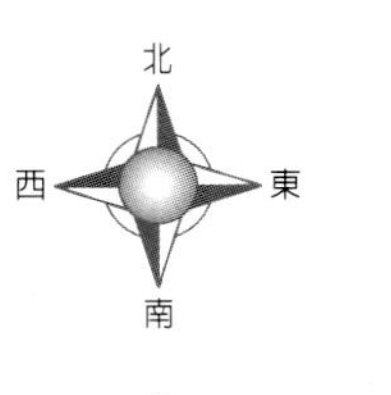

東北季風

由於恆春半島位在海拔高度驟降的中央山脈尾稜，少了高山的阻擋，東北季風得以長驅直入，不僅在東海岸形成港仔大沙漠，又與恆春縱谷地形產生強化效應，變成特有的落山風，為當地帶來昌盛的洋蔥產業，並發展出「風鈴季」節慶；南迴鐵路行經枋山路段的避風隧道也因此產生。

(黃丁盛／攝)

建功社區親水公園。(黃丁盛／攝)

扇前湧泉

眾多河流自東部山區向西流淌，在境內堆積出大片沖積扇群後，仍不斷往下滲，最後在扇面前端自然湧現，形成地下水噴出地面的奇景。萬巒、內埔、竹田等地水源充沛，都能開採自流井，彌足珍貴。

大武山迤邐南下

與台東縣交界的大武山，區內孕育豐富的森林及水資源，並有目前台灣僅存最大的原始林帶，因此被畫為大武山自然保留區。根據1986年的全台生態調查，這裡可能是已絕跡的台灣雲豹最後的棲地。

(鄭信藏／攝)

記錄台灣尾開發史

明鄭以後，因東港船舶之利，漢人開始移墾屏東平原。閩南人散居東港溪以西至下淡水溪下游地區，客家人則在東港溪中游一帶。清同治年間爆發牡丹社事件，朝廷在此加強海防，隔年並設恆春縣吏治整頓。早年開發的歷史背景，使今日的屏東市及恆春鎮留下不少古蹟；而在日治時期，由稻田與甘蔗輪種所發展出來的糖業文化，更是屏東經濟發展的重要基礎之一。

恆春古城

康熙年間，漢人沿著下淡水溪（高屏溪）開發屏東平原，並先後在阿緱（屏東市）和琅嶠（恆春）建城，今日的阿猴城東門「朝陽門」，以及目前全台保存最完善的舊城古蹟恆春古城，都是早年漢人開發台灣尾的見證。

墾丁國家公園

西起南灣海水浴場，南至鵝鑾鼻，東抵南仁鼻的墾丁國家公園，海陸域面積廣達三萬多公頃，包括熱帶森林、白沙灣、珊瑚礁，以及石灰岩溶洞等不同的自然景觀；並孕育出穗花棋盤腳等熱帶海岸林特有植物，以及各種珊瑚礁海域生物，成為最佳的生態觀察地和浮潛天堂。

(黃丁盛／攝)

Facts

屏東縣 Pingtung County

縣花　南美紫茉莉(九重葛)　縣樹　椰子
縣鳥　紅尾伯勞
面積　約2,776平方公里
人口　約89萬8千人，近20年來成長0.7%
人口密度　每平方公里324人
海岸線　152公里　森林覆蓋率　52.79%
主要水系　高屏溪、東港溪、四重溪
民生水源　牡丹水庫、龍鑾潭、高屏溪攔河堰、臨竇溪攔河堰、地下水
節慶　詳見各鄉鎮

高屏溪鐵橋。（鄭德蔵／攝）

屏東縣全境皆在北回歸線以南，日照充足，夏季綿長，加上台灣海峽、巴士海峽與太平洋三面環繞，造就成最富熱帶特色的海洋大縣。

山川抱擁物產豐饒

屏東縣地勢東高西低，東邊中央山脈尾稜盤據，山間聚集雲霧濕氣，致使終年河流源頭不竭，在出山地處形成面積廣大的沖積扇，並因滿布礫石層，河水容易滲入地下，而使屏東平原地下水層含量豐沛，不僅有利農耕灌溉，也適合挖鑿魚塭，發展養殖漁業。西邊瀕臨台灣海峽，東港近、遠洋漁業名聞遐邇；至於西部中段到南端，由枋寮以南至鵝鑾鼻的海岸，受中央山脈向西推擠的影響，平原腹地緊縮，雖無富饒的魚米生產，但因邊緣山脈高度不足，迎風坡效應大增形成的「落山風」，有助遍地洋蔥結球，「洋蔥王國」之名不脛而走。

族群多元采風饗宴

早年屏東平原一帶是平埔族「阿猴社」的家園，而發源自北大武山的原住民魯凱族、排灣族等，也曾多次依山遷徙。後來，隨著不同族群移民的歷史發展，現今濱海平原區居民的祖先，多為閩南漳、泉人；內埔、萬巒等淺山地區，則多為客家族群；東部山區地帶，如三地門、霧台、瑪家等均屬原住民聚落區。為了順應地理條件各異的環境，各族群皆有不同的產業及文化面貌，展現異彩紛呈的人文風采。

自然文化傲人寶藏

地處台灣尾的屏東縣，工業發展較為緩慢，但也因為遠離西部平原的開發腳步，成為極具觀光資源的縣份。在幾乎未開發的東部山區中，有原始山林和瀑布美景；在西部外海上，有號稱「海上公園」的珊瑚礁島小琉球；而在最南端的恆春半島，則誕生了台灣第一座國家公園──墾丁國家公園。由於墾丁擁有物種豐富的熱帶海岸林、熱帶季雨林和珊瑚礁海域，再加上恆春古城、南仁山石板屋，以及陸續發現的史前人類遺址等文化資產，不僅使屏東縣因觀光而富，更使這片台灣尾土地成為自然、文化的寶庫。

Wutai Township

霧台鄉

郵遞區號　902
面積　27.88平方公里
節慶　百合花季(7月)、魯凱族豐年(8/15)、雲霧山林摸魚季(12月)
關鍵字　霧台、大社、魯凱族石板屋、好茶村、神山瀑布、雲豹的故鄉

相傳明朝洪武時期，雲豹帶領魯凱族先民從東部攀山越嶺來到小鬼湖附近狩獵，並在舊好茶形成聚落，因而有「雲豹的故鄉」之稱。由於霧台鄉位在屏東縣東北方，屬中央山脈尾稜的大武山區，境內坡度陡峭、土壤淺薄，不利農業發展，僅有少數的山芋栽培，或山田燒耕。雖受高聳的地勢阻隔交通發展，開發緩慢，卻得以保存瀑布、峽谷等自然景觀，及用石板或大石堆砌的傳統石板屋，也讓這裡成為以原始風貌及傳說著稱的特色之鄉。

魯凱族豐年祭。（黃丁盛／攝）

豐年祭中鞦韆大賽是魯凱族男女傳統擇偶方式。（黃丁盛／攝）

Sandimen Township

三地門鄉

郵遞區號　901
面積　15.67平方公里
節慶　排灣族豐年祭(8/15)
關鍵字　琉璃珠、海神宮、大津瀑布、紫蝶谷、賽嘉航空練習場、德文八景、撒古流

三地門鄉位於中央山脈南側山地與平原交接地帶，因隘寮溪流經其間，灌溉方便。16世紀末，排灣族的一支拉瓦爾系來此聚居，種蕃薯、小米維生，並稱此地為「斯笛摩兒」，意指水門、三地、北葉三個排灣族村落共同進出的門戶。直到清朝漢人入墾，文化交流頻繁，形成漢人與原住民交易孔道。近20多年來，因族人仍保留並持續創作排灣族特有的陶壺、琉璃珠工藝，而有「藝術之鄉」美譽。

琉璃珠、陶壺與青銅刀是傳統的排灣族三寶，為家庭地位及社會階級的象徵。（許育愷／攝）

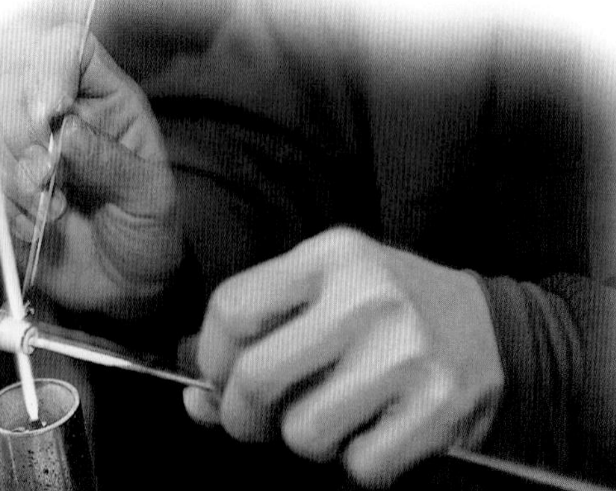
琉璃珠製作。（許育愷／攝）

Majia Township

瑪家鄉

郵遞區號 903

面積 78.01平方公里

節慶 排灣族五年祭(7～11月，5年一次)、排灣族豐年祭(8/15)

關鍵字 瑪家雜牙雜牙、住民文化園區、涼山瀑布、笠頂山登山步道

16世紀，排灣族巴武馬系瑪家雜牙雜牙社，在隘寮溪南岸坡地，即現在的瑪家鄉建屋居住。由於地形傾斜，不利農耕，早年居民大都以狩獵維生。自從引進適應砂礫土質的土芒果，加上近年來當地居民培育出核薄肉甜的「金煌芒果」後，總計芒果種植面積高達400多公頃。又因毗鄰地勢低平的內埔鄉，得以率先與平地漢人互動，並於1987年成立了占地約82公頃的原住民文化園區。2004年，族人在海拔800多公尺的排灣及魯凱族發源地舊筏灣重建石板屋，不僅恢復老部落的風貌，也藉此傳承前人的智慧。

⬇排灣族排場盛大的貴族婚禮。（黃丁盛／攝）

Chunrih Township

春日鄉

郵遞區號 942

面積 160平方公里

節慶 排灣族五年祭(7～11月，5年一次)、排灣族豐年祭(8/15)、力里溪賞芒季(12月)

關鍵字 老七佳、力里登山步道、忘憂谷、大漢山有機蔬菜園區、浸水營闊葉林自然保護區

⬅排灣族的住屋是以板岩、頁岩疊成的石板屋。目前春日的老七佳部落仍保有40餘間完整的石板屋。（鄭信藏／攝）

17世紀初，原居大武山泰武鄉及台東金峰鄉一帶的排灣族，因人口增加，於是向南尋找新獵場。日治時期爲了方便管理，再將其遷移至現今春日村西側上方，過著耕獵並行的生活。1960年代鄉民從嘉義梅山鄉移植黑珍珠蓮霧，目前栽種面積已達300多公頃；此外，自2000年起也積極發展不施化學農藥及肥料的自然農法，栽培高麗菜、山藥、山蘇、南瓜等有機作物，以增加當地收益。而爲保持力里溪、士文溪等境內大小河流水質清澈的原貌，2005年全鄉六個社區共同發起護溪愛魚的活動，也爲休閒觀光產業打下基礎。

Taiwu Township

泰武鄉

郵遞區號 921

面積 118.62平方公里

節慶 狩獵祭(1月)、成年禮(4月)、排灣族五年祭(7～11月，5年一次)、排灣族豐年祭(8/15)

關鍵字 北大武山、排灣鼻笛、芒果之鄉、神祕谷、吉貝木棉林、成年禮

東倚南北大武山的泰武鄉，境內大多爲排灣族原住民。當地土質堅硬、日照充足，日治以來居民栽植樹薯、土芒果、鳳梨，特別是耐旱性強的芒果，品質香甜，栽種範圍年年擴大，目前占全鄉面積1/2。除了農產之外，海拔落差極大的南北大武山，林務局採路塌不修的政策，保留了目前台灣僅存最大的原始林帶，成爲豐富的觀光資源。

（鄭信藏／攝）

Shihzih Township

獅子鄉

郵遞區號 943

面積 301平方公里

節慶 排灣族五年祭(7～11月，5年一次)、排灣族豐年祭(8/15)、麻里巴狩獵祭(10/23～25)

關鍵字 獅子頭山、雙流森林遊樂區、內獅瀑布、麻里巴遺址、山蘇

獅子鄉是屏東面積最大的一鄉，大部分屬中央山脈，山多平原少，秋冬又有乾熱的落山風侵襲，故山麓地區以栽種適應性強的愛文芒果與紅豆爲主；陰濕山林地區利用樹蔭遮光，以自然的方式栽種山蘇。

當地居民雖然多爲排灣族，但後來因先後開通南迴公路、屏鵝公路及南迴鐵路，使對外交通便利，深受平地文化影響，較無濃厚的排灣族色彩；但枋山溪上游流域的麻里巴山一帶，至今保有遷村前的石板屋群與頭骨架，爲排灣族重要的文化資產。

Laiyi Township

來義鄉

郵遞區號 922

面積 167.78平方公里

節慶 油桐花季(4～5月)、排灣族五年祭(7～11月，5年一次)、排灣族豐年祭(8/15)、竹竿祭(10/21～25)

關鍵字 排灣族竹竿祭、瀑布之鄉、來義吊橋、古樓社、丹林登山步道

來義鄉位在屏東縣八個原住民鄉的中間地帶，也是全台人數最多的排灣族原住民鄉鎮。由於位在深山，加上土壤貧瘠，僅能栽種耐旱的蕃薯、花生、小米、芭樂等作物。但地形落差大，當夏季雨水充沛時，自然形成多座瀑布，如多達五層的丹林瀑布群及四層的鴛鴦瀑布群等，而有「瀑布之鄉」的稱呼。此外，來義鄉的排灣族保留了迎接祖靈到訪的「五年祭」；此項傳統祭儀除了來義鄉以外，僅春日鄉及台東縣土坂的排灣族部落仍持續舉辦。

⬇傳說排灣族祖靈每五年巡訪一次部落，因此族人舉行五年祭，以傳統儀式迎接祖靈。（黃丁盛／攝）

Mudan Township

牡丹鄉

郵遞區號 945

面積 181.84平方公里

節慶 毛蟹祭(3～6月)、野牡丹文化季(7、8月)、排灣族五年祭(7～11月，5年一次)、排灣族豐年祭(8/15)

關鍵字 石門古戰場、四林格山事件、牡丹水庫、旭海草原

牡丹鄉東接中央山脈末端，是台灣位置最南端的原住民鄉鎮。雖然境內多丘陵及小山，但因四重溪支流牡丹溪及汝仍溪等多條溪水流貫，沿岸平坦處適合農業發展，如種水稻、西瓜、瓊麻等；坡地則種植耐旱的愛玉子、破布子等。1995年，在牡丹溪及汝仍溪匯流處興建牡丹水庫，以供應恆春附近地區的用水。水庫上游村落並利用天然山谷地形復育水菖蒲或水燭等濕生植物，發展生態觀光。

石門古戰場

1871年，琉球漁民因颱風漂流到八瑤灣港口村被誤殺，為歷史上的「牡丹社事件」。三年後，日本以此為出兵理由討伐台灣，從今射寮海岸登陸，於石門隘口與牡丹社原住民發生激戰。現在石門古戰場立有「澄清海宇還我河山」的抗日紀念碑供人憑弔。

牡丹鄉原住民以排灣族為主，也有少數阿美族。（黃丁盛／攝）

Manjhou Township

滿州鄉

郵遞區號 947

面積 142.2平方公里

節慶 羅峰寺歲時祭典(農曆9/19)、賞鷹季(10/5～20)

關鍵字 牧草之鄉、港口茶、南仁湖、灰面鷲、九棚大沙漠、佳樂水、七孔瀑布群

每年秋天灰面鵟鷹會由亞洲北部的繁殖區，飛往南洋地區度冬，在10月10日前後經過台灣，所以又稱「國慶鳥」。（鄭信藏／攝）

南仁湖受東北季風及雨量季節性分布的影響，孕育出非常豐富的生態景觀。（黃丁盛／攝）

滿州鄉位在恆春半島東南端，東鄰太平洋，由於受東北季風吹拂，將九棚溪出海口的沙吹向八瑤灣附近陸地，形成廣達200多公頃的濱海沙丘，是台灣最壯觀的沙漠奇景。除沙丘外，以丘陵爲主要地形，多栽種耐落山風吹、生命力強的牧草，目前全鄉廣植牧草逾500公頃，贏得「牧草之鄉」美名。而清道光年間從福建移植滿州的茶樹，只有在背東北季風、迎西南季風，夏季雨水充足的港口村山坡地試栽成功，所產的港口茶味濃、回甘強，爲恆春半島著名特產之一。

Hengchun Township

恆春鎮

郵遞區號 946

面積 136.76平方公里

節慶 墾丁風鈴季(1月)、廣寧宮山國王誕辰祭(農曆2/25)、后宮媽祖誕辰祭(農曆3/23)、恆春搶孤(農曆7/15)、候鳥季(9～翌年2月)

關鍵字 恆春古城、落山風、洋蔥、瓊麻、恆春搶孤、檳榔街、墾丁、社頂公園、珊瑚礁、船帆石、貓鼻頭、鵝鑾鼻燈塔、風吹沙

恆春鎮古名「瑯嶠」，是恆春地方排灣族人稱車城、海口一帶海岸地方的音譯，意指台灣尾端。

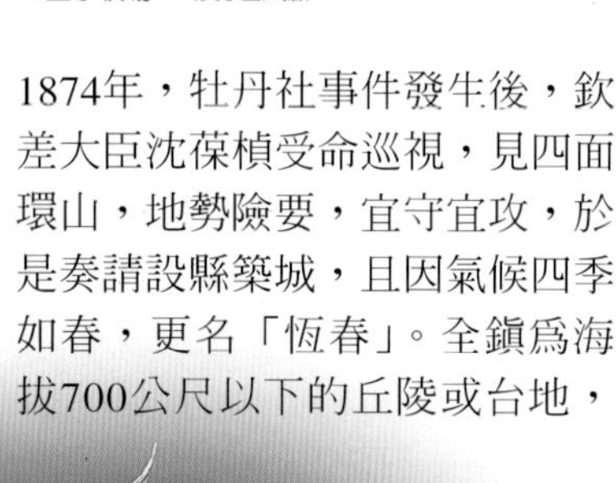

墾丁牧場。（黃丁盛／攝）

1874年，牡丹社事件發生後，欽差大臣沈葆楨受命巡視，見四面環山，地勢險要，宜守宜攻，於是奏請設縣築城，且因氣候四季如春，更名「恆春」。全鎮爲海拔700公尺以下的丘陵或台地，土壤屬盤層土，沃度不高，主要農產爲耐旱及適合砂礫土質的瓊麻、洋蔥和西瓜，號稱「恆春三寶」。此外，每當秋冬季節，由東北季風引起的落山風現象，是最特殊的景觀之一。爲了具體呈現風的意象，從2004年起，當地每年舉辦風鈴季盛會，因此恆春又有「風鈴小城」的稱呼。

恆春古城始建於清光緒元年（1875），為目前全台保存最完整的古代城池遺跡。（黃丁盛／攝）

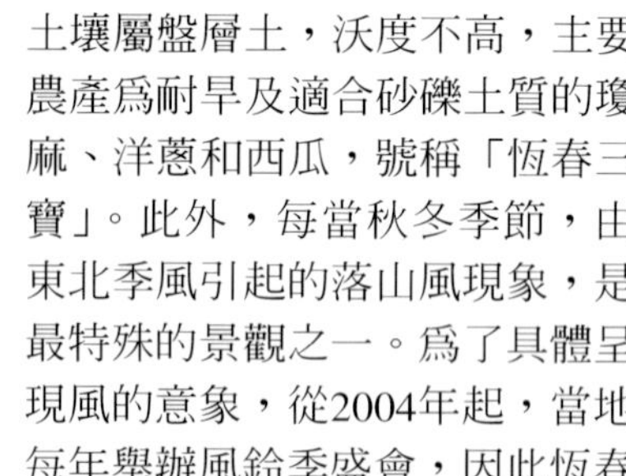

「恆春出火」位於恆春城東門外，由地下天然氣冒出所形成的。（黃丁盛／攝）

Fangshan Township

枋山鄉

郵遞區號 941

面積 17.27平方公里

節慶 楓港德隆宮五府千歲祭典活動(農曆4月，3年一次)

關鍵字 崩崁頭、楓港、木麻黃防風林、太陽果

因日照充足，枋山的芒果盛產期比其他地區早3～4星期。（鄭信藏／攝）

南北狹長的枋山鄉，東西寬僅100公尺，沿海多峭壁，由於面積只有17平方公里，腹地狹小，是屏東縣平地鄉鎮中人口最少的鄉鎮。土質以礫砂爲主，長年吹落山風，僅種植少量芒果、蓮霧等熱帶水果。但由於楓港恰好位在屏鵝公路與南迴公路交會處，成爲台灣西部、東部前往恆春必經之地。

Checheng Township

車城鄉

郵遞區號 944

面積 49.85平方公里

節慶 福德正神誕辰祭(農曆8/15)

關鍵字 柴城、福康安、福安宮、琉球番民墓、斗笠山地標、溫泉西瓜、過山蝦、四重溪、寶來溪、國立海洋生物博物館、海口沙漠

車城鄉位在濱海平原，清時移民漸多，但爲了爭奪水源發生衝突。後來保力溪下游的閩南人用牛車、木材築牆防禦在上游築壩圍堵溪水灌溉的客家人，因此得名。由於境內無高山屛障，受東北季風影響大，農作物以洋蔥爲主，且因落山風的吹拂，害蟲較少，蔥球成熟後清脆可口，可涼拌生吃。東北部河谷平原則有自沉積岩地底湧出的四重溪碳酸溫泉，水質清澈，可浴可飲。不但孕育肉質鮮嫩的過溪蝦，也讓種植在溫泉村旁的西瓜，因溫泉水的高溫而縮短生長期，播種當季就能採收，占有極大市場優勢。

車城盛產洋蔥。（鄭信藏／攝）

國立海洋生物博物館位於龜山山麓臨海地區，是東南亞最大的水族世界。（黃丁盛／攝）

Linbian Township

林邊鄉

郵遞區號 927

面積 15.62平方公里

節慶 黑珍珠蓮霧節(2月)、花現林邊蓮霧節(12月)

關鍵字 林邊海鮮、林邊文史工作室、蓮霧節、鎭安沼澤、永興家園、福記古厝、林邊河堤花園、伏流水井、水源地戶外展示博物館

林邊鄉位在林邊溪出海口，屬濱海平原地區。沿海一帶自清乾隆初期以前，即有虱目魚、鰻魚、草蝦等養殖業；1983年，開始試種熱帶水果如蓮霧、椰子等，其中黑珍珠蓮霧因土壤鹽分高，果實甜美，全鄉95%農地皆闢園種植，成爲當地的特產。

黑珍珠蓮霧甜而多汁，是林邊鄉農民最重要的收入來源。（鄭信藏／攝）

Fangliao Township

枋寮鄉

郵遞區號 940

面積 57.7347平方公里

節慶 德興宮媽祖平安遶境(農曆1/13～15)、五龍寺濟公活佛誕辰(農曆2/2)、保安宮保生大帝誕辰千秋(農曆3/15)、枋寮村德興宮媽祖誕辰祭(農曆3/23)

關鍵字 枋寮漁港、魩仔魚、海鮮街、黑珍珠蓮霧、浸水營古道、水底寮古厝群、石頭營、聖蹟亭、海鷗公園、番仔溝遺址

清康熙中葉，漳州人渡台至此，伐森林鋸木板搭寮而住，取名「板寮」，後改「枋寮」。道光年間，爲了跨越中央山脈連接台東大武，自拓荒者最早聚居處「水底寮」開築官路「三條崙古道」，爲撫番越嶺要道；1992年南迴鐵路亦由此開通，是南台灣聯絡東西部的重要交通樞紐。枋寮鄉背山面海，鄰山地區屬砂礫土，以種果樹爲主。因土壤含鹽量高，使蓮霧樹加速合成糖分，平衡細胞滲透壓，間接提高果實的甜度，加上產量全縣第一，闖出了「黑珍珠」名號。沿海地區另廣闢養殖漁業區，盛產魩仔魚、草蝦、鳳螺、石斑等漁產。

清康熙年間，墾荒居民引進漁船，使近海漁業蓬勃發展，逐漸形成今日枋寮漁港規模。（黃丁盛／攝）

枋寮特產魩仔魚。（鄭信藏／攝）

Liouciou Township

琉球鄉

郵遞區號 929

面積 6.80平方公里

節慶 碧雲寺觀音佛祖誕辰(農曆2/19)、三隆宮王船祭典(農曆9月下旬，3年一次)

關鍵字 流蛛、珊瑚礁島、琉嶼曉霞、海上樂園、鮪延繩釣、厚石群礁、白沙灣、海子口、烏鬼洞、美人洞、花瓶岩、三隆宮王船祭、海底動物園

孤懸海上的琉球鄉，酷似一顆漂浮的球。根據荷蘭人的記載，以前小琉球原住民叫「拉美人」，因對抗荷蘭殖民國而被屠殺殆盡，死在岩洞中，演變成著名的烏鬼洞傳說。全島爲珊瑚礁隆起形成，表土乾燥不適農耕，但因四面環海，擁有豐富的海洋資源，主要漁獲有鮪魚、旗魚等；1994年，又開放琉球外海箱網養殖高經濟魚類，如海鱺、紅魚等，其中海鱺更大量銷往日本製成生魚片。除了漁獲外，得天獨厚的珊瑚礁島嶼地形，更使琉球享有全台最多珊瑚礁景觀的盛名，如石花瓶、美人洞、龍蝦洞、倩女台等，並在2000年畫入大鵬灣國家風景區。

厚石海岸位在琉球嶼西南端，黝黑礁石長期受海水侵蝕成許多大小窟窿；退潮時，便會在其中留下各種小型海洋生物。（鄭信藏／攝）

硨磲貝。（黃丁盛／攝）

Donggang Township

東港鎮

郵遞區號　928

面積　29.46平方公里

節慶　黑鮪魚文化觀光季(5～6月)、東港迎王平安祭(9月中旬，3年一次)、朝隆宮迎媽祖活動(10/12～14，3年一次)、鎮海宮七府千歲聖誕(農曆10/12)

關鍵字　東港溪、東港漁港、黑鮪魚、櫻花蝦、油魚子、華僑市場、王船祭、東隆宮、大鵬灣、潟湖、紅樹林、豐漁橋、水上機場、水產試驗所、鎮海公園

東港鎮位在高屏溪及東港溪出海口，雖然水深砂平，江面寬闊，至明末清初，才有閩人陸續移入，也是六堆客家人進出的門戶，後來逐漸發展爲對大陸貿易的重要商港。

日治時期河口日益淤積，無法再停大型輪船，但因東港外海海水溫暖、多浮游生物，並有豐富珍貴的漁產如黃鰭鮪、大目鮪、櫻花蝦、菱網帶鰆等，故由商港成功轉型爲漁港。除了是全台漁獲量第二大的漁港外，又有專門研究水產疾病、人工孵育蝦魚苗等尖端技術的東港水產試驗所，爲台灣贏得「養殖王國」之名。

東港是台灣鮪魚的主要出海捕釣港口之一。每年4～6月為盛產期。（黃丁盛／攝）

大鵬灣由林邊溪與東港溪長期挾帶泥砂，經海流、季風漂送形成狀如囊袋的潟湖區，是目前全台最大的潟湖地形。（鄭信藏／攝）

王船祭

（黃丁盛／攝）

相傳清康熙年間，東港鎮鎮海里岸邊漂來神木，上有「東港溫記」字樣，顯示溫王爺欲在此定居，鎮民於是興建東隆宮主祀溫府千歲。早年先民渡海來台不易，流行疾病又多，在種種惡劣環境下，一般人只能將命運寄託神明，藉由王爺庇佑，把厲疫邪煞押解上王船。隨著燒王船儀式，象徵代天巡狩的大千歲啓程返回天庭覆命，並帶走地方的瘟疫邪穢。因此東隆宮每三年一次的平安祭典遂成台灣規模最大的王船祭典：從「過火」、「替身紙人」、「遷船遶境」、「燒王船」等儀式中，均可看出瘟神信仰的原始樣貌。

13太保陣頭。（黃丁盛／攝）

Nanjhou Township

南州鄉

郵遞區號　926

面積　18.97平方公里

節慶　溪州代天府迎王慶典(農曆10/13～17，3三年一次)

關鍵字　溪洲溪、南州糖廠、東港線火車、南州運動公園、七塊厝社區古宅

位於溪洲溪南岸的南州鄉，地勢平坦，境內又有溪州溪、牛埔溪流經，灌溉水源充足，日治期間便在這裡發展製糖業。1964年以後，雖國內蔗糖產值逐年下降，但仍是台灣最大的「糖鄉」，台糖約1/8蔗田均位於此。另有部分蔗田近年轉植蓮霧、香蕉等熱帶水果，亦有豐碩的產量。

南州運動公園建於市郊，是許多民衆假日從事親子活動的好去處。（鄭信藏／攝）

Kanding Township

崁頂鄉

郵遞區號　924

面積　31.27平方公里

節慶　北院廟清水祖師佛平安祭典系列活動(農曆2/2～6，3年一次)北院廟中元搶孤(農曆7/15)

關鍵字　水姑娘苦瓜、越溪社區、力社村北院廟、崁頂北極宮

崁頂鄉的網室栽培苦瓜，採白色蚊帳、套袋保護，施灑70%有機肥料，並以蜜蜂天然授粉，苦味輕而甘美。（鄭信藏／攝）

崁頂全鄉地勢低平，土壤爲黏質土，適合稻米栽植，水稻耕地占77%，其他尚有甘蔗、苦瓜、蓮霧以及有機蔬菜栽培。爲因應WTO對農業的衝擊，1999年嘗試網室栽培苦瓜，以減少蟲害破壞授粉，其外形翠綠如玉，得國家認證「水姑娘」專利商標。

Chaojhou Township

潮州鎮

郵遞區號　920

面積　42.43平方公里

節慶　四春三山國王廟會(農曆2/25)

關鍵字　潮庄、四春三山國王廟、八大森林博覽樂園、桃花心木林、鱷魚生態農場、大腳仙林、明華園歌仔戲團、民治溪休閒步道、泗林苗圃、潮州燒冷冰

潮州鎮屬屏東沖積平原一部分，土壤肥沃，耕作面積廣，早在清雍正年間便吸引廣東省潮州府移民至此開墾。由於地處屏東平原中心，掌控交通輻輳，日治時期，官設鐵道、潮屏自動車線、台糖會社線紛紛通過，使其從傳統農作生產原鄉發展成商業交易要地。潮州也是一個亟欲求新求變的鄉鎮，近年有創立於當地的「明華園」，促使歌仔戲從「野台」走入國際藝術殿堂；並有業者將受口蹄疫影響幾乎廢棄的養豬場，重新闢爲全台規模最大的鱷魚養殖區。

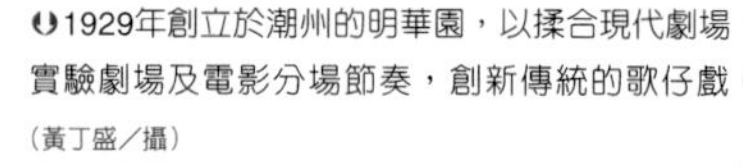

1929年創立於潮州的明華園，以揉合現代劇場、實驗劇場及電影分場節奏，創新傳統的歌仔戲。（黃丁盛／攝）

Sinyuan Township

新園鄉

郵遞區號　932

面積　38.31平方公里

節慶　新惠宮媽祖誕辰祭(農曆3/23)

關鍵字　鰻魚之鄉、鹽埔漁港、綠蘆筍、進德大橋、東港溪親水生態區、東港溪畔濕地、親水公園、花崗石犁頭鏢、大聖公媽廟、紫竹林慈性佛堂

17世紀以前，這裡汪洋一片，後因高屏溪與東港溪的泥沙淤積，才逐漸形成潟湖及海埔地。明末漳、泉先民來此拓墾成園，故稱「新園」；現今新園鄉除鯉魚山之外，全境均爲沖積三角洲平原。由於土壤肥沃，水利豐沛，內陸平地盛產水稻、蔬菜、香蕉等；沿海砂地則因排水良好，種植適應此土質的蘆筍。除農產外，毗鄰台灣海峽之鹽埔、共和村，自1973年起開闢鰻魚養殖場，每年產量近百公噸，幼鰻並供應中、北部，曾有「鰻魚之鄉」稱號；近年則興起箱網養殖海鱺等高經濟魚種。

➲老鼠斑。（黃丁盛／攝）

➊進德大橋橫跨東港鎮與新園鄉鹽埔村之間的東港溪，為提籃式鋼拱橋。（鄭信藏／攝）

Wandan Township

萬丹鄉

郵遞區號　913

面積　57.47平方公里

節慶　紅豆牛奶節(農曆年前夕)、赤山巖觀音佛祖誕辰(農曆2/19)、萬惠宮媽祖誕辰祭(農曆3/23)、皇源聖殿鴻鈞老祖誕辰祭(農曆5/5)、複合式產業祭(12月底)

關鍵字　平埔族下淡水社、上淡水社、鷗鷺候鳥、紅豆、乳牛、泥火山、鯉魚山軍事碉堡、林少貓

位於屏東平原南部，西臨高屏溪的萬丹鄉，因土壤肥沃，又擁有豐沛的高屏溪、隘寮溪地下水灌溉，所以全鄉近九成農田一年可三穫。

1960年起開始推廣酪農業，成爲僅次於台南柳營的第二大產地。近年來，當地人引進紅豆與水稻輪作，種植面積約1,000多公頃，爲全台最大紅豆產地。而在高屏溪畔的鯉魚山，因位於斷層處，地下天然氣不定時冒出地面，並伴隨當地的黏土及地下水形成泥火山，蔚爲當地奇景。

➊鯉魚山泥火山呈間歇噴發，每次噴發持續半天或一天，是台灣唯一會噴火的泥火山。（鄭信藏／攝）

Pingtung City

屏東市

郵遞區號　900

面積　65.07平方公里

節慶　慈鳳宮媽祖誕辰祭(農曆3/23)、東山禪寺浴佛儀式(農曆4/8)、武廟關聖帝君祭(農曆6/24)、慈鳳宮重陽祭典(農曆9/9)、孔廟祭孔大典(9/28)

關鍵字　阿緱古城、太陽城、朝陽門、高屏鐵橋、中山公園、河濱公園、屏東糖廠、屏東書院、慈鳳宮、東山禪寺、崇蘭蕭家古厝

➊橫跨高屏兩縣的高屏鐵橋，建於1914年，以圓弧鋼骨為主結構，橋樑則由工字鐵鉚銜接成花樑桁架，造型優美，被列為國家二級古蹟。（黃丁盛／攝）

➊阿猴古城東城門遺址。（黃丁盛／攝）

屏東市原是平埔族阿緱社的所在地，故名「阿緱」。清康熙年間，福建海澄人來此開墾，逐步擴展爲頗具規模的聚落。日治時取其位居高雄半屏山東方之意，改爲「屏東」。境內平原遼闊，又有萬年溪、殺蛇溪、頭前溪、牛稠溪等水源不匱，故在1940年代糖業外銷黃金期廣植甘蔗，運糖小火車往來穿梭，曾創下全台火車軌道最長之地。現在屏東市因台糖轉型爲多角化經營，不再產糖，預計興建高鐵並籌畫捷運；而正在推動中的二代加工出口區，將引進封裝、組裝及測試等無污染的高科技工業爲主，使屏東市除了傳統產業外，更朝向現代化的工商都會發展。

Jiouru Township

九如鄉

郵遞區號　904

面積　42.02平方公里

節慶　三山國王爺奶奶遊庄祈福(農曆1/15～16)、三山國王誕辰祭(農曆2/25)、螢火蟲季(4～9月)

關鍵字　九塊厝、玉泉村湧泉生態區、水香蕉、香蕉研究所、香蕉花、蕉苗、斜張橋、台灣檸檬文化會館、耆老村古宅群

地處屏東平原頂端的九如鄉，三面有山脈屏障，冬季不易受東北季風影響，適合種植檸檬、四季豆、茄子、絲瓜等蔬果。並因含有豐富的地下湧泉，百年前當地人即挖鑿溝渠引水，在溝邊栽植香蕉，稱爲「水香蕉」。1970年，九如設全球唯一香蕉研究所，提供全台各地近300萬株蕉苗，並致力開發香蕉新品種。

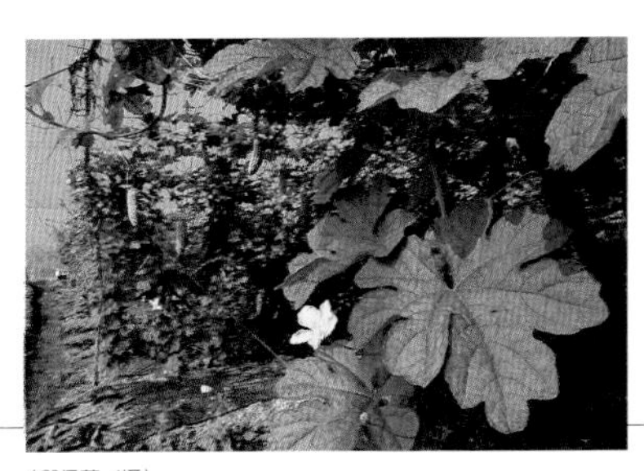

（鄭信藏／攝）

Ligang Township

里港鄉

郵遞區號　905

面積　68.92平方公里

節慶　雙慈宮里港媽誕辰祭(農曆3/23)、清德堂五福大帝君遶境祈福活動(農曆9/27)

關鍵字　平埔族搭樓社、武洛社、文化城、藍家古厝、朱一貴、過江堤防、義渡碑、砂石、餛飩

里港鄉因荖濃溪、隘寮溪與高屏溪至里港匯流，水運交通便利，在清乾隆年間成爲屏東平原北部地區重要商業、金融中心，並帶動地方文教，而有「文化城」雅號。又因境內河川地占全鄉面積45%，盛產質地堅硬的砂石，採砂業也很發達，但如何兼顧環保則是另一項重要課題。

➊藍家古厝已有270年歷史。（鄭信藏／攝）

Yanpu Township

鹽埔鄉

郵遞區號　907
面積　65.35平方公里
節慶　迎王廟會(農曆3月，3年一次)、朝鳳宮鹽埔媽祖誕辰祭(農曆3/23)、慈天宮池府千歲誕辰祭(農曆6/18)、野薑花賞花季(7～11月)
關鍵字　鹽埔濕地、台糖牧場、野薑花、馬拉巴栗、印度棗高朗一號、彭厝生態學校、迎王祭、朝鳳宮、慈天宮

鹽埔鄉介於大武山區與屏東平原之間，屬肥沃的黏質土，又受隘寮溪圍繞，全鄉以農業爲主，農業戶占80%。1990年代，政府依當地的地質、水源等自然條件規畫耕作區，使農產的多樣性居全縣之首；爲增加農民收益，亦推行轉作熱帶花卉，如野薑花、玉蘭花、天堂鳥、馬拉巴栗等。此外，新圍村因地下水含量豐富，可植牧草，闢爲台糖肉牛農場。放牧區裡的淺沼濕地，更是距離屏東市最近、交通最方便的野鳥生態區，種類超過47種以上。

彭厝國小校園生態豐富，就連落葉也採堆肥法集中再利用，堪稱南台灣永續校園典範。（鄭信藏／攝）

Gaoshu Township

高樹鄉

郵遞區號　906
面積　90.15平方公里
節慶　廣興村三山國王誕辰祭(農曆2/25)、廣興壇觀音佛祖祭典(農曆2/29)、泰山村加蚋埔夜祭(11/15)
關鍵字　大車路、大路關石獅子、右堆、橋樑之鄉、黑鑽石蓮霧、大水芋、津山觀光休閒農園、泰和興業農場、青龍山不動寺、恩公廟、台鳳高爾夫球場

高樹鄉除東面連接大武山區，其餘三面皆爲高屏溪水系支流環繞，地形爲肥沃的沖積平原，適合栽培稻米、芋頭、鳳梨、蓮霧、木瓜等作物。自1987年起，高樹全鄉畫入「水源水質水量保護區」。以清澈見底、水質甘甜的水源所種植的芋頭，是高雄甲仙製作芋餅、芋冰的主要原料；蓮霧果實也特別碩大，有「黑鑽石」美譽。此外，由於河流環繞，對外交通亟需搭建橋樑，以致全鄉跨溪大橋共計五座，有「橋樑之鄉」封號。

Changjhih Township

長治鄉

郵遞區號　908
面積　45平方公里
節慶　德協國王宮三山國王祭典(農曆2/25～26)、鎮隆宮五年千歲祭(農曆10/29)
關鍵字　椰林大道、火燒庄、長興、邱永鎬祠、前堆、六堆抗日紀念公園、都司營遺址、殺蛇溪、義勇恩公廟、惠迪宮、大統畜牧場、信功屠宰場、豬欄仔

長治鄉終年高溫，適合椰子生長。（魯顏／攝）

長治鄉全境爲高屏溪沖積平原，地下水含量豐富。本屬西拉雅平埔族居住地之一，明清之際開始有廣東人入墾開庄，鄉民即以客家籍爲主，目前尚占65%。當地人多以務農爲業，並有全台最大的專業化養豬場，全鄉飼養豬隻高達20萬頭。

Linluo Township

麟洛鄉

郵遞區號　909
面積　16.26平方公里
節慶　福聖宮三山國王爺奶奶回娘家遶境活動(農曆1/12～16)、國聖宮三山國王誕辰祭(農曆2/25～26)、湧泉堂觀音佛祖祭典(農曆2/29)、朝鳳宮媽祖誕辰祭(農曆3/23)、鄭成功廟祭典(8/27)
關鍵字　麒麟、前堆、紅寶石蓮霧、開台聖王廟、開基伯公壇、國聖宮

麟洛鄉原爲西拉雅平埔族鹿場，清初廣東省嘉應州人入墾拓荒，因此全鄉七村大都屬客籍，客家人比例僅次於高雄美濃。境內面積雖小，但地勢平坦，土質肥沃，農耕地占70%，以良質米、蓮霧、檳榔爲大宗；所產蓮霧因無靠海之緣故，顏色不若枋寮、林邊黑紫，而呈豔麗鮮紅，有「紅寶石」美譽。

Neipu Township

內埔鄉

郵遞區號　912
面積　81.86平方公里
節慶　美和村伯公生民俗慶典活動(農曆2/1～4)、天后宮媽祖誕辰祭(農曆3/23)、昌黎祠韓愈祭典(農曆9/9)、韓愈文化祭(10/5～10)
關鍵字　荖埔、後堆、六堆天后宮、昌黎祠、藍布衫、保育類野生動物收容中心、內埔工業區、紅標米酒、徐家祠堂、水門跰坑、檔粑山

內埔鄉雖名爲六堆中的「後堆」，但因位居六堆中心位置，又有隘寮溪、五魁寮溪、麟洛河的水利之便，而成爲六堆商業、文化、信仰中心。來台客家鄉親爲了祈求渡海安全而倡建天后宮；也爲了感念韓愈在原鄉設學堂教導客家子弟，興建全台唯一的昌黎祠；朱一貴民變時，各地士紳即於天后宮協商對策，誓師討伐。

全鄉除了靠瑪家鄉一帶地勢較高、多砂礫土屬貧瘠區外，其餘皆屬利於耕作的黏質土，以種植水稻爲主。光復後轉作節省勞力、利潤較高的香蕉、鳳梨、蓮霧與檳榔；特別是檳榔不受地質影響，到處可種，面積直逼3,000公頃，爲目前內埔鄉最大宗作物。

爲有效利用農產資源，1984年正式開發以食品加工爲主的內埔工業區，製造米酒、罐頭、飲料等；區內的屏東酒廠，是台灣紅標米酒的主要生產地。

屏東酒廠已開放為觀光酒廠，未來將規畫米酒博物館。（鄭信藏／攝）

內埔天后宮已有200多年歷史，是特殊的工字型廟宇建築。（黃丁盛／攝）

六堆中規模最大的鄭成功廟。（鄭信藏／攝）

Jhutian Township
竹田鄉

郵遞區號 911
面積 29.04平方公里
節慶 西勢玉清宮玉皇大帝誕辰祭(農曆1/9)、春福伯公祈福祭(農曆2/2)、忠義祠春秋祭先民(農曆2、8月)、神農大帝進香活動(農曆4/26)、萬應壇普渡法會(農曆7月)、秋福伯公祈福祭(農曆8/2)、張萬三祖祠祭典(農曆9/9，3年一次)
關鍵字 頓物、達達港、糶糴村、鸞船米、中堆、西勢村忠義祠、張萬三祖祠、大湖陳家紫氣堂、福田陳家穎川堂、和興村曾家夥房

位在屏東平原中央的竹田鄉，有東港溪與隘寮溪連通境內大小支流，水網綿密，土壤肥沃。早在康熙年間，就有廣東移民大規模來此拓墾，爲六堆最早發祥地。由於全鄉位在東港溪及隘寮溪交匯處，上游村莊所產稻米可利用水運之便轉運東港；夏季溪水暴漲無法航運時，貨船則暫泊於此，故舊名又叫「頓物」，客語意指貨物頓集地。鄉內糶糴庄更爲當時萬巒、內埔、竹田三鄉稻米買賣中心。直至今日，西部縱貫鐵路、屏鵝公路與外銜接，交通重要性不減；1970年代起朝花卉精緻農業發展，檳榔、蓮霧等經濟作物，也成爲生產主力。

由在地文史工作者成立的「米倉藝術家社區協會」，利用閒置的米倉與碾米廠推廣文化藝術。(鄭信藏／攝)

Jiadong Township
佳冬鄉

郵遞區號 931
面積 30.98平方公里
節慶 拜新丁習俗(農曆1/14)、福德祠土地公生日(農曆2/2)、六根庄三山國王誕辰祭(農曆2/25)、慈恩寺浴佛法會(農曆4/7)
關鍵字 平埔族茄藤社、茄苳腳、茄藤港、葫蘆港、左堆、步月樓、褒忠門、西隘口、蕭家古厝、楊氏宗祠

蕭家古厝為全台少見的五落大厝。(黃丁盛／攝)

楊氏宗祠為三級古蹟，門前的「太極兩儀池」，全台僅見。(黃丁盛／攝)

佳冬鄉西南濱台灣海峽，原來是西拉雅族分支馬卡道平埔族茄藤社的故址，清康熙中葉客家族群因人口增加，從萬巒沿北岸河（新埤河前身內社溪之下游，現已成旱地）來到佳冬及新埤，爲六堆地區唯一靠海的鄉鎮。當時不少客家人從事買賣貿易，蕭家古厝便是自梅縣來台打拚的蕭氏先祖，經商致富所建的大宅第。

由於鄰海之便，鄉民除了農耕外，也兼營近海養殖漁業。但近幾十年因超抽地下水，導致地層下陷嚴重，許多沿海屋舍一半陷入地底。

Wanluan Township
萬巒鄉

郵遞區號 923
面積 60.73平方公里
節慶 加蚋朗平埔族仙姑祖廟一夜祭(農曆1/15)、五溝村攻炮城元宵活動(農曆1/15)、萬金天主堂聖母像遶境出巡(11/30)
關鍵字 大武山、扇端湧泉、仙人井、五溝水、先鋒堆、萬金聖母聖殿、萬巒豬腳、豬腳之鄉、紅龍果、劉氏宗祠

清同治9年（1870）12月8日，西班牙道明會郭德剛神父在萬巒建萬金聖母聖殿，是台灣現存最古老的天主教堂。(金成財／攝)

清康熙37年（1698），濫濫庄粵籍先民沿東港溪來到鄉內，發現官倉肚一帶有口噴湧的泉塘，於是遷居於此。由於地處東港溪上游，背倚大武山，屬扇端湧泉地形，灌溉泉水源源不絕，不同於當時嘉南平原盛夏苦旱的缺點，可耕地達5,700公頃，稻作豐富，猶如大武山腳下的糧倉，因此吸引眾多粵籍移民落腳，聚落面積爲南台灣之最。康熙60年（1721）朱一貴民變，屏東平原客家人自組義勇軍，萬巒即屬其中的先鋒。後來天主教傳入，大大降低了閩客、平埔間發時的對立衝突音，至今聖殿所屬的萬金村，信仰天主教的人口比仍高達90%。此外，萬巒還以「豬腳之鄉」聞名全台。萬巒豬腳以八種左右中藥材燜煮，溫熱吃口感香韌，冰凍吃咬勁Q，拜前總統蔣經國先生青睞之賜，名聲不脛而走。

萬巒因為豬腳而聞名全台。(黃丁盛／攝)

Sinbi Township
新埤鄉

郵遞區號 925
面積 59.01平方公里
節慶 建功村三山國王誕辰祭(農曆2/25)、農府宮神農大帝誕辰祭(農曆4/26)、代天宮祈福遶境活動(農曆6/17～18)、文帝壇太子爺生日祭(農曆9/9)
關鍵字 新埤頭、餉潭村龍潭池、龍潭寺、保安林、阿彌陀佛碑、建功社區親水公園、野戰醫院遺址、平埔十二社、石頭公園、左堆、東柵門

清初粵籍移民至此拓墾，因境內多乾燥荒埔，必須新闢人工蓄水埤塘引水灌溉，故名「新埤」。東連山地來義鄉，地勢高低不平，南有林邊溪及力力溪，全鄉山坡砂礫地與河川地占2/3，貧瘠不適農耕，主要作物爲土芒果、檳榔、落花生等。

(黃丁盛／攝)

Penghu County

玄武岩故鄉澎湖縣

由90個大小島嶼所組成的澎湖縣，是台灣省最小的縣市及唯一的島縣。由於位在台灣海峽中央偏南，距嘉義最短距離只有44公里，與福建最近也僅125公里左右，自古即是中國大陸與台灣之間的軍事要衝與移民中繼站，開發年代比台灣本島還早了400年。也因爲設治較早，小小島上就擁有六個國家級古蹟，廟宇、燈塔、石敢當的數量與密度也高居全台之冠。島上的子民以大海爲良田，而生活所憑依的古厝、菜宅、石滬，也無一不取自大海。無山、無河、風強、雨少的天候條件，雖然讓農工商業無以開展，但特殊的玄武岩景觀、人文史蹟、石滬文化，以及海島風情，卻是最豐富的觀光資源，也是島嶼子民開創願景新舞台的契機。

羅列海上的群島之縣

澎湖群島共有90座大小島嶼，其中只19座有人居住，其餘無人島便成了野生動植物棲息繁衍的天堂，而各島嶼礁岩的廣大潮間帶，也形成特殊的海岸生態，是過去島民重要的生活資源之一。因羅列在台灣海峽中央，不僅是大陸與台灣間的中繼站，也是東亞沿海與太平洋遠洋航線要衝，因此，矗立在各小島上的眾多燈塔也成為這個「群島之縣」的特有景觀。

火水交融玄武岩

除了花嶼之外，澎湖群島岩質全是距今1,800萬～800萬年前，歷經數次火山活動，熾烈的熔岩從淺海或地下裂隙湧出地面後，冷卻而成的玄武岩；再經數百萬年風化，出現石柱櫛比，或高聳直立，或彎曲傾斜的地貌奇觀；又因羅列在大海中，受潮汐與海浪侵蝕，造成海蝕崖、海蝕平台、海蝕洞、海蝕拱門、海蝕柱、海蝕溝、壺穴等地形。姿態萬千的玄武岩地質地形不只是地質學家的天堂、遊客的焦點，更是海島子民地方傳說的泉源，以及就地取材，用來搭建石滬、房舍、菜宅的最好建材。

(許育愷／攝)

貓嶼海鳥保護區

每年夏季，澎湖群島附近海域都會有丁香魚群洄游，因而也吸引了追逐丁香魚群而來的夏候鳥，包括玄燕鷗、白眉燕鷗等，並在附近無人島棲息繁殖，其中尤以貓嶼數量最多，目前已設置為全台第一個野生動物保護區。

(黃丁盛／攝)

充滿人文色彩的玄武岩

考古學家在七美島上發掘的史前石器製造場，證實了早在4,000年前，島上居民就利用玄武岩製造器物。而近千年的開發歷程中，玄武岩也被廣泛運用在石滬、堤岸、園宅擋風牆、民居地基、牆堵、門窗結構、石臼、石磨等，讓冰冷的石塊沾染濃厚的人文色彩與溫暖。

(吳松霖／攝)

七美鄉

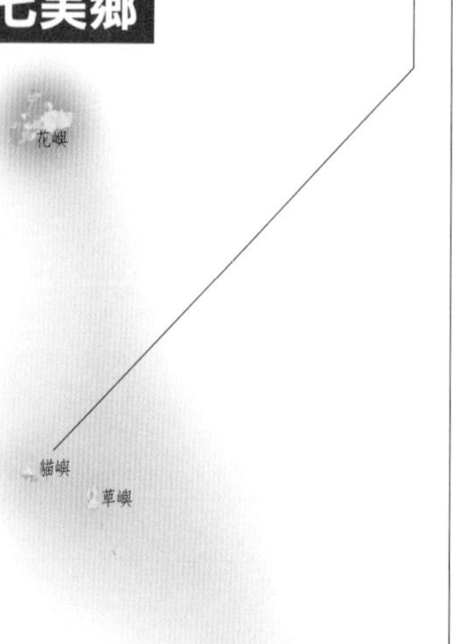

雙心石滬
七美島
望夫石

0 750 1500公尺

望安鄉

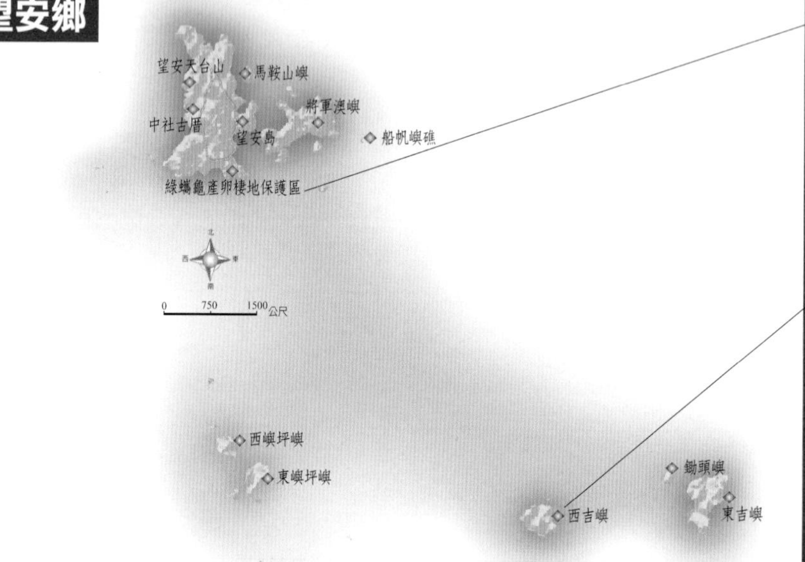

綠蠵龜產卵棲地保護區

過去，台灣東部沿海、蘇澳、南方澳一帶，都曾發現大量綠蠵龜。近年因拖網及流刺網具捕殺、沙灘過度利用，綠蠵龜數量急遽減少，只剩澎湖望安、東嶼坪及台東蘭嶼有綠蠵龜上岸產卵跡象。目前望安島已有六處沙灘畫設為海龜產卵棲地保護區。

生機盎然潮間帶

澎湖群島高低潮差產生的潮間帶面積占全島30%，比例全台第一。這些潮間帶包括了玄武岩礁盤、沙泥地、礫石地，以及全台規模最大的珊瑚淺坪與珊瑚裙礁地形，是藻類、珊瑚、甲殼貝類、棘皮動物、魚類等海洋生物的棲息樂園，更提供島上居民源源不絕的魚源，形成澎湖傳統的石滬漁業文化。

石滬文化

以村為單位，村民互助共生的石滬文化，是澎湖特有的漁撈文化。因澎湖海岸線曲折、潮間淺棚寬廣、傾斜度小、潮差大，加上玄武岩與硓砧石取得容易，居民便充分運用這些優勢條件，合力造滬捕魚。石滬有弧形、單心形、雙心形等各種造型，其中七美島的雙心石滬不但獲選為澎湖首景，更有地球上最美石滬的稱號。

(黃丁盛／攝)

(許育愷／攝)

燈塔之島

漁業是澎湖群島的經濟命脈，加上位在軍事與海航要衝的重要地理位置上，海上安全即成為澎湖建設之首，全縣較具規模的燈塔、燈座與燈桿等共24座，數量與密度居全台之冠。

（黃丁盛／攝）

傳統聚落

澎湖群島許多村里聚落，如馬公市中央街、西嶼鄉二崁村、望安鄉中社村等，至今仍保有完整的咾咕石建築及洋樓住宅群。每一聚落除了擁有作為聚落信仰與精神中心的宮廟之外，聚落周圍還分設五營、石敢當、鎮風塔等，構成特殊的聚落地景空間。

（黃丁盛／攝）

全台最古老的天后宮

據考證，媽祖信仰早在南宋即傳入澎湖。明萬曆20年（1592年）確定已建有媽祖廟，但遭荷蘭人燒毀，現存式樣為康熙年間（1664年左右）所修建，被指定為國家一級古蹟。馬公市舊稱「媽宮」，便是因媽祖宮而得名。

（黃丁盛／攝）

氣勢磅礡玄武岩保留區

位在澎湖東北海的雞善嶼、碇鉤嶼、小白沙嶼三座無人島，柱狀玄武岩發達，有彎曲的火山頸構造、筆直排列如巨型管風琴，也有成群發育的海蝕柱。每到夏季，這三座島更是各種保育鳥類的棲息繁殖地，因而在1994年被公告為玄武岩保留區。

（許育愷／攝）

王船祭

全澎湖一百多座廟宇中，就有47座奉祀王爺，比海上守護神媽祖六座還多。澎湖各地仍維持著傳統請王、送王的王船祭祭儀，但採不定期舉行，與台灣本島定期式三年一次的王爺醮典截然不同，而這也反映了以海維生、難以穩定的地方經濟型態。

（黃丁盛／攝）

人文薈萃漁翁島

開發甚早的澎湖，雖因炎熱少雨、風強土瘠，除了種植花生、蕃薯外，無法發展農業，居民大多以捕魚為業。早期移民為順應惡劣的天候環境、以海為田的生活，數百年來，發展出格局雖小，但能有效防風沙的聚落空間，以及對於海上守護神媽祖、王爺的虔誠信仰與祭儀，形成了獨特的海島文化。大多來自福建漳、泉二州的先民，也將南管音樂、建築工藝、鑿花木雕等原鄉傳統文化帶來，在這海島上不斷傳唱延續。

澎湖縣 Penghu County

縣花 天人菊 縣樹 榕樹

縣鳥 澎湖小雲雀 縣魚 玳瑁石斑

面積 127平方公里

人口 約9萬2千人，近20年來成長-12.5%

人口密度 每平方公里約729人

海岸線 320公里，岩岸(珊瑚礁)

森林覆蓋率 17%

民生水源 水庫及海水淡化廠

節慶 元宵乞龜(農曆1/15~17)、媽祖海上出巡(農曆3/23)、海上花火節(4~8月)

天人菊。（許育愷／攝）

澎湖群島位於台灣海峽中央，開發比台灣本島還早約400年，是台灣省唯一的島縣，總共由90座星羅棋布的大小島嶼組成。曲折的海岸線，加上玄武岩地形，構成澎湖最特殊的自然景觀。

開發最早的漁翁之島

澎湖群島面積狹小、分布零散，但地理上位居東亞要津，南宋時期便已有漢人活動的記載，可說是全台最早開發的縣市。16世紀時，葡萄牙人就稱澎湖為「漁翁之島」。從元代到清代，又一直是兵家必爭之地與兩岸的移民中繼站，這期間澎湖曾淪為海盜根據地、荷蘭人兩次占領、明代與清代的守備，直到日治與光復後方有現代化的開發。由於開發緩慢，使得這個多風少雨、地貧民瘠的島嶼至今仍維持著以海為田、靠海吃海的本色，散發出特有的海島文化氣息。

海與風的故鄉

澎湖的陸地多屬旱地，不利種植，但「海田」的收獲頗豐。春夏之季，拜黑潮支流、南中國海季風流之賜，以及養殖漁業技術進步，「丁香魚季」、「海鱺季」、「九孔節」、「海鮮節」等活動已逐漸打出口碑。秋冬之季，東北季風不利航行，卻為北海離島帶來了豐富的海藻資源，強冠全台的勁風是適合風力發電、風帆競賽（11月）的最佳場所，澎湖成為名副其實的「海風故鄉」。

天然地質公園

澎湖群島是全台唯一由玄武岩組成的島縣，地貌獨特，被文建會評選為「台灣世界遺產潛力點」之一。澎湖縣政府也積極推動成立「玄武岩地質公園」，並連年舉辦地景藝術節，以期保留珍貴的自然資產。

Magong City

馬公市

郵遞區號 880

面積 34平方公里

節慶 元宵乞龜(農曆1/15)、海上 花火節(4~8月)菊島海鮮節(7~ 9月)、媽祖出巡(農曆3/23)、泳渡澎湖灣(6或7月)、風帆季(11月)

關鍵字 開拓館、天后宮、城隍廟、觀音亭、馬公古城牆、中央老街、風櫃尾荷蘭城堡、玄武岩地質公園、桶盤嶼、虎井嶼、風櫃洞、海洋資源館、風櫃來的人

因馬公港而發展的馬公市，濱臨澎湖內海的天然港灣，是重要的貿易港與軍事要地。自元代設置巡檢司開始，移民早已在此「小三通」，形成台灣最早的漢人聚落。1887年中法戰爭後，由於戰略位置考量而興建的城池，因擁有全台歷史最悠久的媽祖廟而得名「媽宮城」。

中法戰爭後建造的媽宮城，只剩下被列為二級古蹟的小西門「順承門」。（黃丁盛／攝）

雖然澎湖開發得早，但相較於台灣的建設步調，卻顯得發展緩慢，小小的市區內仍保留著十餘處名勝古蹟；熱鬧市街之外緊臨寧靜質樸漁村、美麗沙灘，使得這個海隅小城成為觀光產業匯聚的服務中心。

風櫃洞為海水不停侵蝕岩石而形成的海蝕溝，流速夠大的海水流入溝內時，會噴出水柱，並發出巨大的風聲。（黃丁盛／攝）

Siyu Township

西嶼鄉

郵遞區號 881

面積 18.7平方公里

節慶 外垵元宵漁燈會(農曆1月)、西嶼海鱺節(7月)、漁翁島採 蚵巡滬(8月)、漁翁島打寸子比賽(12月)

關鍵字 二崁古厝、東台西台古堡、內垵塔公塔婆、大果葉石柱、鯨魚洞、石滬、跨海大橋、吼門、西嶼燈塔、西流險海域

西嶼是澎湖第二大島，全島為一方山型的玄武岩島嶼。雖然玄武岩土層十分淺薄而無農業之利，但海岸線曲折蜿蜒，鯨魚洞、池西、大果葉等處壯麗的地質景觀十分迷人。此外，西嶼因位在澎湖群島西部，對西來的船隻而言，可說是進入馬公與台灣的前哨站，戰略位置重要，歷代留下的軍事遺跡不少，其中以一級古蹟「西嶼西台」最著名。

漁翁島的建設相當進步，跨海大橋解決白沙與西嶼的交通問題。（黃丁盛／攝）

舊名「漁翁島」的西嶼，四周海域遼闊，又有避風港灣，因而漁業發達，鎖管、鮨科、鯛科和隆頭科魚種資源豐富，加上近年來箱網養殖業異軍突起，海鱺、嘉臘、石斑肉質鮮美，銷售遍布海內外，為西嶼帶來觀光與經濟收益，讓漁翁島美名至今不墜。

西台古堡顯示了西嶼位居的重要戰略位置。（黃丁盛／攝）

Baisha Township

白沙鄉

郵遞區號　884

面積　20.1平方公里

節慶　吉貝石滬祭(4～10月)、赤 崁丁香魚季(7～8月)、北海燕鷗 季(7～8月)

關鍵字　玄武岩保留區、珊瑚、吉貝沙嘴、石滬群、澎湖水族館、通樑古榕、目斗燈塔、地下水庫

通樑古榕。(許育愷／攝)

以跨海大橋和西嶼連接的白沙鄉，三面環海，因東北部海濱有一片綿延數公里的白色沙灘而得名。全鄉地下水源頗豐，使貧瘠的土地生產出品質優良的洋香瓜、嘉寶瓜和楊梅等經濟作物。

白沙鄉轄所屬的島嶼共有27座，其中北海諸島的玄武岩柱狀地形發達，深具獲選為世界遺產潛力點的條件，而黑潮支流流經、泥沙少、水質乾淨的員貝島東方及鳥嶼南方海域，是澎湖珊瑚分布最密集的地方。吉貝與白沙本島之間的海域，漁獲豐富，以丁香魚為最大宗；秋冬之際，許多無人島的海蝕平台上盛產天然紫菜，還有為數眾多利用漲退潮捕魚的石滬和抱墩，形成白沙鄉多樣化的漁業風貌。

每年7、8月為澎湖的丁香魚季。(黃丁盛／攝)

Husi Township

湖西鄉

郵遞區號　885

面積　33.3平方公里

節慶　用腳愛台灣(9月)、海洋音樂祭(9月底)

關鍵字　馬公機場、海水淡化廠、灰窯、登窯

由於湖西腹地較大、土壤肥沃，又有難得一見的湖泊地形，是早期大陸移民的第一選擇，也是現今澎湖唯一農重於漁的鄉鎮，所產落花生、甘藷、葉菜類等作物，包括畜牧業的供給均占全縣總量半數以上。除農業外，光復後至1981年代左右，灰窯業、磚窯業和打石業亦曾盛極一時，後因時代變遷而逐漸沒落。近代許多大型公共建設如機場、水庫、海水淡化廠、電廠和油庫等陸續坐落於此，但各村傳統聚落保存頗為完整，塑造出湖西鄉農、工並存，新、舊並呈的特殊景象。

湖西鄉遵循古法，舉行「送王」燒王船活動。(黃丁盛／攝)

Wangan Township

望安鄉

郵遞區號　882

面積　13.8　平方公里

節慶　南海燕鷗季(7～8月)

關鍵字　綠蠵龜保護區、中　社古厝、天台山、花嶼、貓嶼海鳥保護區、文石、黑水溝、柱狀玄武岩

由於望安位在澎湖與台灣中間，17世紀，鄭成功自金門前往台灣的航行中，「望」見八罩島（望安舊名）風平浪靜而心「安」；清初成為施琅攻占台灣的基地；之後更是大陸前往澎湖和台灣的中繼站。

望安是澎湖最古老的島嶼，土層和其他島嶼一樣是淺薄的玄武岩，加上強風少雨，物產不興，僅越瓜產量較多。自然資源方面則頗為豐饒，1980年代以前，珊瑚漁業流行一時；文石的品質優良具世界水準，但礦源有限，一直是玩家的高級收藏品。近年設立的貓嶼海鳥保護區和綠蠵龜產卵棲地保護區，則為望安打下了生態觀光的知名度。

中社古厝已有300年歷史，是澎湖現存最龐大、完整的閩南古厝群。(黃丁盛／攝)

綠蠵龜產卵棲地保護區。(李兩傳／攝)

Cimei Township

七美鄉

郵遞區號　883

面積　7平方公里

節慶　牽手護雙心(5/20)、九孔美食節(7～8月)

關鍵字　七美人塚、史前石器遺址、雙心石滬、九孔、岩脈、褶皺、小台灣平衡石、分岔仔、大獅、龍埕、魚月鯉灣

面積不及7平方公里的七美是澎湖最南端的島嶼，以七美人塚而得名。由於四周海域恰好是黑潮支流和中國沿岸流兩股冷暖洋流交會處，加上淺海礁岸多，是良好的漁場，因此居民多以漁業維生，近年來更以九孔養殖為漁業新秀，肉質鮮美甘甜。在玄武岩的地質組成下，七美全島均是風景區，環島柱狀玄武岩海崖氣勢磅礡，大灣岩柱、鬼斧神工的小台灣及望夫石、魚月鯉灣等均是獨特的自然景觀；此外，大規模的史前石器遺址、保存完整的古厝和菜宅、連年獲網路票選為澎湖首景的雙心石滬，在在訴說著先民奮鬥的故事，使七美成為澎湖南海旅程中必定造訪的島嶼。

七美島俯瞰。(吳志學／攝)

魅力・山海・桃花源

Eastern Taiwan 東台灣

東台灣，涵蓋宜蘭縣、花蓮縣及台東縣三個行政區，東臨太平洋，西倚中央山脈，兼有山脈、縱谷、平原、海岸、島嶼之勝，無論自然景觀、文化資產或觀光資源，都迥異於台灣西岸而獨具特色，被譽爲台灣最後一塊美麗淨土，也是現代逐美好環境而居的白領移民首選之地。

5,000年前，這裡是台灣人煙最多的地區之一。至今仍可在海岸山脈東側的海階上，找到多處過去文明足跡的文化遺址。噶瑪蘭族、西拉雅、泰雅族、阿美族、卑南族，以及蘭嶼島上的達悟族，當然還有百年前翻山越嶺來到後山拓墾的漢族移民等，各個族群都在這裡找到生活的舞台，也創造了屬於自己，又混雜交融的多元文化面貌。

不論是堅持以農業、文化、環保立縣的宜蘭，或是善用自然資源，充分揉合風土、農作與族群慶典的台東縣，或是擁有世界級雄偉壯觀、不受污染的自然絕景的花蓮縣，東台灣特有大山大水、自主又自在的地方意識，讓這處後山桃花源的魅力，卓然不凡。

（黃丁盛／攝）

Outstanding

世界級東台灣

夾峙在太平洋和海岸山脈之間的東台灣，因歐亞大陸板塊和菲律賓海板塊的推擠，造成地殼隆升、溪流切割侵蝕，不但如鬼斧神工般，雕鑿出世界最大的太魯閣大理岩峽谷，以及亞洲最潔淨的深層海水等山高水深的自然絕景，多元地貌所造就的多樣棲地，也讓東台灣擁有東南亞面積最大的福山植物園、世界唯一的五葉蘭產地，更是珍貴又美麗的珠光鳳蝶在全世界唯二的棲息地之一。

人的足跡也在5,000年前就踏上這裡，歷經13次考古挖掘的台東卑南遺址，是目前所知環太平洋地區最大的石板棺墓葬遺址，就地興建的台灣史前文化博物館，是亞洲最大史前博物館。貫通北台灣、東台灣的雪山隧道，不僅是東亞最長的公路隧道，更爲東台灣的未來打開世界級的前程願景。

宜蘭縣

世界第一座獅子博物館

河東堂獅子博物館位於頭城鎮，成立於1998年，為世界首座以東亞地區「獅子」為主題的博物館，共有6,000多件館藏。

世界最大的木屐

位在蘇澳鎮的白米社區，當地致力發展木屐文化，成立白米木屐館。木屐老師傅合力製作一雙長120公分，重88公斤的大木屐，成為木屐館最大的特色。

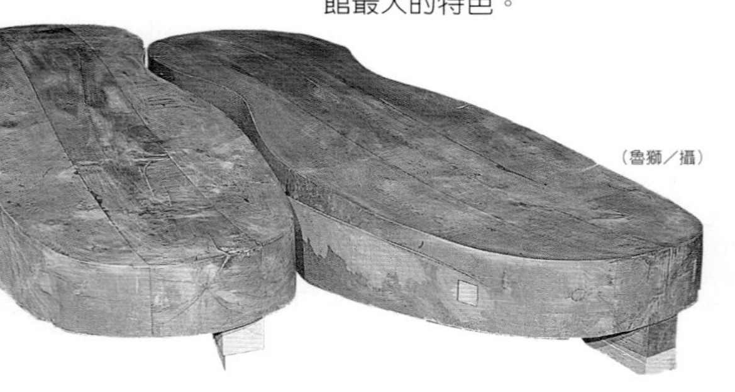

（魯獅／攝）

世界第一座螃蟹博物館

北關螃蟹博物館，位在頭城鎮北關生態農場內，成立於1999年，占地250坪，為全世界唯一以螃蟹為收藏主題的博物館。除了各式螃蟹，也收藏屬於甲殼十足類家族的蝦類和寄居蟹類。館藏總共約500多種，近2,000件標本及活體。

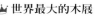

（魯獅／攝）

宜蘭縣

東南亞最大植物園

福山植物園，屬行政院農業委員會林業試驗所，有系統地蒐集與栽培台灣中低海拔木本植物，目前栽種之植物共有66科441種，共3,200餘株。

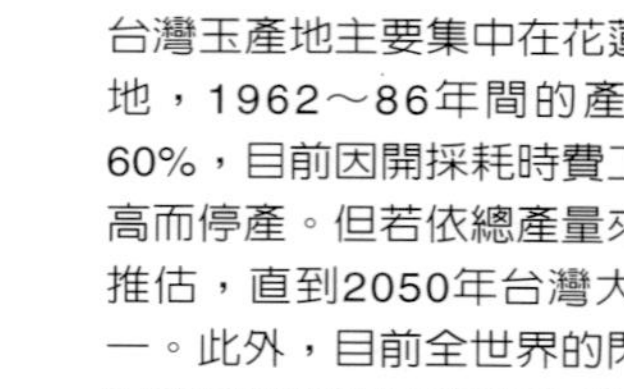

（黃丁盛／攝）

台灣閃玉年產量世界第一

台灣玉產地主要集中在花蓮豐田、萬榮等地，1962～86年間的產量即占全世界60%，目前因開採耗時費工，人工成本又高而停產。但若依總產量來看，依據專家推估，直到2050年台灣大概仍居世界第一。此外，目前全世界的閃玉也只有台灣出產具貓眼結晶纖維的「貓眼玉」。

近年來，經考古學者分析並確認卑南文化遺址中的玉器，是花蓮豐田產的玉。而在東南亞的呂宋島、越南等遺址中發現台灣玉，也成為台灣為南島語族發源地的重要線索之一。

（金標盛／攝）

（魯獅／攝）

東亞最長公路隧道

北宜高速公路的雪山隧道，貫穿雪山山脈，兩端為台北縣坪林鄉與宜蘭縣頭城鎮，長達12.9公里，為東亞最長的公路隧道。

世界最大的大理岩峽谷

幾乎呈垂直狀的太魯閣峽谷，狹窄陡峭深度超過1,000公尺，是目前世界上最大的大理岩峽谷。因歐亞大陸板塊和菲律賓海板塊推擠，使得地殼持續不斷上升，而立霧溪水量豐沛，向下侵蝕、切割岩層力量加劇，壯觀的太魯閣峽谷便在這樣的循環下形成，日後也會持續不斷地長高、加深。

花蓮深層海洋水，亞洲之最

在花蓮縣三棧溪口成立的國內首座海洋深層水生技園區，所抽取的海洋深層水深度達700公尺，超過日本的687公尺紀錄，成為亞洲最潔淨的深層水來源。

世界保育級蝴蝶棲地

台灣體型最大的蝴蝶珠光鳳蝶，僅棲於蘭嶼和菲律賓，是名列世界保育及限制買賣的物種。其雄蝶後翅金黃色，翅脈外緣線有鋸齒狀黑斑，逆光下有如寶石般的珍珠光，有台灣最美的蝴蝶美譽。

（李兩傳／攝）

世界唯一出產五葉蝴蝶蘭之地

蘭嶼原名「紅頭嶼」，1947年曾在國際性花卉比賽中以蝴蝶蘭奪冠，同年台東縣長認為鄉名不佳，妨礙開發，取其地為世界唯一出產五葉蝴蝶蘭的地方，改名「蘭嶼」。

亞洲最大史前文化博物館，以及最長水舞

國立台灣史前文化博物館是亞洲最大的史前文化博物館，所展示的卑南遺址也是環太平洋與東南亞地區中，規模最大的石板棺墓葬遺址。其景觀公園內還有亞洲最長的水舞秀，夜晚配合燈光變化，美不勝收。

（黃丁盛／攝）

綠色山海宜蘭縣

位在台灣島東北側的宜蘭，三面環山，另一面開口朝向太平洋，宛若畚箕般的地形，攔下東北季風帶來的水氣，因而一年當中有200多天的降雨，也因此蓄積了豐沛的水源。而橫亙在北、西面的雪山山脈，就像一道天然屏障，讓這塊原住民口中的「噶瑪蘭」平原，遲至1796年，漢人吳沙才帶著大批移民踏進這片好山好水。

近20多年來，素以農漁產業爲主的宜蘭，在歷任縣長堅持以「文化、環保、觀光」立縣的原則下，不但保留了境內豐富的自然資源，成爲發展觀光產業的優勢條件，居民對於地方傳統文化的自覺與積極參與，也讓宜蘭成爲全台博物館最多的縣份。每年盛大舉行的「童玩節」與「綠色博覽會」，不但創造出令人耳目一新的「宜蘭經驗」，更成功地將宜蘭推上國際舞台。

（李両傳／攝）

生命母河蘭陽溪

宜蘭年雨量高達2,656公釐，在夏季豐水期，全長73公里的蘭陽溪，下游河段經常宣洩不及，因此在河口漫溢成廣大的沼澤，而成為孕育多種濕地生物及候鳥的天堂，是東台灣最佳的賞鳥勝地。

礁溪溫泉。（許育愷／攝）

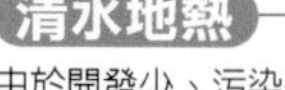

清水地熱

由於開發少、污染少，宜蘭的地下水是許多礦泉水生產公司的主要水源。此外，豐沛的地下水也帶來各種經濟活動，如礁溪以無色無味的碳酸氫鈉泉聞名全台，大同鄉清水地熱更曾擁有全台唯一的地熱發電廠。

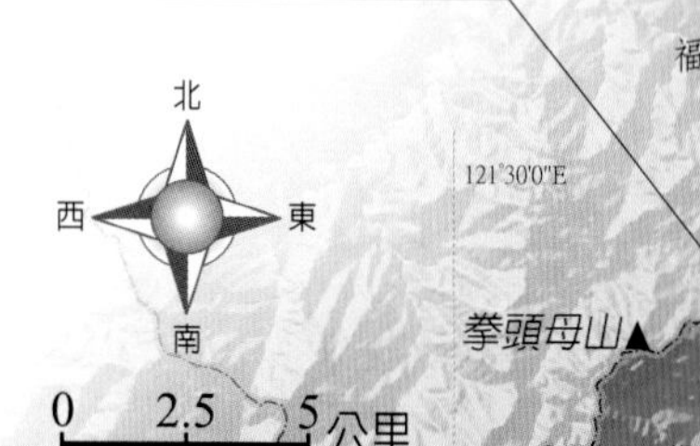

蘭陽好山水

好山好水，是宜蘭最傲人的自然資產。由於擁有特殊地形，使太平洋飄來的水氣受到雪山及中央山脈阻擋，氣候比其他地方更加濕潤，也造就獨特的生態景觀：高海拔地區有7,000至上萬年前冰河時期形成的冰斗地形；中海拔有檜木成林的霧林帶；低海拔則因森林涵養水源，蘊藏了豐富的地下水。此外，因板塊推擠方向改變，壓力從北台灣南移到中台灣，宜蘭外海的沖繩海槽開始不斷張裂，不但使地熱活動旺盛，地下水從地表的裂隙湧出形成溫泉及冷泉，也引發海底火山活動，而龜山島是其中唯一浮出海面的火山島。

南湖冰斗

海拔3,742公尺的南湖大山，為中央山脈北段最高峰，也是「台灣五岳」之一。由於面迎東北季風，直接攔截水氣，成為台灣山區降雪最豐富的地區，並曾在冰河時期留下多處遺跡，其中以南湖大山1、2號冰斗最為典型。

（連志展／攝）

蘭陽溪沙洲上長滿了成片的田根子草。（金成財／攝）

「unizi Da Kavalan 咱是噶瑪蘭」

「噶瑪蘭」是宜蘭的古地名，而噶瑪蘭人則是大批漢人入墾前，原居於此地的原住民族，意為「住在平原的人」，以別於住在山區的泰雅族人。1796年，漳州人吳沙率眾進入蘭陽平原開墾後，噶瑪蘭人逐漸失去生息的空間，於是在19世紀往花東地區遷移，或因為與漢人通婚而被同化，使得現今居住在蘭陽平原的噶瑪蘭族人數很少，除了冬山河流域的流流社，遺跡多已不存。但難能可貴的是，許多生活及文化習俗均保留了下來，例如語言、新年祭祖，以及海祭、倉祭等與農漁相關的祭典，並恢復了香蕉絲織布等生活技能。此外，族人多年來不斷爭取正名，過去因移居花蓮而被納入阿美族一支的噶瑪蘭族，終於在2002年被正式認定為台灣原住民族的第11族。

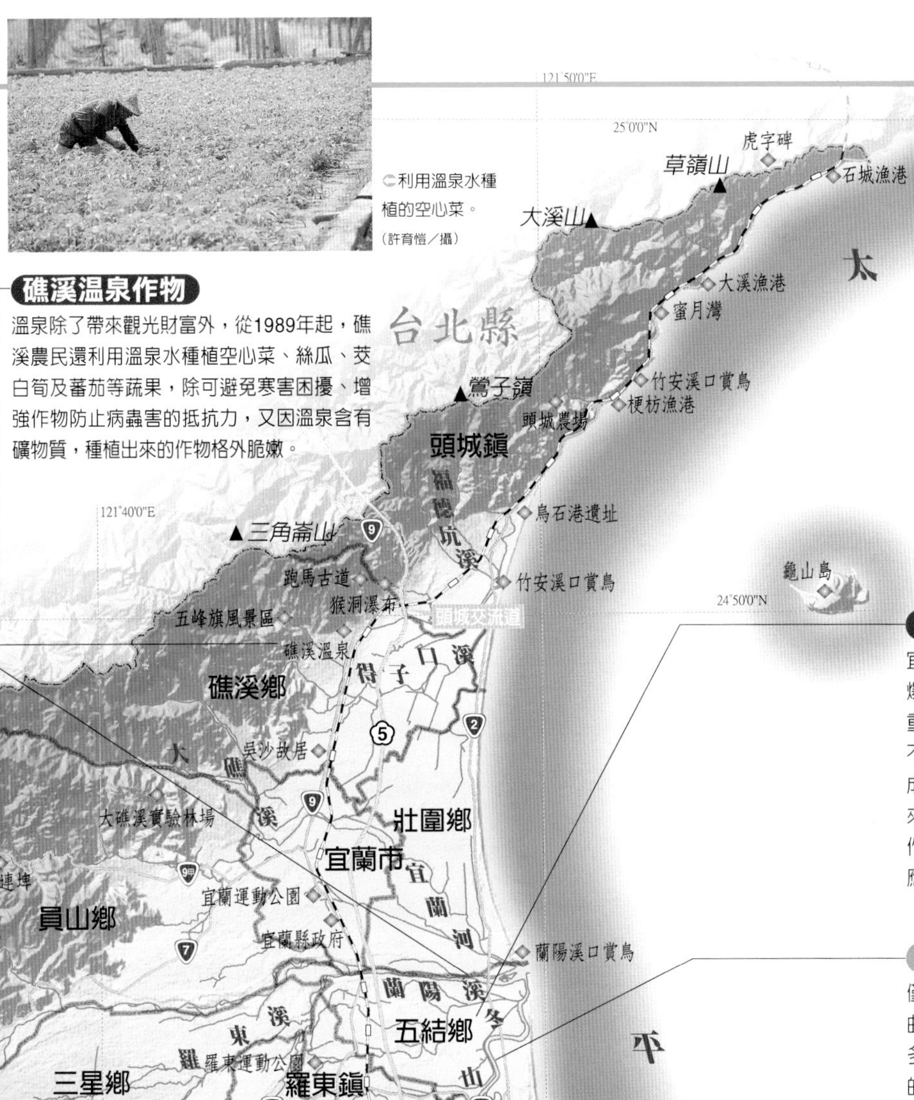

利用溫泉水種植的空心菜。（許育愷／攝）

礁溪溫泉作物

溫泉除了帶來觀光財富外，從1989年起，礁溪農民還利用溫泉水種植空心菜、絲瓜、茭白筍及番茄等蔬果，除可避免寒害困擾、增強作物防止病蟲害的抵抗力，又因溫泉含有礦物質，種植出來的作物格外脆嫩。

三星蒜。（黃丁盛／攝）

三星蔥。（許育愷／攝）

農漁產業精緻升級

平坦而肥沃的蘭陽平原，產業面貌從古至今皆以農為主，除傳統的稻米外，由於水氣充足，三星栽培的蔥蒜獨具美味；礁溪溫潤的泉水灌溉出享譽全台的青蔬。不僅農業發達，從雪山山脈匯流而下的伏流湧泉，更培育出占全台80% 的香魚產量；沿海地區還有因應低窪地勢，發展已逾百年的養鴨事業；而由於黑潮流經外海，沿岸港澳皆以漁產豐富著稱，傳統漁業外，近年更朝賞鯨豚、牽罟活動等，結合生態及人文旅遊的方向發展。

養鴨王國

宜蘭沿海低窪地區，如五結鄉常因山洪爆發、海水倒灌而導致農田作物損失慘重，農民因而發展養鴨產業。早期因交通不便，畜產品不易運銷和儲藏，故多加工製成乾貨，也因而誕生了「鴨賞」特產。近年來礁溪農牧場更培育出體型小，不會壓壞稻作，生長期可以配合稻米生長的「合鴨」，以供應全台各地耕作有機米農田所需。

（魯獅／攝）

冬山河親水公園

僅有24公里長的冬山河，早年因河道彎曲，經常氾濫成災。自1987年起，歷經十多年整治，終於成為兼具防洪及灌溉之利的河川。其中位於中游的親水公園，以綠色山丘般的堤防、仿造養鴨人家水池的涉水池等特殊設計，再加上每年國際童玩藝術節、國際名校划船比賽等活動都在此舉辦，而成為著名的觀光景點。

（魯獅／攝）

遠洋基地蘇澳港

宜蘭沿海因有太平洋黑潮流經，加上南段海岸多彎澳，適合發展漁業。其中由北方澳、蘇澳及南方澳形成的蘇澳漁港，魚群種類眾多，為東部遠洋漁港重要基地，更名列台灣三大漁港之一。

隨著黑潮而來的鬼頭刀。（許育愷／攝）

打造宜蘭經驗

宜蘭的獨特，不僅表現在自然的山川風貌，更展現在宜蘭人對土地的認同與重視文化傳承上。從早年的北管戲班密集地、傀儡戲大本營、傳統歌仔戲曲發源地，到近代恢復停辦42年的中元節搶孤、整治冬山河、蘭陽舞蹈團的世界演出、傳統藝術中心的設置，還有為了打造美麗家園而發起的社區營造，以及在1999年底誕生，全台第一個由地方性博物館結盟的組織「宜蘭博物館家族」，更成功達成了「蘭陽就是一座大博物館」的理想。

營造社區獨特魅力

宜蘭人對鄉土的關懷，充分表現在參與社區活動中。近年在各地鄉鎮市公所推動下，成功再造社區特色：例如礁溪玉田村以瑞獅團為特色的文藝季「玉田弄獅」；從鄰近礦場的小鎮蛻變為帶動木屐文化的「白米木屐村」；發展稻草工藝的冬山珍珠社區等。

珍珠社區的稻草創意。（黃丁盛／攝）

蘭陽戲劇團劇作<杜子春>。（蘭陽戲劇團／提供）

宜蘭縣 Yilan County

縣花 國蘭 **縣樹** 台灣欒樹
面積 約2,144平方公里
人口 約46萬2千人，近20年來成長率3.6%
人口密度 每平方公里約215人
海岸線 約106公里，石城以北為岩岸，石城以南為沙岸
森林覆蓋率 75%
主要水系 蘭陽溪
民生水源 地下水
節慶 詳見各鄉鎮

蘭陽平原與龜山島 （黃丁盛／攝）

宜蘭北部與西側有雪山山脈盤據，南面中央山脈橫亙，東濱太平洋；蘭陽溪爲主要河流，大大小小溪流多往東流，共同沖積成蘭陽平原。

聞名全台的「蘭雨」

蘭陽平原猶如一個開口朝東的三角形畚箕，地勢由東側太平洋岸，往北、西、南三面漸漸升高。全縣地理特色爲山多、水多、濕地多，孕育了豐富的植物相和野生動物棲息地。秋冬時的東北季風，從海面挾帶豐沛水氣，帶來綿綿陰雨，再加上春雨、梅雨與夏季的颱風，一年當中有200多天陰雨，與風城新竹齊名，合稱「竹風蘭雨」。

族群的演替

宜蘭最早有噶瑪蘭、泰雅人聚居，由於雪山、中央兩大山脈的阻隔，陸上交通不便，僅有淡蘭古道、淡蘭便道聯絡台北盆地，因此漢人移入開發較晚。直到吳沙於清嘉慶元年（1796年）率眾入墾，以頭城烏石港爲據點，逐漸向南拓墾出蘭陽溪以北的二城、礁溪、四城、壯圍、宜蘭等地，才導致原本住民遷徙：泰雅人向西、南遷往大同鄉、南澳鄉，噶瑪蘭人陸續南遷至花東，留下的族群則逐漸被同化。

在地思考與發展

宜蘭的現代化歷程自成一局，在台灣西部各地以工業帶動經濟之際，卻主張以文化、環保、觀光立縣，致力發展傳統產業、綠色企業，排拒了六輕、火力發電設廠。至今，宜蘭仍保有大片綠色淨土，加上近年來政府結合民間的力量，巧思包裝地方特色，推動文化、觀光活動，不僅引發話題、帶來人潮，更走向國際，成爲發展觀光的典範。

綠色新故鄉

隨著北宜高速公路通車，宜蘭將成爲台北都會區的延伸，而交通改善、公共建設陸續落成，許多出外打拚的宜蘭子弟開始搬回老家，也有厭倦水泥叢林的台北人打算移居此地。這一波新移民潮，不僅使宜蘭的人口組成有所改變，也將帶來新的風貌、衝擊與願景。

Jiaosi Township

礁溪鄉

郵遞區號 262
面積 101平方公里
節慶 協天廟祭典(春祭—農曆1/13、秋祭—農曆6/24、乞龜—農曆1/13～16)、二龍競渡(端午)
關鍵字 溫泉、溫泉蔬菜、二龍競渡、協天廟、關聖帝君、乞龜、玉田弄獅

礁溪的發展，與溫泉的開發密不可分。礁溪蘊含的豐沛地下水源經地熱加溫，形成無色無味的碳酸氫鈉泉，清代吳沙率眾墾殖蘭陽時，就已發現並築圍沐浴，稱「湯圍」；日治時期旅館林立，卻也因此帶來酒家文化，成爲粉味溫柔鄉。近年在政府齊心掃蕩色情，並打造全新設備，創造了礁溪的健康新形象。而當地農民以富含有機礦物質的溫泉水灌溉蔬菜，所產的空心菜、茭白筍及絲瓜，營養可口，是最富潛力的新興產業。

富含有機礦物質的礁溪溫泉，是台灣少數位於平地的溫泉區。(黃丁盛／攝)

Jhuangwei Township

壯圍鄉

郵遞區號 263
面積 38平方公里
節慶 哈密瓜節(6月)
關鍵字 民壯圍、蘭陽溪、蘭陽溪河口濕地、蘭陽雁鴨保護區、宜蘭溪、冬山河、新世紀哈密瓜

宜蘭縣內最長的河川蘭陽溪在壯圍鄉南側出海。由於豐沛的河水灌溉，極適合耕作，但面臨太平洋的平坦地勢，卻無天險可屏障，因此清代吳沙拓墾蘭陽時，將此地分授予青壯的墾民，因而舊名「民壯圍」。過去壯圍鄉以種植水稻爲主，1980年間採用隧道棚種植「新世紀」哈密瓜，瓜果免受風吹雨淋而得以蓬勃生長，品質媲美新疆原產地，因而贏得「哈密瓜的故鄉」美稱。

蘭陽溪不僅哺育出壯圍的富饒，河口地區因多沼澤及沙洲，成爲眾多冬候鳥的棲息地，是全台鷗科鳥類分布最多的地方，已規畫爲自然保護區。

壯圍的哈密瓜香甜可口，媲美新疆哈密瓜。（皆為魯獅／攝）

Yilan City

宜蘭市

郵遞區號 260

面積 29平方公里

節慶 水燈會(農曆7月)

關鍵字 五圍、噶瑪蘭廳、九芎城、縣治、政治文教中心、仰山書院、淡蘭文風冠全台、林午大鑼、水燈會、北管、傀儡戲、牛舌餅、宜蘭酒廠、台灣戲劇館

嘉慶17年（1812）清廷設噶瑪蘭廳，廳治位於今日蘭陽平原中心的宜蘭市，並在城牆上遍植九芎樹，因此也稱「九芎城」。歷經百餘年的演替，至今宜蘭市仍爲蘭陽平原的政治文教重鎮，縣政府、縣議會等縣政中心都位於此；百年前的寺廟、古宅、風俗和工藝，甚至小吃，也都在此數代承襲延續。由於豐富的歷史人文背景，使宜蘭市的文史工作特別發達，不但有全台第一家公設的縣史館、設治紀念館與戲劇館，也有當地人自發成立的基金會，致力發揚蘭陽的文教風氣。

林午因製作大鑼而獲得薪傳獎。（黃丁盛／攝）

台灣戲劇館展示台灣傳統戲劇服飾。（黃丁盛／攝）

Yuanshan Township

員山鄉

郵遞區號 264

面積 112平方公里

節慶 員山燈節(農曆1月，元宵節前後)

關鍵字 歌仔戲、本地歌仔、楊麗花、魚丸米粉、林家古厝、國產集團、福山植物園、雙連埤、大湖、燈節

與宜蘭市毗鄰的員山鄉，位在雪山山脈與蘭陽平原交界處，因境內有座圓形小山丘而得名。平原地區盛產稻米，山區則產竹筍、柑橘和楊桃。而在開發密度低的地區，如高山台地上的雙連埤，以及位於福西村與台北縣烏來鄉交界的福山植物園，更以豐富的自然生態著稱。

員山鄉還是歌仔戲的故鄉，據傳在日治初期，鄉民歐來助將傳統民謠小調加以改良，發展成「本地歌仔」，之後逐漸演變成今日的歌仔戲。近年來，員山鄉在每年元宵節前後舉行結合歌仔戲的燈節活動，蔚爲地方盛事。

福山植物園採取限制每日入園人次的方式開放參觀，確保園內可常保生機盎然。（游登良／攝）

Toucheng Township

頭城鎮

郵遞區號 261

面積 96平方公里

節慶 搶孤(農曆7月)、蟲節(5月)

關鍵字 開蘭首邑、吳沙、烏石港、和平老街、龜山島、搶孤、衝浪、漁業、牽罟、蜜月灣

頭城是吳沙開墾蘭陽平原的第一站，當年他自貢寮乘船抵達蘭陽平原，便是從頭城烏石港登陸，因此頭城舊名「頭圍」，並有「開蘭第一城」之稱。

在先民的墾拓下，烏石港成爲清代宜蘭最大貿易商港，眾多船隻往來大陸沿海與台北大稻埕交易，帶動頭圍街（今和平街）的發展。清末因美國大型角板船觸礁沉沒，導致烏石港堵塞淤積，頭城也漸趨沒落；但清代爲了追思在開墾過程中死難者的「搶孤」祭儀，至今仍延續。

除了早年發達的商港，漁業也是頭城自古至今的主要經濟活動；近年更因舉辦「蟲節」，將傳統沙岸捕魚法「牽罟」活動與龜山島海域賞鯨串聯，成爲著名觀光據點。

龜山島

位在頭城外海東側約10公里的龜山島，是一、兩萬年前海底火山爆發形成的活火山島，因形似大龜而得名。島上有懸崖峭壁、溫泉、冷泉、湖泊、海蝕洞等獨特的地質與自然資源；周圍海域則有不斷噴湧的海底溫泉，形似煮沸的開水。1977年，龜山島因地勢險要，劃為軍方駐守禁地，近年才開放民眾登島參觀，並以清代即馳名的「龜山八景」成為東北角重要景點。

（許育愷／攝）

中元節的搶孤孤棚上，立有13枝掛滿雞、鴨、魷魚等祭品的孤棧，以及庇佑漁船安全豐收的順風旗。（黃丁盛／攝）

Wujie Township

五結鄉

郵遞區號 268

面積 39平方公里

節慶 國際童玩節(7~8月)、二結王公過火(農曆11/15)、利澤簡走尪(農曆1/15)

關鍵字 冬山河親水公園、童玩節、國際划船邀請賽、傳統藝術中心、養鴨、利澤簡、走尪、流流社、鴨賞、二結王公廟

蘭陽溪與冬山河在五結鄉東北方匯流出海，沖積出平坦而肥沃的平原。這裡最早是噶瑪蘭人居住地，清代漢人墾殖開發後，噶瑪蘭聚落大多遷移或同化，至今僅流流社仍可見殘存的聚落故貌。早期五結鄉以務農、養鴨爲主，甚至在日治時期即設有養鴨研究中心；著名的宜蘭食品鴨臢，也是當地人爲了長久保存鴨肉而研製。以前冬山河經常氾濫，經整治之後，現在不僅是居民的休憩處所，更是知名的觀光區，每年均會在此舉辦童玩節及國際划船邀請賽等活動。

此外，位於冬山河出海口的利澤簡地區，在清代與頭城同爲重要商港，從現存的老街建築，依稀可見昔日盛景；老街上的永安宮，每年元宵節由壯丁扛著神轎到新婚不久的人家沖喜，稱爲「走尪」，是當地特有的百年傳統習俗。

冬山河親水公園。（黃丁盛／攝）

國際童玩節

每年七月在冬山河親水公園舉辦的國際童玩藝術節，始於1996年開蘭200週年紀念活動。從童玩節開辦至今，每年均邀請國際相關團體共襄盛舉，是宜蘭縣全年度最盛大的活動，不僅讓民衆透過童玩進行國際文化交流，更將冬山河的名氣推向世界。

宜蘭國際童玩節可見到來自世界各地的童玩。（許育愷／攝）

Luodong Township

羅東鎮

郵遞區號 265

面積 11平方公里

關鍵字 老懂、太平山林場、木材集散地、福蘭社北管、黃春明、蘭陽舞蹈團、羅東運動公園、羅東夜市、松羅生子、羅東聖母醫院

羅東早期爲一片蓊鬱森林，平埔族人見此地樹林間多猴子，便以平埔族語的猴子「老懂」稱呼，清代漢人入墾開發之後，則沿用平埔發音改稱「羅東」。

日治時期，太平山林場在此設立林區管理處，隨著林業發達，羅東也奠定了工商重鎮的地位。1982年太平山林場禁伐，原木材供應地改爲森林遊樂區，伐木事業因而沒落。但羅東並未隨之沉寂，1966年成立的蘭陽舞蹈團，以此爲據點大放異采；而占地47公頃的羅東運動公園成立後，不僅是全台面積最大的運動公園，更因園內設計融合宜蘭地形特色及中國風水概念而馳名。

羅東運動公園運用宜蘭豐沛地下水，具體而微展現蘭陽水系的縮影。（黃丁盛／攝）

已退役的羅東森林鐵路。（許育愷／攝）

Dongshan Township

冬山鄉

郵遞區號 269

面積 80平方公里

節慶 風箏節(7月)

關鍵字 冬瓜山、文旦柚、珍珠社區、稻草工藝、冬山河、風箏、冬山河親水公園、新寮瀑布

位於宜蘭縣境中部的冬山鄉，地形多丘陵、平原，居民大多以農爲業，丘陵地帶茶園遍布，平原地區則以水稻爲主。近年冬山鄉民致力於社區營造及產業觀光，其中最積極的珍珠社區，以水稻爲主題發展出稻草工藝，並結合田園風情及民宿，成爲炙手可熱的旅遊景點。此外，冬山國小曾多次獲得全台風箏比賽冠軍，爲冬山鄉贏得「風箏的故鄉」名號；而每年在此所舉行的風箏節活動，更是地方盛事。

珍珠社區將收割後的稻草轉化為地景或工藝品，推廣社區特色。（黃丁盛／攝）

Sansing Township

三星鄉

郵遞區號 266

面積 123平方公里

節慶 蔥蒜節(1月)

關鍵字 水頭、天送埤、蔥蒜、銀柳、上將梨、安農溪泛舟、卜肉、叭哩沙湳社、清水地熱

蘭陽溪自雪山山脈而下，於天送埤進入平地，沖積成扇狀的蘭陽平原，三星鄉即位於扇端處，當地人稱「水頭」。由於溪水沖刷，此地土壤淺薄，不利開墾，但鄉民將劣勢轉為優勢，利用水頭清澈的水質，以及山邊經常雲霧繚繞、水氣充足的條件，栽培出纖維細、香味足的蔥蒜，成功將三星打造成一座高品質的農鄉。除了蔥蒜外，使用於花藝的銀柳，以及成功將溫帶梨嫁接於平地種母株上所產的「上將梨」，也是當地特產。

三星鄉的蔥蒜，纖維細、香味足。（魯獅／攝）

Datong Township

大同鄉

郵遞區號 267

面積 768平方公里

關鍵字 泰雅族、高冷蔬菜、棲蘭森林遊樂區、太平山、林場、明池森林遊樂區、檜木、思源埡口、玉蘭茶、翠峰湖、松蘿湖、鴛鴦湖、馬告國家公園

位於宜蘭縣西南境的大同鄉，由於依勢雪山山脈的地理條件，加上冬季東北季風長驅直入，在海拔1,100～2,600公尺的山區形成霧林帶，孕育出珍貴的原始檜木森林。日治時期，日人成立太平山林場開發檜木資源，成為台灣三大林場之一。

停止伐木後，林務局將太平山重新規畫為森林遊樂區，成為生態旅遊的重要據點。而位在與桃園、新竹兩縣交界處的棲蘭檜木林，近年來因生態保育團體的重視與奔走，使「馬告國家公園」的成立成了熱門話題。

太平山森林遊樂區內備受歡迎的遊園蹦蹦車。（黃丁盛／攝）

Suao Township

蘇澳鎮

郵遞區號 270

面積 89平方公里

節慶 綠色博覽會(3～5月)

關鍵字 綠色博覽會、武荖坑、冷泉、南方澳、蘇花公路起點、金身媽祖、彈珠汽水、羊羹、白米木屐、無尾港、砲台山、石灰石、豆腐岬

濱海且位於蘭陽平原最南端的蘇澳，從早期至今的發展都與交通、漁業有著密切關聯。北迴鐵路通車前，蘇澳是前往花蓮的轉運點，必須住宿一夜，隔日再轉車。於是，大大小小的旅社林立，造就了蘇澳的繁榮。

位在蘇澳東南的南方澳漁港，因三面環山、一面臨海的地勢，更成為東部發展遠洋漁業的重要基地。除了漁業資源外，蘇澳擁有厚實的石灰岩層，加上終年多雨的氣候條件，形成東南亞唯一溫度在攝氏22度以下的低溫碳酸冷泉，與礁溪溫泉並列為宜蘭縣珍貴的地下寶藏。

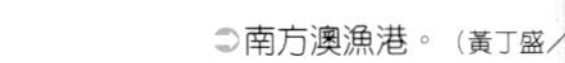

東南亞唯一的低溫碳酸冷泉。（黃丁盛／攝）

南方澳漁港。（黃丁盛／攝）

Nanao Township

南澳鄉

郵遞區號 272

面積 741平方公里

節慶 守月祭(6～7月)

關鍵字 泰雅山地鄉、守月祭、青毛蟹、烏石鼻、南澳南北溪、四區溫泉、原生植物園、莎韻之鐘、神祕湖、觀音海岸自然保護區

南澳鄉位於中央山脈最北端，因開發面積較少，仍保存完整的自然環境，例如澳花溪源頭、擁有沼澤與闊葉林原始景觀的神祕湖，已列為自然保留區。近年來，陸續有泰雅青年回鄉，積極找回失落的部落文化，並重新恢復停辦許久的「守月祭」活動。

滿水期約有25公頃的翠峰湖，是台灣最大的高山湖泊。（魯獅／攝）

山海淨土 花蓮縣

Hualien County

一側是壯麗中央山脈，一側是浩瀚太平洋，夾在山與海之間的花蓮縣，處處是數千萬年來板塊碰撞形成的天然奇景，有世界最壯觀的太魯閣大理石峽谷、板塊的接縫花東縱谷、全台少見的秀姑巒溪曲流，而縣治花蓮市則是全台海岸線最長的城市，全縣猶如一座天然的地質博物館，兼具了觀光及學術研究的價值。山與海也形成了一道屏障，從遙遠的年代到現在，圈護著來自海上的阿美族、翻山而過的太魯閣族和布農族、晚來後到的漢人，以及近年爲尋「台灣淨土」而來的新移民，在這片不受外界打擾的「後山」，發展出獨特的人文美景。

（黃丁盛／攝）

海與陸的交界

在大約500萬年前開始的板塊運動中，花蓮縣的海岸因為斷層陷落，而形成除了河流出海口外，都是陡峭岩壁的地形。正因為地理環境特殊，這裡的天然港灣不多，僅有花蓮、石梯、鹽寮漁港，以及13處小型漁船停靠點，但因海域面積廣大，又有溫暖的黑潮主流經過，帶來豐富的魚群，因此遠洋漁業發達，近年更以賞鯨活動吸引觀光客。而世代在此靠海為生的阿美族人，也以承襲自祖先的各種祭典，增添花蓮海岸的人文風韻。

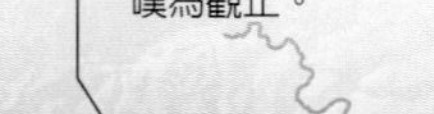

清水斷崖

花蓮縣至少有5條斷層南北通過，加上持續發生的板塊擠壓，因此形成驚險的斷層海岸。在蘇花公路和平至清水段，沿途蜿蜒曲折、臨崖逼岸，其中清水斷崖最高處達1200公尺，並以逼近90度角緊臨太平洋，令人嘆為觀止。

太魯閣峽谷

發源於合歡山與奇萊北峰之間的立霧溪，由西向東切穿太魯閣峽谷，由於此段地質為板塊運動所形成的堅硬大理岩，結構緊密，不易崩塌，所以溪水只能垂直往下侵蝕，再加上地層的抬升作用，形成最高處達1,000公尺的大理岩垂直陡壁，是台灣造山運動的見證，也是世界罕見的地景奇觀。

（游登良／攝）

山裡的子民

花蓮縣占地廣大的山區，是高山原住民布農族及太魯閣族的家鄉。布農族的分布地包括中央山脈中段南北兩側，太魯閣族則在秀林鄉和萬榮鄉。由於深居山林，早年皆以狩獵為生，因此也發展出布農「打耳祭」等狩獵相關祭典。

（黃丁盛／攝）

兩山夾峙的富麗農園

夾峙在中央山脈和海岸山脈之間的花東縱谷，地跨花東兩縣，在北半部花蓮縣境內有花蓮溪和秀姑巒溪流淌，因水源來自海拔3,000多公尺的高山，並在很短的流程內進入谷地，水質不受任何污染，既灌溉了良田，栽培出良質米和各種蔬果，也滋潤了牧草，生產純淨香濃的乳品。而這片夾在兩山之間的穀倉及農園，也因風光優美，成為花蓮縣產業觀光的勝地，例如金黃色的六十石山及赤科山金針花田、綠草如茵的瑞穗牧場等，處處都是引人入勝的美景。

七星潭曼波魚季

花蓮海岸有溫暖的黑潮流經，將海底的有機質及浮游生物翻湧至近海處，也因此吸引許多大型海洋生物前來覓食。在花蓮市的七星潭外海，便以盛產曼波魚（翻車魚）著稱，從2003年春天推出的「曼波魚季」，已成為當地新節慶。

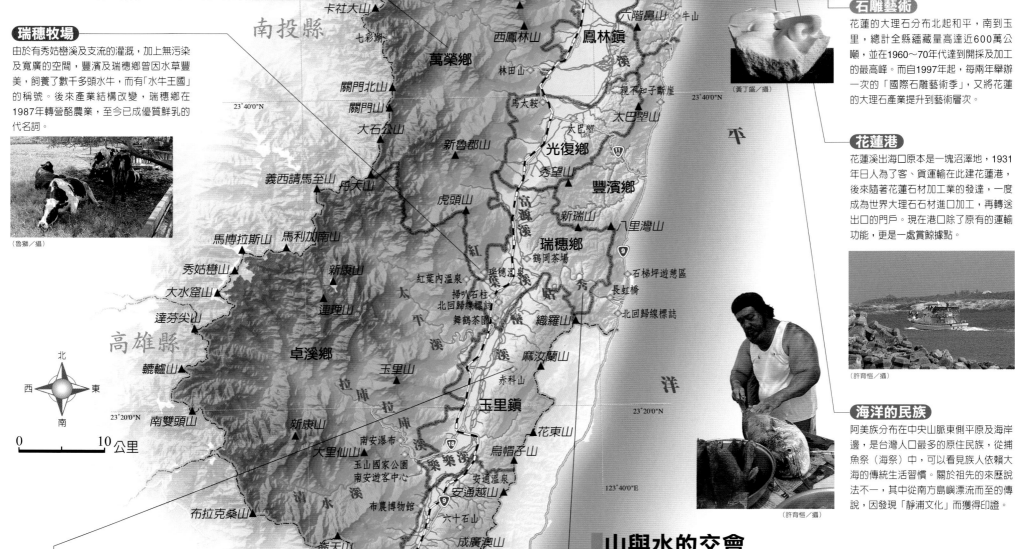

山與水的交會

位在歐亞大陸板塊與菲律賓海板塊交界處，因過去幾千萬年造山運動的擠壓，不僅形成花蓮縣豐富的大理石及玫瑰石藏量，得以發展成「石頭的故鄉」，更塑造了驚險奇絕的景致。而在中央山脈最奇偉複雜的中段上，從北到南，立霧溪、花蓮溪和秀姑巒溪分別向東奔流，切割出世界最大的大理石峽谷奇景──太魯閣，也形成一連串驚險的激流，以及「秀姑漱玉」的地理景觀。

石雕藝術

花蓮的大理石分布北起和平，南到玉里，總計全縣蘊藏量高達近600萬公噸，並在1960～70年代達到開採及加工的最高峰。而自1997年起，每兩年舉辦一次的「國際石雕藝術季」，又將花蓮的大理石產業提升到藝術層次。

（黃丁盛／攝）

花蓮港

花蓮溪出海口原本是一塊沼澤地，1931年日人為了客、貨運輸在此建花蓮港，後來隨著花蓮石材加工業的發達，一度成為世界大理石石材進口加工，再轉送出口的門戶。現在港口除了原有的運輸功能，更是一處賞鯨據點。

（許育愷／攝）

海洋的民族

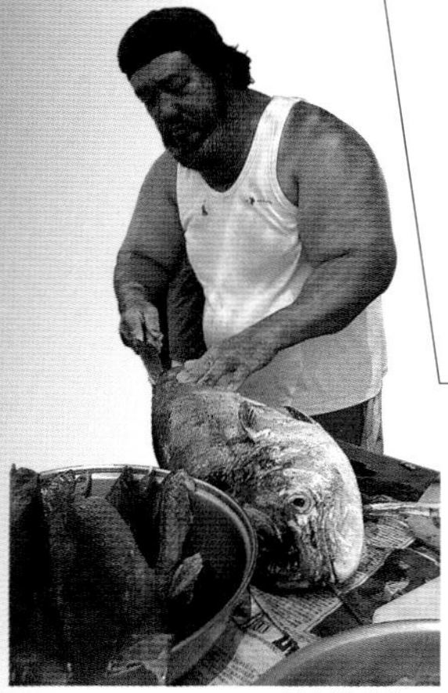

阿美族分布在中央山脈東側平原及海岸邊，是台灣人口最多的原住民族，從捕魚祭（海祭）中，可以看見族人依賴大海的傳統生活習慣。關於祖先的來歷說法不一，其中從南方島嶼漂流而至的傳說，因發現「靜浦文化」而獲得印證。

（許育愷／攝）

瑞穗牧場

由於有秀姑巒溪及支流的灌溉，加上無污染及寬廣的空間，豐濱及瑞穗鄉曾因水草豐美，飼養了數千多頭水牛，而有「水牛王國」的稱號。後來產業結構改變，瑞穗鄉在1987年轉營酪農業，至今已成優質鮮乳的代名詞。

（魯獅／攝）

南投縣　高雄縣　台東縣　卡社大山　七彩湖　萬榮鄉　西鳳林山　鳳林鎮　六階鼻山　牛山　林田山　關門北山　關門山　大石公山　馬太鞍　親不知子斷崖　太巴塱　太巴塱山　光復鄉　新魯郡山　義西請馬至山　丹大山　秀望山　豐濱鄉　虎頭山　新瑞山　八里灣山　高寮溪　馬博拉斯山　馬利加南山　瑞穗鄉　鶴岡茶場　紅葉溪　秀姑巒山　新康山　紅葉內溫泉　瑞穗溫泉　石梯坪遊憩區　長虹橋　大水窟山　掃叭石柱　北回歸線標誌　達芬尖山　連理山　舞鶴茶園　織羅山　北回歸線標誌　卓溪鄉　麻汝蘭山　轆轤山　玉里山　赤科山　拉庫拉庫溪　玉里鎮　南雙頭山　新康山　南安瀑布　花東山　大里仙山　玉山國家公園南安遊客中心　樂樂溪　烏帽子山　安通溫泉　安通越山　清水溪　布農博物館　布拉克桑山　六十石山　崙天山　成廣澳山　富里鄉　分水崙山　新港大山　23°40'0"N　23°20'0"N　123°40'0"E　123°20'0"E　平　洋　北　南　東　西　0　10公里

赤科金針山

屬於海岸山脈的赤科山及六十石山，因山勢陡峭，水氣會沿谷地向上爬升，使山上經常雲霧籠罩，加上紅壤土地力佳，金針收穫頗豐。近年金針花田更結合觀光產業，成為花東縱谷最迷人的旅遊景點之一。

◐六十石山位於富里鄉東北側，過去以每甲地可產60石（約60斤）穀子而得名，近年主要種植金針。（魯獅／攝）

富麗珍珠米

花東縱谷平原盛產稻米，其中以位在縱谷最北端，屬花蓮溪沖積平原的吉安鄉，以及最南端，為秀姑巒溪流域的富里鄉，所栽培出來的稻米品質最佳。富里米即池上米，在日治時代曾是朝貢天皇的御用品，近年來又以「富麗珍珠米」聞名。

秀姑巒溪

秀姑巒溪發源於海拔3,200公尺高的中央山脈秀姑巒山，是東部最長，也是唯一切斷海岸山脈的河流。在下游從瑞穗至大港口長約24公里的區段，共有20多處險灘、激流，是著名的泛舟勝地，每年夏季都會舉辦國際泛舟賽。

（林茂耀／攝）

（許育愷／攝）

Facts

花蓮縣 Hualien County

縣花　蓮花　　縣樹　菩提樹　　縣鳥　朱鸝
面積　約4,629平方公里
人口　約34萬7千人，近20年來成長-2.9%
人口密度　每平方公里約75人
海岸線　175公里，新城至花蓮溪口為砂岸，其餘為岩岸
森林覆蓋率　78.34%
主要水系　立霧溪、花蓮溪、秀姑巒溪
民生水源　花蓮溪、美崙溪、木瓜溪、紅葉溪、馬太鞍溪、秀姑巒溪
節慶　詳見各鄉鎮

花蓮縣位在台灣東部，地形狹長，花東縱谷平原及花蓮平原外，近九成面積都是山地，而中央山脈海拔近4,000公尺，群山聳立，其中有43座列入台灣百岳。背山面海的環境，是花蓮獨特人文風貌的成因。

記錄後山開發史

大約在2,000多年前，就有史前人類在此生活，留下富世、掃叭石、公埔及港口遺址。後來平地有阿美族和平埔族，山區有太魯閣族及布農族原住民聚居。但聳立在西側的中央山脈，使花蓮縣與西部平原隔絕，直到一百多年前，才有漢人由蘇澳南下，或從八通關古道翻越中央山脈而來。花蓮雖然開發較晚，但也因此較不受工商活動影響，近年來更成爲崇尚自然的新移民家鄉，被視爲「台灣最後一塊淨土」。

山海美景自然天成

中橫公路開通以前，往來花蓮的交通非常不便，卻也因此得以保存原始的自然景觀。在北端廣大的山林裡，有以峽谷地形著稱的太魯閣國家公園；縱橫流淌於南部山區的秀姑巒溪，是驚險萬分的泛舟水道。這裡更有串聯的帶狀美景，如綿亙縣境南北、充滿田園風光的花東縱谷；而中央山脈、海岸山脈直逼入海，造成長約124公里的東部斷層海岸，其中尤以清水斷崖最令人驚嘆。

在地產業新形象

花蓮縣受山海圈護的美景，在日治時期即已備受青睞，不僅太魯閣規畫爲國立公園預定地，山林間的野溪溫泉也大受歡迎。

直到今天，花蓮傲人的美景依舊，更增添了農牧業帶來的田野風光，如玉里赤科山的金針花田、瑞穗牧場及舞鶴台地的觀光茶園，都是產業結合休閒的新興旅遊據點。而礦業及海洋資源豐富的花蓮縣，近年推出的「國際石雕藝術季」及出海賞鯨活動，也已成爲熱門的觀光旅遊主題。

Sincheng Township

新城鄉

郵遞區號　971
面積　29.4平方公里
節慶　曼波魚季(3～4月)、阿美族豐年祭(通常在8月)
關鍵字　花蓮機場、七星潭、定置漁場、曼波魚、慈濟靜思精舍、基督教芥菜種會、芋心蕃薯、玫瑰石

新城鄉位在花蓮平原北端，背倚中央山脈，面迎太平洋，因所在的中央山脈區段，堅硬的大理石岩層猶如一道防護牆，所以雖然是花蓮縣面積最小的鄉鎮，但全鄉1/3以上土地布滿軍事設施，是重要的國防基地；並設有花蓮機場，也是從台灣東部出入西部的門戶。而藏量僅次於義大利的大理石礦，不但使新城成爲一座「大理石故鄉」，又因鄰近花蓮港，在1980年代發展爲國際石材加工中心，賺取不少外匯。近年來，慈濟靜思精舍選址於新城，又將此地打造成宗教的新據點。

七星潭是鵝卵石堆積成的新月形海灣，從前因桀魚聞名，近年則因捕獲大量曼波魚，而有「曼波魚故鄉」之稱。（林茂耀／攝）

Hualien City

花蓮市

郵遞區號　970
面積　29.4平方公里
節慶　阿美族捕魚祭(6月)、石雕藝術季(10月)
關鍵字　大理石城、石雕、慈濟園區、阿美族豐年祭、花蓮南北濱公園、舊監獄城垣美術館、松園別館

因連年舉辦石雕藝術季、石材取得容易，因而吸引許多石雕藝術工作者到花蓮定居。（黃丁盛／攝）

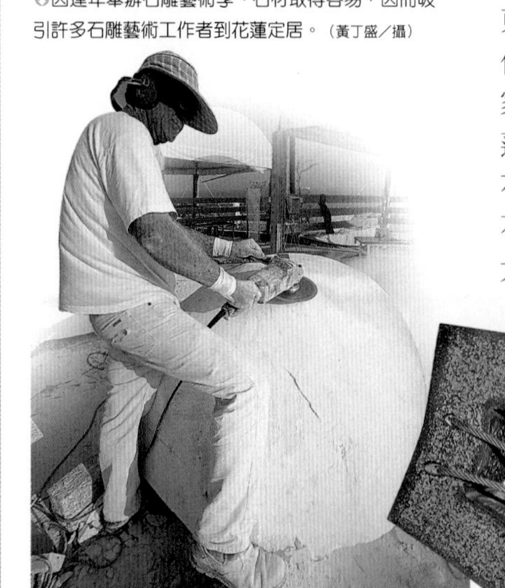

由於中央山脈阻隔，長久以來，花蓮市一直是阿美族及泰雅族的聚居地，少有漢人開發，直到清咸豐元年（1851）以後，才有較多漢人移入開墾，並在今日的花蓮市國強里建立復興庄據點。日治時期，日人爲了出口當地所產的蔗糖，因而興建花蓮港，並開始較大規模的開發，使這裡成爲東部地區的重要城市。1960年代，從退輔會在花蓮市成立第一家石材工廠開始，便大量開採花蓮市倚中央山脈一側的大理石，花蓮港也爲了出口石材、運輸砂石、水泥等物資，擴建成台灣四大國際港口之一。近年由於政府大力推廣，石材工業逐漸轉型爲石雕創作，也以每年所舉辦的國際石雕藝術季而備受矚目。

Sioulin Township

秀林鄉

郵遞區號　972
面積　1641.9平方公里
節慶　百合花季(4月)
關鍵字　太魯閣國家公園、太魯閣峽谷、合歡山、布洛灣遊憩區、白楊瀑布、砂卡礑步道、慕谷慕魚、合歡越嶺古道、太魯閣族

秀林鄉是花蓮，也是台灣面積最大的鄉鎮，境內標高3,000公尺以上高山共有20多座。而從合歡山發源的立霧溪由西向東切穿，造成了幾乎垂直的太魯閣峽谷地形。由於地形阻隔，居民九成以上爲太魯閣族原住民（2004年正式由泰雅族獨立而出），少有其他族群。日治時期，日人爲了管理方便，沿著橫越中央山脈的原住民獵徑開鑿「合歡越嶺古道」，並展開當時台灣規模最大的「太魯閣征伐戰」，將原住民從山區遷往花蓮平地居住。光復後，政府以合歡越嶺古道爲基礎，開通中部橫貫公路，除了使台灣東西兩側的交通更爲便捷，也讓秀林鄉壯闊的山水美景展現在世人面前。如今，全鄉絕大部分屬於太魯閣國家公園範圍，在中橫公路東段沿線上，神祕湖、布洛灣、燕子口、綠水、砂卡礑、白楊等景點均名聞中外。

秀林鄉山地面積廣大，層巒疊嶂，圖為從合歡尖山眺望中央尖山。（游登良／攝）

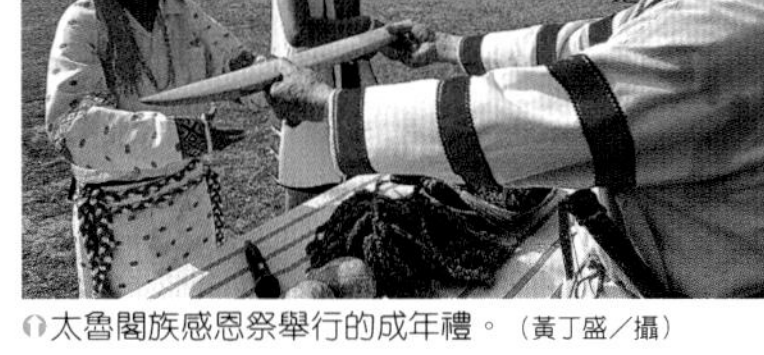
太魯閣族感恩祭舉行的成年禮。（黃丁盛／攝）

中橫公路東段

（許育愷／攝）

中橫公路於1960年正式通車，由榮民徒手開鑿，是第一條貫穿台灣東西兩岸的道路；沿河谷崖壁盤旋，西起台中東勢，東至花蓮太魯閣，全長194公里；以梨山分界，東段屬立霧溪流域，西段為大甲溪流域，大禹嶺為最高點。東段以幾近垂直的大理岩峽谷聞名，為太魯閣國家公園主要遊憩路線。沿途景致豐富奇麗，位於流芳橋和靳珩橋間的錐麓斷崖，深窄直立，是立霧溪切穿三角錐山所形成的斷崖，也是合歡越嶺古道遺跡，現已修復，並列為國家公園史蹟保存區。

Jian Township

吉安鄉

郵遞區號　973
面積　65.3平方公里
節慶　勝安宮元宵節燈會(2月)
阿美族豐年祭(通常在8月)、海祭(捕魚祭，6月)
關鍵字　七腳川、知卡宣森林公園、南華休閒花園、鬱金香花園、黃昏市場原住民美食區、慶修院、慈惠堂、阿美文化村

吉安鄉因境內有花蓮溪支流木瓜溪流淌，沖積成廣闊而肥沃的平原。早年世居在此的阿美族知卡宣社原住民以農耕和漁獵維生，直到100多年前，原住民抗日失敗，被迫南遷至壽豐、鳳林等地，吉安鄉則成爲日本在台灣第一個官營移民村「吉野村」，並開闢大面積的稻田及菸葉田。近年來，由於緊鄰花蓮市，交通十分便利，因此受到許多西部新移民的青睞，人口僅次於花蓮市。而許多農地變成住宅區之後，由於家家戶戶仍與田園爲鄰，成爲一座兼具城鄉特色的鄉鎮。

阿美族豐年祭。（黃丁盛／攝）

Shoufong Township

壽豐鄉

郵遞區號　974
面積　218.4平方公里
節慶　阿美族豐年祭(通常在8月)、海祭(捕魚祭，6月)、南勢阿美賽跑節(豐年季之前)、南勢阿美祭司節(9月)
關鍵字　鯉魚潭、池南森林遊樂園、鹽寮、海洋公園、鹽寮淨土、豐田移民村、東華大學、水璉部落、陳勝德

北端有花蓮溪及木瓜溪匯流的壽豐鄉，早年因河岸遍地砂礫，不適農耕，只有日人在今天的豐裡村設立移民村「豐田村」。直到1960年代，政府號召壯年榮民數千人，將河岸荒地開墾成上千公頃的花蓮農場，帶動了西部移民人潮，利用花蓮溪地下伏流開闢廣大的水產養殖區，其中以生產黃金蜆最出名。由於壽豐鄉仍保持自然原始的風貌，近年來吸引許多大型度假村及休閒開發案進駐，並打造了國內第一座國際海洋公園。

池南森林遊樂園內保留昔日林場伐木的設備，記錄台灣的林業發展史，此外，從園區可俯瞰鯉魚潭景色。（魯獅／攝）

Fonglin Township

鳳林鎮

郵遞區號 975

面積 120.5平方公里

節慶 阿美族豐年祭(通常在 8月)

關鍵字 馬里勿、林田山、客家文物館、校長夢工廠、箭瑛大橋、兆豐農場、剝皮辣椒、鳳凰水源地

鳳林鎮位在花東縱谷中段，海岸山脈及中央山脈夾峙，境內多條溪流自東西兩側山地攜帶砂石堆積，因而形成平坦肥沃的縱谷平原，也成爲高山太魯閣族與平地阿美族原住民分布的緩衝地帶。自古以來，阿美族原住民在此農耕，後來又有漢人移民開墾，其中客家族群就占了全鎮人口的六成之多。

今日鳳林鎮仍是一座典型的客家莊，除了因水源豐沛，稻米及各類蔬菜、瓜果皆盛之外，也以傳統的客家剝皮辣椒聞名。而在水草豐美的海岸山脈山坡地上，更有成群放牧的水牛，蔚成當地的特殊景致。

Wanrong Township

萬榮鄉

郵遞區號 979

面積 618.5平方公里

節慶 布農族打耳祭(通常在 4月)

關鍵字 太魯閣族、林田山、紅葉溫泉、瑞穗溫泉、吞雲箭筍

萬榮鄉是花蓮縣的第二大鄉鎮，位在三個山地鄉的中間地帶，境內中央山脈高聳，居民七成以上是太魯閣族，其次爲布農族人。由於地廣人稀，自然景觀原始壯麗，海拔2,000公尺以上的山區並孕育珍貴的紅檜、扁柏和鐵杉林。日治時將這裡規畫爲林田山林場，砍伐範圍約達半個萬榮鄉面積，因而也聚集了眾多伐木工人，甚至還有專爲其子女開辦的附設小學，學生人數最多時達700人，在當時宛如一座山中小鎮。禁伐之後，雖然林田山林場的繁榮不再，但因爲保存了完整的伐木基地與景觀，成爲台灣林業發展史的見證。而在廣大的群山之間，除了林場之外，更有從日治時即已相當著名的紅葉村碳酸溫泉區，包括泉源在紅葉溪上游虎頭山南麓的瑞穗溫泉，因含氧化鐵，故又稱「鐵泉」；以及泉源在紅葉溪上游支流加星山東麓，無色無臭的紅葉溫泉，觀光資源極爲豐厚。

源自紅葉溪的瑞穗溫泉，富含鐵質，水面漂還浮著結晶鹽，屬弱鹼性溫泉。（林茂耀／攝）

林田山

林田山是1960年代伐木全盛時期的繁華小山城，保存了最完整的伐木基地、檜木房舍、運載鐵道等設施。目前林田山文史展示館中展示著珍貴的檜木屋、伐木工具、林相與木材分類解說，及早期生活文物，為東台灣林業開發史留下歷史見證。

林田山舊稱「摩里薩卡」，昔日為台灣第四大林場。（林茂耀／攝）

Guangfu Township

光復鄉

郵遞區號 976

面積 157.1平方公里

節慶 太巴塱箭筍節(3~4月)、阿美族豐年祭(通常在8月)

關鍵字 光復糖廠、阿美族部落、馬太鞍濕地、太巴塱、光復三寶、樹豆、紅糯米、黃藤、體育之鄉

光復鄉位在中央山脈及海岸山脈夾峙的縱谷平原上，境內馬太鞍溪、花蓮溪、光復溪流貫。早年即有阿美族最大的部落太巴塱社，以及馬太鞍社、馬佛社、沙荖社聚居，並廣植糧食作物「樹豆」。光復鄉舊名「馬太鞍」，即從樹豆的阿美族語「珐太鞍」（Fataan）而來。咸豐年間，漢人也開始移入開墾。日治時，因水源充足、土壤肥沃，日人闢蔗田達2,500公頃，並設立糖廠（今光復糖廠），直到2002年糖業畫上休止符，糖廠才轉型爲觀光景點。目前光復鄉產業仍以農爲主，除了生產稻米及各種蔬果，更以阿美族代代種植的紅糯米最有特色。

馬太鞍部落生態捕魚法：引河水圈出魚池並以樹枝竹竿分層營造大魚、小魚、蝦蟹的棲息環境。（黃丁盛／攝）

Fongbin Township

豐濱鄉

郵遞區號 977

面積 162.4平方公里

節慶 阿美族豐年祭(通常在 8月)

關鍵字 阿美族、靜浦文化、阿美文化、海神祭、秀姑巒溪出海口、石梯坪、秀姑漱玉、石門洞、長虹橋、磯崎海水浴場、月洞

海神祭又稱為捕魚祭，約在阿美曆九月（農曆五月）舉行，向海神祈求漁獲豐收。（許育愷／攝）

每年農曆1、2月，秀姑巒溪口會聚集許多準備撈捕沿河上溯鰻魚苗的漁夫。（許育愷／攝）

西倚海岸山脈，東臨太平洋的豐濱鄉，秀姑巒溪從南端滔滔出海，由於秀姑巒溪沖下有機質，加上外海有溫暖的黑潮流經，不僅使這裡成爲鯨豚聚集覓食的地點，更是阿美族人自古以來的生活依靠，並發展出向海神祈求捕魚順利的「海神祭」。近代在溪口旁的靜浦村，挖出年代已超過上千年的鐵器文明，稱爲「靜浦文化」，亦稱「阿美文化」，印證早年阿美族祖先可能由溪口登陸，再向其他地區遷徙的傳說。文化發展之外，山多平原少的豐濱，自然景觀也相當豐富，例如海岸線上的石梯坪、石門洞海蝕地形，以及秀姑巒溪谷中的「秀姑漱玉」等，均是著名景點。

Rueisuei Township

瑞穗鄉

郵遞區號 978

面積 135.6平方公里

節慶 南瓜節(農曆4/8)、阿美族豐年祭(通常在8月)

關鍵字 北回歸線、秀姑巒溪泛舟、瑞穗牧場、富源蝴蝶谷、秀姑漱玉、舞鶴台地、舞鶴石柱、德武台地、鶴岡文旦、天鶴茶

位在花東縱谷的瑞穗鄉，南端秀姑巒溪因源頭的向源侵蝕作用襲奪了花蓮溪上源，因此水量增加，不僅切穿海岸山脈形成險峻的峽谷，更造成多變的曲流，以及舞鶴、德武等多處河階台地。由於河階地勢平坦，適合農耕，日治時，日人在此開闢菸葉田，並於1970年代達到最盛，但1980年代後逐漸沒落。目前農產以茶葉、文旦、甘蔗、西瓜、鳳梨及木瓜爲大宗。再加上環境自然、水源純淨，許多農民將菸葉田改設乳牛畜牧區，成爲花蓮發展觀光休閒農業最有成效的鄉鎮。而在每年夏季，秀姑巒溪20多處的激流險灘吸引大批泛舟人潮，也爲瑞穗鄉帶來豐厚的觀光財富。

秀姑巒溪曲流多且水量豐沛，是泛舟最佳地點。(黃丁盛／攝)

Fuli Township

富里鄉

郵遞區號 983

面積 176.4平方公里

節慶 金針花季(9月)、賀聖誕(聖誕節至元旦期間)、油菜花季(1月)、阿美族豐年祭(通常在8月)

關鍵字 小天祥、利吉惡地、富里珍珠米、金針、六十石山、油菜花、羅山瀑布、東富公路、豐南社區

富里與台東池上鄉交界，是花蓮縣最南端的鄉鎮。由於歐亞大陸板塊和菲律賓海板塊擠壓的因素，海岸山脈和中央山脈在此逐漸縮窄，且有八條斷層線和褶皺帶通過，形成「小天祥」斷崖、利吉惡地等地質景觀。境內雖然平原狹小，但源於池上山間的秀姑巒溪，在此沖積出肥沃的河階台地，促成稻米農作興盛。過去，富里米大都被池上碾米商高價收購，這幾年才以「富里珍珠米」打響名號。而位於海岸山脈山系的六十石山，因鬆軟的紅壤土土質，加上氣候涼爽、水質清新，是金針生長的絕佳環境，尤以8～10月的金針花季最出名，與縱谷油菜花田並列富里最壯觀的花景。

收成後的稻田，灑上增加地力的綠肥油菜花，也成了富里的天然好風景。(林茂耀／攝)

Yuli Township

玉里鎮

郵遞區號 981

面積 252.4平方公里

節慶 金針花季(9月)、阿美族豐年祭(通常在8月)

關鍵字 玉里動物保護區、璞石閣、赤科金針山、安通溫泉、玉里醫院、吳光亮、八通關古道、羊羹、橋頭麵、後山保障、農牧廢棄資源處理中心

玉里位於花東縱谷平原的中心，清澈的秀姑巒溪流貫滋養，自古阿美族原住民即利用溪水灌溉，過著農耕生活。但由於秀姑巒溪久不下雨即乾涸，風一吹，砂土飛揚，因此早年原住民稱此地爲「璞石閣」，即「砂土飛揚」之意。清光緒年間，總兵吳光亮率兵從南投竹山出發，循八通關古道翻越中央山脈而來，將這裡開墾爲一座盛產稻米的「米倉」，也形成當時東台灣最大的漢人聚落；日治時期，日人引用秀姑巒溪水製作羊羹，歷經100多年歷史仍廣受好評。至於左右兩側山區，西側的中央山脈曾盛產檜木，林業發達；東側海岸山脈的赤科山過去雖長年荒僻，但在1959年87水災後，農民從故鄉嘉義梅山引進金針種植，由於此地經常雲霧籠罩，加上土質爲地力極佳的紅壤土，金針生長良好，如今已成爲景色優美的金針花觀光區。

每年8、9月是金針的採收季節。(黃丁盛／攝)

Jhuosi Township

卓溪鄉

郵遞區號 982

面積 1021.3平方公里

節慶 布農族打耳祭(4月)、布農族播種季(2月)

關鍵字 布農族、南安遊客中心、瓦拉米步道、打耳祭、八部合音、玉山國家公園、古風社區

瓦拉米步道

牡丹社事件之後，清朝總兵吳光亮於1875年闢建八通關古道，做為安撫原住民及聯絡的橋樑。瓦拉米步道是八通關越嶺道東段的一部分，全長約14公里。步道沿著拉庫拉庫溪（樂樂溪）谷平緩上升，步道蜿蜒穿梭於綠色森林中，經山風瀑布、吊橋、佳心、黃麻至終點瓦拉米山屋，原始林保存完整，大型野生動物資源豐富，為健行、賞鳥、生態觀察的絕佳景點。

(林茂耀／攝)

卓溪鄉是全台第二大布農族鄉鎮，人數僅次於南投信義鄉，居民以分布在埔里以南的中央山脈及其東側，至知本主山以北山地的布農族爲主，以傳統「打耳祭」及「八部和音」聞名；此外，還有少數在日治時被集中遷移至山腳的太魯閣族。由於全鄉幾乎都是中央山脈的崇山峻嶺，受地理限制沒有鐵公路經過，交通不便，但原始風貌及豐富的自然生態環境，卻是卓溪鄉最富足的天然資本，不僅鄉內半數面積畫爲玉山國家公園範圍，並設有從花蓮縣進入國家公園的唯一孔道——瓦拉米步道及南安遊客中心；未來更將設立「崙天布農園區」，以展現鄉內最富特色的布農族人文風情。

打耳祭時，由長者協助小男孩使用弓箭進行射耳儀式。(黃丁盛／攝)

後山美地 台東縣

Taitung County

和花蓮一樣，台東同樣也位在海洋板塊與大陸板塊碰撞的邊緣，西側是板塊擠壓所形成的高山峻嶺、峽谷與斷崖，東側則是浩瀚太平洋；山海之間，縱谷與平原交錯，海上則有火山運動所形成的火山島。而在5,000年前，這裡就是台灣最繁盛的地區之一，至今在海岸山脈東側的海階上，仍分布著四、五十處的史前文化遺址。數千年來，南島民族、原住民族，以及最晚到的漢人，先後在這片有山脈屏障的肥沃縱谷平原上生息墾殖，不斷創造並融合多元的文化樣貌。沿著綿長的海岸線，溫暖的黑潮也為這塊偏居台灣東南隅的化外之地，帶來豐厚的海洋盛宴。

板塊推擠出的生態樂園

因兩大板塊持續碰撞擠壓，關山、卑南主山、知本主山、大武山等，海拔高達3,000公尺以上，而崇山峻嶺內的河川上游多為縱谷，坡陡水急，也將山壁切割成斷崖、峽谷；自西向東，高山、縱谷、平原，逐次緩降至滿布礫石灘、岩岸、珊瑚礁、海蝕平台、海蝕溝、壺穴，狹長富變化的海岸。從高山到海洋，豐富多樣的地形地質是動植物的絕佳棲地，尤其深居中央山脈南端的大武山區，以及孤懸海上的蘭嶼、綠島，更是遺世獨立的生態天堂。

太麻里日出。（魯獅／攝）

花東最大漁業中心

因擁有得天獨厚的黑潮洋流經過，台東漁業資源豐富，旗魚、鮪魚、鬼頭刀、鰆魚、柴魚是主要漁產，尤以旗魚為國內魚貨物流大宗，沿海還有九孔、龍蝦養殖漁業。成功、富岡及大武是台東三大漁港，其中成功漁港是花東海岸最大漁業中心。

綠油油的縱谷平原區

由於海岸山脈屏障，縱谷平原區內氣候絕佳，土壤肥沃的鹿寮溪沖積扇與位在海岸與縱谷之間的泰源幽谷，即成為稻米、柑橘、大白柚、葡萄柚、文旦柚、茶、紅甘蔗、洛神、釋迦等，種類豐富的熱帶蔬果作物豐碩產地。

（魯獅／攝）

（黃丁盛／攝）

變化多端的海岸風情

擁有得天獨厚海岸資源的台東，海岸線北起長濱，南至達仁，全長約170公里。因板塊推擠作用，不但具有海蝕台、海蝕洞、穴等特殊景觀，又因境內大武溪、太麻里溪、知本溪等溪流注入豐沛的河砂，形成礫石灘、沙灘等。景觀多變的海岸線既是最佳的天然地形教室，也是台東最雄厚的觀光資源。

石雨傘海岸。（吳志學／攝）

山海農漁物產豐

山脈和黑潮是台東豐饒農漁物產的最大優勢。屏障在東側的海岸山脈，阻擋了東北季風的吹襲，加上位在熱帶季風區內，終年高溫潮濕、雨量充沛、日照充足。這樣的氣候條件，以及川流全縣的清澈溪流，讓台東的低緩平原和丘陵地成為優質稻米、水果、茶葉、金針及洛神花生長的沃土。而流經外海的黑潮，則帶來了讓漁民滿載而歸的旗魚、鮪魚、鰹魚、鬼頭刀，同樣隨黑潮而來的鯨魚，也

族群匯聚的後山樂土

面積居全台第三大縣的台東，境內居民包含了阿美、布農、排灣、魯凱、卑南、達悟、噶瑪蘭族，以及閩、客人等，是全台最多族群匯聚之地，同時也是原住民比例最高的縣份。從濱海到崇山峻嶺、從史前到現在，各族群以其特有的祭儀、傳統等，展現其文化風采，也彼此交會融合，激盪出璀璨的文化火花。

黃澄紫紅的丘陵地

台東丘陵地因為海拔較高、日照充足，是金針花及熱帶植物洛神花的最佳栽種地。每年夏秋之際，滿山遍野黃澄亮麗的金針花與紫紅色洛神花，也成為花東縱谷一大特色景觀，吸引著大批觀光人潮。

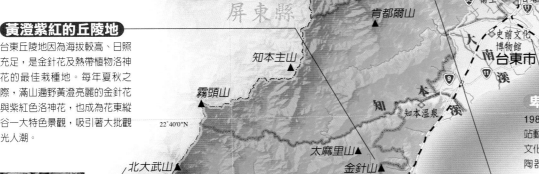

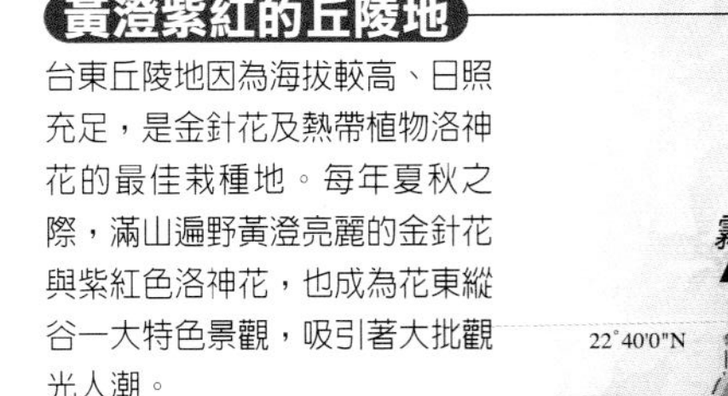
洛神花。（魯獅／攝）

大武山自然保留區

位在中央山脈南端東向坡面，面積廣達47,000公頃的大武山自然保留區，是全台目前面積最大、林相最完整的天然林地，也是台灣唯一名列「世界自然保育聯盟」所屬「世界保育監視中心」（WCMC）的生態監測站。因地理環境阻隔，瀕臨絕種的台灣黑熊、水獺、石虎，甚至可能已絕種的台灣雲豹，都曾在此出沒生息。

卑南史前文化遺址

1980年，因南迴鐵路台東新站動工而意外發掘的卑南史前文化遺址，出土的大量石棺、陶器、玉器等，見證了距今2,300～5,300年前的文明發展，是目前台灣保存最完整、挖掘範圍最大、最能呈現新石器時代聚落生活樣貌的遺址。

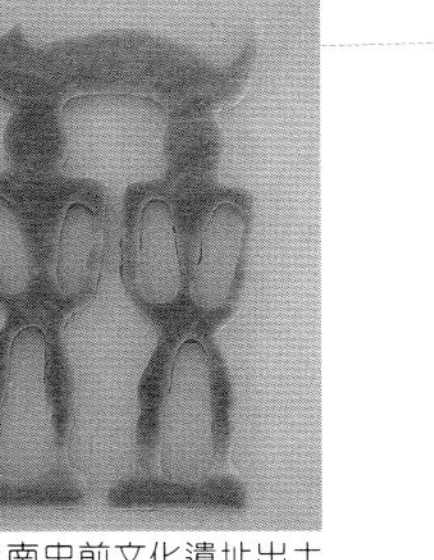
從卑南史前文化遺址出土的人獸形玉玦。（魯獅／攝）

雲豹與百步蛇的子民

居住在大武山下的排灣、魯凱、卑南族，還有跨過中央山脈而來的布農族，都是典型的高山子民。他們長期與大自然互動，對於自然生態的豐富知識與態度，常表現在生活、風俗習慣和祭儀之中，例如只能在特定季節獵捕特定動物；祖靈地或聖地則是不得進入的狩獵禁地，因而形成生態保護區；而各個部族的獨特祭典，如卑南猴祭、布農打耳祭，或狩獵之後所舉辦的祭典，也都是對大自然虔誠敬意的表現。

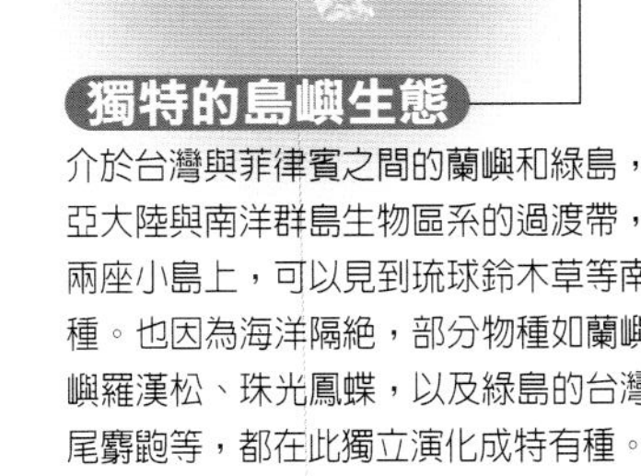

獨特的島嶼生態

介於台灣與菲律賓之間的蘭嶼和綠島，因位在歐亞大陸與南洋群島生物區系的過渡帶，所以在這兩座小島上，可以見到琉球鈴木草等南洋群島物種。也因為海洋隔絕，部分物種如蘭嶼角鴞、蘭嶼羅漢松、珠光鳳蝶，以及綠島的台灣狐蝠和長尾麝鼩等，都在此獨立演化成特有種。

台灣狐蝠。（游登良／攝）

猴祭是卑南族少年的成年考驗儀式。（黃丁盛／攝）

大武山區常匯聚紫斑蝶，動輒數十萬隻，形成紫蝶幽谷的奇觀。（游登良／攝）

達悟族新船下水祭典前的準備。（黃丁盛／攝）

海洋的子民

生活在蘭嶼島上的達悟族，是典型的海洋民族，他們根據海洋生物的習性與洋流的循環制定曆法、禁忌，並規範魚區、捕魚期和捕魚方式，其中尤以每年二月底到十月中的飛魚汛期，是達悟族一年之中最重要的捕魚期，相關的祭儀，包括新船下水禮和飛魚祭等，也都反映了達悟人與海洋緊密連結的生活方式與文化傳統。

台東縣 Taitung County

縣花　蝴蝶蘭　縣樹　樟樹
面積　約3,515平方公里
人口　約23萬9千人，近20年來成長-15%
人口密度　每平方公里約68人
海岸線　172公里，成功以北岩岸，以南沙岸
森林覆蓋率　78.45%
主要水系　卑南溪、秀姑巒溪
民生水源　無水庫，利用卑南上圳、鹿寮圳、關山大圳及海岸線大武、安朔的部分灌溉用水水源等
節慶　南島文化節(7月)

花東縱谷與中央山脈。（魯獨／攝）

面積占全台1/10，人口卻只占1/100的台東，在台灣的歷史發展上，始終是純樸美麗的後山。海岸平原、海岸山脈、花東縱谷與中央山脈由東而西平行排列，構成台東縣多變的地理景觀，也蘊藏豐富物產。

板塊碰撞的前哨線

台東擁有陡峭的高山、縱谷、河階地、惡地、盆地、沖積扇平原與海岸礁岩，這些地質景觀全都與位處台灣目前最劇烈的板塊運動交界處有關：位於歐亞大陸板塊和菲律賓海板塊交界的台東，同時擁有歐亞大陸板塊最東緣的中央山脈、菲律賓海板塊上火山島群所組成的海岸山脈、兩板塊接合處的花東縱谷，與屬於菲律賓島弧的蘭嶼、綠島。如此多樣的地質地貌，雖然限制了生活往來和工業發展的便利，卻帶來了物產的多樣化，也成為台東最引以為傲的觀光特點。

不同族群的先來後到

5,000年前台東便有舊石器時代的人類生活，而在距今1,000～2,000年前開始，陸續有阿美、卑南、達悟、排灣、魯凱及布農族在台東聚居。1871年牡丹社事件後，清廷為「開山撫番」而設置卑南廳及台東州，積極駐兵、招墾、修路，但因自然條件限制開發，使移墾成效不大。1895年日本治台，希望將東部的山林資源和廣闊腹地，發展成日人在熱帶地區的據點，因此自1915年起，先後設立鹿野等四個移民村，現在仍可見其遺跡。到了近代，由於西部平原人口飽和，開發密度較低的台東，因此成為許多新移民的家園。

張開雙臂，歡迎你前去的美麗台東

由於位居後山，受到自然地理條件限制，台東的交通遲至日治時代才陸續開發，包括最先通車的東線鐵路、海岸公路台東到靜浦段、花東縱谷公路及南迴公路。光復後，翻山越嶺、連通東西部的南橫公路於1972年開通；南迴鐵路台東新站至屏東枋寮站於1991年通車，將台灣鐵路串聯成圓，進入台東變得更快速容易，而當地的山海景觀、多樣的原住民祭典與文化，也隨著交通的發展引來更多觀光人潮。

Changbin Township 長濱鄉

郵遞區號　962
面積　155平方公里
節慶　阿美族豐年祭(7月)
關鍵字　加走灣、八仙洞遺址、巳桑安遺址、麒麟文化、靜浦文化、寧城宮、玉髓沙灘、烏石鼻

長濱舊名加走灣，是阿美族語中「瞭望」的意思；日本人因此地狹長臨海，改名「長濱」。因擁有較平坦的海階地，不僅是台灣目前最早的舊石器時代遺址「長濱文化」、新石器晚期「麒麟文化」、鐵器時代「靜埔文化」等人類聚居地，後來還有阿美族、噶瑪蘭、西拉雅平埔族及漢人混居。此外觀光資源也很豐富，海岸邊由火山熔岩噴發形成的火成岩，在海水長年沖蝕下，形成台灣最大柱狀火成岩體烏石鼻；而可撿拾玉石的玉髓沙灘，也是火山作用形成的變質岩。

Chenggong Township 成功鎮

郵遞區號　961
面積　144平方公里
節慶　阿美族豐年祭(7月)、旗魚季(10月)
關鍵字　麻荖漏、成廣澳、成功漁港、廣恆發、旗魚、石雨傘、三仙台、小港天后宮、東海岸國家風景區

成功鎮的舊名為阿美族語「麻荖漏」，意為「草木枯死之地」。祖先自花蓮移居今之三民里，後又有平埔人、漢人陸續由小港移入落腳，為台東縣最早開發地區，舊稱「成廣澳」，光復後改為成功鎮。在清代時，小港常有外籍船來做生意，現存的廣恆發遺跡就是當年東海岸最大的雜貨商行；台東第一座天后宮在小港路邊。另在石雨傘區有基督教東海岸傳教百年紀念碑，是西方宗教最先傳入後山的地方。

前往三仙台的九曲橋。（魯獨／攝）

Donghe Township 東河鄉

郵遞區號　959
面積　210平方公里
節慶　阿美族瑪洛阿瀧豐年祭(7月)、都蘭山藝術節(10月)
關鍵字　瑪洛阿瀧、藍寶石、都蘭山、陸連島、水往上流、馬武窟溪、金樽

位在花東縱谷南端的東河鄉，有海岸山脈最大的山間盆地——泰源幽谷，也有馬武窟溪沖積的層層河階，景致美麗幽靜。環山的地形不僅吸引了史前人類聚居，留下以巨石及岩棺著稱的「麒麟文化」遺址，在近代戒嚴時期，更是威名僅次於綠島的泰源監獄落址地。此外，由海底火山爆發碎屑組成的都蘭山，屬於安山岩地質，並有矽酸熔液在岩隙間沈澱成藍寶石；而金樽沙灘由火山熔岩形成的斑狀安山岩（麥飯石），以及正在生成的陸連島等，均具學術研究價值。

Guanshan Township

關山鎮

郵遞區號 956
面積 59平方公里
關鍵字 關山舊車站、關山大圳、親水公園、環鎮自行車道、關山米、嘉武溪

關山鎮位於花東縱谷北段，地勢平坦，有源自中央山脈的新武呂溪，及1960年完工的關山大圳，孕育出與池上米齊名的關山米。關山早期曾以林業為主，後因林業沒落轉而發展觀光，興建20多公頃親水公園及環鎮自行車道。嘉武溪峽谷含玻璃質玄武岩，俗稱「台灣岩」，並有全台唯一的鎳礦露頭，是極佳的地質教室。

Chihshang Township

池上鄉

郵遞區號 958
面積 83平方公里
節慶 油菜花季(12～1月)
關鍵字 大坡池、池上米、池上飯包、池上飯包博物館、油菜花、池上蠶桑休閒園、萬安有機米

池上之名來自早期有阿美族在大坡池捕魚、群居而得名。由於空氣佳、海岸山脈阻擋風害，加上水質富含礦物、黏質土壤適合稻作生長，因此成為花東縱谷著名米倉，生產名聞遐邇的「池上米」；同樣的地理及氣候條件也適合養殖桑蠶，所以池上鄉也以桑蠶被著稱。

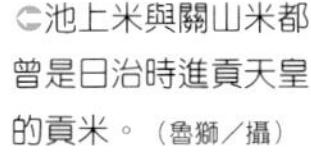
池上米與關山米都曾是日治時進貢天皇的貢米。（魯獅／攝）

Luye Township

鹿野鄉

郵遞區號 955
面積 50平方公里
關鍵字 飛行傘、鹿野高台、龍田、移民村、福鹿茶、綠色隧道

卑南大溪邊的鹿野，因地處沖積扇，適合農業發展，清代台東知州胡鐵花曾稱之為「台東第一大平原」。日治時曾在鹿野村（今龍田）和大原村（今瑞源）設移民村，並種植甘蔗，至今仍以紅甘蔗聞名。又因西側緯度適中，海拔高度約300～400公尺，氣候溫和濕潤，適合茶葉生長，自1970年代開始栽種烏龍和金萱，名為「福鹿茶」，是全台最早採收的春茶及最晚採收的冬茶，年採收六次。茶園旁的高台因氣流與地形落差適中，每年夏秋之際，是飛行傘活動的熱門地區。

海拔368公尺、氣流平穩的鹿野高台，是花東縱谷中飛行傘運動的最佳地點。（魯獅／攝）

位於丘陵地的鹿野，因日照與露水充足，年採收次數高達七次。（魯獅／攝）

Taitung City

台東市

郵遞區號 950
面積 110平方公里
節慶 元宵炮炸寒單(2月)、馬卡巴嗨文化節(7、8月)
關鍵字 寶桑、卑南文化遺址、小野柳、富岡漁港、舊鐵道藝術村、國立台灣史前文化博物館、鯉魚山、日式宿舍藝術村、南王里、猴祭

台東市地處台東平原，地形多小丘，所以阿美族人稱此地為「寶桑」，意指「有小丘的地方」。台東市最早是阿美族與卑南族居住之地，漢人與平埔族在清中葉後陸續移入。由於位居台東縣核心地帶，不僅原住民人口全台最密集，也是台東縣海、陸、空的交通輻輳點。今日台東市仍以多族群共生融合為特色，擁有保留並復原卑南遺址的史前博物館、卑南文化公園，也有象徵少年狩獵技巧成熟的卑南族「猴祭」，以及幫武財神取暖的漢人元宵「炸寒單爺」民俗活動。

卑南族少年需在「少年會所」歷經4～6個階段的訓練與考驗，才算長大成人。（黃丁盛／攝）

Lyudao Township

綠島鄉

郵遞區號 951
面積 15平方公里
關鍵字 綠洲山莊、綠島燈塔、火燒島、人權紀念公園、朝日溫泉

台東外海的綠島是一座火山島，位於呂宋島弧最北端，動、植物群落及人類族群皆與台灣本島分屬不同區系，自古有南島民族往來，達悟族、阿美族都曾是島上主人。漢人在清嘉慶年間至此開墾，相傳以燒墾方式闢地，從台東可見熊熊火光，所以名為「火燒島」；亦因島上榕樹成群，有「青仔嶼」之稱。光復後綠島曾經是監禁重刑犯的獄所，解嚴後因島上自然景觀豐富，有海底溫泉，四周並圍繞珊瑚礁；又因位在黑潮流經的熱帶海域，海底生態豐富，成為著名浮潛勝地，觀光收益成為居民主要收入來源。

位於綠島東方的海蔘坪，是觀賞日出、哈巴狗岩與睡美人景色的最佳地點。（黃丁盛／攝）

Lanyu Township

蘭嶼鄉

郵遞區號　952
面積　48平方公里
節慶　招魚祭(1月)、飛魚祭(3～6月)、新船下水祭(8～10月)
關鍵字　紅頭嶼、雅美拼板船、飛魚、新船下水、地下穴居屋、天池、蘭嶼角鴞、珠光鳳蝶

多風無屏障的環境發展出冬暖夏涼的半穴居屋。（黃丁盛／攝）

達悟人的丁字褲傳統服飾。（黃丁盛／攝）

1987年反對蘭嶼儲存核廢料運動，使位於台東東南外海的火山島蘭嶼，引起全台注目。蘭嶼在明清文獻上稱「紅頭嶼」，1945年因島上盛產蝴蝶蘭，改名「蘭嶼」。小島中央是山，海岸有平地，和綠島皆屬台灣和菲律賓生物系的過渡帶，如珠光鳳蝶、棋盤腳為菲律賓品系，而居民達悟族也來自菲律賓巴丹島。由於四周海域有黑潮流經，魚群及海洋資源豐富，因此達悟族以海維生，每年3～6月氣候最穩定時，便乘拼板船出海捕飛魚，發展出特有的飛魚祭及新船落成禮。獨特的自然生態和文化發展，也使蘭嶼成為台東外海的旅遊勝地，每天都有飛機往返台灣本島。與外地遊客接觸後，島上住民的生活逐漸現代化，目前只有下朗島村和野銀村還可見到少數達悟族傳統的地下住屋，以及穿著丁字褲的老者。

達悟族飛魚祭時，為了慶賀豐收，婦女們總會齊聚跳起搭背、彎腰、甩髮的頭髮舞。（黃丁盛／攝）

蘭嶼南島生態

熱帶雨林分布在全球各地低緯度地區，僅占全球總面積7%，卻有全球超過一半的生物物種，台灣僅有墾丁和台東少數地區才有熱帶雨林，而蘭嶼正好位於世界三大熱帶雨林東南亞系統北界。島上大天池為一天然火口湖，四周環繞原始熱帶雨林，有瀕臨絕種的蘭嶼肉豆蔻等原生特有種植物。除熱帶雨林外，還有豐富的海岸植物群，並可見特有的珠光鳳蝶及其食草植物港口馬兜鈴。

台灣特有亞種蘭嶼角鴞母鳥與幼鳥。（李雨傳／攝）

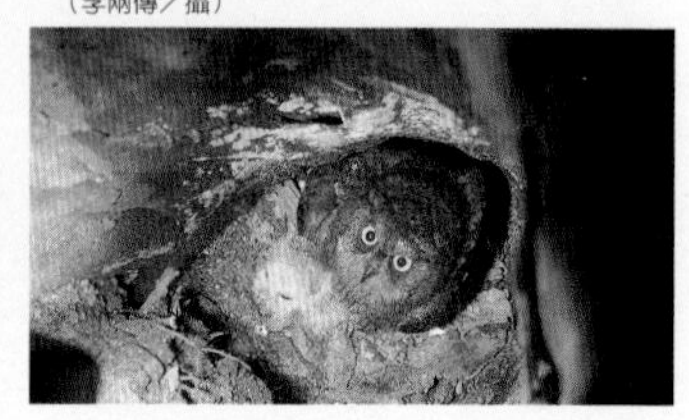

Taimali Township

太麻里鄉

郵遞區號　963
面積　97平方公里
節慶　金針花節(7～11月)
關鍵字　大貓狸、日昇之鄉、千禧年第一道曙光、金針山、陸發安山地人祖先發祥地碑

千禧年第一道曙光在太麻里與世界連線，使此地聲名大噪。太麻里鄉位在知本溪至大竹高溪之間的沖積扇上，除沿海平原外，多為中央山脈山地，清代為入後山五條通道必經地之一，名為「兆貓裡」、「大貓狸」、「大麻里」等，日治時稱太麻里至今。山區海拔高700～1,000公尺，加上濱海區受黑潮經過影響，四季溫暖濕潤，使釋迦產期早，果實大而香甜。此地自然條件也極適合金針生長，因此釋迦與金針產量均居全台之冠；夏秋之交金針花期時，還可吸引賞花人潮。此外，黑潮也使這裡成為重要漁場，三和村外海便設有定置漁網。

引自梅山、瑞里地區的金針，為東部帶來新產業。（黃丁盛／攝）

Dawu Township

大武鄉

郵遞區號　965
面積　69平方公里
節慶　排灣族豐年祭(7月)、白帶魚節(8月)
關鍵字　排灣族、巴塱衛、大武漁港、蝴蝶蘭、白帶魚

大武鄉因外海有湧升流將海底營養鹽帶至海面，漁產極為豐富，但大武溪口多漂沙，無法形成大型漁港。2000年在大武海岸發現有綠蠵龜產卵，是台灣本島的第一筆紀錄。

南迴鐵路在大武與太平洋相會。（黃丁盛／攝）

Daren Township

達仁鄉

郵遞區號　966
面積　306平方公里
節慶　排灣族五年刺球祭(7月)、毛蟹祭(4月)
關鍵字　毛蟹、大武山自然保留區、排灣族五年祭、刺球祭、紫斑蝶

土坂村排灣族五年祭。（黃丁盛／攝）

達仁鄉位在中央山脈南端，境內九成以上為丘陵與山地，原始且生態豐富，不僅有畫為大武山自然保留區的原始林，每年冬天還有百萬隻紫斑蝶過境，是世界兩大越冬型蝴蝶谷之一。境內大竹高溪水質清澈，是洄游性毛蟹的故鄉。達仁鄉為排灣族居地，土坂村內有傳統木雕房舍，全鄉多處保有排灣族五年祭習俗。

Jinfong Township

金峰鄉

郵遞區號 964
面積 381平方公里
節慶 排灣族收穫節(7月)、洛神花季(10～11月)
關鍵字 洛神花、溫泉、東排灣

位在大武山系的金峰鄉，境內多高山、溪谷，以比魯、都飛魯等野溪溫泉著名。空氣純淨、溪水水質佳、陽光充足、耕地排水良好，使金峰鄉出產全台80%以上的洛神花，也是全台最集中的種植區。此地八成居民為17世紀來自屏東泰武、來義、春日的排灣族，但300多年的發展以形成文化區隔，被稱為「東排灣群」。

正興村部落教室積極推動文化保存，學校以雕有太陽和百步蛇的陶甕裝飾，展現排灣族三大象徵。（許育愷／攝）

Beinan Township

卑南鄉

郵遞區號 954
面積 413平方公里
節慶 魯凱族收穫祭(7月)、卑南族大獵祭(12月底)
關鍵字 卑南八社、東魯凱、知本溫泉、初鹿牧場、杉原海水浴場、小黃山、利吉惡地

利吉惡地地形

卑南溪旁的「利吉惡地」具備峽谷、斷層及石灰岩地形，被稱作東部最佳的地質教室。惡地主要是原堆積在海底的泥層，因板塊運動推擠出地表，加上後來許多外來不同的岩塊，經長年雨水沖蝕，泥層流失，植物不易生長，並刻蝕出許多小土溝，成為寸草不生的樣貌。

（魯猶／攝）

卑南鄉是卑南族游耕、狩獵及居住之地，清代卑南八社就曾雄踞東部一時。除了主要居民卑南族外，鄉內的東興村，是台灣唯一的東魯凱族居地。境內山海景觀並陳，山區因板塊擠壓及火山地震活動，產生著名的知本溫泉，水質屬鹼性碳酸泉，無色無味；日治時代即設有公共浴池及溫泉旅館；知本森林遊樂區為闊葉樹人造林景觀，區內以豐富的鳥類和蝴蝶著稱；濱海的杉原海水浴場則是全台水質最清澈，也是台東縣唯一的海水浴場。鄉內經濟以農牧業為主，農牧地面積為台東縣第二大，並設有許多觀光農牧園，其中以生產高品質鮮奶的初鹿牧場最有名。

初鹿牧場。（黃丁盛／攝）

知本溫泉。（黃丁盛／攝）

Yanping Township

延平鄉

郵遞區號 953
面積 456平方公里
節慶 布農族打耳祭(7月)
關鍵字 南投布農族人移居、布農部落屋、紅葉少棒紀念館

紅葉少棒傳奇

1968年，延平鄉紅葉國小少棒隊擊敗日本世界冠軍和歌山隊，一舉成名，打開了台灣棒球運動風氣，現有紅葉少棒紀念館。

延平鄉坐落中央山脈南端，居民以布農族為主。因多高山溪谷，加上板塊推擠運動頻繁，使鹿野溪畔擁有許多露天溫泉，其中以日人廣植楓樹的紅葉溫泉最為著名。原始山林裡，還有占地290公頃、已有一億四千多萬年歷史的「活化石」——台東蘇鐵群，已被列為保護區。近年桃源村致力經營布農部落，善用原住民木雕等藝術創作，成功發展出地方觀光特色。

布農族為延平鄉的主要居民，每年7月舉辦打耳祭。（黃丁盛／攝）

Haiduan Township

海端鄉

郵遞區號 957
面積 880平方公里
節慶 打耳祭(4～7月)
關鍵字 海道端、南橫公路、霧鹿峽谷、新武呂溪生態保護區、霧鹿古炮台、打耳祭

位在中央山脈南端的海端鄉，是台東幅員最大的鄉，且擁有13座海拔3,000公尺以上的高山。海端地名為布農語haitotowan的簡稱，意即「三面環山，一面開口」之地，指從關山埡口起，新武呂溪從高山環抱處流往地勢低緩的台東縱谷，至海端村進入平原縱谷，宛如開口的地形。1972年開通的南橫公路東段正是沿新武呂溪鋪設。鄉內八成以上居民是清代由南投移入的布農族，目前仍有最早建立的利稻部落及多處抗日遺跡。布農族被譽為人間天籟的八部和音，在海端鄉中、小學中，也由部落長老傳承給下一代。

海端鄉是台東幅員最大的鄉鎮。（黃丁盛／攝）

【附錄】

台灣之最

台北市

- 唯一擁有五座城門的古城。
- 第一條鐵路：台北－基隆段，1891年通車。
- 第一座火車站：大稻埕火車票房。
- 第一輛火車頭：騰雲號。
- 出售第一張火車票。
- 第一座院轄市。
- 第一個設置國際機場（松山機場）的城市。
- 第一個捷運通行的城市，1996年通車。
- 第一個垃圾費隨袋徵收的城市。
- 第一個製茶業據點：大稻埕，設於1869年。
- 流域面積最廣的水系：淡水河水系，共2,726平方公里。
- 第一座自然公園：關渡自然公園。
- 第一座植物園：台北苗圃。
- 第一家溫泉旅館：天狗庵（今日的北投）。
- 第一座日本官營劇場：紅樓劇場。
- 第一座百貨公司：菊元百貨。
- 唯一擁有火山地形的國家公園：陽明山國家公園。
- 唯一奉祀屈原的廟：北投屈原宮。
- 第一高樓，也是全球最高的摩天大樓：台北101大樓。
- 第一支棒球隊：台北一中（今建中）於1906 年創立。

基隆市

- 位於最北部，有「台灣頭」之稱。
- 基隆港區深入市區的天然地形，為國內外港灣城市所罕見。
- 降雨量最高，有「雨都」之稱，每年降雨日為210天。
- 綠地覆蓋率最高的城市。
- 唯一由字姓宗親會輪值主普中元祭的縣市。
- 第一座國際商港，也是全國關稅總收入最高的港口：基隆港。
- 最大的壺穴群：暖江橋壺穴。
- 小吃種類最多：基隆廟口小吃。
- 第一座鐵路隧道：劉銘傳（獅球嶺）隧道。
- 歷史最悠久的水庫：西勢水庫。
- 第一座海洋文化藝術館：陽明海洋文化藝術館。
- 北台灣第一條市街：崁仔頂街。
- 北台灣最大的漁獲集散地：崁仔頂魚市。
- 遠洋拖網漁業重鎮：正濱漁港。
- 北台灣規模最大的一級漁港：八斗子漁港。
- 最著名的「委託行」街：孝二路。
- 首創「烘爐火炮獅討紅包」民俗。
- 第一個原住民文化園區：「原住民文化園區」。
- 唯一「社區闔家歡健檢」：基隆市。
- 最早規畫完成的國民住宅示範社區：基隆市安樂區內集合式住宅。

台北縣

- 居民人口數最多：約373萬6千人。
- 地理位置最北端的縣份。
- 面積最小的鄉鎮：永和市，只有5.7平方公里。
- 博物館最多的縣份，共32座。
- 唯一茶葉博物館：坪林茶葉博物館。
- 唯一海事博物館：淡江大學海事博物館。
- 唯一完整保存的林園古蹟：板橋林家花園。
- 唯一中低海拔原生熱帶雨林：三峽大板根森林。
- 第一也是唯一痲瘋病隔離病院：樂生療養院。
- 第一所女子學校：淡水女學堂，成立於1884年。
- 第一所西式學校：淡水牛津學院，成立於1882年。

桃園縣

- 唯一完整保存的日本神社：桃園縣忠烈祠。
- 最早的大規模水利工程：桃園圳。
- 規模最大的開漳聖王廟：景福宮。
- 唯一仿唐建築：虎頭山忠烈祠。
- 首座巨蛋體育館：桃園縣。
- 首座國際機場：桃園中正機場。
- 曾為遠東第一大水庫：石門水庫。
- 2005年稅收成長第一：桃園縣。

新竹市

- 唯一米粉博物館，位於老鍋休閒農莊內。
- 最早創建，而且是規模最大的水利建設：隆恩圳。
- 最大的玻璃廠：新竹玻璃。
- 牌坊最多的縣市，占15個官定古蹟占中的4個。

新竹縣

- 北台灣唯一水筆仔與海茄苳混生紅樹林：新豐。
- 最早種植椪柑之地：新埔。
- 最早栽培梨樹之處：橫山。
- 最早使用天然氣的鄉鎮：竹東鎮。
- 擁有最大檜木原始林：鎮西堡的神木群。
- 第一條示範國家步道：霞喀羅Siakalu古道。
- 唯一擁有原生食蟲植物的棲地：蓮花寺食蟲植物保護區。
- 第一座千瓩級風力發電機：竹北春風風力發電示範系統。

苗栗縣

- 海拔最高、最古老的木構火車站：勝興車站，建於1912年。
- 唯一擁有下承式鋼桁架，並經過水庫的橋樑：內社川橋。
- 坡度最陡的隧道：2號隧道（開天隧道），坡度26／1000。
- 最長花鋼樑橋：大安溪鐵橋，長度624.1公尺。
- 海拔最高的橋樑：魚藤坪新橋，海拔35公尺。
- 最多火車站的鄉鎮：後龍鎮，共有五座。
- 蠶製品出口量第一，占二分之一。
- 唯一的木雕博物館：三義鄉木雕博物館。

金門縣

- 全國最小的鄉鎮：烏坵，360人設籍，60人常住。
- 歷史建築登錄數量最多。
- 獲選2005年《康健雜誌》健康城市調查中，最快樂的城市。
- 唯一以人文文化價值設立的國家公園：金門國家公園。

連江縣

- 行政面積最小的縣份。
- 唯一僅有的另類社區總體營造活動：東莒元宵擺暝活動。
- 第一座石造洋式燈塔：東莒燈塔，建於1872年。

台中市

- 擁有最大綠地面積的縣市。
- 最大的都市工業區：台中工業區。
- 第一座科學博物館：自然科學博物館。
- 第一個閒置空間再利用成功案例：20號倉庫。
- 第一座民俗公園：台中民俗公園。
- 第一座公立雕塑公園：豐樂公園。
- 汽車旅館密度最高的縣市，大多集中在七期重畫區內。
- 第一家台灣人開設的照相館：「林寫真館」，1901年開設。
- 唯一的中醫藥博物館，由中國醫藥大學設立。

台中縣

- 最大的小麥產區：大雅，小麥產量占九成。
- 劍蘭產量第一：后里，產量占六成。
- 唯一薩克斯風紀念館：連昌薩克斯風紀念館。
- 第一支自製薩克斯風產地：后里。
- 第一位飛行員：謝文達，1901年出生於豐原。
- 第一位法學博士：葉清耀，1880年出生於東勢。
- 早期藏書最豐的私人圖書館：神岡筱雲山莊。
- 磚工技術最精緻的書院建築：大肚磺溪書院，創建於1888年。
- 最盛大的宗教慶典：大甲媽祖遶境進香。
- 最大的軍用機場：清泉岡機場，2004年改建為軍民合用機場。
- 第一座地震博物館：921地震博物館，2004年於霧峰成立。
- 台灣第一尖：中央尖山，位在花蓮縣與台中縣交界處，海拔3,705公尺。
- 巧聖仙師廟開基祖廟：東勢巧聖仙師廟，始建於1775年。
- 海拔最高的水庫：大甲溪上游的德基水庫，海拔約1,400公尺。
- 唯一有照明設備的自行車道：東豐綠色走廊。
- 第一所蔗苗養成所，1913年由日人在新社河階地成立。
- 香菇產量第一：新社鄉。

彰化縣
- 唯一被列為國家一級古蹟的孔廟：彰化市孔廟。
- 第一座南北管戲曲館：彰化南北管戲曲館，1999年啟用。
- 首座磚城，建於1811年。
- 牛隻數量最多：福興鄉，數量達七千多頭。
- 最大雞蛋供應地：芳苑鄉。
- 葡萄酒原料產量第一：二林鎮，1980年代開始種植。
- 襪子產量第一：社頭鄉，有「襪子王國」稱號。
- 最大花卉及花苗生產專業區：田尾鄉。
- 首座公路花園：田尾公路花園。
- 最大的蜜餞產地：員林鎮。
- 最早進行大規模蘭花栽培企業之地：大村鄉。
- 僅存的扇形車庫：彰化火車庫。
- 韭菜種植面積最廣之地：溪湖。
- 第一高大佛，也是東南亞第一：彰化市八卦山大佛。
- 古蹟數量第一：彰化縣，數量約300處。

南投縣
- 唯一漆文物館：埔里鎮龍南天然漆。
- 年齡最高的茄苳樹：埔里鎮茄苳樹王公，樹齡為1,230年。
- 地母信仰總廟：埔里鎮地母廟。
- 唯一加冠「瀛海」兩字的城隍廟：埔里鎮。
- 最大的高山湖泊：魚池鄉日月潭，面積116平方公里。
- 人數最少的原住民族：邵族，居住在魚池鄉日月潭。
- 唯一祭拜孔明的廟宇：魚池鄉啟示玄機院。
- 玄天上帝信仰的中心廟宇：名間鄉受天宮。
- 茶葉種植面積最大：名間鄉。
- 台灣水鹿養殖最多的地方：國姓鄉南港村。
- 公路最高點：仁愛鄉的武嶺，海拔3,275公尺。
- 第一個啟用的文化中心：南投文化中心，1982年落成啟用。
- 唯一奉祀慚愧祖師神明的地方：南投縣。
- 海拔最高的草原農場：清境農場。
- 第一條橫貫中央山脈的越嶺道路：八通關古道。
- 最長的瀑布：木瓜坑瀑布。
- 最高以及水流最充沛的瀑布：雲龍瀑布。
- 亞洲最大水上游泳池：日月潭水上游泳池。
- 第一座抽蓄發電廠，也是遠東地區最大的抽蓄水力發電廠：明湖水庫。
- 最長的河川：濁水溪。
- 最大的攔河堰：集集攔河堰。
- 最早期開發的河川之一：濁水溪。
- 第一個在高山地區挖掘到的史前時代聚落遺址：南投仁愛鄉曲冰文化。

雲林縣
- 最大的藏傳佛教寺院：白馬山菩提講堂。
- 最少見的川流式水力發電組：濁水水力發電所。
- 最大祠堂：西螺張廖宗祠崇遠堂。
- 碩果僅存的七角井。
- 花生產量第一位，約占七成。
- 全省最大龍鬚菜養殖區：口湖鄉下湖口。
- 主流最長的河川：濁水溪，全長174.30公里。
- 首座依藏傳佛寺傳統打造廟宇：白馬山菩提講堂。
- 蔬菜瓜果產量第一。
- 最多八色鳥聚集地：林內鄉。
- 最早推廣種植蘆筍：褒忠。
- 第一個設立乳牛專區：崙背鄉。
- 柳橙栽培面積最大：古坑鄉。
- 蘆筍罐頭外銷產量第一：土庫鎮。
- 布袋戲團分布最多：崙背鄉。

嘉義市
- 唯一由皇帝（清高宗）親賜地名的縣市。
- 各縣級城隍中唯一加尊號的城隍爺。
- 最大的公園棒球場：嘉義棒球場，日本人於1918年興建。
- 最早的「三鐵共構」：嘉義車站（縱貫鐵路、糖鐵、林鐵）。
- 第一個兒童遊園地：嘉義公園，1934年設立。
- 面積最小的省轄市。
- 首次在公共場所樹立藝術家塑像：嘉義市文化中心的陳澄波雕像。
- 第一位女博士：許世賢，擁有九州帝國大學醫學博士學位。
- 第一位女市長：許世賢，1981年當選。
- 第一對母女檔市長：嘉義市長許世賢與張博雅。
- 第一座228紀念碑：嘉義市，設立於1989年。
- 第一座私人奇石資料館：嘉義市石頭資料館。
- 第一個鐵路捷運化的地方：台鐵嘉北車站。

嘉義縣
- 漢人最早大規模移墾的地方。
- 日明治時期產糖率第一：六腳鄉蒜頭糖廠。
- 第一所原住民小學：阿里山鄉達邦國小，1906年創校。
- 日治初期鼠疫最嚴重的區域：朴子市。
- 唯一零分貝、零污染、無工業的綠色鄉鎮：大埔鄉。
- 唯一媽祖海上會香慶典：布袋鎮好美里太聖宮。
- 唯一的牛將軍廟，位於太保市境內。
- 第一座民間自然生態保育公園：阿里山鄉的「達娜伊谷（Dannayiku）」。
- 第一個在大海中進行區畫漁業權的縣市。
- 螢火蟲數量最多：阿里山鄉。
- 首座B.T.生技農業園區：大林鎮的嘉義香草藥草生物科技園區，2006年動工。
- 最大的猛禽棲息地：大埔鄉。
- 木耳產量第一：中埔鄉。
- 水柿產量第一：番路鄉，有「柿子之鄉」美譽。
- 養蘭面積最大：大林鎮。
- 酸菜產量第一：溪口鄉。

台南市
- 一級古蹟數量最多。
- 第一座城堡：安平古堡。
- 最早的商業街：台南延平街。
- 第一條有計畫興建的歐式街道：普羅民遮街，今民權路。
- 第一座孔廟：台南市孔廟，始建於1665年。
- 第一座現代化的新式醫院：新樓醫院，1865年創建。
- 第一座西式砲台：億載金城。
- 第一所神學院：台南神學院，建於1880年。
- 第一份報紙：台灣府城教會報，印刷於1885年7月。
- 歷史最久的刊物：台灣府城教會報，發行百年。
- 第一所中學：長榮中學，1885年創辦。
- 第一所女中：長榮女中，1887年成立。
- 第一位文學士，也是第一位哲學博士：林茂生，誕生於台南。

台南縣
- 最早興建的水庫：虎頭埤水庫，建於1846年。
- 水庫及大型埤塘最多的縣份，30座以上。
- 最盛大平埔夜祭：大內頭社平埔夜祭。
- 寺廟最多，1,140多座。
- 目前發現最早的人類化石：左鎮人，距今2～3萬年前。
- 第一座化石館：左鎮菜寮化石館，成立於1987年。
- 最西端的燈塔：七股頂頭額汕國聖燈塔。
- 現存最大的內海：七股潟湖。
- 漢人最早移墾的地區。
- 現存最古老的關聖帝君神像：鹽水武廟。
- 分靈最多的土地公廟：白河崁頂福安宮。
- 唯一的「濁泉」：白河關仔嶺。

台灣之最

• 最完整的閩南聚落：楠西的江家古厝。
• 最大的王爺總廟：南鯤鯓代天府。
• 第一個成立社區博物館的村莊：後壁墨林村，成立於2000年。
• 最大的養殖漁業區：漁塭面積約13,000公頃。
• 唯一星點彈塗魚養殖區：七股以及北門。
• 菱角最大產地：官田。
• 蘭花最大栽培地。
• 最大的梅樹專業區：楠西梅嶺。
• 最大的蓮花栽培鄉鎮：白河。
• 酪梨最大產地：大內。
• 芒果產量和品種數量第一：玉井。
• 龍眼最大產地。
• 甘藷粉產量第一：善化。
• 文旦產量第一：麻豆、大內。
• 乳牛數最多、最密集的酪農專業區：柳營八翁社區。
• 唯一僅存的甕城：大南門。
• 第一隻家犬和第一把米：在南科史前遺址出土。

高雄市

• 第一大商港、國際港埠：高雄港。
• 最早的洋樓（第一座領事館）：前清英國領事館。
• 最早的天主堂：玫瑰聖母堂。
• 最大的工業區：臨海工業區。
• 石化工業密度最高。
• 重工業最發達的大都會。
• 最大的漁業中心：前鎮漁港。
• 人口密度最高的縣市。

高雄縣

• 歷史最悠久的皮影戲團：東華皮影戲團。
• 最古老、仍在運轉中的電廠：竹門電廠。
• 產量第一：九孔、石斑魚、香蕉。
• 最早興建的水庫：阿公店水庫。
• 最早的新式糖廠：橋頭糖廠。
• 最具規模，且保存完整的清朝古書院：鳳儀書院。
• 最早傳佛講學的地方：萃文書院。
• 最大的佛教道場：佛光山。
• 最大流域面積河川：高屏溪，共3,257平方公里。
• 泥火山分布最密的縣市。
• 第一座人工濕地：鳥松濕地。
• 第一座平民文學紀念館：鍾理和文學紀念館。

屏東縣

• 南台灣唯一超過海拔3,000公尺高山：北大武山。
• 唯一的珊瑚礁島：小琉球。
• 縱貫鐵路屏東線上僅存的木造火車站：竹田火車站。
• 保存最完整城門古蹟：恆春古城。
• 第一座國家公園：墾丁國家公園。
• 最大的牧場：墾丁牧場。
• 唯一穿官服的土地公廟：車城福安宮。
• 洋蔥品質及產量皆第一。
• 瓊麻產量最大宗：滿州鄉。
• 檸檬產量第一。
• 內海潟湖面積之最：大鵬灣。
• 唯一沙漠景觀：九棚沙漠。
• 唯一保存完整的低海拔原始林區：南仁山。

澎湖縣

• 最古老的燈塔：西嶼燈塔，建於1778年。
• 唯一由火山熔岩玄武岩組成的島縣。
• 唯一的地下水庫：白沙鄉赤崁地下水庫。
• 第一座西氏城堡：紅毛城，位於馬公風櫃尾蛇頭山。
• 最西的島嶼和燈塔：花嶼以及花嶼燈塔。
• 最早發展風力發電的縣市。
• 石滬數量最多、密度最大的縣市。
• 文石產量最多、質地最佳的縣市。
• 規模最大、年代最久的史前石器製造場：七美島。
• 最早開發的縣市。
• 潮間帶面積最大的縣市。
• 海岸線單位面積最大。

宜蘭縣

• 每年侵襲的颱風數量最多。
• 最東點：頭城鎮赤尾嶼。
• 唯一露出水面的活火山島嶼：龜山島。
• 最大的高山湖泊：翠峰湖。
• 最多火車站的鄉鎮：頭城鎮。
• 最長鐵路隧道：北迴鐵路新觀音隧道，長達10.3公里。
• 最長公路隧道：北宜高雪山隧道，長達12.9公里。
• 僅存的方形燈塔：蘇澳港燈塔，創建於1927年。
• 面積最大的運動公園：羅東運動公園。
• 第一個公立的地方戲劇博物館：台灣戲劇館，1990年成立。
• 唯一由國家成立的歌仔戲劇團：蘭陽戲劇團。
• 銀柳生產量最多的地區：三星鄉。
• 第一個水鳥保護區：無尾港水鳥保護區，於1993年成立。
• 全國道教總壇：冬山鄉三清宮。
• 唯一由清廷聖旨勒建的關帝廟：礁溪協天廟。
• 規模最大的岳飛廟：頭城慶元宮。
• 最早的三山國王廟：冬山鄉大興村，始建於1684年。
• 規模最大的過火儀式：五結鄉二結王公廟。
• 最早成立的棒球隊：白英棒球團，約於1930年成立。
• 首座螃蟹博物館，也是世界第一座，位在北關生態農場內。

花蓮縣

• 擁有最長海岸線175公里。
• 唯一的真言宗高野山寺：慶修寺。
• 行政面積最大的縣份。
• 首次土石流發生地：花蓮市，發生於1980年。
• 東部最長的河川：秀姑巒溪。
• 東部最大的內陸湖泊：鯉魚潭，位於花蓮縣壽豐鄉。

台東縣

• 人口密度最低的縣市。
• 最多原住民族居住地，共有11個族群。
• 原住民人數最多的縣份，約8萬人。
• 唯一原生植物園：台東原生應用植物園。
• 最多史前遺址：長濱及卑南遺址等，已發現224處遺址。
• 第一座史前以及原住民主題博物館：國立台灣史前文化博物館。
• 最佳潛水海域：綠島。
• 唯一的海洋原住民：蘭嶼達悟族。
• 唯一熱帶雨林與海岸植物混合生長的地區：蘭嶼。
• 綠島及蘭嶼擁有體型最大，且唯一吃水果的蝙蝠：台灣狐蝠。
• 第一個原住民廣播電台：蘭嶼電台，1999年成立。
• 最大的親水公園：關山親水公園，面積27公頃。
• 第一個擁有環鎮自行車道的鄉鎮：關山鎮。
• 唯一的鎳礦露頭：嘉武溪，當地人相傳曾發現藍寶石。
• 最大的溫泉瀑布：金崙比魯溫泉。
• 面積最大的史前遺址：卑南史前文化遺址。
• 海拔最高的飛行傘運動場地：鹿野高台，海拔895公尺。
• 環島鐵路最後完工一段：台東新站至屏東枋寮站，1991年通車。
• 唯一正在生成的連島沙洲和陸連島：東河金樽陸連島。
• 推測唯一可能再發現台灣雲豹的地區：大武山區。
• 唯一的扇形溫泉噴柱：金峰鄉近黃溫泉，又名都飛崙溫泉。
• 迄今所知最古老的史前文化：長濱文化，距今1萬5千～5千年前。
• 第一座拱式單孔長橋：長虹橋。
• 面積最大的柱狀火成岩體：長濱石寧埔溪口的烏鼻石。
• 唯一內陸淡水沼澤：池上大坡池。

索　引

索　引

索引

六劃

索　引

九劃

索 引

11劃

索引

索　引

【致謝】

感謝協助完成本書的所有工作人員。
圖片提供，特別感謝：(依筆劃順序)
王力平、王小美、王榕樂、王瑤琴、王徵吉、王戰野、孔憲法、朱良斌、余炳盛、吳志學、吳松霖、李大維、李文洲、林心雅&李文堯、李榮祥、李憲章、林怡君、林茂耀、林韋言、林貴松、邱光月、邱奕鑫、柯曉東、俞錚皞、星　子、張良銘、張東君、張燕伶、莊正原、莊鈴川、連志展、郭長成、陳西川、陳重光、陳埱分、曾逸仁、湯谷明、詹丁全、詹家龍、黃一偉、黃源明、楊東峰、劉東明、蔡銘源、賴麒泰、戴昌鳳

BenQ、九典聯合建築師事務所、三義鄉公所、中研院生物多樣性中心、仁武鄉公所、台灣積體電路製造股份有限公司、巨大機械股份有限公司、朱銘美術館、李梅樹紀念館、宏廣股份有限公司、法藍瓷有限公司、苗栗木雕博物館、哪吒劇團、高雄縣文化局、國立台灣博物館、國立台灣歷史博物館籌備處、國家海洋科學研究中心、華碩電腦、雲林縣交通旅遊局、溪口國小(蔡伯期主任)、溪口鄉公所、達志影像公司、嘉義市政府、嘉義市文化局、嘉義縣政府、嘉義縣觀光旅遊局、摩天漢世界網站、澳大利亞昆士蘭州觀光旅遊局、蘭陽戲劇團、霹靂多媒體

野人宣言

依戀草木芳美的時代

水泥忘了泥土應該柔軟，塵埃忘了空氣應該清香，
窗外有大地的聲音和色彩，只是你忘了聽聽看看。

不管科技如何進步，人類始終是自然界中的一份子，而以台灣生態環境的豐富密度來看，我們理應出產更多的法布爾和珍．古德，寫出更不同的《湖濱散記》和《所羅門王的指環》——「野人」的思維，就是開創更異想天開的視野、更靈活多樣的作品，來回應天地的豐盛，深化人與環境的依存關係，總有一天，我們能回到那個空氣明淨、草木芳美的野人時代。　有人說，出版是一條寂寞的路，其實這條路就像曠野幽徑般，寧謐卻不寂寞，像大自然一樣，規律卻處處有驚奇。　老鷹用牠驕傲的翱翔，依戀著氣流；野人則用明亮的眼、　真樸的心，與自然和諧相待，為人們獻上暖暖的太陽。

野人文化總編輯　張瑩瑩

野在台灣系列

《聽看雪山》
- ★獲第46梯次台北市立圖書館「好書大家讀」獎
- ★王鑫、林永發、劉克襄推薦

《聽看馬祖》
《聽看東港》
《聽看三義》
- ★入圍94年金鼎獎
- ★獲行政院新聞局第24次中小學生優良課外讀物獎
- ★第47梯次臺北市立圖書館「好書大家讀」獎

《聽看大坑》
- ★獲行政院新聞局第24次中小學生優良課外讀物獎
- ★台中市長胡志強推薦

《漫步在雲端》
- ★獲行政院新聞局第24次中小學生優良課外讀物獎
- ★台中市長胡志強推薦

連志展/著　葉志杰/著　中台醫護技術學院通識教育中心/著　湯谷明/著　薛淑麗/著　黃源明/著

野人家系列

《和佛陀賞花去》、《和佛陀談天說地》
（兩本合購，再送精美書盒及立體桌曆）
- ★金石堂書店強力推薦
- ★獲行政院新聞局第25次中小學生優良課外讀物獎

花草樹木蟲魚鳥獸，都在為你吟唱著如詩般的佛理
見介師有一面能照見尋常花草無言說法的心鏡，更有一支可以生動傳譯的妙筆。

走過花園，有人看到花紅葉綠、蝴蝶飛舞，有人看到殘根敗枝、污泥遍佈，也有人，什麼都沒看到；而見介師走過花園，遇見處處盡是佛陀。這正是花花世界的有趣吧！因為心境的不同，走過這花園，也許，有人讀到佛教、有人讀到文采、有人讀到閒情逸致、有人讀到一位出家人的故事，但我猜，其實，見介師最希望讀者您闔上書本後能讀到的是，自己生命的秘密花園。

願——花園裡的每一朵花，都完全綻放。

※本文節錄自〈花園行〉一文，為夏瑞紅（中國時報浮世繪版主編）為本書撰寫的推薦序。

釋見介/文　釋見澈/圖

《撞見野生動物》
- ★獲2004年好書大家讀「年度最佳少年兒童讀物」獎
- ★入圍94年金鼎獎
- ★獲第二屆行政院環保署小綠芽獎

游登良/著

逛動物園，只能看到關在籠子裡的動物，跟著太魯閣老蓋仙走，才能見到野生動物的真面目！
打過「拱豬」，卻沒看過山豬拱土、甚至拱人嗎？獼猴一旦跟狗結下樑子，會發生什麼事？聽過黃鼠狼給雞拜年，從沒見識過黃鼠狼為了爭奪「小費」大打出手吧？看過螃蟹行軍、聽過大象祈禱嗎？跟著太魯閣老蓋仙游登良走進大自然，就能見到野聲動物最真實有趣的面貌。

《到天涯的盡頭蓋房子——我們在白俄的造屋假期》
- ★公共電視「今夜不讀書」蔡康永推薦
- ★獲行政院新聞局第24次中小學生優良課外讀物獎

幾個不會蓋房子的女生，遠渡重洋，飛往白色羽翼的國度——白俄羅斯，和世界各地的人一起，幫車諾比爾核災區的災民蓋房子！別以為那裡是冰天雪地，也別以為她們是去做苦力，其實她們過著田園牧歌般的度假生活，擠牛奶、洗桑拿浴、採莓果和野菇，美中不足的是，想打電話要走兩小時的路......

胡湘玲/著

《食物戀》
- ★獲中國時報2005開卷好書獎
- ★榮登誠品書店暢銷榜
- ★博客來網路書店2005年度百大名人推薦
- ★入圍金石堂書店2005年度十大好書
- ★獲誠品選書、金石堂書店強力推薦、中國時報開卷選書
- ★獲2005年台北市立圖書館「最佳少年兒童讀物」獎
- ★獲第48梯次台北市立圖書館「好書大家讀」獎
- ★獲行政院新聞局第25次中小學生優良課外讀物獎
- ★講義雜誌2005年度美食作家

走遍世界各地，始終想念阿嬤灶腳的鄉土菜
這不只是一本滿足口腹之欲的食譜書，作者以食物為媒介，傳達人與人之間動人的愛情、親情故事，以及人與土地密切的互動與聯繫：濃厚的情感為爐火，動人的故事、精采的視覺影像為食材，溫柔燉煮成一道道視覺與心靈的豐富宴饗，也譜成一曲動人的攝影家家鄉戀歌。

張詠捷/著

《地圖有氧運動——從紐約京都到台灣7+11個綠地圖故事》
- ★入圍95年金鼎獎
- ★金石堂書店強力推薦
- ★獲行政院新聞局第25次中小學生優良課外讀物獎

7+11個綠色生活地圖
本書詳述7個國外城市和11個台灣在地綠色生活地圖，及繪製過程中充滿驚奇、樂趣的故事。不僅留下珍貴紀錄，也讓人與人、人與土地的情感重新連結。

荒野保護協會/著

《我的野人朋友——16個守護自然的遊俠故事》
- ★獲2004年好書大家讀「年度最佳少年兒童讀物」獎
- ★公共電視「今夜不讀書」蔡康永推薦
- ★獲第二屆行政院環保署小綠芽獎

李偉文又是牙醫，又是荒野保護會理事長，還是公共電視台的顧問。他有個在報社做攝影記者的朋友，花了上百萬去美國學爬樹，然後回台灣到處教人爬樹；有位鋼琴老師朋友，為了保護台灣最美的濱海公路，挺身號召大家搶救成功...。想知道自己的野人指數有多高？只要數數看你身邊有幾款野人朋友，就知道啦！

李偉文/著

野人三年全壘打獻禮

叫好，叫座，叫絕，就是愛書愛台灣！

2004年1月，「野人」誕生了，懷抱著兩本書和一個大願，來到台灣這塊土地上。

創社推出兩本書：《我的野人朋友》和《聽看雪山》，藉以傳達「與自然和諧相待」的出版理念。轉眼三年過去，野人出版了34本書，抱走32座獎，而銷售表現，則從初始的小眾之數逐步成長，後續出版的《到天涯的盡頭蓋房子》、《和佛陀賞花去》、《食物戀》、《手斧男孩》系列、《來自石器時代的女孩》……等，逐漸獲得愈來愈多的讀者支持。然而，創社時的大願──編纂《Taiwan Discovery福爾摩沙大百科》，始終是野人「孕書」計畫的最高目標，再艱困亦未改初衷。

不可否認的，這部鉅作包藏了愛書成癡的編輯私心。以棒球運動來比喻，一本書能「叫好」，可說是編輯擊出了一壘安打，能「叫座」，那是二壘安打，而能令人拍案「叫絕」，才是滿場歡騰的全壘打！

野人在三歲時，將這第一擊全壘打獻給全台灣，盼願藉由此書，讓鄉親「看見」並「了解」進而「珍愛」這塊土地，讓我們在走遍世界各地之後，回家見到土親、水親，人也親。

■地球觀系列

《發燒地球200年》

★誠品書店選書
★中國時報開卷選書
★第50梯次臺北市立圖書館「好書大家讀」獎
★李偉文（荒野保護協會理事長）、柳中明（台大全球變遷中心主任）、張國龍（環保署署長）推薦

地球正在發燒，而且已經200年了！這是一本美國知名歷史學家所寫的科技社會史，作者用「說書人」的文學筆調，幽默諷諷的語氣，帶您坐上這一部時光機，穿梭時空200年，觀看地球的發燒史。

蓋爾．克里斯欽森／著

■故事盒子

《手斧男孩冒險全紀錄》全套六本

蓋瑞．伯森／著

《手斧男孩》、《手斧男孩2：領帶河》、《手斧男孩3：另一種結局》、《手斧男孩4：鹿精靈》、《手斧男孩5：獵殺布萊恩》均為192頁
《英語求生100天：手斧男孩中英名句選》96頁，購買全套附贈精美書盒
★2005年最佳少年兒童讀物獎
★誠品2005年Top 100青少年類第一名
★博客來2005年度暢銷百大

騙倒《國家地理雜誌》的13歲男孩求生傳奇，得獎小說套書全紀錄！

真受不了這個布萊恩！以前，他還不是跟大家一樣天天吃漢堡、喝可樂、看電視，沒想到因為太倒楣，坐飛機失事，反而學會自己開飛機、生火、抓魚、打獵；他被豪豬、麋鹿攻擊，又碰到龍捲風，差點就要絕望而死，沒想到最後不但活了下來，連臭鼬都變成他的寵物。

因為實在太受歡迎，每個人都覺得「手斧男孩」只有一集看不過癮，只好讓他繼續倒楣下去，然後大家才有一本又一本的續集可以看。

雖然，這些故事精采無比，讓人看得完全停不下來，但其實從頭到尾都是那個大鬍子作者──蓋瑞伯森捏造的，連《國家地理雜誌》都上當了啊...

《來自石器時代的女孩》

★金石堂書店強力推薦

一個地球，兩個世界

發生在失落的峽谷中，一段真實的人生故事

本書作者莎賓娜在5歲時，隨著語言學家兼傳教士的父親，來到西巴布亞「失落的峽谷」中，一個停留在石器時代、傳說中的食人族部落；直到17歲，才被送到文明世界的瑞士讀書。「在這裡我才學會害怕」，她不敢過馬路、不會購物、不知道貓王，沒看過電影，還被傳真機嚇得花容失色...。什麼是文明？原始的定義又如何？作者用她獨特的生命故事，為我們對文化的想像插上了翅膀，讓我們對現代生活有了更多的檢視角度。

莎賓娜／著

《小黃狗的窩》

★誠品書店兒童選書
★第50梯次臺北市立圖書館「好書大家讀」
★名詩人席慕蓉推薦
★同名電影獲坎城影展「金棕櫚狗狗獎」最佳影片、慕尼黑國際影展「觀眾票選最佳影片」、「青年導演獎」、代表外蒙古提名奧斯卡最佳外語片、新聞局第二十七次中小學生優良課外讀物推介

琵亞芭蘇倫戴娃／著

《冰狗任務》

迪士尼電影原著小說

★第50梯次臺北市立圖書館「好書大家讀」獎

蓋瑞．伯森／著

■野人家系列

《漫走在熊的國度裡》

林滿秋／著

★第49梯次臺北市立圖書館「好書大家讀」獎
★博客來網路書店2005年年度百大編輯推薦

給伴侶共讀的歲末禮物書

這是台灣第一本介紹「太平洋山道」的書。作者林滿秋，是一名深受青少年及孩子喜愛的兒童文學作家。太平洋山道，則是一條跨越了墨西哥、美國與加拿大國界，隱藏在太平洋海岸山脈裡的山徑，中間沒有任何住家城鎮，人煙罕至。對作者來說，走這條山道，已不只是健行，更是一種沉思、磨練及心靈的沉澱，下筆情意真摯，優美如詩，既有《麥迪遜之橋》的蘊藉溫醇，也有《湖濱散記》的恬靜深刻，以及對山林自然的眷戀之愛。

《楊賢英環保美術教室》

吳寧馨、楊賢英／著

只要一點巧思，沒用的東西也能創造美感生活　三十歲那年，楊賢英在丈夫的支持下，漂洋過海，到日本學手工藝，至今仍堅持只用廢棄品和舊材料，創造美感生活，並四處教學。四十多年前，算命師斷言她一輩子撿破爛的命，現在，她卻從中撿到了生命中的金蘋果！

《樂活誌》

★達賴喇嘛、保羅麥卡尼（披頭四主唱）、魔比（電子音樂教父）、蘇打綠樂團（台灣第一樂活天團）推薦
★亞馬遜網站讀者五顆星好評

無論慢活、快活，都是為了樂活！

所謂「樂活」精神，就是愛自己、愛動物、愛地球的永續生活態度。本書從食衣住行育樂著手，帶領讀者一起尋找完美香皂、喝一杯對鳥和自己都友善的有機咖啡、對抗乳癌、準備浪漫的素食燭光晚餐、挑選讓人微笑的化妝品、培養善心的孩子、用年金來規劃退休收入...，是一本全方位的樂活實用生活書。

英格麗．紐克／著

《本草精油生活書》

玫瑰v.s.當歸，薰衣草v.s.辛夷，本草精油健康新概念

東方本草植物＋西洋芳香療法＋中醫經絡按摩＋現代生化科技＝全新的「本草芳香療法」新趨勢

《所羅門王的貓狗指環》

★作者為諾貝爾獎得主
★張蕙芬（大樹出版社總編輯）推薦
★第50梯次臺北市立圖書館「好書大家讀」獎

本草精油實驗室／著

聽不懂狗話，不會說貓語，小心連狗都懶得理你！「動物行為學之父」勞倫茲，繼《所羅門王的指環》以來最具親和力的一本書，不僅是獸醫系學生必讀之作，更有許多愛狗、愛貓人拿來當作「寵物翻譯機」使用！

康拉德．勞倫茲／著